税法
Taxation Laws

裴淑红 原晓青 李 军 ⊙ 编著

中国市场出版社
China Market Press

图书在版编目（CIP）数据

税法/裴淑红　原晓青　李军编著. —北京：中国市场出版社，2013.2
ISBN 978-7-5092-1002-4

Ⅰ.①税… Ⅱ.①裴…②原…③李… Ⅲ.①税法-中国 Ⅳ.①D922.22

中国版本图书馆CIP数据核字（2013）第002466号

书　　名：	税法
作　　者：	裴淑红　原晓青　李　军　编著
责任编辑：	胡超平
出版发行：	中国市场出版社
地　　址：	北京市西城区月坛北小街2号院3号楼（100837）
电　　话：	编辑部（010）68037344　读者服务部（010）68022950
	发行部（010）68021338　68020340　68053489
	68024335　68033577　68033539
经　　销：	新华书店
印　　刷：	河北省高碑店市鑫宏源印刷包装有限公司
规　　格：	787×1092毫米　1/16　27印张　640千字
版　　本：	2013年2月第1版
印　　次：	2013年2月第1次印刷
书　　号：	ISBN 978-7-5092-1002-4
定　　价：	45.00元

前　言

随着我国市场经济的不断发展与完善，我国税收法制愈发完善和健全。为适应这种发展，近年来我国税收法律、法规及相关政策做出了较大程度的修订，对于规范税法及实务操作具有重要意义。我们以最新税收法律、法规及相关政策为依据，结合税收征收与管理的实际情况，紧密联系相关会计准则及会计制度，全面梳理十多年的教学内容，在多年编写教材与教学经验的基础上编写本教材，希望本教材能够全面反映税法在实施中已明确的权威解释，体现各项税法及相关财经法规的最新变化。

一、本教材与《税务会计》、《纳税申报实务》教材为配套教材

在内容的安排上，本教材与《税务会计》、《纳税申报实务》教材为配套教材，三本教材分工明确，各司其职。《税法》教材重点解决税法理论与各主要税种应纳税款的计算方法问题，是《税务会计》、《纳税申报实务》教材的税法理论基础；《税务会计》教材是运用会计的基本理论和方法，结合税法规定按照税种解决企业各种涉税经济业务的会计处理问题，是《税法》教材的会计实务延伸；《纳税申报实务》教材则重点解决税款按期计算及纳税申报表的填列问题，是《税法》教材的纳税实务延伸。因此，将这三本教材结合使用，有助于使用者更加准确、系统地掌握企业税款计算、涉税会计处理及纳税申报的理论与实务知识。

二、本教材主要特点

1. 内容全面、完整

本教材构建了科学、完善的税收法律体系，吸纳了最新的税收法律法规，同时紧密联系相关会计准则及会计制度，全面、系统地阐释了现行税法知识并以案例形式讲授了各主要税种应纳税款的计算方法。

本教材共收编实体法中的14个税种和程序法，涵盖了我国现行的主要税收法律法规，分为十七章，主要内容有：税法概论、增值税法、消费税法、营业税法、城市维护建设税法、关税法、资源税法、土地增值税法、城镇土地使用税法、房产税法、车船税法、印花税法、契税法、企业所得税法、个人所得税法、税收征收管理法和税务行政法制。

2. 案例典型、实用

为贴近实际，我们收集、整理了大量税务及会计信息资料，针对税法实务中常用的税法知识、税法疑点和难点问题，设计了90个教学案例，还特别针对增值税、消费税、营业税、城市维护建设税、关税、土地增值税、印花税、企业所得税和个人所得税等设计了21个综合案例。案例典型、实用，讲析清楚详实，帮助使用者更深透地理解税法

实务，也为税务及会计人员解决了许多税法实务中的疑难问题。

3. 自测题内容丰富并附参考答案，为使用者提供方便

本教材参考注册会计师税法考试真题和权威模拟试题，结合初学者的实际情况，每章都编写了内容丰富的自测题，并附客观题参考答案及讲析清楚翔实的计算题和综合题参考答案，为使用者系统训练提供了大量素材，便于使用者自测自查，方便自学。

三、本教材教学参考进度与安排

为了方便教学，本教材根据《税法》课程教学大纲，以 64 学时为例，也可根据学校实际情况酌情增减，建议教学参考进度与安排如下：第一章 税法概论，4 学时；第二章 增值税法，12 学时；第三章 消费税法，8 学时；第四章 营业税法，4 学时；第五章 城市维护建设税法，2 学时；第六章 关税法，2 学时；第七章 资源税法，1 学时；第八章 土地增值税法，3 学时；第九章 城镇土地使用税法，0.5 学时；第十章 房产税法，1 学时；第十一章 车船税法，0.5 学时；第十二章 印花税法，1.5 学时；第十三章 契税法，0.5 学时；第十四章 企业所得税法，12 学时；第十五章 个人所得税法，8 学时；第十六章 税收征收管理法，3 学时；第十七章 税务行政法制，1 学时。

本教材注重理论联系实际，具有体例合理、内容实用、重点突出、案例典型、深浅适中等特点，有较强的可读性。本教材可作为普通高校、职业教育、成人教育等各类本专科税法教学用教材，也可作为企业税务及会计人员考试和工作参考用书。

本教材由裴淑红、原晓青、李军共同编著完成。

在本教材编纂过程中，杨金玉、郭昭麟、王玮、牛卉、周文博、田晶晶等曾给予大力支持和帮助，在此深表感谢。

在本教材编写过程中，参考了注册会计师全国统一考试辅导教材《税法》的部分内容，并借鉴、吸收了国内外税法理论研究、实务操作和教学的优秀成果，在此谨向相关作者深表感谢。

我们细心著书，但疏漏之处在所难免，诚望广大读者、师生及学界同仁批评指正。

作者
2013 年 2 月于北京

关于课件

本书提供授课教师PPT。请有需要的老师与中国市场出版社联系。

联系人：胡超平

电话：68037344

邮箱：huchaoping1966@sina.com

目 录 CONTENTS

第一章　税法概论 ……………………………………………… 1

- 第一节　税法的概念 ……………………………………… 1
- 第二节　税法构成要素 …………………………………… 3
- 第三节　税收立法与税法的实施 ………………………… 7
- 第四节　我国现行税法体系 ……………………………… 10
- 第五节　税款征收管理权 ………………………………… 13
- 自测题 ……………………………………………………… 16

第二章　增值税法 ……………………………………………… 19

- 第一节　纳税义务人 ……………………………………… 19
- 第二节　征税范围 ………………………………………… 22
- 第三节　税率与征收率 …………………………………… 23
- 第四节　一般纳税人应纳税额的计算 …………………… 26
- 第五节　小规模纳税人应纳税额的计算 ………………… 39
- 第六节　特殊经营行为的税务处理 ……………………… 40
- 第七节　进口货物征税 …………………………………… 42
- 第八节　出口货物退（免）税 …………………………… 44
- 第九节　税收优惠 ………………………………………… 51
- 第十节　征收管理 ………………………………………… 59
- 第十一节　增值税专用发票的使用及管理 ……………… 61
- 第十二节　综合案例分析 ………………………………… 64
- 自测题 ……………………………………………………… 67

第三章　消费税法 ……………………………………………… 78

- 第一节　纳税义务人 ……………………………………… 78
- 第二节　征税范围与税目 ………………………………… 78

- ◎ 第三节　税率 ……………………………………………… 83
- ◎ 第四节　生产销售环节应纳消费税的计算 ……………… 84
- ◎ 第五节　自产自用应纳消费税的计算 …………………… 90
- ◎ 第六节　委托加工环节应税消费品应纳税额的计算 …… 94
- ◎ 第七节　进口环节应纳消费税的计算 …………………… 98
- ◎ 第八节　出口应税消费品退（免）税 …………………… 101
- ◎ 第九节　征收管理 ………………………………………… 104
- ◎ 第十节　综合案例分析 …………………………………… 105
- ◎ 自测题 ……………………………………………………… 108

第四章　营业税法 …………………………………………… 118

- ◎ 第一节　纳税义务人 ……………………………………… 118
- ◎ 第二节　征税范围与税目 ………………………………… 120
- ◎ 第三节　税率 ……………………………………………… 125
- ◎ 第四节　应纳税额的计算 ………………………………… 126
- ◎ 第五节　几种特殊经营行为的税务处理 ………………… 131
- ◎ 第六节　税收优惠 ………………………………………… 133
- ◎ 第七节　征收管理 ………………………………………… 136
- ◎ 第八节　综合案例分析 …………………………………… 139
- ◎ 自测题 ……………………………………………………… 140

第五章　城市维护建设税法 ………………………………… 148

- ◎ 第一节　纳税义务人 ……………………………………… 148
- ◎ 第二节　税率 ……………………………………………… 148
- ◎ 第三节　计税依据 ………………………………………… 149
- ◎ 第四节　应纳税额的计算 ………………………………… 149
- ◎ 第五节　税收优惠 ………………………………………… 149
- ◎ 第六节　征收管理 ………………………………………… 150
- ◎ 第七节　综合案例分析 …………………………………… 151
- ◎ 附：教育费附加的有关规定 ……………………………… 152
- ◎ 自测题 ……………………………………………………… 153

第六章　关税法 ……………………………………………… 159

- ◎ 第一节　纳税义务人 ……………………………………… 159
- ◎ 第二节　征税对象 ………………………………………… 160

- 第三节 进出口税则 ………………………………… 160
- 第四节 原产地规定 ………………………………… 163
- 第五节 关税完税价格 ……………………………… 164
- 第六节 应纳税额的计算 …………………………… 167
- 第七节 税收优惠 …………………………………… 169
- 第八节 征收管理 …………………………………… 170
- 第九节 综合案例分析 ……………………………… 172
- 自测题 ……………………………………………… 173

第七章 资源税法 …………………………………………… 179

- 第一节 纳税义务人 ………………………………… 179
- 第二节 税目与税率 ………………………………… 180
- 第三节 计税依据 …………………………………… 182
- 第四节 应纳税额的计算 …………………………… 183
- 第五节 税收优惠 …………………………………… 184
- 第六节 征收管理 …………………………………… 184
- 自测题 ……………………………………………… 185

第八章 土地增值税法 ……………………………………… 189

- 第一节 纳税义务人 ………………………………… 189
- 第二节 征税范围 …………………………………… 189
- 第三节 税率 ………………………………………… 192
- 第四节 应纳税额的计算 …………………………… 193
- 第五节 税收优惠 …………………………………… 197
- 第六节 征收管理 …………………………………… 198
- 第七节 综合案例分析 ……………………………… 199
- 自测题 ……………………………………………… 200

第九章 城镇土地使用税法 ………………………………… 205

- 第一节 纳税义务人 ………………………………… 205
- 第二节 征税范围 …………………………………… 205
- 第三节 税率 ………………………………………… 206
- 第四节 应纳税额的计算 …………………………… 207
- 第五节 税收优惠 …………………………………… 208
- 第六节 征收管理 …………………………………… 209

◎ 自测题 ………………………………………………………… 210

第十章 房产税法 …………………………………………… 214

◎ 第一节 纳税义务人 ………………………………………… 214
◎ 第二节 征税范围 …………………………………………… 215
◎ 第三节 税率 ………………………………………………… 215
◎ 第四节 应纳税额的计算 …………………………………… 216
◎ 第五节 税收优惠 …………………………………………… 218
◎ 第六节 征收管理 …………………………………………… 221
◎ 自测题 ……………………………………………………… 222

第十一章 车船税法 ………………………………………… 226

◎ 第一节 纳税义务人 ………………………………………… 226
◎ 第二节 征税范围 …………………………………………… 226
◎ 第三节 税目与税率 ………………………………………… 226
◎ 第四节 应纳税额的计算与代收代缴 ……………………… 228
◎ 第五节 税收优惠 …………………………………………… 230
◎ 第六节 征收管理 …………………………………………… 231
◎ 自测题 ……………………………………………………… 232

第十二章 印花税法 ………………………………………… 235

◎ 第一节 纳税义务人 ………………………………………… 235
◎ 第二节 税目 ………………………………………………… 236
◎ 第三节 税率 ………………………………………………… 238
◎ 第四节 应纳税额的计算 …………………………………… 239
◎ 第五节 税收优惠 …………………………………………… 241
◎ 第六节 征收管理 …………………………………………… 242
◎ 第七节 综合案例分析 ……………………………………… 245
◎ 自测题 ……………………………………………………… 246

第十三章 契税法 …………………………………………… 249

◎ 第一节 纳税义务人 ………………………………………… 249
◎ 第二节 征税对象 …………………………………………… 249
◎ 第三节 税率 ………………………………………………… 250

◎ 第四节 应纳税额的计算 …………………………………… 250
◎ 第五节 税收优惠 …………………………………………… 251
◎ 第六节 征收管理 …………………………………………… 254
◎ 自测题 ……………………………………………………… 254

第十四章 企业所得税法 …………………………………………… 258

◎ 第一节 纳税义务人 ………………………………………… 258
◎ 第二节 征税对象 …………………………………………… 259
◎ 第三节 税率 ………………………………………………… 260
◎ 第四节 应纳税所得额的计算 ……………………………… 260
◎ 第五节 资产的税务处理 …………………………………… 270
◎ 第六节 应纳税额的计算 …………………………………… 275
◎ 第七节 税收优惠 …………………………………………… 280
◎ 第八节 源泉扣缴 …………………………………………… 286
◎ 第九节 特别纳税调整 ……………………………………… 287
◎ 第十节 征收管理 …………………………………………… 289
◎ 第十一节 综合案例分析 …………………………………… 290
◎ 自测题 ……………………………………………………… 292

第十五章 个人所得税法 …………………………………………… 302

◎ 第一节 纳税义务人 ………………………………………… 302
◎ 第二节 所得来源地的确定 ………………………………… 304
◎ 第三节 征税范围 …………………………………………… 305
◎ 第四节 税率 ………………………………………………… 312
◎ 第五节 应纳税所得额的规定 ……………………………… 314
◎ 第六节 应纳税额的计算 …………………………………… 317
◎ 第七节 税收优惠 …………………………………………… 329
◎ 第八节 境外所得的税额扣除 ……………………………… 332
◎ 第九节 征收管理 …………………………………………… 334
◎ 第十节 综合案例分析 ……………………………………… 338
◎ 自测题 ……………………………………………………… 341

第十六章 税收征收管理法 ………………………………………… 351

◎ 第一节 税收征收管理法概述 ……………………………… 351
◎ 第二节 税务管理 …………………………………………… 354

- ◎ 第三节　税款征收 ······ 359
- ◎ 第四节　税务检查 ······ 367
- ◎ 第五节　法律责任 ······ 370
- ◎ 第六节　综合案例分析 ······ 374
- ◎ 自测题 ······ 376

第十七章　税务行政法制 ······ 381

- ◎ 第一节　税务行政处罚 ······ 381
- ◎ 第二节　税务行政复议 ······ 383
- ◎ 第三节　税务行政诉讼 ······ 393
- ◎ 第四节　综合案例分析 ······ 397
- ◎ 自测题 ······ 398

自测题参考答案 ······ 403

参考文献 ······ 422

第一章 税法概论

第一节 税法的概念

一、税法的概念

税法是国家制定的用以调整国家与纳税人之间在征纳税方面的权利及义务关系的法律规范的总称。税法是国家依法征税、纳税人依法纳税的行为准则，其目的是保障国家利益和纳税人的合法权益，维护正常的税收秩序，保证国家的财政收入。

税法与税收制度密不可分，税法是税收制度的法律表现形式，税收制度则是税法所确定的具体内容。税收是政府为了满足社会公共需要，凭借政治权力，强制、无偿地取得财政收入的一种形式。税收具有无偿性、强制性和固定性三个基本特征，即通常所说的税收"三性"。

（一）税收的无偿性

税收的无偿性是指国家征税以后对具体纳税人，既不需要直接偿还，也不付出任何直接形式的报酬，纳税人从政府支出所获利益通常与其支付的税款不完全成一一对应的比例关系。无偿性是税收的关键特征，它使税收明显地区别于国债等财政收入形式，决定了税收是国家筹集财政收入的主要手段，并成为调节经济和矫正社会分配不公的有力工具。

但这种无偿是相对的，国家在取得税款的当时虽未支付对价，但以后会用取得的税款投资于基础设施建设，"取之于民，用之于民"在某种程度上说税收又是有偿的。

（二）税收的强制性

税收的强制性指税收是国家凭借政治权力，通过法律形式对社会产品进行的强制性分配，而非纳税人的一种自愿交纳，纳税人必须依法纳税，否则会受到法律制裁。强制性是国家权力在税收上的法律体现，是国家取得税收收入的根本前提。它也是与税收的无偿性特征相对应的一个特征。正因为税收具有无偿性，才需要通过税收法律的形式规范征纳双方的权利和义务，对纳税人而言依法纳税既是一种权利，更是一种义务。例如，对从事生产、经营的纳税人未按规定的期限缴纳税款，由税务机关责令限期缴纳，逾期仍未缴纳的，经县以上税务局（分局）局长批准，税务机关可以采取强制措施使纳税人缴纳税款。

（三）税收的固定性

税收的固定性指税收是国家通过法律形式预先规定了对什么征税及其征收比例等税

制要素，并保持相对的连续性和稳定性。固定性也是相对的，随着我国市场经济不断发展和融入国际经济一体化进程的逐渐加快，我国的税收制度也在不断完善，需要根据实际情况不断颁布新的税法和修订已有的税法。

税收三性是一个完整的统一体，它们相辅相成、缺一不可。其中，无偿性是核心，强制性是保障，固定性是对强制性和无偿性的一种规范和约束。

二、税法的作用

由于税法调整的对象涉及社会经济活动的各个方面，与国家的整体利益及企业、单位、个人的直接利益有着密切的关系，并且在建立和发展我国社会主义市场经济体制中，国家将通过制定实施税法加强对国民经济的宏观调控，因此，税法的地位越来越重要。

我国税法的重要作用主要有以下几个方面：①税法是国家组织财政收入的法律保障；②税法是国家宏观调控经济的法律手段；③税法对维护经济秩序具有重要作用；④税法能有效地保护纳税人的合法权益；⑤税法是维护国家权益，促进国际经济交往的可靠保证。

三、税收法律关系

税收法律关系是税法所确认和调整的，国家与纳税人之间、国家与国家之间以及各级政府之间，在税收分配过程中形成的权利与义务关系。

（一）税收法律关系的构成

税收法律关系在总体上与其他法律关系一样，都是由主体、客体、法律关系内容三方面构成的，但在三方面的内涵上，税收法律关系则具有特殊性。

1. 税收法律关系的主体

法律关系的主体是指法律关系的参加者。税收法律关系的主体是指税收法律关系中享有权利和承担义务的当事人。主体包括征税主体和纳税主体。

征税主体是代表国家行使征税职责的国家行政机关，包括国家各级税务机关、海关和财政机关。国家最高权力机关是税法的制定者，不是税收法律关系的征税主体。

纳税主体是指履行纳税义务的人，包括法人、自然人和其他组织，在华的外国企业、组织、外籍人、无国籍人，以及在华虽然没有机构、场所但有来源于中国境内所得的外国企业或组织。我国确定纳税主体采用属地兼属人的原则。

在税收法律关系中权利主体双方法律地位平等，只是因为征税主体与纳税主体是行政管理者与被管理者的关系，所以税收法律关系主体双方的权利与义务不对等。因此，与一般民事法律关系中主体双方权利与义务平等是一样的，这是税收法律关系的一个重要特征。

2. 税收法律关系的客体

税收法律关系的客体是指税收法律关系主体的权利、义务所共同指向的对象，也就是征税对象。税收法律关系客体也是国家利用税收杠杆调整和控制的目标，国家在一定时期根据客观经济形势发展的需要，通过扩大或者缩小征税范围调整征税对象，以达到限制或者鼓励国民经济中某些产业、行业发展的目的。例如，流转税法律关系客体就是货物销售收入或劳务收入,所得税法律关系客体就是生产经营所得和其他所得,财产税法律关系客体就是财产。

3. 税收法律关系的内容

税收法律关系的内容是指税收法律关系主体所享有的权利和所应承担的义务,是税收法律关系的实质和灵魂。税收法律关系的内容包括征税主体的权利、义务和纳税主体的权利、义务两大方面。

税务机关的权利主要有征税权、税法解释权、委托代征权、税收保全权、强制执行权、行政处罚权、税收检查权、税款追征权等;其义务主要是向纳税人宣传、咨询、辅导解读税法,依法办理税务登记、开具完税凭证,及时把征收的税款解缴国库,对多征的税款返还纳税人,依法受理纳税人对税收争议的申诉等。

纳税义务人的权利主要有多缴税款申请退还权、延期纳税权、依法申请减免税权、申请复议和提起诉讼权等;其义务主要是按税法规定办理税务登记、进行纳税申报、接受税务检查、依法缴纳税款、违法时接受处罚等。

(二) 税收法律关系的产生、变更和消灭

税法是引起税收法律关系的前提条件,但税法本身并不能产生具体的税收法律关系。税收法律关系的产生、变更和消灭必须有能够引起税收法律关系产生、变更或消灭的客观情况,即由税收法律事实来决定。税收法律事实可以分为税收法律事件和税收法律行为,税收法律事件是指不以税收法律关系主体的意志为转移的客观事件。例如,自然灾害可以导致税收减免,从而改变税收法律关系内容的变化。税收法律行为是指税收法律关系主体在正常意志支配下做出的活动。例如,纳税人开业经营即产生税收法律关系,纳税人转业即造成税收法律关系的变更,纳税人停业即造成税收法律关系的消灭。

(三) 税收法律关系的保护

税收法律关系是同国家利益及企业和个人的权益相联系的。保护税收法律关系,实质上就是保护国家正常的经济秩序,保障国家财政收入,维护纳税人的合法权益。税收法律关系的保护形式和方法是很多的,税法中关于限期纳税、征收滞纳金和罚款的规定,《刑法》对构成偷税、抗税罪给予刑罚的规定,以及税法中对纳税人不服税务机关征税处理决定,可以申请复议或提出诉讼的规定等都是对税收法律关系的直接保护。

税收法律关系的保护对主体双方是平等的,不能只对一方保护,而对另一方不予保护。同时对其享有权利的保护,就是对其承担义务的制约。

第二节 税法构成要素

税法的构成要素是指各种单行税法具有的共同的基本要素的总称。税法的构成要素一般包括总则、纳税义务人、征税对象、税目、税率、纳税环节、纳税期限、纳税地点、减税免税、罚则、附则等项目。

一、总则

总则主要包括立法依据、立法目的、适用原则等。

二、纳税义务人

纳税义务人（以下简称纳税人）又叫纳税主体，是税法规定的直接负有纳税义务的单位和个人。

（一）自然人和法人

纳税人有两种基本形式：自然人和法人。自然人和法人是两个相对称的法律概念。自然人是基于自然规律而出生的，有民事权利和义务的主体，包括本国公民，也包括外国人和无国籍人。法人是自然人的对称，根据《民法通则》第36条规定，法人是基于法律规定享有权利能力和行为能力，具有独立的财产和经费，依法独立承担民事责任的社会组织。我国的法人主要有四种：机关法人、事业法人、企业法人和社团法人。

税法中规定的纳税人有自然人和法人两种最基本的形式，按照不同的目的和标准，还可以对自然人和法人进行多种详细的分类，这些分类对国家制定区别对待的税收政策，发挥税收的经济调节作用，具有重要的意义。如自然人可划分为居民纳税人和非居民纳税人，个体经营者和其他个人等；法人可划分为居民企业和非居民企业，还可按企业的不同所有制性质来进行分类等。

（二）扣缴义务人

与纳税人紧密联系的两个概念是代扣代缴义务人和代收代缴义务人。前者是指虽不承担纳税义务，但依照有关规定，在向纳税人支付收入、结算货款、收取费用时有义务代扣代缴其应纳税款的单位和个人，如出版社代扣作者稿酬所得的个人所得税等。如果代扣代缴义务人按规定履行了代扣代缴义务，税务机关将支付一定的手续费。反之，未按规定代扣代缴税款，造成应纳税款流失或将已扣缴的税款私自截留挪用，不按时缴入国库，一经税务机关发现，将要承担相应的法律责任。代收代缴义务人是指虽不承担纳税义务，但依照有关规定，在向纳税人收取商品或劳务收入时，有义务代收代缴其应纳税款的单位和个人。如消费税条例规定，委托加工的应税消费品，由受托方在向委托方交货时代收代缴委托方应该缴纳的消费税。

三、征税对象

征税对象又叫课税对象、纳税客体，指税法规定对什么征税，是征纳税双方权利义务共同指向的客体或标的物，是区别一种税与另一种税的重要标志。如消费税的征税对象是消费税条例所列举的应税消费品，房产税的征税对象是房屋等。征税对象是税法最基本的要素，因为它体现着征税的最基本界限，决定着某一种税的基本征税范围，同时，征税对象也决定了各个不同税种的名称。如消费税、土地增值税、个人所得税等，这些税种因征税对象不同，性质不同，税名也就不同。征税对象按其性质的不同，通常可划分为流转额、所得额、财产、资源、特定行为等五大类，通常也因此将税收分为相应的五大类即流转税或称商品和劳务税、所得税、财产税、资源税和特定行为税。

四、税目

税目是在税法中对征税对象分类规定的具体的征税项目，反映具体的征税范围，是对课税对象质的界定。设置税目的目的首先是明确具体的征税范围，凡列入税目的即为应税项目，未列入税目的，则不属于应税项目。其次，划分税目也是贯彻国家税收调节政策的需要，国家可根据不同项目的利润水平以及国家经济政策等为依据制定高低不同的税率，以体现不同的税收政策。并非所有税种都需规定税目，有些税种不分课税对象的具体项目，一律按照课税对象的应税数额采用同一税率计征税款，因此一般无须设置税目，如企业所得税。有些税种具体课税对象比较复杂，需要规定税目，如消费税、营业税等，一般都规定有不同的税目。例如，消费税法将应纳消费税的 14 种商品划分为 14 个税目，许多税目还要划分成不同子目，以确定商品具体适用的消费税税率，其中酒及酒精为消费税的一个税目，该税目又划分为粮食与薯类白酒、黄酒、啤酒、其他酒、酒精 5 个子目，分别适用不同的消费税税率。

五、税率

税率是对征税对象的征收比例或征收额度。税率是计算税额的尺度，也是衡量税负轻重与否的重要标志。我国现行的税率主要有比例税率、定额税率、超额累进税率和超率累进税率四种。

（一）比例税率

比例税率是指对同一征税对象，不分数额大小，规定相同的征收比例。我国的增值税、营业税、城市维护建设税、企业所得税等采用的是比例税率。比例税率在适用中又可分为三种具体形式。

1. 单一比例税率

单一比例税率是指对同一征税对象的所有纳税人都适用同一比例税率。例如，消费税中烟丝的税率为 30%，化妆品的税率为 30%，汽车轮胎的税率为 3%。

2. 差别比例税率

差别比例税率是指对同一征税对象的不同纳税人适用不同的比例征税。我国现行税法又分别按产品、行业和地区的不同将差别比例税率划分为以下三种类型：一是产品差别比例税率，即对不同产品分别适用不同的比例税率，同一产品采用同一比例税率，如消费税、关税等；二是行业差别比例税率，即对不同行业分别适用不同的比例税率，同一行业采用同一比例税率，如营业税等；三是地区差别比例税率，即区分不同的地区分别适用不同的比例税率，同一地区采用同一比例税率，如我国城市维护建设税等。

3. 幅度比例税率

幅度比例税率是指对同一征税对象，税法只规定最低税率和最高税率，各地区在该幅度内确定具体的适用税率。例如，营业税中娱乐业的税率为 5%~20%，该税率的最高税率为 20%，最低税率为 5%，各地区可以根据实际情况确定一个适当的税率，如 10%。

（二）定额税率

定额税率又叫单位税额，是指按征税对象确定的计算单位，直接规定一个固定的税额。定额税率适用于从量定额计征的税种，按定额税率征税，税额的多少只与征税对象的数量有关，而与价格无关。目前我国采用定额税率的有资源税、城镇土地使用税、车船税等。征税对象的计量单位可以是重量、体积、面积等单位。例如，消费税中的黄酒、啤酒的计量单位是"吨",消费税中的成品油的计量单位是"升",城镇土地使用税的计量单位是"平方米"。

(三) 超额累进税率

超额累进税率指把征税对象按数额的大小分成若干等级,每一等级规定一个税率,税率依次提高,但每一纳税人的征税对象则依所属等级同时适用几个税率分别计算,将计算结果相加后得出应纳税款。目前我国采用超额累进税率的税种有个人所得税。例如,个人所得税中的工资薪金所得采用的是超额累进税率,假定一位职员的月工资为9 500元,应纳税所得额为6 000元(9 500－3 500)。该所得额分为三个等级,分别适用依次递增的税率:不超过1 500元的,税率为3%;超过1 500元到4 500元的部分,税率为10%;超过4 500元到9 000元的部分,税率为20%。应纳个人所得税税额为645元[1 500×3%+(4 500－1 500)×10%+(6 000－4 500)×20%]。

(四) 超率累进税率

超率累进税率指以征税对象数额的相对率划分若干级距,分别规定相应的差别税率,相对率每超过一个级距的,对超过的部分就按高一级的税率计算征税,将计算结果相加后得出应纳税款。目前我国采用超率累进税率的税种有土地增值税。例如,假定一房地产开发公司取得收入6 000万元,准予扣除项目金额为2 500万元,则增值额3 500万元,增值额对扣除项目的相对率为140%。该相对率分为三个级距,分别适用依次递增的税率:增值额未超过扣除项目金额50%的部分,税率为30%;增值额超过扣除项目金额50%、未超过扣除项目金额100%的部分,税率为40%;增值额超过扣除项目金额100%、未超过扣除项目金额200%的部分,税率为50%。应纳土地增值税额为1 375万元[2 500×50%×30%+2 500×(100%－50%)×40%+2 500×(140%－100%)×50%]。

六、纳税环节

纳税环节主要指税法规定的征税对象在从生产到消费的流转过程中应当缴纳税款的环节。如流转税在生产和流通环节纳税、所得税在分配环节纳税等。按照某种税征税环节的多少,可以将税种划分为一次课征制或多次课征制。如消费税对应税消费品的生产、委托加工、进口或者零售的某一个环节征收消费税,以后不再征收消费税;而增值税对商品流通的各个环节征税。

七、纳税期限

纳税期限是指税法规定的关于税款缴纳时间方面的限定。税法关于纳税期限的规定有三个概念。

(一) 纳税义务发生时间

纳税义务发生时间是指应税行为发生的时间。如增值税条例规定,采取预收货款方式销售货物的,其纳税义务发生时间为货物发出的当天。

(二) 纳税期限

纳税人每次发生纳税义务后,不可能马上去缴纳税款。税法规定了每种税的纳税期限,即每隔固定时间汇总一次纳税义务的时间。如增值税条例规定,增值税的具体纳税期限分别为 1 日、3 日、5 日、10 日、15 日、1 个月或者 1 个季度。纳税人的具体纳税期限，由主管税务机关根据纳税人应纳税额的大小分别核定；不能按照固定期限纳税的，可以按次纳税。

（三）缴库期限

缴库期限，即税法规定的纳税期满后，纳税人将应纳税款缴入国库的期限。如增值税条例规定，纳税人以 1 个月或者 1 个季度为 1 纳税期限的，自期满之日起 15 日内申报纳税；以 1 日、3 日、5 日、10 日或 15 日为 1 纳税期限的，自期满之日起 5 日内预缴税款，于次月 1 日起 15 日内申报纳税并结清上月应纳税款。

缴库期限内如遇元旦、春节、五一劳动节、国庆节等法定节假日的，缴库期限向后顺延法定放假天数。纳税人、扣缴义务人缴库期限的最后一日如遇周末、法定节假日的，可以顺延，以周末、法定节假日的次日为缴库期限的最后一日。

八、纳税地点

纳税地点主要是指根据各个税种征税对象的纳税环节和有利于对税款的源泉控制而规定的纳税人（包括代征、代扣、代缴义务人）的具体纳税地点。

九、减税免税

减税免税主要是指对某些纳税人和征税对象采取减少征税或者免予征税的特殊规定。减税免税有税基式减免、税率式减免和税额式减免三种基本形式。

十、罚则

罚则主要是指对纳税人违反税法的行为采取的处罚措施。例如，对纳税人偷税的，由税务机关追缴其不缴或者少缴的税款、滞纳金，并处以罚款，构成犯罪的依法追究刑事责任。

十一、附则

附则一般都规定与该法紧密相关的内容。例如，该法的解释权、生效时间等。

第三节　税收立法与税法的实施

一、税收立法

（一）税收立法概述

税收立法是指有权的机关依据一定的程序，遵循一定的原则，运用一定的技术，制定、公布、修改、补充和废止有关税收法律、法规、规章的活动。税收立法是税法实施的前提，有法可依，有法必依，执法必严，违法必究，是税收立法与税法实施过程中必须遵循的基本原则。

（二）税收的立法原则

税收立法原则是指在税收立法活动中必须遵循的准则。我国的税收立法原则是根据我国的社会性质和具体国情确定的，是立法机关根据社会经济活动、经济关系，特别是税收征纳双方的特点确定的，并贯穿于税收立法工作始终的指导方针，税收立法主要应遵循以下几个原则。

1. 从实际出发的原则

从实际出发的原则要求税收立法必须根据经济发展的客观需要，反映客观规律，也就是从中国国情出发，充分尊重社会经济发展规律和税收分配理论，充分运用科学知识和技术手段，不断丰富税收立法理论，完善税法体系，以适应社会主义市场经济发展的客观需要。

2. 公平原则

在税收立法中一定要体现公平原则，即要体现合理负担原则，以提供一个公平竞争的市场环境。公平主要体现在三个方面：一是从税收负担能力上看，负担能力大的应多纳税，负担能力小的应少纳税，没用负担能力的应不纳税；二是从纳税人所处的生产和经营环境看，对因客观环境优越而取得超额收入或级差收益者应多纳税，反之少纳税；三是从税负平衡看，不同地区、不同行业间及多种经济成分之间的实际税负必须尽可能公平。

3. 民主决策的原则

民主决策的原则主要指税收立法过程中必须充分倾听群众的意见，严格按照法定程序进行，确保税收法律能体现广大群众的根本利益，更好地保护纳税主体的合法权益。

4. 原则性与灵活性相结合的原则

税法以"统一税法"为原则，为了保证税法制定后在全国范围内、在各个地区都能贯彻执行，这就要求必须坚持原则性与灵活性相结合的原则，贯彻法制的统一性与因时、因地制宜相结合。

5. 法律的稳定性、连续性与废、改、立相结合的原则

税法属于上层建筑的范畴，税法的制定应与一定经济基础相适应，在一定阶段内应保持其稳定性，不得朝令夕改，变化不定，以防破坏税法的权威性和严肃性。但经济在不断发展，根据过去的经济基础制定的法律，就可能不再适应发展后的经济形势，甚至阻碍经济的发展，这时需要对已不再适用的税法进行修订，甚至废止或者制定新的税法。

（三）我国税收立法、税法调整

1. 税收立法机关

根据我国立法体制的规定，不同法律级次、不同法律效力的税法应由不同的有立法权的机关制定。

（1）全国人民代表大会和全国人大常务委员会制定的税收法律。《中华人民共和国宪法》（以下简称《宪法》）规定："全国人民代表大会和全国人大常务委员会行使国家立法权。"即我国税收法律的立法权由全国人民代表大会和全国人大常务委员会行使，其他任何机关都没有制定税收法律的权力。除《宪法》外，在税收法律体系中，税收法律具有最高的法律效力，是其他机关制定税收法规、规章的法律依据，其他各机关制定的税收法规、规章，都不得与《宪法》和税收法律相抵触。现行税法体系中包含的税收法律有《中华人民共和国企业所得税法》、《中华人民共和国个人所得税法》、《中华人民

共和国税收征收管理法》（以下简称《企业所得税法》、《个人所得税法》、《税收征管法》）等。

（2）全国人大或人大常务委员会授权立法。授权立法是指全国人民代表大会及其常务委员会根据需要授权国务院制定某些具有法律效力的暂行规定或者条例。授权立法与制定行政法规不同。国务院经授权立法所制定的规定或者条例等，具有国家法律的性质和地位，它的效力高于行政法规，在立法程序上还需报全国人大常委会备案。目前，国务院根据全国人大及其常委会授权立法，制定实施了增值税、消费税、营业税、资源税、土地增值税等暂行条例。

（3）国务院制定的税收行政法规。国务院是最高的行政机关，是最高国家权力机关的执行机关，拥有广泛的行政立法权，有权制定行政法规，发布决定和命令。行政法规作为一种法律形式，在我国法律形式中处于低于宪法、法律和高于地方法规、部门规章、地方规章的地位，也是在全国范围内普遍适用的。行政法规不得与宪法、法律相抵触，否则无效。国务院发布的《企业所得税法实施条例》、《个人所得税法实施条例》、《税收征收管理法实施细则》等，都属于行政法规。

（4）地方人民代表大会及其常务委员会制定的税收地方性法规。目前，除了海南省、民族自治地区按照全国人大授权立法规定，在遵循宪法、法律和行政法规的原则基础上，可以制定有关税收的地方性法规外，其他省、市都无权自定税收地方性法规。

（5）国务院税务主管部门制定的税收部门规章。有权制定税收部门规章的税务主管机关是财政部、国家税务总局及海关总署。其制定规章的范围包括：对有关税收法律、法规的具体解释、税收征收管理的具体规定、办法等，税收部门规章在全国范围内具有普遍适用效力，但不得与税收法律、行政法规相抵触。

（6）地方政府制定的税收地方规章。按照"统一税法"的原则，上述地方政府制定税收规章，都必须在税收法律、法规明确授权的前提下进行，并且不得与税收法律、行政法规相抵触。没有税收法律、法规的授权，地方政府是无权自定税收规章的，凡越权自定的税收规章没有法律效力。例如，国务院发布实施的城市维护建设税、车船税、房产税等地方性税种暂行条例，都规定省、自治区、直辖市人民政府可根据条例制定实施细则。

2. 税收立法、修订和废止程序

税收立法程序是指有权的机关，在制定、认可、修改、补充、废止等税收立法活动中，必须遵循的法定步骤和方法。

目前我国税收立法主要包括提议阶段、审议阶段、通过和公布阶段。

（1）提议阶段。无论是税法的制定，还是税法的修改、补充和废止，一般由国务院授权其税务主管部门（财政部或国家税务总局）负责立法的调查研究等准备工作，并提出立法方案或税法草案，上报国务院。

（2）审议阶段。税收法规由国务院负责审议。税收法律在经国务院审议通过后，以议案的形式提交全国人民代表大会常务委员会的有关工作部门，在广泛征求意见并做修改后，提交全国人民代表大会或其常务委员会审议通过。

（3）通过和公布阶段。税收行政法规，由国务院审议通过后，以国务院总理名义发布实施。税收法律，在全国人民代表大会或其常务委员会开会期间，先听取国务院关于制定税法议案的说明，然后经过讨论，以简单多数的方式通过后，以国家主席名义发布实施。

二、税法的实施

税法的实施即税法的执行。它包括税收执法和守法两个方面：一方面要求税务机关和税务人员正确运用税收法律，并对违法者实施制裁；另一方面要求税务机关、税务人员、公民、法人、社会团体及其他组织严格遵守税收法律。

由于税法具有多层次的特点，因此，在税收执法过程中，对其适用性或法律效力的判断，应当遵循以下原则。

（一）法律优位原则

法律优位原则是指层次高的法律优于层次低的法律，即税收法律的效力优于税收行政法规的效力，税收行政法规的效力优于税收行政规章的效力。效力低的税法与效力高的税法发生冲突时，以效力高的税法规定为准执行。在国际法与国内法相抵触时，以国际法为准，即国际法优于国内法。

（二）特别法优于普通法的原则

特别法优于普通法的原则是指在同一层次的法律中，特别法优于普通法，对同一事项在特别法和普通法两部法律规定有抵触时，特别法规定的效力高于普通法规定的效力。

（三）法律不溯及既往原则

为了维护税法的稳定性和可预测性，使纳税人能在知道纳税结果的前提下做出相应的经济决策，税法应当遵循税收实体法不溯及既往的原则。"法律不溯及既往原则"的基本含义是一部新法实施后，对新法实施之前人们的行为不得适用新法，而只能沿用旧法。

（四）实体从旧、程序从新的原则

实体从旧、程序从新原则包括两个方面：一是实体税法不具备溯及力，即前述的"法律不溯及既往原则"；二是程序性税法在特定条件下具备一定的溯及力，即对于一项新税法公布实施之前发生的纳税义务在新税法公布实施之后进入税款征收程序的，原则上新税法具有约束力。

（五）程序法优于实体法的原则

程序法优于实体法原则，是指在诉讼发生时税收程序法优于税收实体法适用。当纳税人认为税务机关的征税行为不合理或不合法而侵犯其合法权益时，有权向该税务机关的上一级税务机关申请行政复议，对复议结果不服的可以依法提起行政诉讼，但是并不停止纳税人履行纳税义务的执行，即不管税务机关认定的纳税义务是否实际上存在，也不管是否合理，纳税人必须先按要求履行了纳税义务，纳税人方可通过申请行政复议或者提起行政诉讼寻求法律保护。

第四节 我国现行税法体系

从法律角度讲，一个国家在一定时期内、一定体制下以法定形式规定的各种税收法律、法规的总和即为税法体系。但从税收工作角度讲，税法体系往往被称为税收制度。即，一个国家的税收制度是指在既定的管理体制下设置的税种以及与这些税种的征收、管理有关的，具有法律效力的各级成文法律、行政法规、部门规章等的总和。换句话说，税法体系就是通常所说的税收制度（简称税制）。

一、税法的分类

税法体系中各税法按立法目的、征税对象、权限划分、适用范围、职能作用的不同，可分为不同类型。

（一）按照税法的基本内容和效力的不同分类

按照税法的基本内容和效力的不同，可分为税收基本法和税收普通法。

税收基本法也称税收通则，是税法体系的主体和核心，在税法体系中起着税收母法的作用。其基本内容包括税收制度的性质、税收管理机构、税务立法与管理权限、纳税人的基本权利与义务、征税机关的权利和义务、税种设置等。我国目前还没有制定统一的税收基本法。

税收普通法是根据税收基本法的原则，对税收基本法规定的事项分别立法实施的法律。如《企业所得税法》、《个人所得税法》、《税收征管法》等。

（二）按照税法的职能作用的不同分类

按照税法的职能作用的不同，可分为税收实体法和税收程序法。

税收实体法主要是指确定税种立法，具体规定各税种的纳税人、征税对象、征税范围、税目、税率、纳税期限、纳税地点等。如《个人所得税法》、《企业所得税法》均属于税收实体法。

税收程序法是指税务管理方面的法律，主要包括税收管理法、纳税程序法、发票管理法、税务机关组织法、税务争议处理法等。如《税收征管法》就属于税收程序法。

（三）按照税法征收对象的不同分类

按照税法征收对象的不同，可分为流转税税法等四种。

（1）流转税税法。主要包括增值税、营业税、消费税、关税等税法。这类税法的特点是与商品生产、流通、消费有密切联系。对什么商品征税，税率多高，对商品经济活动都有直接的影响，易于发挥对经济的宏观调控作用。

（2）所得税税法。主要包括企业所得税、个人所得税等税法。其特点是可以直接调节纳税人收入，发挥其公平税负、调整分配关系的作用。

（3）财产、行为税税法。主要是对财产的价值或某种行为课税。包括房产税、印花税等税法。

（4）资源税税法。主要是为保护和合理使用国家自然资源而课征的税。我国现行的资源税、城镇土地使用税等税种均属于资源课税的范畴。

（四）按税收管辖权的不同分类

按照主权国家行使税收管辖权的不同，可分为国内税法、国际税法和外国税法等。

国内税法一般是按照属人或属地原则，规定一个国家的内部税收制度。国际税法是指国家间形成的税收制度，主要包括双边或者多边国家间的税收协定、条约或国际惯例等。外国税法是指外国各个国家制定的税收制度。

以上对于税种的分类不具有法定性，但将各具体税种按一定方法分类，在税收理论研究和税制建设方面用途相当广泛，作用非常之大。例如，流转税也称间接税是由于这些税种都是按照商品和劳务收入计算征收的，而这些税种虽然是由纳税人负责缴纳，但最终是由商品和劳务的购买者即消费者负担的，所以称为间接税；而所得税类税种的纳税人本身就是负税人，一般不存在税负转移或转嫁问题，所以称为直接税。

一般来说，以间接税为主体的税制结构的主要税种，包括增值税、营业税和消费税。以直接税为主体的税制结构的主要税种，包括个人所得税和企业（法人）所得税。以个人所得税为主体税种的，多见于经济发达国家，而把企业（法人）所得税作为主体税种的国家很少。以某种直接税和间接税税种为"双主体"的税制，是作为一种过渡性税制类型存在的。我国目前税制基本上是间接税和直接税双主体税制结构，间接税（增值税、消费税、营业税）占税收总收入的60%左右，直接税（企业所得税、个人所得税）占税收总收入的25%左右，其他辅助税种数量较多，但收入比重不大。

二、我国现行税法体系

我国现行税法体系由税收实体法和税收征收管理的程序法的法律制度构成。

（一）税收实体法体系

我国的现行税制就其实体法而言，是1949年新中国成立后经过几次较大的改革逐步演变而来的，按其性质和作用大致分为五类。

1. 流转税类

流转税类包括增值税、消费税、营业税和关税。主要在生产、流通或者服务业中发挥调节作用。

2. 资源税类

资源税类包括资源税、土地增值税和城镇土地使用税。主要是对因开发和利用自然资源差异而形成的级差收入发挥调节作用。

3. 所得税类

所得税类包括企业所得税、个人所得税。主要是在国民收入形成后，对生产经营者的利润和个人的纯收入发挥调节作用。

4. 特定目的税类

特定目的税类包括固定资产投资方向调节税（暂缓征收）、筵席税、城市维护建设税、车辆购置税、耕地占用税和烟叶税，主要是为了达到特定目的，对特定对象和特定行为发挥调节作用。

5. 财产和行为税类

财产和行为税类包括房产税、车船税、印花税、契税，主要是对某些财产和行为发挥调节作用。

上述税种中的关税由海关负责征收管理，其他税种由税务机关负责征收管理。耕地占用税和契税，1996年以前由财政机关的农税部门征收管理，1996年财政部农税管理机构划归国家税务总局领导，部分省市机构相应划转，这些税种改由税务部门负责征收，但部分省市仍由财政机关负责征收。

上述税种，除企业所得税、个人所得税是以国家法律的形式发布实施外，其他各税种都是经全国人民代表大会授权立法，由国务院以暂行条例的形式发布实施的。这19个税收法律、法规组成了我国的税收实体法体系。

（二）税收程序法体系

除税收实体法外，我国对税收征收管理适用的法律制度，是按照征收管理机关的不同而分别规定的：

（1）由税务机关负责征收的税种的征收管理，按照全国人大常委会发布实施的《税收征管法》执行。

（2）由海关机关负责征收的税种的征收管理，按照《中华人民共和国海关法》（以下简称《海关法》）及《中华人民共和国进出口关税条例》（以下简称《进出口关税条例》）等有关规定执行。

需要说明的是，对于我国现行税制中的19个税种，本书介绍了其中的14个，而另外5个税种没有介绍，主要考虑这些税种有的在经济生活中已经不发生影响或影响很小，有的是一次性征收，业务比较简单。这5个税种是：固定资产投资方向调节税，保留税种，暂缓征收；筵席税，由地方政府自主决定开征与否；烟叶税，以在中华人民共和国境内收购烟叶的单位为纳税人；车辆购置税，在纳税人向公安机关等车辆管理机构办理车辆登记注册手续前缴纳；耕地占用税，在纳税人获准占用耕地的环节一次性征收。

第五节 税款征收管理权

一、税收的征收管理权限的划分

根据《国务院关于实行财政分税制有关问题的通知》等有关法律、法规的规定，我国现行税制下税收执法管理权限的划分大致如下：

（1）首先根据国务院关于实行分税制财政管理体制的决定，按税种划分中央和地方的收入。将维护国家权益、实施宏观调控所必需的税种划为中央税；将同国民经济发展直接相关的主要税种划为中央与地方共享税；将适合地方征管的税种划为地方税，并充实地方税税种，增加地方税收收入。同时根据按收入归属划分税收管理权限的原则，对中央税，其税收管理权由国务院及其税务主管部门（财政部和国家税务总局）掌握，由中央税务机构负责征收；对地方税，其管理权由地方人民政府及其税务主管部门掌握，由地方税务机构负责征收；对中央与地方共享税，原则上由中央税务机构负责征收，共享税中地方分享的部分，由中央税务机构直接划入地方金库。在实践中，由于税收制度在不断地完善，因此，税收的征收管理权限也在不断地完善之中。

（2）地方自行立法的地区性税种，其管理权由省级人民政府及其税务主管部门掌握。

（3）根据《国务院关于取消集市交易税、牲畜交易税、烧油特别税、奖金税、工资调节税和将屠宰税、筵席税下放地方管理的通知》的有关规定，省级人民政府可以根据本地区经济发展的实际情况，自行决定继续征收或者停止征收屠宰税和筵席税。继续征收的地区，省级人民政府可以根据《中华人民共和国屠宰税暂行条例》和《中华人民共和国筵席税暂行条例》的规定，制定具体征收办法，并报国务院备案。

（4）属于地方税收管理权限，在省级及其以下的地区如何划分，由省级人民代表大会或省级人民政府决定。

（5）除少数民族自治地区和经济特区外，各地均不得擅自停征全国性的地方税种。

（6）经全国人大及其常委会和国务院的批准，民族自治地方可以拥有某些特殊的税收管理权，如全国性地方税种某些税目税率的调整权以及一般地方税收管理权以外的其他一些管理权等。

（7）经全国人大及其常委会和国务院的批准，经济特区也可以在享有一般地方税收管理权之外，拥有一些特殊的税收管理权。

（8）上述地方（包括少数民族自治区和经济特区）的税收管理权的行使，必须以不影响国家宏观调控和中央财政收入为前提。

（9）涉外税收必须执行国家的统一税法，涉外税收政策的调整权集中在全国人大常委会和国务院，各地一律不得自行制定涉外税收的优惠措施。

（10）根据国务院的有关规定，为了更好地体现公平税负、促进竞争的原则，保护社会主义统一市场的正常发育，在税法规定之外，一律不得减税免税，也不得采取先征后返的形式变相减免税。

二、税务机构设置

根据我国经济和社会发展及实行分税制财政管理体制的需要，现行税务机构设置是中央政府设立国家税务总局（正部级），省及省以下税务机构分为国家税务局和地方税务局两个系统。国家税务总局对国家税务局系统实行机构、编制、干部、经费的垂直管理，协同省级人民政府对省级地方税务局实行双重领导。

（一）国家税务局系统

国家税务局系统包括省（自治区、直辖市）国家税务局，地区（地级市、自治州、盟）国家税务局，县（县级市、旗）国家税务局，征收分局、税务所。征收分局、税务所是县级国家税务局的派出机构，前者一般按照行政区划、经济区划或者行业设置，后者一般按照经济区划或者行政区划设置。

省级国家税务局是国家税务总局直属的正厅（局）级行政机构，是本地区主管国家税收工作的职能部门，负责贯彻执行国家的有关税收法律、法规和规章，并结合本地实际情况制定具体实施办法。局长、副局长均由国家税务总局任命。

（二）地方税务局系统

地方税务局系统包括省（自治区、直辖市）地方税务局，地区（地级市、自治州、盟）地方税务局，县（县级市、旗）地方税务局，征收分局、税务所。省以下地方税务局实行上级税务机关和同级政府双重领导，以上级税务机关垂直领导为主的管理体制，即地区（市）、县（市）地方税务局的机构设置、干部管理、人员编制和经费开支均由所在省（自治区、直辖市）地方税务局垂直管理。

省级地方税务局是省级人民政府所属的主管本地区地方税收工作的职能部门，一般为正厅（局）级行政机构，实行地方政府和国家税务总局双重领导，以地方政府领导为主的管理体制。

国家税务总局对省级地方税务局的领导，主要体现在税收政策、业务的指导和协调，对国家统一的税收制度、政策的监督，组织经验交流等方面。省级地方税务局的局长人选由地方政府征求国家税务总局意见之后任免。

三、税收征收管理范围划分

目前，我国的税收分别由财政、税务、海关等系统负责征收管理。

（一）国家税务局系统负责征收和管理

国家税务局系统负责征收和管理的项目有：①增值税；②消费税；③车辆购置税；④铁道部门、各银行总行、各保险总公司集中缴纳的营业税、所得税、城市维护建设税；⑤中央企业缴纳的所得税；⑥中央与地方所属企业、事业单位组成的联营企业、股份制企业缴纳的所得税；⑦地方银行、非银行金融企业缴纳的所得税；⑧海洋石油企业缴纳的所得税、资源税；⑨部分企业的企业所得税；⑩证券交易税（开征之前为对证券交易征收的印花税）；⑪个人所得税中对储蓄存款利息所得征收的部分；⑫中央税的滞纳金、补税、罚款。

（二）地方税务局系统负责征收和管理

地方税务局系统负责征收和管理的项目有：①营业税；②城市维护建设税（不包括上述由国家税务局系统负责征收管理的部分）；③地方国有企业、集体企业、私营企业缴纳的所得税、个人所得税（不包括对银行储蓄存款利息所得征收的部分）；④资源税；⑤城镇土地使用税；⑥耕地占用税；⑦土地增值税；⑧房产税；⑨车船税；⑩印花税；⑪契税；⑫屠宰税；⑬筵席税及其地方附加；⑭地方税的滞纳金、补税、罚款。

为了加强税收征收管理，降低征收成本，避免工作交叉，简化征收手续，方便纳税人，在某些情况下，国家税务局和地方税务局可以相互委托对方代征某些税收。

（三）地方财政部门负责征收和管理

在大部分地区，地方附加、契税、耕地占用税，仍由地方财政部门负责征收和管理。

（四）海关系统负责征收和管理

海关系统负责征收和管理的项目有关税，行李和邮递物品进口税，同时负责代征进出口环节的增值税和消费税。

四、中央政府与地方政府税收收入的划分

根据国务院关于实行分税制财政管理体制的规定，我国的税收收入分为中央政府固定收入、地方政府固定收入和中央政府与地方政府共享收入。

（一）中央政府固定收入

中央政府固定收入包括：消费税（含进口环节海关代征的部分），车辆购置税，关税，海关代征的进口环节增值税等。

（二）地方政府固定收入

地方政府固定收入包括：城镇土地使用税，耕地占用税，土地增值税，房产税，车船税，契税，筵席税等。

（三）中央政府与地方政府共享收入

中央政府与地方政府共享收入主要包括：

（1）增值税（不含进口环节由海关代征的部分）：中央政府分享75%，地方政府分享25%。

（2）营业税：铁道部、各银行总行、各保险总公司集中缴纳的部分归中央政府，其余部分归地方政府。

（3）企业所得税：铁道部、各银行总行及海洋石油企业缴纳的部分归中央政府，其余部分中央与地方政府按60%与40%的比例分享。

（4）个人所得税：除储蓄存款利息所得的个人所得税外，其余部分的分享比例与企业所得税相同。

（5）资源税：海洋石油企业缴纳的部分归中央政府，其余部分归地方政府。

（6）城市维护建设税：铁道部、各银行总行、各保险总公司集中缴纳的部分归中央政府，其余部分归地方政府。

（7）印花税：证券交易印花税收入的94%归中央政府，其余6%和其他印花税收入归地方政府。

自测题

一、名词解释
1. 税法与税收
2. 税收法律关系
3. 纳税义务人
4. 扣缴义务人
5. 征税对象
6. 税目
7. 超额累进税率
8. 超率累进税率
9. 中央税
10. 地方税
11. 中央与地方共享税

二、简答题
1. 简述税法的基本特征。
2. 简述税收法律关系的构成要素。
3. 简述税法的构成要素。
4. 简述我国现行税法体系。
5. 简述税法的制定。
6. 简述税收征收管理权限的划分。
7. 简述税务机关的设置。
8. 简述中央政府与地方政府税收收入的划分。

三、单项选择题
1. 税收法律关系中的主体是指（　　）。
  A. 征纳双方　　B. 征税方
  C. 国家税务总局　　D. 纳税方
2. 我国税收法律关系中，纳税主体一方的确定，采用的是（　　）。
  A. 属人原则
  B. 属地原则
  C. 属人属地并重的原则
  D. 属地兼属人的原则
3. 下列各项中，属于纳税人权利的是（　　）。
  A. 申请减免税
  B. 依法办理税务登记
  C. 追回欠缴的税款
  D. 自觉接受税务检查
4. 税收法律关系的产生、变更和消灭是由（　　）来决定的。
  A. 税收法律制定
  B. 税收法律实施
  C. 税收法律事实
  D. 税收法律本身

5. 采用超额累进税率征收的税种是（　　）。
   A. 土地增值税　　B. 增值税
   C. 个人所得税　　D. 资源税

6. 我国目前税制基本上是（　　）的税制结构。
   A. 间接税为主体
   B. 间接税和直接税为双主体
   C. 直接税为主体
   D. 无主体

7. 下列现行税法中属于税收程序法的是（　　）。
   A. 增值税暂行条例
   B. 税务行政复议规则
   C. 税务行政处罚实施办法
   D. 税收征收管理法

8. 下列税种中属于对流转额课税的有（　　）。
   A. 资源税　　　　B. 消费税
   C. 契税　　　　　D. 房产税

9. 《中华人民共和国个人所得税法》属于（　　）。
   A. 由全国人民代表大会和全国人大常委会制定的税收法律
   B. 地方人民代表大会及其常委会制定的税收法规
   C. 国务院税务主管部门制定的税收规章
   D. 税务行政命令

10. 某纳税人2008年12月31日购进一台生产经营用设备，则应按1994年1月1日开始实施的《增值税暂行条例》计入固定资产的成本，而不按2009年1月1日开始实施的《增值税暂行条例》抵扣增值税进项税。这样处理，符合税法适用原则中的（　　）。
    A. 法律优位原则
    B. 特别法优于普通法原则
    C. 程序优于实体原则
    D. 法律不溯及既往原则

11. 下列不属于国家税务局系统负责征收和管理的项目的是（　　）。
    A. 保险总公司集中缴纳的营业税
    B. 证券交易税
    C. 土地增值税
    D. 车辆购置税

12. 下列税种中由地方税务局系统征收管理的有（　　）。
    A. 个体户的增值税
    B. 进口环节的消费税
    C. 进口环节的增值税
    D. 地方企业的企业所得税

13. 下列属于中央税的有（　　）。
    A. 增值税　　　　B. 关税
    C. 企业所得税　　D. 个人所得税

四、多项选择题

1. 下列关于税法"三性"的描述中，正确的是（　　）。
   A. 税收的强制性不是纳税人的一种自愿行为，是税收的核心
   B. 税收的无偿性是税收的关键特征，是税收的保障
   C. 税收的固定性是对强制性和无偿性的一种规范和约束
   D. 税收三性是一个完整的统一体，它们相辅相成、缺一不可

2. 下列税种中，涉及适用于累进税率的有（　　）。
   A. 资源税　　　　B. 土地增值税
   C. 个人所得税　　D. 印花税

3. 下列属于特定目的税类的税种有（　　）。
   A. 增值税
   B. 城镇土地使用税
   C. 城市维护建设税
   D. 耕地占用税

4. 依据不同的分类标准，税收征收管理法分别属于（　　）。

A. 税收实体法   B. 税收程序法
C. 税收基本法   D. 税收普通法

5. 下列各税种中，由全国人民代表大会及其常务委员会制定的税收法律有（   ）。
A. 企业所得税法
B. 消费税法
C. 税收征收管理法
D. 个人所得税法

6. 关于税法的适用原则中的法律优位原则，下列表述正确的是（   ）。
A. 法律的效力高于行政立法的效力
B. 税收法律的效力高于税收行政法规的效力
C. 税收行政规章的效力高于税收行政法规的效力
D. 效力低的税法与效力高的税法发生冲突时，效力高的税法是无效的

7. 在税收执法过程中，对法律效力的判断上，应遵循以下原则（   ）。
A. 实体法从旧，程序法从新
B. 层次高的法律优于层次低的法律
C. 国内法优于国际法
D. 同一层次的法律中，特别法优于普通法

8. 下列各项中，有权制定税收规章的税务主管机关有（   ）。
A. 海关总署
B. 国家税务总局
C. 国务院办公厅
D. 财政部

9. 税收立法程序通常包括的阶段有（   ）。
A. 提议阶段
B. 审议阶段
C. 通过和公布阶段
D. 试行阶段

10. 下列税种中，全部属于中央政府固定收入的有（   ）。
A. 消费税   B. 增值税
C. 车辆购置税   D. 关税

五、判断题

1. 在税收法律关系中，代表国家行使征税职权的税务机关是权利主体，履行纳税义务的法人、自然人是义务主体或者权利客体。（   ）

2. 税法是引起税收法律关系的前提条件，从而决定税收法律关系的产生、变更和消灭。（   ）

3. 在税法实施过程中，应当遵循"程序法从旧、实体法从新"的原则。（   ）

4. 纳税期限是指纳税人按税法规定缴纳税款的期限，也就是税款的入库期限。（   ）

5.《中华人民共和国消费税暂行条例》属于税收法律，《中华人民共和国消费税暂行条例实施细则》属于税收法规。（   ）

6. 由于制定税收法律、法规和规章的立法机关不同，其法律级次不同，因此其法律效力也不同。（   ）

7. 某市政府为了支持小规模纳税人的发展，规定小规模纳税人如果取得了增值税专用发票，可以按规定抵扣进项税额。（   ）

8. 目前，我国税法体系中，采用超率累进税率征收的税种是土地增值税。（   ）

9. 资源税属于地方财政收入，所以由地方税务局负责征收管理。（   ）

10. 中央与地方分享企业所得税的收入。（   ）

第二章 增值税法

增值税法是指国家制定的用以调整增值税征收与缴纳之间权利及义务关系的法律规范。现行增值税法的基本规范，是 1993 年 12 月 13 日国务院颁布的《中华人民共和国增值税暂行条例》（以下简称《增值税暂行条例》）。为了进一步完善税制，积极应对国际金融危机对我国经济的影响，国务院决定全面实施增值税转型改革，修订了《增值税暂行条例》，2008 年 11 月 5 日经国务院第 34 次常务会议审议通过，11 月 10 日以国务院令第 538 号公布，2009 年 1 月 1 日起施行。2008 年 12 月 15 日，财政部、国家税务总局制定了《中华人民共和国增值税暂行条例实施细则》（以下简称《增值税暂行条例实施细则》），以财政部、国家税务总局第 50 号令发布。

增值税是以商品（含应税劳务）在流转过程中产生的增值额作为计税依据而征收的一种流转税。按照我国增值税法的规定，增值税是对在我国境内销售货物或者提供加工、修理修配劳务以及进口货物的企业单位和个人，就其货物销售或提供劳务的增值额和货物进口金额为计税依据而课征的一种流转税。

增值额是指企业或者其他经营者从事生产经营或者提供劳务，在购入的商品或者取得劳务的价值基础上新增加的价值额。增值税是以增值额作为课税对象征收的一种税，所以从定义来看应纳增值税额等于增值额乘以适用税率。这只是增值税计算的基本方法。从理论上讲，为实现对增值额征税的目的，增值税的计税方法可以分为直接计税法和间接计税法。在实务中，由于难以准确计算增值额导致难以采用直接计税法计算应纳增值税额，而间接计税法比较简便易行，目前为大多数国家所采用。我国目前所采用的增值税计算方法为间接计税法，即购进扣税法。购进扣税法在计算进项税额时，按当期购进商品已纳税额计算。实际征收中，采用凭增值税专用发票或其他合法扣税凭证注明税款进行抵扣的办法计算应纳税款。

第一节 纳税义务人

一、纳税义务人和扣缴义务人

（一）纳税义务人

根据《增值税暂行条例》的规定，在中华人民共和国境内（以下简称境内）销售货物或者提供加工、修理修配劳务以及进口货物的单位和个人，为增值税的纳税义务人（以下简称纳税人）。

一切从事销售或者进口货物、提供应税劳务的单位都是增值税纳税人。

单位是指企业、行政单位、事业单位、军事单位、社会团体及其他单位。

个人是指个体工商户和其他个人。

单位租赁或者承包给其他单位或者个人经营的，以承租人或者承包人为纳税人。

(二) 扣缴义务人

中华人民共和国境外的单位或者个人在境内提供应税劳务，在境内未设有经营机构的，以其境内代理人为扣缴义务人；在境内没有代理人的，以购买方为扣缴义务人。

二、一般纳税人和小规模纳税人的认定及管理

在实际经济生活中我国增值税纳税人众多，会计核算水平差异较大，大量的小企业和个人还不具备用发票抵扣税款的条件，为了既简化增值税计算和征收，也有利于减少税收征管漏洞，将增值税纳税人按会计核算水平和经营规模分为一般纳税人和小规模纳税人两类，分别采取不同的增值税计税方法。

(一) 一般纳税人的认定及管理

1. 一般纳税人的认定标准

一般纳税人是指年应征增值税销售额（以下简称应税销售额，包括一个公历年度内的全部应税销售额），超过增值税暂行条例实施细则规定的小规模纳税人标准的企业和企业性单位（以下简称企业）。

下列企业不属于一般纳税人：①年应税销售额未超过小规模纳税人标准的企业（以下简称小规模企业）；②个人（除个体工商户以外的其他个人）；③非企业性单位；④不经常发生增值税应税行为的企业。

2. 一般纳税人的认定办法

增值税一般纳税人（以下简称一般纳税人）须向税务机关办理认定手续，以取得法定资格。

《增值税一般纳税人申请认定办法》的主要规定如下：

(1) 凡一般纳税人，均应依照本办法向其企业所在地主管税务机关申请办理一般纳税人认定手续。一般纳税人总分支机构不在同一县（市）的，应分别向其机构所在地主管税务机关申请办理一般纳税人认定手续。

(2) 企业申请办理一般纳税人认定手续，应提出申请报告，并提供下列有关证件、资料：营业执照，有关合同、章程、协议书，银行账号证明，税务机关要求提供的其他有关证件、资料。

(3) 主管税务机关在初步审核企业的申请报告和有关资料后，发给增值税一般纳税人申请认定表，企业应如实填写该表（一式两份），并将填报的该表经审批后一份交基层征收机关，一份退企业留存。

(4) 对于企业填报的增值税一般纳税人申请认定表，负责审批的县级以上税务机关应在收到之日起 20 日内审核完毕。符合一般纳税人条件的，在其《税务登记证》副本首页上方加盖"增值税一般纳税人"确认专用章，作为领购增值税专用发票的证件。"增值税一般纳税人"确认专用章印色统一为红色，红模由国家税务总局制定。

(5) 新开业的符合一般纳税人条件的企业（非商贸企业），应在办理税务登记的同时申请办理一般纳税人认定手续。税务机关对其预计年应税销售额超过小规模企业标准

的，暂认定为一般纳税人；其开业后的实际年应税销售额未超过小规模纳税人标准的，应重新申请办理一般纳税人认定手续。

（6）年应税销售额未超过标准的商业企业以外的其他小规模企业，会计核算健全，能够准确核算并提供销项税额、进项税额的，可申请办理一般纳税人认定手续。纳税人是总分支机构并实行统一核算的，其总机构年应税销售额超过小规模企业标准，但分支机构是商业企业（现为非从事货物生产或者提供应税劳务）以外的其他企业，年应税销售额未超过小规模企业标准的，其分支机构可申请办理一般纳税人认定手续。

（7）已开业的小规模企业（非从事货物生产或者提供应税劳务的除外），其年应税销售额超过小规模纳税人标准的，应在次年1月底以前申请办理一般纳税人认定手续。

（8）为了加强对加油站成品油销售的增值税征收管理，从2002年1月1日起，对从事成品油销售的加油站，无论其年应税销售额是否超过180万元（现为80万元），一律按增值税一般纳税人征税。

纳税人一经认定为增值税一般纳税人，不得再转为小规模纳税人。

3. 一般纳税人年审和临时一般纳税人转为一般纳税人的认定

为加强增值税一般纳税人的管理，在一般纳税人年审和临时一般纳税人转为一般纳税人过程中，对已使用增值税防伪税控系统但年应税销售额未达到规定标准的一般纳税人，如会计核算健全，且未有下列情形之一者，不取消其一般纳税人资格：①虚开增值税专用发票或者有偷、骗、抗税行为；②连续3个月未申报或者连续6个月纳税申报异常且无正当理由；③不按规定保管、使用增值税专用发票、税控装置，造成严重后果。

上述一般纳税人在年审后的一个年度内，领购增值税专用发票应限定为千元版（最高开票限额1万元），个别确有需要经严格审核可领购万元版（最高开票限额10万元）的增值税专用发票，月领购增值税专用发票份数不得超过25份。

（二）小规模纳税人的认定及管理

1. 小规模纳税人的认定标准

小规模纳税人是指年销售额在规定标准以下，并且会计核算不健全，不能按规定报送有关税务资料的增值税纳税人。所称会计核算不健全是指不能正确核算增值税的销项税额、进项税额和应纳税额。

根据《增值税暂行条例》及《增值税暂行条例实施细则》的规定，小规模纳税人的认定标准是：

（1）从事货物生产或提供应税劳务的纳税人，以及以从事货物生产或提供应税劳务为主，并兼营货物批发或零售的纳税人，年应征增值税销售额（以下简称应税销售额）在50万元以下（含本数，下同）的；"以从事货物生产或提供应税劳务为主"是指纳税人的年货物生产或者提供应税劳务的销售额占年应税销售额的比重在50%以上。

（2）对上述规定以外的纳税人，年应税销售额在80万元以下的。

（3）年应税销售额超过小规模纳税人标准的其他个人按小规模纳税人纳税。

（4）非企业性单位、不经常发生应税行为的企业可选择按小规模纳税人纳税。

2. 小规模纳税人的管理

小规模纳税人虽然实行简易征税办法，并且一般不使用增值税专用发票，但基于增值税征收管理中一般纳税人与小规模纳税人之间客观存在的经济往来的实情，国家税务总局根据授权专门制定实施了《增值税小规模纳税人征收管理办法》，其主要规定如下：

（1）基层税务机关要加强对小规模生产企业财会人员的培训，帮助建立会计账簿，只要小规模企业有会计，有账册，能够正确计算进项税额、销项税额和应纳税额，并能够按规定报送税务资料，年应税销售额不低于 30 万元的可以认定为增值税一般纳税人。

（2）对没有条件设置专职会计人员的小规模企业，在纳税人自愿并配有本单位兼职会计人员的前提下，可采措施，使兼职人员尽快独立工作，进行会计核算。

（3）小规模企业可以单独聘请会计人员，也可以几个企业联合聘请会计人员。

另外，财政部和国家税务总局规定：从 1998 年 7 月 1 日起，凡年应税销售额在 180 万元（现为 80 万元）以下的小规模商业企业、企业性单位，以及从事货物批发或零售为主，并兼营货物生产或提供应税劳务的企业、企业性单位，无论财务会计核算是否健全，一律不得认定为增值税一般纳税人。

第二节 征税范围

根据《增值税暂行条例》的规定，我们将增值税的征税范围分为一般规定和具体规定。

一、征税范围的一般规定

现行增值税征税范围的一般规定包括：

（一）销售或者进口的货物

货物是指有形动产，包括电力、热力、气体在内。销售货物是指有偿转让货物的所有权。

（二）提供的加工、修理修配劳务

加工是指受托加工货物，即由委托方提供原料及主要材料，受托方按照委托方的要求制造货物并收取加工费的业务；修理修配是指受托对损伤和丧失功能的货物进行修复，使其恢复原状和功能的业务。

提供加工、修理修配劳务（以下简称应税劳务）是指有偿提供加工、修理修配劳务。单位或者个体工商户聘用的员工为本单位或者雇主提供加工、修理修配劳务，不包括在内。

有偿是指从购买方取得货币、货物或者其他经济利益。

由此可见，我国增值税的征税范围，包括生产、批发、零售和进口环节，加工和修理修配也属于增值税的征税范围，对加工和修理修配以外的其他劳务暂不实行增值税。

二、征税范围的具体规定

增值税的征税范围除了上述的一般规定以外，对于实务中某些特殊项目或行为是否属于增值税的征税范围，还需要做出具体规定。

（一）属于增值税征税范围的特殊项目

（1）货物期货（包括商品期货和贵金属期货），应当征收增值税，在期货的实物交割环节纳税。

(2) 银行销售金银的业务，应当征收增值税。

(3) 典当业的死当物品销售业务和寄售业代委托人销售寄售物品的业务，均应征收增值税。

(4) 集邮商品（如邮票、首日封、邮折等）的生产以及邮政部门以外的其他单位和个人销售的，均征收增值税。

(5) 邮政部门发行报刊，征收营业税；其他单位和个人发行报刊，征收增值税。

(6) 电力公司向发电企业收取的过网费，应当征收增值税，不征收营业税。

(二) 属于增值税征税范围的特殊行为

1. 视同销售货物行为

单位或个体工商户的下列行为，视同销售货物：①将货物交付其他单位或者个人代销；②销售代销货物；③设有两个以上机构并实行统一核算的纳税人，将货物从一个机构移送至其他机构用于销售，但相关机构设在同一县（市）的除外；④将自产、委托加工的货物用于非增值税应税项目；⑤将自产、委托加工的货物用于集体福利或个人消费；⑥将自产、委托加工或者购进的货物作为投资，提供给其他单位或个体工商户；⑦将自产、委托加工或者购进的货物分配给股东或者投资者；⑧将自产、委托加工或者购进的货物无偿赠送其他单位或者个人。

上述8种行为应该确定为视同销售货物行为，均要征收增值税。

2. 混合销售行为

混合销售行为是指一项销售行为既涉及货物，又涉及非增值税应税劳务。从事货物的生产、批发或者零售的企业、企业性单位及个体工商户的混合销售行为，视为销售货物，应当缴纳增值税；其他单位和个人的混合销售行为，视为销售非增值税应税劳务，不缴纳增值税。

上述所称"非增值税应税劳务"是指属于应缴营业税的交通运输业、建筑业、金融保险业、邮电通信业、文化体育业、娱乐业、服务业税目征收范围的劳务。所称"从事货物的生产、批发或者零售的企业、企业性单位及个体工商户"，包括以从事货物的生产、批发或者零售为主，并兼营非增值税应税劳务的单位和个体工商户在内。

3. 兼营非增值税应税劳务

兼营非增值税应税劳务是指增值税纳税人在从事货物销售或提供增值税应税劳务的同时，还从事非增值税应税劳务。纳税人兼营非增值税应税项目的，应分别核算货物或者应税劳务的销售额和非增值税应税劳务的营业额，对货物和应税劳务的销售额按各自适用的税率征税增值税，对非增值税应税劳务的销售额（即营业额）按适用的税率征税营业税；未分别核算的，由主管税务机关核定货物或者应税劳务的销售额。

第三节 税率与征收率

我国增值税采用比例税率，按照一定的比例征收。为了发挥增值税的中性作用，原则上增值税的税率应该对不同行业不同企业实行单一税率，称为基本税率。实践中为照顾一些特殊行业或产品也增设了一档低税率，对出口产品实行零税率。

增值税法将增值税纳税人区别于一般纳税人和小规模纳税人，并分别适用不同的计税方法而适用不同的税率，为了便于区分，对增值税一般纳税人适用的增值税税率称为税率，对增值税小规模纳税人适用的税率称为征收率。

一、税率

（一）基本税率

增值税一般纳税人销售或者进口货物，提供加工、修理修配劳务，除低税率适用范围和销售个别旧货适用征收率外，税率一律为17%，这就是通常所说的增值税基本税率。

为公平税负，规范税制，促进资源节约和综合利用，自2009年1月1日起，将部分金属矿、非金属矿采选产品的增值税税率由原来的13%低税率恢复到17%，如铜矿砂及其精矿（非黄金价值部分）、镍矿砂及其精矿（非黄金价值部分）、纯氯化钠、未焙烧的黄铁矿、石英、云母粉、天然硫酸钡（重晶石）等。

（二）低税率

增值税一般纳税人销售或者进口下列货物，按低税率计征增值税，低税率为13%：

(1) 粮食、食用植物油、鲜奶。

(2) 自来水、暖气、冷气、热水、煤气、石油液化气、天然气、沼气、居民用煤炭制品。

(3) 图书、报纸、杂志。

(4) 饲料、化肥、农药、农机、农膜。

(5) 国务院及其有关部门规定的其他货物。

①农产品。农产品是指种植业、养殖业、林业、牧业、水产业生产的各种植物、动物的初级产品。如小麦、玉米、面粉、玉米面、切面、饺子皮、米粉等。除农业生产者销售自产农产品予以免征增值税外，一切单位和个人销售外购农产品或外购农产品生产、加工后销售的仍然属于注释所列农产品的，应按规定税率征税。但以粮食为原料加工的速冻食品、方便面、副食品、各种熟食和淀粉，不属于低税率的征税范围，应适用17%的基本税率照章征税。

②音像制品（自2007年1月1日起）。音像制品是指正式出版的录有内容的录音带、录像带、唱片、激光唱盘和激光视盘。

③电子出版物（自2007年1月1日起）。电子出版物是指以数字代码方式，使用计算机应用程序，将图文声像等内容信息编辑加工后存储在具有确定的物理形态的磁、光、电等介质上，通过内嵌在计算机、手机、电子阅读设备、电子显示设备、数字音/视频播放设备、电子游戏机、导航仪以及其他具有类似功能的设备上读取使用，具有交互功能，用以表达思想、普及知识和积累文化的大众传播媒体。

④二甲醚（自2008年1月1日起）。二甲醚是指化学分子式为CH_3OCH_3，常温常压下为具有轻微醚香味、易燃、无毒、无腐蚀性的气体。

纳税人兼营不同税率的货物或者劳务的，应当分别核算不同税率货物或者劳务的应税销售额。未分别核算销售额的，从高适用税率。

纳税人销售不同税率货物或者劳务的，并兼营应一并征收增值税的非应税劳务的，其非应税劳务应从高适用税率。

（三）零税率

纳税人出口货物，税率为零；但是，国务院另有规定的除外。

税率为零不是简单地等同于免税。出口货物免税仅指在出口环节不征收增值税，而零税率是指对出口货物除了在出口环节不征增值税外还要对该产品在出口前已经缴纳的增值税进行退税使该出口产品在出口时完全不含增值税税款，从而以无税产品进入国际市场。当然我国目前并非对全部出口产品都完全实行零税率。我们根据经济形势的变化和调节出口产品结构规定了出口退税率，对大部分出口产品实行零税率，对某些出口产品也并非完全实行零税率。

二、征收率

增值税小规模纳税人销售货物或者应税劳务的，实行按销售额与征收率计算应纳税额的简易征收办法。

（一）一般规定

自 2009 年 1 月 1 日起，小规模纳税人增值税征收率由过去的 6% 和 4% 一律调整为 3%，不再设置工业和商业两档征收率。

（二）国务院及其有关部门的规定

1. 按简易办法征收增值税的，不得抵扣进项税额

下列按简易办法征收增值税的优惠政策继续执行，不得抵扣进项税额：

（1）纳税人销售自己使用过的物品，按下列政策执行：

①一般纳税人销售自己使用过的属于《增值税暂行条例》第 10 条规定不得抵扣且未抵扣进项税额的固定资产，按简易办法依 4% 征收率减半征收增值税。

一般纳税人销售自己使用过的除固定资产以外的物品，应当按照适用税率征收增值税。

一般纳税人销售自己使用过的其他固定资产，按照《财政部、国家税务总局关于全国实施增值税转型改革若干问题的通知》（财税〔2008〕170 号）第 4 条的规定执行。即：自 2009 年 1 月 1 日起，纳税人销售自己使用过的固定资产（以下简称已使用过的固定资产），应区分不同情形征收增值税：

第一，销售自己使用过的 2009 年 1 月 1 日以后购进或者自制的固定资产，按照适用税率征收增值税。

第二，2008 年 12 月 31 日以前未纳入扩大增值税抵扣范围试点的纳税人，销售自己使用过的 2008 年 12 月 31 日以前购进或自制的固定资产，按照 4% 征收率减半征收增值税。

第三，2008 年 12 月 31 日以前已纳入扩大增值税抵扣范围试点的纳税人，销售自己使用过的在本地区扩大增值税抵扣范围试点以前购进或者自制的固定资产，按照 4% 征收率减半征收增值税；销售自己使用过的在本地区扩大增值税抵扣范围试点以后购进或者自制的固定资产，按照适用税率征收增值税。

②小规模纳税人（除其他个人外，下同）销售自己使用过的固定资产，减按 2% 征

收率征收增值税。

小规模纳税人销售自己使用过的除固定资产以外的物品,应按3%的征收率征收增值税。

(2) 纳税人销售旧货,按照简易办法依照4%征收率减半征收增值税。

旧货是指进入二次流通的具有部分使用价值的货物(含旧汽车、旧摩托车和旧游艇),但不包括自己使用过的物品。

①一般纳税人销售自己使用过的物品和旧货,适用按简易办法依4%征收率减半征收增值税政策的,按下列公式确定销售额和应纳税额:

$$销售额=含税销售额÷(1+4\%)$$
$$应纳税额=销售额×4\%÷2$$

②小规模纳税人销售自己使用过的固定资产和旧货,按下列公式确定销售额和应纳税额:

$$销售额=含税销售额÷(1+3\%)$$
$$应纳税额=销售额×2\%$$

(3) 一般纳税人销售自产的下列货物,可选择按照简易办法依照6%征收率计算缴纳增值税:

①县级及县级以下小型水力发电单位生产的电力。小型水力发电单位是指各类投资主体建设的装机容量为5万千瓦以下(含5万千瓦)的小型水力发电单位。

②建筑用和生产建筑材料所用的砂、土、石料。

③以自己采掘的砂、土、石料或其他矿物连续生产的砖、瓦、石灰(不含黏土实心砖、瓦)。

④用微生物、微生物代谢产物、动物毒素、人或动物的血液或组织制成的生物制品。

⑤自来水。

⑥商品混凝土(仅限于以水泥为原料生产的水泥混凝土)。

一般纳税人选择简易办法计算缴纳增值税后,36个月内不得变更。

(4) 一般纳税人销售货物属于下列情形之一的,暂按简易办法依照4%征收率计算缴纳增值税:

①寄售商店代销寄售物品(包括居民个人寄售的物品在内)。

②典当业销售死当物品。

③经国务院或国务院授权机关批准的免税商店零售的免税品。

2. 自来水公司按简易办法征收增值税的,不得抵扣进项税额

对属于一般纳税人的自来水公司销售自来水按简易办法依照6%征收率征收增值税,不得抵扣其购进自来水取得增值税扣税凭证上注明的增值税税款。

第四节 一般纳税人应纳税额的计算

增值税一般纳税人销售货物或者提供应税劳务的应纳税额,应当等于当期销项税额

抵扣当期进项税额后的余额。增值税一般纳税人当期应纳税额的多少，取决于当期销项税额和当期进项税额这两个因素。

一、销项税额的计算

销项税额是指纳税人销售货物或者提供应税劳务，按照当期销售额或提供应税劳务收入和一般纳税人适用的增值税税率计算并向购买方收取的增值税税额。销项税额的计算公式为：

$$销项税额 = 销售额 \times 适用税率$$

销项税额是由购买方支付的税额，对于属于一般纳税人的销售方来讲，在没有抵扣其进项税额前，销售方收取的销项税额还不是其应纳增值税税额。销项税额的计算取决于销售额和适用税率两个因素。适用税率在前已有说明，此处主要介绍销售额。

（一）一般销售方式下的销售额

销售额是指纳税人销售货物或者提供应税劳务向购买方（承受应税劳务也视为购买方）收取的全部价款和价外费用。特别需要强调的是，尽管销项税额也是销售方向购买方收取的，但是增值税采用价外计税方式，用不含税价作为计税依据，因而销售额中不包括向购买方收取的销项税额。

价外费用包括价外向购买方收取的手续费、补贴、基金、集资费、返还利润、奖励费、违约金、滞纳金、延期付款利息、赔偿金、代收款项、代垫款项、包装费、包装物租金、储备费、优质费、运输装卸费及其他各种性质的价外收费。但下列项目不包括在内：

(1) 受托加工应征消费税的消费品所代收代缴的消费税。

(2) 同时符合以下条件的代垫运输费用：

①承运部门的运输费用发票开具给购买方的；

②纳税人将该项发票转交给购买方的。

(3) 同时符合以下条件代为收取的政府性基金或者行政事业性收费：

①由国务院或者财政部批准设立的政府性基金，由国务院或者省级人民政府及其财政、价格主管部门批准设立的行政事业性收费。

②收取时开具省级以上财政部门印制的财政票据。

③所收款项全额上缴财政。

(4) 销售货物的同时代办保险等而向购买方收取的保险费，以及向购买方收取的代购买方缴纳的车辆购置税、车辆牌照费。

凡随同销售货物或提供应税劳务向购买方收取的价外费用，无论其会计制度如何核算，即无论是将价外费用记入"其他应付款"、"其他业务收入"、"营业外收入"等科目，还是将发生的价外费用直接冲减有关费用科目，均应并入销售额计算应纳税额。

需要说明的是，根据国家税务总局规定：对增值税一般纳税人（包括纳税人自己或代其他部门）向购买方收取的价外费用和逾期包装物押金，应视为含税收入，在征税时换算成不含税收入再并入销售额。

（二）特殊销售方式下的销售额

在销售活动中，为了达到促销的目的，有多种销售方式。在不同的销售方式下，销售者取得的销售额会有所不同，税法对其销售额的确定都作了明确规定，下面分别予以说明。

1. 采取折扣方式销售

（1）折扣销售。

折扣销售即商业折扣，是指销货方在销售货物或应税劳务时，因购货方购货数量较大等原因而给予购货方的价格优惠。由于折扣是在实现销售时同时发生的，则扣除折扣后的净额才是实际销售价格。

税法规定，如果销售额和折扣额在同一张发票上分别注明的，可按折扣后的余额作为销售额计算增值税；如果将折扣额另开发票，无论其在财务上如何处理，均不得从销售额中减除折扣额。

对折扣销售之所以规定销售额与折扣额须在同一张发票上注明，是从保证增值税征税、扣税相一致的角度考虑的。如果允许对销售额开一张销货发票，对折扣额另开一张退款红字发票，就可能造成销货方按减除折扣额后的销售额计算销项税额，而购货方却按未减除折扣额的销售额确定的进项税额进行抵扣的问题。因此，在减除折扣额时，要求必须将销售额和折扣额开在同一张发票上，否则不得扣除。

需要说明的是，折扣销售仅限于货物价格的折扣，如果销货者将自产、委托加工和购买的货物用于实物折扣的，则该实物款额不能从货物销售额中减除，且该实物应当按"视同销售货物行为"中的"无偿赠送他人"计算征收增值税。

（2）销售折扣。

销售折扣即现金折扣，是指销货方在销售货物或应税劳务后，为了鼓励购货方及早偿还货款而协议许诺给予购货方的一种折扣优待。现金折扣是一种融资手段，与销售货物无直接联系。如现金折扣的符号为"2/10，1/20，n/30"，表示10天内付款，货款折扣2%；11天至20天内付款，折扣1%；21天至30天内全价付款。

销售折扣不同于折扣销售。折扣销售在销售当时已从销售价格中扣除，而销售折扣在销售当时尚不能确定是否发生，因此，对在将来购货方付款时享受的现金折扣应作为销货方一种融资性质的理财费用，在计算增值税款时，销售折扣不得从销售额中减除。

【例2-1】 甲公司为增值税一般纳税人，2012年12月6日，销售一批产品给乙企业，标价100 000元（不含税），由于成批销售，甲公司给予乙企业10%的商业折扣，另外，赠送了价值1 000元（含税）的实物，折扣额和销售价款开在了同一张发票上。同时，为了促使乙企业早日付款，又规定了"2/10，1/20，n/30"的现金折扣条件，假定计算现金折扣时不考虑增值税金。于2012年12月14日，乙企业将货款付清。该产品适用的增值税税率为17%。

【解析】 根据上述资料，甲公司应进行如下纳税处理：

(1) 2012年12月6日销售时：

如果销售额和折扣额开在同一张发票上，折扣额允许扣除，可按扣除折扣额后的净额计算增值税。但实物折扣不能从货物销售额中扣除，且该实物折扣应当按"视同销售货物行为"中"无偿赠送他人"计算征收增值税。

销售额 $=100\,000\times(1-10\%)+1\,000\div(1+17\%)=90\,854.70$(元)

销项税额 $=90\,854.70\times17\%=15\,445.30$(元)

(2) 2012 年 12 月 14 日收到货款时:

甲公司因乙企业在 10 日内付款,而给予其 2% 的现金折扣,折扣额为 1 800 元 [100 000×(1－10%)×2%],该折扣额只能作为理财费用,不能扣减销售额。

(3) 销售折让与销售退回。

销售折让是指货物销售后,由于其品种、质量不符合要求等原因购货方未予退货,但销货方需给予购货方的一种价格折让。销售退回是指货物销售后,由于其品种、质量不符合要求等原因而发生的退货。

由于销售折让或退回不仅涉及折让价款或货款的退回,还涉及增值税额的退回,因此,销售方和购买方应相应调整当期的销项税额和进项税额。一般纳税人因销货折让或退回而退给购买方的增值税额,应从发生销货折让或退回当期的销项税额中扣减;因进货折让或退出而收回的增值税额,应从发生销货折让或退出当期的进项税额中扣减,但是,对于没有相应扣减该进项税额,而造成不纳税或少纳税的,被认定为偷税行为,并按偷税予以处罚。

2. 采取以旧换新方式销售

以旧换新是指纳税人在销售自己的货物时,有偿收回旧货物的行为。

纳税人采取以旧换新方式销售货物的,应按新货物的同期销售价格确定销售额,不得扣减旧货物的收购价格。但考虑到金银首饰以旧换新业务的特殊情况,对金银首饰以旧换新业务,可以按照销售方实际收取的不含增值税的全部价款征收增值税。

【例 2-2】 甲公司为增值税一般纳税人,2012 年 12 月 5 日,采用以旧换新方式销售电冰箱,零售 10 台,每台市场价格为 2 000 元,每台旧冰箱折价 200 元,按每台 1 800 元销售,并开具普通发票。冰箱适用的增值税税率为 17%。

【解析】 根据上述资料,甲公司应进行如下纳税处理:

纳税人采取以旧换新方式销售货物的,应按新货物的同期销售价格确定销售额,不得扣减旧货物的收购价格。零售货物,其价格为含税价格,应首先转换为不含税价格。

销售额＝2 000×10÷(1＋17%)＝17 094.02(元)

销项税额＝17 094.02×17%＝2 905.98(元)

3. 采取还本销售方式销售

还本销售是指纳税人在销售货物后,到一定期限由销售方一次或分次退还给购货方全部或部分价款。退还的货款即为还本支出。纳税人采取还本销售方式销售货物,应按货物的销售价格确定销售额,不得从销售额中减除还本支出。因为还本销售实际上是以货物换取资金的使用价值,到期还本不付息的一种筹集资金的方式。

4. 采取以物易物方式销售

以物易物是指购销双方不是以货币结算,而是以同等价款的货物相互结算,实现货物购销的一种较为特殊的购销方式。在实务中,认为以物易物没有货币结算,就不是购销行为的认识是错误的。

税法规定,以物易物双方都应作购销处理,分别以各自发出的货物核算销售额并计算销项税额,以各自收到的货物按规定核算购货额并计算进项税额。

需要说明的是,在以物易物活动中,应分别开具合法的票据,如收到货物不能取得相应的增值税专用发票或其他合法票据的,不能抵扣进项税额。

【例 2-3】 甲公司是电视机生产企业,乙公司是显像管厂,甲、乙公司均为增值税一般纳税人。2012 年 12 月 5 日,甲公司采用以物易物方式向乙公司提供 32 寸彩电 200 台,乙公司向甲公司提供显像管 4 000 只。双方均收到货物,并商定不再进行货币结算,双方均未开具增值税专用发票。32 寸彩电每台的市场价格为 2 000 元(含税),显像管每支的市场价格为 100 元(含税)。

【解析】

(1) 根据上述资料,甲公司应进行如下纳税处理:

对以物易物方式销售货物,双方都应作购销处理。零售货物,其价格为含税价格,应首先转换为不含税价格。

销售额(彩电)= 2 000×200÷(1+17%)= 341 880.34(元)

销项税额 = 341 880.34×17% = 58 119.66(元)

因为没有取得增值税专用发票而不得抵扣进项税额,准予抵扣的进项税额为零。

应纳税额 = 销项税额 - 进项税额 = 58 119.66 - 0 = 58 119.66(元)

(2) 根据上述资料,乙公司应进行如下纳税处理:

销售额(显像管)= 100×4 000÷(1+17%)= 341 880.34(元)

销项税额 = 341 880.34×17% = 58 119.66(元)

因为没有取得增值税专用发票而不得抵扣进项税额,准予抵扣的进项税额为零。

应纳税额 = 58 119.66 - 0 = 58 119.66(元)

需要说明的是,如果双方都开具增值税专用发票,双方都取得增值税专用发票,双方都可以按税法规定抵扣进项税额,使得以物易物方式购销货物的销项税额和进项税额相等,而实际上不用对该购销业务缴纳增值税。但在本例中因为双方认为以物易物不是购销业务,不用货币结算,也就没有开具增值税专用发票,而对购货额不能抵扣进项税额,给企业造成较大的损失。因此,希望各个企业都应当按照税法的规定进行业务核算,如实开具增值税专用发票。

5. 包装物押金是否计入销售额

包装物是指纳税人包装本单位货物的各种物品。纳税人销售货物时另收取包装物押金,目的是促使购货方及早退回包装物以便周转使用。对包装物的押金是否计入货物销售额呢?

根据税法规定,纳税人为销售货物而出租、出借包装物收取的押金,单独记账核算的,时间在 1 年以内,又未过期的,不并入销售额征税,但对因逾期未收回包装物不再退还的押金,应按所包装货物的适用税率计算销项税额。

逾期是指按合同约定实际逾期或者以 1 年为期限,对收取 1 年以上的包装物押金,不论是否退还均并入销售额征税。对于个别包装物周转使用期限较长的,报经税务机关确定后,可适当放宽逾期期限。

国家税务总局国税发〔1995〕192 号文件规定,从 1995 年 6 月 1 日起,对销售除啤酒、黄酒外的其他酒类产品而收取的包装物押金,无论是否返还以及会计上如何核算,均应并入当期销售额征税。对销售啤酒、黄酒所收取的押金,按上述一般押金的规定处理。

在将包装物押金并入销售额征税时,应首先将该押金换算为不含税价,再并入销售额征税。

需要说明的是，包装物押金不应混同于包装物租金，包装物租金在销售时作为价外费用并入销售额计算销项税额。

【例 2-4】 甲公司为增值税一般纳税人，2012 年 1 月 1 日，因销售产品出租包装物而收取包装物租金 2 000 元，收取包装物押金 3 000 元。2012 年 12 月 31 日仍未收回包装物。该产品适用的增值税税率为 17%。

【解析】 根据上述资料，甲公司应进行如下纳税处理：

(1) 2012 年 1 月 1 日收取押金时：

2012 年 1 月 1 日，纳税人收到包装物押金时，应单独记账核算，记入"其他应付款"科目，待将来对方归还包装物时，将押金归还，而不并入销售额征税。而当收到包装物租金时，应作为价外费用，换算为不含税价格，直接并入销售额征税。

收取包装物租金的销售额 = 2 000÷(1+17%) = 1 709.40（元）

收取包装物租金的销项税额 = 1 709.40×17% = 290.60（元）

(2) 2012 年 12 月 31 日逾期时：

2012 年 12 月 31 日，包装物押金逾期，不论其将来是否归还，都应当并入销售额征税。

逾期包装物押金的销售额 = 3 000÷(1+17%) = 2 564.10（元）

逾期包装物押金的销项税额 = 2 564.10×17% = 435.90（元）

6. 销售已使用过的固定资产的税务处理

自 2009 年 1 月 1 日起，纳税人销售自己使用过的固定资产（以下简称已使用过的固定资产），应区分不同情形征收增值税：

(1) 销售自己使用过的 2009 年 1 月 1 日以后购进或者自制的固定资产，按照适用税率征收增值税。

(2) 2008 年 12 月 31 日以前未纳入扩大增值税抵扣范围试点的纳税人，销售自己使用过的 2008 年 12 月 31 日以前购进或自制的固定资产，按照 4% 征收率减半征收增值税。

(3) 2008 年 12 月 31 日以前已纳入扩大增值税抵扣范围试点的纳税人，销售自己使用过的在本地区扩大增值税抵扣范围试点以前购进或者自制的固定资产，按照 4% 征收率减半征收增值税；销售自己使用过的在本地区扩大增值税抵扣范围试点以后购进或者自制的固定资产，按照适用税率征收增值税。

(4) 对于纳税人发生《增值税暂行条例实施细则》第 4 条规定固定资产视同销售行为，对已使用过的固定资产无法确定销售额的，以固定资产净值为销售额。

"已使用过的固定资产"，是指纳税人根据财务会计制度已经计提折旧的固定资产。

7. 对视同销售货物行为的销售额的确定

本章第二节"征税范围"中已列明了纳税人 8 种视同销售货物行为，其中有些行为由于不是以资金的形式反映出来，在会计核算上会出现无销售额的现象。因此，税法规定，对视同销售征税而无销售额的，按下列顺序确定其销售额：

(1) 按纳税人最近时期同类货物的平均销售价格确定。

(2) 按其他纳税人最近时期同类货物的平均销售价格确定。

(3) 按组成计税价格确定。组成计税价格的公式为：

$$组成计税价格 = 成本 \times (1 + 成本利润率)$$

征收增值税的货物，同时又征收消费税的，其组成计税价格中应加计消费税税额。其组成计税价格的公式为：

$$组成计税价格 = 成本 \times (1 + 成本利润率) + 消费税税额$$

或者

$$组成计税价格 = 成本 \times (1 + 成本利润率) \div (1 - 消费税税率)$$

公式中的"成本"，是指销售自产货物的为实际生产成本，销售外购货物的为实际采购成本。公式中的"成本利润率"，由国家税务总局确定。但属于应从价定率征收消费税的货物，其成本利润率按《消费税若干具体问题的规定》中规定的成本利润率（详见第三章第五节）确定以外，其他货物的成本利润率均为10%。

【例2-5】 甲公司2012年12月，将一批自制产成品用于在建工程，产成品成本10 000元，增值税税率为17%，无同类产品市场价格。

【解析】 根据上述资料，甲公司应进行如下纳税处理：

将自制产成品用于在建工程，为视同销售货物行为，应按组成计税价格计算纳税，成本利润率为10%。

组成计税价格 = 10 000 × (1 + 10%) = 11 000(元)

销项税额 = 组成计税价格 × 增值税税率 = 11 000 × 17% = 1 870(元)

(三) 含税销售额的换算

为了符合增值税作为价外税的要求，纳税人在填写进销货及纳税凭证、进行账务处理时，应分项记录不含税销售额、销项税额和进项税额，以正确计算应纳增值税额。但在实际工作中，常常会出现一般纳税人将销售货物或者应税劳务采用销售额和销项税额合并定价收取的方法，这样就形成了含税销售额。我国增值税是价外税，计税依据中不含增值税本身的数额。在计算应纳税额时，如果按含税销售额计算销项税额或者应纳税额，就会在增值税纳税环节出现重复征税的现象。因此，一般纳税人销售货物或者应税劳务取得的含税销售额在计算销项税额时，必须将其换算为不含税销售额。对于一般纳税人销售货物或者应税劳务，采用销售额和销项税额合并定价方法的，按下列公司计算销售额：

$$销售额 = 含税销售额 \div (1 + 增值税税率)$$

【例2-6】 甲公司为增值税一般纳税人，2012年12月8日销售一批货物，货款(不含税)300 000元，增值税率17%，由其他承运者负责运输，由甲公司用银行存款代购货方垫支运费3 000元和装卸费等价外费用2 000元，款项尚未收到。承运者的运费发票开具给购货方，同时销售方将该项发票转交给了购货方。

【解析】 根据上述资料，甲公司应进行如下纳税处理：

一般纳税人销售货物，并为购货方代垫运费，承运者的运费发票开具给购货方，同时销售方将该项发票转交给购货方的，依增值税暂行条例及其实施细则的规定，纳税人为购货方代垫的该项运费不并入销售额征收增值税，但代垫的装卸费等价外费用应并入销售额征收增值税。代购货方垫支装卸费等价外费用含有需缴纳的增值税额，应首先将其换算为不含税销售额，即：

价外费用的销售额＝价外费用÷(1＋增值税税率)＝2 000÷(1＋17%)＝1 709.40（元）
销售额＝不含税货款＋价外费用的销售额＝300 000＋1 709.40＝301 709.40（元）
销项税额＝销售额×增值税税率＝301 709.40×17%＝51 290.60（元）

二、进项税额的计算

纳税人购进货物或者接受应税劳务（以下简称购进货物或者应税劳务）支付或者负担的增值税额为进项税额。进项税额是与销项税额相对应的另一个概念。在销售货物开具增值税专用发票时，销售方收取的销项税额就是购买方支付的进项税额。对于任何一个一般纳税人而言，在实际经营活动中，既会发生销售货物或提供应税劳务，又会发生购进货物或接受应税劳务，因此，每一个一般纳税人都会有收取的销项税额和支付的进项税额。增值税的核心就是用纳税人收取的销项税额抵扣其支付的进项税额，其余额为纳税人实际应缴纳的增值税税额。可见，进项税额作为可抵扣的部分，直接影响纳税人应纳增值税税额的多少，因此，税法对准予从销项税额中抵扣的进项税额做出了严格的规定。

（一）准予从销项税额中抵扣的进项税额

根据增值税法的规定，准予从销项税额中抵扣的进项税额，限于下列增值税扣税凭证上注明的增值税税额和按规定的扣除率计算的进项税额。

（1）从销售方取得的增值税专用发票上注明的增值税额。

（2）从海关取得的海关进口增值税专用缴款书上注明的增值税额。

纳税人进口货物，凡已缴纳了进口环节增值税的，不论其是否已经支付货款，其取得的海关进口增值税专用缴款书均可作为增值税进项税额抵扣凭证，在《国家税务总局关于加强海关进口增值税专用缴款书和废旧物资发票管理有关问题的通知》（国税函〔2004〕128号）中规定的期限内申报抵扣进项税额（见本节"三、应纳税额的计算"中的"时间限定"）。国税函〔2009〕617号《国家税务总局关于调整增值税扣税凭证抵扣期限有关问题的通知》对相应扣税凭证抵扣期限进行了调整。

自2009年4月起，国家税务总局与海关部门共同推行海关专用缴款书"先比对、后抵扣"管理办法。由海关向税务机关传递专用缴款书电子信息，将"先抵扣、后比对"调整为"先比对、后抵扣"。增值税一般纳税人进口货物取得属于增值税扣税范围的海关专用缴款书，必须经稽核比对相符后方可申报抵扣税款，从根本上解决利用伪造海关专用缴款书骗抵税款问题。该管理办法已在部分地区试行，待条件成熟时在全国范围内实行。

对纳税人丢失的海关进口增值税专用缴款书，纳税人应当凭海关出具的相关证明，向主管税务机关提出抵扣申请。主管税务机关受理申请后，应当进行审核，并将纳税人提供的海关进口增值税专用缴款书电子数据纳入稽核系统比对，稽核比对无误后，可予以抵扣进项税额。

上述规定说明，纳税人在进行增值税账务处理时，每抵扣一笔进项税额，就要有一份记录该进项税额的法定扣税凭证与之相对应；没有从销售方或海关取得注明增值税额的法定扣税凭证，就不能抵扣进项税额。

（3）购进农产品，除取得增值税专用发票或者海关进口增值税专用缴款书外，按照

农产品收购发票或者销售发票上注明的农产品买价和13%的扣除率计算的进项税额。进项税额的计算公式为:

$$准予抵扣的进项税额 = 买价 \times 扣除率$$

对这项规定需要解释的是:

①农产品是指直接从事植物的种植、收割和动物的饲养、捕捞的单位和个人销售的自产而且免征增值税的农产品。

②购买农产品的买价,包括纳税人购进农产品在农产品收购发票或者销售发票上注明的价款和按规定缴纳的烟叶税。

③对烟叶税纳税人按规定缴纳的烟叶税,准予并入烟叶产品的买价计算增值税的进项税额,并在计算缴纳增值税时予以抵扣。即购进烟叶准予抵扣的增值税进项税额,按照《中华人民共和国烟叶税暂行条例》及《财政部、国家税务总局印发〈关于烟叶税若干具体问题的规定〉的通知》(财税〔2006〕64号)规定的烟叶收购金额和烟叶税及法定扣除率计算。烟叶收购金额包括纳税人支付给烟叶销售者的烟叶收购价款和价外补贴,价外补贴统一暂按烟叶收购价款的10%计算。计算公式如下:

$$烟叶收购金额 = 烟叶收购价款 \times (1+10\%)$$
$$烟叶税应纳税额 = 烟叶收购金额 \times 税率(20\%)$$
$$准予抵扣的进项税额 = (烟叶收购金额 + 烟叶税应纳税额) \times 扣除率$$

④增值税一般纳税人从农民专业合作社购进的免税农产品,可按13%的扣除率计算抵扣增值税进项税额。

【例2-7】 甲公司为增值税一般纳税人,2012年12月5日,甲公司向农业生产者收购烟叶,支付价款10 000元。

【解析】 根据上述资料,甲公司应进行如下纳税处理:

一般纳税人向农业生产者收购烟叶,准予按照烟叶收购金额和烟叶税及法定扣除率13%计算进项税额,从当期销项税额中抵扣。

烟叶收购金额 = 烟叶收购价款 × (1+10%) = 10 000 × (1+10%) = 11 000(元)

烟叶税应纳税额 = 烟叶收购金额 × 税率(20%) = 11 000 × 20% = 2 200(元)

准予抵扣的进项税额 = (烟叶收购金额 + 烟叶税应纳税额) × 扣除率
= (11 000 + 2 200) × 13% = 1 716(元)

(4) 购进或者销售货物以及在生产经营过程中支付运输费用的,按照运输费用结算单据上注明的运输费用金额和7%的扣除率计算的进项税额。进项税额计算公式为:

$$准予抵扣的进项税额 = (运输费用金额 + 建设基金) \times 扣除率$$

对这项规定需要解释的是:

①购买或销售免税货物(购进免税农产品除外)所发生的运输费用,不得计算进项税额抵扣。

②准予作为抵扣凭证的运费结算单据(普通发票),是指国营铁路、民用航空、公路和水上运输单位开具的货票,以及从事货物运输的非国有运输单位开具的套印全国统一发票监制章的货票。

③准予计算进项税额抵扣的货物运费金额是指运输费用结算单据上注明的运输费用(包括铁路临管线及铁路专线运输费用)、建设基金、不包括装卸费、保险费等其他

杂费。

④纳税人取得的 2003 年 10 月 31 日以后开具的运输发票,应当自开票之日起 90 天内向主管国家税务局申报抵扣,超过 90 天的不得予以抵扣。增值税一般纳税人取得 2010 年 1 月 1 日以后开具公路内河货物运输统一发票,应在开具之日起 180 日内到税务机关办理认证,并在认证通过的次月申报期内,向主管税务机关申报抵扣进项税额。

⑤一般纳税人在生产经营过程中所支付的运输费用,允许计算抵扣进项税额。

⑥自 2007 年 1 月 1 日起,增值税一般纳税人购进或销售货物,取得的作为增值税扣税凭证的货运发票,必须是通过货运发票税控系统开具的新版货运发票。纳税人取得的 2007 年 1 月 1 日以后开具的旧版货运发票,不再作为增值税扣税凭证抵扣进项税额。纳税人取得的 2006 年 12 月 31 日以前开具的旧版货运发票暂继续作为增值税扣税凭证,纳税人应在开具之日起 90 天后的第一个纳税申报期结束以前申报抵扣进项税额。自 2007 年 4 月 1 日起,旧版货运发票一律不得作为增值税扣税凭证抵扣进项税额。

【例 2-8】 甲公司为增值税一般纳税人,外购一批材料,货款(不含税)300 000 元,增值税税率 17%,款项尚未支付。货物由其他承运者负责运输,甲公司用银行存款支付运费 3 000 元、建设基金 150 元和装卸费等其他杂费 2 000 元,分别取得增值税专用发票和符合税法规定的运输费用结算单据。

【解析】 根据上述资料,甲公司应进行如下纳税处理:

根据增值税暂行条例及其实施细则的规定,甲公司因外购材料所支付的运输费用金额和建设基金之和准予依 7% 的扣除率计算抵扣进项税额,支付的装卸费等其他杂费不准抵扣进项税额。

准予抵扣的进项税额 = 外购不含税货款 × 增值税税率 + (运输费用金额 + 建设基金) × 扣除率
= 300 000 × 17% + (3 000 + 150) × 7% = 51 220.50 (元)

(二) 不得从销项税额中抵扣的进项税额

纳税人购进货物或者应税劳务,取得的增值税扣税凭证不符合法律、行政法规或者国务院主管部门有关规定的,其进项税额不得从销项税额中抵扣。增值税扣税凭证是指增值税专用发票、海关进口增值税专用缴款书、农产品收购发票和农产品销售发票以及运输费用结算单据。

根据《增值税暂行条例》的规定,下列项目的进项税额不得从销项税额中抵扣:

(1) 用于非增值税应税项目、免征增值税项目、集体福利或者个人消费的购进货物或者应税劳务。

购进货物不包括既用于增值税应税项目(不含免征增值税项目)也用于非增值税应税项目、免征增值税(以下简称免税)项目、集体福利或者个人消费的固定资产。

固定资产是指使用期限超过 12 个月的机器、机械、运输工具以及其他与生产经营有关的设备、工具、器具等。

个人消费包括纳税人的交际应酬消费。

非增值税应税项目是指提供非增值税应税劳务(即营业税条例规定的属于交通运输业、建筑业、金融保险业、邮电通信业、文化体育业、娱乐业、服务业税目征收范围的劳务)、转让无形资产、销售不动产和不动产在建工程。

不动产是指不能移动或者移动后会引起性质、形状改变的财产,包括建筑物、构筑物和其他土地附着物。

纳税人新建、改建、扩建、修缮、装饰不动产,均属于不动产在建工程。

(2) 非正常损失的购进货物及相关的应税劳务。

非正常损失是指生产经营过程中因管理不善造成货物被盗、丢失、霉烂变质的损失。

(3) 非正常损失的在产品、产成品所耗用的购进货物或者应税劳务。

由于非正常损失与纳税人的生产经营活动没有直接关系,这部分非正常损失中的进项税额不应由国家承担,因此,非正常损失的购进货物或应税劳务的进项税额和非正常损失的在产品、产成品所耗用的购进货物或应税劳务的进项税额,均不得从销项税额中扣除。

(4) 国务院财政、税务主管部门规定的纳税人自用消费品。

纳税人自用的应征消费税的摩托车、汽车、游艇,其进项税额不得从销项税额中抵扣。

(5) 上述第(1)项至第(4)项规定的货物的运输费用和销售免税货物的运输费用。

(6) 一般纳税人兼营免税项目或者非增值税应税劳务而无法划分不得抵扣的进项税额的,按下列公式计算不得抵扣的进项税额。

$$不得抵扣的进项税额 = 当月无法划分的全部进项税额 \times \frac{当月免税项目销售额、非增值税应税劳务营业额合计}{当月全部项目销售额、营业额合计}$$

(7) 纳税人从海关取得的完税凭证上注明的增值税额准予从销项税额中抵扣。因此,纳税人进口货物取得的合法海关完税凭证,是计算增值税进项税额的唯一依据,其进口货物向境外实际支付的货款低于进口报关价格的差额部分以及从境外供应商取得的退还或返还的资金,不作进项税额转出处理。

三、应纳税额的计算

一般纳税人在计算出销项税额和进项税额后就可以得出实际应纳税额。纳税人销售货物或提供应税劳务,其应纳税额为当期销项税额抵扣当期进项税额后的余额。其基本计算公式为:

$$应纳税额 = 当期销项税额 - 当期进项税额 - 期初留抵的进项税额$$

(一) 计算应纳税额的时间限定

为了保证计算应纳税额的合理、准确性,纳税人必须严格把握当期进项税额从当期销项税额中抵扣这个要点。"当期"是个重要的时间限定,具体是指税务机关依照税法规定对纳税人确定的纳税期限;只有在纳税期限内实际发生的销项税额、进项税额,才是法定的当期销项税额或当期进项税额。

1. 计算销项税额的时间限定

销项税额是增值税一般纳税人销售货物或提供应税劳务按照实现的销售额计算的金额。纳税人在什么时间计算销项税额,《增值税暂行条例》及《增值税暂行条例实施细则》都作了严格的规定。例如，采取直接收款方式销售货物，不论货物是否发出，均为收到销售款或者取得索取销售款凭证的当天；采取托收承付和委托银行收款方式销售货物，为发出货物并办妥托收手续的当天；纳税人发生本章第二节"视同销售货物行为"中第③至⑧项的，为货物移送的当天等（详见本章第九节"征收管理"），以保证准时、准确记录和核算当期销项税额。

2. 增值税扣税凭证抵扣期限的规定

2003年以来，国家税务总局对增值税专用发票等扣税凭证陆续实行了90日申报抵扣期限的管理措施，对于提高增值税征管信息系统的运行质量、督促纳税人及时申报起到了积极作用。近来，部分纳税人及税务机关反映目前的90日申报抵扣期限较短，部分纳税人因扣税凭证逾期申报导致进项税额无法抵扣。为合理解决纳税人的实际问题，加强税收征管，经研究，现就有关问题通知如下：

（1）增值税一般纳税人取得2010年1月1日以后开具的增值税专用发票、公路内河货物运输业统一发票和机动车销售统一发票，应在开具之日起180日内到税务机关办理认证，并在认证通过的次月申报期内，向主管税务机关申报抵扣进项税额。

（2）实行海关进口增值税专用缴款书（以下简称海关缴款书）"先比对后抵扣"管理办法的增值税一般纳税人取得2010年1月1日以后开具的海关缴款书，应在开具之日起180日内向主管税务机关报送《海关完税凭证抵扣清单》（包括纸质资料和电子数据）申请稽核比对。

未实行海关缴款书"先比对后抵扣"管理办法的增值税一般税人取得2010年1月1日以后开具的海关缴款书，应在开具之日起180日后的第一个纳税申报期结束以前，向主管税务机关申报抵扣进项税额。

（3）增值税一般纳税人取得2010年1月1日以后开具的增值税专用发票、公路内河货物运输业统一发票、机动车销售统一发票以及海关缴款书，未在规定期限内到税务机关办理认证、申报抵扣或者申请稽核比对的，不得作为合法的增值税扣税凭证，不得计算进项税额抵扣。

（4）增值税一般纳税人丢失已开具的增值税专用发票，应在本通知第1条规定期限内，按照《国家税务总局关于修订〈增值税专用发票使用规定〉的通知》（国税发〔2006〕156号）第28条及相关规定办理。

增值税一般纳税人丢失海关缴款书，应在本通知第2条规定期限内，凭报关地海关出具的相关已完税证明，向主管税务机关提出抵扣申请。主管税务机关受理申请后，应当进行审核，并将纳税人提供的海关缴款书电子数据纳入稽核系统进行比对。稽核比对无误后，方可允许计算进项税额抵扣。

上述规定自2010年1月1日起执行。纳税人取得2009年12月31日以前开具的增值税扣税凭证，仍按原规定执行。

（二）计算应纳税额时进项税额不足抵扣的处理

由于增值税实行购进扣税法，即对购进货物或应税劳务在符合进项税额的抵扣条件时，一次全额抵扣进项税额。有时企业当期购进的货物多而销售的货物少，在计算应纳税额时，可能会出现当期销项税额小于当期进项税额，即进项税额不足抵扣的情况。根据税法规定，当期进项税额不足抵扣的部分可以结转下期继续抵扣。

(三) 扣减发生期进项税额的规定

由于增值税实行以当期销项税额抵扣当期进项税额的"购进扣税法",当期购进的货物或应税劳务如果事先并未确定将用于非生产经营项目,其进项税额会在当期销项税额中予以抵扣。但已抵扣进项税额的购进货物或应税劳务,如果事后改变用途,发生前述用于非增值税应税项目、用于免征增值税项目、用于集体福利或者个人消费,购进货物发生非正常损失、在产品或产成品发生非正常损失等情况的,应当将该项购进货物或者应税劳务的进项税额从当期的进项税额中扣减,无法确定该项进项税额的,按当期实际成本计算应扣减的进项税额。其计算公式为:

$$实际成本 = 进价 + 运费 + 保险费 + 其他有关费用$$

$$应扣减的进项税额 = 当期该货物或应税劳务的实际成本 \times 征税时该货物或应税劳务适用的税率$$

(四) 销货退回或折让涉及销项税额和进项税额的税务处理

一般纳税人销售货物或者应税劳务,开具增值税专用发票后,发生销售货物退回或者折让、开票有误等情形,应按国家税务总局的规定开具红字增值税专用发票。未按规定开具红字增值税专用发票的,增值税额不得从销项税额中扣减。

纳税人在货物购销活动中,因货物质量、规格等原因常会发生销货退回或销售折让的情况。由于销货退回或折让不仅涉及销货价款或折让价款的退回,还涉及增值税的退回,这样,销货方和购货方应相应对当期的销项税额或进项税额进行调整。为此,《增值税暂行条例》及《增值税暂行条例实施细则》规定,增值税一般纳税人因销售货物退回或者折让而退还给购买方的增值税额,应从发生销售货物退回或者折让当期的销项税额中扣减;因购进货物退出或者折让而收回的增值税额,应从发生购进货物退出或者折让当期的进项税额中扣减。

目前,一些企业在发生进货退出或折让并收回价款和增值税额时,没有相应减少当期进项税额,造成进项税额虚增,减少纳税的现象,这是税法所不能允许的。对于纳税人进货退出或折让而不扣减当期进项税额,造成不纳税或少纳税的,都将被认定为是偷税行为,并按偷税予以处罚。

【例 2-9】 甲公司为增值税一般纳税人,适用增值税税率 17%,2012 年 12 月份发生有关生产经营业务如下:

(1) 销售 A 产品给某大商场,开具增值税专用发票,取得不含税销售额 100 万元;另外,开具普通发票,取得销售 A 产品的送货运输费收入 5.85 万元。

(2) 销售 B 产品,开具普通发票,取得含税销售额 29.25 万元。

(3) 将试制的一批应税新产品用于本企业基建工程,成本价为 20 万元,成本利润率为 10%,该新产品无同类产品市场销售价格。

(4) 销售 2010 年 1 月份购进作为固定资产使用过的进口设备 5 台,开具普通发票,每台设备取得含税销售额 1.17 万元。

(5) 购进货物取得增值税专用发票,注明支付的货款 60 万元、进项税额 10.2 万元;另外支付购货的运输费用 6 万元,取得运输公司开具的普通发票。

(6) 向农业生产者购进免税农产品一批,支付收购价 30 万元,支付给运输单位的运输费用 5 万元,取得相关的合法票据。本月下旬将购进的农产品的 20% 用于本企业职工福利。

(7) 以上相关票据需要认证的，均在本期通过认证并在本期申报抵扣进项税额。

【解析】 根据上述资料，甲公司应进行如下税务处理：

(1) 销售A产品的销项税额＝100×17％＋5.85÷(1＋17％)×17％＝17.85（万元）

(2) 销售B产品的销项税额＝29.25÷(1＋17％)×17％＝4.25（万元）

(3) 自用新产品的销项税额＝20×(1＋10％)×17％＝3.74（万元）

(4) 销售使用过的设备应纳税额＝1.17÷(1＋17％)×17％×5＝0.85（万元）

(5) 外购货物应抵扣的进项税额＝10.2＋6×7％＝10.62（万元）

(6) 外购免税农产品应抵扣的进项税额＝(30×13％＋5×7％)×(1－20％)＝3.4（万元）

(7) 该公司12月份应缴纳的增值税＝17.85＋4.25＋3.74＋0.85－10.62－3.4＝12.67（万元）

第五节　小规模纳税人应纳税额的计算

为了便于增值税的征收管理，对小规模纳税人实行简易计税的办法，而不采取一般纳税人的税款抵扣办法。

一、应纳税额的计算公式

小规模纳税人销售货物或者提供应税劳务，按照销售额和小规模纳税人适用的征收率，实行简易办法计算应纳税额，并不得抵扣进项税额。其应纳税额的计算公式为：

$$应纳税额＝销售额×征收率$$

小规模纳税人取得的销售额与本章第四节讲述的销售额所包含的内容是一致的，都是销售货物或提供应税劳务向购买方收取的全部价款和价外费用，但是不包括按3％的征收率收取的增值税税额。

二、含税销售额的换算

由于小规模纳税人在销售货物或应税劳务时，一般只能开具普通发票，取得的销售收入均为含税销售额。为了符合增值税作为价外税的要求，小规模纳税人在计算应纳税额时，必须将含税销售额换算为不含税的销售额后才能计算应纳税额。

当小规模纳税人销售货物或者应税劳务采用销售额和应纳税额合并定价方法的，按下列公式计算销售额：

$$销售额＝含税销售额÷(1＋征收率)$$

【例2-10】 某商店为增值税小规模纳税人，2012年12月份取得零售收入总额10.3万元。

【解析】 根据上述资料，该商店应进行如下纳税处理：

(1) 销售额＝10.3÷(1＋3％)＝10（万元）

(2) 应纳增值税税额＝10×3％＝0.30（万元）

第六节 特殊经营行为的税务处理

现行的增值税，由于需要考虑我国的现实条件，在其适用范围上，尚未扩展到社会所有经济活动，如对从事运输、金融保险、建筑安装、文化体育、娱乐、服务等行业，就不征收增值税，而征收营业税。但是，在实际经济活动中，企业不一定单一从事增值税规定的项目，也不一定单一从事营业税规定的项目，时常按照经营活动的需要兼营或者混合经营不同税种或不同税率确定的应税项目。这样，就出现了一个对各种兼营或混合经营行为适用税种、税率和计算纳税上如何正确进行税务处理的问题。

一、兼营不同税率的货物或应税劳务

兼营不同税率的货物或应税劳务是指纳税人生产或销售不同税率的货物，或者既销售货物又提供应税劳务。纳税人兼营不同税率的货物或者应税劳务，应当分别核算不同税率的货物或者应税劳务的销售额，未分别核算销售额的，从高适用税率。例如，某农机厂既销售税率为13%的农用机械，又提供税率为17%的加工修理修配劳务。但该企业对所得收入并未分别记账核算，依照税法规定，对混在一起的销售额一律应按17%的高税率计算应纳增值税额。

二、混合销售行为

混合销售行为是指一项销售行为如果既涉及货物又涉及非增值税应税劳务。出现混合销售行为，涉及的货物和非增值税应税劳务只是针对一项销售行为而言的，即非增值税应税劳务是为了直接销售一批货物而提供的，二者之间是紧密相连的从属关系，它与一般既从事这个税的应税项目又从事另一个税的应税项目，二者之间没有直接从属关系的兼营行为是完全不同的。

从事货物的生产、批发或者零售的企业、企业性单位和个体工商户的混合销售行为，视为销售货物，应当征收增值税；其他单位和个人的混合销售行为，视为销售非增值税应税劳务，不缴纳增值税。

上述所称"非增值税应税劳务"，是指按照税法规定不属于缴纳增值税而属于应缴纳营业税的交通运输业、建筑业、金融保险业、邮电通信业、文化体育业、娱乐业、服务业税目征收范围的劳务。

上述所称"从事货物的生产、批发或者零售的企业、企业性单位和个体工商户"，包括以从事货物的生产、批发或零售为主，并兼营非增值税应税劳务的单位和个体工商户在内。

根据《增值税暂行条例实施细则》的规定，混合销售行为如依照上述税务处理，属于应当征收增值税的，其销售额应是货物与非应税劳务的销售额的合计，该非应税劳务的销售额应视同含税销售额处理；且该混合销售行为涉及的非增值税应税劳务所用购进货物的进项税额，凡符合《增值税暂行条例》规定的，在计算该混合销售行为增值税时，准予从销项税额中抵扣。上述"凡符合《增值税暂行条例》规定的"，是指该混

合销售行为涉及的非增值税应税劳务所用购进货物有增值税扣税凭证上注明的增值税额。

另外,《增值税暂行条例实施细则》第 6 条规定,纳税人的下列混合销售行为,应当分别核算货物的销售额和非增值税应税劳务的营业额,并根据其销售货物的销售额计算缴纳增值税,非增值税应税劳务的营业额不缴纳增值税;未分别核算的,由主管税务机关核定其货物的销售额:

(1) 销售自产货物并同时提供建筑业劳务的行为。
(2) 财政部、国家税务总局规定的其他情形。

之所以对上述行为做出另行规定,是因为该行为很难体现"以从事货物的生产、批发或者零售为主"的精神。在通常情况下提供建筑业劳务行为的营业额可能还会大于销售自产货物的销售额。所以该混合行为不宜采用统一征收增值税的办法,而由其主管税务机关核定其货物的销售额比较适宜。

【例 2-11】 某电视机厂向某商场批发 10 台电视并负责运输,开具增值税专用发票,注明价款 50 000 元,税款 8 500 元,收取运输费用 2 000 元,开具普通发票。

【解析】 根据上述资料,该企业应进行如下纳税处理:

该电视机厂批发电视并收取运费的行为是一项销售行为,既涉及货物,又涉及非增值税的运输劳务,属于混合销售行为。根据税法规定,对该电视机厂的混合销售行为,视为销售货物,应当征收增值税。因运输劳务收入为含税销售额,应换算为不含税销售额,并入电视机销售额,一并征收增值税。

销售额 = 50 000 + 2 000 ÷ (1 + 17%) = 51 709.40 (元)
销项税额 = 51 709.40 × 17% = 8 790.60 (元)

三、兼营非增值税应税劳务

兼营非增值税应税劳务是指增值税纳税人在从事货物销售或提供增值税应税劳务的同时,还从事非增值税应税劳务(即应纳营业税的劳务),且从事的非增值税应税劳务与销售货物或提供应税劳务是两个行为,且该两个行为没有直接的联系和从属关系。例如,某建筑装饰材料商店,一方面批发、零售货物,另一方面又对外承揽属于应纳营业税的安装、装饰业务。

纳税人兼营非增值税应税劳务的,应当分别核算货物或者应税劳务的销售额和非增值税应税劳务的营业额;未分别核算的,由主管税务机关核定货物或者应税劳务的销售额。

与混合销售行为相区别,兼营非应税劳务是指增值税纳税人在从事应税货物销售或提供应税劳务的同时,还从事非增值税应税劳务(即营业税规定的各项劳务),且从事的非增值税应税劳务与某一项销售货物或提供应税劳务并无直接的联系和从属关系。在社会经济活动中,随着经济的放开搞活,企业充分调动本单位的人力、物力,从事跨行业多种经营,兼营非增值税应税劳务的情况已经比较多。根据《增值税暂行条例实施细则》的规定,纳税人兼营非增值税应税劳务的,应分别核算货物或应税劳务和非增值税应税劳务的销售额,对货物和应税劳务的销售额按各自适用的税率征收增值税,对非增值税应税劳务的销售额(即营业额)按适用的税率征收营业税。如果不分别核算或者不能准确核算货物或应税劳务和非增值税应税劳务销售额的,由主管税务机关核定货物或者应税劳务的销售额。

根据《增值税暂行条例实施细则》的规定,一般纳税人兼营免税项目或者非增值税应税劳务而无法划分不得抵扣的进项税额的,按下列公式计算不得抵扣的进项税额:

$$\text{不得抵扣的进项税额} = \text{当月无法划分的全部进项税额} \times \frac{\text{当月免税项目销售额、非增值税应税劳务营业额合计}}{\text{当月全部销售额、营业额合计}}$$

【例 2-12】 某建筑装饰材料商店,一方面批发、零售货物,另一方面又对外承揽属于应纳营业税的装修业务。2012 年 12 月份,该商店批发、零售装修材料取得收入 100 000 元,开具普通发票;另外承揽装修业务,取得收入 30 000 元,开具普通发票。

【解析】 根据上述资料,该商店应进行如下纳税处理:

该材料商店承揽的装修业务由客户自己提供所需的装修材料,而该商店只收取装修费,其销售的材料和其承揽的装修业务没有直接关系,因此为兼营非应税劳务行为。根据税法规定,该材料商店兼营非增值税应税劳务,应当分别核算货物的销售额和非增值税应税劳务的营业额,分别计算缴纳增值税和营业税。

销售额=100 000÷(1+17%)=85 470.09(元)

销项税额=85 470.09×17%=14 529.92(元)

营业额=30 000(元)

应纳营业税税额=30 000×3%=900(元)

【例 2-13】 沿用【例 2-12】。如果该材料商店未分别核算货物和装修劳务的收入,共取得收入 130 000 元。

【解析】 根据上述资料,该商店应进行如下纳税处理:

根据税法规定,该材料商店兼营非应税劳务,未分别核算货物的销售额和非增值税应税劳务的营业额,由税务机关核定货物销售额 110 000 元。

销售额=110 000÷(1+17%)=94 017.09(元)

销项税额=94 017.09×17%=15 982.91(元)

营业额=20 000(元)

应纳营业税税额=20 000×3%=600(元)

企业因未分别核算而多缴纳税款 1 152.99 元 [(15 982.91+600)-(14 529.92+900)],给企业造成不必要的损失,希望各企业应严格按照税法的规定,分别核算货物或应税劳务的销售额和非增值税应税劳务的营业额,正确计算缴纳应纳税款。

第七节 进口货物征税

对进口货物征税是国际上大多数国家的通常做法。在中华人民共和国境内一切进口货物的单位和个人都应当依法缴纳增值税。

一、进口货物的纳税人

进口货物的收货人或办理报关手续的单位和个人,为进口货物增值税的纳税人,包括国内一切从事进口业务的企业事业单位、机关团体和个人。

二、进口货物的征税范围

申报进入中华人民共和国海关境内的货物，均应缴纳增值税。

确定一项货物是否属于进口货物，必须首先看其是否有报关进口手续。一般来说，境外产品要输入境内，都必须向我国海关申报进口，并办理有关报关手续。只要是报关进口的应税货物，不论其是国外产制还是我国已出口而转销国内的货物，是进口者自行采购还是国外捐赠的货物，是进口者自用还是作为贸易或其他用途等，均应按照规定缴纳进口环节的增值税。

国家在规定对进口货物征税的同时，对某些进口货物制定了减免税的特殊规定。

如属于"来料加工、进料加工"贸易方式进口国外的原材料、零部件等在国内加工后复出口的，对进口的料、件按规定给予免税或减税，但这些进口免、减税的料件若不能加工复出口，而是销往国内的，就要予以补税。对进口货物是否减免税由国务院统一规定，任何地方、部门都无权规定减免税项目。

三、进口货物的适用税率

进口货物增值税税率与本章第三节内容相同。

四、进口货物应纳税额的计算

纳税人进口货物，按照组成计税价格和税法规定的适用税率计算应纳税额，不得抵扣任何税额。前述"不得抵扣任何税额"，是指在计算进口环节的应纳增值税额时，不得抵扣发生在我国境外的各种税金。

进口货物计算增值税组成计税价格和应纳税额的计算公式为：

1. 应纳的关税

$$关税＝关税完税价格×关税税率$$

2. 组成计税价格

$$组成计税价格＝关税完税价格＋关税＋消费税$$

或者

$$组成计税价格＝（关税完税价格＋关税）÷（1－消费税税率）$$

3. 应纳的消费税

$$应纳消费税税额＝组成计税价格×消费税税率$$

4. 应纳的增值税

$$应纳增值税税额＝组成计税价格×增值税税率$$

进口货物增值税的组成计税价格中包括已纳关税税额，如果进口货物属于消费税应税消费品，其组成计税价格中还要包括进口环节已纳消费税税额。

五、进口货物的税收管理

进口货物的增值税由海关代征。个人携带或者邮寄进境自用物品的增值税，连同关税一并计征。具体办法由国务院关税税则委员会会同有关部门制定。

进口货物，增值税纳税义务发生时间为报关进口的当天，其纳税地点应当由进口人或其代理人向报关地海关申报纳税，其纳税期限应当自海关填发海关进口增值税专用缴款书之日起15日内缴纳税款。

进口货物增值税的征收管理，依据《税收征管法》、《海关法》、《进出口关税条例》和《进出口税则》的有关规定执行。

【例 2-14】 甲公司2012年12月从美国进口一批应税消费品，其完税价格为500 000元人民币，假设该应税消费品的关税税率为12%，消费税税率为30%，增值税税率17%。

【解析】 根据上述资料，甲公司应进行如下纳税处理：

(1) 关税＝500 000×12%＝60 000（元）
(2) 组成计税价格＝(500 000＋60 000)÷(1－30%)＝800 000（元）
(3) 应纳消费税税额＝800 000×30%＝240 000（元）
(4) 应纳增值税税额＝800 000×17%＝136 000（元）

第八节 出口货物退（免）税

税收属于国家行为，增值税、消费税又具有转嫁性，若进入国际市场的商品含有增值税、消费税，那么外国最终消费者势必将承担出口国政府的税收负担，这样的税负转嫁显然是不公平的。同理，如果进入国际市场的商品含有流转税，则商品的成本必然增加，国际竞争能力也必然下降。为此，目前世界大多数国家（包括我国）都实行出口退（免）税制度，使企业出口的货物以不含税价格参与国际市场的竞争，以增强其国际市场的竞争能力。

2009年1月1日起实行新修订的《增值税暂行条例》及《增值税暂行条例实施细则》，仍然贯彻"纳税人出口货物，税率为零，但是，国务院另有规定的除外"的政策。

一、出口货物退（免）税基本政策

我国根据本国的实际情况，采取出口退税与免税相结合的政策。目前，我国的出口货物税收政策分为以下三种形式。

（一）出口免税并退税

出口免税是指对货物在出口销售环节不征增值税、消费税；出口退税是指对货物在出口前实际承担的税收负担，按规定的退税率计算退税额后予以退还。

（二）出口免税但不退税

出口免税与上述第（一）项含义相同。出口不退税是指适用出口免税不退税政策的出口货物因在出口前一道生产、销售环节或进口环节是免税的，因此，出口时该货物的价格中本身就不含税，也无须退税。

（三）出口不免税也不退税

出口不免税是指对国家限制或禁止出口的某些货物的出口环节视同内销环节，照常征税；出口不退税是指对国家限制或禁止出口的某些货物出口不退还出口前其所负担的税款。

二、出口货物退（免）税的适用范围

《出口货物退（免）税管理办法》规定：可以退（免）税的出口货物一般应具备以下四个条件：

(1) 必须是属于增值税、消费税征税范围的货物。
(2) 必须是报关离境的货物。
(3) 必须是在财务上作销售处理的货物。
(4) 必须是出口收汇并已核销的货物。

对出口的凡属于已征或应征增值税、消费税的货物，除国家明确规定不予退（免）税的货物和出口企业从小规模纳税人购进并持普通发票的部分货物外，都是出口货物退（免）税的货物范围，均应予以退还已征增值税和消费税或免征应征的增值税和消费税。

（一）出口免税并退税的适用范围

下列企业出口满足上述四个条件的货物，除另有规定外，给予免税并退税：

(1) 生产企业自营出口或委托外贸企业代理出口的自产货物。
(2) 有出口经营权的外贸企业收购后直接出口或委托其他外贸企业代理出口的货物。
(3) 下列特定出口的货物：

在出口货物中，有一些虽然不同时具备上述四个条件的货物，但由于这些货物销售方式、消费环节、结算办法的特殊性，以及国际间的特殊情况，国家特准退还或免征其增值税和消费税。这些货物主要有：①对外承包工程公司运出境外用于对外承包项目的货物；②对外承接修理修配业务的企业用于对外修理修配的货物；③外轮供应公司、远洋运输供应公司销售给外轮、远洋国轮而收取外汇的货物；④企业在国内采购并运往境外作为在国外投资的货物等。

（二）出口免税但不退税的适用范围

(1) 下列企业出口的货物，除另有规定外，给予免税，但不予退税：

①属于生产企业的小规模纳税人自营出口或委托外贸企业代理出口的自产货物。
②外贸企业从小规模纳税人购进并持普通发票的货物出口，免税但不予退税。但对规定列举的 12 类出口货物考虑其占出口比重较大及其生产、采购的特殊因素，特准退税。
③外贸企业直接购进国家规定的免税货物（包括免税农产品）出口的，免税但不予退税。

需要说明的是，上述"除另有规定外"，是指上述企业出口的货物如属于税法列举规定的限制或禁止出口的货物，则不能免税，当然更不能退税。

(2) 下列出口货物，免税但不予退税：

①来料加工复出口的货物，即原材料进口免税，加工自制的货物出口不退税。
②避孕药品和用具、古旧图书，内销免税，出口也免税。
③出口卷烟：有出口卷烟权的企业出口国家出口卷烟计划内的卷烟，在生产环节免

征增值税、消费税，出口环节不办理退税。其他非计划内出口的卷烟照章征收增值税和消费税，出口一律不退税。

④军品以及军队系统企业出口军需工厂生产或军需部门调拨的货物免税。

⑤国家规定的其他免税货物。如农业生产者销售的自产农业产品、饲料、农膜等。

出口享受免征增值税的货物，其耗用的原材料、零部件等支付的进项税额，包括准予抵扣的运输费用所含的进项税额，不能从内销货物的销项税额中抵扣，应计入产品成本处理。

（三）出口不免税也不退税的适用范围

除经批准属于进料加工复出口贸易以外，下列出口货物，不免税也不退税：

（1）国家计划外出口的原油（自1999年9月1日起国家计划内出口的原油恢复按13％的退税率退税）。

（2）援外出口货物（自1999年1月1日起，对一般物资援助项下出口货物，仍实行出口不退税政策；对利用中国政府的援外优惠贷款和合作项目基金方式下出口的货物，比照一般贸易出口，实行出口退税政策）。

（3）国家禁止出口的货物，包括天然牛黄、麝香、铜及铜基合金（出口电解铜自2001年1月1日起按17％的退税率退还增值税）等。

（四）视同自产产品适用退（免）税政策

对生产企业出口的下列四类产品，视同自产产品给予退（免）税：

（1）生产企业出口外购的产品，凡同时符合以下条件的，可视同自产货物办理退税：①与本企业生产的产品名称、性能相同；②使用本企业注册商标或外商提供给本企业使用的商标；③出口给进口本企业自产产品的外商。

（2）生产企业外购的与本企业所生产的产品配套出口的产品，若出口给进口本企业自产产品的外商，符合下列条件之一的，可视同自产产品办理退税：①用于维修本企业出口的自产产品的工具、零部件、配件；②不经过本企业加工或组装，出口后能直接与本企业自产产品组合成成套产品的。

（3）凡同时符合下列条件的，主管出口退税的税务机关可认定为集团成员，集团公司（或总厂，下同）收购成员企业（或分厂，下同）生产的产品，可视同自产产品办理退（免）税：①经县级以上政府主管部门批准为集团公司成员的企业，或由集团公司控股的生产企业；②集团公司及其成员企业均实行生产企业财务会计制度；③集团公司必须将有关成员企业的证明材料报送给主管出口退税的税务机关。

（4）生产企业委托加工收回的产品，同时符合下列条件的，可视同自产产品办理退税：①必须与本企业生产的产品名称、性能相同，或者是用本企业生产的产品再委托深加工收回的产品；②出口给进口本企业自产产品的外商；③委托方执行的是生产企业财务会计制度；④委托方与受托方必须签订委托加工协议。

三、出口货物的退税率

出口货物的退税率，是出口货物的实际退税额与退税计税依据的比例。现行出口货物的增值税退税率有17％、15％、14％、13％、11％、9％、8％、6％、5％等。

四、出口货物应退税额的计算

出口货物只有在适用"出口免税并退税"政策时,才会涉及如何计算出口退税的问题。我国现行出口货物应退增值税政策主要有"免、抵、退"和"先征后退"两种计算办法。

(一)"免、抵、退"税的计算办法

1. "免、抵、退"税管理办法的定义

实行"免、抵、退"税管理办法的"免"税,是指对生产企业出口的自产货物,在出口时免征本企业生产销售环节增值税;"抵"税,是指生产企业出口自产货物所耗用的原材料、零部件、燃料、动力等所含应予退还的进项税额,抵顶内销货物的应纳税额;"退"税,是指生产企业出口自产货物在当月内应抵顶的进项税额大于应纳税额时,对未抵顶完的部分予以退税。

由于出口货物增值税实行零税率,除了出口环节免征增值税即没有销项税额外还需要对为生产出口产品所购进的项目已经缴纳的税款,即进项税额退还给出口企业等纳税人。因此,出口退税并不是退还"销项税额",而是退还进项税额。

2. "免、抵、退"税办法的适用范围

自 2002 年 1 月 1 日起,生产企业自营出口或委托外贸企业代理出口自产货物,除另有规定者外,增值税一律实行"免、抵、退"税管理办法。

生产企业是指独立核算,经主管国税机关认定为增值税一般纳税人,并且具有实际生产能力的企业和企业集团。增值税小规模纳税人出口自产货物继续实行免征增值税办法。生产企业出口自产的属于应征消费税的产品,实行免征消费税办法。

3. 实行"免、抵、退"税办法退税额的计算

按"免、抵、退"税办法办理退税的计算过程如下:

(1)免征出口环节增值税。

(2)计算免抵退税不得免征和抵扣税额抵减额,其计算公式为:

$$\text{免抵退税不得免征和抵扣税额抵减额} = \text{免税购进原材料价格} \times (\text{出口货物征税率} - \text{出口货物退税率})$$

免税购进原材料包括从国内购进免税原材料和进料加工免税进口料件,其中进料加工免税进口料件的价格为组成计税价格。

$$\text{进料加工免税进口料件的组成计税价格} = \text{货物到岸价} + \text{海关实征关税和消费税}$$

如果当期没有免税购进原材料价格,前述公式中的免抵退税不得免征和抵扣税额抵减额,以及后面公式中的免抵退税额抵减额,就不用计算。

从上述计算公式看,出口退税在"销项税额"方面并非执行真正的零税率,而是一种"超低税率",即征税率(17%、13%)与退税率(各货物不同)之差,即税法规定的出口退税"不得免征和抵扣税额"的计算比率。

(3)计算当期免抵退税不得免征和抵扣税额,其计算公式为:

$$\text{当期免抵退税不得免征和抵扣税额} = \text{当期出口货物离岸价} \times \text{外汇人民币牌价} \times (\text{出口货物征税率} - \text{出口货物退税率}) - \text{免抵退税不得免征和抵扣税额抵减额}$$

(4) 计算当期应纳税额，其计算公式为：

$$当期应纳税额 = 当期内销货物的销项税额 - (当期进项税额 - 当期免抵退税不得免征和抵扣税额) - 上期期末留抵税额$$

(5) 计算当期免抵退税额，其计算公式为：

$$当期免抵退税额 = 当期出口货物离岸价 \times 外汇人民币牌价 \times 出口货物退税率 - 免抵退税额抵减额$$

其中：

$$免抵退税额抵减额 = 免税购进原材料价格 \times 进口货物退税率$$

"免抵退税额抵减额"的实质含义是，免税购进的原材料本身是不含进项税额的，所以在计算免抵退税额时就不应该退还这部分原本不存在的税额，因此要通过计算予以剔除。

(6) 计算当期应退税额和免抵税额：

① 如当期期末留抵税额≤当期免抵退税额，则：

$$当期应退税额 = 当期期末留抵税额$$

$$当期免抵税额 = 当期免抵退税额 - 当期应退税额$$

② 如当期期末留抵税额＞当期免抵退税额，则：

$$当期应退税额 = 当期免抵退税额$$

$$当期免抵税额 = 0$$

当期期末留抵税额根据当期《增值税纳税申报表》中"期末留抵税额"确定。

【例2-15】 某有进出口经营权的生产企业为增值税一般纳税人，兼营内销和自营出口自产货物。出口货物的征税率为17%，退税率为13%。2012年12月的有关经营业务为：购进原材料一批，取得的增值税专用发票注明的价款400万元，外购货物准予抵扣的进项税额68万元通过认证。上月末留抵税款1万元，本月内销货物不含税销售额100万元，收款117万元存入银行，本月出口货物的销售额为50万美元。1美元＝6.25元人民币。

【解析】 根据上述资料，该企业当期应进行如下退税处理：

该企业办理出口退税适用"免、抵、退"税计算办法。

(1) 免征出口环节增值税。

(2) 当期免抵退税不得免征和抵扣税额＝当期出口货物离岸价×外汇人民币牌价×(出口货物征税率－出口货物退税率)＝50×6.25×(17%－13%)＝12.50（万元）

(3) 当期应纳税额＝当期内销货物的销项税额－(当期进项税额－当期免抵退税不得免征和抵扣税额)－上期期末留抵税额＝100×17%－(68－12.50－1＝－39.50（万元）

(4) 当期免抵退税额＝当期出口货物离岸价×外汇人民币牌价×出口货物退税率＝50×6.25×13%＝40.63（万元）

(5) 按规定，如当期期末留抵税额≤当期免抵退税额时，当期应退税额＝当期期末留抵税额，即该企业当期应退税额＝39.50万元

(6) 当期免抵税额＝当期免抵退税额－当期应退税额，即当期免抵税额＝40.63－39.50＝1.13（万元）

【例2-16】 某有进出口经营权的生产企业为增值税一般纳税人，兼营内销和自营

出口自产货物。出口货物的征税率为17%，退税率为13%。2012年12月有关经营业务为：购原材料一批，取得的增值税专用发票注明的价款400万元，外购货物准予抵扣的进项税额68万元通过认证。上期末留抵税款6万元。本月内销货物不含税销售额100万元，收款117万元存入银行。本月出口货物的销售额折合人民币200万元。

【解析】 根据上述资料，该企业当期应进行如下退税处理：

该企业办理出口退税适用"免、抵、退"税计算办法。

(1) 免征出口环节增值税。

(2) 当期免抵退税不得免征和抵扣税额＝200×(17%－13%)＝8（万元）

(3) 当期应纳税额＝100×17%－(68－8)－6＝－49（万元）

(4) 当期免抵退税额＝200×13%＝26（万元）

(5) 按规定，如当期期末留抵税额＞当期免抵退税额时，当期应退税额＝当期免抵退税额，即该企业当期应退税额＝26万元

(6) 当期免抵税额＝当期免抵退税额－当期应退税额，即当期该企业免抵税额＝26－26＝0（万元）

(7) 12月期末留抵结转下期继续抵扣税额为23万元（49－26）。

【例 2-17】 某自营出口生产企业是增值税一般纳税人，出口货物的征税率为17%，退税率为13%。2012年12月有关经营业务为：购原材料一批，取得的增值税专用发票注明的价款200万元，外购货物准予抵扣进项税额34万元通过认证。当月进料加工免税进口料件的组成计税价格100万元。上期末留抵税款5万元。本月内销货物不含税销售额100万元，收款117万元存入银行。本月出口货物销售额折合人民币200万元。

【解析】 根据上述资料，该企业当期应进行如下退税处理：

该企业办理出口退税适用"免、抵、退"税计算办法。

(1) 免征出口环节增值税。

(2) 免抵退税不得免征和抵扣税额抵减额＝免税进口料件的组成计税价格×(出口货物征税税率－出口货物退税率)＝100×(17%－13%)＝4（万元）

(3) 免抵退税不得免征和抵扣税额＝当期出口货物离岸价×外汇人民币牌价×(出口货物征税率－出口货物退税率)－免抵退税不得免征和抵扣税额抵减额＝200×(17%－13%)－4＝8－4＝4（万元）

(4) 当期应纳税额＝当期内销货物的销项税额－(当期进项税额－当期免抵退税不得免征和抵扣税额)－上期期末留抵税额＝100×17%－(34－4)－5＝17－30－5＝－18（万元）

(5) 免抵退税额抵减额＝免税购进原材料×材料出口货物退税率＝100×13%＝13（万元）

(6) 当期免抵退税额＝当期出口货物离岸价×外汇人民币牌价×出口货物退税率－免抵退税额抵减额＝200×13%－13＝13（万元）

(7) 按规定，如当期期末留抵税额＞当期免抵退税额时，当期应退税额＝当期免抵退税额，即该企业当期应退税额＝13万元

(8) 当期免抵税额＝当期免抵退税额－当期应退税额，即当期该企业免抵税额＝13－13＝0（万元）

(9) 12月期末留抵结转下期继续抵扣税额为5万元（18-13）。

（二）"先征后退"的计算办法

"先征后退"是指在出口环节先征税，然后再纳入国家出口退税计划，按照国家规定的退税率计算退税的办法。这种办法适用于未按照"免、抵、退"办理出口退税的企业，如外贸企业出口货物应按"先征后退"办理退税。

（1）外贸企业出口货物增值税的计算应依据购进出口货物增值税专用发票上所注明的购进金额和退税率计算，其计算公式为：

$$应退税额＝外贸收购不含增值税购进金额 \times 退税率$$

【例2-18】 某进出口公司2012年12月出口英国4 000米平纹布，进货增值税专用发票列明单价20元/平方米，计税金额80 000元，退税率13%。

【解析】 根据上述资料，该企业当期应进行如下退税处理：

$$应退税额＝外贸收购不含增值税购进金额 \times 退税率$$
$$=4\,000 \times 20 \times 13\% = 10\,400（元）$$

（2）外贸企业收购小规模纳税人出口货物增值税的退税计算：

①凡从小规模纳税人购进持普通发票特准退税的，其退税额的计算公式为：

$$应退税额＝[普通发票所列（含增值税）销售金额] \div (1+征收率) \times 6\%或5\%$$

②凡从小规模纳税人购进税务机关代开增值税专用发票的出口货物，其退税额的计算公式为：

$$应退税额＝增值税专用发票注明的金额 \times 6\%或5\%$$

【例2-19】 某进出口公司2012年12月购进某小规模纳税人抽纱工艺品100打（套）全部出口，普通发票注明金额3 000元；购进另一小规模纳税人西服500套全部出口，取得税务机关代开的增值税专用发票，发票注明金额6 000元；退税率6%。

【解析】 根据上述资料，该企业当期应进行如下退税处理：

$$应退税额＝3\,000 \div (1+6\%) \times 6\% + 6\,000 \times 6\% = 529.81（元）$$

（3）外贸企业委托生产企业加工出口货物的退税规定：外贸企业委托生产企业加工收回后报关出口的货物，按购进国内原辅材料的增值税专用发票上注明的进项金额，依原辅材料的退税率计算原辅材料应退税额。支付的加工费，凭受托方开具货物的退税率，计算加工费的应退税额。

【例2-20】 某进出口公司2012年12月购进牛仔布委托加工成服装出口，取得牛仔布增值税专用发票一张，注明计税金额10 000元（退税率13%），取得服装加工费计税金额1 000元（退税率17%）。

【解析】 根据上述资料，该企业当期应进行如下退税处理：

该企业的应退税额＝$10\,000 \times 13\% + 1\,000 \times 17\% = 1\,470$（元）

五、出口货物退（免）税管理

为加强生产企业出口货物"免、抵、退"税管理，促使生产企业准确及时申报"免、抵、退"税出口额，国税函〔2003〕95号规定，自2003年1月1日起，对生产企业申报免、抵、退税的出口额实行与"口岸电子执法系统"出口退税子系统中的出口数据进行核对的办法。

出口企业应在货物报关出口之日（以出口货物报关单〈出口退税专用〉上注明的出口日期为准，下同）起 90 日内，向退税部门申报办理出口货物退（免）税手续。逾期不申报的，除另有规定者和确有特殊原因，经地市以上税务机关批准者外，不再受理该笔出口货物的退（免）税申报。生产企业未按规定在报关出口 90 日内申报办理退（免）税手续的，如果其到期之日超过了当月的"免、抵、退"税申报期，税务机关可暂不按视同内销货物予以征税。但生产企业应当在次月"免、抵、退"税申报期内申报"免、抵、退"税，如仍未申报，税务机关应当视同内销货物予以征税。

第九节 税收优惠

一、《增值税暂行条例》规定的免税项目

《增值税暂行条例》规定的免税项目包括：

（1）农业生产者销售的自产农产品。农业是指种植业、养殖业、林业、牧业、水产业。农业生产者包括从事农业生产的单位和个人。农产品是指直接从事植物的种植、收割和动物的饲养、捕捞的单位和个人销售的自产农产品，具体范围由财政部、国家税务总局确定；对上述单位和个人销售的外购农产品，以及单位和个人外购农产品生产、加工后销售的仍然属于规定范围的农业产品，不属于免税的范围，应当按照规定的税率征收增值税。

（2）避孕药品和用具。

（3）古旧图书。古旧图书是指向社会收购的古书和旧书。

（4）直接用于科学研究、科学试验和教学的进口仪器、设备。

（5）外国政府、国际组织无偿援助的进口物资和设备。

（6）由残疾人的组织直接进口供残疾人专用的物品。

（7）销售的自己使用过的物品。自己使用过的物品是指其他个人自己使用过的物品。

二、财政部、国家税务总局规定的其他免征税项目

（一）资源综合利用及其他产品的增值税政策

1. 销售自产货物实行免征增值税政策

对销售下列自产货物实行免征增值税政策：

（1）再生水。再生水是指对污水处理厂出水、工业排水（矿井水）、生活污水、垃圾处理厂渗透（滤）液等水源进行回收，经适当处理后达到一定水质标准，并在一定范围内重复利用的水资源。再生水应当符合水利部《再生水水质标准》（SL368-2006）的有关规定。

（2）以废旧轮胎为全部生产原料生产的胶粉。胶粉应当符合 GB/T19208-2008 规定的性能指标。

（3）翻新轮胎。翻新轮胎应当符合 GB7037-2007、GB14646-2007 或者 HG/T3979-

2007 规定的性能指标,并且翻新轮胎的胎体 100% 来自废旧轮胎。

（4）生产原料中掺兑废渣比例不低于 30% 的特定建材产品。特定建材产品是指砖（不含烧结普通砖）、砌块、陶粒、墙板、管材、混凝土、砂浆、道路井盖、道路护栏、防火材料、耐火材料、保温材料、矿（岩）棉。

2. 污水处理劳务实行免征增值税政策

对污水处理劳务免征增值税。污水处理是指将污水加工处理后符合 GB18918-2002 有关规定的水质标准的业务。

3. 销售自产货物实行增值税即征即退政策

对销售下列自产货物实行增值税即征即退的政策：

（1）以工业废气为原料生产的高纯度二氧化碳产品。高纯度二氧化碳产品，应当符合 GB10621-2006 的有关规定。

（2）以垃圾为燃料生产的电力或者热力。垃圾用量占发电燃料的比重不低于 80%，并且生产排放达到 GB13223-2003 第 1 时段标准或者 GB18485-2001 的有关规定。垃圾是指城市生活垃圾、农作物秸秆、树皮废渣、污泥、医疗垃圾。

（3）以煤炭开采过程中伴生的舍弃物油母页岩为原料生产的页岩油。

（4）以废旧沥青混凝土为原料生产的再生沥青混凝土。废旧沥青混凝土用量占生产原料的比重不低于 30%。

（5）采用旋窑法工艺生产并且生产原料中掺兑废渣比例不低于 30% 的水泥（包括水泥熟料）。

①对经生料烧制和熟料研磨工艺生产水泥产品的企业，掺兑废渣比例计算公式为：

$$\text{掺兑废渣比例} = (\text{生料烧制阶段掺兑废渣数量} + \text{熟料研磨阶段掺兑废渣数量}) \div (\text{生料数量} + \text{生料烧制和熟料研磨阶段掺兑废渣数量} + \text{其他材料数量}) \times 100\%$$

②对外购熟料经研磨工艺生产水泥产品的企业，掺兑废渣比例计算公式为：

$$\text{掺兑废渣比例} = \text{熟料研磨过程中掺兑废渣数量} \div (\text{熟料数量} + \text{熟料研磨过程中掺兑废渣数量} + \text{其他材料数量}) \times 100\%$$

4. 销售自产货物实现的增值税实行即征即退 50% 的政策

销售下列自产货物实现的增值税实行即征即退 50% 的政策：

（1）以退役军用发射药为原料生产的涂料硝化棉粉。退役军用发射药在生产原料中的比重不低于 90%。

（2）对燃煤发电厂及各类工业企业产生的烟气、高硫天然气进行脱硫生产的副产品。副产品，是指石膏（其二水硫酸钙含量不低于 85%）、硫酸（其浓度不低于 15%）、硫酸铵（其总氮含量不低于 18%）和硫磺。

（3）以废弃酒糟和酿酒底锅水为原料生产的蒸汽、活性炭、白碳黑、乳酸、乳酸钙、沼气。废弃酒糟和酿酒底锅水在生产原料中所占的比重不低于 80%。

（4）以煤矸石、煤泥、石煤、油母页岩为燃料生产的电力和热力。煤矸石、煤泥、石煤、油母页岩用量占发电燃料的比重不低于 60%。

(5) 利用风力生产的电力。

(6) 部分新型墙体材料产品。具体范围按本通知附件1《享受增值税优惠政策的新型墙体材料目录》执行。

5. 销售自产的综合利用生物柴油实行增值税先征后退政策

对销售自产的综合利用生物柴油实行增值税先征后退政策。综合利用生物柴油是指以废弃的动物油和植物油为原料生产的柴油。废弃的动物油和植物油用量占生产原料的比重不低于70%。

6. 增值税一般纳税人生产的粘土实心砖、瓦的增值税政策

对增值税一般纳税人生产的粘土实心砖、瓦，一律按适用税率征收增值税，不得采取简易办法征收增值税。2008年7月1日起，以立窑法工艺生产的水泥（包括水泥熟料），一律不得享受本通知规定的增值税即征即退政策。

7. 其他规定

(1) 申请享受本通知第1条、第2条、第4条第1项至第4项、第5条规定的资源综合利用产品增值税优惠政策的纳税人，应当按照《国家发展改革委 财政部 国家税务总局关于印发〈国家鼓励的资源综合利用认定管理办法〉的通知》（发改环资〔2006〕1864号）的有关规定，申请并取得《资源综合利用认定证书》，否则不得申请享受增值税优惠政策。

(2) 本通知规定的增值税免税和即征即退政策由税务机关，增值税先征后退政策由财政部驻各地财政监察专员办事处及相关财政机关分别按照现行有关规定办理。

(3) 本通知所称废渣，是指采矿选矿废渣、冶炼废渣、化工废渣和其他废渣。废渣的具体范围，按附件2《享受增值税优惠政策的废渣目录》执行。

(4) 本通知所称废渣掺兑比例和利用原材料占生产原料的比重，一律以重量比例计算，不得以体积计算。

(二) 再生资源增值税政策

(1) 取消"废旧物资回收经营单位销售其收购的废旧物资免征增值税"和"生产企业增值税一般纳税人购入废旧物资回收经营单位销售的废旧物资，可按废旧物资回收经营单位开具的由税务机关监制的普通发票上注明的金额，按10%计算抵扣进项税额"的政策。

(2) 单位和个人销售再生资源，应当依照《增值税暂行条例》、《增值税暂行条例实施细则》及财政部、国家税务总局的相关规定缴纳增值税。但个人（不含个体工商户）销售自己使用过的废旧物品免征增值税。增值税一般纳税人购进再生资源，应当凭取得的增值税条例及其细则规定的扣税凭证抵扣进项税额，原印有"废旧物资"字样的专用发票停止使用，不再作为增值税扣税凭证抵扣进项税额。

(3) 报废船舶拆解和报废机动车拆解企业，适用本政策的各项规定。

(4) 本政策所称再生资源，是指《再生资源回收管理办法》（商务部令2007年第8号）第2条所称的再生资源，即在社会生产和生活消费过程中产生的，已经失去原有全部或部分使用价值，经过回收、加工处理，能够使其重新获得使用价值的各种废弃物。上述加工处理，仅指清洗、挑选、整理等简单加工。

(三) 资源综合利用产品及劳务增值税政策

1. 销售自产的建筑砂石骨料免征增值税政策

对销售自产的以建（构）筑废物、煤矸石为原料生产的建筑砂石骨料免征增值税。生产原料中建（构）筑废物、煤矸石的比重不低于90%。其中以建（构）筑废物为原料生产的建筑砂石骨料应符合《混凝土用再生粗骨料》（GB/T 25177-2010）和《混凝土和砂浆用再生细骨料》（GB/T 25176-2010）的技术要求；以煤矸石为原料生产的建筑砂石骨料应符合《建筑用砂》（GB/T 14684-2001）和《建筑用卵石碎石》（GB/T 14685-2001）的技术要求。

2. 垃圾处理、污泥处理处置劳务免征增值税政策

对垃圾处理、污泥处理处置劳务免征增值税。垃圾处理是指运用填埋、焚烧、综合处理和回收利用等形式，对垃圾进行减量化、资源化和无害化处理处置的业务；污泥处理处置是指对污水处理后产生的污泥进行稳定化、减量化和无害化处理处置的业务。

3. 销售自产货物实行增值税即征即退100%的政策

对销售下列自产货物实行增值税即征即退100%的政策：

（1）利用工业生产过程中产生的余热、余压生产的电力或热力。发电（热）原料中100%利用上述资源。

（2）以餐厨垃圾、畜禽粪便、稻壳、花生壳、玉米芯、油茶壳、棉籽壳、三剩物、次小薪材、含油污水、有机废水、污水处理后产生的污泥、油田采油过程中产生的油污泥（浮渣），包括利用上述资源发酵产生的沼气为原料生产的电力、热力、燃料。生产原料中上述资源的比重不低于80%，其中利用油田采油过程中产生的油污泥（浮渣）生产燃料的资源比重不低于60%。

上述涉及的生物质发电项目必须符合国家发展改革委《可再生能源发电有关管理规定》（发改能源〔2006〕13号）要求，并且生产排放达到《火电厂大气污染物排放标准》（GB13223-2003）第1时段标准或者《生活垃圾焚烧污染控制标准》（GB18485-2001）的有关规定。利用油田采油过程中产生的油污泥（浮渣）的生产企业必须取得《危险废物综合经营许可证》。

（3）以污水处理后产生的污泥为原料生产的干化污泥、燃料。生产原料中上述资源的比重不低于90%。

（4）以废弃的动物油、植物油为原料生产的饲料级混合油。饲料级混合油应达到《饲料级 混合油》（NY/T 913-2004）规定的技术要求，生产原料中上述资源的比重不低于90%。

（5）以回收的废矿物油为原料生产的润滑油基础油、汽油、柴油等工业油料。生产企业必须取得《危险废物综合经营许可证》，生产原料中上述资源的比重不低于90%。

（6）以油田采油过程中产生的油污泥（浮渣）为原料生产的乳化油调和剂及防水卷材辅料产品。生产企业必须取得《危险废物综合经营许可证》，生产原料中上述资源的比重不低于70%。

（7）以人发为原料生产的档发。生产原料中90%以上为人发。

4. 销售自产货物实行增值税即征即退80%的政策

对销售下列自产货物实行增值税即征即退80%的政策：以三剩物、次小薪材和农作物秸秆等 3 类农林剩余物为原料生产的木（竹、秸秆）纤维板、木（竹、秸秆）刨花板、细木工板、活性炭、栲胶、水解酒精、炭棒；以沙柳为原料生产的箱板纸。

"三剩物"，是指采伐剩余物（指枝丫、树梢、树皮、树叶、树根及藤条、灌木等）、造材剩余物（指造材截头）和加工剩余物（指板皮、板条、木竹截头、锯沫、碎单板、木芯、刨花、木块、簸黄、边角余料等）。"次小薪材"，是指次加工材（指材质低于针、阔叶树加工用原木最低等级但具有一定利用价值的次加工原木，其中东北、内蒙古地区按 LY/T1505-1999 标准执行，南方及其他地区按 LY/T1369-1999 标准执行）、小径材（指长度在 2 米以下或径级 8 厘米以下的小原木条、松木杆、脚手杆、杂木杆、短原木等）和薪材。"农作物秸秆"，是指农业生产过程中，收获了粮食作物（指稻谷、小麦、玉米、薯类等）、油料作物（指油菜籽、花生、大豆、葵花籽、芝麻籽、胡麻籽等）、棉花、麻类、糖料、烟叶、药材、蔬菜和水果等以后残留的茎秆。

5. 销售自产货物实行增值税即征即退 50% 的政策

对销售下列自产货物实行增值税即征即退 50% 的政策：

（1）以蔗渣为原料生产的蔗渣浆、蔗渣刨花板及各类纸制品。生产原料中蔗渣所占比重不低于 70%。

（2）以粉煤灰、煤矸石为原料生产的氧化铝、活性硅酸钙。生产原料中上述资源的比重不低于 25%。

（3）利用污泥生产的污泥微生物蛋白。生产原料中上述资源的比重不低于 90%。

（4）以煤矸石为原料生产的瓷绝缘子、煅烧高岭土。其中瓷绝缘子生产原料中煤矸石所占比重不低于 30%，煅烧高岭土生产原料中煤矸石所占比重不低于 90%。

（5）以废旧电池、废感光材料、废彩色显影液、废催化剂、废灯泡（管）、电解废弃物、电镀废弃物、废线路板、树脂废弃物、烟尘灰、湿法泥、熔炼渣、河底淤泥、废旧电机、报废汽车为原料生产的金、银、钯、铑、铜、铅、汞、锡、铋、碲、铟、硒、铂族金属，其中综合利用危险废弃物的企业必须取得《危险废物综合经营许可证》。生产原料中上述资源的比重不低于 90%。

（6）以废塑料、废旧聚氯乙烯（PVC）制品、废橡胶制品及废铝塑复合纸包装材料为原料生产的汽油、柴油、废塑料（橡胶）油、石油焦、碳黑、再生纸浆、铝粉、汽车用改性再生专用料、摩托车用改性再生专用料、家电用改性再生专用料、管材用改性再生专用料、化纤用再生聚酯专用料（杂质含量低于 0.5 mg/g，水份含量低于 1%）、瓶用再生聚对苯二甲酸乙二醇酯（PET）树脂（乙醛质量分数小于等于 1ug/g）及再生塑料制品。生产原料中上述资源的比重不低于 70%。

上述废塑料综合利用生产企业必须通过 ISO9000、ISO14000 认证。

（7）以废弃天然纤维、化学纤维及其制品为原料生产的纤维纱及织布、无纺布、毡、粘合剂及再生聚酯产品。生产原料中上述资源的比重不低于 90%。

（8）以废旧石墨为原料生产的石墨异形件、石墨块、石墨粉和石墨增碳剂。生产原料中上述资源的比重不低于 90%。

6. 综合利用资源占生产原料的比重

本政策所称综合利用资源占生产原料的比重，除第 3 条第 1 项外，一律以重量比例计算，不得以体积比例计算。

7. 单独核算综合利用产品销售额的要求

增值税一般纳税人应单独核算综合利用产品的销售额。一般纳税人同时生产增值税应税产品和享受增值税即征即退产品而存在无法划分的进项税额时,按下列公式对无法划分的进项税额进行划分:

$$\text{享受增值税即征即退产品应分摊的进项税额} = \text{当月无法划分的全部进项税额} \times \frac{\text{当月享受增值税即征即退产品的销售额合计}}{\text{当月无法划分进项税额产品的销售额合计}}$$

增值税小规模纳税人应单独核算综合利用产品的销售额和应纳税额。

凡未单独核算资源综合利用产品的销售额和应纳税额的,不得享受本通知规定的退(免)税政策。

8. 申请资源综合利用产品及劳务增值税优惠政策的纳税人的条件

申请享受本通知规定的资源综合利用产品及劳务增值税优惠政策的纳税人,还应符合下列条件:

(1) 纳税人生产、利用资源综合利用产品及劳务的建设项目已按照《中华人民共和国环境影响评价法》编制环境影响评价文件,且已获得经法律规定的审批部门批准同意。

(2) 自2010年1月1日起,纳税人未因违反《中华人民共和国环境保护法》等环境保护法律法规受到刑事处罚或者县级以上环保部门相应的行政处罚。

(3) 生产过程中如果排放污水的,其污水已接入污水处理设施,且生产排放达到《城镇污水处理厂污染物排放标准》(GB18918-2002)。

(4) 申请享受本通知规定的资源综合利用产品,已送交由省级以上质量技术监督部门资质认定的产品质量检验机构进行质量检验,并已取得该机构出具的符合产品质量标准要求及本文件规定的生产工艺要求的检测报告。

(5) 申请享受本通知规定的资源综合利用产品及劳务增值税优惠政策的,应当在初次申请时按照要求提交资源综合利用产品及劳务有关数据,报主管税务机关审核备案,并在以后每年2月15日前按照要求提交上一年度资源综合利用产品及劳务有关数据,报主管税务机关审核备案。具体数据要求和提交办法由财政部和国家税务总局另行通知。

(四) 支持文化企业发展若干税收政策

(1) 广播电影电视行政主管部门(包括中央、省、地市及县级)按照各自职能权限批准从事电影制片、发行、放映的电影集团公司(含成员企业)、电影制片厂及其他电影企业取得的销售电影拷贝收入、转让电影版权收入、电影发行收入以及在农村取得的电影放映收入免征增值税和营业税。

(2) 出口图书、报纸、期刊、音像制品、电子出版物、电影和电视完成片按规定享受增值税出口退税政策。

(3) 党报、党刊将其发行、印刷业务及相应的经营性资产剥离组建的文化企业,自注册之日起所取得的党报、党刊发行收入和印刷收入免征增值税。

(五) 免征蔬菜流通环节增值税

经国务院批准,自2012年1月1日起,免征蔬菜流通环节增值税。

(1) 对从事蔬菜批发、零售的纳税人销售的蔬菜免征增值税。

蔬菜是指可作副食的草本、木本植物,包括各种蔬菜、菌类植物和少数可作副食的木本植物。蔬菜的主要品种参照《蔬菜主要品种目录》(见附件)执行。

经挑选、清洗、切分、晾晒、包装、脱水、冷藏、冷冻等工序加工的蔬菜,属于本通知所述蔬菜的范围。

各种蔬菜罐头不属于本通知所述蔬菜的范围。蔬菜罐头是指蔬菜经处理、装罐、密封、杀菌或无菌包装而制成的食品。

(2) 纳税人既销售蔬菜又销售其他增值税应税货物的,应分别核算蔬菜和其他增值税应税货物的销售额;未分别核算的,不得享受蔬菜增值税免税政策。

(六)软件产品增值税政策

软件产品是指信息处理程序及相关文档和数据。软件产品包括计算机软件产品、信息系统和嵌入式软件产品。嵌入式软件产品是指嵌入在计算机硬件、机器设备中并随其一并销售,构成计算机硬件、机器设备组成部分的软件产品。

1. 软件产品增值税政策

(1) 增值税一般纳税人销售其自行开发生产的软件产品,按17%税率征收增值税后,对其增值税实际税负超过3%的部分实行即征即退政策。

(2) 增值税一般纳税人将进口软件产品进行本地化改造后对外销售,其销售的软件产品可享受本条第一款规定的增值税即征即退政策。本地化改造是指对进口软件产品进行重新设计、改进、转换等,单纯对进口软件产品进行汉字化处理不包括在内。

(3) 纳税人受托开发软件产品,著作权属于受托方的征收增值税,著作权属于委托方或属于双方共同拥有的不征收增值税;对经过国家版权局注册登记,纳税人在销售时一并转让著作权、所有权的,不征收增值税。

2. 享受本通知规定增值税政策的条件

满足下列条件的软件产品,经主管税务机关审核批准,可以享受本通知规定的增值税政策:

(1) 取得省级软件产业主管部门认可的软件检测机构出具的检测证明材料;

(2) 取得软件产业主管部门颁发的《软件产品登记证书》或著作权行政管理部门颁发的《计算机软件著作权登记证书》。

3. 软件产品增值税即征即退税额的计算

(1) 软件产品增值税即征即退税额的计算方法:

即征即退税额 = 当期软件产品增值税应纳税额 - 当期软件产品销售额 × 3%

当期软件产品增值税应纳税额 = 当期软件产品销项税额 - 当期软件产品可抵扣进项税额

当期软件产品销项税额 = 当期软件产品销售额 × 17%

(2) 嵌入式软件产品增值税即征即退税额的计算:

①嵌入式软件产品增值税即征即退税额的计算方法

即征即退税额 = 当期嵌入式软件产品增值税应纳税额 - 当期嵌入式软件产品销售额 × 3%

当期嵌入式软件产品增值税应纳税额 = 当期嵌入式软件产品销项税额 - 当期嵌入式软件产品可抵扣进项税额

当期嵌入式软件产品销项税额＝当期嵌入式软件产品销售额×17％

②当期嵌入式软件产品销售额的计算公式

当期嵌入式软件产品销售额 ＝ 当期嵌入式软件产品与计算机硬件、机器设备销售额合计 － 当期计算机硬件、机器设备销售额

计算机硬件、机器设备销售额按照下列顺序确定：

a) 按纳税人最近同期同类货物的平均销售价格计算确定；
b) 按其他纳税人最近同期同类货物的平均销售价格计算确定；
c) 按计算机硬件、机器设备组成计税价格计算确定。

计算机硬件、机器设备组成计税价格＝计算机硬件、机器设备成本×(1＋10％)

4．其他规定

(1) 按照上述办法计算，即征即退税额大于零时，税务机关应按规定，及时办理退税手续。

(2) 增值税一般纳税人在销售软件产品的同时销售其他货物或者应税劳务的，对于无法划分的进项税额，应按照实际成本或销售收入比例确定软件产品应分摊的进项税额；对专用于软件产品开发生产设备及工具的进项税额，不得进行分摊。纳税人应将选定的分摊方式报主管税务机关备案，并自备案之日起一年内不得变更。

专用于软件产品开发生产的设备及工具，包括但不限于用于软件设计的计算机设备、读写打印器具设备、工具软件、软件平台和测试设备。

(3) 对增值税一般纳税人随同计算机硬件、机器设备一并销售嵌入式软件产品，如果适用本通知规定按照组成计税价格计算确定计算机硬件、机器设备销售额的，应当分别核算嵌入式软件产品与计算机硬件、机器设备部分的成本。凡未分别核算或者核算不清的，不得享受本通知规定的增值税政策。

三、增值税起征点的规定

增值税起征点的规定实际也涉及征税范围的大小问题，即未达到起征点的不列入增值税的征税范围，故在此节列明。增值税起征点的适用范围限于个人。增值税起征点的幅度规定如下：

(1) 销售货物的，为月销售额5 000～20 000元。
(2) 销售应税劳务的，为月销售额5 000～20 000元。
(3) 按次纳税的，为每次（日）销售额300～500元。

上述所称的销售额，是指《增值税暂行条例实施细则》第30条所称小规模纳税人的销售额，即小规模纳税人的销售额不包括其应纳税额。

省、自治区、直辖市财政厅（局）和国家税务局应在规定的幅度内，根据实际情况确定本地区适用的起征点，并报财政部、国家税务总局备案。

纳税人销售额未达到国务院财政、税务主管部门规定的增值税起征点的，免征增值税；达到起征点的，依照本条例规定全额计算缴纳增值税。

四、兼营免税、减税项目的规定

纳税人兼营免税、减税项目的，应当分别核算免税、减税项目的销售额；未分别核算销售额的，不得免税、减税。

第十节 征收管理

一、纳税义务发生时间

《增值税暂行条例》明确规定了增值税纳税义务发生的时间。纳税义务发生时间是纳税人发生应税行为应当承担纳税义务的起始时间。销售货物或者应税劳务的纳税义务发生时间可以分为一般规定和具体规定。

（一）一般规定

（1）纳税人销售货物或者应税劳务，其纳税义务发生时间为收讫销售款项或者取得索取销售款项凭据的当天；先开具发票的，为开具发票的当天。

（2）纳税人进口货物，其纳税义务发生时间为报关进口的当天。

（3）增值税扣缴义务发生时间为纳税人增值税纳税义务发生的当天。

（二）具体规定

纳税人收讫销售款项或者取得索取销售款项凭据的当天，按销售结算方式的不同，具体为：

（1）采取直接收款方式销售货物，不论货物是否发出，均为收到销售款或者取得索取销售款凭据的当天。

（2）采取托收承付和委托银行收款方式销售货物，为发出货物并办妥托收手续的当天。

（3）采取赊销和分期收款方式销售货物，为书面合同约定的收款日期的当天，无书面合同的或者书面合同没有约定收款日期的，为货物发出的当天。

（4）采取预收货款方式销售货物，为货物发出的当天，但生产销售生产工期超过12个月的大型机械设备、船舶、飞机等货物，为收到预收款或者书面合同约定的收款日期的当天。

（5）委托其他纳税人代销货物，为收到代销单位的代销清单或者收到全部或者部分货款的当天，未收到代销清单及货款的，为发出代销货物满180天的当天。

（6）销售应税劳务，为提供劳务同时收讫销售款或者取得索取销售款的凭据的当天。

（7）纳税人发生视同销售货物行为（除将货物交付其他单位或者个人代销、销售代销货物以外），为货物移送的当天。

上述销售货物或应税劳务纳税义务发生时间的确定，明确了企业在计算应纳税额时，对"当期销项税额"时间的限定，是增值税计税和征收管理中重要的规定。目前，一些企业没有按照上述规定的纳税义务发生时间将实现的销售收入及时入账并计算纳税，而是采取延迟入账或不计销售收入等做法，以拖延纳税或逃避纳税，这些做法都是错误的。企业必须按上述规定的时限及时、准确地记录销售额和计算当期销项税额。

二、纳税期限

在明确了增值税纳税义务发生时间后，还需要掌握具体纳税期限，以保证按期缴纳税款。根据《增值税暂行条例》的规定，增值税的纳税期限分别为1日、3日、5日、10日、15日、1个月或1个季度。

纳税人的具体纳税期限，由主管税务机关根据纳税人应纳税额的大小分别核定；不能按固定期限缴纳的，可以按次缴纳。以1个季度为纳税期限的规定仅适用于小规模纳税人。小规模纳税人的具体纳税期限，由主管税务机关根据其应纳税额的大小分别核定。

纳税人以1个月或者1个季度为1个纳税期的，自期满之日起15日内申报纳税；以1日、3日、5日、10日或者15日为1个纳税期的，自期满之日起5日内预缴税款，于次月1日起15日内申报纳税并结清上月应纳税款。

扣缴义务人解缴税款的期限，依照前两款规定执行。纳税人进口货物，应当自海关填发进口增值税专用缴款书之日起15日内缴纳税款。

纳税人进行纳税申报，申报期最后一日为法定节假日的，顺延1日；申报期内有连续3日以上法定休假日的，按休假日天数顺延。例如，2012年10月份申报9月份增值税的纳税申报期2012年10月1日起15日内包含国庆节放假7天，则该纳税申报期顺延至10月22日。

纳税人出口货物适用退（免）税规定的，应当向海关办理出口手续，凭出口报关单等有关凭证，在规定的出口退（免）税申报期内按月向主管税务机关申报办理。具体办法由国务院财政、税务主管部门制定。

出口货物办理退税后发生退货或者退关的，纳税人应当依次补缴已退的税款。

三、纳税地点

为了保证纳税人按期申报纳税，根据企业跨地区经营和搞活商品流通的特点及不同情况，税法还具体规定了增值税的纳税地点：

（1）固定业户应当向其机构所在地的主管税务机关申报纳税。总机构和分支机构不在同一县（市）的，应当分别向各自所在地主管税务机关申报纳税；经国务院财政、税务主管部门或者其授权的财政、税务机关批准，可以由总机构汇总向总机构所在地的主管税务机关申报纳税。

（2）固定业户到外县（市）销售货物或者应税劳务，应当向其机构所在地的主管税务机关申请开具外出经营活动税收管理证明，并向其机构所在地的主管税务机关申报纳税；未开具证明的，应当向销售地或者劳务发生地的主管税务机关申报纳税；未向销售地或者劳务发生地的主管税务机关申报纳税的，由其机构所在地的主管税务机关补征税款。

（3）非固定业户销售货物或者应税劳务，应当向销售地或者劳务发生地的主管税务机关申报纳税；未向销售地或者劳务发生地的主管税务机关申报纳税的，由其机构所在地或者居住地的主管税务机关补征税款。

（4）进口货物，应当向报关地海关申报纳税。

（5）扣缴义务人应当向其机构所在地或者居住地的主管税务机关申报缴纳其扣缴的税款。

四、纳税申报

根据《税收征管法》、《增值税暂行条例》及《发票管理办法》的有关规定，国家税务总局制定了增值税一般纳税人与小规模纳税人的具体纳税申报办法。

增值税纳税人应按《增值税暂行条例》有关规定及时办理纳税申报，并如实填写增值税纳税申报表及其附表，请见《纳税申报实务》"增值税纳税申报"章节的相关内容。

第十一节　增值税专用发票的使用及管理

增值税专用发票（简称专用发票），是增值税一般纳税人（以下简称一般纳税人）销售货物或者提供应税劳务开具的发票，是购买方支付增值税额并可按照增值税有关规定据以抵扣增值税进项税额的凭证。

一般纳税人应通过增值税防伪税控系（以下简称防伪税控系），使用专用发票，包括领购、开具、缴销、认证纸质专用发票及其相应的数据电文。

上述所称"防伪税控系统"，是指经国务院同意推行的，使用专用设备和通用设备、运用数字密码和电子存储技术管理专用发票的计算机管理系统。"专用设备"，是指金税卡、IC卡、读卡器和其他设备。"通用设备"，是指计算机、打印机、扫描器具和其他设备。

一、专用发票的联次

专用发票由基本联次或者基本联次附加其他联次构成，基本联次为三联：发票联、抵扣联和记账联。发票联，作为购买方核算采购成本和增值税进项税额的记账凭证；抵扣联，作为购买方报送主管税务机关认证和留存备查的凭证；记账联，作为销售方核算销售收入和增值税销项税额的记账凭证。其他联次用途，由一般纳税人自行确定。

二、专用发票的开票限额

专用发票实行最高开票限额管理。最高开票限额是指单份专用发票开具的销售额合计数不得达到的上限额度。

最高开票限额由一般纳税人申请，税务机关依法审批。最高开票限额为10万元及以下的，由区县级税务机关审批；最高开票限额为100万元的，由地市级税务机关审批；最高开票限额为1 000万元及以上的，由省级税务机关审批。防伪税控系统的具体发行工作由区县级税务机关负责。

税务机关审批最高开票限额应进行实地核查。批准使用最高开票限额为10万元及以下的，由区县级税务机关派人实地核查；批准使用最高开票限额为100万元的，由地市级税务机关派人实地核查；批准使用最高开票限额为1 000万元及以上的，由地市级税务机关派人实地核查后将核查资料报省级税务机关审核。

一般纳税人申请最高开票限额时，需填报最高开票限额申请表。

三、专用发票领购使用范围

一般纳税人凭发票领购簿、IC 卡和经办人身份证明领购专用发票。

一般纳税人有下列情形之一的，不得领购开具专用发票：

（1）会计核算不健全，不能向税务机关准确提供增值税销项税额、进项税额、应纳税额数据及其他有关增值税税务资料的。上列其他有关增值税税务资料的内容，由省、自治区、直辖市和计划单列市国家税务局确定。

（2）有《税收征管法》规定的税收违法行为，拒不接受税务机关处理的。

（3）有下列行为之一，经税务机关责令限期改正而仍未改正的：①虚开增值税专用发票；②私自印制专用发票；③向税务机关以外的单位和个人买取专用发票；④借用他人专用发票；⑤未按规定开具专用发票；⑥未按规定保管专用发票和专用设备。⑦未按规定申请办理防伪税控系统变更发行；⑧未按规定接受税务机关检查。

有上列情形的，如已领购专用发票，主管税务机关应暂扣其结存的专用发票和 IC 卡。

四、专用发票开具范围

一般纳税人销售货物或者提供应税劳务，应向购买方开具专用发票。

商业企业一般纳税人零售的烟、酒、食品、服装、鞋帽（不包括劳保专用部分）、化妆品等消费品不得开具专用发票。

增值税小规模纳税人需要开具专用发票的，可向主管税务机关申请代开。

销售免税货物不得开具专用发票，法律、法规及国家税务总局另有规定的除外。

五、专用发票开具要求

专用发票应按下列要求开具：

（1）项目齐全，与实际交易相符；

（2）字迹清楚，不得压线、错格；

（3）发票联和抵扣联加盖财务专用章或者发票专用章；

（4）按照增值税纳税义务的发生时间开具。

对不符合上列要求的专用发票，购买方有权拒收。

一般纳税人销售货物或者提供应税劳务可汇总开具专用发票。汇总开具专用发票的，同时使用防伪税控系统开具销售货物或者提供应税劳务清单，并加盖财务专用章或者发票专用章。

六、开具专用发票后发生退货或开票有误的处理

一般纳税人在开具专用发票当月，发生销货退回、开票有误等情形，收到退回的发票联、抵扣联符合作废条件的，按作废处理；开具时发现有误的，可即时作废。作废专用发票须在防伪税控系统中将相应的数据电文按"作废"处理，在纸质专用发票各联次上注明"作废"字样，全联次留存。

（1）增值税一般纳税人开具专用发票后，发生销货退回、销售折让以及开票有误等

情况需要开具红字专用发票的，视不同情况分别按以下办法处理：

①因专用发票抵扣联、发票联均无法认证的，由购买方填报开具红字增值税专用发票申请单（以下简称申请单），并在申请单上填写具体原因以及相对应蓝字专用发票的信息，主管税务机关审核后出具开具红字增值税专用发票通知单（以下简称通知单）。购买方不作进项税额转出处理。

②购买方所购货物不属于增值税扣税项目范围，取得的专用发票未经认证的，由购买方填报申请单，并在申请单上填写具体原因以及相对应蓝字专用发票的信息，主管税务机关审核后出具通知单。购买方不作进项税额转出处理。

③因开票有误购买方拒收专用发票的，销售方须在专用发票认证期限内向主管税务机关填报申请单，并在申请单上填写具体原因以及相对应蓝字专用发票的信息，同时提供由购买方出具的写明拒收理由、错误具体项目以及正确内容的书面材料，主管税务机关审核确认后出具通知单。销售方凭通知单开具红字专用发票。

④因开票有误等原因尚未将专用发票交付购买方的，销售方须在开具有误专用发票的次月内向主管税务机关填报申请单，并在申请单上填写具体原因以及相对应蓝字专用发票的信息，同时提供由销售方出具的写明具体理由、错误具体项目以及正确内容的书面材料，主管税务机关审核确认后出具通知单。销售方凭通知单开具红字专用发票。

⑤发生销货退回或销售折让的，除按照《国家税务总局关于修订〈增值税专用发票使用规定〉的通知》的规定进行处理外，销售方还应在开具红字专用发票后将该笔业务的相应记账凭证复印件报送主管税务机关备案。

（2）税务机关为小规模纳税人代开专用发票需要开具红字专用发票的，比照一般纳税人开具红字发票的处理办法，通知单第二联交代开税务机关

（3）为实现对通知单的监控管理，国家税务总局正在开发通知单开具和管理系统。在系统推广应用之前，通知单暂由一般纳税人留存备查，税务机关不进行核销。红字专用发票暂不报送税务机关认证。

七、专用发票与不得抵扣进项税额的规定

（一）不得作为增值税进项税额抵扣凭证的情形

经认证，有下列情形之一的，不得作为增值税进项税额的抵扣凭证，税务机关退还原件，购买方可要求销售方重新开具专用发票：

（1）无法认证，指专用发票所列密文或者明文不能辨认，无法产生认证结果。

（2）纳税人识别号认证不符，指专用发票所列购买方纳税人识别号有误。

（3）专用发票代码、号码认证不符，指专用发票所列密文解译后与明文的代码或者号码不一致。

（二）暂不得作为增值税进项税额抵扣凭证的情形

经认证，有下列情形之一的，暂不得作为增值税进项税额的抵扣凭证，税务机关扣留原件，查明原因，分别情况进行处理：

（1）重复认证，指已经认证相符的同一张专用发票再次认证。

（2）密文有误，指专用发票所列密文无法解译。

(3) 认证不符，指纳税人识别号有误，或者专用发票所列密文解译后与明文不一致。本项所称认证不符不含（一）的第（2）项、第（3）项所列情形。

(4) 列为失控专用发票，指认证时的专用发票已被登记为失控专用发票。

（三）对丢失已开具专用发票的发票联和抵扣联的处理

(1) 一般纳税人丢失已开具专用发票的发票联和抵扣联，如果丢失前已认证相符的，购买方凭销售方提供的相应专用发票记账联复印件及销售方所在地主管税务机关出具的丢失增值税专用发票已报税证明单，经购买方主管税务机关审核同意后，可作为增值税进项税额的抵扣凭证。

(2) 如果丢失前未认证的，购买方凭销售方提供的相应专用发票记账联复印件到主管税务机关进行认证，认证相符的凭该专用发票记账联复印件及销售方所在地主管税务机关出具的丢失增值税专用发票已报税证明单，经购买方主管税务机关审核同意后，可作为增值税进项税额的抵扣凭证。

(3) 一般纳税人丢失已开具专用发票的抵扣联，如果丢失前已认证相符的，可使用专用发票发票联复印件留存备查。

(4) 如果丢失前未认证的，可使用专用发票发票联到主管税务机关认证，专用发票发票联复印件留存备查。

(5) 一般纳税人丢失已开具专用发票的发票联，可将专用发票抵扣联作为记账凭证，专用发票抵扣联复印件留存备查。

（四）专用发票抵扣联无法认证的处理

专用发票抵扣联无法认证的，可使用专用发票发票联到主管税务机关认证。专用发票发票联复印件留存备查。

八、加强增值税专用发票的管理

税法除了对纳税人领购、开具专用发票作了上述各项具体规定外，在严格管理上也作了多项规定。主要有：

(1) 关于被盗、丢失增值税专用发票的处理。
(2) 关于对代开、虚开增值税专用发票的处理。
(3) 纳税人善意取得虚开的增值税专用发票的处理。
(4) 防伪税控系统增值税专用发票的管理。
(5) 代开增值税专用发票的管理等。

第十二节 综合案例分析

【例2-21】 某百货商场为增值税一般纳税人，2012年12月购销业务情况如下：

(1) 期初留抵进项税额3万元。

(2) 直接向农业生产者收购农产品用于销售，经税务机关批准的收购凭证上注明的价款为50万元。

(3) 购进百货类商品一批，取得的增值税专用发票上注明的价款、税款分别为64

万元、10.88万元。

（4）采取分期付款方式购进钢琴两台，已取得的增值税专用发票上注明的价款、税款分别为6万元、1.02万元，当月已付款40%，余额再分6个月付清。

（5）受托代销服装一批，从零售总额中按10%提取的代销手续费3万元。

（6）采用以旧换新方式销售电冰箱136台，每台冰箱零售价0.3万元，对以旧换新者以每台0.27万元的价格出售，不再支付旧冰箱收购款。

（7）采取分期收款方式销售本月购进的钢琴两台，每台零售价格4.68万元，合同规定当月收款50%，余额再分5个月收回。

（8）除以上各项业务外，该百货商场本月其他商品零售总额为68万元。

（9）以上相关票据需要认证的，均在本期通过认证并在本期申报抵扣进项税额。

【解析】 根据上述资料，该百货商场应进行如下纳税处理：

（1）当期销项税额＝3÷10%÷（1＋17%）×17%＋136×0.3÷（1＋17%）×17%＋2×4.68×50%÷（1＋17%）×17%＋68÷（1＋17%）×17%＝20.85（万元）

其中：

①代销，应视同销售货物征收增值税，其含税销售额为30万元（3÷10%）。

②采取以旧换新方式销售货物，不得扣减旧货物的收购价格，应按新货物的销售价格计算增值税额。

③采取分期方式收款销售钢琴，其纳税义务发生时间为按合同约定的收款日期的当天。

④所有零售价格均为含税价格，均应转换为不含税销售额。

（2）当期进项税额＝50×13%＋10.88＋1.02＝18.4（万元）

其中：

①增值税一般纳税人购进农业生产者销售的农产品，准予按照买价和13%的扣除率计算进项税额，从当期销项税额中扣除。

②百货商场属于商业企业，不再采用付款扣税法，与其他企业一样采用发票认证制度。

（3）应纳增值税税额＝20.85－18.4－3＝－0.55（万元）

其中：3万元为期初留抵的进项税额，结转本期继续抵扣，即从当期应纳销项税额扣除该进项税额。

综上，计算出当期应纳税额为－0.55万元，表示本期不用缴纳增值税，还有进项税额0.55万元结转下期继续抵扣。

【例2-22】 某彩色电视机生产企业为增值税一般纳税人，2012年12月购销业务情况如下（彩电的型号、品质、价格等均完全一致）。

1. 外购情况

（1）外购电子元器件一批，货物尚未到达，取得的增值税专用发票上注明的增值税额为680万元，另支付运输费用20万元，取得运费发票。

（2）进口大型检测设备一台，取得的海关进口增值税专用缴款书上注明的增值税额为15万元。

（3）从小规模纳税人企业购进修理用配件，取得的税务机关代开的增值税专用发票上注明的价款 1.5 万元、税款 0.045 万元。

(4) 外购用于彩电二期工程的钢材一批，货物已验收入库，取得的增值税专用发票上注明的税款为 68 万元。

(5) 以上相关票据需要认证的，均在本期通过认证并在本期申报抵扣进项税额。

2. 销售情况

(1) 向本市电子产品销售公司销售 37 寸彩电 50 000 台，出厂单价 0.5 万元（含税价），因电子产品销售公司一次付清货款，本企业给予 5% 的销售折扣，并开具红字发票入账。

(2) 采取直接收款方式向外地一小规模纳税人销售 37 寸彩电 1 000 台，货款已收，但货未发出。

(3) 向本市一新落成的宾馆销售 37 寸彩电 800 台，由本企业车队运送该批彩电取得运费收入 1 万元。

(4) 无偿提供给本企业招待所 37 寸彩电 10 台。

(5) 采取以物易物方式向某汽车公司提供 37 寸彩电 200 台，汽车公司向本企业提供 10 辆小汽车用于管理部门使用。双方均已收到货物，并商定不再进行货币结算，但双方都开具了增值税专用发票。

(6) 销售 2010 年 1 月份购进作为固定资产使用过的小轿车 2 辆（未曾抵扣进项税额），开具普通发票，每辆取得含税销售额 5 万元。

【解析】 根据上述资料，该彩色电视机生产企业应进行如下纳税处理：

(1) 当期销项税额 = $50\,000 \times 0.5 \div (1+17\%) \times 17\% + 1\,000 \times 0.5 \div (1+17\%) \times 17\% + (800 \times 0.5 + 1) \div (1+17\%) \times 17\% + 10 \times 0.5 \div (1+17\%) \times 17\% + 200 \times 0.5 \div (1+17\%) \times 17\% + 2 \times 5 \div (1+4\%) \times 4\% \div 2 = 3\,778.84$（万元）

其中：

①因购买方一次性付清货款而给予 5% 的销售折扣，为现金折扣，不得从销售额中扣除，应按全价计算销售额。

②采取直接收款方式销售货物，货款已收，货未发出，但已发生纳税义务，应核算销售额，计算销项税额。

③销售并负责运输彩电业务为混合销售行为，应将运费收入并入销售额征收增值税。

④无偿提供彩电，应视同销售货物行为，应核算销售额，计算销项税额。

⑤采取以物易物方式购销货物，双方均应作购销处理，本企业应核算销售额，计算销项税额。

⑥2009 年 1 月 1 日以后，销售自己使用过的 2009 年 1 月 1 日以后购进或自制的应征消费税的汽车，按照 4% 征收率减半征收增值税。

⑦所有价格均为含税价格，均应转换为不含税销售额。

(2) 当期进项税额 = $680 + 20 \times 7\% + 15 + 0.045 + 0 + 0 = 696.45$（万元）

其中：

①电视机生产企业，不再采用验收入库扣税法，与其他企业一样采用发票认证制度。

②运费准予按运费金额的7%抵扣进项税额。

③自2009年1月1日起,进口生产经营用设备,取得海关进口增值税专用缴款书的,准予抵扣进项税额。

④从小规模纳税人购进货物取得增值税专用发票的,准予抵扣进项税额。

⑤用于彩电二期工程的购进货物,属于用于非增值税应税项目,不得抵扣进项税额。

⑥对采用以物易物方式换入小汽车用于管理部门使用,属于国务院、税务主管部门规定的纳税人自用消费品,虽取得增值税专用发票,其进项税额也不得从销项税额中抵扣。

(3) 应纳增值税税额＝3 778.84－696.45＝3 082.39（万元）

综上,当期应纳增值税额为3 082.39万元。

自测题

一、名词解释

1. 增值税
2. 增值税一般纳税人
3. 增值税小规模纳税人
4. 销售额
5. 价外费用
6. 销项税额
7. 进项税额
8. 视同销售货物行为
9. 混合销售行为
10. 兼营非增值税应税劳务
11. "免、抵、退"税办法
12. "先征后退"办法

二、简答题

1. 简述增值税一般纳税人的认定及管理。
2. 简述增值税的征税范围。
3. 简述增值税的税率。
4. 简述销售额的确定。
5. 简述特殊销售方式下销售货物销售额的确定。
6. 简述准予抵扣进项税额的情形。
7. 简述视同销售货物行为。
8. 简述混合销售行为与兼营非增值税应税劳务的区别与联系。
9. 简述我国出口货物退（免）税政策。
10. 简述增值税的征税管理。

三、单项选择题

1. 会计核算健全的下列企业或机构中,必须作为增值税一般纳税人的是（　　）。

    A. 年销售额为60万元的商场
    B. 年销售建筑材料100万元的某个体工商户
    C. 年销售额为20万元的某电机生产企业
    D. 年销售额为40万元的事业单位

2. 依据增值税的有关规定,下列行为中属于增值税征税范围的是（　　）。

    A. 汽车生产企业进口的汽车零件
    B. 房地产开发公司销售房屋
    C. 修车厂的员工修理本厂的车辆
    D. 房屋中介公司提供的中介服务

3. 下列货物销售中,免征增值税的是（　　）。

    A. 企业销售从生产者手中购入的农产品
    B. 销售向社会收购的古旧图书
    C. 企业销售图书、报刊杂志
    D. 企业销售自己使用过的物品

4. 下列关于增值税的起征点的规定，正确的是（　　）。

A. 增值税的起征点适用于小规模纳税人

B. 纳税人的销售额未达到起征点的，不征收增值税，超过起征点的，超过部分征收增值税

C. 起征点由省、自治区、直辖市根据实际情况确定，并报财政部、国家税务总局备案

D. 按次纳税的，为每次（日）销售额300～500元

5. 印刷企业接受出版单位委托，自行购买纸张，印刷有统一刊号（CN）以及采用国际标准书号编序的图书、报纸和杂志，（　　）征收增值税。

A. 按加工劳务依照17%的税率

B. 按货物销售依照17%的税率

C. 按货物销售依照13%的税率

D. 按加工劳务依照13%的税率

6. 按现行增值税规定，下列货物中，不适用13%税率的是（　　）。

A. 速冻饺子　　　B. 沼气
C. 鲜奶　　　　　D. 蔬菜

7. 下列单位销售货物适用17%税率的是（　　）。

A. 农机厂销售收割机

B. 苗圃销售自种花卉

C. 商场销售服装

D. 天然气公司销售天然气

8. 下列适用13%税率的增值税项目有（　　）。

A. 销售农机整机

B. 销售农机零部件

C. 加工农机的加工费收入

D. 加工农机零部件的加工费收入

9. 增值税的零税率是指（　　）。

A. 纳税人外购货物不含税

B. 纳税人本环节应纳税额为零

C. 纳税人以后环节税额为零

D. 纳税人生产销售货物整体税负为零

10. 按照增值税的有关规定，下列外购项目中不得作为进项税额从销项税额中抵扣的是（　　）。

A. 外购的生产用大型设备一台，增值税专用发票注明税款

B. 免税农产品，收购凭证上注明价款

C. 外购生产用设备发生运费，运输单位开具了运输发票

D. 小规模纳税人购入的生产用材料

11. 增值税一般纳税人因销售货物退回或折让而退还给购买方的增值税额，应从（　　）中扣减。

A. 发生销售货物退回或折让当期的进项税额

B. 发生销售货物退回或折让当期的销项税额

C. 发生销售货物当期的进项税额

D. 发生销售货物当期的销项税额

12. 增值税一般纳税人取得2010年1月1日以后开具的增值税专用发票、公路内河货物运输业统一发票和机动车销售统一发票，应在开具之日起（　　）内到税务机关办理认证，并在认证通过的次月申报期内，向主管税务机关申报抵扣进项税额。

A. 30日　　　　　B. 60日
C. 90日　　　　　D. 180日

13. 某烟厂为增值税一般纳税人，2012年12月收购烟叶支付价款500万元，缴纳烟叶税110万元，已开具烟叶收购发票，取得符合规定的货物运输业发票上注明运费6万元，取得的相关票据均已认证。该烟厂当月准予抵扣进项税额（　　）万元。

A. 65.42　　　　　B. 78.42
C. 86.22　　　　　D. 112.62

14. 某生产果酒企业为增值税一般纳税人，月销售含税收入为140.4万元，当期发出包装物收取押金为4.68万元，当期逾期未归还包装物押金为2.34万元。该企业本期应申报的销项税额为（　　）万元。

A. 20.4　　　　　B. 20.74
C. 21.08　　　　D. 20.80

15. 某钢琴厂为增值税一般纳税人，本月采取"还本销售"方式销售钢琴，开具普通发票20张，共收取货款25万元。企业扣除还本准备金后按规定23万元作销售处理，则增值税计税销售额为（　　）万元。

A. 25　　　　　B. 23
C. 21.37　　　　D. 19.66

16. 2012年12月，某汽车修理部（增值税一般纳税人）取得汽车修理修配不含税收入33万元，销售汽车配件和用品取得不含税收入15万元，汽车装饰装潢收入12万元，汽车清洗收入1万元，上述业务收入均能分别核算。该企业上述业务应缴纳增值税（　　）万元。

A. 10.2　　　　　B. 10.37
C. 10.05　　　　D. 8.16

17. 某增值税一般纳税人购进免税农产品一批，支付给农业生产者收购价格为10 000元，验收入库后，因管理人员保管不善损失1/4，则该项业务准予抵扣的进项税额为（　　）元。

A. 975　　　　　B. 750
C. 1 000　　　　D. 1 300

18. 按增值税的有关规定，可以按销售净额作为销售额计算增值税的是（　　）。

A. 以旧换新销售方式销售电冰箱的销售净额
B. 在同一张发票上注明的折扣销售的净额
C. 以物易物销售方式的销售净额
D. 还本销售方式减除还本支出后的销售净额

19. 下列关于增值税的税务处理说法不正确的是（　　）。

A. 纳税人兼营不同税率应税项目，对收入划分不清的，一律从高从重计税
B. 纳税人兼营增值税应税项目与非增值税应税项目，对收入划分不清的，一律征收增值税
C. 一项销售行为既涉及增值税应税货物，又涉及非增值税应税劳务属于混合销售行为
D. 一般情况下，以缴纳增值税为主的企业的混合销售交增值税，以缴纳营业税为主的企业的混合销售交营业税

20. 某啤酒厂为增值税一般纳税人，月含税销售收入140.4万元，当期发出包装物收取押金4.68万元，当期逾期未归还包装物押金为2.34万元。该厂本期应申报的销项税额为（　　）万元。

A. 20.4　　　　　B. 20.74
C. 21.08　　　　D. 20.80

21. 下列支付的运费中不允许计算进项税额的是（　　）。

A. 向一般纳税人购买生产用原材料
B. 销售货物支付的运费
C. 外购免税农产品支付的运费
D. 用于集体福利的购进货物支付的运费

22. 按照现行增值税制度的规定，下列说法正确的是（　　）。

A. 废旧物资回收经营单位销售其收购的废旧物资免征增值税
B. 增值税一般纳税人从国有粮食购销企业购进的免税粮食，按13%的扣除率计算抵扣进项税额
C. 增值税一般纳税人从废旧物资经营单位购进废旧物资，按取得增值税专用发票上注明金额依照适用的税率计算进项税额

D. 增值税一般纳税人购入废旧物资回收经营单位销售的废旧物资，可按废旧物资回收经营单位开具的由税务机关监制的普通发票上注明的金额，按10%计算抵扣进项税额

23. 增值税一般纳税人外购货物所支付的运输费用，可凭普通运费发票按税法规定予以抵扣，计算抵扣金额时，除运输费用外，还可抵扣（　　）。

A. 装卸费　　　　B. 保险费
C. 建设基金　　　D. 保管费

24. 某增值税小规模纳税人，销售自己使用过的旧货，取得含税收入10.3万元，销售货物取得不含税收入20万元，当月购入货物的取得普通发票上注明的金额为5万元，当月小规模纳税人应纳税额为（　　）万元。

A. 0.7　　　　　　B. 0.8
C. 0.9　　　　　　D. 1.2

25. 下列属于增值税混合销售行为的是（　　）。

A. 建材商店既可销售建材，又可提供装饰装修劳务
B. 汽车制造厂既生产销售汽车，又提供汽车修理服务
C. 电话局提供电话安装的同时销售电话
D. 电视机厂销售电视机的同时又负责运输

26. 增值税一般纳税人因进货退出而收回的增值税税额，应从发生进货退出的当期进项税额中扣减，如不按规定扣减，造成虚增进项税额，不纳或少纳增值税的，增值税规定的处理方法是（　　）。

A. 属欠税行为，补缴税款
B. 属偷税行为，按偷税处罚
C. 进项税额转出，不收取滞纳金
D. 进项税额转出，以后年度补缴

27. 下列出口货物，可享受增值税"免税并退税"政策的有（　　）。

A. 加工企业来料加工复出口的货物
B. 国家计划外出口的原油
C. 生产企业自营出口或委托外贸企业代理出口的自产货物
D. 外贸企业从小规模纳税人购进并持有普通发票的出口货物

28. 下列各项中，符合增值税专用发票开具时限规定的是（　　）。

A. 将货物分配给股东的，为货物移送的当天
B. 采用预收货款结算方式的，为收到货款的当天
C. 采用直接收款结算方式的，为发出货物的当天
D. 将货物作为投资的，为货物使用的当天

29. 商业企业一般纳税人零售下列货物，可以开具增值税专用发票的是（　　）。

A. 烟酒
B. 食品
C. 化妆品
D. 劳保专用物品

30. 下列关于增值税纳税期限说法不正确的是（　　）。

A. 增值税纳税期限分别为1日、3日、5日、10日、15日、1个月或者1个季度
B. 纳税人以1个月或1个季度为一期纳税的，自期满之日起15日内申报纳税
C. 纳税人以1日、3日、5日、10日或者15日为一期纳税的，自期满之日起5日内预缴税款，于次月1日起15日内申报纳税并结清上月应纳税款
D. 纳税人进口货物的，应当自海关填发增值税专用缴款书的次日起10日内缴纳税款

四、多项选择题

1. 下列纳税人中，可以选择按小规模

纳税人纳税的是（　　）。

A. 年销售额为 60 万元的生产企业
B. 年销售额为 90 万元的商业企业
C. 非企业性单位
D. 不经常发生增值税应税行为的企业

2. 按照《增值税暂行条例》的规定，销售（　　）应当征收增值税。

A. 大型机器设备　　B. 电力
C. 热力　　　　　　D. 房屋

3. 销售和进口下列货物应纳增值税的是（　　）。

A. 化妆品　　　　　B. 摩托车
C. 粮食　　　　　　D. 服装

4. 下列情况中，应当征收增值税的是（　　）。

A. 某企业委托山东一烟厂加工烟丝，收回后直接对外销售
B. 某电脑维修部为顾客修理电脑
C. 某企业变卖一栋办公楼
D. 某企业将自产货物分配给股东

5. 单位或个体经营者的下列业务，应视同销售征收增值税的是（　　）。

A. 个体商店代销鲜奶
B. 电信部门安装电话并提供电话机
C. 企业将自产的货物作为福利发给职工
D. 饭店购进啤酒用于餐饮服务

6. 下列各项业务应当征收增值税的有（　　）。

A. 货物期货
B. 银行销售金银的业务
C. 邮政部门销售集邮商品
D. 邮政部门发行报刊

7. 下列各项业务应当征收增值税的有（　　）。

A. 典当业死当物品的销售业务
B. 电力公司向发电企业收取的过网费
C. 邮政部门发行报刊
D. 寄售业代委托人销售寄售物品的业务

8. 下列各项中，应当征收增值税的有（　　）。

A. 旅店提供住宿并针对住宿的客人销售食品
B. 邮局提供邮政服务并销售集邮商品
C. 商店销售空调并负责安装
D. 汽车修理厂修车并针对修理的汽车提供洗车服务

9. 下列行为中属于视同销售货物，应计算增值税销项税额的是（　　）。

A. 某生产企业将自产的水泥用于扩建厂房
B. 某厂家将外购的西服套装作为福利发给职工
C. 某生产企业将外购商品分配给投资者
D. 某歌厅购进一批饮料用于销售

10. 下列选项中，免征增值税的是（　　）。

A. 某大学进口的直接用于科学研究和科学试验的仪器
B. 进口的国际组织无偿援助的机器设备
C. 残疾人专用物品商店进口的残疾人专用物品
D. 以废旧轮胎为全部生产原料生产的翻新轮胎

11. 下列销售行为中不征增值税的是（　　）。

A. 农业生产者销售自产农产品
B. 邮政部门销售邮票
C. 邮政部门发行报刊
D. 房地产开发企业销售商品房

12. 下列各项中，应视同销售货物行为征收增值税的是（　　）。

A. 销售代销货物

B. 将自产、委托加工的货物用于非应税项目

C. 将外购的货物用于集体福利

D. 将自产、委托加工或购买的货物无偿赠送他人

13. 《增值税暂行条例》中规定免征增值税的是（　　）。

A. 农机厂销售农机

B. 药厂销售避孕药品和用具

C. 旧机动车经营单位销售旧机动车

D. 农民销售自产农产品

14. 根据增值税的现行规定，下列货物中适用13%税率的是（　　）。

A. 饲料添加剂

B. 出版社出版的电子书

C. 速冻食品

D. 音像制品

15. 下列适用13%税率计算增值税的项目有（　　）。

A. 商店销售食用油

B. 农民销售自产粮食

C. 农机厂销售农机整机

D. 农机厂销售农机零件

16. 下列不属于价外费用，不得征收增值税的是（　　）。

A. 向购买方收取的销项税额

B. 受托加工应征消费税的消费品所代收代缴的消费税

C. 纳税人代垫的运费，运费发票是开具给购货方并且纳税人将该项发票已转交给购货方

D. 从事汽车销售的纳税人向购买方收取的代购买方缴纳的车辆购置税、车辆牌照费

17. 下列关于特殊方式的销售额的说法中，正确的是（　　）。

A. 采用折扣销售的，销售额与折扣额在同一张发票上分别注明的，按折扣后的余额作为销售额；如果折扣额另开发票，不论财务上如何处理，均不得从销售额中减除折扣额

B. 销售折扣发生在销货之后，作为企业的一种融资行为，折扣额不得从销售额中减除

C. 采用以物易物方式销售货物的，双方都要作购销处理

D. 采用以旧换新方式销售的，按新货物的同期销售价格确定销售额，不得扣减旧货收购价格

18. 增值税一般纳税人的下列凭据中，可据以计算进项税额，从销项税额中准予抵扣的是（　　）。

A. 购进免税农产品取得的收购发票

B. 购进生产用固定资产支付运费取得的普通发票

C. 税务机关代开的增值税专用发票

D. 购进免税药品取得的增值税专用发票

19. 在确定增值税纳税申报表中本期进项税额时，下列进项税额应当作为减项处理的有（　　）。

A. 免税货物用货物的进项税额

B. 因管理不善损失货物的进项税额

C. 非增值税应税项目用货物的进项税额

D. 简易办法征税货物的进项税额

20. 混合销售与兼营是为了区分增值税与营业税的界限而作的规定，其区别在于（　　）。

A. 混合销售同时涉及货物销售和非增值税应税劳务，而兼营是指同一纳税人既有工业生产又有商业批发、零售

B. 混合销售是货物销售、应纳增值税劳务和非增值税应税劳务在同一纳税人身上发生，而兼营则是货物销售和非增值税应税劳务在同一项销售行为中发生

C. 混合销售是货物销售和非增值税应税劳务在同一项销售行为中发生,兼营是货物销售、应纳增值税劳务和非增值税应税劳务在同一纳税人身上发生

D. 混合销售中销售货物与非增值税应税劳务同时发生在同一购买者身上,而兼营中销售货物和应税劳务与提供非增值税应税劳务则不同时发生在同一购买者身上

21. 纳税人销售自己使用的固定资产,下列说法正确的是( )。

A. 一般纳税人销售自己使用过的不得抵扣且未抵扣进项税额的固定资产按4%征收率减半征收

B. 一般纳税人销售自己使用过的抵扣过进项税额的固定资产,按适用税率征收增值税

C. 小规模纳税人(除其他个人外)销售自己使用过的固定资产,减按3%征收率征收

D. 小规模纳税人销售自己使用过的除固定资产以外的物品,应按3%的征收率征收增值税

22. 下列关于进口货物计算增值税的规定中,正确的是( )。

A. 在计算进口环节的应纳增值税税额时,应该抵扣发生在我国境外的各种税金

B. 一般贸易下进口货物的关税完税价格以海关审定的成交价格为基础的到岸价格作为完税价格

C. 到岸价格包括货价,加上货物运抵进口企业所在地的包装费、运费、保险费和其他劳务费

D. 纳税人进口货物取得的合法海关完税凭证,是计算增值税进项税额的唯一依据

23. 对增值税小规模纳税人,下列表述正确的有( )。

A. 实行简易征收办法

B. 不得自行开具或申请代开增值税专用发票

C. 不得抵扣进项税额

D. 可设置专职会计人员,也可聘请兼职会计人员

24. 根据增值税现行规定,下列企业可享受出口货物免税并退税政策的有( )。

A. 出口避孕药品和用具、古旧图书

B. 有进出口经营权的生产企业自营出口的自产货物

C. 国家出口计划内的卷烟

D. 委托外贸企业代理出口的生产企业自产货物

25. 出口货物退税的"免、抵、退"税办法,主要适用于( )。

A. 自营出口自产产品的生产企业

B. 委托外贸企业出口自产产品的生产企业

C. 收购货物出口的外贸企业

D. 自营出口外购产品的商业企业

26. 下列条件中,属于退(免)税的出口货物应具备的条件的是( )。

A. 必须是属于增值税、消费税征税范围的货物

B. 必须是报关离境的货物

C. 必须是在财务上作销售处理的货物

D. 必须是出口收汇并已核销的货物

27. 税法规定的增值税纳税义务发生时间有( )。

A. 以预收款方式销售货物的,为收到货款的当天

B. 销售应税劳务,为提供劳务同时收讫销售款或者取得索取销售款的凭据的当天

C. 采取托收承付和委托银行收款方式销售货物,为发出货物并办妥托收手续的当天

D. 委托他人代销货物的，为收到代销单位的代销清单的当天

28. 关于增值税的纳税义务发生时间和纳税地点，下列表述正确的有（   ）。

A. 纳税人发生视同销售货物行为的，纳税义务发生时间为货物移送的当天

B. 非固定业户销售货物，未向销售地或者劳务发生地的主管税务机关申报纳税的，由其机构所在地或者居住地的主管税务机关补征税款

C. 固定业户到外县（市）提供应税劳务未开具《外出经营活动税收管理证明》的，应向机构所在地主管税务机关申报纳税

D. 增值税扣缴义务发生时间为纳税人增值税纳税义务发生的当天

29. 下列关于增值税纳税地点的表述正确的是（   ）。

A. 固定业户向其机构所在地主管税务机关申报纳税

B. 进口货物向报关地海关申报纳税

C. 总机构分支机构不在同一县（市）的，分别向各自所在地主管税务机关申报纳税

D. 扣缴义务人应当向其机构所在地或者居住地的主管税务机关申报缴纳其扣缴的税款

30. 下列关于增值税专用发票的叙述中，正确的是（   ）。

A. 专用发票由基本联次或者基本联次附加其他联次构成

B. 基本联次分为三联，发票联、抵扣联和记账联

C. 专用发票的记账联，作为销售方核算销售收入和增值税销项税额的记账凭证

D. 专用发票的抵扣联，作为购买方报送主管税务机关认证和增值税进项税额的记账凭证

31. 增值税一般纳税人销售下列货物时，不得开具增值税专用发票的有（   ）。

A. 销售报关出口的货物

B. 销售代销的货物

C. 直接销售给使用单位的小汽车

D. 销售古旧图书

32. 下列各项中，符合增值税专用发票开具时限规定的有（   ）。

A. 采用预收货款结算方式的，为收到货款的当天

B. 将货物交付他人代销的，为收到代销单位的代销清单或者收到全部或者部分货款的当天；未收到代清单及货款的，为发出代销货物满180天的当天

C. 采用赊销方式的，为书面合同约定的收款日期的当天，无书面合同的或者书面合同没有约定收款日期的，为货物发出的当天

D. 将货物作为投资提供给其他单位的，为投资协议签订的当天

33. 下列关于增值税专用发票的开票限额的规定中，正确的是（   ）。

A. 最高开票限额实行一般纳税人申请，税务机关依法审批的制度

B. 最高开票限额为10万元以下的，由区县级税务机关审批

C. 最高开票限额为100万元的，由地市级税务机关审批

D. 最高开票限额为1 000万元及以上的，由省级税务机关审批

34. 下列表述符合现行增值税规定的有（   ）。

A. 因开票有误购买方拒收专用发票的，应该由主管税务机关出具通知单，销售方凭通知单开具红字专用发票

B. 增值税一般纳税人丢失防伪税控系统开具的增值税专用发票，已经通过防伪税控系统认证后，还需经购货方主管税务机关审核批准后才可抵扣

C. 纳税人丢失专用发票后，必须按规定程序向当地主管税务机关、公安机关报失

D. 纳税人取得虚开的增值税专用发票，不得作为增值税合法抵扣凭证抵扣进项税额，并一律按偷税处理

35. 按照增值税专用发票管理制度规定，下列属于增值税一般纳税人不得开具增值税专用发票的是（　　）。

A. 烟厂将香烟作为礼品无偿赠送某单位的有关人员

B. 轮胎厂将轮胎销售给汽车厂（增值税一般纳税人）

C. 酒厂直接向消费者销售白酒

D. 国有粮食购销企业销售救灾救济粮

五、判断题

1. 增值税纳税人可以根据本企业的会计核算是否健全和实际经营规模的大小，是否申请认定为增值税一般纳税人。（　　）

2. 不经常发生增值税应税行为的企业也可以认定为一般纳税人。（　　）

3. 只要小规模生产企业能准确核算销项税额、进项税额和应纳税额，并能按规定报送有关税务资料，年应税销售额不低于30万元的，可以认定为增值税一般纳税人。（　　）

4. 增值税征收率，仅适用于小规模纳税人，不适用于一般纳税人。（　　）

5. 小规模商业企业销售使用过的固定资产计算增值税时，按3%的征收率计算。（　　）

6. 向购买方收取的价外费用不包括向购买方收取的代垫运输费用。（　　）

7. 销售折扣就是折扣销售，应按折扣后的余额作为销售额计算增值税。（　　）

8. 根据增值税法的有关规定，销售折扣必须从销售额中扣减。（　　）

9. 包装物押金和包装物租金一样，应作为价外费用并入销售额计算销项税额。（　　）

10. 某生产企业为增值税一般纳税人，购进货物已取得增值税专用发票，其外购货物的进项税额准予作为当期进项税额抵扣。（　　）

11. 计算增值税应纳税额时，准予计算进项税额抵扣的货物运输费用金额，是指在运输单位开具的发票上注明的运输费用和建设基金。（　　）

12. 已抵扣进项税额的购进货物，如果作为集体福利发放给职工，发放时应视同销售货物计算增值税的销项税额。（　　）

13. 商业企业分期收款销售货物时，应按规定分期确定销售额计算销项税额；分期付款购进货物时，也应按规定分期确定进项税额予以抵扣。（　　）

14. 外贸企业收购原油出口，增值税采用只免不退的政策。（　　）

15. 增值税出口退税可由企业选择"免、抵、退"办法或"先征后退"办法。（　　）

16. 生产企业和外贸企业出口货物统一实行"免、抵、退"税计算方法。（　　）

17. 增值税纳税义务发生的时间，将货物交付他人代销的，为收到代销单位的代销清单或者收到全部或者部分货款的当天；未收到代清单及货款的，为发出代销货物满180天的当天。（　　）

18. 扣缴义务人应当向其机构所在地或者居住地的主管税务机关申报缴纳其扣缴的税款。（　　）

六、计算题

1. 某白酒厂为增值税一般纳税人，2012年12月发生如下业务：

（1）①从农民手中购入粮食，收购发票上注明的买价为116 000元；②外购各种包装容器，取得增值税专用发票上注明

货款 20 000 元；③外购各种散装药酒，取得普通发票上注明货款 65 000 元；④外购瓶装汽酒，取得增值税专用发票上注明货款 42 000 元。

（2）本厂生产的散装白酒，直接对外销售，不含税价款 156 000 元；另向客户收取包装物的押金 11 700 元，财务上单独核算了包装物的押金，未超过 1 年期限。

（3）本厂生产的粮食白酒连同原购入 65 000 元的散装药酒分装小瓶，并组合成礼品酒盒对外销售，共取得不含税价款 145 000 元。

（4）外购的散装药酒 21 000 元，分配给本厂职工作为福利。

（5）外购的汽酒，因管理不善，20%损坏变质。

（6）以上相关票据需要认证的，均在本期通过认证并在本期申报抵扣进项税额。

要求：根据上述资料，回答下列问题：
（1）计算本厂购入粮食的进项税额；
（2）计算本厂外购货物的进项税额；
（3）计算本厂增值税销项税额；
（4）计算本厂转出的进项税额；
（5）计算本厂应缴纳的增值税。

2. 某有进出口经营权的生产企业兼营内销和出口自产货物。该企业 2012 年第四季度发生以下购销业务：

（1）报关离境出口一批货物，离岸价格为 1 224 万元。

（2）内销一批货物，销售额是 300 万元。

（3）购进所需原材料等货物的进项税额是 150 万元，发票已通过认证并在本期申报抵扣进项税额。

（4）期初留抵的进项税额为 22 万元。

已知上述销售货物增值税税率为 17%，上述销售额均为不含税销售额，该企业办理出口退税适用"免、抵、退"办法，出口退税率为 13%。

要求：计算该企业 2012 年第四季度应缴纳或应退的增值税。

七、综合题

某冰箱生产企业为增值税一般纳税人，2012 年 12 月购销业务情况如下（冰箱的型号、品质、价格等均完全一致）：

1. 外购情况

（1）外购生产材料一批，货物已验收入库，取得的增值税专用发票上注明的增值税款为 85 万元，另支付运输费用 8 万元，取得运费发票。

（2）进口大型检测设备一台，取得的海关进口增值税专用缴款书上注明的增值税税款为 12 万元。

（3）直接向农业生产者收购免税棉花一批，经税务机关批准的收购凭证上注明价款为 40 万元，棉花已验收入库。

（4）从小规模纳税人企业购进修理用配件 10.3 万元，取得普通发票。

（5）支付电费，取得增值税专用发票，价款 1 万元，税款 0.17 元。

（6）以上相关票据需要认证的，均在本期通过认证并在本期申报抵扣进项税额。

2. 销售情况

（1）向本市某商场销售冰箱 8 000 台，出厂单价 0.3 万元（含税价），因该商场大批量购货，本企业给予 5% 的折扣销售，另开红字发票入账。

（2）采取直接收款方式向外地某食品公司销售冰箱 200 台，货款已收，但货物尚未发出。

（3）采用以旧换新方式销售冰箱 100 台，每台冰箱零售价 0.3 万元，对以旧换新者以每台 0.27 万元的价格出售，不再支付旧冰箱收购款。

（4）采取以物易物方式向某钢厂提供冰箱 100 台，该钢厂向本企业提供钢材 80 吨，双方均已收到货物，虽未进行货币结算，但都按税法规定开具了增值税专用发票。

（5）销售 2011 年 1 月份购进的生产用设备 2 台（曾抵扣进项税额），开具普通发票，每台取得含税销售额 1 万元。

要求：计算该企业 2012 年 12 月份应缴纳的增值税。

第三章 消费税法

消费税法是指国家制定的用以调整消费税征收与缴纳之间权利及义务关系的法律规范。现行消费税法的基本规范，是 2008 年 11 月 5 日经国务院第 34 次常务会议修订通过并颁布，自 2009 年 1 月 1 日起实施的《中华人民共和国消费税暂行条例》（以下简称《消费税暂行条例》），以及 2008 年 12 月 15 日财政部、国家税务总局第 51 号令颁布的《中华人民共和国消费税暂行条例实施细则》（以下简称《消费税暂行条例实施细则》）。

消费税是指对消费品和特定的消费行为按消费流转额征收的一种商品税。消费税可分为一般消费税和特别消费税，前者主要指对所有消费品包括生活必需品和日用品普遍课税，后者主要指对特定消费品或特定消费行为如奢侈品等课税。消费税以消费品为课税对象，在此情况下，税收随价格转嫁给消费者负担，消费者是间接的纳税人，实际的负税人。

我国现行消费税是对在我国境内从事生产、委托加工和进口应税消费品的单位和个人就其应税消费品征收的一种税。

无论是我国，还是世界上征收消费税的其他国家，消费税计税方法基本相同，主要采用从价定率征收、从量定额征收、从价定率和从量定额复合征收三种计税方法。

第一节 纳税义务人

在中华人民共和国境内生产、委托加工和进口消费税暂行条例规定的消费品的单位和个人，以及国务院确定的销售消费税暂行条例规定的消费品的其他单位和个人，为消费税的纳税义务人（以下简称纳税人），应当依照消费税暂行条例缴纳消费税。

单位是指企业、行政单位、事业单位、军事单位、社会团体及其他单位。

个人是指个体工商户及其他个人。

在中华人民共和国境内是指生产、委托加工和进口属于应当缴纳消费税的消费品的起运地或者所在地在境内。

第二节 征税范围与税目

一、征税范围

(一) 生产应税消费品

生产应税消费品的销售是消费税征收的主要环节，因消费税具有单一环节征税的特点，在生产销售环节征税以后，货物在流通环节无论再转销多少次，不用再缴纳消费税。生产应税消费品除了直接对外销售应征收消费税外，纳税人将生产的应税消费品换取生产资料、消费资料、投资入股、偿还债务，以及用于继续生产应税消费品以外的其他方面都应缴纳消费税。

（二）委托加工应税消费品

委托加工应税消费品是指委托方提供原料和主要材料，受托方只收取加工费和代垫部分辅助材料加工的应税消费品。由受托方提供原材料或其他情形的一律不能视同加工应税消费品。委托加工的应税消费品收回后，再继续用于生产应税消费品销售的，其加工环节缴纳的消费税款可以扣除。

（三）进口应税消费品

单位和个人进口货物属于消费税征税范围的，在进口环节也要缴纳消费税。为了减少征税成本，进口环节缴纳的消费税由海关代征。

（四）零售应税消费品

经国务院批准，自1995年1月1日起，金银首饰消费税由生产销售环节征收改为零售环节征收。改在零售环节征收消费税的金银首饰仅限于金基、银基合金首饰以及金、银和金基、银基合金的镶嵌首饰。零售环节适用税率为5%，在纳税人销售金银首饰、钻石及钻石饰品时征收。其计税依据是不含增值税的销售额。

对既销售金银首饰，又销售非金银首饰的生产、经营单位，应将两类商品划分清楚，分别核算销售额。凡划分不清楚或不能分别核算的并在生产环节销售的，一律从高适用税率征收消费税；在零售环节销售的，一律按金银首饰征收消费税。金银首饰与其他产品组成成套消费品销售的，应按销售额全额征收消费税。

金银首饰连同包装物销售的，无论包装是否单独计价，也无论会计上如何核算，均应并入金银首饰的销售额，计征消费税。

带料加工的金银首饰，应按受托方销售同类金银首饰的销售价格确定计税依据征收消费税。没有同类金银首饰销售价格的，按照组成计税价格计算纳税。

纳税人采用以旧换新（含翻新改制）方式销售的金银首饰，应按实际收取的不含增值税的全部价款确定计税依据征收消费税。

二、税目

按照《消费税暂行条例》的规定，2006年3月调整后，确定征收消费税的只有烟、酒及酒精、化妆品、贵重首饰及珠宝玉石、鞭炮焰火、成品油、汽车轮胎、小汽车、摩托车、高尔夫球及球具、高档手表、游艇、木制一次性筷子、实木地板14个税目，有的税目还进一步划分了若干子目。消费税属于价内税，并实行单一环节征收，一般在应税消费品的生产、委托加工和进口环节缴纳，在以后的批发、零售等环节中，由于价款中已包含消费税，因此不必再缴纳消费税。

（一）烟

烟是以烟叶为原料加工生产的特殊消费品。凡是以烟叶为原料加工生产的产品，不论使用何种辅料，均属于本税目的征收范围。包括卷烟（进口卷烟，白包卷烟，手工卷烟和未经国务院批准纳入计划的企业及个人生产的卷烟）、雪茄烟和烟丝。

(二) 酒及酒精

酒是酒精度在 1 度以上的各种酒类饮料。酒类包括粮食白酒、薯类白酒、黄酒、啤酒和其他酒。其中，粮食白酒是以高粱、玉米、大米、糯米、大麦、小麦等各种粮食为原料，经过糖化、发酵后，采用蒸馏方法酿制的白酒；薯类白酒是以白薯、木薯、马铃薯、芋头、山药等各种干鲜薯类为原料，经过糖化、发酵后，采用蒸馏方法酿制的白酒。酒精又名乙醇，是指用蒸馏或合成方法生产的酒精度在 95 度以上的无色透明液体。酒精包括各种工业酒精、医用酒精和食用酒精。

关于酒的征收范围的确定：

（1）外购酒精生产的白酒，应按酒精所用原料确定白酒的适用税率。凡酒精所用原料无法确定的，一律按照粮食白酒的税率征税。

（2）外购两种以上酒精生产的白酒，一律从高适用税率征税。

（3）以外购白酒加浆降度或外购散酒装瓶出售，以及外购白酒以曲香、香精进行调香、调味生产的白酒，按照外购白酒所用原料确定适用税率。凡白酒所用原料无法确定的，一律按照粮食白酒的税率征税。

（4）以外购的不同品种白酒勾兑的白酒，一律按照粮食白酒的税率征税。

（5）对用粮食和薯类、糠麸等多种原料混合生产的白酒，以粮食白酒为酒基的配置酒、泡制酒，以白酒或酒精为酒基，凡酒基所用原料无法确定的配置酒、泡制酒，一律按照粮食白酒的税率征税。

（6）对用薯类和粮食以外的其他原料混合生产的白酒，一律按照薯类白酒的税率征税。

对饮食业、商业、娱乐业举办的啤酒屋（啤酒坊）利用啤酒生产设备生产的啤酒，应当征收消费税。

(三) 化妆品

化妆品是指日常生活中用于修饰美化人体表面的用品。化妆品的征税范围包括各类美容、修饰类化妆品、高档护肤类化妆品和成套化妆品。

美容、修饰类化妆品是指香水、香水精、香粉、口红、指甲油、胭脂、眉笔、唇笔、蓝眼油、眼睫毛以及成套化妆品。

舞台、戏剧、影视演员化妆用的上妆油、卸妆油、油彩，不属于本税目的征收范围。

高档护肤类化妆品征收范围另行规定。

(四) 贵重首饰及珠宝玉石

本税目征税范围包括凡以金、银、白金、宝石、珍珠、钻石、翡翠、玛瑙等高贵稀有物质以及其他金属、人造宝石等制作的各种纯金银首饰及镶嵌首饰和经采掘、打磨、加工的各种珠宝玉石。对出国人员免税商店销售的金银首饰征收消费税。

(五) 鞭炮、焰火

本税目征收范围包括：各种鞭炮、焰火。体育上用的发令纸、鞭炮药引线，不按本税目征收。

(六) 成品油

本税目包括汽油、柴油、石脑油、溶剂油、航空煤油、润滑油、燃料油 7 个子目。

1. 汽油

汽油是指用原油或其他原料加工生产的辛烷值不小于 66 的可用作汽油发动机燃料的各种轻质油。含铅汽油是指铅含量每升超过 0.013 克的汽油。汽油分为车用汽油和航空汽油。

以汽油、汽油组分调和生产的甲醇汽油、乙醇汽油也属于本税目征收范围。

2. 柴油

柴油是指用原油或其他原料加工生产的凝点或倾点在－50℃～30℃的可用作柴油发动机燃料的各种轻质油和以柴油组分为主、经调和精制可用作柴油发动机燃料的非标油。

以柴油、柴油组分调和生产的生物柴油也属于本税目征收范围。

3. 石脑油

石脑油又叫化工轻油，是以原油或其他原料加工生产的用于化工原料的轻质油。

石脑油的征收范围包括除汽油、柴油、航空煤油、溶剂油以外的各种轻质油。非标汽油、重整生成油、拔头油、戊烷原料油、轻裂解料（减压柴油 VGO 和常压柴油 AGO）、重裂解料、加氢裂化尾油、芳烃抽余油均属轻质油，属于石脑油征收范围。

4. 溶剂油

溶剂油是用原油或其他原料加工生产的用于涂料、油漆、食用油、印刷油墨、皮革、农药、橡胶、化妆品生产和机械清洗、胶粘行业的轻质油。

橡胶填充油、溶剂油原料，属于溶剂油征收范围。

5. 航空煤油

航空煤油也叫喷气燃料，是用原油或其他原料加工生产的用作喷气发动机和喷气推进系统燃料的各种轻质油。

6. 润滑油

润滑油是用原油或其他原料加工生产的用于内燃机、机械加工过程的润滑产品。润滑油分为矿物性润滑油、植物性润滑油、动物性润滑油和化工原料合成润滑油。

润滑油的征收范围包括矿物性润滑油、矿物性润滑油基础油、植物性润滑油、动物性润滑油和化工原料合成润滑油。以植物性、动物性和矿物性基础油（或矿物性润滑油）混合掺配而成的"混合性"润滑油，不论矿物性基础油（或矿物性润滑油）所占比例高低，均属润滑油的征收范围。

7. 燃料油

燃料油也称重油、渣油，是用原油或其他原料加工生产，主要用作电厂发电、锅炉用燃料、加热炉燃料、冶金和其他工业炉燃料。腊油、船用重油、常压重油、减压重油、180CTS 燃料油、7 号燃料油、糠醛油、工业燃料、4～6 号燃料油等油品的主要用途是作为燃料燃烧，属于燃料油征收范围。

（七）汽车轮胎

包括的汽车轮胎是指用于各种汽车、挂车、专用车和其他机动车上的内、外轮胎。不包括农用拖拉机、收割机、手扶拖拉机的专用轮胎。自 2001 年 1 月 1 日起，子午线轮胎免征消费税，翻新轮胎停止征收消费税。

自 2010 年 12 月 1 日起，农用拖拉机、收割机和手扶拖拉机专用轮胎不属于《消费税暂行条例》规定的应征消费税的"汽车轮胎"范围，不征收消费税。

（八）小汽车

汽车是指由动力驱动，具有四个或四个以上车轮的非轨道承载的车辆。

本税目征收范围包括含驾驶员座位在内最多不超过9个座位（含）的，在设计和技术特性上用于载运乘客和货物的各类乘用车和含驾驶员座位在内的座位数在10～23座（含23座）的在设计和技术特性上用于载运乘客和货物的各类中轻型商用客车。

用排气量小于1.5升（含）的乘用车底盘（车架）改装、改制的车辆属于乘用车征收范围。用排气量大于1.5升的乘用车底盘（车架）或用中轻型商用客车底盘（车架）改装、改制的车辆属于中轻型商用客车征收范围。

含驾驶员人数（额定载客）为区间值的（如8～10人、17～26人）小汽车，按其区间值下限人数确定征收范围。

电动汽车不属于本税目征收范围。车身长度大于7米（含），并且座位在10～23座（含）以下的商用客车，不属于中轻型商用客车征税范围，不征收消费税。

沙滩车、雪地车、卡丁车、高尔夫车不属于消费税征收范围，不征收消费税。

（九）摩托车

本税目的征收范围包括轻便摩托车和摩托车两种。对最大设计车速不超过50km/h、发动机汽缸总工作容积量不超过50ml的三轮摩托车不征收消费税。

（十）高尔夫球及球具

高尔夫球及球具是指从事高尔夫球运动所需的各种专用装备，包括高尔夫球、高尔夫球杆及高尔夫球包（袋）等。

本税目征收范围包括高尔夫球、高尔夫球杆、高尔夫球包（袋）。高尔夫球杆的杆头、杆身和握把属于本税目的征收范围。

（十一）高档手表

高档手表是指销售价格（不含增值税）每只在10 000元（含）以上的各类手表。

本税目征收范围包括符合以上标准的各类手表。

（十二）游艇

游艇是指长度大于8米小于90米，船体由玻璃钢、钢、铝合金、塑料等多种材料制作，可以在水上移动的水上浮载体。按照动力划分，游艇分为无动力艇、帆艇和机动艇。

本税目征收范围包括艇身长度大于8米（含）小于90米（含），内置发动机，可以在水上移动，一般为私人或团体购置，主要用于水上运动和休闲娱乐等非牟利活动的各类机动艇。

（十三）木制一次性筷子

木制一次性筷子又称卫生筷子，是指以木材为原料经过锯段、浸泡、旋切、刨切、烘干、筛选、打磨、倒角、包装等环节加工而成的各类一次性使用的筷子。

本税目征收范围包括各类规格的木制一次性筷子。未经打磨、倒角的木制一次性筷子属于本税目征收范围。

（十四）实木地板

实木地板是指以木材为原料，经锯割、干燥、刨光、截断、开榫、涂漆等工序加工而成的块状或条状的地面装饰材料。实木地板按生产工艺不同，可分为独板（块）实木地板、实木指接地板、实木复合地板三类；按表面处理状态不同，可分为未涂饰地板

（白坯板、素板）和漆饰地板两类。

本税目征收范围包括各类规格的实木地板、实木指接地板、实木复合地板及用于装饰墙壁、天棚的侧端面为榫、槽的实木装饰板。未经涂饰的素板也属于本税目征税范围。

第三节 税 率

消费税采用比例税率和定额税率两种基本形式，以适应不同应税消费品的实际情况。

消费税根据不同的税目或子目确定相应的税率或单位税额。一是比例税率，如税目化妆品的税率为30%；二是定额税率，即单位税额，如税目酒及酒精的子目黄酒的单位税额为240元/每吨；三是复合税率，如税目酒及酒精中白酒的比例税率为20%，单位税额为0.5元/500克。经整理汇总的消费税税目、税率（税额）如表3-1所示。

表3-1 消费税税目、税率（税额）表

税目	税率（税额）
一、烟	
1. 卷烟	
（1）甲类卷烟（生产销售环节）	56%加0.6元/标准条（或150元/标准箱）
（2）乙类卷烟（生产销售环节）	36%加0.6元/标准条（或150元/标准箱）
（3）批发环节	5%
2. 雪茄烟	36%
3. 烟丝	30%
二、酒及酒精	
1. 白酒	20%加0.5元/500克（或500毫升）
2. 黄酒	240元/吨
3. 啤酒	250元/吨
（1）甲类啤酒［每吨出厂价格（含包装物及包装物押金）在3 000元以上的（含3 000元，不含增值税）］	
（2）乙类啤酒（每吨出厂价格在3 000元以下的）	220元/吨
4. 其他酒	10%
5. 酒精	5%
三、化妆品	30%
四、贵重首饰及珠宝玉石	
1. 金银首饰、铂金首饰和钻石及钻石饰品	5%
2. 其他贵重首饰和珠宝玉石	10%
五、鞭炮、焰火	15%
六、成品油	
1. 汽油	
（1）含铅汽油	1.40元/升
（2）无铅汽油	1.00元/升
2. 柴油	0.80元/升
3. 航空煤油	0.80元/升
4. 石脑油	1.00元/升
5. 溶剂油	1.00元/升
6. 润滑油	1.00元/升
7. 燃料油	0.80元/升

续表

税目	税率（税额）
七、汽车轮胎	3%
八、小汽车 1. 乘用车 （1）汽缸容量（排气量，下同）在 1.0 升（含 1.0 升）以下的 （2）汽缸容量在 1.0 升以上至 1.5 升（含 1.5 升）的 （3）汽缸容量在 1.5 升以上至 2.0 升（含 2.0 升）的 （4）汽缸容量在 2.0 升以上至 2.5 升（含 2.5 升）的 （5）汽缸容量在 2.5 升以上至 3.0 升（含 3.0 升）的 （6）汽缸容量在 3.0 升以上至 4.0 升（含 4.0 升）的 （7）汽缸容量在 4.0 升以上的 2. 中轻型商用客车	 1% 3% 5% 9% 12% 25% 40% 5%
九、摩托车 1. 汽缸容量（排气量，下同）在 250 毫升（含 250 毫升）以下的 2. 汽缸容量在 250 毫升以上的	 3% 10%
十、高尔夫球及球具	10%
十一、高档手表	20%
十二、游艇	10%
十三、木制一次性筷子	5%
十四、实木地板	5%

说明：自 2009 年 5 月 1 日起，经国务院批准，调整烟产品消费税政策如下：
（1）甲类卷烟，即每标准条（200 支，下同）调拨价格在 70 元（不含增值税）以上（含 70 元）的卷烟，生产环节（含进口）的税率调整为 56%。
（2）乙类卷烟，即每标准条调拨价格在 70 元（不含增值税）以下的卷烟，生产环节（含进口）的税率调整为 36%。
（3）卷烟的从量定额税率不变，即 0.003 元/支。
（4）将雪茄烟生产环节（含进口）的税率调整为 36%。
（5）在卷烟批发环节加征一道从价税，在中华人民共和国境内从事卷烟批发业务的单位和个人，批发销售的所有牌号规格的卷烟，按其销售额（不含增值税）征收 5% 的消费税。纳税人应将卷烟销售额与其他商品销售额分开核算，未分开核算的，一并征收消费税。纳税人销售给纳税人以外的单位和个人的卷烟于销售时纳税。纳税人之间销售的卷烟不缴纳消费税。卷烟批发企业的机构所在地，总机构与分支机构不在同一地区的，由总机构申报纳税。卷烟消费税在生产和批发两个环节征收后，批发企业在计算纳税时不得扣除已含的生产环节的消费税税款。

第四节　生产销售环节应纳消费税的计算

消费税属于价内税，并实行单一环节征税。应税消费品的征税环节有生产销售环节、委托加工环节、进口环节和零售环节。纳税人在生产销售环节应缴纳的消费税，包括直接对外销售应税消费品应缴纳的消费税和自产自用应税消费品应缴纳的消费税。因自产自用、委托加工、进口应税消费品应纳税额的计算具有一定的特殊性，单独讲解。本节主要讲解生产销售环节（包括零售环节）应税消费品应纳税额的计算。

消费税应纳税额的计算主要分为从价计征、从量计征和从价从量复合计征三种方法。

一、从价定率计算

消费税法规定，除黄酒、啤酒、汽油、柴油、航空煤油、石脑油、溶剂油、润滑油、燃料油采用从量计征方法，卷烟、白酒采用从价和从量复合计征方法外，其他应税消费品采用从价计征方法计征消费税。

（一）计税依据

在从价定率计算方法下，应纳税额等于应税消费品的销售额乘以适用比例税率，应纳税额的多少取决于应税消费品的销售额和适用比例税率两个因素。

1. 销售额的确定

销售额是指纳税人销售应税消费品向购买方收取的全部价款和价外费用。销售是指有偿转让应税消费品的所有权。有偿是指从购买方取得货币、货物或者其他经济利益。价外费用是指价外向购买方收取的手续费、补贴、基金、集资费、返还利润、奖励费、违约金、滞纳金、延期付款利息、赔偿金、代收款项、代垫款项、包装费、包装物租金、储备费、优质费、运输装卸费以及其他各种性质的价外收费。但下列项目不包括在内：

（1）同时符合以下条件的代垫运输费用：

①承运部门的运输费用发票开具给购买方的。

②纳税人将该项发票转交给购买方的。

（2）同时符合以下条件代为收取的政府性基金或者行政事业性收费：

①由国务院或者财政部批准设立的政府性基金，由国务院或者省级人民政府及其财政、价格主管部门批准设立的行政事业性收费。

②收取时开具省级以上财政部门印制的财政票据。

③所收款项全额上缴财政。

其他价外费用，无论是否属于纳税人的收入，均应并入销售额计算征税。

实行从价定率办法计算应纳消费税额的应税消费品连同包装销售的，无论包装是否单独计价，也不论在会计上如何核算，均应并入应税消费品的销售额中征收消费税。如果包装物不作价随同产品销售，而是收取押金，此项押金不应并入应税消费品的销售额中征税。但对因逾期未收回的包装物不再退还的和已收取的时间超过 12 个月的押金，应并入应税消费品的销售额，按照所包装的应税消费品的适用税率缴纳消费税。

实行从价定率办法计算应纳消费税额的应税消费品的包装物，对既作价随同应税消费品销售，又另外收取的包装物押金，纳税人在规定的期限内没有退还的，均应并入应税消费品的销售额，按照所包装的应税消费品的适用税率缴纳消费税。

从 1995 年 6 月 1 日起，对酒类产品生产企业销售酒类产品（黄酒、啤酒除外）而收取的包装物押金，无论押金是否返还以及会计上如何核算，均应并入当期酒类产品销售额中，依酒类产品的适用税率征收消费税。因应征消费税的酒类产品中黄酒、啤酒是从量定额征收的，则对销售啤酒、黄酒所收取的押金，无法按酒类产品的适用税率征收消费税，但由于啤酒单位税额的调整，应将包装物及包装物押金并入销售额，以作判断啤酒选择适用单位税额的价格标准之用。

在包装物售价和押金并入销售额征税时，应首先将该售价和押金换算为不含增值税价格，再并入销售额征税。

纳税人用于换取生产资料和消费资料、投资入股和抵偿债务等方面的应税消费品，应当以纳税人同类应税消费品的最高销售价格确定销售额作为计税依据，计算缴纳消费税。

纳税人销售的应税消费品，以外汇结算销售额的，其销售额的人民币折合率可以选择结算的当天或当月1日的国家外汇牌价（原则上为中间价）。纳税人应事先确定采取何种折合率，确定后1年内不得变更。

2. 含增值税销售额的换算

应税消费品在缴纳消费税的同时，与一般货物一样，还应缴纳增值税。纳税人销售应税消费品取得的销售额不包括应向购货方收取的增值税税款。但在实际生产经营中，常常出现纳税人在销售应税消费品时采用销售额和销项税额合并定价的方法。如果纳税人应税消费品的销售额中未扣除增值税税款或者因不得开具增值税专用发票而发生价款和增值税税款合并收取的，在计算应纳增值税和消费税额时，应将含增值税的销售额换算为不含增值税税款的销售额。其换算公式为：

$$应税消费品的销售额＝含增值税的销售额\div(1＋增值税税率或征收率)$$

在使用换算公式时，应根据纳税人的具体情况分别使用增值税税率或征收率。如果消费税纳税人同时又是增值税一般纳税人的，应适用17%的增值税税率；如果消费税的纳税人是增值税小规模纳税人的，应适用3%的征收率。

（二）从价定率计算应纳税额

在从价定率计算方法下，应纳消费税额等于销售额乘以适用税率。基本计算公式为：

$$应纳税额＝应税消费品的销售额\times比例税率－当期准予扣除的已纳消费税税款$$

公式中的销售额，含有消费税但不含增值税。对含增值税的价格应换算为不含增值税的销售额。

【例3-1】 某化妆品生产企业为增值税一般纳税人。2012年12月15日向某大型商场销售化妆品一批，开具增值税专用发票，取得不含增值税销售额30万元，增值税税额5.1万元；12月20日向某单位销售化妆品一批，开具普通发票，取得含增值税销售额4.68万元。

【解析】 根据上述资料，该企业应进行如下纳税处理：

(1) 化妆品适用比例税率为30%。

(2) 销售额＝30＋4.68÷(1＋17%)＝34（万元）

(3) 应纳消费税税额＝34×30%＝10.2（万元）

【例3-2】 甲公司为生产粮食白酒的增值税一般纳税人，2012年1月1日，白酒包装物随同粮食白酒销售，包装物单独计价收取包装物价款2 000元，另外收取包装物押金3 000元。2012年12月31日仍未收回包装物而没收包装物押金。该产品适用的增值税税率为17%，消费税比例税率为20%。

【解析】 根据上述资料，甲公司应进行如下纳税处理：

(1) 2012年1月1日销售时：

从1995年6月1日起，对酒类产品生产企业销售酒类产品（除黄酒、啤酒以外）

而收取的包装物押金,无论押金是否返还以及会计上如何核算,均应并入当期酒类产品销售额中征税。

包装物价款和押金的销售额=(2 000+3 000)÷(1+17%)=4 273.50(元)
包装物价款和押金的销项税额=4 273.50×17%=726.50(元)
包装物价款和押金的消费税额=4 273.50×20%=854.70(元)

(2) 2012年12月31日逾期时:

2012年12月31日,包装物押金逾期未退,但因押金在收取时已经并入销售额征税了,因此,当包装物押金逾期时不再征税。

二、从量定额计算

消费税法规定,黄酒、啤酒、汽油、柴油、航空煤油、石脑油、溶剂油、润滑油、燃料油采用从量计征方法计征消费税。

(一) 计税依据

在从量定额计算方法下,应纳税额等于应税消费品的销售数量乘以单位税额,应纳税额的多少取决于应税消费品的销售数量和单位税额两个因素。

1. 销售数量的确定

销售数量是指纳税人生产、委托加工和进口应税消费品的数量。具体规定为:

(1) 销售应税消费品的,为应税消费品的销售数量。纳税人通过自设非独立核算门市部销售的自产应税消费品,应当按照门市部对外销售额或者销售数量征收消费税。

(2) 自产自用应税消费品的,为应税消费品的移送使用数量。

(3) 委托加工应税消费品的,为纳税人收回的应税消费品数量。

(4) 进口的应税消费品,为海关核定的应税消费品进口征税数量。

2. 计量单位的换算标准

《消费税暂行条例》规定,黄酒、啤酒是以吨为税额单位;成品油是以升为税额单位的。但是,考虑到在实际销售过程中,一些纳税人会把吨或升这两个计量单位混用,为了规范不同产品的计量单位,以准确计算应纳税额,《消费税暂行条例实施细则》中具体规定了吨与升两个计量单位的换算标准,如表 3-2 所示。

表 3-2　　　　　　　　　　　吨、升换算表

序号	名称	计量单位的换算标准	序号	名称	计量单位的换算标准
1	黄酒	1 吨=962 升	6	石脑油	1 吨=1 385 升
2	啤酒	1 吨=988 升	7	溶剂油	1 吨=1 282 升
3	汽油	1 吨=1 388 升	8	润滑油	1 吨=1 126 升
4	柴油	1 吨=1 176 升	9	燃料油	1 吨=1 015 升
5	航空煤油	1 吨=1 246 升			

(二) 从量定额计算应纳税额

在从量定额计算方法下,应纳税额等于应税消费品的销售数量乘以单位税额。基本计算公式为:

$$应纳税额=应税消费品的销售数量×定额税率$$

【例 3-3】 某啤酒厂 2012 年 12 月份销售乙类啤酒 400 吨，每吨出厂价格 2 800 元。

【解析】 根据上述资料，该企业应进行如下纳税处理：

(1) 销售乙类啤酒，适用定额税率为 220 元/吨。

(2) 应纳消费税税额＝应税消费品的销售数量×定额税率

$$=400×220=88\,000（元）$$

三、从价定率和从量定额复合计算

现行消费税的征税范围中，只有卷烟、白酒采用复合计征方法。

（一）计税依据

生产销售卷烟、白酒从量定额计税依据为实际销售数量。进口、委托加工、自产自用卷烟、白酒从量定额计税依据分别为海关核定的进口征税数量、委托方收回数量、移送使用数量。

（二）从价定率和从量定额复合计算应纳税额

应纳税额等于应税销售数量乘以定额税率再加上应税销售额乘以比例税率。基本计算公式为：

$$\text{应纳税额}=\text{应税销售额}×\text{比例税率}+\text{应税销售数量}×\text{定额税率}-\text{当期准予扣除的已纳消费税税款}$$

【例 3-4】 某白酒生产企业为增值税一般纳税人，2012 年 12 月销售粮食白酒 50 吨，取得含增值税销售额 175.5 万元。

【解析】 根据上述资料，该酒厂应进行如下纳税处理：

(1) 白酒适用比例税率为 20%，定额税率为 0.5 元/500 克。

(2) 销售额＝175.5÷(1+17%)＝150（万元）

(3) 应纳消费税税额＝150×20%+50×2 000×0.5÷10 000＝35（万元）

需要说明的是，自 2009 年 8 月 1 日起，白酒生产企业销售给销售单位的白酒，生产企业消费税计税价格低于销售单位对外销售价格（不含增值税，下同）70% 以下的，税务机关应核定消费税最低计税价格。

四、外购应税消费品已纳税款的计算扣除

为了避免重复征税，现行消费税规定，将外购应税消费品继续生产应税消费品销售的，可以将外购应税消费品已缴纳的消费税给予扣除。

由于某些应税消费品是用外购已缴纳消费税的应税消费品连续生产出来的，在对这些连续生产出来的应税消费品计算征税时，如果按销售额全额征收消费税，则必然对外购已税应税消费品部分进行了重复征税，这样就违背了不重复征税这一基本原则。因此，在对连续生产出来的应税消费品计算征税时，税法规定应按照当期生产领用数量计算准予扣除外购的应税消费品已纳的消费税税款。

（一）准予扣除的范围

对连续生产的应税消费品计算征税时，准许按照规定扣除外购应税消费品已纳的消费税税款。扣除范围包括：

(1) 外购已税烟丝生产的卷烟。

（2）外购已税化妆品生产的化妆品。

（3）外购已税珠宝玉石生产的贵重首饰及珠宝玉石。纳税人用外购的已税珠宝玉石生产的改在零售环节征收消费税的金银首饰（镶嵌首饰），在计算应纳消费税时一律不得扣除外购珠宝玉石的已纳消费税税款。

（4）外购已税鞭炮焰火生产的鞭炮焰火。

（5）外购已税汽车轮胎（内胎和外胎）生产的汽车轮胎。

（6）外购已税摩托车生产的摩托车（如用外购两轮摩托车改装三轮摩托车）。

（7）外购已税杆头、杆身和握把为原料生产的高尔夫球杆。

（8）外购已税木制一次性筷子为原料生产的木制一次性筷子。

（9）外购已税实木地板为原料生产的实木地板。

（10）外购已税石脑油为原料生产的应税消费品。

（11）外购已税润滑油为原料生产的润滑油。

（二）当期准予扣除外购应税消费品已纳税款的计算

消费税法对外购应税消费品已纳消费税税款的扣除，采用"领用扣税法"，即根据当期生产领用外购应税消费品的数量计算当期准予扣除的已纳消费税税款。增值税法对进项税额的抵扣，采用"购进扣税法"，即对外购货物或应税劳务的进项税额于符合条件时一次抵扣。两者要注意区分。

上述当期准予扣除外购应税消费品已纳消费税税款的计算公式为：

$$当期准予扣除的外购应税消费品已纳税款 = 当期准予扣除的外购应税消费品买价 \times 外购应税消费品适用税率$$

$$当期准予扣除的外购应税消费品买价 = 期初库存的外购应税消费品的买价 + 当期购进的应税消费品的买价 - 期末库存的外购应税消费品的买价$$

外购已税消费品的买价是指购货发票上注明的销售额（不包括增值税税款）。

对自己不生产应税消费品，而只是购进后再销售应税消费品的工业企业，其销售的化妆品、鞭炮焰火和珠宝玉石，凡不能构成最终消费品直接进入消费品市场，而需进一步生产加工的，应当征收消费税，同时允许扣除上述外购应税消费品的已纳消费税税款。

【例3-5】 某卷烟生产企业，某月初库存外购应税烟丝金额20万元，当月又外购应税烟丝金额50万元（不含增值税），月末库存烟丝金额10万元，其余被当月生产卷烟领用。

【解析】 根据上述资料，该企业应进行如下纳税处理：

（1）烟丝适用的消费税税率为30%。

（2）当期准许扣除的外购烟丝买价＝20+50－10＝60（万元）

（3）当月准许扣除的外购烟丝已缴纳的消费税税额＝60×30%＝18（万元）

需要说明的是，允许扣除已纳消费税税款的应税消费品，只限于从工业企业购进的应税消费品和进口环节已缴纳消费税的应税消费品，对从境内商业企业购进应税消费品的已纳消费税税款，一律不得扣除。

五、兼营不同税率应税消费品的税务处理

纳税人生产销售应税消费品，如果不是单一经营某一税率的产品，而是经营多种不

同税率的产品,这就是兼营行为。由于《消费税暂行条例》税目税率表列举的各种应税消费品的税率高低不同,因此,纳税人在兼营不同税率应税消费品时,税法就要针对其不同的核算方式分别规定税务处理办法,以加强税收管理,避免因核算方式不同而出现税款流失的现象。

纳税人兼营不同税率应税消费品,是指纳税人生产销售两种税率以上的应税消费品。纳税人兼营不同税率的应税消费品,应当分别核算不同税率应税消费品的销售额、销售数量,分别按各自适用的税率、单位税额计算征税;未分别核算销售额、销售数量,或者将不同税率的应税消费品组成成套消费品销售的,按高低税率混合在一起的销售额、销售数量,从高适用税率计算征税。

六、税额减征的计算

为保护生态环境,促进替代污染排放汽车的生产和消费,推进汽车工业技术进步,对生产销售达到低污染排放值的小轿车、越野车和小客车减征30%的消费税。计算公式为:

减征税额=按法定税率计算的消费税额×30%

应征税额=按法定税率计算的消费税额-减征税额

低污染排放限值是指相当于欧盟指令94/12/EC、96/69/EC排放标准(简称"欧洲Ⅱ号标准")。

目前,上海通用汽车有限公司生产的别克、赛欧系列小汽车,上海大众汽车有限公司生产的桑塔纳、帕萨特系列小汽车,一汽大众有限公司生产的奥迪、捷达、宝来系列小汽车,沈阳金环客车制造有限公司生产的金杯系列轻型客车,广州本田汽车有限公司生产的雅阁牌轿车,一汽海南汽车有限公司生产的海马牌轿车等,经国家认定的检验中心和专家审查,达到《轻型汽车污染物排放限值及测量方法(Ⅱ)》规定的排放标准,检验程序符合规定要求。按《财政部、国家税务总局关于对低污染排放小汽车减征消费税的通知》(财税〔2000〕26号)的规定,对上述小汽车准予按应纳税额减征30%消费税。

【例3-6】 某小轿车生产企业为增值税一般纳税人,2012年12月份生产并销售小轿车400辆,每辆含税销售价格17.55万元,适用消费税税率9%。经审查,该企业生产的小轿车已达到减征消费税的国家标准。

【解析】 根据上述资料,该企业应进行如下纳税处理:
(1) 销售额=400×17.55÷(1+17%)=6 000(万元)
(2) 应纳消费税税额=6 000×9%×(1-30%)=378(万元)

第五节 自产自用应纳消费税的计算

自产自用应税消费品的情形时有发生,它不是一种常规的对外销售方式,因没有取得货币收入,甚至消费品都没有出厂,因而纳税人很可能认为自产自用不是对外销售,不必计入销售额，无须纳税。这样就出现了漏缴税款的现象。因此，很有必要认真理解税法对自产自用应税消费品的有关规定。

一、自产自用应税消费品的定义

自产自用是指纳税人生产应税消费品后，不是用于直接对外销售，而是用于自己连续生产应税消费品，或用于其他方面。

（一）用于连续生产应税消费品

"纳税人自产自用的应税消费品（如烟丝），用于连续生产应税消费品（如卷烟）"，是指纳税人作为生产最终应税消费品（如卷烟）的直接材料并构成最终产品（如卷烟）实体的应税消费品（如烟丝）。

（二）用于其他方面的应税消费品

"纳税人用于其他方面的自产自用的应税消费品"，是指纳税人用于生产非应税消费品、在建工程、管理部门、非生产机构，提供劳务，以及用于馈赠、赞助、集资、广告、样品、职工福利、奖励等方面的应税消费品。

1. 用于生产非应税消费品

"自产自用的应税消费品用于生产非应税消费品"，是指纳税人将自产的应税消费品用于生产消费税条例税目税率表所列14类产品以外的产品。

2. 用于除生产非应税消费品的其他方面

"自产自用的应税消费品用于除生产非应税消费品的其他方面"，是指将自产应税消费品没有用于连续生产应纳增值税的产品生产，而是用于非纳增值税的在建工程、管理部门、非生产机构，提供劳务等项目；或者用于馈赠、赞助、集资、广告、样品、职工福利等方面。"用于在建工程"，是指把自产的应税消费品用于本单位的各项建设工程。例如，石化工厂把自己生产的柴油用于本厂基建工程的车辆、设备使用。"用于管理部门、非生产机构"，是指把自己生产的应税消费品用于与本单位有隶属关系的管理部门或非生产机构。"用于馈赠、赞助、集资、广告、样品、职工福利、奖励"，是指把自己生产的应税消费品无偿赠送给他人或以资金的形式投资于外单位某些事业或作为商品广告、经销样品或以福利、奖励的形式发给职工。

总之，企业自产的应税消费品虽然没有用于销售或连续生产应税消费品，但只要是用于税法所规定范围的都要视同销售，依法缴纳消费税。

二、自产自用应税消费品的税务处理

（一）用于连续生产应税消费品

纳税人自产自用的应税消费品，用于连续生产应税消费品的，不纳消费税，也不纳增值税。

税法规定对自产自用的应税消费品，用于连续生产应税消费品的不征税，体现了税不重征且计税简便的原则。例如，纳税人自己生产的烟丝，为应税消费品，如果直接对外销售，要缴纳消费税和增值税；如果用于连续生产卷烟，则对烟丝这一应税消费品不纳消费税和增值税，只对生产的卷烟征收消费税和增值税。

(二) 用于其他方面的应税消费品

1. 用于生产非应税消费品

纳税人自产自用的应税消费品，用于连续生产非应税消费品的，于移送使用时纳消费税，但不纳增值税。例如，某原油加工厂用生产出的应税消费品汽油，经过连续生产调和制成溶剂汽油，该溶剂汽油就属于非应税消费品，溶剂汽油对外销售时不需纳消费税，但要纳增值税，因此，根据源泉控税和简便计税的原则，应于移送使用自产自用的汽油时缴纳消费税，但不缴纳增值税。

2. 用于除生产非应税消费品的其他方面

纳税人自产自用的应税消费品，用于除连续生产应税消费品和非应税消费品的，应视同销售货物行为，于移送使用时缴纳消费税和增值税。例如，某汽车制造厂将自己生产的应税消费品小汽车提供给本单位管理部门作为固定资产使用，应视同销售货物行为，应于小汽车移送管理部门使用时缴纳增值税和消费税。又如，某摩托厂将自己生产的应税消费品摩托车无偿赠送给摩托车拉力赛赛手比赛使用，兼作商品广告，应视同销售货物行为，应于无偿赠送摩托车时，缴纳增值税和消费税。

三、自产自用应税消费品应纳税额的计算

(一) 自产自用适用从价定率计征消费税的应税消费品

1. 有同类消费品销售价格的，按销售价格计税

纳税人自产自用的应税消费品，凡用于其他方面，应当纳税的，按照纳税人生产的同类消费品的销售价格计算纳税。其计算公式为：

$$应纳消费税税额 = 同类消费品销售价格 \times 适用的消费税税率$$
$$应纳增值税税额 = 同类消费品销售价格 \times 适用的增值税税率$$

同类消费品的销售价格是指纳税人当月销售的同类消费品的销售价格，如果当月同类消费品各期销售价格高低不同，应按销售数量加权平均计算。但销售的应税消费品有下列情况之一的，不得列入加权平均计算：①销售价格明显偏低又无正当理由的；②无销售价格的。如果当月无销售或者当月未完结，应按照同类消费品上月或最近月份的销售价格计算纳税。

2. 没有同类消费品销售价格的，按组成计税价格计税

没有同类消费品销售价格的，按组成计税价格计算纳税。其计算公式为：

$$组成计税价格 = (成本 + 利润) \div (1 - 消费税比例税率)$$

或者

$$= 成本 \times (1 + 成本利润率) \div (1 - 消费税比例税率)$$
$$应纳消费税税额 = 组成计税价格 \times 消费税比例税率$$
$$应纳增值税税额 = 组成计税价格 \times 增值税税率$$

上述公式中的"成本"，是指应税消费品的产品生产成本。

上述公式中的"利润"，是指根据应税消费品的全国平均成本利润率计算的利润。应税消费品全国平均成本利润率由国家税务总局确定。1993年12月28日与2006年3月，国家税务总局颁发的《消费税若干具体问题的规定》，确定了应税消费品全国平均成本利润率，如表3-3所示。

表 3-3　　　　　　　　　　应税消费品全国平均成本利润率表　　　　　　　　　单位：%

货物名称	平均成本利润率	货物名称	平均成本利润率
1. 甲类卷烟	10	11. 贵重首饰及珠宝玉石	6
2. 乙类卷烟	5	12. 汽车轮胎	5
3. 雪茄烟	5	13. 摩托车	6
4. 烟丝	5	14. 高尔夫球及球具	10
5. 粮食白酒	10	15. 高档手表	20
6. 薯类白酒	5	16. 游艇	10
7. 其他酒	5	17. 木制一次性筷子	5
8. 酒精	5	18. 实木地板	5
9. 化妆品	5	19. 乘用车	8
10. 鞭炮、焰火	5	20. 中轻型商用客车	5

【例 3-7】 某市化妆品生产企业将一批自产的化妆品用作职工福利，该批化妆品的生产成本为 10 000 元。该化妆品无同类产品市场销售价格，但已知其成本利润率为 5%，消费税税率为 30%。

【解析】 根据上述资料，该企业应进行如下纳税处理：

该企业将一批化妆品用作职工福利，应视同销售货物行为，缴纳增值税和消费税，对没有同类消费品销售价格的，按组成计税价格计算纳税。

(1) 组成计税价格＝成本×(1＋成本利润率)÷(1－消费税比例税率)
$$=10\,000\times(1+5\%)\div(1-30\%)=15\,000（元）$$

(2) 应纳消费税税额＝组成计税价格×消费税比例税率
$$=15\,000\times30\%=4\,500（元）$$

(3) 应纳增值税税额＝组成计税价格×增值税税率＝15 000×17%＝2 550（元）

(二) 自产自用适用从量定额计征消费税的应税消费品

对黄酒、啤酒、成品油实行从量定额计征消费税，由于从量计征以自产自用应税消费品的移送使用数量为计税依据，与应税消费品价格的高低没有关系，其应纳消费税的计算公式为：

$$应纳消费税税额＝自产自用数量\times定额税率$$

但计算缴纳增值税时应考虑从量定额征收的消费税额，其计算公式为：

$$组成计税价格＝成本＋利润＋应纳消费税税额$$
$$应纳增值税税额＝组成计税价格\times增值税税率$$

【例 3-8】 某市黄酒厂将一批自产黄酒用于管理部门招待使用，该批黄酒的生产成本为 100 000 元，移送使用数量为 6 000 升。

【解析】 根据上述资料，该企业应进行如下纳税处理：

该企业将一批黄酒用于管理部门，属于自产自用，应视同销售货物行为，缴纳增值税和消费税，由于黄酒采用从量定额计征消费税，对没有同类消费品销售价格的，按组成计税价格计算缴纳增值税，则

(1) 应纳消费税税额＝6 000÷962×240＝1 496.88（元）

(2) 组成计税价格＝100 000×(1＋10%)＋1 496.88＝111 496.88（元）

(3) 应纳增值税税额＝111 496.88×17%＝18 954.47（元）

（三）自产自用实行复合计征消费税的应税消费品

自 2001 年 5 月、6 月，分别对白酒、卷烟采用从价与从量复合征收消费税的计税办法。由于从量计征以自产自用应税消费品的移送使用数量为计税依据，与应税消费品价格的高低没有关系，因此，可以计算从量计征的消费税税额，然后再计算复合计征消费税的组成计税价格。

1. 按销售价格计征

有同类消费品销售价格的，按销售价格计税，其计算公式为：

$$应纳消费税税额 = 同类消费品销售价格 \times 消费税比例税率 + 自产自用数量 \times 定额税率$$

$$应纳增值税税额 = 同类消费品销售价格 \times 增值税税率$$

2. 按组成计税价格计征

没有同类消费品销售价格的，按组成计税价格计算纳税，其计算公式为：

（1）从量消费税税额：

$$从量消费税税额 = 自产自用数量 \times 定额税率$$

（2）组成计税价格：

$$组成计税价格 = (成本 + 利润 + 从量消费税税额) \div (1 - 消费税比例税率)$$

或者

$$= [成本 \times (1 + 成本利润率) + 从量消费税税额] \div (1 - 消费税比例税率)$$

（3）应纳消费税税额：

$$应纳消费税税额 = 组成计税价格 \times 消费税比例税率 + 从量消费税税额$$

（4）应纳增值税税额：

$$应纳增值税税额 = 组成计税价格 \times 增值税税率$$

【例 3-9】 某市一白酒厂将一批自产的粮食白酒用作职工福利，该批白酒的生产成本为 10 000 元，重量为 500 斤。

【解析】 根据上述资料，该企业应进行如下纳税处理：

该企业将一批粮食白酒用于职工福利，应视同销售货物行为，缴纳增值税和消费税，对没有同类消费品销售价格的，按组成计税价格计算纳税，则

（1）从量消费税税额 = 0.5 × 500 = 250（元）

（2）组成计税价格 = [10 000 × (1 + 10%) + 250] ÷ (1 - 20%) = 14 062.50（元）

（3）应纳消费税税额 = 14 062.50 × 20% + 250 = 3 062.5（元）

（4）应纳增值税税额 = 14 062.50 × 17% = 2 390.63（元）

第六节　委托加工环节应税消费品应纳税额的计算

随着社会分工进一步细化，专业化生产和协作的加强，纳税人由于设备、技术、人力、成本等原因，常常要委托其他单位代为加工应税消费品，然后，将加工好的应税消费品收回，直接销售或自己使用。委托加工应税消费品是生产应税消费品的另一种形

式，也需要纳入征收消费税的纳税范围，由受托方在向委托方交货时代收代缴消费税款。有关委托加工应税消费品应纳税额的计算具有一定的特殊性，需要专门掌握。

一、委托加工应税消费品的确定

（一）委托加工应税消费品的定义

委托加工应税消费品是指由委托方提供原料和主要材料，受托方只收取加工费和代垫部分辅助材料加工的应税消费品。

对于由受托方提供原材料生产的应税消费品，或者受托方先将原材料卖给委托方，然后再接受加工的应税消费品，以及由受托方以委托方名义购进原材料生产的应税消费品，无论纳税人在财务上是否作销售处理，都不得作为委托加工应税消费品，而应当按照销售自制应税消费品缴纳消费税。

（二）委托加工应税消费品的条件

根据委托加工应税消费品的定义可以看出，作为委托加工应税消费品，必须符合以下条件：

（1）由委托方提供原料和主要材料。

（2）受托方只收取加工费和代垫部分辅助材料。

为什么要对委托加工应税消费品规定严格的限定条件呢？这是因为，委托加工应税消费品是由受托方代收代缴消费税的，且受托方只就其加工劳务缴纳增值税。如果委托方不能提供原料和主要材料，而是受托方以某种形式提供原料，那就不成其为委托加工，而是受托方在自制应税消费品了，在这种情况下，就会出现受托方确定计税价格偏低、代收代缴消费税虚假的现象，同时，受托方也只以加工劳务缴纳增值税，逃避了自制应税消费品要缴纳消费税的责任，这是税法所不允许的。因此，对委托加工应税消费品要规定严格的限定条件。

凡不符合上述规定条件的，无论委托方还是受托方，也无论其在财务上是否作销售处理，在税法上都不得作为委托加工应税消费品，而应当按照销售自制应税消费品缴纳消费税。也就是说，应确定由受托方按销售自制消费品缴纳消费税。这种处理办法体现了税收管理的源泉控制原则，避免了应缴税款的流失。

二、委托加工应税消费品代收代缴税款的规定

对于确实属于符合上述规定的委托加工应税消费品，税法规定，由受托方（个体经营者、其他个人除外）在向委托方交货时代收代缴消费税，且受托方只以其收取的加工劳务缴纳增值税。纳税人委托个体经营者、其他个人加工应税消费品，于委托方收回后在委托方所在地缴纳消费税。

对委托加工应税消费品，委托方为委托加工环节消费税的纳税人，受托方为提供加工劳务增值税的纳税人；受托方（个体经营者、其他个人除外）为委托加工环节消费税法定的代收代缴义务人。

受托方是法定的代收代缴义务人，必须严格履行代收代缴义务人的法律责任，正确计算和按时代收代缴税款。如果受托方对委托加工的应税消费品没有代收代缴或少代收代缴消费税，就要按照税收征收管理法的规定，承担代收代缴的法律责任。

当然，对于受托方没有按规定代收代缴消费税款的，并不能因此免除委托方补缴税款的责任。在对委托方进行税务检查中发现，如果发现其委托加工的应税消费品受托方没有按规定代收代缴消费税款，委托方要按规定补缴税款（对受托方不再重复补税了，但要按《税收征管法》的规定，处以应代收代缴税款50%以上3倍以下的罚款）。

对委托方补征税款的计税依据是：如果在检查时，收回的应税消费品已经直接销售的，按销售额计税；收回的应税消费品尚未销售或不能直接销售（如收回后用于连续生产等）的，按组成计税价格计税。

委托加工的应税消费品，受托方在交货时已代收代缴消费税，委托方收回后直接销售的，不再征收消费税。

三、委托加工环节应税消费品应纳税额的计算

（一）按销售价格计算纳税

委托加工的应税消费品，按照受托方的同类消费品的销售价格计算纳税，同类消费品的销售价格是指受托方（即代收代缴义务人）当月销售的同类消费品的销售价格，如果当月同类消费品各期销售价格高低不同，应按销售数量加权平均计算。但销售的应税消费品有下列情况之一的，不得列入加权平均计算：

(1) 销售价格明显偏低又无正当理由的。
(2) 无销售价格的。

如果当月无销售或者当月未完结，应按照同类消费品上月或最近月份的销售价格计算纳税。

（二）按组成计税价格计算纳税

没有同类消费品销售价格的，按照组成计税价格计算纳税。组成计税价格的计算公式为：

实行从价定率办法计算纳税的组成计税价格计算公式：

$$组成计税价格 = (材料成本 + 加工费) \div (1 - 消费税比例税率)$$

$$应纳消费税税额 = 组成计税价格 \times 消费税比例税率$$

实行复合计税办法计算纳税的组成计税价格计算公式：

$$组成计税价格 = \left(材料成本 + 加工费 + 委托加工数量 \times 定额税率\right) \div (1 - 消费税比例税率)$$

$$应纳消费税税额 = 组成计税价格 \times 消费税比例税率 + 委托加工数量 \times 定额税率$$

上述组成计税价格公式中有两个重要的专用名词需要解释。

1. 材料成本

《消费税暂行条例实施细则》规定，"材料成本"，是指委托方所提供加工材料的实际成本。税法对委托加工应税消费品的纳税人必须如实提供材料成本，作了严格的规定，要求委托方必须在委托加工合同上如实注明（或以其他方式提供）材料成本，凡未提供材料成本的，受托方所在地主管税务机关有权核定其材料成本，其目的是为了防止假冒委托加工应税消费品或少报材料成本，逃避纳税的现象。

2. 加工费

《消费税暂行条例实施细则》规定，"加工费"，是指受托方加工应税消费品向委托

方所收取的全部费用，包括代垫辅助材料的实际成本，不包括向委托方代收代缴的消费税，也不包括向委托方收取的增值税税款。税法对受托加工应税消费品的纳税人必须如实提供所收取的"加工费"，作了严格的规定，其目的在于一方面可以保证能够准确计算组成计税价格及代收代缴的消费税；另一方面可以保证受托方能够就加工费准确计算缴纳增值税税款。

四、委托加工收回的应税消费品已纳税额的扣除

为了避免重复征税，现行消费税规定，将委托加工收回的应税消费品继续生产应税消费品销售的，可以将委托加工收回应税消费品已缴纳的消费税给予扣除。

委托加工的应税消费品因为已由受托方代收代缴消费税，对委托方委托加工收回的应税消费品直接销售的，不再缴纳消费税；但对委托加工收回的应税消费品用于连续生产应税消费品的，在这些连续生产出来的应税消费品销售时，仍然要计算缴纳消费税，这样就对委托加工收回的已税应税消费品实施了重复征税，因此，委托方收回委托加工的应税消费品后用于连续生产应税消费品的，其已纳税款准予按照规定从连续生产的应税消费品应纳消费税税额中抵扣。

按照国家税务总局的规定，从 1995 年 6 月 1 日起，下列连续生产的应税消费品准予从应纳消费税税额中按当期生产领用数量计算扣除委托加工收回的应税消费品已纳消费税税款。

（一）准予扣除的范围

对连续生产的应税消费品计算征税时，准许按照规定扣除委托加工应税消费品已纳的消费税税款，具体有：

（1）以委托加工收回的已税烟丝为原料生产的卷烟。
（2）以委托加工收回的已税化妆品为原料生产的化妆品。
（3）以委托加工收回的已税珠宝玉石为原料生产的贵重首饰及珠宝玉石。
（4）以委托加工收回的已税鞭炮、焰火为原料生产的鞭炮、焰火。
（5）以委托加工收回的已税汽车轮胎生产的汽车轮胎。
（6）以委托加工收回的已税摩托车生产的摩托车。
（7）以委托加工收回的已税杆头、杆身和握把为原料生产的高尔夫球杆。
（8）以委托加工收回的已税木制一次性筷子为原料生产的木制一次性筷子。
（9）以委托加工收回的已税实木地板为原料生产的实木地板。
（10）以委托加工收回的已税石脑油为原料生产的应税消费品。
（11）以委托加工收回的已税润滑油为原料生产的润滑油。

（二）当期准予扣除委托加工应税消费品已纳税款的计算

消费税法对委托加工收回的应税消费品已纳消费税税款的扣除，同样采用"领用扣税法"，即根据领用委托加工收回的应税消费品的数量计算当期准予抵扣的已纳消费税税款。

上述当期准予扣除委托加工收回的应税消费品已纳消费税税款的计算公式为：

当期准予扣除的委托加工应税消费品已纳税款 = 期初库存的委托加工应税消费品已纳税款 + 当期收回的委托加工应税消费品已纳税款

$$-\text{期末库存的委托加工应税消费品已纳税款}$$

需要说明的是，纳税人用委托加工收回的已税珠宝玉石生产的改在零售环节征收消费税的金银首饰，在计税时一律不得扣除委托加工收回的珠宝玉石的已纳消费税税款。

【例 3-10】 甲卷烟厂委托乙烟丝厂加工一批烟丝，卷烟厂提供的烟叶在委托加工合同上注明的成本金额为 70 000 元（不含增值税），烟丝加工完毕，卷烟厂提货时支付的加工费用为 3 500 元（不含增值税），并支付了烟丝加工厂按烟丝组成计税价格计算的消费税税款。卷烟厂收回加工好的烟丝后，领用 80% 用于生产甲类卷烟并予以销售，该批卷烟为 160 标准箱，向购货方开具的增值税专用发票上注明的价款为 3 000 000 元。烟丝消费税税率为 30%，甲类卷烟消费税的比例税率为 56%，定额税率为每标准箱 150 元。假定支付的加工费取得了增值税专用发票，且已通过认证。其他准予扣除的进项税额为 18 000 元。

【解析】

1. 根据上述资料，乙烟丝厂应进行如下纳税处理
（1）就加工费缴纳增值税：
应纳增值税税额 = 3 500 × 17% = 595（元）
（2）应在向甲卷烟厂交货时代收代缴消费税：
组成计税价格 =（70 000 + 3 500）÷（1 − 30%）= 105 000（元）
应代收代缴的消费税税额 = 105 000 × 30% = 31 500（元）

2. 根据上述资料，甲卷烟厂应进行如下纳税处理
（1）应纳增值税：
取得增值税专用发票的加工费负担的增值税 595 元已通过认证，准予作为进项税额抵扣。
销项税额 = 3 000 000 × 17% = 510 000（元）
应纳增值税税额 = 510 000 −（595 + 18 000）= 491 405（元）
（2）应纳消费税：
卷烟实行从价定率和从量定额复合计征办法征税。委托加工收回的烟丝用于连续生产应税消费品卷烟的，其已纳的消费税税款准予按领用数量 80% 计算扣除。

$$\text{应纳消费税税额} = \text{销售额} \times \text{消费税比例税率} + \text{销售数量} \times \text{消费税单位税额} - \text{当期准予扣除的委托加工应税消费品已纳税款}$$

$$= 3\,000\,000 \times 56\% + 160 \times 150 - 31\,500 \times 80\% = 1\,678\,800（元）$$

第七节 进口环节应纳消费税的计算

纳税人进口的应税消费品，于报关进口时缴纳消费税；进口应税消费品应纳的增值税和消费税一起由海关代征；进口的应税消费品，由进口人或者其代理人向报送地海关申报纳税；纳税人进口应税消费品，按照关税征收管理的相关规定，应当自海关填发海关进口消费税专用缴款书之日起 15 日内缴纳税款。

根据《关于对进口货物征收增值税、消费税有关问题的通知》规定，进口应税消费品的收货人或办理报关手续的单位和个人，为进口应税消费品的消费税纳税人。进口应税消费品消费税的税目、税率（税额），按照本章第三节中消费税税目税率（税额）表执行。

纳税人进口应税消费品，按照组成计税价格和税法规定的适用税率（税额）计算应纳税额。其计算方法如下：进口环节消费税除国务院另有规定外，一律不得给予减税、免税。组成计税价格和应纳税额的计算公式如下。

一、进口一般货物应纳消费税的计算

（一）实行从价定率计征应纳税额的计算

纳税人进口实行从价定率计税办法的应税消费品时，其应纳税额的计算公式为：

（1）应纳关税税额：

$$关税 = 关税完税价格 \times 关税税率$$

其中：关税完税价格，是指海关核定的关税计税价格。

（2）组成计税价格：

$$组成计税价格 = (关税完税价格 + 关税) \div (1 - 消费税比例税率)$$

（3）应纳消费税税额：

$$应纳消费税税额 = 组成计税价格 \times 消费税比例税率$$

（4）应纳增值税税额：

$$应纳增值税税额 = 组成计税价格 \times 增值税税率$$

【例 3-11】 甲公司 2012 年 12 月从美国进口一批小轿车，其关税完税价格为 500 万元人民币，关税税率为 20%，消费税率为 25%，增值税率 17%。

【解析】 根据上述资料，甲公司应进行如下纳税处理：

(1) 关税 = 关税完税价格 × 关税税率 = 500 × 20% = 100（万元）
(2) 组成计税价格 = (500 + 100) ÷ (1 - 25%) = 800（万元）
(3) 应纳消费税税额 = 800 × 25% = 200（万元）
(4) 应纳增值税税额 = 800 × 17% = 136（万元）

【例 3-12】 某市区一化工企业为增值税一般纳税人，主要业务为以进口化妆品生产和销售成套化妆品，2012 年 12 月有关生产经营情况如下：

(1) 进口一批化妆品，其完税价格为 2 000 万元，进口关税为 200 万元，海关代征的消费税为 942.86 万元，代征的增值税为 534.29 万元，取得海关完税凭证。货已验收入库，本月生产领用 80% 用于生产成套化妆品。相关票据均已通过认证。

(2) 批发销售成套化妆品 25 万件，开具增值税专用发票，取得销售额 5 000 万元；零售成套化妆品 8 万件，开具普通发票，取得销售收入 2 340 万元。

【解析】 根据上述资料，该企业应进行如下纳税处理：

(1) 应纳增值税：

当期销项税额 = [5 000 + 2 340 ÷ (1 + 17%)] × 17% = 1 190（万元）

当期进项税额 = 534.29（万元）

应纳增值税税额 = 1 190 − 534.29 = 655.71（万元）

(2) 应纳消费税：

外购已税化妆品用于连续生产化妆品后销售计算缴纳消费税时,准予按领用数量抵扣已纳消费税税款。

当期准予抵扣的已纳消费税税款=942.86×80%=754.29(万元)

应纳消费税税额=[5 000+2 340÷(1+17%)]×30%-754.29=1 345.71(万元)

(二)实行从量定额计征应纳税额的计算

纳税人进口实行从量定额计税办法的应税消费品时,其应纳税额的计算公式为:

(1)应纳关税税额:

$$关税=关税完税价格×关税税率$$

(2)应纳消费税税额:

$$应纳消费税税额=应税消费品进口数量×消费税定额税率$$

(3)组成计税价格:

$$组成计税价格=关税完税价格+关税+应纳消费税税额$$

(4)应纳增值税税额:

$$应纳增值税税额=组成计税价格×增值税税率$$

公式中的销售数量为海关核定的进口数量。

【例3-13】 乙公司2012年12月从美国进口一批容积为3 300万升的无铅汽油,其完税价格为600万元人民币,假设关税税率为20%,消费税单位税额为1.0元/升,增值税税率为17%。

【解析】 根据上述资料,乙公司应进行如下纳税处理:

(1)关税=600×20%=120(万元)

(2)应纳消费税税额=3 300×1.0=3 300(万元)

(3)组成计税价格=600+120+3 300=4 020(万元)

(4)应纳增值税税额=4 020×17%=683.4(万元)

(三)实行从价定率和从量定额复合计税办法应纳税额的计算

纳税人进口实行从量定额和从价定率复合计税办法的应税消费品(卷烟,粮食、薯类白酒)时,其应纳税额的计算公式为:

(1)应纳关税税额:

$$关税=关税完税价格×关税税率$$

(2)从量消费税税额:

$$从量消费税税额=应税消费品进口数量×消费税定额税率$$

(3)组成计税价格:

组成计税价格=(关税完税价格+关税+从量消费税税额)÷(1-消费税比例税率)

(4)应纳消费税税额:

$$应纳消费税税额=组成计税价格×消费税比例税率+从量消费税税额$$

(5)应纳增值税税额:

$$应纳增值税税额=组成计税价格×增值税税率$$

【例3-14】 某企业从国外进口10吨白酒,完税价格为500万元人民币,假设关税税率为20%,消费税单位税额为0.5元/500克,比例税率为20%,增值税税率为17%。

【解析】 根据上述资料,该企业应进行如下纳税处理:

(1) 关税＝500×20%＝100（万元）
(2) 从量消费税税额＝10×2 000×0.5÷10 000＝1（万元）
(3) 组成计税价格＝(500+100+1)÷(1-20%)＝751.25（万元）
(4) 应纳消费税税额＝751.25×20%+1＝151.25（万元）
(5) 应纳增值税税额＝751.25×17%＝127.71（万元）

进口环节消费税除国务院另有规定者外，一律不得给予减税、免税。

二、进口卷烟应纳消费税的计算

（1）为统一进口卷烟与国产卷烟的消费税政策，自2004年3月1日起，进口卷烟消费税适用比例税率按以下办法确定：

①每标准条进口卷烟（200支）确定消费税适用比例税率的价格＝(关税完税价格+关税+消费税定额税率)÷(1-消费税比例税率)。其中，关税完税价格和关税为每标准条的关税完税价格及关税税额；消费税定额税率为每标准条（200支）0.6元（依据现行消费税定额税率折算而成）；消费税税率固定为36%。

②每标准条进口卷烟（200支）确定消费税适用比例税率的价格≥70元人民币的，适用比例税率为56%；每标准条进口卷烟（200支）确定消费税适用比例税率的价格<70元人民币的，适用比例税率为36%。

（2）依据上述确定的消费税适用比例税率，计算进口卷烟消费税组成计税价格和应纳消费税税额。

①进口卷烟消费税组成计税价格＝(关税完税价格+关税+消费税定额税)÷(1-进口卷烟消费税适用比例税率)。

②应纳税额的计算与上述一般公式相同，应纳消费税税额＝进口卷烟消费税组成计税价格×进口卷烟消费税适用比例税率+消费税定额税。其中，消费税定额税＝海关核定的进口卷烟数量×消费税定额税率，消费税定额税率与国内相同，每标准箱为（50 000支）150元。

【例3-15】 有进出口经营权的某外贸公司，2012年12月从国外进口卷烟32箱（每箱250条，每条200支），支付买价400 000元，支付到达我国海关前的运输费用12 000元，保险费用8 000元。已知进口卷烟的关税税率为20%。

【解析】 根据上述资料，该公司应进行如下纳税处理：

(1) 每条进口卷烟消费税适用比例税率的价格＝[(400 000+12 000+8 000)×(1+20%)÷(32×250)+0.6]÷(1-36%)＝99.38（元）

单条卷烟价格大于70元，适用消费税比例税率为56%。

(2) 进口卷烟应缴纳的消费税＝[(400 000+12 000+8 000)×(1+20%)÷(32×250)+0.6]÷(1-56%)×(32×250)×56%+(32×250)×0.6＝652 363.64（元）

第八节 出口应税消费品退（免）税

纳税人出口应税消费品与已纳增值税出口货物一样，国家都是给予退（免）税优惠的。出口应税消费品同时涉及退（免）增值税和消费税，且退（免）消费税与出口货物退（免）增值税在退（免）税范围的限定、退（免）税办理程序、退（免）税审核及管理上都有许多一致的地方。1995年7月1日以后报关离境的应税消费品的退（免）消费税与其退（免）增值税一样都统一执行财政部、国家税务总局颁发的《出口货物退（免）税若干问题规定》以及国家税务总局1994年颁发的《出口货物退（免）税管理办法》中仍有效的部分。因此，请详见第二章第八节，本节中不再重复。本节仅介绍出口应税消费品退（免）消费税某些不同于出口货物退（免）增值税的特殊规定。

一、出口退税率的规定

计算出口应税消费品应退消费税的税率或单位税额，依据《消费税暂行条例》所附《消费税税目、税率（税额）表》执行。出口应税消费品退消费税政策，原则上采用征多少退多少的政策，这是与出口货物退（免）增值税政策的一个重要区别。当出口的货物是应税消费品时，其退还增值税要按规定的退税率计算；其退还消费税则按该应税消费品所适用的消费税税率计算。

需要说明的是，企业应将不同消费税税率的出口应税消费品分开核算和申报，凡划分不清适用税率的，一律从低适用税率计算应退消费税税额。

二、出口应税消费品退（免）税

出口退税是指对应税消费品在出口前已纳的消费税，按规定计算退税额后予以退还。出口免税是指对应税消费品在出口销售环节所应负担的消费税予以免征。

我国出口应税消费品退（免）消费税在政策上分为以下三种情况。

（一）出口免税并退税

适用出口免税并退消费税政策的是：有出口经营权的外贸企业购进应税消费品后直接出口，以及外贸企业受其他外贸企业委托代理出口应税消费品。

需要说明的是，外贸企业只有受其他外贸企业委托，代理出口应税消费品才可办理退税；外贸企业受其他企业（主要是非生产性的商贸企业）委托，代理出口应税消费品，适用出口不免税也不退税政策。这个政策限定与前述出口货物退（免）增值税的政策规定的一致的。

（二）出口免税但不退税

适用出口免税但不退税政策的是：有出口经营权的生产性企业自营出口或生产企业委托外贸企业代理出口自产的应税消费品，依据其实际出口数量免征消费税，不予办理退还消费税。

出口免税是指对生产性企业按其实际出口数量免征生产环节的消费税。不退税是指因已免征生产环节的消费税，该应税消费品在出口时，已不含有消费税，因此也无须再办理退还消费税了。

需要说明的是，在出口货物退（免）增值税政策中，有出口经营权的生产性企业自营出口或委托外贸企业代理出口的自产货物，适用出口免税并退税的政策；在出口货物退（免）消费税政策中，有出口经营权的生产性企业自营出口或委托外贸企业代理出口的自产应税消费品，适用出口免税但不退税的政策。出口退（免）增值税和消费税的政策不一致，其原因是，消费税实行单环节纳税，仅在生产企业的生产环节征收，生产环节免税了，出口的应税消费品就不含有消费税了，也就不存在办理退还消费税的问题了；而增值税却在货物销售的各个环节征收，即使在出口货物时免征增值税，出口的货物中仍含有以前环节已纳的增值税，已纳的增值税就需退还。

（三）出口不免税也不退税

适用出口不免税也不退税政策的是：除生产企业、外贸企业外的其他企业，具体是指一般商贸企业，这类企业委托外贸企业代理出口应税消费品一律不予退（免）消费税。

出口不免税也不退税是指出口应税消费品，既不免征消费税，也不退还已纳消费税。

三、出口应税消费品退税额的计算

外贸企业从生产企业购进应税消费品后直接出口或受其他外贸企业委托代理出口应税消费品的应退消费税税款，根据计算缴纳消费税的方法不同分以下三种情况处理。

（一）从价定率计征消费税的

属于从价定率计征消费税的应税消费品，应依照外贸企业从工厂购进应税消费品时，征收消费税的价格计算应退消费税税款。其计算公式为：

$$应退消费税税款＝出口货物的工厂销售额 \times 消费税比例税率$$

上述公式中的"出口货物的工厂销售额"，含有消费税但不含增值税。对含增值税的价格应换算为不含增值税的销售额。

（二）从量定额计征消费税的

属于从量定额计征消费税的应税消费品，应以外贸企业从工厂购进和报关出口的数量计算应退消费税税款。其计算公式为：

$$应退消费税税款＝出口数量 \times 单位税额$$

（三）复合计征消费税的

属于从价定率和从量定额复合计征消费税的应税消费品，应以外贸企业从工厂购进应税消费品时，征收消费税的价格、购进和报关出口的数量计算应退消费税税款。其计算公式为：

$$应退消费税税款＝出口货物的工厂销售额 \times 消费税比例税率＋出口数量 \times 单位税额$$

公式中的"销售额"，与从价定率计征消费税中的销售额规定相同。

四、出口应税消费品办理退（免）税后的管理

（一）出口免税并退税的

纳税人购进或者接受委托出口的应税消费品按出口免税并退税政策办理退税后，发生退关，或者国外退货，进口时予以免税的，报关出口者必须及时向其所在地主管税务机关申报补缴已退的消费税税款。

（二）出口免税但不退税的

纳税人直接出口的应税消费品办理免税后发生退关或国外退货，进口时已予以免税的，经所在地主管税务机关批准，可暂不办理补税，待其转为国内销售时，再向其主管

税务机关申报补缴消费税。

【例 3-16】 某有出口经营权的外贸企业，2012 年 12 月从某汽车生产企业购进 20 辆小轿车出口，小轿车的购入价格为每辆 8 万元，小轿车适用的消费税比例税率为 5%。假定小轿车办理退税后发生了退关。

【解析】 根据上述资料，该企业应进行如下退（免）消费税的处理：

有出口经营权的外贸企业从生产企业购进应税消费品出口的，应按照出口免税并退税政策处理。

(1) 免征出口环节消费税。

(2) 当期应退的消费税税款=8×20×5%=8（万元）

(3) 纳税人购进的应税消费品按出口免税并退税政策办理退税后，发生退关，如果进口时予以免税的，该企业必须及时向其所在地主管税务机关申报补缴已退的消费税税款 8 万元。

第九节 征收管理

一、纳税义务发生时间

消费税采用单环节纳税。纳税人生产的应税消费品于销售时纳税，进口消费品应当于应税消费品报关进口环节纳税，但金银首饰、钻石及钻石饰品在零售环节纳税。消费税纳税义务发生的时间，以货款结算方式或行为发生时间分别确定。

(1) 纳税人销售的应税消费品，其纳税义务的发生时间为：

①纳税人采取赊销和分期收款结算方式的，其纳税义务的发生时间，为销售合同规定的收款日期的当天。

②纳税人采取预收货款结算方式的，其纳税义务的发生时间，为发出应税消费品的当天。

③纳税人采取托收承付和委托银行收款方式销售的应税消费品，其纳税义务的发生时间，为发出应税消费品并办妥托收手续的当天。

④纳税人采取其他结算方式的，其纳税义务的发生时间，为收讫销售款或者取得索取销售款的凭据的当天。

(2) 纳税人自产自用的应税消费品，其纳税义务的发生时间，为移送使用的当天。

(3) 纳税人委托加工的应税消费品，其纳税义务的发生时间，为纳税人提货的当天。

(4) 纳税人进口的应税消费品，其纳税义务的发生时间，为报关进口的当天。

二、纳税期限

按照《消费税暂行条例》规定，消费税的纳税期限分别为 1 日、3 日、5 日、10 日、15 日、1 个月或者 1 个季度。纳税人的具体纳税期限，由主管税务机关根据纳税人应纳税额的大小分别核定；不能按照固定期限缴纳的，可以按次缴纳。

纳税人以 1 个月或以 1 个季度为一期纳税的,自期满之日起 15 日内申报纳税;以 1 日、3 日、5 日、10 日或者 15 日为一期纳税的,自期满之日起 5 日内预缴税款,于次月 1 日起至 15 日内申报纳税并结清上月应纳税款。

纳税人进口应税消费品,应当自海关填发海关进口消费税专用缴款书之日起 15 日内缴纳税款。

如果纳税人不能按照规定的纳税期限依法纳税,将按《税收征管法》的有关规定处理。

次月 1 日起至 15 日内申报消费税的,其纳税申报期限内如遇法定节假日的,纳税期限向后顺延法定放假天数。纳税申报期限最后一天如为周末、法定节假日的,申报期限向后顺延至休假日之后的第一个工作日为最后一天。

三、纳税地点

消费税具体纳税地点有:

(1) 纳税人销售的应税消费品,以及自产自用的应税消费品,除国家另有规定的外,应当向纳税人核算地主管税务机关申报纳税。

(2) 委托个人加工的应税消费品,由委托方向其机构所在地或者居住地主管税务机关申报纳税。除此之外,由受托方向其所在地主管税务机关代收代缴消费税税款。

(3) 纳税人进口的应税消费品,由进口人或者其代理人向报关地海关申报纳税。

(4) 纳税人到外县(市)销售或者委托外县(市)代销自产应税消费品的,于应税消费品销售后,向机构所在地或者居住地主管税务机关申报纳税。纳税人的总机构与分支机构不在同一县(市)的,应当分别向各自机构所在地的主管税务机关申报纳税;经财政部、国家税务总局或者其授权的财政、税务机关批准,可以由总机构汇总向总机构所在地的主管税务机关申报纳税。

(5) 纳税人销售的应税消费品,如因质量等原因由购买方退回时,经所在地主管税务机关审核批准后,可退还已征收的消费税税款,但不能自行直接抵减应纳税款。

四、纳税申报

消费税纳税人应按《消费税暂行条例》有关规定及时办理纳税申报,并如实填写消费税纳税申报表,请见《纳税申报实务》"消费税纳税申报"章节的相关内容。

第十节 综合案例分析

【例 3-17】 某市卷烟生产企业为增值税一般纳税人,2012 年 12 月有关经营业务如下:

(1) 1 日,向农业生产者收购烟叶一批,收购凭证上注明的价款 700 万元,并向烟叶生产者支付了国家规定的价外补贴 105 万元;支付运输费用 30 万元,取得运输公司开具的运输发票,烟叶当期验收入库。

(2) 3 日,领用自产烟丝一批,生产 A 牌卷烟 600 标准箱。

(3) 5日，从国外进口B牌卷烟800标准箱，其完税价格折合人民币511.55万元，向海关缴纳了相应的税款，并取得完税凭证。

(4) 10日，销售A牌卷烟600标准箱，每箱不含税售价2.7万元，款项收讫；将20标准箱A牌卷烟作为福利发给本企业职工。

(5) 15日，销售进口B牌卷烟360标准箱，取得不含税销售收入720万元。

(6) 31日，盘点发现由于管理不善，库存的外购已税烟丝10.93万元（含运输费用0.93万元）霉烂变质。

(7) 相关票据已通过主管税务机关认证。

其他相关资料：①烟丝消费税比例税率为30%；②卷烟消费税比例税率：每标准条调拨价格在70元以上的（含70元，不含增值税）为56%，每标准条对外调拨价格在70元以下的为36%；卷烟消费税定额税率：每标准箱（250标准条）150元；③卷烟的进口关税税率为20%。

【解析】 根据上述资料，卷烟生产企业应进行如下纳税处理：
(1) 进口环节应纳税额：
①进口卷烟应纳关税税额＝511.55×20%＝102.31（万元）
②每条进口卷烟消费税适用比例税率的价格＝[(511.55＋102.31)×10 000÷(800×250)＋0.6]÷(1－36%)＝[30.69＋0.6]÷(1－36%)＝48.89（元）

单条卷烟价格小于70元，适用消费税比例税率为36%。
③进口卷烟应纳消费税税额＝[(511.55＋102.31)×10 000÷(800×250)＋0.6]÷(1－36%)×(800×250)×36%÷10 000＋800×150÷10 000＝352.05＋12＝364.05（万元）
④进口卷烟应纳增值税税额＝(511.55＋102.31＋364.05)×17%＝166.24（万元）

(2) 应纳增值税额：
①外购烟叶准予抵扣进项税额＝700×(1＋10%)×(1＋20%)×13%＋30×7%＝122.22（万元）
②直接销售和视同销售卷烟的增值税销项税额＝[2.7×(600＋20)＋720]×17%＝406.98（万元）
③损失烟丝应转出的进项税额＝(10.93－0.93)×17%＋0.93÷(1－7%)×7%＝1.77（万元）
④应纳增值税税额＝406.98－(122.22＋166.24－1.77)＝120.29（万元）

(3) 应纳消费税额：
①A牌卷烟每标准条价格＝2.7×10 000÷250＝108（元）
所以A牌卷烟适用消费税比例税率为56%。
②B牌卷烟进口环节已经缴纳了消费税，销售时不再缴纳消费税，只缴纳增值税。
③应纳消费税税额＝(600＋20)×2.7×56%＋(600＋20)×150÷10 000＝937.44＋9.3＝946.74（万元）

【例3-18】 上海大众汽车有限公司为增值税一般纳税人，生产桑塔纳小轿车，符合适用税额减征的排放标准（消费税税率为9%），每辆小轿车不含税价格为10万元，2012年12月发生业务情况如下（小轿车的型号、品质、价格等均完全一致）：

(1) 与 A 特约经销商签订了 40 辆小轿车的代销协议，采用支付手续费的代销方式，代销手续费为 5%，当月收到 A 交来的 30 辆小轿车的代销清单和代销款（已扣除手续费）和增值税款，考虑到与其长期业务关系，应 A 的要求开具了 40 辆小轿车的增值税专用发票。

(2) 赠送给 B 协作单位小轿车 3 辆，并开具了增值税专用发票，同时代垫运费请运输企业负责运输，运输企业向 B 开具了 0.6 万元的运费发票并转交给了 B。

(3) 采取以物易物方式用一辆小轿车与 C 机械厂交换了 5 台机器，用于生产产品。双方商定不再进行货币结算，但均开具了增值税专用发票。

(4) 提供汽车修理服务，开具普通发票上注明的销售额为 4.68 万元。

(5) 本月购进生产用原材料，取得增值税专用发票上注明增值税 17 万元，货已验收入库，但货款仅支付了 60%，其余 40% 下个月内一次付清，另支付购货运输费 1 万元，取得运输发票。

(6) 进口一批汽车轮胎，进口关税为 20 万元，海关代征的消费税为 6 万元，代征的增值税为 34 万元，取得海关开具的完税凭证。货已验收入库，本月生产领用 50%。

(7) 以上相关票据需要认证的，均在本期通过认证并在本期申报抵扣进项税。

【解析】 根据上述资料，该公司应进行如下纳税处理：

1. 应纳增值税

(1) 销项税额 $=40\times10\times17\%+3\times10\times17\%+10\times17\%+4.68\div(1+17\%)\times17\%=75.48$（万元）

其中：

①代销清单上注明已代销了 30 辆小轿车，另外 10 辆小轿车不应开具增值税专用发票，但为了满足对方要求已开具了 40 辆小轿车的专用发票，根据税法规定，无论是否销售，一旦开具了增值税专用发票，就应全额缴纳增值税和消费税，以防取得增值税的一方按 40 辆小轿车抵扣进项税额，造成国家税款的流失；支付给受托方的代销手续费不得从销售额中扣除，应按全价计算销售额。

②无偿赠送的小轿车应视同销售货物，应计算销项税额和消费税；运费发票开给协作单位 B 并交给 B 的，为符合不并入销售额征税规定的代垫运费，不缴纳增值税和消费税，但也不能就运费计算抵扣进项税额。

③以物易物方式交换货物的，双方均应作购销处理，对换出的小轿车应作销售处理，应按规定确定销售额计算销项税额和消费税。

④提供汽车修理劳务为增值税的应税劳务，应缴纳增值税，不应缴纳营业税。

(2) 进项税额 $=10\times17\%+17+1\times7\%+34=52.77$（万元）

其中：

①对采用以物易物方式换入的生产用设备，在取得增值税专用发票并通过认证的，准予抵扣其进项税额。

②购进以及进口货物只要取得增值税专用发票和海关完税凭证且已通过认证，均可抵扣进项税额。支付的运费只要取得运费发票且已通过认证准予按运费金额和 7% 的扣除率计算抵扣进项税额。

(3) 应纳增值税税额 $=75.48-52.77=22.71$（万元）

2. 应纳消费税

应纳消费税税额＝(40×10×9％＋3×10×9％＋10×9％)×(1－30％)＝27.72（万元）

其中：

①消费税采用单环节纳税，汽车公司应在小轿车出厂时缴纳消费税；提供的汽车修理劳务不属于销售应税消费品，不用缴纳消费税。

②进口汽车轮胎已纳消费税款 6 万元，因领用汽车轮胎用途不明确，不能按准予扣除外购应税消费品已纳税款的扣除范围中"外购已税汽车轮胎（内胎和外胎）生产的汽车轮胎"的情况扣除，即不得在小轿车应纳消费税额中扣除。

③因上海大众汽车有限公司生产的桑塔纳小轿车符合税额减征的排放标准，准予减征消费税税额的 30％。

综上，当期应纳增值税税额为 22.71 万元，应纳消费税税额为 27.72 万元。

自测题

一、名词解释

1. 消费税
2. 应税消费品
3. 销售额
4. 销售数量
5. 从价定率计税
6. 从量定额计税
7. 从价定率和从量定额复合计税
8. 自产自用应税消费品
9. 委托加工应税消费品

二、简答题

1. 简述消费税的纳税义务人。
2. 简述消费税的征税范围。
3. 简述销售额和销售数量的确定。
4. 简述消费税的计征方法。
5. 简述自产自用应税消费品的税务处理。
6. 简述外购应税消费品用于连续生产消费品，其已纳税额准予扣除的情形。
7. 简述委托加工应税消费品的税务处理。
8. 简述委托加工收回的应税消费品用于连续生产应税消费品，其已纳税款准予扣除的情形。
9. 简述我国出口应税消费品的退（免）消费税政策。
10. 简述消费税的征收管理。

三、单项选择题

1. 下列各项中征收消费税的有（　　）。
   A. 修理厂销售溶剂汽油
   B. 进口金银首饰
   C. 委托加工烟丝
   D. 商店销售化妆品

2. 下列应征收消费税的轮胎是（　　）。
   A. 拖拉机专用轮胎
   B. 拖拉机和汽车通用轮胎
   C. 子午线轮胎
   D. 翻新轮胎

3. 下列项目中，应征收消费税的是（　　）。
   A. 啤酒屋销售的自制扎啤
   B. 商店出售的鞭炮、焰火
   C. 制造销售的黄河牌卡车
   D. 销售使用过的小轿车

4. 高档手表是指销售价格（不含增值税）每只在（　　）元（含）以上的各类手表。
   A. 1 000　　　　B. 5 000
   C. 8 000　　　　D. 10 000

5. 依据消费税的相关规定，下列行为

中应缴纳消费税的是（   ）。

　　A. 零售化妆品　　B. 零售卷烟
　　C. 进口烟丝　　　D. 批发白酒

　　6. 依据消费税的有关规定，下列消费品中不属于消费税征税范围的是（   ）。

　　A. 高尔夫球杆
　　B. 普通护肤护发品
　　C. 实木地板
　　D. 白酒

　　7. 销售下列商品时，既要缴纳增值税又要缴纳消费税的是（   ）。

　　A. 小卖部销售卷烟
　　B. 化妆品生产商销售高档化妆品
　　C. 啤酒屋销售自制啤酒
　　D. 鲜花店销售鲜花

　　8. 下列关于消费税的税目说法正确的有（   ）。

　　A. 对饮食业、商业、娱乐业举办的啤酒屋利用啤酒生产设备生产的啤酒，应当征收消费税
　　B. 舞台、戏剧、影视演员化妆用的上妆油、卸妆油、油彩属于消费税的征税范围
　　C. 对出国人员免税商店销售的金银首饰不征收消费税
　　D. 体育上用的发令纸、鞭炮药引线，属于消费税的征税范围

　　9. 下列应税消费品，适用单一定额税率的是（   ）。

　　A. 粮食白酒　　B. 酒精
　　C. 黄酒　　　　D. 啤酒

　　10. 下列应税消费品适用定额税率的是（   ）。

　　A. 化妆品　　　B. 雪茄烟
　　C. 金银首饰　　D. 成品油

　　11. 下列应税消费品，实行从价定率和从量定额复合计税的是（   ）。

　　A. 烟丝　　　　B. 卷烟
　　C. 雪茄烟　　　D. 烟叶

　　12. 下列计税方法中不是消费税的计税方法的是（   ）。

　　A. 从量定额征收
　　B. 从价定率征收
　　C. 从价定率和从量定额复合征收
　　D. 超额累进税率计算征收

　　13. 下列商品销售中，与计算消费税的价格直接相关的是（   ）。

　　A. 卡车出厂价
　　B. 化妆品厂的戏剧卸妆油出厂价
　　C. 钻石饰品的出厂价
　　D. 高尔夫球袋的出厂价

　　14. 某汽车轮胎厂为增值税一般纳税人，下设一非独立核算门市部，2012年12月，该厂将生产的一批汽车轮胎交门市部，计价60万元。门市部将其零售，取得含税销售额77.22万元。汽车轮胎的消费税税率为3%。该业务应缴纳消费税（   ）万元。

　　A. 6.6　　　　B. 5.13
　　C. 7.72　　　D. 1.98

　　15. 某摩托车生产企业为增值税一般纳税人，2012年12月份将生产的某型号摩托车40辆，以每辆出厂价12 000元（不含增值税）给自设非独立核算的门市部；门市部又以每辆16 380元（含增值税）售给消费者。摩托车适用消费税税率10%。摩托车生产企业2012年12月份应缴纳消费税（   ）元。

　　A. 56 000　　　B. 65 520
　　C. 48 000　　　D. 17 520

　　16. 下列首饰不需要在零售环节缴纳消费税的是（   ）。

　　A. 金耳环　　　B. 银手镯
　　C. 翡翠戒指　　D. 白金项链

　　17. 下列关于既销售金银首饰，又销售非金银首饰的生产、经营单位对金银首饰和非金银首饰的处理，做法正确的是（   ）。

A. 把两种商品的销售额合并，按金银首饰5%的税率计算缴纳消费税

B. 把两种商品的销售额合并，按非金银首饰10%的税率计算缴纳消费税

C. 把两种商品的销售额划分清楚，分别核算销售额

D. 把两种商品的销售额划分清楚，非金银首饰不纳税，金银首饰按5%的税率纳税

18. 增值税一般纳税人销售应税消费品时，如果开具的是普通发票，确定销售额正确的是（　　）。

A. 含增值税的销售额÷(1－增值税税率)

B. 含增值税的销售额÷(1＋增值税税率)

C. 含增值税的销售额÷(1－消费税税率)

D. 含增值税的销售额÷(1＋消费税税率)

19. 某金店采取"以旧换新"方式销售一批新款白金项链，这批新款白金项链对外销售价格为10 850元，旧项链作价5 000元，从消费者手中收取新旧项链差价款5 850元。此业务应缴纳消费税（　　）元。

A. 250　　　　B. 292.5
C. 463.68　　D. 500

20. 下列各项中，不符合应税消费品销售数量规定的是（　　）。

A. 销售应税消费品的，为应税消费品的销售数量

B. 自产自用应税消费品的，为应税消费品的生产数量

C. 委托加工应税消费品的，为纳税人收回的应税消费品数量

D. 进口应税消费品的，为海关核定的应税消费品进口征税数量

21. 为保护生态环境，促进替代污染排放汽车的生产和消费，推进汽车工业技术进步，对生产销售达到低污染排放值的小轿车、越野车和小客车的征税办法为（　　）。

A. 减征10%的消费税

B. 减征20%的消费税

C. 减征30%的消费税

D. 减征50%的消费税

22. 某酒厂2012年12月销售粮食白酒4 000公斤，取得不含税价款120万元，包装物押金10万元，按事先约定期限，包装物2个月后归还厂家，则该酒厂应缴纳消费税（　　）万元。

A. 22.62　　　B. 24.4
C. 26.11　　　D. 26.4

23. 应税消费品计税价格明显偏低又无正当理由的，税务机关有权核定计税价格，应税消费品计税价格的核定权限规定，卷烟和粮食白酒的计税价格由（　　）核定。

A. 国务院

B. 财政部

C. 国家税务总局

D. 省、自治区、直辖市税务局

24. 纳税人用于抵偿债务的应税消费品，其消费税的处理正确的是（　　）。

A. 免征消费税

B. 按同类商品平均售价计算缴纳消费税

C. 按市场价格计算缴纳消费税

D. 按同类商品最高售价计算消费税

25. 甲加工厂（增值税一般纳税人）接受乙酒厂委托加工粮食白酒2 000斤，乙酒厂提供主要材料不含税成本30 000元，甲厂收取含税加工费和代垫辅料费11 700元，甲厂没有同类白酒的销售价格，则甲厂应代收代缴的消费税为（　　）元。

A. 10 250　　　B. 11 000
C. 11 250　　　D. 51 250

26. 下列外购已税消费品连续生产应

税消费品销售时，准予扣除外购时已纳消费税税款的是（　　）。

A. 外购已税珠宝玉石生产的金银首饰

B. 外购已税化妆品生产的化妆品

C. 外购已税汽车轮胎生产的小轿车

D. 外购已税白酒生产的白酒

27. 纳税人将应税消费品与非应税消费品以及适用税率不同的应税消费品组成成套消费品销售的，适用的税率为（　　）。

A. 应税消费品的最低税率计算

B. 应税消费品的最高税率计算

C. 应税消费品的平均税率计算

D. 应税消费品的不同税率，分别核算

28. 某烟厂2012年12月份外购烟丝，取得增值税专用发票上注明的税款为34万元，本月领用90%用来生产卷烟，该烟厂可以扣除外购烟丝已纳消费税税款（　　）万元。

A. 54　　　　B. 60

C. 65　　　　D. 70

29. 根据消费税法的规定，下列有关委托加工的表述中，正确的是（　　）。

A. 委托方提供原料和主要材料，受托方代垫辅助材料并收取加工费

B. 委托方支付加工费，受托方提供原料或主要材料

C. 委托方支付加工费，受托方以委托方的名义购买原料或主要材料

D. 委托方支付加工费，受托方购买原料或主要材料再卖给委托方进行加工

30. 纳税人用委托加工收回的已税化妆品连续生产应税化妆品，在计算纳税时，其已纳消费税税款应按下列办法处理（　　）。

A. 该已纳税款不得扣除

B. 该已纳税款当期可全部扣除

C. 该已纳税款当期可扣除50%

D. 可对收回的委托加工应税化妆品当期生产领用部分的已纳税款予以扣除

31. 某进口公司2012年12月7日报关进口一批德国小轿车，海关于当日填发税款缴款书，该公司进口消费税和增值税最后的纳税时间为（　　）。

A. 12月13日　　B. 12月14日

C. 12月16日　　D. 12月21日

32. 甲卷烟厂生产A类卷烟，用自产的卷烟500条换取乙企业的烟丝7吨，甲卷烟厂A类卷烟在市场上的销售价格分别为65元/条、72元/条、80元/条，以上售价均不含增值税，计算甲卷烟厂应缴纳的消费税为（　　）元。

A. 12 000　　B. 20 460

C. 22 400　　D. 22 700

33. 某外贸企业当月从德国进口小轿车150辆，每辆小轿车的完税价格为10万元，已知小轿车的关税税率为150%，小轿车适用的消费税税率为9%。该外贸企业应缴纳的消费税为（　　）万元。

A. 135　　　　B. 148.35

C. 337.5　　　D. 370.88

34. 下列各项中，应在收回委托加工应税消费品后征收消费税的是（　　）。

A. 商品批发企业销售委托其他企业加工的特制白酒，但受托方在向委托方交货时没有代收代缴消费税

B. 商品批发企业收回委托加工的特制白酒直接销售的

C. 工业企业委托加工收回后用于连续生产其他酒的粮食白酒（委托方为生产企业一般纳税人）

D. 工业企业销售委托某外商投资企业加工的特制白酒

35. 进口的应税消费品，由进口人或其代理人向（　　）海关申报纳税。

A. 企业所在地　　B. 企业核算地

C. 货物入境地　　D. 报关地

36. 下列各项中，与我国现行出口应

税消费品的退（免）消费税政策不符的是（　　）。

A. 免税但不退税

B. 不免税也不退税

C. 不免税但退税

D. 免税并退税

37. 下列各项中，符合消费税纳税义务发生时间规定的是（　　）。

A. 进口的应税消费品，为取得进口货物的当天

B. 自产自用的应税消费品，为移送使用的当天

C. 委托加工的应税消费品，为支付加工费的当天

D. 采取预收货款结算方式的，为收到预收款的当天

38. 税务机关在税务检查中发现，张某委托本地个体户李某加工实木地板。张某已将实木地板收回并销售，但未入账，也不能出示消费税完税证明。下列关于税务机关征管行为的表述中，正确的是（　　）。

A. 要求李某补缴税款

B. 要求张某补缴税款

C. 应对张某处以未缴消费税额0.5倍至3倍的罚款

D. 应对李某处以未代收代缴消费税额0.5倍至3倍的罚款

四、多项选择题

1. 下列单位中属于消费税纳税人的有（　　）。

A. 生产销售应税消费品（金银首饰除外）的单位

B. 委托加工应税消费品（金银首饰除外）的单位

C. 进口应税消费品（金银首饰除外）的单位

D. 金银首饰生产单位把金银首饰销售给经中国人民银行批准的金银首饰批发零售单位

2. 下列情况中应征消费税的有（　　）。

A. 将应税消费品用作职工福利

B. 出厂前进行化学检验的化妆品

C. 作为展销样品的化妆品

D. 用于广告的化妆品

3. 下列各项中，属于消费税纳税环节的有（　　）。

A. 生产销售环节

B. 进口环节

C. 批发环节

D. 零售环节

4. 在零售环节缴纳消费税的应税消费品有（　　）。

A. 镀金项链

B. 钻石胸针

C. 珊瑚珠串

D. 18K金镶嵌翡翠耳钉

5. 下列各项中，属于应当征收消费税的有（　　）。

A. 无醇啤酒　　B. 调味料酒

C. 果啤　　　　D. 医药酒精

6. 根据消费税法的规定，下列各项中，纳税人缴纳消费税的是（　　）。

A. 将自产的应税消费品用于职工福利

B. 随同应税消费品销售而取得的包装物作价收入

C. 将自产的应税消费品用于连续生产应税消费品

D. 收取的时间超过12个月的包装物押金

7. 汽车制造厂生产的小轿车（　　）须缴纳消费税。

A. 移送至改装分厂，改装加长型豪华小轿车的

B. 用作职工奖励

C. 提供给本厂销售部门使用的

D. 提供给上级管理部门使用的

8. 某市娱乐城销售给消费者的自制啤

酒，应征收（　　）。

A. 增值税　　B. 消费税
C. 营业税　　D. 城建税

9. 根据消费税法的规定，下列消费品中属于应税化妆品税目的有（　　）。

A. 香水、香精
B. 高档护扶类化妆品
C. 指甲油、蓝眼油
D. 香皂、洗发水

10. 凡缴纳消费税的纳税人在缴纳增值税时，适用的税率或征收率可能是（　　）。

A. 17%　　B. 13%
C. 6%　　D. 3%

11. 采用定额税率从量定额征收消费税的项目有（　　）。

A. 黄酒　　B. 啤酒
C. 成品油　　D. 烟丝

12. 纳税人兼营不同税率应税消费品，其税率运用不正确的是（　　）。

A. 未分别核算不同税率应税消费品的，从高适用税率计算应退消费税
B. 未分别核算不同税率应税消费品的，从低适用税率计算应纳消费税
C. 未分别核算不同税率应税消费品的，从低适用税率计算应退消费税
D. 将不同税率应税消费品组成套装销售，分别核算各自销售额，分别计算应纳税额

13. 下列随同销售收取的项目属于计征消费税的销售额范围的有（　　）。

A. 货款　　B. 优质费
C. 返还利润　　D. 包装费

14. 下列关于金银首饰的税务处理说法正确的有（　　）。

A. 凡是对金银首饰和非金银首饰的销售额划分不清楚或不能分别核算的，并在生产环节销售的，一律从高适用税率征收消费税
B. 凡是对金银首饰和非金银首饰的销售额划分不清楚或不能分别核算的，在零售环节销售的，一律按金银首饰征收消费税
C. 金银首饰与其他产品组成成套消费品销售的，应分别核算其销售额
D. 金银首饰连同包装物销售的，无论包装物是否单独计价，也无论会计上如何核算，均应并入金银首饰的销售额，计征消费税

15. 下列关于酒的征收范围的确定说法正确的有（　　）。

A. 外购酒精生产的白酒，凡酒精所用原料无法确定的，一律按粮食白酒的税率征税
B. 外购两种以上酒精生产的白酒，一律从高适用税率征税
C. 以外购白酒生产白酒，凡白酒所用原料无法确定的，一律按粮食白酒的税率征税
D. 以白酒或酒精为酒基生产的白酒，凡酒基所用原料无法确定配置酒、泡制酒，一律按粮食白酒的税率征税

16. 下列关于消费税的征税范围说法正确的是（　　）。

A. 对于购进乘用车或者中轻型商用客车整车改装生产的汽车，应按规定缴纳消费税
B. 电动汽车不属于小汽车税目的征收范围
C. 货车或厢式货车改装生产的商务车，应按小汽车税目征收消费税
D. 沙滩车、雪地车、卡丁车、高尔夫车不属于消费税的征收范围

17. 纳税人自产的应税消费品用于下列项目时，应视同销售计征消费税（　　）。

A. 用于在建工程
B. 用于连续生产应税消费品
C. 用于广告
D. 用于展览

18. 下列应税消费品中，纳税人应当按同类应税消费品的最高销售价格作为计税依据的是（　　）。

A. 纳税人用于换取生产资料和消费资料的应税消费品

B. 纳税人用于投资入股的应税消费品

C. 纳税人用于销售的应税消费品

D. 纳税人用于抵偿债务的应税消费品

19. 下列关于自产自用应税消费品应纳消费税的说法正确的有（　　）。

A. 纳税人自产自用的应税消费品，用于连续生产应税消费品的，不纳税

B. 原油加工厂用生产出的汽油调和制成溶剂汽油，不纳税

C. 摩托车厂把自己生产的摩托车赠送或赞助给摩托车拉力赛赛手使用，要在移送环节纳税

D. 汽车制造企业把自己生产出的小汽车提供给上级主管部门使用，要在移送环节纳税

20. 下列各项中，外购应税消费品已纳消费税款准予扣除的有（　　）。

A. 外购已税烟丝生产的卷烟

B. 外购已税汽车轮胎生产的小轿车

C. 外购已税珠宝原料生产的金银镶嵌首饰

D. 外购已税石脑油为原料生产的应税消费品

21. 下列各项中，应当征收消费税的有（　　）。

A. 化妆品厂作为样品赠送给客户的香水

B. 用于产品质量检验耗费的高尔夫球杆

C. 白酒生产企业向百货公司销售的试制药酒

D. 轮胎厂移送到非独立核算门市部待销售的汽车轮胎

22. 下列各项中，可按委托加工应税消费品的规定征收消费税的有（　　）。

A. 受托方代垫原料和主要材料，委托方提供辅助材料的

B. 委托方提供原料和主要材料，受托方代垫部分辅助材料的

C. 受托方负责采购委托方所需原材料的

D. 委托方提供原料、材料和全部辅助材料的

23. 下列不可抵扣外购应税消费品的已纳消费税税款的项目有（　　）。

A. 为生产化妆品而领用的酒精

B. 为零售金银首饰而出库的金银首饰

C. 为生产实木地板而购入的未经涂饰的素板

D. 领用外购已税白酒勾兑的白酒

24. 下列关于从价定率计征消费税的组成计税价格公式，正确的有（　　）。

A. 生产销售环节组成计税价格＝[成本×(1＋成本利润率)]÷(1＋消费税税率)

B. 进口环节组成计税价格＝(关税完税价格＋关税)÷(1＋消费税税率)

C. 进口环节组成计税价格＝关税完税价格＋关税＋消费税

D. 委托加工环节组成计税价格＝(材料成本＋加工费)÷(1－消费税税率)

25. 消费税是对我国境内从事生产、委托加工应税消费品的单位和个人，就其（　　）在特定环节征收的一种税。

A. 销售额　　　B. 所得额
C. 销售数量　　D. 生产额

26. 下列企业出口应税消费品，不可以办理消费税退税的有（　　）。

A. 外贸企业受其他外贸企业的委托代理出口应税消费品

B. 有出口经营权的生产企业自营出

口自产应税消费品

C. 商贸企业委托外贸企业代理出口的应税消费品

D. 生产企业委托外贸企业代理出口自产的应税消费品

27. 根据消费税法的规定，委托加工收回的应税消费品由委托方收回后直接销售的，下列说法不正确的有（   ）。

A. 缴纳消费税，不缴纳增值税

B. 缴纳增值税，不缴纳消费税

C. 既缴纳消费税，又缴纳增值税

D. 既不缴纳消费税，又不缴纳增值税

28. 下列在移送环节应缴纳消费税的有（   ）。

A. 酒厂将自产白酒移送勾兑低度酒

B. 小轿车厂将自产轿车赠送给拉力赛

C. 制药厂将自制酒精移送生产药膏

D. 烟厂将自制卷烟发给职工

29. 下列关于消费税税率运用，说法正确的有（   ）。

A. 进口卷烟从价消费税税率一律为 36%

B. 娱乐业、饮食业自制啤酒消费税的单位税额为 250 元/吨

C. 对粮食和薯类、糠麸等多种原料混合生产的白酒，一律按照粮食白酒的税率征税

D. 贵重首饰及珠宝玉石消费税税率均为 10%

30. 以下关于消费税的纳税期限的说法中，正确的有（   ）。

A. 消费税的纳税期限分别为 1 日、3 日、5 日、10 日、15 日、1 个月或者 1 个季度

B. 纳税人以 1 个月为一期纳税的，自期满之日起 15 日内申报纳税

C. 以 15 日为一期纳税的，自期满之日起 5 日内预缴税款，于次月 1 日起至 15 日内申报纳税并结清上月应纳税款

D. 纳税人进口应税消费品，应当自海关填发税款专用缴款书的次日起 15 日内缴纳税款

31. 下列企业出口应税消费品时，既退增值税又退消费税的有（   ）。

A. 化妆品厂出口自产化妆品

B. 化妆品厂委托外贸企业代理出口自产化妆品

C. 外贸企业收购化妆品后出口

D. 外贸企业委托其他外贸企业代理出口化妆品

32. 以下企业出口应税消费品不得退消费税的有（   ）。

A. 外贸单位收购后出口

B. 外商投资生产企业自营出口

C. 生产单位自营出口

D. 生产单位委托外贸企业代理出口

33. 纳税人销售应税消费品，以外汇结算销售额的，其销售额可选择（   ）的中国人民银行人民币市场汇价折合人民币计算应纳税额。

A. 上年纳税当天

B. 结算当天

C. 结算当月 1 日

D. 上年 12 月 31 日

34. 下列各项中，有关消费税纳税义务发生时间的说法正确的是（   ）。

A. 销售应税消费品采取赊销和分期收款结算方式的，为书面合同约定的收款日期的当天；书面合同没有约定收款日期或者无书面合同的，为发出应税消费品的当天

B. 销售应税消费品采取预收货款结算方式的，为收到货款的当天

C. 销售应税消费品采取托收承付和委托银行收款方式的，为发出应税消费品并办妥托收手续的当天

D. 纳税人委托加工应税消费品的,为受托人加工完毕的当天

35. 下列各项中,符合消费税纳税地点规定的有( )。

A. 进口应税消费品的,由进口人或其代理人向报关地海关申报纳税

B. 纳税人总机构与分支机构不在同一县(市)的,分支机构应回总机构申报纳税

C. 委托加工应税消费品的,由委托方向受托方所在地主管税务机关申报纳税

D. 纳税人到外县(市)销售自产应税消费品的,应向机构所在地或者居住地主管税务机关申报纳税

五、判断题

1. 生产销售摩托车、委托加工摩托车、进口摩托车都应缴纳消费税。( )

2. 鞭炮厂销售鞭炮应征收消费税不征收增值税。( )

3. 某酒厂生产白酒和药酒并将两类酒包装在一起按礼品套酒销售,尽管该厂对一并销售的两类酒分别核算了销售额,但对这种礼品套酒仍应就其全部销售额按白酒的适用税率计征消费税。( )

4. 消费税纳税人销售的应税消费品,如因质量等原因由购买者退回时,可以直接抵减其应纳消费税税额。( )

5. 纳税人除委托个体经营者加工应税消费品一律于委托方收回后在委托方所在地缴纳消费税外,其余的委托加工应税消费品均由受托方向委托方交货时代收代缴消费税。( )

6. 某啤酒厂销售啤酒单价2 900元/吨(不含增值税),每吨收取包装物押金50元和运输装卸费80元,12月销售啤酒80吨,则当月应纳消费税20 000元。( )

7. 对销售白酒收取的押金,不论到期与否,均应并入销售额计征增值税和消费税。( )

8. 纳税人自产自用的应税消费品用于连续生产应税消费品的不纳税;用于生产非应税消费品的,于移送使用时缴纳消费税。( )

9. 化妆品公司将自产口红与自产护肤日霜、晚霜、眼霜打成礼品包装出售,一律按化妆品适用税率征收消费税。( )

10. 从其他工、商企业购进的已税消费品,用于继续生产应税消费品销售的,在计算征收消费税时,生产耗用的外购应税消费品的已纳消费税税款准予扣除。( )

11. 外贸企业只有受其他外贸企业委托,代理出口应税消费品才可办理消费税的退税。( )

12. 受托加工应税消费品的个体经营者不承担代收代缴消费税的义务。( )

13. 消费税出口退税额的计算,不受增值税出口退税率调整的影响。( )

14. 某化妆品厂外销一批化妆品,因该厂直接外销出口,可申请出口退增值税和消费税。( )

15. 纳税人进口应税消费品,应当自海关填发税款专用缴款书的次日起15日内缴纳税款。( )

六、计算题

1. 某卷烟厂委托某烟丝厂加工一批烟丝,卷烟厂提供的烟叶在委托加工合同上注明的成本金额为100 000元(不含增值税),烟丝加工完毕,卷烟厂提货时支付的加工费用为8 000元(不含增值税)和受托方代垫辅助费用2 000元(含增值税),并支付了烟丝厂按烟丝组成计税价格计算的消费税税款。卷烟厂将这批加工好的烟丝80%用于生产乙类卷烟并予以销售,该批卷烟为50标准箱,向购货方开具的增值税专用发票上注明的价款为700 000元,税款为119 000元。烟丝消费税税率为30%,乙类卷烟消费税的比例税率为36%,定额税率为每标准箱150元。假定

支付的加工费取得了增值税专用发票且已通过认证。

要求：计算委托方和受托方应缴纳的增值税和消费税。

2. 某汽车制造厂为增值税一般纳税人，生产汽车（消费税税率为12%），每辆汽车不含税价格为100 000元，2012年12月发生业务情况如下（汽车的型号、品质、价格等均完全一致）：

（1）委托A公司签订了20辆汽车的代销协议，采用视同买断的代销方式，代销价格由A公司确定，但支付给本厂的价款为100 000元，当月收到A交来的12辆汽车的代销清单及代销款和增值税款，汽车厂开具了12辆汽车的增值税专用发票。

（2）赠送给B协作单位汽车3辆，没有开具发票。

（3）给本企业管理部门使用汽车2辆。

（4）提供汽车修理服务，开具普通发票上注明的销售额为35 100元。

（5）本月购进生产用原材料，取得增值税专用发票上注明增值税20 000元，另支付运输费6 000元，取得运费发票。

（6）进口一批汽车轮胎，进口关税为80 000元，海关代征的消费税为27 000元，代征的增值税为153 000元，取得海关完税凭证。货已验收入库，本月生产领用80%用于生产汽车。

（7）上述相关票据均已通过认证。

要求：计算该汽车厂2012年12月份应缴纳的增值税和消费税。

七、综合题

某白酒厂为增值税一般纳税人，2012年12月份发生如下业务：

（1）购入高度薯类白酒100吨，取得增值税专用发票注明价款300 000元，增值税款51 000元。

（2）购入包装容器一批，取得增值税专用发票，注明价款80 000元，增值税款13 600元；支付运费1 000元，装卸费200元，取得普通发票。

（3）订购包装箱一批，取得增值税专用发票，注明价款20 000元，增值税3 400元；支付运费5 000元，取得普通发票。

（4）领用80吨高度薯类白酒勾兑成200吨中度酒。

（5）销售中度酒1 500箱（每箱12瓶，每瓶0.5公斤），每箱含税售价180元。

（6）将200箱中度酒用作职工福利，将300箱中度酒作礼品送给关系单位。

（7）出借白酒包装物100个，每个收取押金50元；期末未收回白酒包装物30个，账面押金1 500元。

（8）上述相关票据均已通过认证。

要求：计算该白酒厂2012年12月份应缴纳的增值税和消费税。

第四章 营业税法

营业税法是指国家制定的用以调整营业税征收与缴纳之间权利及义务关系的法律规范。现行我国营业税的基本规范，是 2008 年 11 月 5 日国务院第 34 次常务会议修订通过的《中华人民共和国营业税暂行条例》（以下简称《营业税暂行条例》），以及 2008 年 12 月 15 日财政部、国家税务总局发布的《中华人民共和国营业税暂行条例实施细则》（以下简称《营业税暂行条例实施细则》）。

营业税是以在我国境内提供应税劳务、转让无形资产或者销售不动产所取得的营业额为课税对象而征收的一种商品劳务税。

营业税属传统商品劳务税，实行普遍征收，计税依据为营业额全额，税额不受成本、费用高低影响，对于保证财政收入的稳定增长具有十分重要的意义。现行营业税征税范围为增值税征税范围之外的所有经营业务，因而税率设计的总体水平一般较低。但由于各经营业务盈利水平高低不同，因此，实际税负设计中，往往采取按不同行业、不同经营业务设立税目、税率的方法，实行同一行业同税率，不同行业不同税率。

第一节 纳税义务人

一、纳税义务人

（一）纳税义务人的一般规定

在中华人民共和国境内提供应税劳务、转让无形资产或者销售不动产的单位和个人，为营业税的纳税义务人。

(1) 在中华人民共和国境内是指税收行政管辖权的区域。具体情况为：①提供或者接受应税劳务的单位或者个人在境内；②所转让的无形资产（不含土地使用权）的接受单位或者个人在境内；③所转让或者出租土地使用权的土地在境内；④所销售或者出租的不动产在境内。

(2) 上述应税劳务是指属于交通运输业、建筑业、金融保险业、邮电通信业、文化体育业、娱乐业、服务业税目征收范围的劳务。加工和修理修配劳务属于增值税的征税范围，因此不属于营业税的应税劳务。单位或个体工商户聘用的员工为本单位或雇主提供的劳务，也不属于营业税的应税劳务。

上述保险劳务有两个含义：一是指境内保险机构为境内标的物提供的保险，不包括境内保险机构为出口货物提供的保险；二是指境外保险机构以在境内的物品为标的物所提供的保险。

(3) 提供应税劳务、转让无形资产或者销售不动产是指有偿提供应税劳务、有偿转让无形资产或者有偿销售不动产的行为。

有偿是指取得货币、货物或者其他经济利益。

单位是指企业、行政单位、事业单位、军事单位、社会团体及其他单位。

个人是指个体工商户以及其他有经营行为的个人。

(二) 纳税义务人的特殊规定

(1) 铁路运输的纳税人：①中央铁路运营业务的纳税人为铁道部；②合资铁路运营业务的纳税人为合资铁路公司；③地方铁路运营业务的纳税人为地方铁路管理机构；④铁路专用线运营业务的纳税人为企业或其指定的管理机构；⑤基建临管线铁路运营业务的纳税人为基建临管线管理机构。

(2) 从事水路运输、航空运输、管道运输或其他陆路运输业务并负有营业税纳税义务的单位，为从事运输业务并计算盈亏的单位。

(3) 单位以承包、承租、挂靠方式经营的，承包人、承租人、挂靠人（以下统称承包人）发生应税行为，承包人以发包人、出租人、被挂靠人（以下统称发包人）名义对外经营并由发包人承担相关法律责任的，以发包人为纳税人；否则以承包人为纳税人。

(4) 建筑安装业务实行分包或转包的，以分包或转包者为纳税人。

(5) 金融保险业纳税人包括：①银行，包括人民银行、商业银行、政策性银行；②信用合作社；③证券公司；④金融租赁公司、证券基金管理公司、财务公司、信托投资公司、证券投资基金；⑤保险公司；⑥其他经中国人民银行、中国证监会、中国保监会批准成立且经营金融保险业务的机构等。

二、扣缴义务人

在现实生活中，有些具体情况难以确定纳税人，因此税法规定了扣缴义务人。营业税的扣缴义务人主要有以下几种：

(1) 委托金融机构发放贷款的，其应纳税款以受托发放贷款的金融机构为扣缴义务人；金融机构接受其他单位或个人的委托，为其办理委托贷款业务时，如果将委托方的资金转给经办机构，由经办机构将资金贷给使用单位或个人，由最终将贷款发放给使用单位或个人并取得贷款利息的经办机构代扣委托方应纳的营业税。

(2) 纳税人提供建筑业应税劳务时应按照下列规定确定营业税扣缴义务人：

①建筑业工程实行总承包、分包方式的，以总承包人为扣缴义务人。

②纳税人提供建筑业应税劳务，符合以下情形之一的，无论工程是否实行分包，税务机关可以建设单位和个人作为营业税的扣缴义务人：纳税人从事跨地区（包括省、市、县，下同）工程提供建筑业应税劳务的；纳税人在劳务发生地没有办理税务登记或临时税务登记的。

(3) 境外单位或者个人在境内发生应税行为而在境内未设有机构的，其应纳税款以代理人为扣缴义务人；没有代理人的，以受让者或者购买者为扣缴义务人。

(4) 单位或者个人进行演出，由他人售票的，其应纳税款以售票者为扣缴义务人，演出经纪人为个人的，其办理演出业务的应纳税款以售票者为扣缴义务人。

(5) 分保险业务，其应纳税款以初保人为扣缴义务人。

(6) 个人转让专利权、非专利技术、商标权、著作权、商誉的，其应纳税款以受让者为扣缴义务人。

(7) 财政部规定的其他扣缴义务人。

第二节 征税范围与税目

营业税的征税范围为在中华人民共和国境内提供应税劳务、转让无形资产或者销售不动产的行为。营业税的税目按照行业、类别的不同分别设置，现行营业税共设置了交通运输业、建筑业、金融保险业、邮电通信业、文化体育业、娱乐业、服务业、转让无形资产和销售不动产9个税目。

一、交通运输业

交通运输业是指使用运输工具或人力、畜力将货物或旅客送达目的地，使其空间位置得到转移的业务，包括陆路运输、水路运输、航空运输、管道运输和装卸搬运5大类。

(一) 陆路运输

陆路运输是指通过陆路（地上或地下）运送货物或旅客的运输业务，包括铁路运输、公路运输、缆车运输、索道运输及其他陆路运输。

(二) 水路运输

水路运输是指通过江、河、湖、川等天然、人工水道或海洋航道运送货物或旅客的运输业务。打捞也可以比照水路运输办法征税。

(三) 航空运输

航空运输是指通过空中航线运送货物或旅客的运输业务。

与航空直接有关的通用航空业务、航空地面服务业务业按照航空运输业务征税。通用航空业务是指为专业工作提供飞行服务的业务，如航空摄影、航空测量、航空勘探、航空护林、航空吊挂飞播、航空降雨等。航空地面服务业务是指航空公司、飞机场、民航管理局、航站向在我国境内航行或在我国境内机场停留的境内外飞机或其他飞行器提供的导航等劳务性地面服务的业务。

(四) 管道运输

管道运输是指通过管道设施输送气体、液体、固体物质的运输业务。

(五) 装卸搬运

装卸搬运是指使用装卸搬运工具或人力、畜力将货物在运输工具之间、装卸现场之间或运输工具与装卸现场之间进行装卸和搬运的业务。

(六) 其他规定

凡与运营业务有关的各项劳务活动，均属交通运输业的税目征收范围。包括：通用航空业务，航空地面服务，打捞，理货，港务局提供的引航、系解缆、搬家、停泊、移泊等劳务及引水员交通费、过闸费、货物港务费等。

对远洋运输企业从事程租、期租业务和航空运输企业从事湿租业务取得的收入，按"交通运输业"税目征收营业税。程租业务是指远洋运输企业为租船人完成某一特定航次的运输任务并收取租赁费的业务。期租业务是指远洋运输企业将配备有操作人员的船舶承租给他人使用一定期限，承租期内听候承租方调遣，不论是否经营，均按天向承租方收取租赁费，发生固定费用（如人员工资、维修费用等）均由船东负担的业务。湿租业务是指航空运输企业将配备有机组人员的飞机承租给他人使用一定期限，承租期内听候承租方调遣，不论是否经营，均按一定标准向承租方收取租赁费，发生的固定费用（如人员工资、维修费用等）均由承租方负担的业务。

自 2005 年 6 月 1 日起，对公路经营企业收取的高速公路车辆通行费收入统一减按 3% 的税率征收营业税。

二、建筑业

建筑业是指建筑安装工程作业等，包括建筑、安装、修缮、装饰和其他工程作业等项内容。

（一）建筑

建筑是指新建、改建、扩建。各种建筑物、构筑物的工程作业，包括与建筑物相连的各种设备或支柱、操作平台的安装或装设的工程作业，以及各种窑炉和金属结构工程作业在内。但自建自用建筑物，其自建行为不是建筑业税目的征税范围。出租或投资入股的自建建筑物，也不是建筑业的征税范围。

（二）安装

安装是指生产设备、动力设备、起重设备、运输设备、传动设备、医疗实验设备及其他各种设备的装配、安置工程作业，包括与设备相连的工作台、梯子、栏杆的装设工程作业和被安装设备的绝缘、防腐、保温、油漆等工程作业。

（三）修缮

修缮是指对建筑物、构筑物进行修补、加固、养护、改善，使之恢复原来的使用价值或延长其使用期限的工程作业。

（四）装饰

装饰是指对建筑物、构筑物进行修饰，使之美观或具有特定用途的工程作业。

（五）其他工程作业

其他工程作业是指上列工程作业以外的各种工程作业，如代办电信工程、水利工程、道路修建、疏浚、钻井（打井）、拆除建筑物、平整土地、搭脚手架、爆破等工程作业。

（六）管道煤气集资费（初装费）业务

管道煤气集资费（初装费）是用于管道煤气工程建设和技术改造，在报装环节一次性向用户收取的费用。

三、金融保险业

金融保险业是指经营金融、保险的业务，包括金融和保险。

（一）金融

金融是指经营货币资金融通活动的业务，包括贷款、融资租赁、金融商品转让、金融经纪业和其他金融业务。

（1）贷款指将资金有偿贷与他人使用的业务，包括自有资金贷款和转贷。自有资金贷款是指将自有资本金或吸收的单位、个人的存款贷与他人使用。转贷是指将借来的资金贷与他人使用。典当业的抵押贷款业务，无论其资金来源如何，均按自有资金贷款征税。人民银行的贷款业务，不征税。

（2）融资租赁是指经中国人民银行或对外贸易经济合作部（现商务部）批准可从事融资租赁业务的单位所从事的具有融资性质和所有权转移特点的设备租赁业务。即：出租人根据承租人所要求的规格、型号、性能等条件购入设备租赁给承租人，合同期内设备所有权属于出租人，承租人只拥有使用权，合同期满付清租金后，承租人有权按残值购入设备，以拥有设备的所有权。凡融资租赁，无论出租人是否将设备残值销售给承租人，均按本税目征税。

（3）金融商品转让指转让外汇、有价证券或非货物期货的所有权的行为，包括：股票转让、债权转让、外汇转让、其他金融商品转让。非货物期货是指商品期货、贵金属期货以外的期货，如外汇期货等。

（4）金融经纪业指受托代他人经营金融活动的中间业务。

（5）其他金融业务指上列业务以外的各项金融业务，如银行结算、票据贴现等。存款或购入金融商品行为，不征收营业税。

（二）保险

保险是指将通过契约形式集中起来的资金，用以补偿被保险人的经济利益的业务。

四、邮电通信业

邮电通信业是指专门办理信息传递的业务，包括邮政和电信。

（一）邮政

邮政是指传递实物信息的业务，包括传递函件或包件（含快递业务）、邮汇、报刊发行、邮务物品销售、邮政储蓄及其他邮政业务。

（1）传递函件或包件是指传递函件或包件的业务以及与传递函件或包件相关的业务。传递函件是指收寄信函、明信片、印刷品的业务。传递包件是指收寄包裹的业务。传递函件或包件相关的业务是指出租信箱、对进口函件或包件进行处理、保管逾期包裹、附带货载及其他与传递函件或包件相关的业务。

（2）邮汇是指为汇款人传递汇款凭证并兑取的业务。

（3）报刊发行是指邮政部门代出版单位收订、投递和销售各种报纸、杂志的业务。

（4）邮务物品销售是指邮政部门在提供邮政劳务的同时附带销售与邮政业务相关的各种物品（如信封、信纸、汇款单、邮件包装用品等）的业务。

（5）邮政储蓄是指邮电部门办理储蓄的业务。

（6）其他邮政业务是指上列业务以外的各项邮政业务。

（二）电信

电信是指用各种电传设备传输电信号来传递信息的业务，包括电报、电传、电话、电话机安装、电信物品销售及其他电信业务。

（1）电报是指用电信号传递文字的通信业务及相关的业务，包括传递电报、出租电报电路设备、代维修电报电路设备以及电报分送、译报、查阅去报报底或来报回单、抄录去报报底等。

(2) 电传（即传真）是指通过电传设备传递原件的通信业务，包括传递资料、图表、相片、真迹等。

(3) 电话是指用电传设备传递语言的业务及相关的业务，包括有线电话、无线电话、寻呼电话、出租电话电路设备、代维修或出租广播电路、电视信道等业务。

(4) 电话机安装是指为用户安装或移动电话机的业务。

(5) 电信物品销售是指在提供电信劳务的同时附带销售专用和通用电信物品（如电报纸、电话号码簿、电报签收簿、电信器材、电话机等）的业务。

(6) 其他电信业务是指上列业务以外的电信业务。

五、文化体育业

文化体育业是指经营文化、体育活动的业务，包括文化业和体育业。

（一）文化业

文化业是指经营文化活动的业务，包括表演、播映、其他文化业。经营游览场所的业务，比照文化业征税。

(1) 表演是指进行戏剧、歌舞、时装、健美、杂技、民间艺术、武术、体育等表演活动的业务。

(2) 播映是指通过电台、电视台、音响系统、闭路电视、卫星通信等无线或有线装置传播作品以及在电影院、影剧院、录像厅及其他场所放映各种节目的业务。广告的播映不按本税目征税。

(3) 其他文化业是指经营上列活动以外的文化活动的业务，如经营了游览场所和各种展览、培训活动，举办文学、艺术、科技讲座、讲演、报告会，图书馆的图书和资料借阅业务等。

(4) 经营游览场所的业务是指公园、动（植）物园及其他各种游览场所销售门票的业务。

（二）体育业

体育业是指举办各种体育比赛和为体育比赛或体育活动提供场所的业务。

以租赁方式为文化活动、体育比赛提供场所，不按本税目征税。

六、娱乐业

娱乐业是指为娱乐活动提供场所和服务的业务，包括经营歌厅、舞厅、卡拉OK歌舞厅、音乐茶座、台球、高尔夫球、保龄球场、网吧、游艺场等娱乐场所，以及娱乐场所为顾客进行娱乐活动提供服务的业务。娱乐场所为顾客提供的饮食服务及其他各种服务也按照娱乐业征税。

七、服务业

服务业是指利用设备、工具、场所、信息或技能为社会提供服务的业务，包括代理业、旅店业、饮食业、旅游业、仓储业、租赁业、广告业和其他服务业。

（一）代理业

代理业是指代委托人办理受托事项的业务，包括代购代销货物、代办进出口、介绍服务、其他代理服务。

（1）代购代销货物是指受托购买货物或销售货物，按实购货实销额进行结算并收取手续费的业务。

（2）代办进出口是指受托办理商品或劳务进出口的业务。

（3）介绍服务是指中介人介绍双方商谈交易或其他事项的业务。

（4）其他代理服务是指受托办理上列事项以外的其他事项的业务。金融经纪业、邮政部门的报刊发行业务，不按本税目征税。

（二）旅店业

旅店业是指提供住宿服务的业务。

（三）饮食业

饮食业是指通过同时提供饮食和饮食场所的方式为顾客提供饮食消费服务的业务。

饭馆、餐厅及其他饮食服务场所，为顾客在就餐的同时进行的自娱自乐形式的歌舞活动所提供的服务，按"娱乐业"税目征税。

自2012年1月1日起，旅店业和饮食业纳税人销售非现场消费的食品应当缴纳增值税，不缴纳营业税。

（四）旅游业

旅游业是指为旅游者安排食宿、交通工具和提供导游等旅游服务的业务。

（五）仓储业

仓储业是指利用仓库、货场或其他场所代客户贮放、保管货物的业务。

（六）租赁业

租赁业是指在约定的时间内将场地、房屋、物品、设备或设施等转让他人使用的业务。

融资租赁，不按本税目征税。

交通部门有偿转让高速公路收费权行为，属于营业征收范围，应按"服务业"税目中的"租赁"项目征收营业税。

（七）广告业

广告业是指利用图书、报纸、杂志、广播、电视、电影、幻灯、路牌、招贴、橱窗、霓虹灯、灯箱等形式为介绍商品、经营服务项目、文体节目或通告、声明等事项进行宣传和提供相关服务的业务。

（八）其他服务业

其他服务业是指上列业务以外的服务业务，如沐浴、理发、洗染、照相、美术、裱画、誊写、打字、镌刻、计算、测试、试验、化验、录音、录像、复印、晒图、设计、制图、测绘、勘探、打包、咨询等。航空勘探、钻井（打井）勘探、爆破勘探，不按本税目征税。

八、转让无形资产

转让无形资产是指转让无形资产的所有权或使用权的行为，包括转让土地使用权、转让商标权、转让专利权、转让非专利技术、出租电影拷贝、转让著作权和转让商誉等。

(一) 转让土地使用权

转让土地使用权是指土地使用者转让土地使用权的行为。

土地所有者出让土地使用权和土地使用者将土地使用权归还给土地所有者的行为，不征收营业税。

(二) 转让商标权

转让商标权是指转让商标的所有权或使用权的行为。

(三) 转让专利权

转让专利权是指转让专利技术的所有权或使用权的行为。

(四) 转让非专利技术

转让非专利技术是指转让非专利技术的所有权或使用权的行为。

提供无所有权技术的行为，不按本税目征税。

(五) 转让著作权

转让著作权是指转让著作的所有权或使用权的行为。著作包括文字著作、图形著作（如画册、影集）、音像著作（如电影母片、录像带母带）。

(六) 转让商誉

转让商誉是指转让商誉的使用权的行为。

自2003年1月1日起，以无形资产投资入股，参与接受投资方的利润分配、共同承担投资风险的行为，不征收营业税。在投资后转让其股权的也不征收营业税。

九、销售不动产

销售不动产是指有偿转让不动产所有权的行为，包括销售建筑物或构筑物和销售其他土地附着物。在销售不动产时连同不动产所占土地的使用权一并转让的行为，比照销售不动产征收营业税。

(一) 销售建筑物或构筑物

销售建筑物或构筑物是指有偿转让建筑物或构筑物的所有权的行为。以转让有限产权或永久使用权方式销售建筑物，视同销售建筑物。

(二) 销售其他土地附着物

销售其他土地附着物是指有偿转让其他土地附着物的所有权的行为。

其他土地附着物是指建筑物或构筑物以外的其他附着于土地的不动产。

自2003年1月1日起，以不动产投资入股，参与接受投资方利润分配、共同承担投资风险的行为，不征营业税。在投资后转让其股权的也不征收营业税。

单位或者个人将不动产或者土地使用权无偿赠送其他单位或者个人，视同发生应税行为按规定征收营业税；单位或者个人自己新建（以下简称自建）建筑物后销售，其所发生的自建行为，视同发生应税行为按规定征收营业税。

第三节 税　率

营业税按照行业、类别的不同分别采用不同的比例税率，具体规定为：

(1) 交通运输业、建筑业、邮电通信业、文化体育业，税率为3%。
(2) 金融保险业、服务业、转让无形资产、销售不动产，税率为5%。
(3) 娱乐业执行5%～20%的幅度税率，具体适用的税率由各省、自治区、直辖市人民政府根据当地的实际情况在税法规定的幅度内决定。

从2001年5月1日起，对夜总会、歌厅、舞厅、射击、狩猎、跑马、游戏、高尔夫球、游艺、电子游戏厅等娱乐行为一律按20%的税率征收营业税。

自2004年7月1日起，保龄球、台球减按5%的税率征收营业税，税目仍属于"娱乐业"。

第四节 应纳税额的计算

一、计税依据

（一）计税依据的一般规定

营业税的计税依据是营业额。营业额是纳税人提供应税劳务、转让无形资产或者销售不动产向对方收取的全部价款和价外费用。

价外费用包括收取的手续费、补贴、基金、集资费、返还利润、奖励费、违约金、滞纳金、延期付款利息、赔偿金、代收款项、代垫款项、罚息及其他各种性质的价外收费。

（二）计税依据的具体规定

1. 交通运输业

(1) 纳税人将承揽的运输业务分给他们单位或者个人的，以其取得的全部价款和价外费用扣除其支付给其他单位或者个人的运输费用后的余额为营业额。

(2) 运输企业自中华人民共和国境内运输旅客或者货物出境，在境外改由其他运输企业承运乘客或者货物，以全程运费减去付给该承运企业的运费后的余额为营业额。

(3) 运输企业从事联运业务，以实际取得的营业额为计税依据。联运业务是指两个以上运输企业完成旅客或货物从发送地点至到达地点所进行的运输业务，联运的特点是一次购买，一次收费，一票到底。

(4) 自2010年1月1日起，对中华人民共和国境内（以下简称境内）单位或者个人提供的国际运输劳务免征营业税。国际运输劳务是指：①在境内载运旅客或者货物出境；②在境外载运旅客或者货物入境；③在境外发生载运旅客或者货物的行为。

(5) 自2011年9月26日起，合资铁路运输公司、股改铁路运输企业和其他铁路运输企业相互之间合作完成运输业务，承运人应以取得的全部价款和价外费用扣除支付给其他合作运输方的运输费用后的余额为营业额，以《铁路运输企业提供服务清算票据》为营业额扣除凭证，计算缴纳营业税。

2. 建筑业

(1) 建筑业的总承包人将工程分包或者转包给他人，以工程的全部承包额减去付给分包人或者转包人的价款后的余额为营业额。

(2) 纳税人提供建筑业劳务（不含装饰劳务）的，从事建筑、修缮、装饰工程作业，无论与对方如何结算，其营业额应当包括工程所用原材料、设备及其他物资和动力价款在内，但不包括建设方提供的设备的价款。从事安装工程作业，安装设备价值作为安装工程产值的，营业额包括设备的价款。

(3) 自建行为和单位或个人将不动产无偿赠与他人，由主管税务机关按照本节"计税依据的具体规定"的第9条规定顺序核定营业额。自建行为是指纳税人自己建造房屋的行为。纳税人自建自用的房屋不纳税；如纳税人（包括个人自建自用住房销售）将自建的房屋对外销售，其自建行为应按建筑业缴纳营业税，再按销售不动产征收营业税。

3. 金融保险业

(1) 一般贷款业务的营业额为贷款利息收入（包括各种加息、罚息等）。

(2) 经中国人民银行、外经贸部（现商务部）和国家经贸委批准经营融资租赁业务的单位，融资租赁以其向承租者收取的全部价款和价外费用（包括残值）减去出租方承担的出租货物的实际成本后的余额，以直线法折算出本期的营业额。计算方法为：

$$本期营业额 = \left(应收取的全部价款和价外费用 - 实际成本\right) \times (本期天数 \div 总天数)$$

$$实际成本 = 货物购入原价 + 关税 + 增值税 + 消费税 + 运杂费 + 安装费 + 保险费 + 支付给境外的外汇借款利息支出和人民币借款利息$$

(3) 外汇、有价证券、期货等金融商品买卖业务，以卖出价减去买入价后的余额为营业额。即营业额=卖出价-买入价。

(4) 金融经纪业务和其他金融业务（中间业务）营业额为手续费（佣金）类的全部收入。金融企业从事受托收款业务，如代收电话费、水电煤气费、信息费、学杂费、寻呼费、社保统筹费、交通违章罚款、税款等，以全部收入减去支付给委托方价款后的余额为营业额。

(5) 保险业务营业额包括：

①办理初保业务。营业额为纳税人经营保险业务向对方收取的全部价款，即向被保险人收取的全部保险费。

②中华人民共和国境内的保险人将其承保的以境内标的物为保险标的的保险业务向境外再保险人办理分保的，以全部保费收入减去分保保费后的余额为营业额。

境外再保险人应就其分保收入承担营业税纳税义务，并由境内保险人扣缴境外再保险人应缴纳的营业税税款。

(6) 外币折合成人民币。金融保险业以外汇结算营业额的，应将外币折合成人民币后计算营业税。原则上金融业按其收到外汇的当天或当季委末中国人民银行公布的基准汇价折合营业额，保险业按其收到外汇的当天或当月的最后一天中国人民银行公布的基准汇价折合营业额，报经省级税务机关批准后，允许按照财务制度规定的其他基准汇价折合营业额。

4. 邮电通信业

（1）电信部门以集中受理方式为集团客户提供跨省的出租电路业务，由受理地区的电信部门按取得的全部价款减除分割给参与提供跨省电信业务的电信部门的价款后的差额为营业额计征营业税；对参与提供跨省电信业务的电信部门，按各自取得的全部价款为营业额计征营业税。集中受理是指电信部门应一些集团客户的要求，为该集团所属的众多客户提供跨地区的出租电信线路业务，以便该集团所属众多客户在全国范围内保持特定通信联络。

（2）邮政电信单位与其他单位合作，共同为用户提供邮政电信业务及其他服务并由邮政电信单位统一收取价款的，以全部收入减去支付给合作方价款后的余额为营业额。

（3）中国移动通信集团公司通过手机短信公益特服号"8858"为中国儿童少年基金会接受捐款业务，以全部收入减去支付给中国儿童少年基金会的价款后的余额为营业额。

（4）自2009年11月1日起，对中国移动通信集团公司、中国联合网络通信集团有限公司、中国电信股份有限公司通过手机特服号"10699969"和"10699919"分别为中国绿化基金会和中国社会工作协会接受捐款业务，以全部收入减去支付给中国绿化基金会和中国社会工作协会的价款后的余额为营业额，计算征收营业税。

5. 文化体育业

单位或个人进行演出，以全部票价收入或者包场收入减去付给提供演出场所的单位、演出公司或者经纪人的费用后的余额为营业额。

6. 娱乐业

娱乐业的营业额为经营娱乐业收取的全部价款和价外费用，包括门票收费、台位费、点歌费、烟酒、饮料、茶水、鲜花、小吃等收费及经营娱乐业的其他各项收费。

7. 服务业

（1）代理业以纳税人从事代理业务向委托方实际收取的报酬为营业额。

（2）电脑福利彩票投注点代销福利彩票取得的任何形式的手续费收入，应照章征营业税。

（3）广告代理业的营业额为代理者向委托方收取的全部价款和价外费用减去付给广告发布者的广告发布费后的余额。

（4）对拍卖行向委托方收取的手续费应征收营业税。

（5）旅游企业组织旅游团到中华人民共和国境外旅游，在境外改由其他旅游企业接团，以全程旅游费减去付给该接团企业的旅游费后的余额为营业额。

（6）纳税人从事旅游业务的，以其取得的全部价款和价外费用扣除替旅游者支付给其他单位或者个人的住宿费、餐费、交通费、旅游景点门票和支付给其他接团旅游企业的旅游费后的余额为营业额。

（7）对单位和个人在旅游景区经营旅游游船、观光电梯、观光电车、景区环保客运车所取得的收入应按"服务业——旅游业"征收营业税。单位和个人在旅游景区兼有不同税目应税行为并采取"一票制"收费方式的，应当分别核算不同税目的营业额；未分别核算或核算不清的,从高适用税率。

(8) 对经过国家版权局注册登记,在销售时一并转让著作权、所有权的计算机软件征收营业税。计算机软件产品是指记载有计算机程序及其有关文档的存储介质(包括软盘、硬盘、光盘等)。

(9) 境内单位派出本单位的员工赴境外,为境外企业提供劳务服务,不属于在境内提供应税劳务。对境内企业外派本单位员工赴境外从事劳务服务取得的各项收入,不征营业税。

(10) 从事物业管理的单位,以与物业管理有关的全部收入减去代业主支付的水、电、燃气以及代承租者支付的水、电、燃气、房屋租金的价款后的余额为营业额。

(11) 教育部考试中心及其直属单位与行业主管部门(或协会)、海外教育考试机构和各省级教育机构(以下简称合作单位)合作开展考试的业务,实质是从事代理业务,按照现行营业税政策规定,教育部考试中心及其直属单位应以其全部收入减去支付给合作单位的合作费用后的余额为营业额,按照"服务业——代理业"税目依5%的税率计算缴纳营业税。

8. 销售不动产或受让土地使用权

(1) 单位和个人销售或转让其购置的不动产或受让的土地使用权,以全部收入减去不动产或土地使用权的购置或受让原价后的余额为营业额。

(2) 单位和个人销售或转让抵债所得的不动产、土地使用权的,以全部收入减去抵债时该项不动产或土地使用权作价后的余额为营业额。

(3) 自2011年1月28日起,个人将购买不足5年的住房对外销售的,全额征收营业税;个人将购买超过5年(含5年)的非普通住房对外销售的,按照其销售收入减去购买房屋的价款后的差额征收营业税;个人将购买超过5年(含5年)的普通住房对外销售的,免征营业税。

(4) 自2011年9月1日起,纳税人转让土地使用权或者销售不动产的同时一并销售的附着于土地或者不动产上的固定资产中,凡属于增值税应税货物的,应按照《财政部、国家税务总局关于部分货物适用增值税低税率和简易办法征收增值税政策的通知》(财税〔2009〕9号)第2条有关规定,计算缴纳增值税;凡属于不动产的,应按照《营业税暂行条例》"销售不动产"税目计算缴纳营业税。

9. 税务机关核定营业额

对于纳税人提供劳务、转让无形资产或销售不动产价格明显偏低而无正当理由的,或者视同发生应税行为而无营业额的,税务机关可按下列顺序确定其营业额:

(1) 按纳税人最近时期发生同类应税行为的平均价格核定。

(2) 按其他纳税人最近时期发生同类应税行为的平均价格核定。

(3) 按下列公式核定:

$$\text{营业额(组成计税价格)} = \frac{\text{营业成本或者工程成本} \times (1+\text{成本利润率})}{1-\text{营业税税率}}$$

公式中的成本利润率,由省、自治区、直辖市税务局确定。

10. 营业额其他规定

(1) 纳税人的营业额计算缴纳营业税后因发生退款减除营业额的,应当退还已缴纳营业税税款或者从纳税人以后的应缴纳营业税税额中减除。

(2) 纳税人发生应税行为，如果将价款与折扣额在同一张发票上注明的，以折扣后的价款为营业额；如果将折扣额另开发票的，不论其在财务上如何处理，均不得从营业额中扣除。

(3) 单位和个人提供应税劳务、转让无形资产和销售不动产时，因受让方违约而从受让方取得的赔偿金收入，应并入营业额中征收营业税。

(4) 自2004年12月1日起，营业税纳税人购置税控收款机，经主管税务机关审核批准后，可凭购进税控收款机取得的增值税专用发票，按照发票上注明的增值税税额，抵免当期应纳营业税税额，或者按照购进税控收款机取得的普通发票上注明的价款，依下列公式计算可抵免税额：

$$可抵免税额 = 价款 \div (1+17\%) \times 17\%$$

当期应纳税额不足抵免的，未抵免部分可在下期继续抵免。

二、应纳税额的计算

营业税税款的计算比较简单。纳税人提供应税劳务、转让无形资产或者销售不动产，按照营业额和规定的适用税率计算应纳税额。计算公式为：

$$应纳税额 = 营业额 \times 税率$$

【例4-1】 某运输公司某月运营售票收入总额为600万元，从中支付联运业务的金额为100万元，能够提供合法有效凭证。

【解析】 根据上述资料，该运输公司应进行如下纳税处理：

应纳运输业营业税税额 = (售票收入总额 − 联运业务支出) × 适用税率
= (600 − 100) × 3% = 15（万元）

【例4-2】 某卡拉OK歌舞厅某月取得门票收入为60万元，台位费收入30万元，相关的烟酒和饮料费收入20万元，鲜花和小吃收入10万元，假定当地确定的税率为20%。

【解析】 根据上述资料，该歌舞厅应进行如下纳税处理：

应纳娱乐业营业税税额 = 营业税 × 适用税率 = (60+30+20+10) × 20% = 24（万元）

【例4-3】 某建筑公司承包一项工程总承包额为2 000万元，该公司将其中的基础工程以200万元分包给另一公司。

【解析】 根据上述资料，该建筑公司应进行如下纳税处理：

应纳建筑业营业税税额 = (总承包额 − 分包款额) × 适用税率
= (2 000 − 200) × 3% = 54（万元）

应扣缴建筑业营业税税额 = 分包款额 × 适用税率 = 200 × 3% = 6（万元）

应纳税额以人民币为计算单位，如果纳税人以外汇结算营业额的，须按外汇市场价格折合成人民币计算。人民币的折合率可选择营业额发生的当天或者当月1日的人民币汇率中间价。纳税人应当在事先确定采用何种折合率，确定后1年内不得变更。

金融保险业以外汇结算营业额的，金融业按其收到外汇的当天或当季季末中国人民银行公布的基准汇价折合营业额；保险业按其收到外汇的当天或当月月末中国人民银行公布的基准汇价折合营业额,并计算营业税。纳税人选择何种折合率,确定后1年之内不得变动。

第五节 几种特殊经营行为的税务处理

营业税属于流转税的税种,与增值税一样在商品生产、流通过程中发挥作用。尽管税法已经明确划分了营业税和增值税的征税范围,但是,在实际经营活动中有些行为还是很难分清的。纳税人可以同时从事多项应税活动。例如,宾馆附设餐厅、娱乐厅、健身房等适用不同税率的应税项目。正确处理不同经营活动的税收问题是维护税法严肃性的需要,也是保护纳税人合法利益的客观要求。

一、兼营不同税目的应税行为

纳税人兼营不同税目应税行为的,应当分别核算不同税目的营业额、转让额、销售额,然后按各自的适用税率计算应纳税额;未分别核算的,将从高适用税率计算应纳税额。

营业额是指从事交通运输业、建筑业、金融保险业、邮电通信业、文化体育业、娱乐业和服务业取得的营业收入;转让额是指转让无形资产取得的收入;销售额是指销售不动产取得的收入。

【例4-4】 某旅店2012年12月取得客房销售收入6万元,同时其经营的卡拉OK歌舞厅取得收入2万元(当地政府确定的娱乐业营业税税率为20%)。

【解析】 根据上述资料,该旅店应进行如下纳税处理:

应纳服务业营业税税额=服务业营业税×服务业适用税率=6×5%=0.3(万元)

应纳娱乐业营业税税额=娱乐业营业税×娱乐业适用税率=2×20%=0.4(万元)

二、混合销售行为

一项销售行为如果既涉及应税劳务又涉及货物的,为混合销售行为。从事货物的生产、批发或零售的企业、企业性单位及个体经营者的混合销售行为,视为销售货物,不征收营业税;其他单位和个人的混合销售行为,视为提供应税劳务,应当征收营业税。

货物是指有形动产,包括电力、热力、气体在内。从事货物的生产、批发或零售的企业、企业性单位及个体经营者,包括以从事货物的生产、批发或零售为主,并兼营应税劳务的企业、企业性单位及个体经营者在内。

纳税人的销售行为是否属于混合销售行为,由国家税务总局所属征收机关确定。

【例4-5】 2012年12月,某建筑公司承接对外装修、装饰工程,取得装修款12万元,同时取得装修材料款8万元。

【解析】 根据上述资料,该公司应进行如下纳税处理:

建筑公司从事装修、装饰工程的同时收取装修材料款的行为,属于混合销售行为,应一并缴纳营业税。

应纳建筑业营业税税额＝（建筑业营业额＋材料销售款）×建筑业适用税率
＝（12＋8）×3％＝0.6（万元）

三、兼营应税劳务与货物或非应税劳务行为

纳税人兼营应税行为与货物或者非应税劳务的，应当分别核算应税行为的营业额与货物或者非应税劳务的销售额，其应税行为营业额缴纳营业税，货物或者非应税劳务销售额不缴纳营业税；未分别核算的，由主管税务机关核定其应税行为营业额。

纳税人兼营免税、减税项目的，应当单独核算免税、减税项目的营业额；未单独核算营业额的，不得免税、减税。

【例4-6】 某美容中心兼营美容和化妆品销售业务，2012年12月取得美容服务收入20万元，化妆品含税销售收入35.1万元。

【解析】 根据上述资料，该美容中心应进行如下纳税处理：

（1）如果该美容中心分别核算应税行为的营业额与货物销售额，应分别核算缴纳营业税与增值税。

应纳服务业营业税税额＝20×5％＝1（万元）

应纳增值税税额＝35.1÷（1＋17％）×17％＝5.1（万元）

（2）如果该美容中心未分别核算美容服务的营业额和化妆品的销售额，应由主管税务机关核定其应税行为营业额。假定主管税务机关核定其服务业应税行为的营业额为15万元，则货物销售额为40.1万元。

应纳服务业营业税税额＝15×5％＝0.75（万元）

应纳增值税税额＝（20＋35.1－15）÷（1＋17％）×17％＝5.83（万元）

（3）可见，因未分别核算应税行为营业额与货物销售额而导致多缴纳税款为0.48万元 ［（0.75＋5.83）－（1＋5.1）］。

四、销售自产货物并同时提供建筑业劳务的征税问题

（1）自2011年5月1日起，纳税人销售自产货物同时提供建筑业劳务，应按照《增值税暂行条例实施细则》第6条及《营业税暂行条例实施细则》第7条规定，分别核算其货物的销售额和建筑业劳务的营业额，并根据其货物的销售额计算缴纳增值税，根据其建筑业劳务的营业额计算缴纳营业税。未分别核算的，由主管税务机关分别核定其货物的销售额和建筑业劳务的营业额。该规定施行前已征收增值税、营业税的不再做纳税调整，未征收增值税或营业税的按该规定执行。

（2）纳税人的认定。规定中所称纳税人是指从事货物生产的单位或个人。纳税人销售自产货物同时提供建筑业劳务，须向建筑业劳务发生地主管地方税务机关提供其机构所在地主管国家税务机关出具的本纳税人属于从事货物生产的单位或个人的证明。建筑业劳务发生地主管地方税务机关根据纳税人持有的证明，按本规定计算征收营业税。

（3）纳税人按照客户要求，为钻井作业提供泥浆和工程技术服务的行为，应按提供泥浆工程劳务项目，照章征收营业税，不征收增值税。

第六节 税收优惠

一、起征点

起征点是税法规定征税对象开始征税的数额，营业额达到或超过起征点即照章全额计算纳税，营业额低于起征点则免予征收营业税。营业税起征点的适用范围限于个人。

营业税法规定的起征点如下：

(1) 按期纳税的起征点为月营业额 5 000～20 000 元。

(2) 按次纳税的起征点为每次（日）营业额 300～500 元。

各省、自治区、直辖市人民政府所属税务机关可以在规定的幅度内，根据当地实际情况确定本地区适用的起征点，并报国家税务总局备案。

二、税收优惠规定

(一) 根据《营业税暂行条例》的规定，免征营业税的项目

(1) 托儿所、幼儿园、养老院、残疾人福利机构提供的育养服务，婚姻介绍，殡葬服务。

(2) 残疾人员个人为社会提供的劳务。

(3) 学校和其他教育机构提供的教育劳务，学生勤工俭学提供的劳务。学校和其他教育机构是指普通学校以及经地、市级以上人民政府或者同级政府的教育行政部门批准成立，国家承认其学员学历的各类学校。

(4) 农业机耕、排灌、病虫害防治、植保、农牧保险以及相关技术培训业务，家禽、牲畜、水生动物的配种和疾病防治。

(5) 纪念馆、博物馆、文化馆、美术馆、展览馆、书画院、图书馆、文物保护单位举办文化活动的门票收入，宗教场所举办文化、宗教活动的门票收入。

除上述规定外，营业税的免税、减税项目由国务院规定。任何地区、部门均不得规定免税、减税项目。

(二) 根据国家的其他规定，减征或免征营业税的项目

(1) 保险公司开展的 1 年期以上返还性人身保险业务的保费收入免征营业税。返还性人身保险业务是指保期 1 年以上（包括 1 年期），到期返还本利的普通人寿保险、养老金保险、健康保险。对保险公司开办的普通人寿保险、养老金保险、健康保险的具体险种，凡经财政部、国家税务总局审核并列入免税名单的可免征营业税，未列入免税名单的一律征收营业税。

(2) 对单位和个人（包括外商投资企业、外商投资设立的研究开发中心、外国企业和外籍个人）从事技术转让、技术开发业务和与之相关的技术咨询、技术服务业务取得的收入，免征营业税。

(3) 个人转让著作权，免征营业税。

(4) 将土地使用权转让给农业生产者用于农业生产，免征营业税。

(5) 工会疗养院（所）可视为"其他医疗机构"，免征营业税。

(6) 凡经中央及省级财政部门批准纳入预算管理或财政专户管理的行政事业性收费、基金，无论是行政单位收取的，还是由事业单位收取的，均不征收营业税。

(7) 立法机关、司法机关、行政机关的收费，同时具备下列条件的，不征收营业税：①国务院、省级人民政府或其所属财政、物价部门以正式文件允许收费，而且收费标准符合文件规定的；②所收费用由立法机关、司法机关、行政机关自己直接收取的。

(8) 社会团体按财政部门或民政部门规定标准收取的会费，不征收营业税。各党派、共青团、工会、妇联、中科协、青联、台联、侨联收取的党费、会费，比照上述规定执行。

(9) 自 2011 年 1 月至 2012 年 12 月 31 日，对按照国家规定的收费标准向学生收取的高校学生公寓住宿费收入，免征营业税。对高校学生食堂为高校师生提供餐饮服务取得的收入，免征营业税。但利用学生公寓向社会人员提供住宿服务而取得的租金收入，应按现行规定计征营业税。向社会提供餐饮服务获得的收入，应按现行规定计征营业税。

(10) 对住房公积金管理中心用住房公积金在指定的委托银行发放个人住房贷款取得的收入，免征营业税。

(11) 对按政府规定价格出租的公有住房和廉租住房暂免征收营业税；对个人按市场价格出租的居民住房，在 3% 的税率基础上减半征收营业税。

(12) 中国人民保险公司和中国进出口银行办理的出口信用保险业务，不作为境内提供保险，为非应税劳务，不征收营业税。

(13) 人民银行对金融机构的贷款业务，不征收营业税。人民银行对企业贷款或委托金融机构贷款的业务应当征收营业税。

(14) 金融机构往来业务暂不征收营业税。

(15) 对地方商业银行转贷用于清偿农村合作基金会债务的专项贷款利息收入免征营业税。

(16) 对非营利性医疗机构按照国家规定的价格取得的医疗服务收入，免征营业税。对营利性医疗机构取得的收入，按规定征收各项税收。但对其取得的收入直接用于改善医疗卫生条件的，自其取得执业登记之日起，3 年内对其取得的医疗服务收入免征营业税。对疾病控制机构和妇幼保健机构等卫生机构按照国家规定的价格取得的卫生服务收入，免征营业税。

(17) 对社保基金理事会、社保基金投资管理人运用社保基金买卖证券投资基金、股票、债券的差价收入，暂免征收营业税。

(18) 住房专项维修基金征免营业税的规定。住房专项维修基金是属全体业主共同所有的一项代管基金，专项用于物业保修期满后物业共用部位、共用设施设备的维修和更新、改造。鉴于住房专项维修基金资金所有权及使用的特殊性，对房地产主管部门或其指定机构、公积金管理中心、开发企业以及物业管理单位代收的住房专项维修基金，不计征营业税。

(19) 为了切实做好下岗失业人员再就业有关营业税优惠政策的落实工作，自 2005

年1月1日起，按以下优惠政策执行：

①财税〔2002〕208号文件规定的对下岗失业人员从事个体经营活动免征营业税，是指其雇工7人（含7人）以下的个体经营行为。下岗失业人员从事经营活动雇工8人（含8人）以上，无论其领取的营业执照是否注明为个体工商业户，均按照新办服务型企业有关营业税优惠政策执行。

②财税〔2002〕208号文件中的服务型企业是指从事现行营业税"服务业"税目规定的经营活动的企业。原有的企业合并、分立、改制、改组、扩建、搬迁、转产以及吸收新成员、改变隶属关系、改变企业名称和企业法人代表的，不能视为新办企业。

③此前关于下岗失业人员再就业营业税优惠政策与本规定不一致的，以本规定为准。其他有关营业税优惠政策仍按原有规定执行。

（20）对QFII委托境内公司在我国从事证券买卖业务取得的差价收入，免征营业税。

（21）单位和个人提供的垃圾处置劳务不属于营业税应税劳务，对其处置垃圾取得的垃圾处置费，不征收营业税。

（22）个人向他人无偿赠与不动产，包括继承、遗产处分及其他无偿赠与不动产等三种情况可以免征营业税。

（23）自2010年1月1日起，个人将购买不足5年的非普通住房对外销售的，全额征收营业税；个人将购买超过5年（含5年）的非普通住房或者不足5年的普通住房对外销售的，按照其销售收入减去购买房屋的价款后的差额征收营业税；个人将购买超过5年（含5年）的普通住房对外销售的，免征营业税。

（24）对中国邮政集团公司及其所属邮政企业为中国邮政储蓄银行及其所属分行、支行代办金融业务取得的代理金融业务收入，自2011年1月1日至2012年12月31日免征营业税。对于法规到达之日前已缴纳的应予免征的营业税，允许从纳税人以后应缴的营业税税款中抵减或予以退税。

（25）自2009年6月25日起，对台湾航空公司从事海峡两岸空中直航业务在大陆取得的运输收入，免征营业税。

（26）自2010年7月1日起至2013年12月31日，对注册在北京、天津、大连、哈尔滨、大庆、上海、南京、苏州、无锡、杭州、合肥、南昌、厦门、济南、武汉、长沙、广州、深圳、重庆、成都、西安等21个中国服务外包示范城市的企业从事离岸服务外包业务取得的收入免征营业税。

（27）自2011年8月1日起，对注册在东疆保税港区内的航运企业从事海上国际航运业务取得的收入，免征营业税；对注册在东疆保税港区内的仓储、物流等服务企业从事货物运输、仓储、装卸搬运业务取得的收入免征营业税；对注册在天津的保险企业从事国际航运保险业务取得的收入，免征营业税。

（28）自2011年10月1日至2014年9月30日，对家政服务企业由员工制家政服务员提供的家政服务取得的收入免征营业税。

（29）为支持农村金融发展，解决农民贷款难问题，自2009年1月1日至2015年12月31日对农村信用社、村镇银行、农村资金互助社、由银行业机构全资发起设立的贷款公司、法人机构所在地在县（含县级市、区、旗）及县以下地区的农村合作银行和农村商业银行的金融保险业收入减按3%的税率征收营业税。

（30）自 2011 年 1 月 1 日起至 2012 年 12 月 31 日，对科普单位的门票收入，以及县（含县级市、区、旗）及县以上党政部门和科协开展的科普活动的门票收入免征营业税。对境外单位向境内科普单位转让科普影视作品播映权取得的收入免征营业税。按照本规定应予免征的营业税，凡在本规定到达前已入库的，可抵减纳税人以后月份应缴纳的营业税税款或者办理税款退库。

（31）自 2011 年 1 月 1 日起至 2012 年 12 月 31 日，对动漫企业为开发动漫产品提供的动漫脚本编撰、形象设计、背景设计、动画设计、分境、动画制作、摄制、描线、上色、画面合成、配音、配乐、音效合成、剪辑、字幕制作、压缩转码（面向网络动漫、手机动漫格式适配）劳务收入，以及动漫企业在境内转让动漫版权交易的收入（包括动漫品牌、形象或内容的授权及再授权），减按 3% 税率征收营业税。

第七节 征收管理

一、纳税义务发生时间

营业税的纳税义务发生时间为纳税人收讫营业收入款项或者取得索取营业收入款项凭据的当天。为书面合同确定的付款日期的当天，未签订书面合同或者书面合同未确定付款日期的，为应税行为完成的当天。收讫营业收入款项是指纳税人应税行为发生过程中或者完成后收取的款项。对某些具体项目进一步明确如下：

（1）转让土地使用权或者销售不动产，采用预收款方式的，其纳税义务发生时间为收到预收款的当天。纳税人提供建筑业或者租赁业劳务，采取预收款方式的，其纳税义务发生时间为收到预收款的当天。

（2）单位或者个人自己新建建筑物后销售，其自建行为的纳税义务发生时间，为其销售自建建筑物并收讫营业额或者取得索取营业额凭据的当天。

（3）纳税人将不动产或者土地使用权无偿赠送其他单位或者个人的，其纳税义务发生时间为不动产所有权、土地使用权转移的当天。

（4）会员费、席位费和资格保证金纳税义务发生时间为会员组织收讫会员费、席位费、资格保证金和其他类似费用款项或者取得索取这些款项凭据的当天。

（5）扣缴税款义务发生时间为扣缴义务人代纳税人收讫营业收入款项或者取得索取营业收入款项凭据的当天。

（6）建筑业纳税人及扣缴义务人应按照下列规定确定建筑业营业税的纳税义务发生时间和扣缴义务发生时间：

①纳税义务发生时间。a）纳税人提供建筑业应税劳务，施工单位与发包单位签订书面合同，如合同明确规定付款（包括提供原材料、动力及其他物资，不含预收工程价款）日期的，按合同规定的付款日期为纳税义务发生时间；合同未明确付款（同上）日期的，其纳税义务发生时间为纳税人收讫营业收入款项或者取得索取营业收入款项凭据的当天。b）纳税人提供建筑业应税劳务，施工单位与发包单位未签订书面合同的，其纳税义务发生时间为纳税人收讫营业收入款项或者取得索取营业收入款项凭据的当天。

c) 纳税人自建建筑物，其建筑业应税劳务的纳税义务发生时间为纳税人销售自建建筑物并收讫营业收入款项或取得索取营业收入款项凭据的当天。纳税人将自建建筑物对外赠与，其建筑业应税劳务的纳税义务发生时间为该建筑物产权转移的当天。

②扣缴义务发生时间。建设方为扣缴义务人的，其扣缴义务发生时间为扣缴义务人支付工程款的当天；总承包人为扣缴义务人的，其扣缴义务发生时间为扣缴义务人代纳税人收讫营业收入款项或者取得索取营业收入款项凭据的当天。

(7) 贷款业务。自 2003 年 1 月 1 日起，金融企业发放的贷款逾期（含展期）90 天（含 90 天）尚未收回的，纳税义务发生时间为纳税人取得利息收入权利的当天。原有的应收未收贷款利息逾期 90 天以上的，该笔贷款新发生的应收未收利息，其纳税义务发生时间均为实际收到利息的当天。

(8) 融资租赁业务，纳税义务发生时间为取得租金收入或取得索取租金收入价款凭据的当天。

(9) 金融商品转让业务，纳税义务发生时间为金融商品所有权转移之日。

(10) 金融经纪业和其他金融业务，纳税义务发生时间为取得营业收入或取得索取营业收入价款凭据的当天。

(11) 保险业务，纳税义务发生时间为取得保费收入或取得索取保费收入价款凭据的当天。

(12) 金融企业承办委托贷款业务营业税的扣缴义务发生时间，为受托发放贷款的金融机构代委托人收讫贷款利息的当天。

(13) 电信部门销售有价电话卡的纳税义务发生时间，为售出电话卡并取得售卡收入或取得索取售卡收入凭据的当天。

(14) 单位和个人提供应税劳务、转让专利权、非专利技术、商标权、著作权和商誉时，向对方收取的预收性质的价款（包括预收款、预付款、预存费用、预售定金等，下同），其营业税纳税义务发生时间以按照财务会计制度的规定，该项预收性质的价款被确认为收入的时间为准。

二、纳税期限

(1) 营业税的纳税期限，分别为 5 日、10 日、15 日、1 个月或者 1 个季度。纳税人的具体纳税期限，由主管税务机关根据纳税人应纳税额的大小分别核定；不能按照固定期限纳税的，可以按次纳税。纳税人以 1 个月或者 1 个季度为一期纳税的，自期满之日起 15 日内申报纳税；以 5 日、10 日或者 15 日为一期纳税的，自期满之日起 5 日内预缴税款，于次月 1 日起 15 日内申报纳税并结清上月应纳税款。

(2) 扣缴义务人的解缴税款期限，比照上述规定执行。

(3) 银行、财务公司、信托投资公司、信用社、外国企业常驻代表机构的纳税期限为 1 个季度。自纳税期满之日起 15 日内申报纳税。

(4) 保险业的纳税期限为 1 个月。

三、纳税地点

营业税的纳税地点原则上采取属地征收的方法，就是纳税人在经营行为发生地缴纳应纳税款。具体规定如下：

（1）纳税人提供应税劳务，应当向应税劳务发生地的主管税务机关申报纳税。纳税人从事运输业务的，应当向其机构所在地主管税务机关申报纳税。

（2）纳税人转让土地使用权，应当向土地所在地主管税务机关申报纳税。纳税人转让其他无形资产，应当向其机构所在地的主管税务机关申报纳税。

（3）单位和个人出租土地使用权、不动产的营业税纳税地点为土地、不动产所在地；单位和个人出租物品、设备等动产的营业税纳税地点为出租单位机构所在地或个人居住地。

（4）纳税人销售不动产，应当向不动产所在地主管税务机关申报纳税。

（5）纳税人提供的应税劳务发生在外县（市），应向应税劳务发生地的主管税务机关申报纳税；如未向应税劳务发生地申报纳税的，由其机构所在地或者居住地主管税务机关补征税款。

（6）纳税人承包的工程跨省、自治区、直辖市的，向其机构所在地主管税务机关申报纳税。

（7）各航空公司所属分公司，无论是否单独计算盈亏，均应作为纳税人向分公司所在地主管税务机关缴纳营业税。

（8）纳税人在本省、自治区、直辖市范围内发生应税行为，其纳税地点需要调整的，由省、自治区、直辖市人民政府所属税务机关确定。

（9）建筑业纳税人及扣缴义务人应按照下列规定确定建筑业营业税的纳税地点：

①纳税人提供建筑业应税劳务，其营业税纳税地点为建筑业应税劳务的发生地。

②纳税人从事跨省工程的，应向其机构所在地主管地方税务机关申报纳税。

③纳税人在本省、自治区、直辖市和计划单列市范围内提供建筑业应税劳务的，其营业税纳税地点需要调整的，由省、自治区、直辖市和计划单列市税务机关确定。

④扣缴义务人代扣代缴的建筑业营业税税款的解缴地点为该工程建筑业应税劳务发生地。

⑤扣缴义务人代扣代缴跨省工程的，其建筑业营业税税款的解缴地点为被扣缴纳税人的机构所在地。

⑥纳税人提供建筑业劳务，应按月就其本地和异地提供建筑业应税劳务取得的全部收入向其机构所在地主管税务机关进行纳税申报，就其本地提供建筑业应税劳务取得的收入缴纳营业税；同时，自应申报之月（含当月）起6个月内向机构所在地主管税务机关提供其异地建筑业应税劳务收入的完税凭证，否则，应就其异地提供建筑业应税劳务取得的收入向其机构所在地主管税务机关缴纳营业税。

⑦上述本地提供的建筑业应税劳务是指独立核算纳税人在其机构所在地主管税务机关税收管辖范围内提供的建筑业应税劳务；上述异地提供的建筑业应税劳务是指独立核算纳税人在其机构所在地主管税务机关税收管辖范围以外提供的建筑业应税劳务。

（10）在中华人民共和国境内的电信单位提供电信业务的营业税纳税地点为电信单位机构所在地。

（11）在中华人民共和国境内的单位提供的设计（包括在开展设计时进行的勘探、测量等业务，下同）、工程监理、调试和咨询等应税劳务的，其营业税纳税地点为单位机构所在地。

(12) 在中华人民共和国境内的单位通过网络为其他单位和个人提供培训、信息和远程调试、检测等服务的，其营业税纳税地点为单位机构所在地。

四、纳税申报

营业税纳税人应按《营业税暂行条例》有关规定及时办理纳税申报，并如实填写《营业税纳税申请表》，请见《纳税申报实务》"营业税纳税申报"章节的相关内容。

第八节 综合案例分析

【例4-7】 某服务公司，位于县城，经营范围包括娱乐、饮食等方面，2012年发生的业务如下：
(1) 代售福利彩票100万元，取得手续费收入5万元。
(2) 餐厅饮食收入200万元，其中包括销售自制啤酒18吨取得的收入10万元。
(3) 招待所取得客房收入180万元，餐厅、歌厅、台球厅合计金额为210万元。
(4) 美容美发、足疗按摩，取得收入73万元。
(5) 搬家部门，当年的搬家业务收入为30万元。

【解析】 根据上述资料，该服务公司应进行如下纳税处理：
(1) 代售彩票应缴纳的服务业营业税＝5×5%＝0.25（万元）
(2) ①餐饮部门应缴纳的服务业营业税＝200×5%＝10（万元）
②饮食业销售的自制的啤酒要缴纳消费税。
啤酒销售缴纳的消费税＝18×250÷10 000＝0.45（万元）
(3) 招待所应缴纳的服务业营业税＝180×5%＋210×20%＝9＋42＝51（万元）
(4) 美容美发、足疗按摩应缴纳的服务业营业税＝73×5%＝3.65（万元）
(5) 搬家部门应缴纳的建筑业营业税＝30×3%＝0.9（万元）
搬家服务是交通运输业的征收范围。

【例4-8】 甲建筑工程公司（具备建筑行政部门批准的建筑业施工资质）下辖3个施工队、1个金属结构件工厂、1个招待所（均为非独立核算单位）。2012年12月经营业务如下：

(1) 承包某建筑工程项目，并与建设方签订建筑工程施工总承包合同，总承包合同明确工程总造价3 000万元，其中：建筑业劳务费价款1 000万元，由甲建筑工程公司提供、并按市场价确定的金属结构件金额500万元（购进金属结构件时取得相关的增值税专用发票，支付价款300万元）；建设方采购建筑材料等1 500万元。工程当年完工并进行了价款结算。

(2) 甲建筑工程公司将其中200万元的建筑工程项目分包给B建筑工程公司（B建筑工程公司为只提供建筑业劳务的单位）。

(3) 甲建筑工程公司向C建筑工程公司转让闲置办公用房一幢（购置原价700万元），取得转让收入1 300万元。

(4) 甲建筑工程公司招待所取得客房收入 30 万元，餐厅、歌厅、舞厅收入共 55 万元。

【解析】 根据上述资料，甲建筑工程公司应进行如下纳税处理：

(1) 甲建筑工程公司总承包建筑工程应纳建筑业营业税税额＝(3 000－200－500)×3％＝69（万元）

其中：

①200 万元分包款不作为该公司计算营业税的计税依据。

②500 万元自产金属结构件不作为该公司计算营业税的计税依据。

金属结构件工厂将进价 300 万元的金属结构件加工成市场价为 500 万元金属结构件，属于企业附设的工厂生产的其他构件，用于本企业的建筑工程的，应在移送使用时征收增值税。

③不管是采用包工包料方式还是包工不包料方式，建设方采购建筑材料等 1 500 万元应包含在建筑业营业税的计税依据中。

(2) 甲建筑工程公司转让办公用房应纳销售不动产营业税税额＝(1 300－700)×5％＝30（万元）

其中：计税依据为转让收入减除购置原价的差额。

(3) 甲建筑工程公司招待所收入应纳服务业和娱乐业营业税税额＝30×5％＋55×20％＝12.5（万元）

其中：

①客房收入应按服务业 5％的税率计算缴纳营业税。

②餐厅、歌厅、舞厅收入没有分别核算，从高按娱乐业 20％的税率计算缴纳营业税。

(4) 甲建筑工程公司提供金属结构件应纳增值税税额＝500÷(1＋17％)×17％－300×17％＝72.65－51＝21.65（万元）

其中：工程总价中的 500 万元是含税金额，注意换算成不含税金额。

(5) 甲建筑工程公司应代扣代缴 B 公司建筑业营业税税额＝200×3％＝6（万元）

自测题

一、名词解释

1. 营业税
2. 交通运输业
3. 建筑业
4. 金融保险业
5. 邮电通信业
6. 文化体育业
7. 娱乐业
8. 服务业
9. 营业额

二、简答题

1. 简述营业税的纳税义务人。
2. 简述营业税的征税范围。
3. 简述营业额的确定。
4. 简述几种特殊经营行为的税务处理。
5. 简述营业税的优惠政策。
6. 简述营业税的征收管理。

三、单项选择题

1. 下列经营者中，属于营业税纳税义

务人的是（　　）。

A. 从事修配业的个人
B. 发生销售货物并负责运输所售货物的运输单位
C. 从事缝纫业务的个体户
D. 从事货物保管业务的单位

2. 根据营业税法的规定，下列项目中，不是按"交通运输业"税目缴纳营业税的是（　　）。

A. 远洋运输企业从事程租业务取得的收入
B. 对公路经营企业收取的高速公路车辆通行费收入
C. 远洋运输企业从事光租业务取得的收入
D. 航空运输业从事湿租业务取得的收入

3. 根据营业税法的规定，下列项目不属于营业税征收范围的是（　　）。

A. 境内企业转让境外的土地使用权
B. 境外个人出租境内的不动产
C. 组织游客跨省旅游
D. 境外企业将无形资产转让给境内个人使用

4. 下列费用中，应征收营业税的有（　　）。

A. 法院规定标准收取的诉讼费
B. 注册会计师协会收取的会员费
C. 急救中心收取的治疗费
D. 搬家公司收取的搬家费

5. 现行营业税是按照（　　）设计税目税率的。

A. 地区　　　B. 产品
C. 行业　　　D. 纳税人性质

6. 下列项目中，目前不适用5%税率征收营业税的有（　　）。

A. 对港口设施经营人收取的港口设施保安费
B. 广告的播映

C. 旅游景点经营索道取得的收入
D. 报装环节一次收取的管道煤气集资费

7. 下列营业额的确定，符合《营业税暂行条例》及其实施细则规定的有（　　）。

A. 转让无形资产，以取得的销售收入减除规定的扣除项目金额为营业额
B. 娱乐场所经营娱乐业，向顾客收取的各项费用为营业额
C. 销售不动产，以取得的销售收入减除规定的扣除项目金额后的余额为营业额
D. 单位或个人进行演出，以全部票价收入或者包场收入为营业额

8. 某单位2008年10月购买一栋建筑物，原价2 000万元，2012年12月将其售出，全部收入2 500万元，该不动产已提折旧200万元，则该单位应纳营业税（　　）万元。

A. 125　　　B. 35
C. 25　　　D. 20

9. 某旅游企业组团到泰国旅游，共有游客80人，每人收费6 000元，境内期间为每人支付了交通费和餐费2 000元。出境后由泰国的旅游企业接团，并按每人2 400元付给泰国旅游企业，中国旅游企业应纳的营业税为（　　）元。

A. 24 000　　　B. 14 400
C. 16 000　　　D. 6 400

10. 某歌舞厅为顾客进行娱乐活动提供的饮食和销售的烟酒按（　　）征税。

A. 服务业
B. 娱乐业
C. 按货物和服务业分别
D. 分别按服务业、娱乐业

11. 某金融机构买卖债券，购入原价100万元，购入时发生费用和税金0.2万元，售出债券价格105万元，卖出过程中发生费用和税金0.11万元，则该金融机构

此项业务应纳的营业税为（　　）万元。

A. 0.1　　B. 0.15
C. 0.2　　D. 0.25

12. 某典当行 2012 年 12 月份发生以下业务：典当物品的销售取得的收入为 10 万元，抵押贷款利息收入为 12 万元。该典当行应缴纳营业税（　　）万元。

A. 1　　B. 0.6
C. 0.4　　D. 0.36

13. 某地邮电局 2012 年 12 月份发生以下经济业务：传递函件收入 10 万元；销售邮务物品收入 1 万元；报刊发行收入 5 万元；销售电信物品收入 4 万元；电话、电传收入 3 万元。该邮电局 12 月份应缴纳营业税（　　）万元。

A. 1.15　　B. 0.85
C. 0.75　　D. 0.69

14. 中山公园 2012 年 12 月份取得门票收入 20 万元；为某展览活动提供场地，取得收入 3 万元，为展览活动代销产品，取得代销手续费 5 万元。则该公园 12 月应缴纳营业税（　　）万元。

A. 1.4　　B. 1
C. 0.84　　D. 0.6

15. 按期缴纳营业税的纳税人，其起征点为月营业额（　　）元。

A. 200～500
B. 300～500
C. 5 000～20 000
D. 30 000

16. 个人按市场价格出租的居民住房（　　）。

A. 免征营业税
B. 按 3% 的税率减半征收营业税
C. 按 5% 的税率征收营业税
D. 按 10% 的税率征收营业税

17. 下列收入免征营业税的是（　　）。

A. 福利彩票机构发行销售彩票取得的收入

B. 代销福利彩票单位取得的代销手续费收入

C. 下岗职工从事的运输服务

D. 高校后勤实体为社会提供的住宿服务

18. 下列收入免征营业税的有（　　）。

A. 植物园收取的门票收入

B. 文化馆开办的少儿美术班收取的培训费用

C. 下岗职工从事的所有社区居民服务收取的收入

D. 农科院为农民举办的农作物病虫害防治培训班收取的培训费

19. 根据营业税法的规定，营业税的纳税期限是（　　）。

A. 5 日、10 日、15 日或者 1 个月

B. 5 日、10 日、15 日、1 个月或者 1 个季度

C. 1 日、3 日、5 日、10 日、15 日或者 1 个月

D. 1 日、3 日、5 日、10 日、15 日、1 个月或者 1 个季度

20. 营业税纳税人以 1 个月或者 1 个季度为一期纳税的，自期满之日起（　　）内申报纳税；以 5 日、10 日或者 15 日为一期纳税的，自期满之日起（　　）内预缴税款。

A. 15 日、5 日
B. 10 日、5 日
C. 15 日、10 日
D. 10 日、3 日

21. 下列各项不符合营业税纳税地点规定的是（　　）。

A. 纳税人提供应税劳务，应当向应税劳务发生地主管税务机关申报纳税

B. 纳税人从事运输事业，应当向应税劳务发生地主管税务机关申报纳税

C. 纳税人销售不动产，应当向不动产所在地主管税务机关申报纳税

D. 纳税人提供建筑业劳务，在建筑业应税劳务发生地纳税

22. 纳税人提供应税劳务，应当向应税劳务发生地主管税务机关申报纳税。纳税人从事运输业务，应当向（　　）主管税务机关申报纳税。

A. 其机构所在地
B. 运输目的地
C. 运输始发地
D. 劳务发生地

23. 下列关于建筑业营业税申报与管理规定不正确的是（　　）。

A. 纳税人提供建筑业或者租赁业劳务，采取预收款方式的，其纳税义务发生时间为收到预收款的当天
B. 建设方为扣缴义务人的，其扣缴义务发生时间为扣缴义务人支付工程款的当天
C. 纳税人将自建建筑物对外赠与，其建筑业应税劳务的纳税义务发生时间为该建筑物产权转移的当天
D. 扣缴义务人代扣代缴跨省工程的，其建筑业营业税税款的解缴地点为扣缴义务人的机构所在地

四、多项选择题

1. 营业税扣缴义务人包括（　　）。

A. 委托金融机构发放贷款的，其应纳税款以受托发放贷款的金融机构为扣缴义务人
B. 建筑业工程实行总承包、分包方式的，以总承包人为扣缴义务人
C. 境外单位或者个人在境内发生应税行为而在境内未设有机构的，其应纳税款以代理人为扣缴义务人；没有代理人的，以受让者或者购买者为扣缴义务人
D. 单位或者个人进行演出，由他人售票的，其应纳税款以售票者为扣缴义务人

2. 甲、乙双方合作建房，甲方以土地使用权换取乙方的房屋所有权，则（　　）税目缴纳营业税。

A. 甲方按转让无形资产
B. 甲方按销售不动产
C. 乙方按转让无形资产
D. 乙方按销售不动产

3. 下列应征营业税的有（　　）。

A. 发行福利彩票的收入
B. 代销福利彩票的手续费收入
C. 物业公司代收的煤气费
D. 物业公司代收煤气费的手续费收入

4. 下列属于营业税应税项目的是（　　）。

A. 转让专利权
B. 从事金融保险
C. 商品批发零售
D. 销售不动产

5. 下列属于营业税征税范围的是（　　）。

A. 服装加工　　B. 钟表修理
C. 销售不动产　D. 搬家业务

6. 下列不缴纳"转让无形资产"项目营业税的有（　　）。

A. 国家收取土地出让金的土地使用权出让
B. 国家从居民手中征地用于奥运场馆建设
C. 土地租赁
D. 企业之间购买土地使用权

7. 根据营业税法的规定，下列不属于营业税征税范围的有（　　）。

A. 境内保险公司为出口货物提供保险
B. 某美籍华人将其在中国境内的房产转让
C. 将无形资产投资后转让
D. 境外保险机构为境内货物提供保险

8. 下列行为中应当征收营业税的有（　　）。

A. 下岗职工开办的企业

B. 个人按照市价出租的居民住房
C. 代销福利彩票的手续费收入
D. 随汽车销售提供的汽车按揭服务

9. 根据营业税法的规定，下列项目中，要按"建筑业"税目缴纳营业税的是（　）。
   A. 投资入股的自建建筑物
   B. 管道煤气的集资费业务
   C. 搬家业务
   D. 个人自建自用住房销售的

10. 下列行为中，属于混合销售行为的是（　）。
    A. 某运输公司销售货物并负责运输所售货物
    B. 电信单位销售电信物品，并同时提供相关的电信服务
    C. 某公司既开设餐厅、客房，同时开设商场
    D. 某生产企业销售产品，同时开设娱乐场所

11. 下列关于"服务业"营业额说法正确的有（　）。
    A. 经营租赁业务所收取的全部费用为营业额
    B. 福利彩票机构发行福利彩票取得的收入不征收营业税
    C. 电脑福利彩票投注点代销福利彩票取得的任何形式的手续费收入为营业额
    D. 从事广告代理业务的，对其应按全额征收营业税

12. 纳税人提供应税劳务、转让无形资产或销售不动产价格明显偏低而无正当理由的，主管税务机关有权按下列顺序核定其营业额（　）。
    A. 按纳税人最近时期提供的同类应税劳务或者销售的同类不动产的平均价格核定
    B. 按其他纳税人最近时期提供的同类应税劳务或者销售的同类不动产的平均价格核定
    C. 按下列公式核定计税价格：
       组成计税价格＝营业成本或者工程成本×(1＋成本利润率)÷(1－营业税税率)
    D. 按下列公式核定计税价格：
       组成计税价格＝营业成本或者工程成本×(1＋成本利润率)÷(1＋营业税税率)

13. 以下按3%的税率征收营业税的项目有（　）。
    A. 装卸搬运
    B. 邮政储蓄
    C. 建筑装饰
    D. 出租居民住房

14. 目前，适用营业税税率为5%的有（　）。
    A. 金融保险业
    B. 服务业
    C. 娱乐业
    D. 销售不动产

15. 下列经营项目采用5%税率征收营业税的有（　）。
    A. 建筑工程承包收入
    B. 游艺厅游艺项目收入
    C. 银行办理支票业务收费
    D. 税务咨询收入

16. 下列关于营业税的计税依据的确定，说法不正确的是（　）。
    A. 自境内载运客货出境，在境外改由其他运输企业承运的，以全程运费为营业额
    B. 总承包人将工程分包或转包给他人的，以全部承包额为营业额
    C. 联运业务，以实际取得的营业收入（扣除支付给以后承运者的运费、装卸费、换装费等费用后的余额）为营业额
    D. 纳税人提供建筑业劳务（不含装饰劳务）的，其营业额应当包括工程所用原材料、设备及其他物资和动力价款在内，

但不包括建设方提供的设备的价款

17. 根据营业税税收优惠的规定，下列收入中免征营业税的有（　　）。

A. 残疾人企业为社会提供仓储保管服务收入

B. 文化馆开办的少儿美术班收取的培训费用

C. 学生勤工俭学提供的劳务收入

D. 纪念馆、博物馆、文化馆、美术馆、展览馆、书艺院、图书馆、文物保护单位举办文化活动的门票收入

18. 北京市甲某，2012 年 12 月份将其 2010 年购入的普通住宅（位于北京市）销售，原买价为 30 万元，现销售价格为 100 万元；当月另销售一商业用房（位于上海市），销售收入为 200 万元，该房系 2010 年以 40 万元的价格购买。下列表述正确的有（　　）。

A. 本月应缴纳营业税13.5 万元

B. 本月应缴纳营业税12.6 万元

C. 本月应缴纳营业税15 万元

D. 纳税地点分别为北京和上海

19. 关于营业税的减免税优惠政策，下列说法正确的有（　　）。

A. 幼儿园育养收入免征营业税

B. 个人转让著作权免征营业税

C. 对单位和个人从事技术转让、技术开发和与之相关的技术咨询、技术服务取得的收入，500 万元以下免征，超过 500 万元减半征收

D. 社会团体按规定标准收取的会费收入免征营业税

20. 根据营业税法的规定，下列劳务行为及收入免征或不征营业税的有（　　）。

A. 邮政部门销售集邮商品

B. 养老院提供的殡葬服务

C. 外国企业在我国境内从事国际航空运输业务

D. 残疾人员本人提供的广告设计和咨询服务

21. 下列项目免征营业税的有（　　）。

A. 托儿所、幼儿园、养老院、残疾人福利机构提供的育养服务、婚姻介绍、殡葬服务

B. 残疾人员个人为社会提供的劳务

C. 医院、诊所和其他医疗机构提供的医疗服务

D. 学校和其他教育机构提供的教育劳务，学生勤工俭学提供的劳务

22. 下列混合销售行为中应征营业税的有（　　）。

A. 工厂卖货并负责运输收入

B. 商场卖货并负责安装调试收入

C. 火车上销售食品饮料收入

D. 卡拉 OK 厅供应点心等小吃

23. 营业税纳税义务发生时间为（　　）。

A. 采取预收款方式提供租赁业劳务的，收到预收款的当天

B. 采取预收款方式转让土地使用权的，转让土地使用权的当天

C. 将自建建筑物对外赠与的，为该建筑物所有权转移的当天

D. 建筑方为扣缴义务人的，其扣缴义务发生时间为扣缴义务人支付工程款的当天

24. 以下符合营业税纳税地点规定的有（　　）。

A. 纳税人提供建筑业应税劳务，其营业税纳税地点为其机构所在地

B. 扣缴义务人代扣代缴跨省工程的营业税，建筑业营业税解缴地点为被扣缴纳税人的机构所在地

C. 纳税人转让土地使用权，应当向土地所在地主管税务机关申报纳税

D. 在中华人民共和国境内的单位通过网络为其他单位和个人提供培训、信息和远程调试、检测等服务的，其营业税的纳税地点为单位机构所在地

五、判断题

1. 单位将不动产无偿赠与他人，视同销售不动产。在销售不动产时连同不动产所占土地的使用权一并转让的行为，比照销售不动产征税。（ ）

2. 以不动产投资入股，参与接受投资方利润分配、共同承担投资风险的行为，不征营业税。但在投资后转让其股权，应征收营业税。（ ）

3. 纳税人兼营不同税目应税行为的，应当分别核算不同税目的营业额、转让额、销售额；未分别核算的，税务机关将平均适用税率。（ ）

4. 某人将自己购置的一套商品房赠送给自己的女儿，不征收营业税。（ ）

5. 个人转让专利权、非专利技术、商标权、著作权、商誉的，其应纳税款以受让者为扣缴义务人。（ ）

6. 纪念馆、博物馆、文化馆等单位举办文化活动的门票收入，宗教场所举办文化、宗教活动的门票收入，免征营业税。（ ）

7. 旅游企业组织旅游团到中华人民共和国境外旅游，在境外改由其他旅游企业接团，以全程旅游费减去付给该接团企业的旅游费后的余额为营业额。（ ）

8. 纳税人自建住房销售给本单位职工，属于内部自用，免征营业税。（ ）

9. 单位和个人销售或转让抵债所得的不动产、土地使用权的，以全部收入减去抵债时该项不动产或土地使用权作价后的余额为营业额。（ ）

10. 个人自建房屋销售的，免征营业税。（ ）

11. 纳税人兼营应税行为与货物或者非应税劳务的，未分别核算应税行为的营业额与货物或者非应税劳务的销售额的，由主管税务机关核定其应税行为营业额。（ ）

12. 纳税人自建房屋出售的，按销售不动产计征营业税。（ ）

13. 某省规定按期缴纳营业税的起征点为每月营业额5 000元，某纳税人月营业额5 500元，适用5%营业税税率，则应纳营业税税额25元（500×5%）。（ ）

14. 保险业务，纳税义务发生时间为取得保费收入或取得索取保费收入价款凭据的当天。（ ）

15. 纳税人转让土地使用权，应当向土地所在地主管税务机关申报纳税。（ ）

16. 纳税人承包的工程跨省、自治区、直辖市的，向其机构所在地主管税务机关申报纳税。（ ）

六、计算题

某市一娱乐公司2012年1月1日开业，经营范围包括娱乐业及服务业，当年收入情况如下：

（1）歌舞厅收入600万元。

（2）游戏厅收入200万元。

（3）保龄球馆收入120万元。

（4）美容美发、中医按摩收入250万元。

要求分项目计算：

（1）业务1应缴纳的营业税。

（2）业务2应缴纳的营业税。

（3）业务3应缴纳的营业税。

（4）业务4应缴纳的营业税。

七、综合题

某房地产公司（增值税小规模纳税人），具有建筑资质，2012年发生如下业务：

（1）销售自建的标准住宅，建筑成本为400万元，销售收入1 500万元。

（2）自建商品房，建筑面积为30万平方米，建筑成本为1 200元/平方米，售价为2 500元/平方米。当月销售22万平方米；无偿赠与关联企业的高管3万平方米。

（3）为了回笼资金，该房地产公司将

外购的一块土地使用权转让，取得转让价款 1 200 万元，该土地使用权外购价款为 1 300 万元。

（4）与某公司签订出租写字楼的协议，租金收入为每月 10 万元，从 12 月 1 日起租，租期为 3 年，预付 1 年的租金。

（5）销售自己使用过的机器设备，原值 10 万元，折旧 8 万元，销售收入为 3 万元。

已知：该公司建筑业成本利润率为 10%。

要求分项目计算：

（1）业务 1 应缴纳的营业税。
（2）业务 2 应缴纳的营业税。
（3）业务 3 应缴纳的营业税。
（4）业务 4 应缴纳的营业税。
（5）业务 5 应缴纳的增值税。

第五章 城市维护建设税法

城市维护建设税法是指国家制定的用以调整城市维护建设税征收与缴纳权利及义务关系的法律规范。现行城市维护建设税的基本规范，是1985年2月8日国务院发布并于同年1月1日实施的《中华人民共和国城市维护建设税暂行条例》(以下简称《城市维护建设税暂行条例》)。

城市维护建设税（以下简称城建税）是对从事工商经营，缴纳增值税、消费税、营业税的单位和个人征收的一种税。

第一节 纳税义务人

城建税的纳税义务人（以下简称纳税人）是指负有缴纳增值税、消费税和营业税"三税"义务的单位和个人，包括国有企业、集体企业、私营企业、股份制企业，其他企业和行政单位、事业单位、军事单位、社会团体、其他单位，以及个体工商户及其他个人。

自2010年12月1日起，对外商投资企业、外国企业及外籍个人（以下简称外资企业）征收城建税。对外资企业2010年12月1日（含）之后发生纳税义务的增值税、消费税、营业税征收城建税；对外资企业2010年12月1日之前发生纳税义务的"三税"，不征收城建税。

第二节 税率

一、三档差别比例税率

城建税税率是指纳税人应缴纳的城建税税额与纳税人实际缴纳的"三税"税额之间的比率。

城建税实行地区差别比例税率，按照纳税人所在地的不同，设置了三档地区差别比例税率，具体为：

(1) 纳税人所在地为市区的，税率为7%。
(2) 纳税人所在地为县城、建制镇的，税率为5%。
(3) 纳税人所在地不在市区、县城或者建制镇的，税率为1%。

二、具体适用税率的确定

城建税的适用税率，应当按纳税人所在地的规定税率执行。但是对下列两种情况，可按缴纳"三税"所在地的规定税率就地缴纳城建税：

（1）由受托方代扣代缴、代收代缴"三税"的单位和个人，其代扣代缴、代收代缴的城建税，按受托方所在地适用税率执行。

（2）流动经营等无固定纳税地点的单位和个人，在经营地缴纳"三税"的，其城建税的缴纳按经营地适用税率执行。

第三节 计税依据

城建税的计税依据是指纳税人实际缴纳的"三税"税额。

纳税人违反"三税"有关税法而加收的滞纳金和罚款，是税务机关对纳税人违法行为的经济制裁，不作为城建税的计税依据，但纳税人在被查补"三税"和被处以罚款时，应同时对其偷漏的城建税进行补税、征收滞纳金和罚款。

城建税以"三税"税额为计税依据并同时征收，如果要免征或者减征"三税"，也就要同时免征或者减征城建税。

自1997年1月1日起，供货企业向出口企业和市县外贸企业销售出口产品时，以增值税当期销项税额抵扣进项税额后的余额，计算缴纳城建税。

但对出口产品退还增值税、消费税的，不退还已缴纳的城建税。

自2005年1月1日起，经国家税务总局正式审核批准的当期免抵的增值税税额应纳入城建税和教育费附加的计征范围，分别按规定的税（费）率征收城建税和教育费附加。2005年1月1日前，已按免抵的增值税税额征收的城建税和教育费附加不再退还，未征的不再补征。

第四节 应纳税额的计算

城建税纳税人以其实际缴纳的"三税"税额为计税依据，计算确定应纳城建税税额的大小，具体计算公式为：

$$应纳税额 = 实际缴纳的增值税、消费税、营业税 \times 适用税率$$

【例5-1】 某市区一家内资企业2012年12月份实际缴纳增值税20万元，缴纳消费税30万元，缴纳营业税10万元。

【解析】 根据上述资料，该企业应进行如下纳税处理：

$$应纳城建税税额 = (实际缴纳的增值税 + 实际缴纳的消费税 + 实际缴纳的营业税) \times 适用税率$$
$$= (20+30+10) \times 7\% = 4.2（万元）$$

第五节 税收优惠

城建税原则上不单独减免，但因城建税又具附加税性质，当主税发生减免时，城建税相应发生税收减免。城建税的税收减免具体有以下几种情况：

（1）城建税按减免后实际缴纳的"三税"税额计征，即随"三税"的减免而减免。

（2）对于因减免税而需进行"三税"退库的，城建税也可同时退库。

（3）海关对进口产品代征的增值税、消费税，不征收城建税。

（4）为支持三峡工程建设，对三峡工程建设基金，自 2004 年 1 月 1 日至 2009 年 12 月 31 日期间，免征城建税和教育费附加。

（5）对"三税"实行先征后返、先征后退、即征即退办法的，除另有规定外，对随"三税"附征的城建税和教育费附加，一律不予退（返）还。

第六节 征收管理

一、纳税环节

城建税的纳税环节是指《城市维护建设税暂行条例》规定的纳税人应当缴纳城建税的环节。城建税的纳税环节，实际就是纳税人缴纳"三税"的环节。纳税人只要发生"三税"的纳税义务，就要在同样的环节，分别计算缴纳城建税。

二、纳税期限

由于城建税是由纳税人在缴纳"三税"时同时缴纳的，所以其纳税期限分别与"三税"的纳税期限一致。根据增值税法和消费税法规定，增值税、消费税的纳税期限分别为 1 日、3 日、5 日、10 日、15 日、1 个月或者 1 个季度；根据营业税法规定，营业税的纳税期限分别为 5 日、10 日、15 日、1 个月或者 1 个季度。增值税、消费税、营业税的纳税人的具体纳税期限，由主管税务机关根据纳税人应纳税额大小分别核定；不能按照固定期限纳税的，可以按次纳税。

由于《城市维护建设税暂行条例》是在 1994 年分税制前制定的，1994 年后，增值税、消费税由国家税务局征收管理，而城建税由地方税务局征收管理，因此，在缴税入库的时间上不一定完全一致。

三、纳税地点

城建税以纳税人实际缴纳的增值税、消费税、营业税税额为计税依据，分别与"三税"同时缴纳。所以，纳税人缴纳"三税"的地点，就是该纳税人缴纳城建税的地点。但是，属于下列情况的，纳税地点为：

（1）代扣代缴、代收代缴"三税"的单位和个人，同时也是城建税的代扣代缴、代收代缴义务人，其城建税的纳税地点在代扣代收地。

（2）跨省开采的油田，下属生产单位与核算单位不在同一个省内的，其生产的原油，在油井所在地缴纳增值税，其应纳税款由核算单位按照各油井的产量和规定税率，计算汇拨各油井缴纳。所以，各油井应纳的城建税，应由核算单位计算，随同增值税一并汇拨各油井所在地，由油井在缴纳增值税的同时，一并缴纳。

（3）对管道局输油部分的收入，由取得收入的各管道局于所在地缴纳营业税。所以，其应纳城建税，也应由取得收入的各管道局于所在地缴纳营业税时一并缴纳。

（4）对流动经营等无固定纳税地点的单位和个人，应随同"三税"在经营地按适用税率缴纳城建税。

四、纳税申报

城建税纳税人应按《城市维护建设税暂行条例》有关规定及时办理纳税申报，并如实填写城市维护建设税纳税申报表，请见《纳税申报实务》"城市维护建设税纳税申报"章节的相关内容。

第七节 综合案例分析

【例5-2】 某县城一家实行增值税"免、抵、退"税的生产企业，在2012年12月进口货物向海关缴纳增值税22.5万元、消费税15万元；当月向主管税务机关申报应纳增值税－80万元、出口货物"免、抵、退"税额102万元。

【解析】 根据上述资料，该企业应进行如下纳税处理：

城建税和教育费附加有着"进口不征、出口不退"的原则，出口当期免抵的增值税税额应纳入城建税和教育费附加的计征范围，分别按规定的税（费）率征收城建税和教育费附加。

应缴纳的城建税和教育费附加＝(102－80)×(5％＋3％)＝1.76（万元）

【例5-3】 某一位于市区的汽车厂为增值税一般纳税人，2012年12月发生如下业务：

（1）以折扣销售方式按5％折扣率向汽贸公司销售A型小汽车200辆，每辆4.8万元（不含增值税），并在同一张增值税专用发票上分别注明销售额和折扣额。A型小汽车适用的消费税税率为5％。

（2）销售给某单位B型小汽车10辆，单价6万元（含增值税），因对方提前付款，决定给予2％的销售折扣。B型小汽车适用的消费税税率为9％。

（3）该厂自用A型小汽车3辆。

（4）外购钢材支付货款560万元，取得的增值税专用发票上注明的增值税款95.20万元，购入钢材取得的运输单位开具的普通发票上注明的运费2万元、装卸费0.3万元，且发票已通过认证。

（5）外购机床2台，价值35万元，取得的增值税专用发票上注明的增值税款5.95万元，且发票已通过认证。

（6）该公司还从事设备租赁业务，当月出租3台设备，月租金合计1.5万元。

（7）该厂附设的非独立核算的营业性饭店当月取得住宿费收入50万元，餐厅收入40万元，卡拉OK歌舞厅收入30万元。当地政府核定的娱乐业营业税税率为20％。

【解析】 根据上述资料，该汽车厂应进行如下纳税处理：

（1）应纳的增值税：

销项税额 = 200×4.8×(1−5%)×17% + 10×6÷(1+17%)×17% + 3×4.8×17%
       = 166.21（万元）

进项税额 = 95.20 + 2×7% + 5.95 = 101.29（万元）

应纳增值税税额 = 166.21 − 101.29 = 64.92（万元）

（2）应纳的消费税：

应纳消费税税额 = 200×4.8×(1−5%)×5% + 10×6÷(1+17%)×9% + 3×4.8×5%
            = 50.94（万元）

（3）应纳的营业税：

应纳营业税税额 = 1.5×5% + (50+40)×5% + 30×20% = 10.58（万元）

（4）应纳的城建税：

应纳城建税税额 = (实际缴纳的增值税 + 实际缴纳的消费税 + 实际缴纳的营业税) × 适用税率
            = (64.92 + 50.94 + 10.58) × 7% = 8.85（万元）

（5）应纳的教育费附加：

应纳教育费附加 = (实际缴纳的增值税 + 实际缴纳的消费税 + 实际缴纳的营业税) × 征收比率
            = (64.92 + 50.94 + 10.58) × 3% = 3.79（万元）

（6）应纳税费合计：

应纳税费合计 = 应纳增值税税额 + 应纳消费税税额 + 应纳营业税税额 + 应纳城建税税额 + 应纳教育费附加
           = 64.92 + 50.94 + 10.58 + 8.85 + 3.79 = 139.08（万元）

附：教育费附加的有关规定

一、教育费附加概述

教育费附加是对缴纳增值税、消费税、营业税的单位和个人，就其实际缴纳的"三税"税额为计算依据征收的一种附加费。

二、教育费附加的征收范围及计征依据

教育费附加对缴纳增值税、消费税、营业税的单位和个人征收，以其实际缴纳的"三税"税额（不包括加收的滞纳金和罚款）为计征依据，分别与增值税、消费税、营业税同时缴纳。

自2010年12月1日起，对外商投资企业、外国企业及外籍个人（以下简称外资企业）征收教育费附加。对外资企业2010年12月1日（含）之后发生纳税义务的增值税、消费税、营业税征收教育费附加；对外资企业2010年12月1日之前发生纳税义务的"三税"，不征收教育费附加。

三、教育费附加计征比率

教育费附加计征比率曾几经调整，现行教育费附加征收比率为3%。

四、教育费附加的计算

教育费附加的计算公式为：

应纳教育费附加＝实际缴纳的增值税、消费税、营业税×征收比率

【例5-4】 沿用【例5-1】。

【解析】 根据上述资料，该企业应进行如下纳税处理：

应纳教育费附加 ＝（实际缴纳的增值税＋实际缴纳的消费税＋实际缴纳的营业税）×征收比率
＝(20＋30＋10)×3%＝1.8（万元）

五、教育费附加的减免规定

(1) 对海关进口的产品征收的增值税、消费税，不征收教育费附加。

(2) 对由于减免增值税、消费税和营业税而发生退税的，可同时退还已征收的教育费附加。但对出口产品退还增值税、消费税的，不退还已征收的教育费附加。

自测题

一、名词解释
1. 城市维护建设税
2. 教育费附加
3. "三税"

二、简答题
1. 简述城市维护建设税和教育费附加的计税依据。
2. 简述城市维护建设税的税率。
3. 简述城市维护建设税应纳税额的计算。
4. 简述应纳教育费附加的规定。

三、单项选择题
1. 下列说法正确的有（　　）。
   A. 只要缴纳增值税就会缴纳城建税
   B. 同时缴纳增值税、消费税、营业税的纳税人才能成为城建税的纳税人
   C. 只要退还三税就退还城建税
   D. 城建税的纳税人是缴纳增值税、消费税、营业税的单位和个人

2. 单位和个人发生下列（　　）行为，在缴纳相关税种的同时，还应缴纳城建税。
   A. 企业购置车辆
   B. 科研单位取得技术转让收入
   C. 个人取得有奖发票中奖所得
   D. 商场销售有形动产

3. 下列税率中，不属于城建税适用税率的是（　　）。
   A. 1%　B. 3%
   C. 5%　D. 7%

4. 由受托方代收代缴、代扣代缴"三税"的单位和个人，其代收代缴、代扣代缴的城建税按（　　）税率执行。
   A. 从高
   B. 税务机关决定
   C. 受托方所在地
   D. 委托方所在地

5. 下列不属于城建税的计税依据的是

( )。

A. 纳税人实际缴纳的增值税
B. 纳税人实际缴纳的土地增值税
C. 纳税人实际缴纳的消费税
D. 纳税人实际缴纳的营业税

6. 下列各项中,可以作为城建税计税依据的是( )。

A. 纳税人因少缴增值税,税务机关对其追缴的滞纳金
B. 纳税人因偷逃消费税,被税务机关处以的罚款
C. 纳税人因少缴营业税,被税务机关要求补缴的营业税
D. 纳税人因违反增值税相关法律,被税务机关处以的罚款

7. 下列各项中,不作为城建税计税依据的是( )。

A. 纳税人被认定为偷税少缴的增值税税款
B. 纳税人被认定为抗税少缴的消费税税款
C. 纳税人欠缴的营业税税款
D. 对欠缴增值税加收的滞纳金

8. 下列情况中,符合城建税有关规定的是( )。

A. 个体经营者不缴纳城建税
B. 流动经营者的纳税人在经营地缴纳城建税
C. 流动经营者的纳税人在居住地缴纳城建税
D. 城建税的减免只有省、市、自治区政府有权决定

9. 下列行为中,需要缴纳城建税和教育费附加的有( )。

A. 企业购买房屋行为
B. 政府机关出租房屋行为
C. 个人存款利息
D. 企业产权整体转让行为

10. 自2005年1月1日起,经国家税务总局正式审核批准的当期( )应纳入城建税和教育费附加的计征范围。

A. 免、抵、退增值税税额
B. 应退增值税税额
C. 免抵的增值税税额
D. 留抵的税额

11. 甲生产企业地处县城,2012年12月当月委托某市的乙企业加工应税消费品,乙企业代收代缴消费税20万元;本月甲企业缴纳增值税40万元。则甲企业应缴纳城建税( )万元。

A. 2   B. 3
C. 3.4   D. 4.2

12. 某市境内企业在2012年年底实际缴纳增值税50万元,消费税30万元,营业税10万元,企业所得税65万元,计算该企业2012年应缴纳的城建税和教育费附加为( )万元。

A. 4.5   B. 6.3
C. 7.2   D. 9

13. 某县城B企业2012年12月被查补增值税4 000元、消费税3 000元、所得税5 000元,被加收滞纳金300元,被处罚款800元。该企业应补缴城建税( )元。

A. 350   B. 405
C. 600   D. 655

14. 某县城一卷烟厂2012年12月份销售卷烟600标准箱,取得不含税销售额720万元。则该卷烟厂当月应缴纳的城建税为( )万元。

A. 19.08   B. 13.41
C. 26.28   D. 26.73

15. 设在某县城的广告公司,在2012年12月份收取广告收入100 000元,支付广告发布费50 000元,支付广告制作费10 000元。该广告公司应缴纳的城建税为( )元。

A. 100   B. 125
C. 140   D. 250

16. 某位于县城的缝纫企业（增值税一般纳税人），于2012年12月份提供加工劳务取得的收入为58 500元（开具增值税普通发票），销售缝纫制品，取得的收入为4 000元（开具了增值税专用发票），该缝纫企业在2012年12月缴纳城建税（　　）元。

　　A. 454.06　　B. 459
　　C. 531.25　　D. 642.6

17. 某市一建筑公司隐瞒收入30万元，被查补营业税，并处3倍罚款，则应查补和处罚的城建税为（　　）元。

　　A. 2 520　　B. 4 200
　　C. 13 440　　D. 48 000

18. 某县城一加工企业2012年12月份因进口半成品缴纳增值税120万元且已通过认证，销售缴纳增值税280万元，本月又出租门面房收到租金40万元，该企业本月应缴纳城建税和教育费附加为（　　）万元。

　　A. 22.56　　B. 25.6
　　C. 28.2　　D. 35.2

19. 流动经营的单位，在经营地缴纳"三税"的，则其城建税应（　　）。

　　A. 按经营地适用税率计算缴纳
　　B. 按机构所在地适用税率计算缴纳
　　C. 在年底时一并计算缴纳
　　D. 无须缴纳

20. 地处某建制镇的一家加工厂为市区一酿酒厂加工一批白酒，白酒应纳城建税的纳税地点为（　　）。

　　A. 酿酒厂所在地
　　B. 酿酒厂居住地
　　C. 加工厂所在地
　　D. 双方协商

四、多项选择题

1. 下列关于城建税的说法，正确的是（　　）。

　　A. 城建税是一种附加税
　　B. 税款专门用于城市的公用事业和公共设施的维护建设
　　C. 外商投资企业和外国企业不征收城建税
　　D. 海关对进口产品代征增值税、消费税、城建税

2. 下列各项中，属于城建税的纳税义务人的是（　　）。

　　A. 负有缴纳增值税义务的国有企业
　　B. 负有缴纳营业税义务的集体企业
　　C. 负有缴纳"三税"义务的外国企业
　　D. 负有缴纳消费税义务的事业单位

3. 城建税的征税范围包括（　　）。

　　A. 城市市区
　　B. 城市郊区
　　C. 县城
　　D. 建制镇

4. 下列关于城建税的适用税率说法正确的有（　　）。

　　A. 由受托方代扣代缴、代收代缴"三税"的单位和个人，其代扣代缴、代收代缴的城建税按委托方所在地适用税率执行
　　B. 由受托方代扣代缴、代收代缴"三税"的单位和个人，其代扣代缴、代收代缴的城建税按受托方所在地适用税率执行
　　C. 流动经营等无固定纳税地点的单位和个人，在经营地缴纳"三税"的，其城建税的缴纳按经营地适用税率执行
　　D. 流动经营等无固定纳税地点的单位和个人，在经营地缴纳"三税"的，其城建税的缴纳按纳税人居住所在地适用税率执行

5. 关于城建税，下列说法不正确的是（　　）。

　　A. 城建税的计税依据是纳税人实际缴纳增值税、消费税、营业税的税额
　　B. 纳税人偷漏的"三税"，一并计入

城建税的计税依据

C. 对出口产品退还增值税、消费税的，也退还已缴纳的城建税

D. 因减免税而发生增值税、消费税、营业税退库的，城建税不能退回

6. 下列各项中，不符合城建税相关规定的有（　　）。

A. 跨省开采的油田，下属生产单位与核算单位不在同一个省内的，其生产的原油，在油井所在地缴纳增值税

B. 营业税纳税人跨省承包工程应按劳务发生地适用税率缴纳城建税

C. 代扣代缴的城建税应按照被扣缴纳税人所在地适用税率缴纳城建税

D. 流动经营的单位应随同缴纳"三税"的经营地的适用税率缴纳城建税

7. 下列关于城建税的税收优惠，说法正确的有（　　）。

A. 城建税按减免后实际缴纳的"三税"税额计征，即随"三税"的减免而减免

B. 对于因减免税而需进行"三税"退库的，城建税也可同时退库

C. 海关对进口产品代征的增值税、消费税，不征收城建税

D. 对"三税"实行先征后返、先征后退、即征即退办法的，除另有规定外，对随"三税"附征的城建税和教育费附加，一律不予退（返）还

8. 下列收入中，属于免征城建税的有（　　）。

A. 批发和零售有机肥产品取得的收入

B. 个人转让著作权的收入

C. 企业转让无形资产的收入

D. 石家庄地区供热企业向企业收取的采暖费收入

9. 下列各项中，可以作为城建税计税依据的是（　　）。

A. 纳税人滞纳营业税而加收的滞纳金

B. 纳税人享受减免税后实际缴纳的营业税

C. 纳税人偷逃增值税被处以的罚款

D. 纳税人偷逃消费税被查补的税款

10. 下列各项中，符合城建税规定的有（　　）。

A. 只要缴纳增值税、消费税、营业税的单位和个人都是城建税的纳税人

B. 因减免税而需进行"三税"退库的，可同时退还城建税

C. 对出口产品退还增值税、消费税的，不退还已缴纳的城建税

D. 海关对进口产品代征的增值税、消费税，不征收城建税

11. 某汽车制造厂出口自产小汽车，下列税费中不可申请退还的有（　　）。

A. 教育费附加　　B. 增值税
C. 城建税　　　　D. 消费税

12. 某纳税人按税法规定，增值税享受先征后返的优惠政策，其城建税的处理办法是（　　）。

A. 缴纳增值税同时缴纳城建税

B. 返增值税同时返城建税

C. 缴纳增值税时，按比例返还已缴纳的城建税

D. 返还增值税时不返还城建税

13. 市区某纳税人无故拖欠了消费税10万元，经查出后，补交了拖欠的消费税，同时加罚了滞纳金600元。下列说法正确的有（　　）。

A. 补缴的城建税7 000元

B. 补缴的城建税5 000元

C. 补缴的滞纳金42元

D. 补缴的滞纳金30元

14. 下列各项中，符合城建税纳税地点规定的有（　　）。

A. 取得输油收入的管道局，为管道

局所在地纳税

B. 流动经营无固定地点的单位，应随同"三税"在经营地纳税

C. 代扣代缴"三税"的单位和个人，为代扣代缴地纳税

D. 跨省开采的油田，下属生产单位与核算单位不在一个省内生产的原油，在核算地纳税

15. 下列各项中，不能退免城建税和教育费附加的有（　　）。

A. "三税"的直接减免

B. "三税"的先征后返

C. "三税"的先征后退

D. "三税"的即征即退

16. 某企业生产销售汽油，取得的销售收入应缴纳（　　）。

A. 增值税　　B. 消费税

C. 城建税　　D. 教育费附加

17. 下列企业中，不需要缴纳教育费附加的有（　　）。

A. 既从事内销业务又从事出口业务的企业

B. 出租房屋的政府机关

C. 销售货物的外贸投资企业

D. 进口货物自用的企业

五、判断题

1. 某市区一卷烟厂委托某县城一烟丝厂加工一批烟丝，委托方提供原材料30 000元，支付加工费5 000元（不含增值税），烟丝消费税税率为30%，这批烟丝无同类产品市场价格。受托方代收代缴消费税时，应代收代缴的城建税为1 050元。（　　）

2. 根据城市维护建设税法的规定，对出口产品退还增值税、消费税的，不退还已缴纳的城建税。（　　）

3. 由受托方代收代缴消费税的，应代收代缴的城建税按委托方所在地的适用税率计算。（　　）

4. 城建税的计税依据为纳税人实际缴纳的增值税、消费税、营业税和查补的增值税、消费税、营业税，以及对纳税人违反增值税、消费税、营业税法规定而加收的滞纳金和罚款。（　　）

5. 城建税随增值税、消费税、营业税的纳税环节分别在销售、进口等环节纳税。（　　）

6. 对流动经营等无固定纳税地点的单位和个人，应随同"三税"在经营地按适用税率缴纳城建税。（　　）

7. 进口环节代征增值税也要代征教育费附加。（　　）

8. 不论"三税"采用何种退免形式，除出口退税外，随"三税"附征的城建税和教育费附加都可以退（返）。（　　）

六、计算题

某建制镇的甲卷烟厂，2012年12月缴纳增值税30 000元、消费税40 000元，被查补增值税5 000元、消费税10 000元，处以罚款8 000元，加收滞纳金600元。

要求：计算甲卷烟厂2012年12月应缴纳的城建税和教育费附加。

七、综合题

某市区日化厂为增值税一般纳税人，主要生产香水和普通护肤霜，2012年11月增值税留抵进项税额3 000元，2012年12月发生如下业务：

（1）进口香水精2 000克，关税完税价格20 000元，关税税率为20%，消费税税率为30%，增值税税率为17%，取得海关完税凭证。

（2）购进酒精，增值税专用发票注明价款10 000元，进项税额1 700元。

（3）用香水精和酒精加工香水，期初香水精账面无余额，期末香水精账面余额100克，将当期购入酒精全部领用。

（4）生产普通护肤霜1吨，成本100 000元。

（5）销售普通护肤霜0.6吨，不含增

值税价格 90 000 元。

(6) 将 0.2 吨普通护肤霜捐赠灾区，0.2 吨普通护肤霜赠送客户作宣传品。

(7) 销售香水取得不含税销售额 400 000 元，香水消费税税率为 30%。

(8) 提供并单独核算的运输劳务收入为 10 000 元。

(9) 相关票据均已通过认证。

要求：

(1) 计算进口环节应缴纳的消费税和增值税。

(2) 计算当期应缴纳的增值税。

(3) 计算当期应缴纳的消费税。

(4) 计算当期应缴纳的营业税。

(5) 计算当期应缴纳的城建税和教育费附加。

第六章 关税法

关税法是指国家制定的用以调整关税征收与缴纳权利及义务关系的法律规范。现行关税法律规范以全国人民代表大会于 2000 年 7 月修正颁布的《中华人民共和国海关法》（以下简称《海关法》）为法律依据，以国务院于 2003 年 11 月发布的《中华人民共和国进出口关税条例》（以下简称《进出口关税条例》），以及由国务院关税税则委员会审定并报国务院批准，作为条例组成部分的《中华人民共和国海关进出口税则》（以下简称《海关进出口税则》）和《中华人民共和国海关入境旅客行李物品和个人邮递物品征收进口税办法》为基本法规，由负责关税政策制定和征收管理的主管部门依据基本法规拟定的管理办法和实施细则为主要内容。

关税是海关依法对进出境货物、物品征收的一种税。我国目前对进出境货物征收的关税分为进口关税和出口关税两类。"境"指关境，又称"海关境域"或"关税领域"，是国家《海关法》全面实施的领域。在通常情况下，一国关境与国境是一致的，包括国家全部的领土、领海、领空。但当某一国家在国境内设立了自由港、自由贸易区等，这些区域虽在国境之内，但就进出口关税而言却处在关境之外，这时，该国家的关境小于国境，如我国，香港和澳门保持自由港地位，为我国单独的关境地区，即单独关境区。相反，当几个国家结成关税同盟、组成一个共同的关境、实行统一的关税法令和统一的对外税则时，这些国家彼此之间货物进出国境不征收关税，只对来自或运往其他国家的货物进出共同关境时征收关税，这些国家的关境大于国境，如欧盟。

第一节 纳税义务人

进口货物的收货人、出口货物的发货人，进出境物品的所有人，是关税的纳税义务人（以下简称纳税人）。关税的纳税人包括货物的纳税人和物品的纳税人。

一、货物的纳税人

进出口货物的收、发货人是关税的纳税人，是依法取得对外贸易经营权，并进口或者出口货物的法人或者其他社会团体。

二、物品的纳税人

进出境物品的纳税人为进出境物品的所有人，包括该物品的所有人和推定为所有人的人。一般情况下，对于携带进境的物品，推定其携带人为所有人；对分离运输的行李，推定相应的进出境旅客为所有人；对以邮递方式进境的物品，推定其收件人为所有人；以邮递或其他运输方式出境的物品，推定其寄件人或托运人为所有人。

第二节 征税对象

关税的征税对象是准许进出境的货物和物品。货物是指贸易性商品。物品是指入境旅客随身携带的行李物品、个人邮递物品，各种运输工具上的服务人员携带进口的自用物品、馈赠物品以及其他方式进境的个人物品。

第三节 进出口税则

一、进出口税则概况

关税的税目、税率由《海关进出口税则》规定。进出口税则是一国政府根据国家关税政策和经济政策，通过一定的立法程序制定公布实施的进出口货物和物品应税的关税税率表。我国现行进出口税则主要包括《进出口关税条例》、《税率适用说明》、《中华人民共和国海关进口税则》、《中华人民共和国海关出口税则》及《进口商品从量税、复合税、滑准税税目税率表》、《进口商品关税配额税目税率表》、《进口商品税则暂定税率表》、《出口商品税则暂定税率表》、《非全税目信息技术产品税率表》等附录。

税率表作为税则主体，包括税则商品分类目录和税率栏两大部分。税则商品分类目录是把种类繁多的商品加以综合，按照其不同特点分门别类地简化成数量有限的商品类目，分别编号按序排列，称为税则号列，并逐号列出该号中应列入的商品名称。商品分类的原则即归类规则，包括归类总规则和各类、章、目的具体注释。税率栏是按商品分类目录逐项定出的税率栏目。我国现行进口税则为四栏税率，出口税则为一栏税率。按税则商品分类目录体系划分，新中国成立以来，我国分别于1951年、1985年、1992年先后实施了三部进出口税则，进出口商品都采用同一税则目录分类。

二、税则归类

税则归类，就是按照税则的规定，将每项具体进出口商品按其特性在税则中找出其最适合的某一个税号，即"对号入座"，以便确定其适用的税率，计算关税税负。税则归类错误会导致关税的多征或少征，影响关税作用的发挥。因此，税则归类关系到关税政策的正确贯彻。税则归类一般按以下步骤进行：

(1) 了解需要归类的具体进出口商品的构成、材料属性、成分组成、特性、用途和功能。

(2) 查找有关商品在税则中拟归的类、章及税号。对于原材料性质的货品，应首先考虑按其属性归类；对于制成品，应首先考虑按其用途归类。

(3) 将考虑采用的有关类、章及税号进行比较，筛选出最为合适的税号。在比较、筛选时，首先看类、章的注释有无具体描述归类对象或其类似品，已具体描述的，按类、章的规定办理；其次是查阅《HS 注释》，确切地了解有关类、章及税号范围。

（4）通过以上方法也难以确定的税则归类商品，可运用归类总规则的有关条款来确定其税号。如进口地海关无法解决的税则归类问题，应报海关总署明确。

三、税率

（一）进口关税税率

1. 税率的设置与适用

在我国加入世界贸易组织（WTO）之后，为履行我国在加入 WTO 关税减让谈判中承诺的有关义务，享有 WTO 成员应有的权利，自 2002 年 1 月 1 日起，我国进口税则设有最惠国税率、协定税率、特惠税率、普通税率等税率。

最惠国税率适用原产于与我国共同适用最惠国待遇条款的 WTO 成员国或地区的进口货物，或原产于与我国签订有相互给予最惠国待遇条款的双边贸易协定的国家或地区进口的货物，以及原产于我国境内的进口货物。协定税率适用原产于我国参加的含有关税优惠条款的区域性贸易协定有关缔约方的进口货物。目前对原产于韩国、斯里兰卡和孟加拉国 3 个曼谷协定成员的 739 个税目进口商品实行协定税率（即曼谷协定税率）。特惠税率适用原产于与我国签订有特殊优惠关税协定的国家或地区的进口货物。目前对原产于孟加拉国的 18 个税目进口商品实行特惠税率（即曼谷协定特惠税率）。普通税率适用原产于上述国家或地区以外的其他国家或地区的进口货物。按照普通税率征税的进口货物，经国务院关税税则委员会特别批准，可以适用最惠国税率。

适用最惠国税率、协定税率、特惠税率的国家或地区名单，由国务院关税税则委员会决定。

2. 税率计征办法

我国对进口商品基本上都实行从价税，从 1997 年 7 月 1 日起，我国对部分产品实行从量税、复合税和滑准税。

从价税是以进口货物的完税价格作为计税依据，以应征税额占货物完税价格的百分比作为税率，用完税价格乘以进口关税税率来计征进口关税。

从量税是以进口商品的重量、长度、容量、面积等计量单位为计税依据，以每一种进口商品的单位税额为定额税率，用计量单位乘以进口关税定额税率来计征进口关税。目前我国对原油、部分鸡产品、啤酒、胶卷进口分别以重量、容量、面积计征从量税。

复合税是对某种进口商品同时使用从价和从量计征的一种计征关税的方法。目前我国对录像机、放像机、摄像机、数字照相机和摄录一体机实行复合税。例如，现行进口税则中"广播级录像机"的最惠国税率：当每台价格不高于 2 000 美元时，执行 30% 的单一从价税；当每台价格高于 2 000 美元时，每台征收 4 374 元的从量税，再加上 3% 的从价税。

滑准税是一种关税税率随进口商品价格由高到低而由低到高设置关税税率计征关税的方法，可以使进口商品价格越高，其进口关税税率越低，进口商品的价格越低，其进口关税税率越高。其主要特点是可保持滑准税商品的国内市场价格的相对稳定，尽可能减少国际市场价格波动的影响。目前我国对新闻纸实行滑准税。

(二) 出口关税税率

我国出口税则为一栏税率,即出口税率。国家仅对少数资源性产品及易于竞相杀价、盲目进口、需要规范出口秩序的半制成品征收出口关税。现行税则对100余种商品计征出口关税,主要是鳗鱼苗、部分有色金属矿砂及其精矿、生锑、磷、氟钽酸钾、苯、山羊板皮、部分铁合金、钢铁废碎料、铜和铝原料及其制品、镍锭、锌锭、锑锭。出口商品税则税率一直未予调整,税率为20%~40%。但上述范围内的部分商品实行0~25%的暂定税率,此外,根据需要对其他200多种商品征收暂定税率。与进口暂定税率一样,出口暂定税率优先适用于出口税则中规定的出口税率。

(三) 特别关税

特别关税包括报复性关税、反倾销税与反补贴税、保障性关税。征收特别关税的货物、适用国别、税率、期限和征收办法,由国务院关税税则委员会决定,海关总署负责实施。

1. 报复性关税

报复性关税是指为报复他国对本国出口货物的关税歧视,而对相关国家的进口货物征收的一种进口附加税。任何国家或者地区对其进口的原产于我国的货物征收歧视性关税或者给予其他歧视性待遇的,我国对原产于该国家或者地区的进口货物征收报复性关税。

2. 反倾销税与反补贴税

反倾销税与反补贴税是指进口国海关对外国的倾销商品,在征收关税的同时附加征收的一种特别关税,其目的在于抵销他国补贴。在激烈的市场竞争中,倾销和补贴行为在国际贸易中时常发生,且有愈演愈烈之势,其危害是使用不公平手段抢占市场份额,抑制我国相关产业的发展。

3. 保障性关税

当某类商品进口量剧增,对我国相关产业带来巨大威胁或损害时,按照WTO有关规则,可以启动一般保障措施,即在与有实质利益的国家或地区进行磋商后,在一定时期内提高该项商品的进口关税或采取数量限制措施,以保护国内相关产业不受损害。根据《中华人民共和国保障措施条例》规定,有明确证据表明进口产品数量增加,在不采取临时保障措施将对国内产业造成难以补救的损害的紧急情况下,可以做出初裁决定,并采取临时保障措施。

(四) 税率的运用

进出口货物,应当依照进出口税则规定的归类原则归入合适的税号,并按照适用的税率征税。其中:

(1) 进出口货物,应当按照纳税人申报进口或者出口之日实施的税率征税。

(2) 进口货物到达前,经海关核准先行申报的,应当按照装载此货物的运输工具申报进境之日实施的税率征税。

(3) 进出口货物的补税和退税,适用该进出口货物原申报进口或者出口之日所实施的税率,但下列情况除外:

①按照特定减免税办法批准予以减免税的进口货物,后因情况改变经海关批准转让或出售或移作他用需予补税的,适用海关接受纳税人再次填写报关单申报办理纳税及有

关手续之日实施的税率征税。

②加工贸易进口料、件等属于保税性质的进口货物，如经批准转为内销，应按向海关申报转为内销之日实施的税率征税；如未经批准擅自转为内销的，则按海关查获日期所实施的税率征税。

③暂时进口货物转为正式进口需予补税时，应按其申报正式进口之日实施的税率征税。

④分期支付租金的租赁进口货物，分期付款时，适用海关接受纳税人再次填写报关单申报办理纳税及有关手续之日实施的税率征收。

⑤溢卸、误卸货物事后确定需征税时，应按其原运输工具申报进口日期所实施的税率征税。如原进口日期无法查明的，可按确定补税当天实施的税率征税。

⑥对由于税则归类的改变，完税价格的审定或者其他工作差错而需补税的，应按原征税日期实施的税率征税。

⑦对经批准缓税进口的货物以后交税时，不论是分期或一次交清税款，都应按货物原进口之日实施的税率征税。

⑧查获的走私进口货物需补税时，应按查获日期实施的税率征税。

第四节 原产地规定

为了便于正确运用进口税则的各栏税率，对产自不同国家或地区的进口货物适用不同的关税税率，必须确定进口货物的原产地。我国原产地规定基本上采取了"全部产地生产标准"、"实质性加工标准"两种国际上通用的原产地标准。

一、全部产地生产标准

全部产地生产标准是指进口货物"完全在一个国家内生产或制造"，生产或制造国即为该货物的原产国。完全在一个国家生产或制造的进口货物主要包括：

（1）在该国领土或领海内开采的矿产品。
（2）在该国领土上收获或采集的植物产品。
（3）在该国领土上狩猎或捕捞所得的产品。
（4）在该国领土上出生或由该国饲养的活动物及从其所得产品。
（5）在该国的船只上卸下的海洋捕捞物，以及由该国船只在海上取得的其他产品。
（6）在该国加工船上加工上述第（5）项所列物品所得的产品。
（7）在该国收集的只适用于作再加工制造的废碎料和废旧物品。
（8）在该国完全使用上述（1）至（7）项所列产品加工成的制成品。

二、实质性加工标准

实质性加工标准是适用于确定有两个或两个以上国家参与生产的产品的原产国的标准，其基本含义是：经过几个国家加工、制造的进口货物，以最后一个对货物进行经济上可以视为实质性加工的国家作为有关货物的原产国。"实质性加工"是指产品加工后，在进出口税则中四位数税号一级的税则归类已经有了改变，或者加工增值部分所占新产品总值的比例已超过30%及以上的。

三、其他

对机器、仪器、器材或车辆所用零件、部件、配件、备件及工具，如与主件同时进口且数量合理的，其原产地按主件的原产地确定，分别进口的则按各自的原产地确定。

第五节 关税完税价格

我国现行关税实行从价税、从量税、复合税及滑准税。但正确计征关税的关键是确定进出口货物的完税价格。

凡涉及从价计征关税的，其计税依据是进出口货物的关税完税价格。进出口货物的完税价格，由海关以该货物的成交价格为基础审查确定。成交价格不能确定时，完税价格由海关依法估定。自我国加入WTO后，我国海关已全面实施《世界贸易组织估价协定》，遵循客观、公平、统一的估价原则，并依据2002年1月1日起实施的《中华人民共和国海关审定进出口货物完税价格办法》（以下简称《完税价格办法》），审定进出口货物的完税价格。

一、进口货物的完税价格

（一）一般进口货物的完税价格

1. 以成交价格为基础的完税价格

根据《海关法》规定，一般贸易项下进口货物的完税价格包括货物的货价、货物运抵我国境内输入地点起卸前的运费及其相关费用、保险费。我国境内输入地为入境海关地，包括内陆河、江口岸，一般为第一口岸。

货物的货价以成交价格为基础。进口货物的成交价格是指买方为购买该货物，并按《完税价格办法》有关规定调整后的实付或应付价格。

实付或应付价格是指买方为购买进口货物直接或间接支付的总额，即作为卖方销售进口货物的条件，由买方向卖方或为履行卖方义务向第三方已经支付或将要支付的全部款项。

（1）下列费用或者价值未包括在进口货物的实付或应付价格中，应当计入完税价格：

①由买方负担的除购货佣金以外的佣金和经纪费用。"购货佣金"指买方为购买进口货物向自己的采购代理人支付的劳务费用。"经纪费"指买方为购买进口货物向代表买卖双方利益的经纪人支付的劳务费用。

②由买方负担的与该货物视为一体的容器费用。

③由买方负担的包装材料和包装劳务费用。

④与该货物的生产和向中华人民共和国境内销售有关的，由买方以免费或者以低于成本的方式提供并可以按适当比例分摊的料件、工具、模具、消耗材料及类似货物的价

款,以及在境外开发、设计等相关服务的费用。

⑤与该货物有关并作为卖方向我国销售货物的一项条件,应当由买方直接或间接支付的特许权使用费。

⑥卖方直接或间接从买方对该货物进口后转售、处置或使用所得中获得的收益。

上列所述的费用或价值,应当由进口货物的收货人向海关提供客观量化的数据资料。如果没有客观量化的数据资料,完税价格由海关按《完税价格办法》规定的方法进行估定。

(2) 下列费用,如能与该货物实付或者应付价格区分,不得计入完税价格:

①厂房、机械、设备等货物进口后的基建、安装、装配、维修和技术服务的费用。

②货物运抵境内输入地点之后的运输费用、保险费和其他相关费用。

③进口关税及其他国内税收。

2. 进口货物海关估价方法

为了保证关税的有效运行,保障国家财政收入,维护经营者的合法权益,制止低报瞒报价格偷逃关税的发生,当进口货物的价格不符合成交价格条件或者成交价格不能确定时,该货物的完税价格应当由海关估定。海关应当依次以相同货物成交价格方法、类似货物成交价格方法、倒扣价格方法、计算价格方法及其他合理方法确定的价格为基础,估定完税价格。

(1) 相同或类似货物成交价格方法,即以与被估的进口货物同时或大约同时(在海关接受申报进口之日的前后各 45 天以内)进口的相同或类似货物的成交价格为基础,估定进口货物的完税价格。

(2) 倒扣价格方法,即以被估的进口货物、相同或类似进口货物在境内销售的价格为基础估定进口货物的完税价格。

(3) 计算价格方法,即按包括生产该货物所使用的原材料价值和进行装配或其他加工的费用,与向境内出口销售同等级或同种类货物的利润、一般费用相符的利润和一般费用,货物运抵境内输入地点起卸前的运费及相关费用、保险费等各项总和计算出的价格,估定进口货物的完税价格。

(4) 其他合理方法,即指海关根据《完税价格办法》规定的估价原则,以在境内获得的数据资料为基础估定进口货物完税价格的其他方法。

(二) 特殊进口货物的完税价格

对特殊贸易下进口的货物,由于在进口时没有"成交价格"可作为依据,为此《进出口关税条例》对这些进口货物制定了确定其完税价格的方法,主要有:

1. 加工贸易进口料件及其制成品

加工贸易进口料件及其制成品需征税或者内销补税的,海关按照一般进口货物的完税价格规定,审定完税价格。其中:

(1) 进口时需征税的进料加工进口料件,以该料件申报进口时的价格估定完税价格。

(2) 内销的进料加工进口料件或其制成品(包括残次品、副产品),以料件原进口时的价格估定完税价格。

(3) 内销的来料加工进口料件或其制成品(包括残次品、副产品),以料件申报内销时的价格估定。

(4) 出口加工区内的加工企业内销的制成品（包括残次品、副产品），以制成品申报内销时的价格估定。

(5) 保税区内的加工企业内销的进口料件或其制成品（包括残次品、副产品），分别以料件或制成品申报内销时的价格估定，如果内销的制成品中含有从境内采购的料件，则以所含从境外购入的料件原进口时的价格估定。

(6) 加工贸易加工过程中产生的边角料，以申报内销时的价格估定。

2. 保税区、出口加工区货物

从保税区或出口加工区销往区外、从保税仓库出库内销的进口货物（加工贸易进口料件及其制成品除外），以海关审定的价格估定完税价格。对经审核销售价格不能确定的，海关应当按照一般进口货物估价办法的规定，估定完税价格。如销售价格中未包括在保税区、出口加工区或保税仓库中发生的仓储、运输及其他相关费用的，应当按照客观量化的数据资料计入完税价格。

3. 运往境外修理的货物

运往境外修理的机械器具、运输工具或其他货物，出境时已向海关报明，并在海关规定期限内复运进境的，应当以海关审定的境外修理费和料件费为完税价格。

4. 运往境外加工的货物

运往境外加工的货物，出境时已向海关报明，并在海关规定期限内复运进境的，应当以海关审定的境外加工费和料件费，以及该货物复运进境的运输及其相关费用、保险费估定完税价格。

5. 暂时进境货物

对于经海关批准的暂时进境的货物，应当按照一般进口货物估价办法的规定估定完税价格。

6. 租赁方式进口货物

租赁方式进口的货物中，以租金方式对外支付的租赁货物，在租赁期间以海关审定的租金作为完税价格；留购的租赁货物，以海关审定的留购价格作为完税价格；承租人申请一次性缴纳税款的，经海关同意，按照一般进口货物估价办法的规定估定完税价格。

7. 留购的进口货样等

对于境内留购的进口货样、展览品和广告陈列品，以海关审定的留购价格作为完税价格。

8. 予以补税的减免税货物

减税或免税进口的货物需予补税时，应当以海关审定的该货物原进口时的价格，扣除折旧部分价值作为完税价格，其计算公式为：

$$\text{关税完税价格} = \text{海关审定的该货物原进口时的价格} \times \left[1 - \frac{\text{申报补税时实际已使用的时间}（月）}{\text{监管年限} \times 12}\right]$$

9. 以其他方式进口的货物

以易货贸易、寄售、捐赠、赠送等其他方式进口的货物，应当按照一般进口货物估价办法的规定，估定完税价格。

二、出口货物的完税价格

(一) 以成交价格为基础的完税价格

出口货物的完税价格，由海关以该货物向境外销售的成交价格为基础审查确定，并应包括货物运至我国境内输出地点装载前的运输及相关费用、保险费，但其中包含的出口关税税额，应当扣除。

出口货物的成交价格是指该货物出口销售到我国境外时买方向卖方实付或应付的价格。出口货物的成交价格中含有支付给境外的佣金的，如果单独列明，应当扣除。

(二) 出口货物海关估价方法

当出口货物的成交价格不能确定时，该货物的完税价格应当由海关依次按下列方法估定：①同时或大约同时向同一国家或地区出口的相同货物的成交价格；②同时或大约同时向同一国家或地区出口的类似货物的成交价格；③根据境内生产相同或类似货物的成本、利润和一般费用、境内发生的运输及相关费用、保险费计算所得的价格；④按照合理方法估定的价格。

三、进出口货物完税价格中的运输及相关费用、保险费的计算

(一) 以一般陆运、空运、海运方式进口的货物

在进口货物的运输及相关费用、保险费计算中，海运进口货物，计算至该货物运抵境内的卸货口岸；如果该货物的卸货口岸是内河（江）口岸，则应当计算至内河（江）口岸。陆运进口货物，计算至该货物运抵境内的第一口岸；如果运输及相关费用、保险费支付至目的地口岸，则计算至目的地口岸。空运进口货物，计算至该货物运抵境内的第一口岸；如果该货物的目的地为境内的第一口岸外的其他口岸，则计算至目的地口岸。

陆运、空运和海运进口货物的运费和保险费，应当按照实际支付的费用计算。如果进口货物的运费无法确定或未实际发生，海关应当按照该货物进口同期运输行业公布的运费率（额）计算运费；按照"货价加运费"两者总额的3‰计算保险费。

(二) 以其他方式进口的货物

邮运的进口货物，应当以邮费作为运输及其相关费用、保险费；以境外边境口岸价格条件成交的铁路或公路运输进口货物，海关应当按照货价的1%计算运输及其相关费用、保险费；作为进口货物的自驾进口的运输工具，海关在审定完税价格时，可以不另行计入运费。

(三) 出口货物

出口货物的销售价格如果包括离境口岸至境外口岸之间的运输、保险费的，该运费、保险费应当扣除。

第六节 应纳税额的计算

进口货物，海关征收关税，同时代征增值税和消费税。出口货物，海关征收关

税,一般情况下免征增值税和消费税,对符合退税条件的出口货物同时依法退还增值税和消费税;出口国家限制或禁止的货物,海关征收关税,同时代征增值税和消费税。

我国对进(出)口关税采用的计征方法有从价税、从量税、复合税和滑准税四种。

一、从价税应纳税额的计算

从价税以进(出)口货物的完税价格作为计税依据,以应征税额占货物完税价格的百分比作为税率,计征关税的方法。计算公式为:

$$关税税额 = 应税进(出)口货物数量 \times 单位完税价格 \times 税率$$

二、从量税应纳税额的计算

从量税是以进(出)口商品的重量、长度、容量、面积等计量单位为计税依据计征关税的方法。计算公式为:

$$关税税额 = 应税进(出)口货物数量 \times 单位货物税额$$

三、复合税应纳税额的计算

复合税是对某种进(出)口商品同时使用从价和从量计征关税的方法。我国目前实行的复合税都是先计征从量税,再计征从价税。计算公式为:

$$关税税额 = 应税进(出)口货物数量 \times 单位货物税额 + 应税进(出)口货物数量 \times 单位完税价格 \times 税率$$

四、滑准税应纳税额的计算

滑准税是一种关税税率随着进(出)口商品价格由高至低而由低至高设置计征关税的方法,可以使进(出)口商品价格越高,其进口关税税率越低,进(出)口商品价格越低,其进口关税税率越高。计算公式为:

$$关税税额 = 应税进(出)口货物数量 \times 单位完税价格 \times 滑准税税率$$

现行税则《进(出)口商品从量税、复合税、滑准税税目税率表》后注明了滑准税税率的计算公式,该公式是一个与应税进(出)口货物完税价格相关的取整函数。

【例6-1】 2011年1月1日,某公司由于承担国家重要工程项目,经批准免税进口了一套条电子设备。使用2年后项目完工,2012年12月31日,该公司将该设备出售给了国内另外一家企业。该电子设备的到岸价格折合为300万元人民币,关税税率为10%,海关规定的监管年限为5年。

【解析】 根据上述资料,该公司应进行如下纳税处理:

(1)关税完税价格:

$$关税完税价格 = 海关审定的该货物原进口时的价格 \times [1 - 申报补税时实际已使用的时间(月) \div (监管年限 \times 12)]$$
$$= 300 \times [1 - 24 \div (5 \times 12)] = 180(万元)$$

(2)进口关税:

$$应纳关税税额 = 关税完税价格 \times 进口关税税率 = 180 \times 10\% = 18(万元)$$

第七节 税收优惠

为了使关税政策兼顾普遍性和特殊性、原则性和灵活性，也为了更好地贯彻国家关税政策，国家规定了关税减免政策。关税减免分为法定减免税、特定减免税和临时减免税。法定减免税由《海关法》和《进出口关税条例》规定，除了法定减免税外的其他减免税均由国务院决定。减征关税在我国加入WTO之前以税则规定税率为基准，在我国加入世贸组织之后以最惠国税率或者普通税率为基准。

一、法定减免税

《海关法》和《进出口关税条例》中规定的减税、免税，称为法定减免税。符合税法规定可予减免税的进出口货物，纳税人无须提出减免税申请，海关可按规定直接予以减免税。海关对法定减免税货物一般不进行后续管理。

下列货物、物品予以减免关税：

（1）关税税额在人民币50元以下的一票货物，可免征关税。

（2）无商业价值的广告品和货样，可免征关税。

（3）外国政府、国际组织无偿赠送的物资，可免征关税。

（4）进出境运输工具装载的途中必需的燃料、物料和饮食用品，可予免税。

（5）经海关核准暂时进境或者暂时出境，并在6个月内复运出境或者复运进境的货样、展览品、施工机械、工程车辆、工程船舶等，在货物收发货人向海关缴纳相当于税款的保证金或者提供担保后，可予暂时免税。

（6）为境外厂商加工、装配成品和为制造外销产品而进口的原材料、辅料、零件、部件、配套件、包装物料，海关按照实际加工出口的成品数量免征进口关税，或者对进口料、件先征进口关税，再按照实际加工出口的成品数量予以退税。

（7）因故退还的中国出口货物，经海关审查属实，可予免征进口关税，但已征收的出口关税不予退还。

（8）因故退还的境外进口货物，经海关审查属实，可予免征出口关税，但已征收的进口关税不予退还。

（9）进口货物如有发生以下情形，经海关审查属实，可酌情减免进口关税：

①在境外运输途中或者起卸时，遭受损坏或者损失的；

②起卸后海关放行前，因不可抗力遭受损坏或者损失的；

③海关查验时已经破漏、损坏或者腐烂，经证明不是保管不慎造成的。

（10）无代价抵偿货物，即进口货物在征税放行后，发现货物残损、短少或品质不良，而由国外承运人、发货人或保险公司免费补偿或更换的同类货物，可以免税。但有残损或质量问题的原进口货物如未退运国外，其进口的无代价抵偿货物应照章征税。

（11）我国缔结或者参加的国际条约规定减征、免征关税的货物、物品，按照规定予以减免关税。

（12）法律规定减征、免征税的其他货物。

二、特定减免税

在法定减免税之外，国家按照国际通行规则和我国实际情况，制定发布的有关进出口货物减免关税的政策，称为特定减免税或者政策性减免税。特定减免税货物一般有地区、企业和用途的限制，海关需要进行后续管理，也需要进行减免税统计。

享有特定减免税政策的进出口货物主要有：①科教用品；②残疾人专用品；③扶贫、慈善性捐赠物资；④加工贸易产品；⑤边境贸易进口物资；⑥保税区进出口货物；⑦出口加工区进出口货物；⑧进口设备；⑨特定行业或用途的减免税政策。

三、临时减免税

临时减免税是指以上法定和特定减免税以外的其他减免税，即由国务院根据《海关法》对某个单位、某类商品、某个项目或者某批进出口货物的特殊情况，给予特别照顾，一案一批，专文下达的减免税。一般有单位、品种、期限、金额或数量等限制，不能比照执行。

我国已加入 WTO，为遵循统一、规范、公平、公开的原则，有利于统一税法、公平税赋、平等竞争，海关一般不办理个案临时性减免税，国家要严格控制临时性减免税。

第八节 征收管理

一、关税缴纳

进口货物自运输工具申报进境之日起 14 日内，出口货物在货物运抵海关监管区后装货的 24 小时以前，应由进出口货物的纳税人向货物进（出）境地海关申报，海关根据税则归类和完税价格计算应缴纳的关税和进口环节代征的增值税、消费税，并填发税款缴款书。

纳税人应当自海关填发税款缴款书之日起 15 日内，向指定银行缴纳税款。如关税缴纳期限的最后 1 日是周末或法定节假日，则关税缴纳期限顺延至周末或法定节假日过后的第 1 个工作日。为方便纳税人，经申请且海关同意，进（出）口货物的纳税人可以在设有海关的指运地（启运地）办理海关申报、纳税手续。

关税纳税人因不可抗力或者在国家税收政策调整的情形下，不能按期缴纳税款的，经海关总署批准，可以延期缴纳税款，但最长不得超过 6 个月。

二、关税的强制执行

纳税人未在关税缴纳期限内缴纳税款，即构成关税滞纳。为保证海关征收关税决定的有效执行和国家财政收入的及时入库，《海关法》赋予海关对滞纳关税的纳税人强制执行的权利。强制措施主要有两类。

（一）征收关税滞纳金

滞纳金自关税缴纳期限届满滞纳之日起，至纳税人缴纳关税之日止，按滞纳税款 0.5‰ 的比例按日征收，周末或法定节假日不予扣除。具体计算公式为：

$$\text{关税滞纳金金额} = \text{滞纳关税税额} \times \text{滞纳金征收比率} \times \text{滞纳天数}$$

(二)强制征收

如纳税人自海关填发税款缴款书之日起 3 个月仍未缴纳税款,经海关关长批准,海关可以采取强制扣缴、变价抵缴等强制措施。强制扣缴即海关从纳税人在开户银行或者其他金融机构的存款中直接扣缴税款。变价抵缴即海关将应税货物依法变卖,以变卖所得抵缴税款。

三、关税退还

关税退还是关税纳税人按海关核定的税额缴纳关税后,因某种原因的出现,海关将实际征收多于应当征收的税额(称为溢征关税)退还给原纳税人的一种行政行为。根据《海关法》的规定,海关多征的税款,海关发现后应当立即退还。

按规定,有下列情形之一的,进出口货物的纳税人可以自缴纳税款之日起 1 年内,书面声明理由,连同原纳税收据向海关申请退税并加算银行同期活期存款利息,逾期不予办理:

(1)因海关误征,多纳税款的。
(2)海关核准免验进口的货物,在完税后,发现有短卸情形,经海关审查认可的。
(3)已征出口关税的货物,因故未将其运出口,申报退关,经海关查验属实的。

对已征出口关税的出口货物和已征进口关税的进口货物,因货物品种或规格原因(非其他原因)原状复运进境或出境的,经海关查验属实的,也应退还已征关税。海关应当自受理退税申请之日起 30 日内,做出书面答复并通知退税申请人。如果属于其他原因且不能以原状复运进境或出境,不能退税。

四、关税补征和追征

补征和追征是海关在关税纳税人按海关核定的税额缴纳关税后,发现实际征收税额少于应当征收的税额(称为短征关税)时,责令纳税人补缴所差税款的一种行政行为。

海关法根据短征关税的原因,将海关征收原短征关税的行为分为补征和追征两种。由于纳税人违反海关规定造成短征关税的,称为追征;非因纳税人违反海关规定造成短征关税的,称为补征。

区分关税追征和补征的目的是为了区别不同情况适用不同的征收时效,超过时效规定的期限,海关就丧失了追补关税的权力。

根据《海关法》的规定,进出境货物和物品放行后,海关发现少征或者漏征税款,应当自缴纳税款或货物、物品放行之日起 1 年内,向纳税人补征;因纳税人违反规定而造成的少征或者漏征税款,自纳税人应缴纳税款之日起 3 年以内可以追征,并从缴纳税款之日起按日加收少征或者漏征税款 0.5‰的滞纳金。

五、关税纳税争议

为保护纳税人合法权益,我国《海关法》和《进出口关税条例》都规定了纳税人对海关确定的进出口货物的征税、减税、补税或者退税等有异议时,有提出申诉的权利。

在纳税人同海关发生纳税争议时,可以向海关申请复议,但同时应当在规定期限内按海关核定的税额缴纳关税，逾期则构成滞纳，海关有权按规定采取强制执行措施。

纳税争议的内容一般为进出境货物和物品的纳税人对海关在原产地认定、税则归类、税率或汇率适用、完税价格确定、关税减征、免征、追征、补征和退还等征税行为是否合法或适当，是否侵害了纳税人的合法权益，而对海关征收关税的行为表示异议。

纳税争议的申诉程序如下：

（一）提出复议申请

纳税人自海关填发税款缴款书之日起 30 日内，向原征税海关的上一级海关书面申请复议。逾期申请复议的，海关不予受理。

（二）提起行政诉讼

海关应当自收到复议申请之日起 60 日内做出复议决定，并以复议决定书的形式正式答复纳税人；纳税人对海关复议决定仍然不服的，可以自收到复议决定书之日起 15 日内，向人民法院提起行政诉讼。

需要说明的是，关税纳税争议的处理程序必须是先提出复议申请，对复议决定不服时才能提起行政诉讼，不能对发生的关税纳税争议直接提起诉讼，即复议是诉讼的前置程序。

第九节 综合案例分析

【例 6-2】 某进出口公司从美国进口一批货物，成交价格（离岸价格）折合人民币 9 000 万元，其中包括单独计价并经海关审查属实的货物进口后装配调试费用 60 万元，向境外采购代理人支付的买方佣金 50 万元。另支付运费 180 万元，保险费 90 万元。假定该货物适用的进口关税税率为 20%，增值税税率为 17%，消费税税率为 25%。

【解析】 根据上述资料，该进出口公司应进行如下纳税处理：

（1）关税完税价格＝离岸价格－装配调试费－买方佣金＋运费＋保险费＝9 000－60－50＋180＋90＝9 160（万元）

（2）关税税额＝关税完税价格×进口关税税率＝9 160×20%＝1 832（万元）

（3）组成计税价格＝（关税完税价格＋关税）÷（1－消费税税率）

＝（9 160＋1 832）÷（1－25%）＝14 656（万元）

（4）海关代征的消费税税额＝组成计税价格×消费税税率

＝14 656×25%＝3 664（万元）

（5）海关代征的增值税税额＝组成计税价格×增值税税率

＝14 656×17%＝2 491.52（万元）

【例 6-3】 某市卷烟生产企业为增值税一般纳税人，2012 年 12 月 6 日从国外进口 B 牌卷烟 800 标准箱，支付境外成交价折合人民币 500 万元、运抵我国海关前发生的运输费用、保险费用无法确定，经海关查实其他运输公司的运输费用占货价的比例为 2%。卷烟的进口关税税率为 20%，增值税税率为 17%。卷烟消费税比例税率：每标准条调拨价格在 70 元以上的（含 70 元，不含增值税）为 56%，每标准条对外调拨价格在 70 元以下的为 36%；卷烟消费税定额税率：每标准箱（250 标准条）150 元，即每标准条 0.6 元。

【解析】 根据上述资料，该卷烟生产企业应进行如下纳税处理：

(1) 进口卷烟应纳关税税额 $=[500\times(1+2\%)\times(1+3‰)]\times 20\%=102.31$（万元）

(2) 每条进口卷烟消费税适用比例税率的价格 $=\{[500\times(1+2\%)\times(1+3‰)+102.31]\times 10\,000\div(800\times 250)+0.6\}\div(1-36\%)=\{30.69+0.6\}\div(1-36\%)=48.89$（元）

单条卷烟价格小于 70 元，适用消费税比例税率为 36%。

(3) 进口卷烟应纳消费税税额 $=\{[500\times(1+2\%)\times(1+3‰)+102.31]\times 10\,000\div(800\times 250)+0.6\}\div(1-36\%)\times(800\times 250)\times 36\%\div 10\,000+800\times 150\div 10\,000=352.04+12=364.04$（万元）

(4) 进口卷烟应纳增值税税额 $=[500\times(1+2\%)\times(1+3‰)+102.31+364.04]\times 17\%=166.24$（万元）

自测题

一、名词解释

1. 关税
2. 滑准税
3. 报复性关税
4. 反倾销税与反补贴税
5. 保障性关税
6. 关税完税价格
7. 溢征关税
8. 短征关税
9. 关税补征和追征

二、简答题

1. 简述关税的纳税义务人。
2. 简述进口关税税率的计征办法。
3. 简述原产地的确定。
4. 简述关税完税价格的确定。
5. 简述应纳关税的计算方法。
6. 简述关税的三种减免税政策。
7. 简述关税的征收管理。

三、单项选择题

1. 下列关于关税的概念说法不正确的是（　　）。

A. 关税是海关对进出境货物、物品征收的一种税

B. 一个国家的关境总是与国境是一致的

C. 单独的关境区是不完全适用一个国家的海关法律、法规或实施单独海关管理制度的区域

D. 一个国家的关境包括国家全部的领土、领海和领空

2. 下列各项中，关于进出境物品的推定为所有人的说法不正确的是（　　）。

A. 对于携带进境的物品，推定其携带人为所有人

B. 对分离运输的行李，推定相应的进出境旅客为所有人

C. 对以邮递方式进境的物品，推定其发件人为所有人

D. 以邮递方式或其他运输方式出境的物品，推定其寄件人或托运人为所有人

3. 随进口商品价格由高到低而由低至高设置计征关税的方法，可以使进口商品价格越高，其进口关税税率越低，进口商品的价格越低，其进口关税税率越高的税率计征办法为（　　）。

A. 从价税　　　B. 从量税
C. 复合税　　　D. 滑准税

4. 征收特别关税的货物、适用国别、

税率、期限和征收办法,由( )决定,海关总署负责实施。

A. 人民政府
B. 国家税务总局
C. 财政机关
D. 国务院关税税则委员会

5. 根据海关法的规定,下列发生的费用不能计入进口货物的完税价格的是( )。

A. 货物的货价
B. 货物运抵我国境内输入地点起卸前的运输费用
C. 货物运抵我国境内输入地点起卸前的保险费
D. 货物运抵我国境内输入地点之后的运输费用、保险费和其他相关费用

6. 如果进口货物的运费无法确定或未实际发生,海关应当按照该货物进口同期运输行业公布的运费率(额)计算运费;按照"货价加运费"两者总额的( )计算保险费。

A. 1‰   B. 3‰
C. 5‰   D. 1%

7. 下列项目中,不计入进口完税价格的有( )。

A. 由买方负担的包装材料和包装劳务费用
B. 货物价款
C. 进口关税
D. 运输及相关费用、保险费

8. 加工贸易加工过程中产生的边角料,以( )价格计算完税价格。

A. 免税,不必计算
B. 申报内销时的价格估定
C. 料件原进口时的价格估定
D. 国内同类价格估定

9. 出口货物的完税价格应该包括( )。

A. 离境口岸至境外口岸之间的运输、保险费
B. 支付给境外的佣金
C. 工厂至离境口岸之间的运输、保险费
D. 出口关税

10. 以境外边境口岸价格条件成交的铁路和公路运输进口货物,海关应当按货价的( )计算运输及相关费用、保险费。

A. 3‰   B. 5‰
C. 1%   D. 3%

11. 下列各项中,符合关税有关对特殊进口货物完税价格规定的有( )。

A. 运往境外加工的货物,应以加工后进境时的到岸价格为完税价格
B. 准予暂时进口的施工机械,按同类货物的到岸价格为完税价格
C. 转让进口的免税旧货物,以原入境时的到岸价格为完税价格
D. 留购的进口货样,以留购价格作为完税价格

12. 某企业在2012年7月将一台设备运往美国进行修理,2012年12月,按海关规定的期限复运进境。此时这台设备的国际市场价格为200万元。若经海关审定的修理费和料件费为50万元,进口支付的运输费用和保险费为20万元,进口关税税率为6%,则该设备复运进境应缴纳的关税为( )万元。

A. 1.2   B. 3
C. 4.2   D. 12

13. 2010年1月1日,某公司经批准进口一台符合国家特定免征关税的科研设备用于研发项目,设备进口时经海关审定的完税价格折合人民币900万元(关税税率为20%),海关规定的监管期为5年;2012年12月31日,公司研发项目完成以后,将该免税设备出售给另一家企业。该公司应补缴的关税为( )万元。

A. 56   B. 72
C. 140   D. 180

14. 下列各项中，符合关税法定免税规定的是（　　）。

A. 保税区进出口的基建物资和生产用车辆

B. 边境贸易进出口的基建物资和生产用车辆

C. 关税税款在人民币100元以下的一票货物

D. 经海关核准进口的无商业价值的广告品和货样

15. 下列物品属于关税法定减免税的是（　　）。

A. 科教用品

B. 残疾人专用品

C. 关税税额在人民币50元以下的一票货物

D. 加工贸易产品

16. 某企业为增值税一般纳税人，2012年12月从国外进口一批化妆品，支付的货价为450万元，买方支付购货佣金2万元，运抵我国输入地点起卸前运费及保险费12万元，支付港口至厂区的运费及保险费10万元（化妆品适用的关税税率为20%）。计算进口该批化妆品应缴纳的关税为（　　）万元。

A. 90　　　　　　B. 92.4
C. 92.8　　　　　D. 94.8

17. 某企业2012年10月将一批200万元的材料运往日本加工成生产设备，2012年12月该生产设备在海关规定的期限内复运进境销售，支付给日本公司的加工费100万元，进境前的运输费用和保险费共50万元。向海关缴纳了相关税费，并取得了完税凭证。计算该企业应缴纳的关税为（　　）万元。（关税税率为8%）

A. 8　　　　　　B. 12
C. 24　　　　　　D. 28

18. 纳税义务人应当自海关填发税款缴款书之日起（　　）内，向指定银行缴纳税款。

A. 10日　　　　　B. 14日
C. 15日　　　　　D. 30日

19. 某公司进口一批货物，海关于2012年12月1日填发税款缴款书，但公司迟至12月27日才缴纳500万元的关税。海关应征收关税滞纳金（　　）万元。

A. 2.75　　　　　B. 3
C. 6.5　　　　　D. 6.75

20. 纳税人自海关填发缴款书之日起（　　）仍未缴纳税款，经海关关长批准，可以采取强制扣缴或变价抵缴等强制措施。

A. 1个月　　　　　B. 3个月
C. 6个月　　　　　D. 12个月

21. 关税纳税义务人因不可抗力或者在国家税收政策调整的情形下，不能按期缴纳税款的，经海关总署批准，可以延期缴纳税款，但最长不得超过（　　）。

A. 1个月　　　　　B. 3个月
C. 6个月　　　　　D. 12个月

22. 根据海关法的规定，进出境货物和物品放行后，海关发现少征或者漏征税款，应当自缴纳税款或者货物、物品放行之日起（　　）内，向纳税义务人补征。

A. 1年　　　　　　B. 3年
C. 5年　　　　　　D. 无限期

23. 进出境货物和物品放行后，因纳税人违反规定而造成的少征或者漏征税款，自纳税人应缴纳税款之日起（　　）可以追征。

A. 1年以内　　　　B. 3年以内
C. 10年以内　　　 D. 无限期

24. 纳税义务人对海关复议决定仍然不服的，可以自收到复议决定书之日起（　　）内，向人民法院提起诉讼。

A. 15日　　　　　B. 30日
C. 60日　　　　　D. 90日

四、多项选择题

1. 下列关于关税的纳税人说法正确的

有（　　）。

A. 进口货物的收货人
B. 出口货物的发货人
C. 进出境物品的所有人
D. 进出境物品的推定所有人

2. 下列选择最惠国税率、协定税率、特惠税率还是普通税率的依据中不正确的是（　　）。

A. 货物的销售地　　B. 货物的生产地
C. 货物的发出地　　D. 货物的原产地

3. 根据进口的货物的类别、原产地以及国家的关税政策，下列属于关税的计税方法的有（　　）。

A. 从价定率征收
B. 从量定额征收
C. 从价定率、从量定额复合计税
D. 超额累进征收

4. 我国特别关税包括（　　）。

A. 报复性关税
B. 保障性关税
C. 进口附加税
D. 反倾销税与反补贴税

5. 我国原产地规定基本上采用（　　）两种国际上通用的原产地标准。

A. 全部产地生产标准
B. 部分产地生产标准
C. 实质性加工标准
D. 挂靠性加工标准

6. 下列描述中对"实质性加工标准"理解正确的有（　　）。

A. 产品加工后，在进出口税则中四位数税号一级的税则归类已经有了改变
B. 产品加工后，在进出口税则中六位数税号一级的税则归类已经有了改变
C. 产品加工后，加工增值部分所占新产品总值的比例已超过30%及以上的
D. 产品加工后，加工增值部分所占新产品总值的比例已超过60%及以上的

7. 进口应纳消费税的货物，海关需征收或代征的税款有（　　）。

A. 关税　　　　　　B. 增值税
C. 消费税　　　　　D. 营业税

8. 我国关税计征办法包括（　　）。

A. 从价关税　　　　B. 从量关税
C. 复合关税　　　　D. 滑准关税

9. 下列费用或者价值未包括在进口货物的实付或者应付价格中，应当计入进口货物的完税价格中的有（　　）。

A. 由买方负担的购货佣金
B. 由买方负担的与该货物视为一体的容器费用
C. 由买方负担的包装材料和包装劳务费用
D. 卖方直接或间接从买方对该货物进口后转售、处置或使用所得中获得的收益

10. 进口货物以海关审定的成交价格为基础的到岸价格作为完税价格。到岸价格包括货价，货物运抵中国境内输入地点起卸前的（　　）等费用。

A. 关税　　　　　　B. 相关费用
C. 保险费　　　　　D. 运输费用

11. 下列关于特殊进口货物的完税价格，说法正确的有（　　）。

A. 进口时需征税的进料加工进口料件，以该料件申报进口时的价格估定
B. 内销的进料加工进口料件或其制成品（包括残次品、副产品），以料件原进口时的价格估定
C. 内销的来料加工进口料件或其制成品（包括残次品、副产品），以料件原进口时的价格估定
D. 加工贸易加工过程中产生的边角料，以申报内销时的价格估定

12. 进口货物如发生下列（　　）情形，经海关审查属实，可酌情减免进口关税。

A. 在境外运输途中或者起卸时，遭

受损坏或者损失的

B. 起卸后海关放行前，因不可抗力遭受损坏或损失的

C. 海关查验时已经破漏、损坏或者腐烂，经证明不是保管不慎造成的

D. 因不可抗力，缴税确有困难的

13. 下列关于关税的税后优惠说法正确的有（　　）。

A. 因故退还的中国出口货物，经海关审查属实，可予免征进口关税，但已征收的出口关税不予退还

B. 因故退还的中国出口货物，经海关审查属实，可予免征进口关税，已征收的出口关税给予退还

C. 因故退还的境外进口货物，经海关审查属实，可予免征出口关税，已征收的进口关税给予退还

D. 因故退还的境外进口货物，经海关审查属实，可予免征出口关税，但已征收的进口关税不予退还

14. 根据关税的有关规定，进出口货物的纳税人，可以自缴纳税款之日起1年内，书面声明理由，申请退还溢征的关税。下列各项中，经海关确定可申请退税的有（　　）。

A. 海关核准免验进口的货物，在完税后，发现有短卸的

B. 因海关误征，多缴纳税款的

C. 已征收出口关税的货物，因故发生退货的

D. 已征收出口关税的货物，因故未运出口的

15. 我国海关法规定，关税减免税形式主要有（　　）。

A. 法定减免税　　B. 特定减免税

C. 临时减免税　　D. 困难减免税

16. 下列符合关税延期纳税规定的有（　　）。

A. 不可抗力或者国家税收政策调整的原因造成不能按期缴纳税款的

B. 海关总署批准

C. 当地海关关长批准

D. 最长不得超过6个月

17. 关税的强制执行措施包括（　　）。

A. 征收关税滞纳金

B. 强制扣缴

C. 变价抵缴

D. 限制离境

五、判断题

1. 进出口货物完税后，如发现少征或者漏征关税税款，海关应当自缴纳税款或者货物、物品放行之日起1年内，向纳税人补征。（　　）

2. 选择最惠国税率还是普通税率的依据是货物的发出地。（　　）

3. 出口货物应以海关审定的成交价格为基础的离岸价格为关税的完税价格。（　　）

4. 某公司进口货物的完税价格为人民币100万元，进口关税税率为10%，海关于2012年12月4日填发税款缴款书，公司应于当年12月18日前缴纳关税。（　　）

5. 出口货物的成交价格中含有支付给境外的佣金的，如果单独列明，应当扣除。（　　）

6. 在国内转让出售减免进口关税的货物不必再补缴关税。（　　）

7. 减征关税在我国加入世界贸易组织之前以税则规定税率为基准，在我国加入世界贸易组织之后以最惠国税率或者普通税率为基准。（　　）

8. 出口货物应在货物运抵海关监管区后装货的14日以前向出境地海关申报。（　　）

9. 根据关税税法的规定，纳税人应当自海关填发税款缴款书次日起15日内，向指定银行缴纳税款。（　　）

10. 根据《海关法》的规定，因纳税人违反规定而造成的少征或者漏征税款，自纳税人应缴纳税款之日起3年以内可以追征。（　　）

六、计算题

某进出口公司从英国进口一批货物，以离岸价格为成交价格，成交价格折合人民币6 000万元，其中包括单独计价并经海关审查属实的货物进口后装配调试费用60万元，向境外采购代理人支付的买方佣金50万元，向境外卖方支付的卖方佣金20万元。另支付运费150万元，保险费60万元。假定该货物适用的进口关税税率为20%，增值税税率为17%，消费税税率为10%。

要求：计算该公司应缴纳的关税、增值税和消费税。

七、综合题

某市卷烟生产企业为增值税一般纳税人，2012年12月16日从国外进口A牌卷烟800标准箱，支付境外成交价折合人民币800万元、运抵我国海关前发生的运输费用、保险费用无法确定，经海关查实其他运输公司的运输费用占货价的比例为2%。卷烟的进口关税税率为20%，增值税税率为17%。卷烟消费税比例税率：每标准条调拨价格在70元以上的（含70元，不含增值税）为56%，每标准条对外调拨价格在70元以下的为36%；卷烟消费税定额税率：每标准箱（250标准条）150元，即每标准条0.6元。

要求：计算该公司应缴纳的关税、增值税和消费税。

第七章 资源税法

资源税法是指国家制定的用以调整资源税征收与缴纳之间权利及义务关系的法律规范。现行资源税法的基本规范，是 2011 年 9 月 30 日国务院公布的《中华人民共和国资源税暂行条例》(以下简称《资源税暂行条例》) 及 2011 年 10 月 28 日财政部、国家税务总局公布的《中华人民共和国资源税暂行条例实施细则》(以下简称《资源税实施细则》)。

资源税是对在中华人民共和国领域及管辖海域从事应税矿产品开采和生产盐的单位和个人课征的一种税，属于对自然资源占用课税的范畴。

第一节 纳税义务人

一、纳税义务人

资源税的纳税义务人（以下简称纳税人）是指在中华人民共和国领域及管辖海域开采应税资源的矿产品或者生产盐的单位和个人。

单位是指国有企业、集体企业、私营企业、股份制企业、其他企业和行政单位、事业单位、军事单位、社会团体及其他单位。个人是指个体经营者和其他个人。其他单位和其他个人包括外商投资企业、外国企业及外籍个人。

中外合作开采石油、天然气，按照现行规定只征收矿区使用费，暂不征收资源税。因此，中外合作开采石油、天然气的企业不是资源税的纳税义务人。

二、扣缴义务人

《资源税暂行条例》还规定，收购未税矿产品的单位为资源税的扣缴义务人。规定资源税的扣缴义务人，主要是针对零星、分散、不定期开采的情况，为了加强资源税的征管，避免漏税，由扣缴义务人在收购矿产品时代扣代缴资源税。

收购未税矿产品的单位是指独立矿山、联合企业和其他单位。独立矿山是指只有采矿或只有采矿和选矿、独立核算、自负盈亏的单位，其生产的原矿和精矿主要用于对外销售。联合企业是指采矿、选矿、冶炼（或加工）连续生产的企业或采矿、冶炼（或加工）连续生产的企业，其采矿单位一般是该企业的二级或二级以下核算单位。其他单位也包括收购未税矿产品的个体户在内。

第二节 税目与税率

一、税目

资源税税目包括7大类,在7个税目下面又设有若干个子目。现行资源税的税目及子目主要是根据资源税应税产品和纳税人开采资源的行业特点设置的。

(一) 原油

原油是指开采的天然原油,不包括人造石油。

(二) 天然气

天然气是指专门开采或者与原油同时开采的天然气。

(三) 煤炭

煤炭是指原煤,不包括洗煤、选煤和其他煤炭制品。

(四) 其他非金属矿原矿

其他非金属矿原矿是指原油、天然气、煤炭和井矿盐以外的非金属矿原矿,包括宝石、金刚石、玉石、膨润土、石墨、石英砂、萤石、重晶石、毒重石、蛭石、长石、氟石、滑石、白云石、硅灰石、凹凸棒石黏土、高岭石土、耐火黏土、云母、大理石、花岗石、石灰石、菱镁矿、天然碱、石膏、硅线石、工业用金刚石、石棉、硫铁矿、自然硫、磷铁矿等。

(五) 黑色金属矿原矿

黑色金属矿原矿是指纳税人开采后自用、销售的,用于直接入炉冶炼或作为主产品先入选精矿、制造人工矿、再最终入炉冶炼的黑色金属矿石原矿,包括铁矿石、锰矿石和铬矿石。

(六) 有色金属矿原矿

有色金属矿原矿是指纳税人开采后自用、销售的,用于直接入炉冶炼或作为主产品先入选精矿、制造人工矿、再最终入炉冶炼的有色金属矿石原矿,包括铜矿石、铅锌矿石、铝土矿石、钨矿石、锡矿石、锑矿石、铝矿石、镍矿石、黄金矿石、钒矿石(含石煤钒)等。

(七) 盐

1. 固体盐

固体盐是指海水、湖水或地下湖水晒制和加工成固体颗粒状态的盐,包括海盐原盐、湖盐原盐和井矿盐。

2. 液体盐

液体盐俗称卤水,是指氯化钠含量达到一定浓度的溶液,是用于生产碱和其他产品的原料。

纳税人在开采主矿产品的过程中伴采的其他应税矿产品,凡未单独规定适用税额的,一律按主矿产品或视同主矿产品税目征收资源税。

未列举名称的其他非金属矿原矿和其他有色金属矿原矿,由省、自治区、直辖市人民政府决定征收或暂缓征收资源税,并报财政部和国家税务总局备案。

二、税率

资源税采取从价定率或者从量定额的办法计征,分别以应税产品的销售额乘以纳税人具体适用的比例税率或者以应税产品的销售数量乘以纳税人具体适用的定额税率计算,实施"级差调节"的原则。级差调节是指运用资源税对因资源贮存状况、开采条件、资源优劣、地理位置等客观存在的差别而产生的资源级差收入,通过实施差别税额标准进行调节。资源条件好的,税率、税额高一些;资源条件差的,税率、税额低一些。具体规定见税目税率表 7-1。

表 7-1 资源税税目、税率表

税目		税率
一、原油		销售额的 5%~10%
二、天然气		销售额的 5%~10%
三、煤炭	焦煤	每吨 8~20 元
	其他煤炭	每吨 0.3~5 元
四、其他非金属矿原矿	普通非金属矿原矿	每吨或者每立方米 0.5~20 元
	贵重非金属矿原矿	每千克或者每克拉 0.5~20 元
五、黑色金属矿原矿		每吨 2~30 元
六、有色金属矿原矿	稀土矿	每吨 0.4~60 元
	其他有色金属矿原矿	每吨 0.4~30 元
七、盐	固体盐	每吨 10~60 元
	液体盐	每吨 2~10 元

资源税具体适用的税额、税率是在表 7-1 中的幅度范围内按等级来确定的,等级的划分,按《资源税实施细则》所附《几个主要品种的矿山资源等级表》执行。

对于划分资源等级的应税产品,其在《几个主要品种的矿山资源等级表》中未列举名称的纳税人适用的税率,由省、自治区、直辖市人民政府根据纳税人的资源状况,参照《资源税税目税率明细表》和《几个主要品种的矿山资源等级表》中确定的邻近矿山或者资源状况、开采条件相近矿山的税率标准,在浮动 30% 的幅度内核定,并报财政部和国家税务总局备案。

纳税人开采或者生产不同税目应税产品的,应当分别核算不同税目应税产品的销售额或者销售数量;未分别核算或者不能准确提供不同税目应税产品的销售额或者销售数量的,从高适用税率。

三、扣缴义务人适用的税率

收购未税矿产品的单位为资源税的扣缴义务人,主要是为了加强资源税的征管,适应税源小、零散、不定期开采、易漏税情形。扣缴义务具体包括:

(1) 独立矿山、联合企业收购未税矿产品的单位,按照本单位应税产品税额、税率标准,依据收购的数量(金额)代扣代缴资源税。

(2) 其他收购单位收购的未税矿产品,按税务机关核定的应税产品税额、税率标准,依据收购的数量(金额)代扣代缴资源税。

第三节 计税依据

一、从价定率征收的计税依据

实行从价定率征收的以销售额作为计税依据。销售额是指纳税人销售应税产品向购买方收取的全部价款和价外费用,但不包括收取的增值税销项税额。

价外费用,包括价外向购买方收取的手续费、补贴、基金、集资费、返还利润、奖励费、违约金、滞纳金、延期付款利息、赔偿金、代收款项、代垫款项、包装费、包装物租金、储备费、优质费、运输装卸费以及其他各种性质的价外收费。但下列项目不包括在内:

(1) 同时符合以下条件的代垫运输费用:
①承运部门的运输费用发票开具给购买方的;
②纳税人将该项发票转交给购买方的。
(2) 同时符合以下条件代为收取的政府性基金或者行政事业性收费:
①由国务院或者财政部批准设立的政府性基金,由国务院或者省级人民政府及其财政、价格主管部门批准设立的行政事业性收费;
②收取时开具省级以上财政部门印制的财政票据;
③所收款项全额上缴财政。

另外,纳税人以人民币以外的货币结算销售额的,应当折合成人民币计算。其销售额的人民币折合率可以选择销售额发生的当天或者当月1日的人民币汇率中间价。纳税人应在事先确定采用何种折合率计算方法,确定后1年内不得变更。

二、从量定额征收的计税依据

实行从量定额征收的以销售数量为计税依据。销售数量的具体规定为:

(1) 销售数量包括纳税人开采或者生产应税产品的实际销售数量和视同销售的自用数量。
(2) 纳税人不能准确提供应税产品销售数量的,以应税产品的产量或者主管税务机关确定的折算比换算成的数量为计征资源税的销售数量。
(3) 纳税人在资源税纳税申报时,除财政部、国家税务总局另有规定外,应当将其应税和减免税项目分别计算和报送。
(4) 对于连续加工前无法正确计算原煤移送使用量的煤炭,可按加工产品的综合回收率,将加工产品实际销量和自用量折算成原煤数量,以此作为课税数量。
(5) 金属和非金属矿产品原矿,因无法准确掌握纳税人移送使用原矿数量的,可将其精矿按选矿比折算成原矿数量,以此作为课税数量,其计算公式为:

$$选矿比 = 精矿数量 \div 耗用原矿数量$$

(6) 纳税人以自产的液体盐加工固体盐,按固定盐税额征税,以加工的固体盐数量为课税数量。纳税人以外购的液体盐加工成固体盐,其加工固体盐所耗用液体盐的已纳税额准予抵扣。

第四节 应纳税额的计算

根据资源税法的规定,资源税的应纳税额实行从价定率或者从量定额计算,分别以应税产品的销售额乘以纳税人具体适用的比例税率或者以应税产品的销售数量乘以纳税人具体适用的定额税率计算。

一、从价定率

实行从价定率征收的,计算公式为:

$$应纳税额 = 销售额 \times 适用税率$$

【例 7-1】 某油田 2012 年 3 月销售原油 20 000 吨,开具增值税专用发票取得销售额 10 000 万元、增值税额 1 700 万元,按《资源税税目税率表》的规定,其适用的税率为 8%。

【解析】 根据上述资料,该企业应进行如下纳税处理:

应纳税额 = 10 000 × 8% = 800(万元)

二、从量定额

实行从量定额征收的,其计算公式为:

$$应纳资源税税额 = 课税数量 \times 单位税额$$

【例 7-2】 某纳税人 2012 年 12 月以自产液体盐 50 000 吨和外购液体盐 10 000 吨(每吨已缴纳资源税 2 元)加工固体盐 12 000 吨对外销售。固体盐税额为 10 元/吨。

【解析】 根据上述资料,该企业应进行如下纳税处理:

$$应纳资源税税额 = 固体盐课税数量 \times 固体盐单位税额 - 外购液体盐课税数量 \times 液体盐单位税额$$
$$= 12\,000 \times 10 - 10\,000 \times 2 = 100\,000(元)$$

【例 7-3】 山西华铁冶金有限公司,2012 年 12 月份销售铜矿石原矿 20 000 吨,移送入选精矿 2 000 吨,选矿比为 20%,该矿山铜矿属于 5 等,按规定适用 12 元/吨的单位税额。

【解析】 根据上述资料,该公司应进行如下纳税处理:

(1) 外销铜矿石原矿的应纳税额:

原矿应纳税额 = 课税数量 × 单位税额 = 20 000 × 12 = 240 000(元)

(2) 入选精矿的应纳税额:

精矿应纳税额 = 入选精矿数量 ÷ 选矿比 × 单位税额
= 2 000 ÷ 20% × 12 = 120 000(元)

(3) 合计应纳税额:

应纳资源税税额＝原矿应纳税额＋精矿应纳税额
＝240 000＋120 000＝360 000（元）

第五节　税收优惠

一、减税、免税项目

资源税贯彻普遍征收、级差调节的原则思想，因此规定的减免税项目比较少。

（1）开采原油过程中用于加热、修井的原油，免税。

（2）纳税人开采或者生产应税产品过程中，因意外事故或者自然灾害等原因遭受重大损失的，由省、自治区、直辖市人民政府酌情决定减税或者免税。

（3）自2007年2月1日起，北方海盐资源税暂减按每吨15元征收，南方海盐、湖盐、井矿盐资源税暂减按每吨10元征收，液体盐资源税暂减按每吨2元征收。

（4）国务院规定的其他减税、免税项目。纳税人的减税、免税项目，应当单独核算销售额或者销售数量；未单独核算或者不能准确提供销售额或者销售数量的，不予减税或免税。

（5）从2007年1月1日起，对地面抽采煤层气暂不征收资源税。煤层气是指赋存于煤层及其围岩中与煤炭资料伴生的非常规天然气，也称煤矿瓦斯。

（6）自2010年6月1日起，纳税人在新疆开采的原油，天然气，自用于连续生产原油、天然气的，不缴纳资源税；自用于其他方面的，视同销售，依照规定计算缴纳资源税。有下列情形之一的，免征或者减征资源税：

①油田范围内运输稠油过程中用于加热的原油、天然气，免征资源税。

②稠油、高凝油和高含硫天然气资源税减征40%。

稠油是指地层原油黏度大于或等于50毫帕/秒或原油密度大于或等于0.92克/立方厘米的原油。高凝油是指凝固点大于40℃的原油。高含硫天然气是指硫化氢含量大于或等于30克/立方米的天然气。

③三次采油资源税减征30%。三次采油是指二次采油所继续以聚合物驱、三元复合驱、泡沫驱、二氧化碳驱、微生物驱等方式进行采油。

二、出口应税产品不退（免）资源税的规定

资源税规定仅对在中国境内开采或生产应税产品的单位和个人征收，进口的矿产品和盐不征收资源税。由于对进口应税产品不征收资源税，相应的，对出口应税产品也不免征或退还已纳资源税。

第六节　征收管理

一、纳税义务发生时间

（1）纳税人销售应税产品，其纳税义务发生时间为：

①纳税人采取分期收款结算方式的，其纳税义务发生时间，为销售合同规定的收款日期的当天。

②纳税人采取预收货款结算方式的，其纳税义务发生时间，为发出应税产品的当天。

③纳税人采取其他结算方式的，其纳税义务发生时间，为收讫销售款或者取得索取销售款凭据的当天。

（2）纳税人自产自用应税产品的纳税义务发生时间，为移送使用应税产品的当天。

（3）扣缴义务人代扣代缴税款的纳税义务发生时间，为支付首笔货款或者开具应支付货款凭据的当天。

二、纳税期限

资源税的纳税期限为1日、3日、5日、10日、15日或者1个月，纳税人的纳税期限由主管税务机关根据实际情况具体核定。不能按固定期限计算纳税的，可以按次计算纳税。

纳税人以1个月为一期纳税的，自期满之日起10日内申报纳税；以1日、3日、5日、10日或者15日为一期纳税的，自期满之日起5日内预缴税款，于次月1日起10日内申报纳税并结清上月税款。

三、纳税地点

（1）凡是缴纳资源税的纳税人，都应当向应税产品的开采或者生产所在地主管税务机关缴纳税款。

（2）如果纳税人在本省、自治区、直辖市范围内开采或者生产应税产品，其纳税地点需要调整的，由所在地省、自治区、直辖市税务机关决定。

（3）如果纳税人应纳的资源税属于跨省开采，其下属生产单位与核算单位不在同一省、自治区、直辖市的，对其开采的矿产品一律在开采地纳税，其应纳税款由独立核算、自负盈亏的单位，按照开采地的实际销售量及适用的税率计算划拨。

（4）扣缴义务人代扣代缴的资源税，也应当向收购地主管税务机关缴纳。

四、纳税申报

资源税纳税人应按《资源税暂行条例》有关规定及时办理纳税申报，并如实填写资源税纳税申报表，请见《纳税申报实务》"资源税纳税申报"章节的相关内容。

自测题

一、名词解释
1. 资源税
2. 黑色金属矿原矿
3. 有色金属矿原矿

二、简答题
1. 简述资源税的纳税义务人。
2. 简述资源税税目。
3. 简述特殊情况课税数量的确定方法。
4. 简述资源税的税收优惠政策。
5. 简述资源税的征收管理。

三、单项选择题
1. 资源税的纳税人包括（　　）。
A. 出口盐的内资企业

B. 开采金矿的内资企业
C. 中外合作开采石油的企业
D. 进口原油的石油进口企业

2. 以下应缴纳资源税的有（　　）。
A. 社区服务站销售天然气
B. 家用燃气公司进口天然气
C. 股份公司开采天然气
D. 中外合作开采天然气

3. 下列各项中，属于资源税的征税范围的是（　　）。
A. 洗煤　　　　B. 选煤
C. 人造石油　　D. 原油

4. 未列举名称的其他非金属矿原矿和其他有色金属矿源矿，由（　　）决定征收或暂缓征收资源税，并报财政部和国家税务总局备案。
A. 省、自治区、直辖市人民政府
B. 省、自治区、直辖市税务机关
C. 国务院
D. 国家税务总局

5. 独立矿山、联合企业收购未税矿产品的单位，按照（　　）代扣代缴资源税。
A. 矿产品原产地的税率标准
B. 矿产品收购地的税率标准
C. 本单位应税产品税率标准
D. 税务机关核定的税率标准

6. 征收开采原油资源税采用的计税方法是（　　）。
A. 从量计征　　B. 从价计征
C. 复合计征　　D. 滑准计征

7. 独立矿山、联合企业收购未税矿产品的单位，依据（　　）代扣代缴资源税。
A. 开采的数量（或金额）
B. 销售的数量（或金额）
C. 自用的数量（或金额）
D. 收购的数量（或金额）

8. 某军事单位开采了1 000吨煤（资源税3元/吨）用于营房冬季取暖，其资源税处理方法是（　　）。
A. 营方自用免征资源税
B. 军事单位开采应税资源免征资源税
C. 缴纳资源税3 000元
D. 减半征收资源税1 500元

9. 纳税人以自产的液体盐加工固体盐，则（　　）。
A. 所耗用液体盐的已纳税额准予抵扣
B. 按照液体盐、固体盐征两道税
C. 按照液体盐的税额计税
D. 按照固体盐的税额计税

10. 某企业2012年12月开采铝矿石600吨，销售500吨，铝矿石适用的资源税税额为14元/吨。根据资源税法律制度的规定，该企业当月应缴纳的资源税为（　　）元。
A. 4 200　　　B. 5 040
C. 7 000　　　D. 8 400

11. 某油田2012年12月开采原油4 500吨，当月销售3 500吨，自用10吨，另有5吨用于开采过程中加热、修井，还有985吨待销售。当月应就（　　）吨原油缴纳资源税。
A. 4 500　　　B. 3 515
C. 3 510　　　D. 3 500

12. 资源税的扣缴义务人代扣代缴税款的纳税义务发生时间为（　　）。
A. 销售合同规定的收款日期
B. 发出应税产品的当天
C. 支付首笔货款或开具应支付货款凭据的当天
D. 收讫销售款或者取得索取销售款凭据的当天

13. 扣缴义务人代扣代缴资源税，应当向（　　）主管税务机关缴纳。
A. 开采地　　　B. 核算地
C. 收购地　　　D. 销售地

四、多项选择题

1. 下列属于资源税纳税人的单位有（　　）。
A. 五金矿产进出口公司

B. 开采铁矿石的乡镇企业

C. 国有钢铁锻压公司

D. 开采铁矿石的军事单位

2. 资源税的扣缴义务人包括（　　）。

A. 收购未税矿产品的联合企业

B. 收购未税矿产品的个人

C. 收购未税矿产品的个体工商户

D. 收购未税矿产品的独立矿山

3. 某煤矿开采销售原煤，应缴纳的税费有（　　）。

A. 资源税

B. 增值税

C. 消费税

D. 城市维护建设税

4. 下列关于资源税税目说法正确的有（　　）。

A. 人造石油不征收资源税

B. 与原油同时开采的天然气征收资源税

C. 纳税人在开采主矿产品的过程中伴采的其他应税矿产品，凡未单独规定适用税额的，一律按主矿产品或视同主矿产品税目征收资源税

D. 洗煤、选煤和其他煤炭制品不征收资源税

5. 资源税规定，纳税人不能准确提供应税产品销售数量或移送使用数量的，可以按（　　）确定课税数量。

A. 应税产品的产量

B. 当期估计产量

C. 根据综合回收率折算数量

D. 主管税务机关确定的折算比换算成的数量

6. 根据资源税法的规定，下列关于资源税课税数量的表述中，正确的有（　　）。

A. 某油田自产自用的天然气，以自用数量为课税数量

B. 某煤矿对外销售自己开采的原煤，以销售数量为课税数量

C. 某盐场以自产液体盐加工固定盐后销售的，以使用的液体盐数量为课税数量

D. 某煤矿自产自用的原煤，以实际移送使用的数量为课税数量

7. 下列关于资源税的课税数量说法正确的有（　　）。

A. 纳税人开采和生产应税产品销售的，按"开采数量"为课税数量

B. 原油中的稠油、高凝油与稀油划分不清或不易划分的，一律按原油的数量课税

C. 对于连续加工前无法正确计算原煤移送使用数量的煤炭，可按加工产品的综合回收率，将加工产品实际销量和自用量折算成原煤数量，以此作为课税数量

D. 纳税人以外购的液体盐加工成固体盐，其加工固体盐所耗用液体盐的已纳税额准予抵扣

8. 根据资源税法的规定，下列说法正确的有（　　）。

A. 开采原油过程中用于加热、修井的原油，免税

B. 纳税人开采或者生产应税产品过程中，因意外事故或者自然灾害等原因遭受重大损失的，免税

C. 纳税人的减税、免税项目，应当单独核算课税数量；未单独核算或者不能准确提供课税数量的，不予减税或者免税

D. 地面抽采煤层气暂不征收资源税

9. 根据资源税法的规定，下列说法正确的有（　　）。

A. 纳税人开采或者生产应税产品自用的，以生产的数量为课税数量

B. 对于纳税人开采或者生产不同税目应税产品的，不能准确提供不同税目应税产品的课税数量的，按应税产品的平均税额计算资源税

C. 对进口应税产品不征收资源税，对出口应税产品也不免征或退还已纳资源税

D. 凡是缴纳资源税的纳税人，都应当向应税产品的开采或者生产所在地主管

税务机关缴纳税款

10. 下列关于资源税扣缴规定的说法中，不正确的有（　　）。

A. 扣缴义务人代扣资源税时适用开采地的税额

B. 代扣代缴税款的纳税义务发生时间为收到货款的当天

C. 扣缴义务人代扣的资源税应向收购地税务机关缴纳

D. 资源税的扣缴义务人包括独立矿山、联合企业、其他单位和个人

11. 下列关于资源税的纳税义务发生时间说法正确的有（　　）。

A. 纳税人采取分期收款结算方式的，其纳税义务发生时间，为销售合同规定的收款日期的当天

B. 纳税人采取预收货款结算方式的，其纳税义务发生时间，为发出应税产品的当天

C. 纳税人自产自用应税产品的，其纳税义务发生时间，为移送使用应税产品的当天

D. 扣缴义务人代扣代缴税款的，其纳税义务发生时间，为支付首笔货款或者开具应支付货款凭据的当天

12. 下列关于资源税纳税地点的正确说法有（　　）。

A. 纳税人跨省开采，其下属生产单位与核算单位不在同一省、自治区、直辖市的，在开采地纳税

B. 纳税人跨省开采，其下属生产单位与核算单位不在同一省、自治区、直辖市的，在核算地纳税

C. 扣缴义务人代扣代缴资源税，应向收购地主管税务机关缴纳

D. 扣缴义务人代扣代缴资源税，应向开采地主管税务机关缴纳

五、判断题

1. 资源税的纳税人是开采和进口应税资源的单位和个人。（　　）

2. 中外合作开采石油、天然气，暂不征收资源税。（　　）

3. 原油是资源税的应税资源，包括天然原油和人造原油。（　　）

4. 资源税从量定额征收，与销售额无关，其计算税额的关键是确定课税数量。（　　）

5. 纳税人进口应税资源不缴纳资源税，但要缴纳关税和增值税。（　　）

6. 原油中的稠油、高凝油与稀油划分不清的，按照综合回收率折算成原油纳税。（　　）

7. 根据资源税法的规定，伴随原油同时开采的天然气不征收资源税，而煤矿生产的天然气应当征收资源税。（　　）

8. 对于纳税人开采或者生产不同税目应税产品的，应当分别核算；不能准确提供不同税目应税产品的课税数量的，从高适用税率。（　　）

六、计算题

1. 某盐场2012年12月以自产的液体盐30 000吨和外购的液体盐20 000吨（每吨已缴纳资源税2元）加工成固体盐14 000吨对外销售，当月已经全部销售，取得销售收入700万元（不含增值税）。已知固体盐的单位税额为10元/吨。

要求：计算该盐场2012年12月应缴纳的资源税。

2. 某矿山2012年12月开采铜矿石30 000吨，销售原矿10 000吨，取得销售收入450 000元（不含增值税）；入选精矿6 000吨，选矿比为20%，铜矿石适用的资源税单位税额为12元/吨。

要求：计算该矿山2012年12月应缴纳的资源税。

第八章 土地增值税法

土地增值税法是指国家制定的用以调整土地增值税征收与缴纳之间权利及义务关系的法律规范。现行土地增值税的基本规范，是 1993 年 12 月 13 日国务院颁布的《中华人民共和国土地增值税暂行条例》（以下简称《土地增值税暂行条例》）。

土地增值税是对有偿转让国有土地使用权及地上建筑物和其他附着物产权，取得增值收入的单位和个人征收的一种税。

征收土地增值税，增强国家对房地产开发和房地产市场的调控，有利于国家抑制炒买炒卖土地获取暴利的行为，增加国家财政收入，为地方政府积累经济建设资金起到了积极的作用。

第一节 纳税义务人

转让国有土地使用权、地上的建筑物及其附着物（以下简称转让房地产）并取得收入的单位和个人，为土地增值税的纳税义务人（以下简称纳税人）。

单位包括各类企业、事业单位、国家机关和社会团体及其他组织。个人包括个体经营者。

不论法人与自然人，即不论是企业、事业单位、国家机关和社会团体及其他组织，还是个人；不论经济性质，即不论是全民所有制企业、集体企业、私营企业、个体经营者，还是联营企业、合营企业、合作企业、外商独资企业等；不论内资与外资企业、中国公民与外籍个人；不论部门，即不论是工业、农业、商业、学校、医院、机关等，只要有偿转让房产，都是土地增值税的纳税人。

第二节 征税范围

一、征税范围

根据《土地增值税暂行条例》及其实施细则的规定，土地增值税的征税范围包括：

（一）转让国有土地使用权

这里，所说的"国有土地"，是指按国家法律规定属于国家所有的土地。

（二）地上的建筑物及其附着物连同国有土地使用权一并转让

这里所说的"地上的建筑物"，是指建于土地上的一切建筑物，包括地上地下的各种附属设施。这里所说的"附着物",是指附着于土地上的不能移动或一经移动即遭损坏的物品。

二、征税范围的界定

准确界定土地增值税的征税范围十分重要。在实际工作中,我们可以通过以下几条标准来判定。

(一) 土地增值税是对转让国有土地使用权及其地上建筑物和附着物的行为征税

这里转让的土地,其使用权是否为国家所有,是判定是否属于土地增值税征税范围的标准之一。

根据《宪法》和《中华人民共和国土地管理法》(以下简称《土地管理法》)的规定,城市的土地属于国家所有。农村和城市郊区的土地除由法律规定属于国家所有的以外,属于集体所有。国家为了公共利益,可以依照法律规定对集体土地实行征用,依法被征用后的土地属于国家所有。对于上述法律规定属于国家所有的土地,其土地使用权在转让时,按照《土地增值税暂行条例》规定,属于土地增值税的征税范围。而农村集体所有的土地,根据《土地管理法》、《城市房地产管理法》及国家其他有关规定,是不得自行转让的,只有根据有关法律规定,由国家征用以后变为国家所有时,才能进行转让。故集体土地的自行转让是一种违法行为,应由有关部门来处理。对于目前违法将集体土地转让给其他单位和个人的情况,应在有关部门处理、补办土地征用或出让手续变为国家所有之后,再纳入土地增值税的征税范围。

(二) 土地增值税是对国有土地使用权及其地上的建筑物和附着物的转让行为征税

这里,土地使用权、地上的建筑物及其附着物的产权是否发生转让,是判定是否属于土地增值税征税范围的标准之二。

这条标准有3层含义:

1. 土地增值税的征税范围不包括国有土地使用权出让所取得的收入

国有土地使用权出让是指国家以土地所有者的身份将土地使用权在一定年限内让与土地使用者,并由土地使用者向国家支付土地使用权出让金的行为,属于土地买卖的一级市场。土地使用权出让的出让方是国家,国家凭借土地的所有权向土地使用者收取土地的租金。出让的目的是实行国有土地的有偿使用制度,合理开发、利用、经营土地,因此,土地使用权的出让不属于土地增值税的征税范围。而国有土地使用权的转让是指土地使用者通过出让等形式取得土地使用权后,将土地使用权再转让的行为,包括出售、交换和赠与,它属于土地买卖的二级市场。土地使用权转让,其地上的建筑物、其他附着物的所有权随之转让。土地使用权的转让,属于土地增值税的征税范围。

2. 土地增值税的征税范围不包括未转让土地使用权、房产产权的行为

是否发生房地产权属(指土地使用权和房产产权)的变更,是确定是否纳入征税范围的一个标准,凡土地使用权、房产产权未转让的(如房地产的出租),不征收土地增值税。

3. 土地增值税的征税范围包括存量房地产的买卖

存量房地产是指已经建成并已投入使用的房地产,其房屋所有人将房屋产权和土地使用权一并转让给其他单位和个人。这种行为按照国家有关的房地产法律和法规,应当

到有关部门办理房产产权和土地使用权的转移变更手续；原土地使用权属于无偿划拨的，还应到土地管理部门补交土地出让金。

（三）土地增值税是对转让房地产并取得收入的行为征税

这里，是否取得收入是判定是否属于土地增值税征税范围的标准之三。

土地增值税的征税范围不包括房地产的权属虽转让，但未取得收入的行为。例如，以继承、赠与等方式无偿转让的房地产，尽管房地产的权属发生了变更，但权属人并没有取得收入，因此也不征收土地增值税。

需要说明的是，无论是单独转让国有土地使用权，还是房屋产权与国有土地使用权一并转让的，只要取得收入，均属于土地增值税的征税范围，应对之征收土地增值税。

三、若干具体情况的判定

根据以上三条判定标准，我们就可对以下若干具体情况是否属于土地增值税的征税范围进行判定。

（一）以出售方式转让国有土地使用权、地上的建筑物及附着物的

这种情况因其同时符合上述三个标准，所以属于土地增值税的征税范围。这里又分为三种情况：

（1）出售国有土地使用权的。

（2）取得国有土地使用权后进行房屋开发建造然后出售的。

（3）存量房地产的买卖。

（二）以继承、赠与方式转让房地产的

这种情况因其只发生房地产产权的转让，没有取得相应的收入，属于无偿转让房地产的行为，所以不能将其纳入土地增值税的征税范围。这里又可以分为两种情况：

1. 房地产的继承

房地产的继承是指房产的原产权所有人、依照法律规定取得土地使用权的土地使用人死亡以后，由其继承人依法承受死者房产产权和土地使用权的民事法律行为。这种行为虽然发生了房地产的权属变更，但作为房产产权、土地使用权的原所有人（即被继承人）并没有因为房地产权属的转让而取得任何收入。因此，这种房地产的继承不属于土地增值税的征税范围。

2. 房地产的赠与

房地产的赠与是指房产所有人、土地使用权所有人将自己所拥有的房地产无偿地交给其他人的民事法律行为。房地产的赠与虽然发生了房地产的权属变更，但作为房产所有人、土地使用权的所有人并没有因为权属的转让而取得任何收入。因此，房地产的赠与不属于土地增值税的征税范围。

（三）房地产的出租

房地产的出租是指房产的产权所有人、依照法律规定取得土地使用权的土地使用人，将房产、土地使用权租赁给承租人使用，由承租人向出租人支付租金的行为。房地产的出租，出租人虽然取得了收入，但没有发生房产产权、土地使用权的转让。因此，房地产的出租不属于土地增值税的征税范围。

（四）房地产的抵押

房地产的抵押是指房地产的产权所有人、依法取得土地使用权的土地使用权人作为债务人或第三人向债权人提供不动产作为清偿债务的担保而不转移权属的法律行为。房地产的抵押人在抵押期间虽然将不动产作为担保财产，因而在其行使权利时受到抵押权人的一定限制，但抵押人并没有丧失其所有权或使用权。因此，对房地产的抵押，在抵押期间不征收土地增值税。待抵押期满后，视该房地产是否转移占有而确定是否征收土地增值税。对于以房地产抵债而发生房地产权属转让的，应列入土地增值税的征税范围。

（五）房地产的交换

房地产的交换是指一方以房地产与另一方的房地产进行交换的行为。该行为由于发生了房产产权、土地使用权的转移，交换双方又取得了实物形态的收入，按《土地增值税暂行条例》规定，它属于土地增值税的征税范围。但对个人之间互换自有居住用房地产的，经当地税务机关核实，可以免征土地增值税。

（六）以房地产进行投资、联营

对于以房地产进行投资、联营的，投资、联营的一方以土地（房地产）作价入股进行投资或作为联营条件，将房地产转让到所投资、联营的企业中时，暂免征收土地增值税。对投资、联营企业将上述房地产再转让的，应征收土地增值税。

（七）合作建房

对于一方出地，一方出资金，双方合作建房，建成后按比例分房自用的，暂免征收土地增值税；建成后转让的，应征收土地增值税。

（八）企业兼并转让房地产

在企业兼并中，对被兼并企业将房地产转让到兼并企业中的，暂免征收土地增值税。

（九）房地产的代建房行为

房地产的代建房行为是指房地产开发公司代客户进行房地产的开发，开发完成后向客户收取代建收入的行为。对于房地产开发公司而言，虽然取得了收入，但没有发生房地产权属的转移，其收入属于劳务收入性质，故不属于土地增值税的征税范围。

（十）房地产的重新评估

房地产的重新评估是指国有企业在清产核算时对房地产进行重新评估而使其升值的情况。这种情况下，房地产虽然有增值，但其既没有发生房地产权属的转移，房产产权、土地使用权人也未取得收入，所以不属于土地增值税的征税范围。

第三节 税 率

土地增值税实行四级超率累进税率：

（1）增值额未超过扣除项目金额50%的部分，税率为30%。

（2）增值额超过扣除项目金额50%、未超过扣除项目金额100%的部分，税率为40%。

（3）增值额超过扣除项目金额100%、未超过扣除项目金额200%的部分，税率为50%。

（4）增值额超过扣除项目金额200%的部分，税率为60%。

上述所列四级超率累进税率，每级"增值额未超过扣除项目金额"的比例，均包括本比例数。

第四节　应纳税额的计算

一、应税收入的确定

纳税人转让房地产取得的应税收入，应包括转让房地产的全部价款及有关的经济收益。从收入的形式来看，包括货币收入、实物收入和其他收入。

（一）货币收入

货币收入是指纳税人转让房地产而取得的现金、银行存款、支票、银行本票、汇票等各种信用票据和国库券、金融债券、企业债券、股票等有价证券。这些类型的收入其实质都是转让方因转让土地使用权、房屋产权而向取得方收取的价款。货币收入一般比较容易确定。

（二）实物收入

实物收入是指纳税人转让房地产而取得的各种实物形态的收入，如钢材、水泥等建材，房屋、土地等不动产等。实物收入的价值不太容易确定，一般要对这些实物形态的财产进行估价。

（三）其他收入

其他收入是指纳税人转让房地产而取得的无形资产收入或具有财产价值的权利，如专利权、商标权、著作权、专有技术使用权、土地使用权、商誉权等。这种类型的收入比较少见，其价值需要进行专门的评估。

二、扣除项目的确定

计算土地增值税应纳税额，并不是直接对转让房地产所取得的收入征税，而是要对收入额减除国家规定的各项扣除项目金额后的余额，即对增值额计算征税。因此，要计算增值额，首先必须确定扣除项目。税法准予纳税人从转让收入额中减除的扣除项目包括下列几项。

（一）取得土地使用权所支付的金额

取得土地使用权所支付的金额是指纳税人为取得土地使用权所支付的地价款和按国家统一规定缴纳的有关费用，如登记、过户手续费等。

（二）房地产开发成本

房地产开发成本是指纳税人房地产开发项目实际发生的成本，包括土地的征用及拆迁补偿费、前期工程费、建筑安装工程费、基础设施费、公共配套设施费、开发间接费用等。

（1）土地征用及拆迁补偿费。包括土地征用费、耕地占用税、劳动力安置费及有关地上、地下附着物拆迁补偿的净支出、安置动迁用房支出等。

（2）前期工程费。包括规划、设计、项目可行性研究和水文、地质、勘察、测绘、"三通一平"等支出。

（3）建筑安装工程费。指以出包方式支付给承包单位的建筑安装工程费，以自营方式发生的建筑安装工程费。

（4）基础设施费。包括开发小区内道路、供水、供电、供气、排污、排洪、通讯、照明、环卫、绿化等工程发生的支出。

（5）公共配套设施费。包括不能有偿转让的开发小区内公共配套设施发生的支出。

（6）开发间接费用。指直接组织、管理开发项目发生的费用，包括工资、职工福利费、折旧费、修理费、办公费、水电费、劳动保护费、周转房摊销等。

（三）房地产开发费用

房地产开发费用是指与房地产开发项目有关的销售费用、管理费用和财务费用。根据现行财务会计制度的规定，这三项费用作为期间费用，直接计入当期损益，不按成本核算对象进行分摊。故作为土地增值税扣除项目的房地产开发费用，不按纳税人房地产开发项目实际发生的费用进行扣除，而按《土地增值税暂行条例实施细则》的标准进行扣除。

《土地增值税暂行条例实施细则》规定，财务费用中的利息支出，凡能够按转让房地产项目计算分摊并提供金融机构证明的，允许据实扣除，但最高不能超过按商业银行同类同期贷款利率计算的金额。其他房地产开发费用，按上述第（一）、（二）项规定（即取得土地使用权所支付的金额和房地产开始成本，下同）计算的金额之和的5％以内计算扣除。凡不能按转让房地产项目计算分摊利息支出或不能提供金融机构证明的，房地产开发费用按上述第（一）、（二）项规定计算的金额之和的10％以内计算扣除。计算扣除的具体比例，由各省、自治区、直辖市人民政府规定。

上述规定的具体含义是：

（1）纳税人能够按转让房地产项目计算分摊利息支出，并能提供金融机构的贷款证明的，其允许扣除的房地产开发费用为：利息＋（取得土地使用权所支付的金额＋房地产开发成本）×5％以内（注：利息最高不能超过按商业银行同类同期贷款利率计算的金额）。

（2）纳税人不能按转让房地产项目计算分摊利息支出或不能提供金融机构贷款证明的，其允许扣除的房地产开发费用为：（取得土地使用权所支付的金额＋房地产开发成本）×10％以内。

此外，财政部、国家税务总局还对扣除项目金额中利息支付的计算问题作了两点专门规定：一是利息的上浮幅度按国家的有关规定执行，超过上浮幅度的部分不允许扣除；二是对于超过贷款期限的利息部分和加罚的利息不允许扣除。

（四）与转让房地产有关的税费

与转让房地产有关的税费是指在转让房地产时缴纳的营业税、城市维护建设税、教育费附加、印花税。

需要说明的是，房地产开发企业按照《施工、房地产开发企业财务制度》有关规定，其在转让时缴纳的印花税因列入管理费用中，故在此不允许单独再扣除。其他纳税人缴纳的印花税（按产权转移书据所载金额的0.5‰贴花）允许在此扣除。

（五）其他扣除项目

对从事房地产开发的纳税人可按上述（一）、（二）项规定计算的金额之和，加计20%的扣除。

（六）旧房及建筑物的评估价格

旧房及建筑物的评估价格是指在转让已使用的房屋及建筑物时，由政府批准设立的房地产评估机构评定的重置成本价乘以成新度折扣率后的价格。评估价格须经当地税务机关确认。

三、增值额的确定

土地增值税纳税人转让房地产所取得的收入减除规定的扣除项目金额后的余额，为增值额。增值额是土地增值税的本质所在。准确核算增值额是很重要的。当然，准确核算增值额，还需要有准确的房地产转让收入额和扣除项目的金额。在实际房地产交易活动中，有些纳税人由于不能准确提供房地产转让价格或扣除项目金额，致使增值额不准确，直接影响应纳税额的计算和缴纳。因此，纳税人有下列情形之一的，按照房地产评估价格计算征收。

（一）隐瞒、虚报房地产成交价格的

房地产评估价格是指由政府批准设立的房地产评估机构根据相同地段、同类房地产进行综合评定的价格。隐瞒、虚报房地产成交价格是指纳税人不报或有意低报转让土地使用权、地上建筑物及其附着物价款的行为。

隐瞒、虚报房地产成交价格，应由评估机构参照同类房地产的市场交易价格进行评估。税务机关根据评估价格确定转让房地产的收入。

（二）提供扣除项目金额不实的

提供扣除项目金额不实的，是指纳税人在纳税申报时不据实提供扣除项目金额的行为。

提供扣除项目金额不实的，应由评估机构按照房屋重置成本价乘以成新度折扣率计算的房屋成本价和取得土地使用权时的基准地价进行评估。税务机关根据评估价格确定扣除项目金额。

（三）转让房地产的成交价格低于房地产评估价格，又无正当理由的

转让房地产的成交价格低于房地产评估价格，又无正当理由的，是指纳税人申报的转让房地产的实际成交价低于房地产评估机构评定的交易价，纳税人又不能提供凭据或无正当理由的行为。

转让房地产的成交价格低于房地产评估价格，又无正当理由的，由税务机关参照房地产评估价格确定转让房地产的收入。

四、应纳税额的计算方法

土地增值税按照纳税人转让房地产所取得的增值额和规定的税率计算征收。土地增

值税的计算公式为：

$$应纳税额 = \sum (每级距的土地增值额 \times 适用税率)$$

但在实际工作中，分步计算比较烦琐，一般可以采用速算扣除法计算。即：计算土地增值税税额，可按增值额乘以适用的税率减去扣除项目金额乘以速算扣除系数的简便方法计算，具体公式如下：

$$应纳税额 = 增值额 \times 适用税率 - 扣除项目金额 \times 速算扣除系数$$

（1）增值额未超过扣除项目金额50%：

$$土地增值税税额 = 增值额 \times 30\%$$

（2）增值额超过扣除项目金额50%，未超过100%：

$$土地增值税税额 = 增值额 \times 40\% - 扣除项目金额 \times 5\%$$

（3）增值额超过扣除项目金额100%，未超过200%：

$$土地增值税税额 = 增值额 \times 50\% - 扣除项目金额 \times 15\%$$

（4）增值额超过扣除项目金额200%：

$$土地增值税税额 = 增值额 \times 60\% - 扣除项目金额 \times 35\%$$

公式中的5%，15%，35%分别为二、三、四级的速算扣除系数。

上述所列四级超率累进税率，每级"增值额未超过扣除项目金额"的比例，均包括本比例数。超率累进税率及速算扣除系数如表8-1所示。

表8-1　　　　　　　　土地增值税四级超率累进税率表

级数	增值额与扣除项目金额的比率	税率（%）	速算扣除系数（%）
1	不超过50%的部分	30	0
2	超过50%至100%的部分	40	5
3	超过100%至200%的部分	50	15
4	超过200%的部分	60	35

【例8-1】　某生产企业在市区建造普通标准住宅并出售给其员工，取得销售收入4 000万元（营业税税率为5%，城市维护建设税税率为7%，教育费附加征收率为3%，印花税税率为0.5‰）。该企业为建造该住宅楼支付的地价款为1 000万元、房地产开发成本为2 000万元、房地产开发费用为400万元。因该企业同时建造别的厂房，不能按该住宅楼计算分摊银行贷款利息支出。该公司所在地政府确定的费用扣除比例为10%。

【解析】　根据上述资料，该企业应进行如下纳税处理：

（1）确认转让房地产收入为4 000万元。

（2）确定转让房地产的扣除项目金额：

①取得土地使用权所支付的金额为1 000万元。

②房地产的开发成本为2 000万元。

③与转让房地产有关的费用=(1 000+2 000)×10%=300（万元）

④与转让房地产有关的税费=4 000×5%×(1+7%+3%)+4 000×0.5‰

=222（万元）

⑤扣除项目金额＝1 000＋2 000＋300＋222＝3 522（万元）

(3) 转让房地产的增值额＝4 000－3 522＝478（万元）

(4) 增值额与扣除项目金额的比率＝478÷3 522×100％＝13.57％

(5) 纳税人建造普通标准住宅出售，增值额未超过扣除项目金额20％的，免征土地增值税。

第五节　税收优惠

一、建造普通标准住宅的税收优惠

纳税人建造普通标准住宅出售，增值额未超过扣除项目金额20％的，免征土地增值税；增值额超过扣除项目金额20％的，应就其全部增值额按规定计税。

普通标准住宅是指按所在地一般民用住宅标准建造的居住用住宅。高级公寓、别墅、度假村等不属于普通标准住宅。

对于纳税人既建普通标准住宅，又建造其他房地产开发的，应分别核算增值额。不分别核算增值额或不能准确核算增值额的，其建造的普通标准住宅不能适用这一免税规定。

对企事业单位、社会团体以及其他组织转让服务作为租房房源、且增值额未超过扣除项目金额20％的，免征土地增值税。

二、国家征用收回的房地产的税收优惠

因国家建设需要依法征用、收回的房地产，免征土地增值税。

因国家建设需要依法征用、收回的房地产，是指因城市实施规划、国家建设的需要而被政府批准征用的房产或收回的土地使用权。

三、因城市实施规划、国家建设需要而搬迁由纳税人自行转让原房地产的税收优惠

因城市实施规划、国家建设的需要而搬迁，由纳税人自行转让原房地产的，免征土地增值税。

因"城市实施规划"而搬迁，是指因旧城改造或因企业污染、扰民（指产生过量废气、废水、废渣和噪音，使城市居民生活受到一定危害），而由政府或政府有关主管部门根据已审批通过的城市规划确定进行搬迁的情况。因"国家建设的需要"而搬迁，是指因实施国务院、省级人民政府、国务院有关部委批准的建设项目而进行搬迁的情况。

对因中国邮政集团公司邮政速递物流业务重组改制，中国邮政集团公司向中国邮政速递物流股份有限公司、各省邮政公司向各省邮政速递物流有限公司转移房地产产权应缴纳的土地增值税，予以免征。已缴纳的应予免征的土地增值税，应予以退税。

第六节 征收管理

一、纳税期限

土地增值税的纳税人应在转让房地产合同签订后的 7 日内，到房地产所在地主管税务机关办理纳税申报，并向税务机关提交房屋及建筑物产权、土地使用权证书，土地转让、房产买卖合同，房地产评估报告及其他与转让房地产有关的资料。

纳税人因经常发生房地产转让而难以在每次转让后申报的，经税务机关审核同意后，可以定期进行纳税申报，具体期限由税务机关根据情况确定。

此外，对于纳税人预售房地产所取得的收入，凡当地税务机关规定预征土地增值税的，纳税人应当到主管税务机关办理纳税申报，并按规定比例预交，待办理决算后，多退少补；凡当地税务机关规定不预征土地增值税的，也应在取得收入时先到税务机关登记或备案。

二、纳税地点

土地增值税的纳税人应当向房地产所在地主管税务机关办理纳税申报，并在税务机关核定的期限内缴纳土地增值税。

房地产所在地是指房地产的坐落地。纳税人转让的房地产坐落在两个或两个以上地区的，应按房地产所在地分别申报纳税。

在实际工作中，纳税地点的确定又可分为以下两种情况。

（一）纳税人是法人的

当转让的房地产坐落地与其机构所在地或经营所在地一致时，则在办理税务登记的原管辖税务机关申报纳税即可；如果转让的房地产坐落地与其机构所在地或经营所在地不一致时，则应在房地产坐落地所管辖的税务机关申报纳税。

（二）纳税人是自然人的

当转让的房地产坐落地与其居住所在地一致时，则在住所所在地税务机关申报纳税；当转让的房地产坐落地与其居住所在地不一致时，在办理过户手续所在地的税务机关申报纳税。

三、纳税申报

土地增值税纳税人应按《土地增值税暂行条例》有关规定及时办理纳税申报，并如实填写土地增值税纳税申报表，请见《纳税申报实务》"土地增值税纳税申报"章节的相关内容。

四、房地产开发项目土地增值税的清算管理

为了加强土地增值税征收管理，规范土地增值税清算工作，根据《税收征管法》及其实施细则、《土地增值税暂行条例》及其实施细则等规定，制定《土地增值税清算管

理规程》。自 2009 年 6 月 1 日起施行,各省(自治区、直辖市、计划单列市)税务机关可结合本地实际,对本规程进行进一步细化。

第七节 综合案例分析

【例 8-2】 北京佳明房地产开发有限公司,2011 年 3 月起开始在海淀区牡丹园建造金鼎大厦。2012 年 12 月转让房地产取得货币收入 10 974 万元。取得土地使用权支付 1 200 万元;房地产开发成本 3 200 万元,其中土地征用及拆迁补偿费 250 万元,前期工程费 300 万元,建筑安装工程费 1 700 万元,基础设施费 400 万元,公共配套设施费 100 万元,开发间接费用 450 万元;向银行借款 5 000 万元,1 年期,利率 6%,向非银行金融机构借款 500 万元,1 年期,支付利息 40 万元,均能按转让房地产项目分摊利息;其他房地产开发费用(包括印花税)300 万元。除利息外允许扣除的其他房地产开发费用,为按取得土地使用权所支付的金额与房地产开发成本计算的金额之和的 5%。

【解析】 根据上述资料,该公司应进行如下纳税处理:

(1) 转让房地产收入=10 974 万元

(2) 转让房地产的扣除项目金额:

①取得土地使用权所支付的金额=1 200 万元

②房地产开发成本=3 200 万元

③房地产开发费用=利息支出+允许扣除的其他房地产开发费用=利息支出+(取得土地使用权所支付的金额+房地产开发成本)×5%=(5 000+500)×6%+(1 200+3 200)×5%=330+220=550(万元)

④与转让房地产有关的税费=营业税+城市维护建设税+教育费附加=10 974×5%+10 974×5%×7%+10 974×5%×3%=548.7+38.41+16.46=603.57(万元)

⑤财政部规定从事房地产开发企业的加计扣除数=(取得土地使用权所支付的金额+房地产开发成本)×20%=(1 200+3 200)×20%=880(万元)

⑥扣除项目金额=取得土地使用权所支付的金额+房地产开发成本+房地产开发费用+与转让房地产有关的税费+财政部规定从事房地产开发企业的加计扣除数=1 200+3 200+550+603.57+880=6 433.57(万元)

(3) 转让房地产的增值额=转让房地产收入−扣除项目金额=10 974−6 433.57=4 540.43(万元)

(4) 增值额与扣除项目金额之比=增值额÷扣除项目金额×100%=4 540.43÷6 433.57×100%=70.57%

(5) 应纳土地增值税税额=$\sum$(每级距的土地增值额×适用税率)

=6 433.57×50%×30%+(4 540.43−6 433.57×50%)×40%=1 494.49(万元)

或者 =增值额×适用税率−扣除项目金额×速算扣除系数

=4 540.43×40%−6 433.57×5%=1 494.49(万元)

自测题

一、名词解释
1. 土地增值税
2. 增值额
3. 超率累进税率
4. 速算扣除系数

二、简答题
1. 简述土地增值税的纳税义务人。
2. 简述土地增值税的征税范围。
3. 简述土地增值税的税率。
4. 简述土地增值税扣除项目金额的确定。
5. 简述土地增值税应纳税额的计算。
6. 简述土地增值税的税收优惠政策。
7. 简述土地增值税的征收管理。

三、单项选择题
1. 土地增值税按照纳税人转让房地产所取得的（　　）和规定的税率计算征收。
   A. 收入额　　　　B. 所得额
   C. 增值额　　　　D. 利润额

2. 下列各项中，应该缴纳土地增值税的是（　　）。
   A. 用房地产对外投资
   B. 兼并企业从被兼并企业取得房地产
   C. 房地产的交换
   D. 房地产的出租

3. 下列行为中，属于土地增值税征税范围的是（　　）。
   A. 房地产的出租行为
   B. 房地产的抵押行为
   C. 以房地产抵债而发生房地产权属转让的行为
   D. 甲、乙两居民之间交换住房的行为

4. 土地增值税实行（　　）超率累进税率。
   A. 三级　　　　　B. 四级
   C. 五级　　　　　D. 六级

5. 我国土地增值税实行的税率属于（　　）。
   A. 比例税率
   B. 定额税率
   C. 超额累进税率
   D. 超率累进税率

6. 下列各项中，不征或者免征土地增值税的是（　　）。
   A. 企业之间互换办公楼
   B. 单独出售国有土地使用权的房地产企业
   C. 国家将土地出让给某事业单位
   D. 存量房地产的买卖

7. 下列项目中，不属于房地产开发成本项目的是（　　）。
   A. 三通一平支出
   B. 耕地占用税
   C. 土地出让金
   D. 不能有偿转让的开发小区内公共配套设施发生的支出

8. 下列各项中，属于房地产开发成本的有（　　）。
   A. 耕地占用税
   B. 利息支出
   C. 取得土地使用权时缴纳的过户手续费
   D. 地价款

9. 纳税人如果不能按转让房地产项目计算分摊利息支出或不能提供金融机构证明的，其房地产开发费用按土地使用权支付的金额和房地产开发成本之和的（　　）计算扣除。
   A. 10%　　　　　B. 10%以内
   C. 20%　　　　　D. 20%以内

10. 房地产开发企业在确定土地增值

税的扣除项目时，允许单独扣除的税费是（　　）。

A. 营业税，印花税
B. 房产税，城市维护建设税
C. 营业税，城市维护建设税
D. 印花税，城市维护建设税

11. 根据土地增值税法的规定，土地增值税的纳税人隐瞒、虚报房地产成交价格的，按照（　　）计算征收土地增值税。

A. 最高一档税率
B. 提供的扣除项目金额加倍
C. 隐瞒、虚报的房地产成交价格加倍
D. 房地产评估价格

12. 房地产企业转让新建房，可以作为20%加计扣除项目基数的是（　　）。

A. 实际发生的销售费用
B. 实际发生的管理费用
C. 实际发生的与房地产开发项目相关的财务费用
D. 前期的工程费

13. 计算土地增值税时，下列项目中允许扣除的是（　　）。

A. 超过贷款期限的利息
B. 超过贷款期限加收的罚息
C. 超过利息上浮幅度支付的利息
D. 房地产开发企业销售已装修的房屋，发生的装修费用

14. 某单位转让一栋1998年建造的公寓楼，当时造价为500万元。经房地产评估机构评定，该楼的重置成本为2 000万元，公寓楼六成新。在计算土地增值税时，其评估价格为（　　）万元。

A. 500   B. 1 200
C. 2 000 D. 1 500

15. 某工业企业2012年转让一幢新建办公楼，取得收入5 000万元，该办公楼建造成本和相关费用3 700万元，缴纳与转让办公楼相关的税费277.5万元（其中印花税2.5万元）。该企业应缴纳土地增值税（　　）万元。

A. 96.75   B. 97.50
C. 306.75 D. 307.50

16. 纳税人建造普通标准住宅出售，增值额超过扣除项目金额20%的，应就其（　　）按规定计算缴纳土地增值税。

A. 超过20%的部分
B. 全部增值额
C. 扣除项目金额
D. 全部价款

17. 纳税人建造普通标准住宅出售，增值额未超过扣除项目金额（　　）的，免予征收土地增值税。

A. 10%   B. 15%
C. 20%   D. 30%

18. 土地增值税纳税人应在转让房地产合同签订后（　　）内，到房地产所在地主管税务机关办理纳税申报。

A. 7日   B. 10日
C. 15日 D. 30日

19. 纳税人应在转让房地产合同签订后的7日内，到（　　）主管税务机关办理纳税申报。

A. 房地产所在地 B. 纳税人所在地
C. 合同签订地   D. 都不是

20. 法人转让的房地产的坐落地与居住地不在同一地的，土地增值税的纳税地点为（　　）。

A. 房地产办理过户手续所在地
B. 机构所在地
C. 法人住所所在地
D. 房地产坐落地

21. 土地增值税的纳税人应向（　　）办理纳税申报，并在税务机关核定的期限内缴纳土地增值税。

A. 机构所在地主管税务机关
B. 纳税人所在地税务机关
C. 房地产坐落地主管税务机关
D. 业务发生地主管税务机关

22. 土地增值税的纳税人转让的房地产坐落在两个或两个以上地区的，应（　　）主管税务机关申报纳税。

A. 分别向房地产坐落地各方的

B. 向事先选择房地产坐落地某一方的

C. 向房地产坐落地的上一级

D. 先向机构所在地人民政府缴纳，再向房地产坐落地上一级

四、多项选择题

1. 土地增值税的纳税人包括（　　）。

A. 企业单位

B. 事业单位

C. 国家机关和社会团体

D. 外国企业

2. 土地增值税的征税范围不包括下列行为（　　）。

A. 以继承、赠与等方式转让的房地产

B. 房地产的出租

C. 不转移所有权的房地产的抵押

D. 房地产的买卖

3. 下列行为中，不属于土地增值税的征税范围的是（　　）。

A. 生地变为熟地的销售行为

B. 出让国有土地使用权的行为

C. 转让国有土地使用权的行为

D. 转让非国有土地的行为

4. 下列行为中，应当征收土地增值税的有（　　）。

A. 居民甲将房地产通过红十字会赠与公益事业

B. 以房地产进行投资、联营后将房地产转让的

C. 双方合作建房，建成后转让的

D. 居民甲将房地产无偿赠与一面之缘的乙

5. 以下赠与行为中，属于土地增值税征收范围的是（　　）。

A. 赠与客户

B. 赠与有赡养义务的人

C. 直接赠与希望小学

D. 赠与有购销关系的企业

6. 下列项目不属于土地增值税征税范围的有（　　）。

A. 以收取出让金的方式出让国有土地使用权

B. 以继承方式转让房地产

C. 以出售方式转让国有土地使用权

D. 以收取租金的方式出租房地产

7. 下列情况中，征收土地增值税的有（　　）。

A. 抵押期内的房地产

B. 合作建房后转让

C. 房地产重新评估

D. 企业互换房地产

8. 下列实行累进税率的是（　　）。

A. 营业税　　B. 土地增值税

C. 房产税　　D. 个人所得税

9. 房地产开发成本的项目有（　　）。

A. 取得土地使用权支付的金额

B. 土地征用费

C. 耕地占用税

D. 周转房摊销

10. 与转让房地产有关的税费，是指在转让房地产时缴纳的（　　）。

A. 营业税

B. 城市维护建设税

C. 教育费附加

D. 印花税

11. 房地产开发企业在计算土地增值税时，允许从收入中直接扣减的税费有（　　）。

A. 营业税

B. 印花税

C. 城市维护建设税

D. 教育费附加

12. 纳税人转让新建商品房，在计算土地增值额时，允许据实扣除的项目有（　　）。

A. 取得土地使用权所支付的价款

B. 经税务机关确认的房屋及建筑物的评估价格

C. 当期实际发生的管理费用、财务费用和销售费用

D. 转让环节缴纳的各项税款

13. 纳税人转让国有土地使用权应缴纳（　　）。

A. 土地增值税

B. 耕地占用税

C. 营业税

D. 城市维护建设税

14. 纳税人转让旧房产及建筑物，在计算土地增值税时，允许扣除的项目有（　　）。

A. 取得土地使用权时，按规定缴纳的有关费用

B. 经税务机关确认的房屋及建筑物的评估价格

C. 经税务机关确认的房屋及建筑物的重置成本价

D. 转让环节缴纳的各项税款

15. 土地增值税加计扣除20%的基数不包括（　　）。

A. 取得土地使用权支付的金额

B. 房地产的开发费用

C. 房地产的开发成本

D. 旧房及建筑物的评估价格

16. 如果纳税人有下列情形之一的（　　），必须经政府批准设立的房地产评估机构进行评估。

A. 隐瞒、虚报房地产成交价格的

B. 提供的扣除项目金额不实的

C. 转让房地产的成交价格低于房地产评估价格，又无正当理由的

D. 出售旧房及建筑物的

17. 下列免征土地增值税的有（　　）。

A. 对于一方出地，一方出资金，双方合作建房，建成后分房自用的

B. 房地产开发公司为客户代建房产

C. 以房地产抵债而发生房地产权属转让的

D. 因城市实施规划、国家建设需要而搬迁由纳税人自行转让原房地产的

18. 关于土地增值税纳税地点，下列说法不正确的是（　　）。

A. 土地增值税由机构所在地主管税务机关负责征收

B. 纳税人转让的房地产坐落在两个或两个以上地区的，应在机构所在地主管税务机关合并申报纳税

C. 纳税人是法人的，当转让的房地产坐落地与其机构所在地或经营所在地不一致时，则应在房地产坐落地所管辖的税务机关申报纳税

D. 纳税人是自然人的，当转让的房地产坐落地与其居住所在地一致时，在办理过户手续所在地主管税务机关申报纳税

五、判断题

1. 土地增值税的纳税人为转让土地使用权、地上建筑物及其附着物并取得收入的单位和个人。（　　）

2. 土地增值税仅涉及内资企业、单位和个人。（　　）

3. 土地增值税是对有偿转让房地产的行为征税。房屋的赠与和继承不适用土地增值税。（　　）

4. 某房地产公司将待售的花园别墅中的一栋赠给某影视明星，由于该房地产公司未取得收入，则不缴纳土地增值税。（　　）

5. 对房地产的抵押，在抵押期间不征收土地增值税。如果抵押期满，房地产作为抵押物转移至抵押权人所有，则属于土地增值税的征税范围。（　　）

6. 土地增值税扣除项目中的房地产开发费用，按照纳税人房地产开发项目的实际发生费用扣除。（　　）

7. 对于一方出地，一方出资金，双方

合作建房，建成后按比例分房自用或转让的，均暂免征收土地增值税。（ ）

8. 纳税人建造普通标准住宅出售，增值额未超过扣除项目金额20%的，免征土地增值税；增值额超过扣除项目金额20%的，应就其超过20%的部分计算征收土地增值税。（ ）

9. 转让房地产的纳税人在计算扣除项目金额时，可以加计土地使用权支付的金额和房地产开发成本之和20%的费用。（ ）

10. 纳税人应当向其机构所在地主管税务机关办理纳税申报，并在税务机关核定的期限内缴纳土地增值税。（ ）

11. 纳税人转让房地产座落在两个或两个以上地区的，应确定在一个地区申报纳税。（ ）

六、计算题

某房地产开发公司在县城建造一栋普通标准住宅出售，取得销售收入6 000万元（营业税税率为5%，城市维护建设税税率为5%，教育费附加征收率为3%，印花税税率为0.5‰）。该公司为建造普通标准住宅而支付的地价款为1 000万元，建造该住宅投入了3 000万元的房地产开发成本，由于该房地产开发公司同时建造别墅等住宅，对该普通标准住宅所用的银行贷款利息支出无法分摊。该公司所在地政府确定的房地产开发费用的扣除比例为10%。

要求：计算该房地产开发公司应缴纳的土地增值税。

七、综合题

某房地产开发公司参与开发市内新区建设项目，建成后的普通标准住宅销售收入5 000万元，综合楼销售收入18 000万元，公司按税法规定分别缴纳了销售环节各项有关税费（营业税税率为5%，城市维护建设税税率为7%，教育费附加征收率为3%，印花税税率为0.5‰）。公司取得土地使用权所支付的金额为2 000万元，其中建造普通标准住宅占用土地支付的金额占全部支付金额的1/4。公司分别计算了普通标准住宅和综合楼的开发成本及开发费用，普通标准住宅增值额占扣除项目金额的18%；综合楼开发成本为6 000万元。该公司不能提供金融机构贷款证明，当地人民政府规定允许扣除的房地产开发费用扣除比例为10%。

要求：计算该房地产开发公司应缴纳的土地增值税。

第九章 城镇土地使用税法

城镇土地使用税法是指国家制定的用以调整城镇土地使用税征收与缴纳之间权利及义务关系的法律规范。现行城镇土地使用税法的基本规范，是 2006 年 12 月 31 日国务院修改并颁布的《中华人民共和国城镇土地使用税暂行条例》（以下简称《城镇土地使用税暂行条例》）。

城镇土地使用税是以国有土地为征税对象，对拥有土地使用权的单位和个人征收的一种税。

开征城镇土地使用税，有利于通过经济手段，加强对土地的管理，变土地的无偿使用为有偿使用，促进合理、节约使用土地，提高土地使用效益；有利于适当调节不同地区、不同地段之间的土地级差收入，促进企业加强经济核算，理顺国家与土地使用者之间的分配关系。

第一节 纳税义务人

在城市、县城、建制镇、工矿区范围内使用土地的单位和个人，为城镇土地使用税的纳税义务人（以下简称纳税人）。

单位包括国有企业、集体企业、私营企业、股份制企业、外商投资企业、外国企业以及其他企业和事业单位、社会团体、国家机关、军队以及其他单位。个人包括个体工商户以及其他个人。

城镇土地使用税的纳税人通常包括以下几类：
（1）拥有土地使用权的单位和个人。
（2）拥有土地使用权的单位和个人不在土地所在地的，其土地的实际使用人和代管人为纳税人。
（3）土地使用权未确定或权属纠纷未解决的，其实际使用人为纳税人。
（4）土地使用权共有的，共有各方都是纳税人，由共有各方分别纳税。

几个人或几个单位共同拥有一块土地的使用权，这块土地的城镇土地使用税的纳税人应是对这块土地拥有使用权的每一个人或每一个单位。他们应以其实际使用的土地面积占总面积的比例，分别计算缴纳土地使用税。

第二节 征税范围

城镇土地使用税的征税范围，包括城市、县城、建制镇和工矿区内的国家所有和集体所有的土地。

上述城市、县城、建制镇和工矿区分别按以下标准确认：

（1）城市是指经国务院批准设立的市。

（2）县城是指县人民政府所在地。

（3）建制镇是指经省、自治区、直辖市人民政府批准设立的建制镇。

（4）工矿区是指工商业比较发达，人口比较集中，符合国务院规定的建制镇标准，但尚未设立建制镇的大中型工矿企业所在地，工矿区须经省、自治区、直辖市人民政府批准。

上述城镇土地使用税的征税范围中，城市的土地包括市区和郊区的土地，县城的土地是指县人民政府所在地的城镇的土地，建制镇的土地是指镇人民政府所在地的土地。

建立在城市、县城、建制镇和工矿区以外的工矿企业则不需要缴纳城镇土地使用税。

（5）自2009年1月1日起，公园、名胜古迹内的索道公司经营用地，应按规定缴纳城镇土地使用税。

（6）自2009年12月1日起，对在城镇土地使用税征税范围内单独建造的地下建筑用地，按规定征收城镇土地使用税。其中，已取得地下土地使用权证的，按土地使用权证确认的土地面积计算应征税款；未取得地下土地使用权证或地下土地使用权证上未标明土地面积的，按地下建筑垂直投影面积计算应征税款。

对上述地下建筑用地暂按应征税款的50%征收城镇土地使用税。

第三节 税 率

城镇土地使用税采用定额税率，即采用有幅度的差别税额，按大、中、小城市和县城、建制镇、工矿区分别规定每平方米土地使用税年应纳税额。具体规定如下：

（1）大城市1.5～30元。

（2）中等城市1.2～24元。

（3）小城市0.9～18元。

（4）县城、建制镇、工矿区0.6～12元。

大、中、小城市以公安部门登记在册的非农业正式户口人数为依据，按照国务院颁布的《城市规划条例》中规定的标准划分。人口在50万以上者为大城市；人口在20万～50万之间者为中等城市；人口在20万以下者为小城市。城镇土地使用税税率如表9-1所示。

表9-1　　　　　　　　　　城镇土地使用税税率表

级别	人口/人	每平方米年税额/元
大城市	50万以上	1.5～30
中等城市	20万～50万	1.2～24
小城市	20万以下	0.9～18
县城、建制镇、工矿区		0.6～12

各省、自治区、直辖市人民政府可根据市政建设情况和经济繁荣程度在规定税额幅度内，确定所辖地区的适用税额幅度。经济落后地区，土地使用税的适用税额标准可适当降低，但降低额不得超过上述规定最低税额的30%。经济发达地区的适用税额标准可以适当提高，但须报财政部批准。

第四节 应纳税额的计算

一、计税依据

城镇土地使用税以纳税人实际占用的土地面积为计税依据，土地面积计量标准为每平方米。即税务机关根据纳税人实际占用的土地面积，按照规定的税额计算应纳税额，向纳税人征收土地使用税。

纳税人实际占用的土地面积按下列办法确定：

（1）由省、自治区、直辖市人民政府确定的单位组织测定土地面积的，以测定的面积为准。

（2）尚未组织测量，但纳税人持有政府部门核发的土地使用证书的，以证书确认的土地面积为准。

（3）尚未核发土地使用证书的，应由纳税人申报土地面积，据以纳税，待核发土地使用证以后再作调整。

二、应纳税额的计算方法

城镇土地使用税的应纳税额可以通过纳税人实际占用的土地面积乘以该土地所在地段的适用税额求得。其计算公式为：

全年应纳税额＝实际占用应税土地面积（平方米）×适用税额

【例9-1】 设在某城市的一家企业使用土地面积为20 000平方米，经税务机关核定，该土地为应税土地，每平方米年税额为5元。

【解析】 根据上述资料，该企业应进行如下纳税处理：

年应纳城镇土地使用税税额＝20 000×5＝100 000（元）

【例9-2】 北京文翰有限公司生产经营用地面积10 000平方米，其中幼儿园占地1 000平方米，公司绿化占地2 000平方米，该土地为一级土地，城镇土地使用税的单位税额为每平方米7元。2012年1月1日又受让面积5 000平方米的土地使用权，该土地为二级土地，城镇土地使用税的单位税额为每平方米5元。

【解析】根据上述资料，该公司应进行如下纳税处理：

公司所使用的土地10 000平方米中，幼儿园占地1 000平方米可免税，但公司绿化占地不免税。

年应纳城镇土地使用税税额＝实际占用的土地面积×适用税额
　　　　　　　　　　　　＝（10 000－1 000）×7＋5 000×5＝88 000（元）

第五节 税收优惠

一、法定免缴土地使用税的优惠

(1) 国家机关、人民团体、军队自用的土地。
(2) 由国家财政部门拨付事业经费的单位自用的土地。
(3) 宗教寺庙、公园、名胜古迹自用的土地。以上单位的生产、经营用地和其他用地，不属于免税范围，应按规定缴纳土地使用税，如公园、名胜古迹中附设的营业单位如影剧院、饮食部、茶社、照相馆等使用的土地。
(4) 市政街道、广场、绿化地带等公共用地。
(5) 直接用于农、林、牧、渔业的生产用地。
(6) 经批准开山填海整治的土地和改造的废弃土地，从使用的月份起免缴土地使用税5年至10年。
(7) 对非营利性医疗机构、疾病控制机构和妇幼保健机构等卫生机构自用的土地，免征城镇土地使用税。对营利性医疗机构自用的土地自2000年起免征城镇土地使用税3年。
(8) 企业办的学校、医院、托儿所、幼儿园，其用地能与企业其他用地明确区分的，免征城镇土地使用税。
(9) 免税单位无偿使用纳税单位的土地（如公安、海关等单位使用铁路、民航等单位的土地），免征城镇土地使用税。纳税单位无偿使用免税单位的土地，纳税单位应照章缴纳城镇土地使用税。纳税单位与免税单位共同使用、共有使用权土地上的多层建筑，对纳税单位可按其占用的建筑面积占建筑总面积的比例计征城镇土地使用税。
(10) 对行使国家行政管理职能的中国人民银行总行（含国家外汇管理局）所属分支机构自用的土地，免征城镇土地使用税。
(11) 为了体现国家的产业政策，支持重点产业的发展，对石油、电力、煤炭等能源用地，民用港口、铁路等交通用地和水利设施用地，三线调整企业、盐业、采石场、邮电等一些特殊用地划分了征免税界限和给予政策性减免税照顾。

二、省、自治区、直辖市地方税务局确定减免土地使用税的优惠

(1) 个人所有的居住房屋及院落用地。
(2) 房产管理部门在房租调整改革前经租的居民住房用地。
(3) 免税单位职工家属的宿舍用地。
(4) 民政部门举办的安置残疾人占一定比例的福利工厂用地。
(5) 集体和个人办的各类学校、医院、托儿所、幼儿园用地。
(6) 对基建项目在建期间使用的土地，原则上应照章征收城镇土地使用税。但对有些基建项目，特别是国家产业政策扶持发展的大型基建项目，其占地面积大，建设周期长，在建期间又没有经营收入，为照顾其实际情况，对纳税人纳税确有困难的，可由各

省、自治区、直辖市地方税务局根据具体情况予以免征或减征土地使用税。

（7）向居民供热并向居民收取采暖费的供热企业暂免征收城镇土地使用税。

（8）对在一个纳税年度内月平均实际安置残疾人就业人数占单位在职职工总数的比例高于25%（含25%）且实际安置残疾人人数高于10人（含10人）的单位，可减征或免征该年度城镇土地使用税。具体减免税比例及管理办法由省、自治区、直辖市财税主管部门确定。

第六节　征收管理

一、纳税义务发生时间

（1）纳税人购置新建商品房，自房屋交付使用之次月起，缴纳城镇土地使用税。

（2）纳税人购置存量房，自办理房屋权属转移、变更登记手续，房地产权属登记机关签发房屋权属证书之次月起，缴纳城镇土地使用税。

（3）纳税人出租、出借房产，自交付出租、出借房产之次月起，缴纳城镇土地使用税。

（4）以出让或转让方式有偿取得土地使用权的，应由受让方从合同约定交付土地时间的次月起缴纳城镇土地使用税；合同未约定交付时间的，由受让方从合同签订的次月起缴纳城镇土地使用税。

（5）纳税人新征用的耕地，自批准征用之日起满1年时开始缴纳土地使用税。

（6）纳税人新征用的非耕地，自批准征用次月起缴纳土地使用税。

（7）自2009年1月1日起，纳税人因土地的权利发生变化而依法终止城镇土地使用税纳税义务的，其应纳税款的计算应截止到土地权利发生变化的当月末。

二、纳税期限

城镇土地使用税实行按年计算、分期缴纳的征收方法，具体纳税期限由省、自治区、直辖市人民政府确定。

三、纳税地点

城镇土地使用税在土地所在地缴纳。

纳税人使用的土地不属于同一省、自治区、直辖市管辖范围内的，由纳税人分别向土地所在地的税务机关缴纳土地使用税；在同一省、自治区、直辖市管辖范围内，纳税人跨地区使用的土地，其纳税地点由各省、自治区、直辖市地方税务局确定。

四、征税机构

城镇土地使用税由土地所在地的地方税务机关征收，其收入纳入地方财政预算管理。土地使用税征收工作涉及面广，政策性较强，在税务机关负责征收的同时，还必须注意加强同国土管理、测绘等有关部门的联系，及时取得土地的权属资料，沟通情况，共同协作把征收管理工作做好。

五、纳税申报

城镇土地使用税纳税人应按《城镇土地使用税暂行条例》有关规定及时办理纳税申报，并如实填写城镇土地使用税纳税申报表，请见《纳税申报实务》"城镇土地使用税纳税申报"章节的相关内容。

自测题

一、名词解释
1. 城镇土地使用税
2. 城市
3. 县城
4. 建制镇
5. 工矿区

二、简答题
1. 简述城镇土地使用税的纳税义务人。
2. 简述城镇土地使用税的征范围。
3. 简述城镇土地使用税的计税依据。
4. 简述城镇土地使用税的税收优惠政策。
5. 简述城镇土地使用税的征收管理。

三、单项选择题
1. 几个单位共同拥有一块土地使用权，则纳税人为（　　）。

   A. 其主管部门
   B. 税务机关核定的单位
   C. 其中实际占用土地面积最大的单位
   D. 对这块土地拥有使用权的每一个单位

2. 城镇土地使用税的纳税人以（　　）为计税依据。

   A. 实际占用土地面积
   B. 居住面积
   C. 使用面积
   D. 建筑面积

3. 下列项目中，不属于法定免缴城镇土地使用税的有（　　）。

   A. 人民团体的办公楼用地
   B. 农副产品加工场地和生活办公用地
   C. 学校的教学楼、操场、食堂等占用的土地
   D. 非营利性医疗机构自用的土地

4. 经济落后地区，城镇土地使用税的适用税额标准可适当降低，但降低额不得超过上述规定最低税额标准的（　　）。

   A. 10%　　　　B. 15%
   C. 20%　　　　D. 30%

5. 某公司地处北京市，实际建筑面积为8 000平方米，政府部门核发的土地使用证书上的面积为5 000平方米，由省级人民政府确定的单位组织测定土地面积为6 000平方米。该单位所在地适用每平方米6元的单位税额。该企业应缴纳城镇土地使用税（　　）元。

   A. 30 000
   B. 36 000
   C. 48 000
   D. 税务机关核定征收

6. 某公司与政府机关共同使用一栋共有土地使用权的建筑物。该建筑物占用土地面积2 000平方米，建筑面积10 000平方米（公司与机关的占用比例为4∶1），该公司所在地适用每平方米5元的单位税额。该公司应缴纳城镇土地使用税（　　）元。

   A. 0　　　　　B. 2 000

C. 8 000　　　D. 10 000

7. 以下情况应纳城镇土地使用税的有（　　）。

A. 公园、名胜古迹自用的国有土地

B. 公园中饭店占用的国有土地

C. 财政拨付经费的学校占用的国有土地

D. 直接用于农、林、牧、渔业的生产用地

8. 下列各项中，城镇土地使用税暂行条例直接规定的免税项目是（　　）。

A. 个人所有的居住房屋及院落用地

B. 宗教寺庙自用的土地

C. 民政部门举办的安置残疾人占一定比例的福利工厂用地

D. 个人办的医院、托儿所和幼儿园用地

9. 纳税人新征用耕地应缴纳的城镇土地使用税，其纳税义务发生时间是（　　）。

A. 自批准征用之日起满3个月

B. 自批准征用之日起满6个月

C. 自批准征用之日起满1年

D. 自批准征用之日起满2年

10. 纳税人使用应税土地，应向（　　）纳税。

A. 纳税人居住地税务机关

B. 税务机关确定的地点

C. 土地所在地税务机关

D. 拥有土使用权的单位所在地税务机关

11. 在同一省、自治区、直辖市管辖范围内，纳税人跨地区使用土地，其纳税地点是（　　）。

A. 在纳税人注册地纳税

B. 在土地所在地纳税

C. 纳税人选择纳税地点

D. 由省、自治区、直辖市地方税务局确定

12. 在不同省、自治区、直辖市管辖范围内，纳税人跨地区使用土地，其纳税地点是（　　）。

A. 在纳税人注册地纳税

B. 在土地所在地纳税

C. 纳税人选择纳税地点

D. 由省、自治区、直辖市地方税务局确定

四、多项选择题

1. 下列可以成为城镇土地使用税纳税人的是（　　）。

A. 县城的中外合资工业企业

B. 市区的外资百货公司

C. 工矿区的杂货店

D. 农村山区的小卖部

2. 城镇土地使用税的纳税人包括（　　）。

A. 土地的实际使用人

B. 土地的代管人

C. 拥有土地使用权的单位和个人

D. 土地使用权共有的各方

3. 下列关于城镇土地使用税的纳税义务人说法错误的有（　　）。

A. 土地使用权共有的，任选一方纳税

B. 土地使用权未确定或权属纠纷未解决的，其所有人为纳税义务人

C. 拥有土地使用权的单位和个人不在土地所在地的，其土地的实际使用人和代管人为纳税义务人

D. 拥有土地使用权的单位和个人，为纳税义务人

4. 下列属于城镇土地使用税征税范围的是（　　）。

A. 企业工厂占有的城市郊区的土地

B. 公园、名胜古迹内的索道公司经营用地

C. 建立在城市、县城、工矿区以外的工矿企业占有的土地

D. 企业办公楼占用的县城的土地

5. 下列项目中，应缴纳城镇土地使

税的是（   ）。

A. 学校食堂用地
B. 工厂实验用地
C. 公园内茶社用地
D. 百货大楼仓库用地

6. 城镇土地使用税的征税对象是（   ）。

A. 城市　　　　B. 县城
C. 建制镇　　　D. 工矿区

7. 城镇土地使用税实际占用的土地面积，按下列方法（   ）确定。

A. 省级人民政府确定的单位组织测定的土地面积
B. 省级人民政府测定的土地面积
C. 纳税人申报的土地面积
D. 政府部门核发的土地使用证书上确认的土地面积

8. 下列项目中，属于法定免缴城镇土地使用税的有（   ）。

A. 企业办的学校、医院、托儿所、幼儿园用地
B. 市政街道、广场、绿化地带等公共用地
C. 对企业厂区以外的公共绿化用地和向社会开放的公园用地
D. 纳税单位无偿使用免税单位的土地

9. 下列项目中，属于免缴城镇土地使用税的有（   ）。

A. 城镇内的集贸市场（农贸市场）用地
B. 企业搬迁后原场地不使用的、企业范围内荒山等尚未利用的土地
C. 民政部门举办的安置残疾人占一定比例的福利工厂用地
D. 宗教寺庙、公园、名胜古迹自用的土地

10. 下列属于省级地方税务局确定减免城镇土地使用税的优惠的有（   ）。

A. 个人所有的居住房屋及院落用地
B. 集体和个人办的各类学校用地
C. 企业办的学校用地
D. 盐场的盐滩、盐矿和矿井用地

11. 法定免缴城镇土地使用税的土地有（   ）。

A. 直接用于农、林、渔业的生产用地
B. 公园自用的土地
C. 市政街道、绿化地带等公共用地
D. 个人所有的居住房屋及院落用地

12. 下列各项中，可由省、自治区、直辖市地方税务局确定减免城镇土地使用税的有（   ）。

A. 免税单位职工家属的宿舍用地
B. 集体和个人办的各类学校用地
C. 纳税单位无偿使用免税单位的土地
D. 国家机关自用的土地

13. 下列关于城镇土地使用税的纳税义务发生时间说法正确的有（   ）。

A. 纳税人购置新建商品房，自房屋交付使用之次月起
B. 纳税人购置存量房，自房屋交付使用之次月起
C. 纳税人出借本企业建造的商品房，自交付出借房产之次月起
D. 纳税人新征用的非耕地，自批准征用次月起

五、判断题

1. 凡在中华人民共和国境内拥有土地使用权的单位和个人，均应依法缴纳城镇土地使用税。（   ）

2. 工矿区是指大型工矿企业所在地，它们也是城镇土地使用税的纳税人。（   ）

3. 城镇土地使用税的征收范围，由省、自治区、直辖市税务主管部门规定。（   ）

4. 对大、中、小城市征收城镇土地使用税不包括其郊区的土地。（   ）

5. 经省、自治区、直辖市人民政府批准，经济发达地区土地使用税的适用税额标准可以适当提高，但提高额不得超过暂行条例规定最高税额的30%。（ ）

6. 纳税人实际占用的土地面积，以省级人民政府确定的单位所测定的面积为准。（ ）

7. 民政部门举办的安置残疾人占一定比例的福利工厂用地，减免城镇土地使用税。（ ）

8. 纳税单位无偿使用免税单位的土地免征城镇土地使用税；免税单位无偿使用纳税单位的土地照章征收城镇土地使用税。（ ）

9. 对核电站应税土地在基建期内免征城镇土地使用税。（ ）

10. 纳税人使用的土地不属于同一省管辖范围的，纳税人可选择其中一地统一办理纳税申报。（ ）

六、计算题

1. 某生产企业坐落在某县城，经有关部门核定，2012年占用土地的使用面积为15 000平方米，其中企业办学校占地2 000平方米，职工医院占地500平方米，内部绿化占地300平方米，公安机关免费使用土地面积200平方米。该单位所在地适用每平方米3元的单位税额。

要求：计算该企业2012年应缴纳的城镇土地使用税。

2. 某供热企业坐落在某市区，经有关部门核定，2012年初占用土地的使用面积为90 000平方米，其中厂房占地面积86 000平方米，厂内员工幼儿园占地面积1 500平方米，无偿提供2 500平方米的土地给部队作为野营训练场。该单位所在地适用每平方米6元的单位税额。2012年供热总收入3 000万元，其中向居民供热收入1 800万元。

要求：计算该企业2012年应缴纳的城镇土地使用税。

第十章 房产税法

房产税法是指国家制定的调整房产税征收与缴纳之间权利及义务关系的法律规范。现行房产税法的基本规范，是1986年9月15日国务院颁布的《中华人民共和国房产税暂行条例》(以下简称《房产税暂行条例》)。

房产税是以房屋为征税对象，按照房屋的计税余值或租金收入，向产权所有人征收的一种财产税。

第一节 纳税义务人

房产税以在征税范围内的房屋产权所有人为纳税义务人（以下简称纳税人）。房产税的纳税人包括产权所有人、经营管理单位、承典人、房产代管人或者使用人。其中：

一、经营管理单位或产权所有人

产权属国家所有的，由经营管理单位纳税；产权属于集体和个人所有的，由集体单位和个人纳税。

单位包括国有企业、集体企业、私营企业、股份制企业、外商投资企业、外国企业以及其他企业和事业单位、社会团体、国家机关、军队以及其他单位。个人包括个体工商户以及其他个人。

二、承典人

产权出典的，由承典人纳税，即承典人为纳税人。产权出典是指产权所有人在急需用款，但又想保留产权回赎权的情况下，将房屋、生产资料等的产权，在一定期限内典当给他人使用，而取得资金的一种融资业务。产权所有人称为出典人，接受房产典当的单位或个人称为承典人。承典人向出典人交付一定的典价之后，在质典期内即获抵押物品的支配权，并可转典。一般情况下，产权的典价要低于卖价。出典人在规定期间内须归还典价的本金和利息，方可赎回出典房屋等的产权。由于在房屋出典期间，产权所有人已无权支配房屋，因此，税法规定由对房屋具有支配权的承典人为纳税人。

三、代管人或者使用人

产权所有人、承典人不在房屋所在地的，或者产权未确定及租典纠纷未解决的，由房产代管人或者使用人纳税，即代管人或者使用人为纳税人。代管人是指接受产权所有人、承典人的委托代为管理房产或虽未受委托而在事实上已代为管理房产的人。使用人是指直接使用房产的人。

四、无租房产使用人

纳税单位和个人无租使用房产管理部门、免税单位以及纳税单位的房产，应由房产使用人代为缴纳房产税。

自2009年1月1日起，外商投资企业、外国企业和组织以及外籍个人，依照《房产税暂行条例》缴纳房产税。

第二节 征税范围

一、征税对象

房产税的征税对象是房产。房产是指有屋面和围护结构（有墙或两边有柱），能够遮风避雨，可供人们在其中生产、学习、工作、娱乐、居住或贮藏物资的场所。

房地产开发企业建造的商品房，在出售前，不征收房产税；但对出售前房地产开发企业已使用或出租、出借的商品房应按规定征收房产税。

二、征税范围

房产税的征税范围为城市、县城、建制镇和工矿区。

（1）城市是指经国务院批准设立的市。

（2）县城是指县人民政府所在地。

（3）建制镇是指经省、自治区、直辖市人民政府批准设立的建制镇。

（4）工矿区是指工商业比较发达，人口比较集中，符合国务院规定的建制镇标准但尚未设立建制镇的大中型工矿企业所在地。开征房产税的工矿区须经省、自治区、直辖市人民政府批准。

房产税的征税范围不包括农村。农村的农民居住用房和农副业生产用房，均不属于房产税的征税范围。税法规定对农村房屋不纳入房产税征税范围，主要是为了减轻农民负担，有利于农业发展，繁荣农村经济，有利于社会稳定。

第三节 税 率

我国现行房产税采用比例税率。由于房产税的计税依据分为从价计征和从租计征两种形式，所以房产税的税率也有两种：一种是按照房产原值一次减除10%～30%后的余值为计税依据计征的，税率为1.2%；另一种是按照房产出租的租金收入为计税依据计征的，税率为12%。

从2001年1月1日起，对个人按市场价格出租的居民住房，用于居住的，可暂减按4%的税率征收房产税。

第四节 应纳税额的计算

根据房产税法的规定，房产税的应纳税额实行从价定率计征，采用从价计征和从租计征两种办法。

一、计税依据

房产税的计税依据是房产的计税价值或者房产的租金收入。计税依据因采用从价计征和从租计征房产税办法的不同而有所不同。

（一）从价计征

按照房产计税价值征税的，称为从价计征。《房产税暂行条例》规定，房产税按照房产原值一次减除10%～30%后的余值计算缴纳。各地扣除比例由省、自治区、直辖市人民政府确定。房产余值是房产的原值一次减除规定比例后的剩余价值。

1. 房产原值

（1）房产原值是指纳税人按照会计制度规定，在账簿"固定资产"科目中记载的房屋原价。因此，凡按会计制度规定在账簿中记载有房屋原价的，应以房屋原价按规定减除一定比例后作为房产余值计征房产税；没有记载房屋原价的，按照上述原则，并参照同类房屋确定房产原值，按规定计征房产税。

需要说明的是，自2009年1月1日起，对依照房产原值计税的房产，不论是否记载在会计账簿固定资产科目中，均应按照房屋原价计算缴纳房产税。房屋原价应根据国家有关会计制度规定进行核算。对纳税人未按国家会计制度规定核算并记载的，应按规定予以调整或重新评估。

（2）房产原值应包括与房屋不可分割的各种附属设备或一般不单独计算价值的配套设施。主要有：暖气、卫生、通风、照明、煤气等设备；各种管线，如蒸汽、压缩空气、石油、给水排水等管道及电力、电信、电缆导线；电梯、升降机、过道、晒台等。属于房屋附属设备的水管、下水道、暖气管、煤气管等应从最近的探视井或三通管起，计算原值；电灯网、照明线从进线盒连接管起，计算原值。

（3）纳税人对原有房屋进行改建、扩建的，应按规定相应增加房屋的原价。

2. 特殊情况的税务处理

在实际生产经营活动中，经常存在一些较为特殊的情况，其计税依据分别按以下规定确定：

（1）投资联营的房产。对投资联营的房产，在计征房产税时应予以区别对待。对于以房产投资联营，投资者参与投资利润分红，共担风险的，按房产余值作为计税依据计征房产税；对于以房产投资，投资者收取固定收入，不承担联营风险的，实际上是以联营名义取得房产租金，应根据《房产税暂行条例》的有关规定，由出租方按租金收入计算缴纳房产税。

（2）融资租赁的房屋。对融资租赁房屋的情况，由于租赁费包括购进房屋的价款、手续费、借款的利息等，与一般房屋出租的"租金"内涵不同，且租赁期满后，当承租方偿还最后一笔租赁费时，房屋产权要转移到承租方，这实际上是一种变相的分期付款购买固定资产的形式，所以在计征房产税时，应以房产余值从价计算征收。

自 2009 年 12 月 1 日起，融资租赁的房产，由承租人自融资租赁合同约定开始日的次月起依照房产余值缴纳房产税。合同未约定开始日的，由承租人自合同签订的次月起依照房产余值缴纳房产税。

3. 房屋附属设备和配套设施的计税规定

从 2006 年 1 月 1 日起，房屋附属设备和配套设施计征房产税按以下规定执行：

（1）凡以房屋为载体，不可随意移动的附属设备和配套设施，如给排水、采暖、消防、中央空调、电气及智能化楼宇设备等，无论在会计核算中是否单独记账与核算，都应计入房产原值，计征房产税。

（2）对于更换房屋附属设备和配套设施的，在将其价值计入房产原值时，可扣减原来相应设备和设施的价值；对附属设备和配套设施中易损坏、需要经常更换的零配件，更新后不再计入房产原值。

4. 居民住宅区内业主共有的经营性房产缴纳房产税

从 2007 年 1 月 1 日起，对居民住宅区内业主共有的经营性房产，由实际经营（包括自营和出租）的代管人或使用人缴纳房产税。其中自营的房产，依照房产原值减除 10%～30% 后的余值计征，没有房产原值或不能将业主共有房产与其他房产的原值准确划分开的，由房产所在地地方税务机关参照同类房产核定房产原值；出租的，依照租金收入计征。

（二）从租计征

按照房产租金收入计征的，称为从租计征。根据《房产税暂行条例》的有关规定，房产出租的，按房产租金收入为房产税的计税依据。

房产的租金收入是指房屋产权所有人出租房产使用权所取得的报酬，包括货币收入和实物收入。

如果是以劳务或者其他形式为报酬抵付房租收入的，应根据当地同类房产的租金水平，确定一个标准租金额，从租计征。

纳税人对个人出租房屋的租金收入，申报不实或申报数与同一地段同类房屋的租金收入相比明显不合理的，税务部门可以按照《税收征管法》的有关规定，采取科学合理的方法核定其应纳税款。具体办法由省、自治区、直辖市地方税务机关结合当地实际情况制定。

二、应纳税额的计算方法

房产税的计税依据有两种，与之相适应的应纳税额计算也分为两种：一是从价计征的计算；二是从租计征的计算。

（一）从价计征的计算

从价计征是按房产的原值减除一定比例后的余值计征。计征房产税的税率为 1.2%。应纳税额的计算公式为：

$$应纳税额 = 应税房产原值 \times (1 - 扣除比例) \times 1.2\%$$

【例 10-1】 某企业 2012 年度的经营用房原值为 2 000 万元，已知当地政府的扣除比例为30%。

【解析】 根据上述资料，该企业应进行如下纳税处理：

应纳房产税税额＝应税房产原值×（1－扣除比例）×1.2%
　　　　　　　＝2 000×(1－30%)×1.2%＝16.8（万元）

（二）从租计征的计算

从租计征是按房产的租金收入计征。计征房产税的税率为12%。应纳税额的计算公式为：

$$应纳税额＝房产租金收入×12\%（或4\%）$$

【例10-2】 某公司2012年1月1日，对外出租办公用房一幢，取得年租金收入50万元。

【解析】 根据上述资料，该公司进行如下纳税处理：

应纳房产税税额＝房产租金收入×12%＝50×12%＝6（万元）

【例10-3】 某企业有原值为2 500万元的房产，2012年1月1日将其中的30%用于对外投资联营，投资期限10年，每年取得固定收入50万元，不承担投资风险。已知当地政府的扣除比例为20%。

【解析】 根据上述资料，该企业进行如下纳税处理：

该纳税人用于投资的房产部分，因其不承担投资风险，则应当按照租金收入从租计征房产税，且不再按照房产余值从价计征房产税。

应纳房产税税额＝应税房产原值×(1－扣除比例)×1.2%＋房产租金收入×12%
　　　　　　　＝2 500×(1－30%)×(1－20%)×1.2%＋50×12%＝22.8（万元）

【例10-4】 北京雷霆有限公司，2012年度的上半年共有房产原值4 000万元，7月1日起企业将原值200万元的一栋仓库出租给某商场存放货物，租期1年，每月取得租金收入1.5万元。8月1日对委托施工单位建设的生产车间办理验收手续，由在建工程转入固定资产原值500万元。已知该地区规定计算房产余值时的扣除比例为30%。

【解析】 根据上述资料，该公司应进行如下纳税处理：

该公司经营自用的房产从价计征，在建工程转入的房产从次月开始从价计征；出租的房屋不再从价计征，改为从租计征。

从价计征房产税＝从价计税的房产原值×(1－扣除比例)×1.2%
　　　　　　　＝4 000×(1－30%)×1.2%－200×(1－30%)×1.2%÷12×6＋
　　　　　　　　500×(1－30%)×1.2%÷12×4＝34.16（万元）

从租计征房产税＝租金收入×12%＝1.5×6×12%＝1.08（万元）

应纳房产税税额＝34.16＋1.08＝35.24（万元）

第五节 税收优惠

房产税是就房产征收的一种财产税，属于地方税，为了便于地方政府因地制宜地处理问题，应当赋予地方政府一定的减免权限。根据《房产税暂行条例》及有关规定，目前房产税的税收优惠政策主要如下：

一、国家机关、人民团体、军队自用的房产

国家机关、人民团体、军队自用的房产免征房产税。但上述免税单位的出租房产以及非自身业务使用的生产、营业用房,不属于免税范围,应照章征收房产税。

人民团体是指经国务院授权的政府部门批准设立或登记备案并由国家拨付行政事业费的各种社会团体。如从事社会公益事业的社会公益团体。

自用的房产是指上述单位本身的办公用房和公务用房。

二、由国家财政部门拨付事业经费的单位自用的房产

由国家财政部门拨付事业经费的单位(如学校、医疗卫生单位、托儿所、幼儿园、敬老院、文化、体育、艺术等)的经费来源,目前有实行全额预算管理、差额预算管理以及自收自支等形式。不同情况下的房产税减免有所不同,具体有:

(一)实行全额或差额预算管理的事业单位自用的房产免征房产税

实行全额预算管理的事业单位的事业经费全部由国家财政部门拨付。实行差额预算管理的事业单位的事业经费,一部分来源于本单位的收入,收入不够本身事业经费开支的部分,还需要由国家财政部门拨付经费补助。实行全额或差额预算管理的事业单位,均属于由国家财政部门拨付事业经费的单位,对其本身自用的房产免征房产税。

(二)实行自收自支的事业单位自用的房产照章征收房产税

为了鼓励事业单位经济自立,由国家财政部门拨付事业经费的单位,其经费来源实行自收自支后,从事业单位实行自收自支的年度起,对本身的业务用房,免征房产税3年。

(三)企业办的各类学校、医院、托儿所、幼儿园自用的房产免征房产税

企业办的各类学校、医院、托儿所、幼儿园自用的房产,可以比照由国家财政部门拨付事业经费的单位自用的房产,免征房产税。

事业单位自用的房产是指这些单位本身的业务用房。上述单位所属的附属工厂、商店、招待所等不属于单位公务、业务的用房,应照章缴纳房产税。

三、宗教寺庙、公园、名胜古迹自用的房产

宗教寺庙、公园、名胜古迹自用的房产免征房产税。

宗教寺庙自用的房产是指举行宗教仪式等的房屋和宗教人员使用的生活用房屋。

公园、名胜古迹自用的房产是指供公共参观游览的房屋及其管理单位的办公用房屋。

宗教寺庙、公园、名胜古迹中附设的营业单位,如影剧院、饮食部、茶社、照相馆等所使用的房产及出租的房产,不属于免征范围,应照章纳税。

四、个人所有非营业用的房产

个人所有的非营业用房,主要指居住用房,不分面积多少,一律免征房产税。

对个人拥有的营业用房,不属于免税房产,应照章纳税。

个人所有出租的房产,不分用途,均应征收房产税。个人房产出租的,以房产租金

收入为房产税的计税依据,实行从租计征的征税办法。

五、对行使国家行政管理职能的中国人民银行总行的自用房产

对行使国家行政管理职能的中国人民银行总行(含国家外汇管理局)所属分支机构自用的房产,免征房产税。

六、对天然林二期工程实施企业和单位的税收政策

自2011年至2020年,为支持国家天然林资源保护二期工程的实施,对天然林二期工程实施企业和单位税收政策规定如下:

(1)对长江上游、黄河中上游地区,东北、内蒙古等国有林区天然林二期工程实施企业和单位专门用于天然林保护工程的房产、土地免征房产税。对上述企业和单位用于其他生产经营活动的房产、土地按规定征收房产税。

(2)对由于实施天然林二期工程造成森工企业房产、土地闲置1年以上不用的,暂免征收房产税;闲置房产和土地用于出租或重新用于天然林二期工程之外其他生产经营的,按规定征收房产税。

(3)用于天然林二期工程的免税房产、土地应单独划分,与其他应税房产、土地划分不清的,按规定征收房产税。

七、经财政部批准免税的其他房产

这类免税房产,情况特殊,范围较小,是根据实际情况确定的。主要有:

(1)经有关部门鉴定,损坏不堪使用的房屋和危险房屋,在停止使用后,可免征房产税。

(2)纳税人因房屋大修导致连续停用半年以上的,经纳税人申请,税务机关审核,在房屋大修期间免征房产税。

(3)在基建工地为基建工地服务的各种工棚、材料棚、休息棚和办公室、食堂、茶炉房、汽车房等临时性房屋,在施工期间,一律免征房产税。但基建工程结束后,施工企业将这种临时性房屋交还或者估价转让给基建单位的,应从基建单位接收的次月起,照章纳税。

(4)为鼓励利用地下人防设施,暂不征收房产税。

(5)对非营利性医疗机构、疾病控制机构和妇幼保健机构等卫生机构自用的房产,免征房产税。

(6)老年服务机构自用的房产。老年服务机构是指专门为老年人提供生活照料、文化、护理、健身等多方面服务的福利性、非营利性的机构,主要包括:老年社会福利院、敬老院(养老院)、老年服务中心、老年公寓(含老年护理院、康复中心、托老所)等。

(7)从2001年1月1日起,对按政府规定价格出租的公有住房和廉租住房,包括企业和自收自支事业单位向职工出租的单位自有住房;房管部门向居民出租的公有住房;落实私房政策中带户发还产权并以政府规定租金标准向居民出租的私有住房等,暂免征收房产税。

(8) 对邮政部门坐落在城市、县城、建制镇、工矿区范围内的房产，应当依法征收房产税；对坐落在城市、县城、建制镇、工矿区范围以外的尚在县邮政局核算的房产，在单位财务账中划分清楚的，从 2001 年 1 月 1 日起不再征收房产税。

(9) 向居民供热并向居民收取采暖费的供热企业暂免征收房产税。"供热企业"包括专业供热企业、兼营供热企业、单位自供热及为小区居民供热的物业公司等，不包括从事热力生产但不直接向居民供热的企业。

(10) 自 2011 年 1 月 1 日起至 2012 年 12 月 31 日，对高校学生公寓实行免征房产税政策，至文到之日前已征的应予免征的房产税，应从纳税人以后应纳的房产税额中抵减或者予以退税。

(11) 自 2011 年 1 月 1 日起至 2012 年 12 月 31 日，为支持国家商品储备业务发展，对商品储备管理公司及其直属库承担商品储备业务自用的房产、土地，免征房产税。

【例 10-5】 某省政府机关有办公用房一幢，房产价值为 5 000 万元。2012 年 1 月 1 日将其中的 25% 用于对外出租，取得租金收入 100 万元。已知该省统一规定计算房产余值时的扣除比例为 20%。

【解析】 根据上述资料，该政府机关进行如下纳税处理：

政府机关的办公用房免征房产税，但其出租取得收入时应当按照租金收入缴纳房产税。

应纳房产税税额＝房产租金收入×12%＝100×12%＝12（万元）

第六节 征收管理

一、纳税义务发生时间

(1) 纳税人将原有房产用于生产经营，从生产经营之月起，缴纳房产税。

(2) 纳税人自行新建房屋用于生产经营，从建成之次月起，缴纳房产税。

(3) 纳税人委托施工企业建设的房屋，从办理验收手续之次月起，缴纳房产税。

(4) 纳税人购置新建商品房，自房屋交付使用之次月起，缴纳房产税。

(5) 纳税人购置存量房，自办理房屋权属转移、变更登记手续，房地产权属登记机关签发房屋权属证书之次月起，缴纳房产税。

(6) 纳税人出租、出借房产，自交付出租、出借房产之次月起，缴纳房产税。

(7) 房地产开发企业自用、出租、出借本企业建造的商品房，自房屋使用或交付之次月起，缴纳房产税。

(8) 自 2009 年 1 月 1 日起，纳税人因房产的实物或权利状态发生变化而依法终止房产税纳税义务的，其应纳税款的计算应截止到房产的实物或权利状态发生变化的当月末。

二、纳税期限

房产税实行按年计算、分期缴纳的征收方法，具体纳税期限由省、自治区、直辖市人民政府确定。

三、纳税地点

房产税在房产所在地缴纳。房产不在同一地方的纳税人，应按房产的坐落地点分别向房产所在地的税务机关纳税。

四、纳税申报

房产税纳税人应按《房产税暂行条例》有关规定及时办理纳税申报，并如实填写房产税纳税申报表，请见《纳税申报实务》"房产税纳税申报"章节的相关内容。

自测题

一、名词解释

1. 房产税
2. 从价计征
3. 从租计征

二、简答题

1. 简述房产税的纳税义务人。
2. 简述房产税的征税范围。
3. 简述房产税计税依据的确定。
4. 简述房产税应纳税额的计算。
5. 简述房产税的税收优惠政策。
6. 简述房产税的征收管理。

三、单项选择题

1. 下列不属于房产税纳税人的有（　　）。
   A. 房屋承租人
   B. 房屋代管人或使用人
   C. 房屋产权所有人
   D. 房屋承典人

2. 融资租赁房屋，在租赁期内房产税的纳税人是（　　）。
   A. 出租方
   B. 承租方
   C. 免税
   D. 当地税务机关根据实际情况确定

3. 根据房产税法的规定，下列各项中，不符合房产税纳税义务人规定的是（　　）。
   A. 产权属于国家所有的，由经营管理单位缴纳
   B. 房屋产权出典的，由出典人缴纳
   C. 外商投资企业、外国企业和组织以及外籍个人，缴纳房产税
   D. 产权属于集体和个人所有的，由集体单位和个人纳税

4. 下列不属于房产税的征税范围的是（　　）。
   A. 城市　　　B. 县城
   C. 建制镇　　D. 农村

5. 下列属于房产税征税对象的是（　　）。
   A. 围墙　　　B. 加油站罩棚
   C. 仓库　　　D. 独立烟囱

6. 下列各项中，应当征收房产税的是（　　）。
   A. 行政机关所属的招待所使用的房屋
   B. 经批准2年前开始自收自支的事业单位办公用房
   C. 邮政部门坐落在城市、县城、建制镇、工矿区以外的房屋
   D. 施工期间施工企业在基建工地搭建的临时办公用房

7. 对以房产投资，收取固定收入，应由（　　）计缴房产税。
   A. 承租方按租金收入
   B. 出租方按租金收入

C. 承租方按房产余值
D. 出租方按房产余值

8. 以融资租赁方式租赁房屋的情况，房产税的计税依据是（　　）。
   A. 房产摊余价值
   B. 房产账面净值
   C. 房产余值
   D. 房产账面价值

9. 根据房产税法的规定，下列说法不正确的是（　　）。
   A. 如果纳税单位无租使用免税单位的房产，仍须缴纳房产税
   B. 纳税人对原有房屋进行扩建、改建的，要相应增加房屋的原值
   C. 对附属设备和配套设施中易损坏，需要经常更换的零配件，可扣减原来相应零配件的价值
   D. 对居民住宅区内业主共有的经营性房产，由实际经营（包括自营和出租）的代管人或使用人缴纳房产税

10. 某企业有原值为2 000万元的房产，2012年1月1日将其中的20%用于对外投资联营，投资期限10年，每年取得固定收入30万元，不承担投资风险。已知当地政府的扣除比例为20%。该企业2012年应缴纳房产税（　　）万元。
    A. 18.96　　B. 24
    C. 15.36　　D. 3.6

11. 某省甲公司有办公用房一幢，房产价值为4 000万元。2012年1月1日将其中的30%用于对外出租，取得租金收入120万元。已知该省统一规定计算房产余值时的扣除比例为20%。甲公司2012年度应缴纳房产税（　　）万元。
    A. 52.8　　B. 38.4
    C. 41.28　　D. 14.4

12. 房产税实行按年征收、分期缴纳的征收办法，具体纳税期限由（　　）决定。

A. 省、自治区、直辖市国税机关
B. 省、自治区、直辖市人民政府
C. 省、自治区、直辖市地税机关
D. 县以上税务机关

13. 房产不在同一地方的纳税人，房产税的纳税地点为（　　）。
    A. 在主管税务机关所在地纳税
    B. 汇总选择一处坐落地税务机关纳税
    C. 分别向房产的坐落地税务机关纳税
    D. 税务机关确定纳税地点

四、多项选择题

1. 下列各项中，符合《房产税暂行条例》规定的是（　　）。
   A. 将房屋产权出典的，产权所有人为纳税人
   B. 将房屋产权出典的，承典人为纳税人
   C. 房屋产权未确定的，房产代管人或使用人为纳税人
   D. 产权所有人不在房产所在地的，房产代管人或使用人为纳税人

2. 下列属于房产税征税对象的有（　　）。
   A. 工业企业的厂房
   B. 商业企业的仓库
   C. 工业企业的厂区围墙
   D. 露天游泳池

3. 房产税的纳税人可以是（　　）。
   A. 出租住宅的城市居民
   B. 出租门面房的县城个体户
   C. 出租房屋的事业单位
   D. 出租房屋的乡村农民

4. 下列属于房产税的征税范围的有（　　）。
   A. 外籍个人市区内经营用的房产
   B. 房地产企业在县城新开发的商品房，出售前对外出租的
   C. 国有企业位于农村的厂房

D. 市区内娱乐场所的游泳池

5. 下列房产属于房产税征收范围的有（　　）。
A. 外国企业经营用的房产
B. 农民在农村的居住用房
C. 工矿区的企业用房
D. 县城企业用房

6. 房产税的计税依据可以是（　　）。
A. 融资租赁房屋的，以房产原值计税
B. 联营投资房产，共担投资风险的，以房产余值计税
C. 出租房产的，出租方以租金计税
D. 租入房产的，承租方以租金计税

7. 企业出租自有房产需缴纳（　　）。
A. 房产税
B. 增值税
C. 营业税
D. 城市维护建设税

8. 下列情况中应征房产税的有（　　）。
A. 高等院校教学用房
B. 中小学出租房屋
C. 军队办的对外营业的招待所
D. 区政府办公用房

9. 下列不属于房产税财政部批准免税房产的有（　　）。
A. 纳税人因房屋大修导致连续停用3个月以上的
B. 损坏不堪使用的房屋和危险房屋，经有关部门鉴定，停止使用
C. 公园自用的房产
D. 向居民供热并向居民收取采暖费的供热企业

10. 基建工地的临时食堂，房产税的规定是（　　）。
A. 施工期间免征房产税
B. 施工期间房产税减半征收
C. 工程结束后转让给基建单位的从当月起征收房产税
D. 工程结束后转让给基建单位的从次月起征收房产税

11. 下列房产属于免征或不征房产税的有（　　）。
A. 农民在本村自建用于出租的房屋
B. 地下人防设施
C. 政府机关用于出租的办公楼
D. 某公司将一栋办公楼无偿提供给公安机关使用

12. 下列说法正确的有（　　）。
A. 老年服务机构自用的房产暂免征收房产税
B. 对邮政部门坐落在城市、县城、建制镇、工矿区范围内的房产，应当依法征收房产税
C. 企业未使用的房产免征房产税
D. 工程结束后，施工企业将临时性工棚、材料棚等交还或估价转让给基建单位的，应从基建单位接收之月起，照章纳税

13. 下列暂免征房产税的有（　　）。
A. 落实私房政策中带户发还产权并以政府规定租金标准向居民出租的私有住房
B. 按政府规定价格出租的廉租住房
C. 按政府规定价格出租的公有住房
D. 企业向职工出租的单位自有住房

14. 下列各项中，符合房产税纳税义务发生时间规定的有（　　）。
A. 纳税人将原有房产用于生产经营，从生产经营之月起
B. 纳税人自行新建房屋用于生产经营，从建成之月起
C. 纳税人委托施工企业建设的房屋，从办理验收手续之次月起
D. 纳税人委托施工企业建设的房屋，在办理验收前企业已使用的，从使用当月起

15. 下列税种中，实行按年计算、分期缴纳的征收方法的有（　　）。

A. 房产税
B. 增值税
C. 城镇土地使用税
D. 车船税

五、判断题

1. 所有拥有房屋产权的单位和个人，都是房产税的纳税人。（ ）

2. 房产税的征税对象是房产，由于房屋属于不动产，所以与房屋不可分割的各种附属设备也应作为房屋一并征税。上述"各种附属设备"包括独立的建筑物，如水塔、烟囱等。（ ）

3. 融资租赁的房屋，以该房产的余值计算征收房产税。（ ）

4. 农民王某，2012年将他在本村价值20万元的楼房出租，取得租金收入3 000元。按照房产税从租计征的规定计算，王某当年应缴纳房产税360元。（ ）

5. 新建建筑物安装的中央空调设备，已计算在房产原值中的，应征收房产税；旧建筑物安装中央空调设备，一律作单项固定资产处理，不征收房产税。（ ）

6. 纳税人对原有房屋进行改建、扩建的，要相应增加房屋的原值。（ ）

7. 纳税单位无租使用免税单位的房产不缴房产税。（ ）

8. 如果是以劳务抵付房租的，没有货币和实物收入，应从价计征房产税。（ ）

9. 房产不在同一地方的纳税人，应按房产坐落地点分别向房产所在地税务机关缴纳。（ ）

10. 纳税人自行新建房屋用于生产用房，从建成之次月起，缴纳房产税。（ ）

六、计算题

1. 2012年初，李某在上海有三处房产，分别为200万元、100万元、80万元。第一处自己居住；第二处于5月8日按照市场价格出租给学生居住，每月收取租金2 300元；第三处开了个小卖部。按照当地规定允许减去20%后的余值计税。

要求： 计算李某2012年应缴纳的房产税。

2. 2012年初，某企业拥有两栋房产A、B，原值分别为2 000万元和1 500万元。4月1日，将A房产租给另一企业，租期到2012年11月30日，月租金10万元；5月1日，对B房产进行大修，当年9月30日完工。按照当地规定允许减去30%后的余值计税。

要求： 计算该企业2012年应缴纳的房产税。

第十一章 车船税法

车船税法是指国家制定的用以调整车船税征收与缴纳权利及义务关系的法律规范。现行车船税法的基本规范，是2011年2月25日由中华人民共和国第十一届全国人民代表大会常务委员会第十九次会议通过并于2012年1月1日起施行的《中华人民共和国车船税法》（以下简称《车船税法》）。《中华人民共和国车船税法实施条例》（以下简称《车船税法实施条例》）于2011年11月23日经国务院常务会议审议通过，将自2012年1月1日起施行。

车船税是以车船为征税对象，向拥有车船的单位和个人征收的一种税。车船税是指在中华人民共和国境内的车辆、船舶的所有人或者管理人按照《车船税法》应缴纳的一种税。

第一节 纳税义务人

车船税的纳税义务人（以下简称纳税人）是指在中华人民共和国境内，车辆、船舶（以下简称车船）的所有人或者管理人，应当依照《车船税法》及其实施条例的规定缴纳车船税。

第二节 征税范围

车船税的征税范围是指在中华人民共和国境内属于车船税法所附《车船税税目税额表》规定的车辆、船舶。车辆、船舶是指：
（1）依法应当在车船管理部门登记的机动车辆和船舶；
（2）依法不需要在车船管理部门登记、在单位内部场所行驶或者作业的机动车辆和船舶。

车船管理部门是指公安、交通运输、农业、渔业、军队、武装警察部队等依法具有车船登记管理职能的部门；单位是指依照中国法律、行政法规规定，在中国境内成立的行政机关、企业、事业单位、社会团体以及其他组织。

第三节 税目与税率

车船税实行定额税率。定额税率也称固定税额。车船税的适用税额，依照条例所附的《车船税税目税额表》执行。

国务院财政部门、税务主管部门可以根据实际情况，在《车船税税目税额表》规定的税目范围和税额幅度内，划分子税目，并明确车辆的子税目税额幅度和船舶的具体适用税额。车辆的具体适用税额由省、自治区、直辖市人民政府在规定的子税目税额幅度内确定。

车船税采用定额税率，即对征税的车船规定单位固定税额。车船税确定税额总的原则是：非机动车船的税负轻于机动车船；人力车的税负轻于畜力车；小吨位船舶的税负轻于大船舶。由于车辆与船舶的行使情况不同，车船税的税额也有所不同，如表 11-1 所示。

表 11-1 车船税税目、税额表

税目		计税单位	年基准税额/元	备注
乘用车按发动机气缸容量（排气量分档）	1.0 升（含）以下的	每辆	60～360	核定载客人数 9 人（含）以下
	1.0 升以上至 1.6 升（含）的		360～660	
	1.6 升以上至 2.0 升（含）的		660～960	
	2.0 升以上至 2.5 升（含）的		960～1 620	
	2.5 升以上至 3.0 升（含）的		1 620～2 460	
	3.0 升以上至 4.0 升（含）的		2 460～3 600	
	4.0 升以上的		3 600～5 400	
商用车	客车	每辆	480～1 440	核定载客人数 9 人（包括电车）
	货车	整备质量每吨	16～120	1. 包括半挂牵引车、挂车、客货两用汽车、三轮汽车和低速载货汽车等。 2. 挂车按照货车税额的 50% 计算。
其他车辆	专用作业车	整备质量每吨	16～120	不包括拖拉机
	轮式专用机械车	整备质量每吨	16～120	
摩托车		每辆	36～180	
船舶	机动船舶	净吨位每吨	3～6	拖船、非机动驳船分别按照机动船舶税额的 50% 计算；游艇的税额另行规定。
	游艇	艇身长度每米	600～2 000	

（一）机动船舶

机动船舶，具体适用税额为：

(1) 净吨位小于或者等于 200 吨的，每吨 3 元；

(2) 净吨位 201～2 000 吨的，每吨 4 元；

(3) 净吨位 2 001～10 000 吨的，每吨 5 元；

(4) 净吨位 10 001 吨及以上的，每吨 6 元。

拖船按照发动机功率每 2 马力折合净吨位 1 吨计算征收车船税。

（二）游艇

游艇，具体适用税额为：

(1) 艇身长度不超过 10 米的游艇，每米 600 元；
(2) 艇身长度超过 10 米但不超过 18 米的游艇，每米 900 元；
(3) 艇身长度超过 18 米但不超过 30 米的游艇，每米 1 300 元；
(4) 艇身长度超过 30 米的游艇，每米 1 800 元；
(5) 辅助动力帆艇，每米 600 元。

游艇艇身长度是指游艇的总长。

（三）整备质量尾数处理

车辆整备质量尾数不超过 0.5 吨的，按照 0.5 吨计算；超过 0.5 吨的，按照 1 吨计算。整备质量不超过 1 吨的车辆，按照 1 吨计算。

（四）净吨位尾数处理

船舶净吨位尾数不超过 0.5 吨的不予计算，超过 0.5 吨的，按照 1 吨计算。净吨位不超过 1 吨的船舶，按照 1 吨计算。

车船税法和实施条例所涉及的排气量、整备质量、核定载客人数、净吨位、马力、艇身长度，以车船管理部门核发的车船登记证书或者行驶证相应项目所载数据为准。

依法不需要办理登记、依法应当登记而未办理登记或者不能提供车船登记证书、行驶证的，以车船出厂合格证明或者进口凭证相应项目标注的技术参数、所载数据为准；不能提供车船出厂合格证明或者进口凭证的，由主管税务机关参照国家相关标准核定，没有国家相关标准的参照同类车船核定。

第四节 应纳税额的计算与代收代缴

一、自缴税额的计算

纳税人按照纳税地点所在的省、自治区、直辖市人民政府确定的具体适用税额缴纳车船税。车船税由地方税务机关负责征收。

(1) 购置的新车船，购置当年的应纳税额自纳税义务发生的当月起按月计算。计算公式为：

$$应纳税额 = (年应纳税额 \div 12) \times 应纳税月份数$$

(2) 在一个纳税年度内，已完税的车船被盗抢、报废、灭失的，纳税人可以凭有关管理机关出具的证明和完税证明，向纳税所在地的主管税务机关申请退还自被盗抢、报废、灭失月份起至该纳税年度终了期间的税款。

(3) 已办理退税的被盗抢车船，失而复得的，纳税人应当从公安机关出具相关证明的当月起计算缴纳车船税。

(4) 在一个纳税年度内，纳税人在非车辆登记地由保险机构代收代缴机动车车船税，且能够提供合法有效完税证明的，纳税人不再向车辆登记地的地方税务机关缴纳车辆车船税。

(5) 已缴纳车船税的车船在同一纳税年度内办理转让过户的，不另纳税，也不退税。

【例 11-1】 某运输公司拥有载货汽车 15 辆（货车载重净吨位全部为 10 吨）；乘人大客车 20 辆；小客车 10 辆。载货汽车每吨年税额 80 元，乘人大客车每辆年税额 800 元，小客车每辆年税额 700 元。

【解析】 根据上述资料，该运输公司应进行如下纳税处理：
(1) 载货汽车应纳车船税税额 $=15 \times 10 \times 80 = 12\,000$（元）
(2) 乘人汽车应纳车船税税额 $=20 \times 800 + 10 \times 700 = 23\,000$（元）
(3) 全年应纳车船税税额 $=12\,000 + 23\,000 = 35\,000$（元）

【例 11-2】 某航运公司拥有机动船 30 艘（其中净吨位为 600 吨的 12 艘，2 000 吨的 8 艘，5 000 吨的 10 艘），600 吨的单位税额 3 元、2 000 吨的单位税额 4 元、5 000 吨的单位税额 5 元。

【解析】 根据上述资料，该航运公司应进行如下纳税处理：
全年应纳车船税税额 $=12 \times 600 \times 3 + 8 \times 2\,000 \times 4 + 10 \times 5\,000 \times 5$
$= 21\,600 + 64\,000 + 250\,000 = 335\,600$（元）

二、保险机构代收代缴车船税和滞纳金的计算

（一）特殊情况下车船税应纳税款的计算

1. 购买短期"交强险"的车辆

对于境外机动车临时入境、机动车临时上道路行驶、机动车距规定的报废期限不足 1 年而购买短期机动车交通事故责任强制保险（以下简称"交强险"）的车辆，保单中"当年应缴"项目的计算公式为：

$$当年应缴 = 计税单位 \times 年单位税额 \times 应纳税月份数 \div 12$$

其中，应纳税月份数为"交强险"有效期起始日期的当月至截止日期当月的月份数。

2. 已向税务机关缴税的车辆或税务机关已批准减免税的车辆

对于已向税务机关缴税或税务机关已经批准免税的车辆，保单中"当年应缴"项目应为 0；对于税务机关已批准减税的机动车，保单中"当年应缴"项目应根据减税前的应纳税额扣除依据减税证明中注明的减税幅度计算的减税额确定，计算公式为：

$$减税车辆应纳税额 = 减税前应纳税额 \times (1 - 减税幅度)$$

（二）欠缴车船税的车辆补缴税款的计算

从 2008 年 7 月 1 日起，保险机构在代收代缴车船税时，应根据纳税人提供的前次保险单，查验纳税人以前年度的完税情况。对于以前年度有欠缴车船税的，保险机构应代收代缴以前年度应纳税款。

(1) 对于 2007 年 1 月 1 日前购置的车船或者曾经缴纳过车船税的车辆，保单中"往年补缴"项目的计算公式为：

$$往年补缴 = 计税单位 \times 年单位税额 \times (本次缴税年度 - 前次缴税年度 - 1)$$

其中，对于 2007 年 1 月 1 日前购置的车辆，纳税人从未缴纳车船税的，前次缴税年度设定为 2006 年。

(2) 对于2007年1月1日以后购置的车辆，纳税人从购置时起一直未缴纳车船税的，保单中"往年补缴"项目的计算公式为：

$$往年补缴＝购置当年欠缴的税款＋购置年度以后欠缴税款$$

其中：

$$购置当年欠缴的税款＝计税单位×年单位税额×应纳税月份数÷12$$

应纳税月份数为车辆登记日期的当月起至该年度终了的月份数。若车辆尚未到车船管理部门登记，则应纳税月份数为购置日期的当月起至该年度终了的月份数。

$$购置年度以后欠缴税款＝计税单位×年单位税额×\left(\frac{本次缴税年度}{}-\frac{车辆登记年度}{}-1\right)$$

（三）滞纳金计算

对于纳税人在应购买"交强险"截止日期以后购买"交强险"的，或以前年度没有缴纳车船税的，保险机构在代收代缴税款的同时，还应代收代缴欠缴税款的滞纳金。

保单中"滞纳金"项目为各年度欠税与应加收滞纳金之和。

$$每一年度欠税应加收的滞纳金＝欠税金额×滞纳天数×0.5‰$$

滞纳天数的计算自应购买"交强险"截止日期的次日起到纳税人购买"交强险"当日止。纳税人连续2年以上欠缴车船税的，应分别计算每一年度欠税应加收的滞纳金。

第五节 税收优惠

一、法定减免

(1) 捕捞、养殖渔船，是指在渔业船舶管理部门登记为捕捞船或者养殖船的船舶。

(2) 军队、武装警察部队专用的车船，是指按照规定在军队、武装警察部队车船管理部门登记，并领取军队、武警牌照的车船。

(3) 警用车船，是指公安机关、国家安全机关、监狱、劳动教养管理机关和人民法院、人民检察院领取警用牌照的车辆和执行警务的专用船舶。

(4) 依照法律规定应当予以免税的外国驻华使领馆、国际组织驻华代表机构及其有关人员的车船。

(5) 对节约能源、使用新能源的车船可以减征或者免征车船税；对受严重自然灾害影响纳税困难以及有其他特殊原因确需减税、免税的，可以减征或者免征车船税。

节约能源、使用新能源的车辆包括纯电动汽车、燃料电池汽车和混合动力汽车。纯电动汽车、燃料电池汽车和插电式混合动力汽车免征车船税，其他混合动力汽车按照同类车辆适用税额减半征税。

(6) 省、自治区、直辖市人民政府根据当地实际情况，可以对公共交通车船，农村居民拥有并主要在农村地区使用的摩托车、三轮汽车和低速载货汽车定期减征或者免征车船税。

二、特定减免

（1）经批准临时入境的外国车船和香港特别行政区、澳门特别行政区、台湾地区的车船，不征收车船税。

（2）按照规定缴纳船舶吨税的机动船舶，自车船税法实施之日起5年内免征车船税。

（3）机场、港口内部行驶或作业的车船，自车船税法实施之日起5年内免征车船税。

第六节 征收管理

一、纳税义务发生时间

车船税纳税义务发生时间为取得车船所有权或者管理权的当月。以购买车船的发票或其他证明文件所载日期的当月为准。

车船税的纳税义务发生时间，为车船管理部门核发的车船登记证书或者行驶证书所记载日期的当月。纳税人未按照规定到车船管理部门办理应税车船登记手续的，以车船购置发票所载开具时间的当月作为车船税的纳税义务发生时间。对未办理车船登记手续且无法提供车船购置发票的，由主管地方税务机关核定纳税义务发生时间。

二、纳税期限

车船税按年申报缴纳。车船税按年申报，分月计算，一次性缴纳。纳税年度，自公历1月1日起至12月31日止。具体申报纳税期限由省、自治区、直辖市人民政府规定。

三、纳税地点

车船税的纳税地点为车船的登记地或者车船税扣缴义务人所在地。依法不需要办理登记的车船，车船税的纳税地点为车船的所有人或者管理人所在地。

扣缴义务人代收代缴车船税的，纳税地点为扣缴义务人所在地。

纳税人自行申报缴纳车船税的，纳税地点为车船登记地的主管税务机关所在地。

依法不需要办理登记的车船，纳税地点为车船所有人或者管理人主管税务机关所在地。

四、纳税申报

（1）税务机关可以在车船管理部门、车船检验机构的办公场所集中办理车船税征收事宜。

（2）公安机关交通管理部门在办理车辆相关登记和定期检验手续时，对未提交自上次检验后各年度依法纳税或者免税证明的，不予登记，不予发放检验合格标志。

（3）海事部门、船舶检验机构在办理船舶登记和定期检验手续时，对未提交依法纳税或者免税证明，且拒绝扣缴义务人代收代缴车船税的纳税人，不予登记，不予发放检验合格标志。

（4）对于依法不需要购买机动车交通事故责任强制保险的车辆，纳税人应当向主管税务机关申报缴纳车船税。

（5）纳税人在首次购买机动车交通事故责任强制保险时缴纳车船税或者自行申报缴纳车船税的，应当提供购车发票及反映排气量、整备质量、核定载客人数等与纳税相关的信息及其相应凭证。

（6）负责船舶登记、检验的船舶管理部门或者船舶检验机构为船舶车船税的扣缴义务人，应当在登记、检验时依法代收车船税，并出具代收税款凭证。

（7）各级车船管理部门应当在提供车船管理信息等方面，协助地方税务机关加强对车船税的征收管理。纳税人应当向主管地方税务机关和扣缴义务人提供车船的相关信息。拒绝提供的，按照《税收征管法》有关规定处理。

（8）车船税的征收管理，依照《税收征管法》及本条例的规定执行。在一个纳税年度内，已完税的车船被盗抢、报废、灭失的，纳税人可以凭有关管理机关出具的证明和完税证明，向纳税所在地的主管地方税务机关申请退还自被盗抢、报废、灭失月份起至该纳税年度终了期间的税款。

已办理退税的被盗抢车船，失而复得的，纳税人应当从公安机关出具相关证明的当月起计算缴纳车船税。

（9）在一个纳税年度内，纳税人在非车辆登记地由保险机构代收代缴机动车车船税，且能够提供合法有效完税证明的，纳税人不再向车辆登记地的地方税务机关缴纳机动车车船税。

（10）在一个纳税年度内，已经缴纳车船税的车船变更所有权或管理权的，地方税务机关对原车船所有人或管理人不予办理退税手续，对现车船所有人或管理人也不再征收当年度的税款；未缴纳车船税的车船变更所有权或管理权的，由现车船所有人或管理人缴纳该纳税年度的车船税。

（11）车船税的纳税人应按《车船税法实施条例》有关规定及时办理纳税申报，并如实填写车船税纳税申报表，请见《纳税申报实务》"车船税纳税申报"章节的相关内容。

自测题

一、名词解释

1. 车船税
2. 交强险

二、简述题

1. 简述车船税的纳税义务人。
2. 简述车船税的征税范围。
3. 简述车船税的税目与税率。
4. 简述车船税的计税依据。
5. 简述车船税应纳税额的计算方法与代收代缴。
6. 简述车船税的税收优惠政策。
7. 简述车船税的征收管理。

三、单项选择题

1. 下列不缴纳车船税的有（　　）。

A. 拥有小汽车的农民
B. 拥有小汽车的外资企业
C. 拥有小汽车的个人
D. 拥有小汽车的武警某部

2. 我国车船税采用的税率是（　　）。
A. 比例税率
B. 定额税率
C. 超额累进税率
D. 超率累进税率

3. 下列情况应缴纳车船税的有（　　）。
A. 捕捞、养殖渔船
B. 押送犯人的警用车辆
C. 驻华使领馆工作用车
D. 企业接送职工上下班的班车

4. 对净吨位10.5吨的船舶，按（　　）计税。
A. 10吨　　　B. 10.5吨
C. 11吨　　　D. 免税

5. 根据车船税法的规定，下列各项中，属于载客汽车计税依据的是（　　）。
A. 净吨位　　B. 整备质量
C. 排气量　　D. 辆

6. 王某2012年5月25日购入小轿车1辆，到当年12月31日未到车辆管理部门登记，已知小轿车年单位税额480元。王某2012年应缴纳车船税（　　）元。
A. 240　　　　B. 280
C. 320　　　　D. 480

7. 车船税滞纳天数的计算自应购买"交强险"截止日期的（　　）起到纳税人购买"交强险"的当日止。
A. 当日　　　B. 次日
C. 当月　　　D. 次月

8. 有权根据当地实际情况，对农村公共交通车船给予定期减税、免税的是（　　）。
A. 财政部
B. 国家税务总局
C. 省、自治区、直辖市人民政府
D. 省、自治区、直辖市地方税务机关

9. 下列各项中，可以免征车船税的有（　　）。
A. 外商投资企业外籍人员自用的车辆
B. 非机动驳船
C. 军队专用的车船
D. 处于还贷期间的国有交通部门贷款购买的车船

10. 车船税的纳税义务发生时间为（　　）。
A. 车船管理部门核发的车船登记证书所记载日期的当日
B. 行驶证书所记载日期的当月
C. 投入使用的当月
D. 购置的当年

11. 车船税的纳税年度为公历1月1日至12月31日，具体纳税期限由（　　）确定。
A. 省、自治区、直辖市人民政府
B. 省、自治区、直辖市税务机关
C. 财政部
D. 国家税务总局

12. 跨省、自治区、直辖市使用的车船，车船税的纳税地点为（　　）。
A. 公司所在地
B. 车船的实际使用地
C. 车船的购买地
D. 车船的登记地

四、多项选择题

1. 下列属于车船税的征收范围的有（　　）。
A. 电车　　　B. 挂车
C. 汽车　　　D. 船舶

2. 车船税税额确定的总原则有（　　）。
A. 非机动车船的税负轻于机动车船
B. 人力车的税负重于畜力车
C. 小吨位船舶的税负轻于大吨位船舶
D. 发达城市的税负高于非发达城市

3. 下列属于我国车船税计税依据的有（　　）。

A. 载客人数　B. 辆
C. 净吨位　　D. 自重吨位

4. 下列车辆中，应缴纳车船税的有（　　）。
A. 行驶在公路上的摩托车
B. 用在工地上的排子车
C. 商店待售的自行车
D. 企业运输用的大卡车

5. 下列车辆中，应缴纳车船税的是（　　）。
A. 出租汽车
B. 行政单位办公车辆
C. 警车
D. 外商投资企业经营用车

6. 下列车船中，属于免征车船税的有（　　）。
A. 非机动驳船
B. 捕捞、养殖渔船
C. 军队、武警专用的车船
D. 厂长公务用车

7. 根据车船税法的规定，下列说法不正确的有（　　）。
A. 车船的所有人或者管理人未缴纳车船税的，使用人应当代为缴纳车船税
B. 跨省、自治区、直辖市使用的车船，纳税地点为车船的使用地
C. 纳税人在购买机动车交通事故责任强制保险时缴纳车船税的，不再向地方税务机关申报纳税
D. 税务机关付给扣缴义务人代收代缴手续费的标准由省级人民政府制定

8. 下列各类在用车船中，可以享受车船税减免税优惠政策的有（　　）。

A. 公交车
B. 军队用于出租的富余车辆
C. 公安部门的警车
D. 主要在农村地区使用的摩托车

五、判断题

1. 某单位拥有两辆净吨位分别为8.3吨和5.8吨的车辆，其车船税应分别按8.5吨和6吨计算。（　　）

2. 车船税法规定应税车辆实行有幅度的定额税率，同时授权省、自治区、直辖市地方税务局在规定的幅度内具体确定适用税率。（　　）

3. 挂车按照货车税额的50%计征车船使用税。（　　）

4. 各级车船管理部门应当在提供车船管理信息等方面，协助地方税务机关加强对车船税的征收管理。（　　）

5. 车船的所有人或者管理人未缴纳车船税的，使用人应当代为缴纳车船税。（　　）

6. 机动车车船税的扣缴义务人依法代收代缴车船税时，纳税人不得拒绝。（　　）

7. 凡在我国境内行驶或运行的车船均应缴纳车船税。（　　）

8. 跨省、自治区、直辖市使用的车船，纳税地点为车船的使用地。（　　）

六、计算题

某运输公司，拥有非机动驳船2艘，每艘净吨位6吨；机动观光船5艘，每艘净吨位5.5吨。当地规定每吨年单位税额为3元。

要求：计算该公司每年应缴纳的车船税。

第十二章 印花税法

印花税法是指国家制定的用以调整印花税征收与缴纳之间权利及义务关系的法律规范。现行印花税法的基本规范，是1988年8月6日国务院发布并于同年10月1日实施的《中华人民共和国印花税暂行条例》(以下简称《印花税暂行条例》)。

印花税是以经济活动和经济交往中，书立、领受应税凭证的行为为征税对象征收的一种税。印花税因其采用在应税凭证上粘贴印花税票的方法缴纳税款而得名。

印花税具有征税范围广、税负从轻、纳税人自行贴花纳税、多缴不退不抵等特点。

第一节 纳税义务人

印花税的纳税义务人(以下简称纳税人)是在中华人民共和国境内书立、使用、领受印花税法所列举的凭证并应依法履行纳税义务的单位和个人。

单位和个人是指国内各类企业、事业、机关、团体、部队以及中外合资企业、合作企业、外资企业、外国公司和其他经济组织及其在华机构等单位和个人。

上述单位和个人，按照书立、使用、领受应税凭证的不同，可以分别确定为立合同人、立据人、立账簿人、领受人、使用人和各类电子应税凭证的签订人。

一、立合同人

立合同人是指合同的当事人。当事人是指对购销、加工承揽、建设工程承包、财产租赁、货物运输、仓储保管、借款、财产保险、技术合同或者具有合同性质的凭证享有直接权利义务关系的单位和个人，但不包括合同的担保人、证人、鉴定人。

合同是指根据《中华人民共和国合同法》和其他有关合同法规订立的合同。具有合同性质的凭证是指具有合同效力的协议、契约、合约、单据、确认书及其他各种名称的凭证。

当事人的代理人有代理纳税的义务，他与纳税人负有同等的税收法律义务和责任。

二、立据人

产权转移书据的纳税人是立据人。立据人是指土地、房屋权属转移过程中买卖双方的当事人。

三、立账簿人

营业账簿的纳税人是立账簿人。立账簿人是指设立并使用营业账簿的单位和个人。

例如，企业单位因生产、经营需要，设立了营业账簿，该企业即为纳税人。

四、领受人

权利、许可证照的纳税人是领受人。领受人是指领取或接受并持有权利、许可证照的单位和个人。例如，某人因其发明创造，经申请依法取得国家专利机关颁发的专利证书，该人即为纳税人。

五、使用人

使用人是指在国外书立、领受，但在国内使用的应税凭证的当事人。

六、各类电子应税凭证的签订人

各类电子应税凭证的签订人，是以电子形式签订的各类应税凭证的当事人。

需要说明的是，对应税凭证，凡由两方或者两方以上当事人共同立书，其当事人各方都是印花税的纳税人，应各就其所持凭证的计税金额履行纳税义务。

第二节 税 目

印花税的税目是指印花税法明确规定的应当纳税的项目，它具体划定了印花税的征税范围。一般地说，列入税目的就要征税，未列入税目的就不征税。印花税共有13个税目。

一、购销合同

购销合同包括供应、预购、采购、购销结合及协作、调剂、补偿、贸易等合同。此外，还包括出版单位与发行单位之间订立的图书、报纸、期刊和音像制品的应税凭证，如订购单、订数单等。还包括发电厂与电网之间、电网与电网之间（国家电网公司系统、南方电网公司系统内部各级电网互供电量除外）签订的购售电合同。但是，电网与用户之间签订的供用电合同不属于印花税列举征税的凭证，不征收印花税。

二、加工承揽合同

加工承揽合同包括加工、定做、修缮、修理、印刷、广告、测绘、测试等合同。

三、建设工程勘察设计合同

建设工程勘察设计合同包括勘察、设计合同。

四、建筑安装工程承包合同

建筑安装工程承包合同包括建筑、安装工程承包合同。承包合同包括总承包合同、分包合同和转包合同。

五、财产租赁合同

财产租赁合同包括租赁房屋、船舶、飞机、机动车辆、机械、器具、设备等合同，还包括企业、个人出租门店、柜台等签订的合同。

六、货物运输合同

货物运输合同包括民用航空、铁路运输、海上运输、公路运输和联运合同，以及作为合同使用的单据。

七、仓储保管合同

仓储保管合同包括仓储、保管合同，以及作为合同使用的仓单、栈单等。

八、借款合同

借款合同包括银行及其他金融组织和借款人（不包括银行同业拆借）所签订的合同，以及只填开借据并作为合同使用、取得银行借款的借据。银行及其他金融机构经营的融资租赁业务，是一种以融物方式达到融资目的的业务，实际上是分期偿还的固定资金借款，因此融资租赁合同也属于借款合同。

九、财产保险合同

财产保险合同包括财产、责任、保证、信用保险合同，以及作为合同使用的单据。财产保险合同分为企业财产保险、机动车辆保险、货物运输保险、家庭财产保险和农牧业保险五大类。"家庭财产两全保险"属于家庭财产保险性质，其合同在财产保险合同之列，应照章纳税。

十、技术合同

技术合同包括技术开发、转让、咨询、服务等合同，以及作为合同使用的单据。

技术转让合同包括专利申请权转让、专利实施许可和非专利技术转让。

技术咨询合同是当事人就有关项目的分析、论证、预测和调查订立的技术合同。但一般的法律、会计、审计等方面的咨询不属于技术咨询，其所立合同不贴印花。

技术服务合同是当事人一方委托另一方就解决有关特定技术问题，如为改进产品结构、改良工艺流程、提高产品质量、降低产品成本、保护资源环境、实现安全操作、提高经济效益等提出实施方案，实施指导所订立的技术合同，包括技术服务合同、技术培训合同和技术中介合同。但不包括以常规手段或者为生产经营目的进行一般加工、修理、修缮、广告、印刷、测绘、标准化测试，以及勘察、设计等所书立的合同。

十一、产权转移书据

产权转移书据是指单位和个人产权的买卖、继承、赠与、交换、分割等所立的书据。

产权转移书据包括财产所有权和版权、商标专用权、专利权、专有技术使用权等转移书据和土地使用权出让合同、土地使用权转让合同、商品房销售合同等权力转移合同。

十二、营业账簿

营业账簿是指单位或者个人记载生产经营活动的财务会计核算账簿。营业账簿按其反映内容的不同,可分为记载资金的账簿和其他账簿。

记载资金的账簿是指反映生产经营单位资本金数额增减变化的账簿。其他账簿是指除上述账簿以外的有关其他生产经营活动内容的账簿,包括日记账簿和各明细分类账簿。

十三、权利、许可证照

权利、许可证照包括政府部门发给的房屋产权证、工商营业执照、商标注册证、专利证、土地使用证。

第三节 税 率

印花税的税率有两种形式,即比例税率和定额税率。

一、比例税率

在印花税的 13 个税目中,各类合同以及具有合同性质的凭证(含以电子形式签订的各类应税凭证)、产权转移书据、营业账簿中记载资金的账簿,适用比例税率。

印花税的比例税率分为 4 个档次,分别是 0.05‰、0.3‰、0.5‰、1‰。

(1) 适用 0.05‰税率的为"借款合同"。

(2) 适用 0.3‰税率的为"购销合同"、"建筑安装工程承包合同"、"技术合同"。

(3) 适用 0.5‰税率的是"加工承揽合同"、"建筑工程勘察设计合同"、"货物运输合同"、"产权转移书据"、"营业账簿"税目中记载资金的账簿。

(4) 适用 1‰税率的为"财产租赁合同"、"仓储保管合同"、"财产保险合同"。

(5) "股权转让书据"适用 1‰税率,包括 A 股和 B 股。目前,执行的税率为 1‰且单边征收。

二、定额税率

在印花税的 13 个税目中,"权利、许可证照"和"营业账簿"税目中的其他账簿,适用定额税率,均为按件贴花,税额为 5 元。这样规定,只要是考虑到上述应税凭证比较特殊,有的是无法计算金额的凭证,如权利、许可证照;有的是虽记载有金额,但以其作为计税依据又明显不合理的凭证,如其他账簿。采用定额税率,便于纳税人缴纳,便于税务机关征管。印花税税目、税率如表 12-1 所示。

表 12-1 印花税税目、税率表

税目	范围	税率	纳税人	说明
1. 购销合同	包括供应、预购、采购、购销结合及协作、调剂、补偿、易货等合同	按购销金额 0.3‰贴花	立合同人	

续表

税目	范围	税率	纳税人	说明
2. 加工承揽合同	包括加工、定做、修缮、修理、印刷、广告、测绘、测试等合同	按加工或承揽收入0.5‰贴花	立合同人	
3. 建设工程勘察设计合同	包括勘察、设计合同	按收取费用0.5‰贴花	立合同人	
4. 建筑安装工程承包合同	包括建筑、安装工程承包合同	按承包金额0.3‰贴花	立合同人	
5. 财产租赁合同	包括租赁房屋、船舶、飞机、机动车辆、机械、器具、设备等合同	按租赁金额1‰贴花。税额不足1元，按1元贴花	立合同人	
6. 货物运输合同	包括民用航空运输、铁路运输、海上运输、内河运输、公路运输和联运合同	按运输收取的费用0.5‰贴花	立合同人	单据作为合同使用的，按合同贴花
7. 仓储保管合同	包括仓储、保管合同	按仓储收取的保管费用1‰贴花	立合同人	仓单或栈单作为合同使用的，按合同贴花
8. 借款合同	银行及其他金融组织和借款人（不包括银行同业拆借）所签订的借款合同	按借款金额0.05‰贴花	立合同人	单据作为合同使用的，按合同贴花
9. 财产保险合同	包括财产、责任、保证、信用等保险合同	按收取的保险费收入1‰贴花	立合同人	单据作为合同使用的，按合同贴花
10. 技术合同	包括技术开发、转让、咨询、服务等合同	按所记载金额0.3‰贴花	立合同人	
11. 产权转移书据	包括财产所有权和版权、商标专用权、专利权、专有技术使用权等转移书据，土地使用权出让合同、土地使用权转让合同、商品房销售合同	按所记载金额0.5‰贴花	立据人	
12. 营业账簿	生产、经营用账册	记载资金的账簿，按实收资本和资本公积的合计金额0.5‰贴花。其他账簿按件贴花5元	立账簿人	
13. 权利、许可证照	包括政府部门发给的房屋产权证、工商营业执照、商标注册证、专利证、土地使用证	按件贴花5元	领受人	

第四节 应纳税额的计算

一、计税依据

印花税的计税依据为各种应税凭证上所记载的计税金额。具体规定为：

(1) 购销合同的计税依据为合同记载的购销金额。

(2) 加工承揽合同的计税依据为加工或承揽收入的金额。具体规定：对于由受托方提供原材料的加工、定做合同，凡在合同中分别记载加工费金额和原材料金额的，应分别按"加工承揽合同"、"购销合同"计税，两项税额相加数，即为合同应贴印花；若合同中未分别记载，则应就全部金额依照加工承揽合同计税贴花。

(3) 建设工程勘察设计合同的计税依据为收取的费用。

(4) 建筑安装工程承包合同的计税依据为承包金额。

(5) 财产租赁合同的计税依据为租赁金额；经计算，税额不足1元的，按1元贴花。

(6) 货物运输合同的计税依据为取得的运输费金额（即运费收入），不包括所运货物的金额、装卸费和保险费等。

(7) 仓储保管合同的计税依据为收取的仓储保管费用。

(8) 借款合同的计税依据为借款金额。

(9) 财产保险合同的计税依据为支付（收取）的保险费，不包括所保财产的金额。

(10) 技术合同的计税依据为合同所载的价款、报酬或使用费。为了鼓励技术研究开发，对技术开发合同，只就合同所载的报酬金额计税，研究开发经费不作为计税依据。单对合同约定按研究开发经费一定比例作为报酬的，应按一定比例的报酬金额贴花。

(11) 产权转移书据的计税依据为所载金额。

(12) 营业账簿税目中记载资金的账簿的计税依据为"实收资本"与"资本公积"两项的合计金额。其他账簿的计税依据是应税凭证件数。

(13) 权利、许可证照的计税依据为应税凭证件数。

上述凭证以"金额"、"收入"、"费用"作为计税依据的，应当全额计税，不得作任何扣除。

同一凭证，载有两个或两个以上经济事项而适用不同税目税率，如分别记载金额的，应分别计算应纳税额，相加后按合计税额贴花；如未分别记载金额的，按税率高的计税贴花。

二、应纳税额的计算方法

纳税人的应纳税额，根据应纳税凭证的性质，分别按比例税率或者定额税率计算。其计算公式为：

$$应纳税额 = 应税凭证计税金额（或应税凭证件数）\times 适用税率$$

应纳税额不足1角的，免纳印花税；1角以上的，其税额尾数不满5分的不计，满5分的按1角计算。

印花税票为有价证券，其票面金额以人民币为单位，分为1角、2角、5角、1元、2元、5元、10元、50元、100元9种。

【例12-1】 某企业2010年1月开业，其营业账簿情况如下：

(1) 2010年，记载资金的账簿中"实收资本"为100万元、"资本公积"为20万元，其他营业账簿3本。

(2) 2011年，记载资金的账簿中"实收资本"为200万元、"资本公积"为20万元，其他营业账簿4本。

(3) 2012年，记载资金的账簿中"实收资本"为200万元、"资本公积"为20万元，其他营业账簿5本。

【解析】 根据上述资料，该企业进行如下纳税处理：

(1) 2010年营业账簿应纳印花税税额＝(1 000 000＋200 000)×0.5‰＋3×5＝615（元）

(2) 2011年营业账簿应纳印花税税额＝[(2 000 000＋200 000)－(1 000 000＋200 000)]×0.5‰＋4×5＝520（元）

(3) 2012年营业账簿应纳印花税税额＝[(2 000 000＋200 000)－(2 000 000＋200 000)]×0.5‰＋5×5＝25（元）

第五节 税收优惠

(1) 对已缴纳印花税凭证的副本或者抄本免税。凭证的正式签署本已按规定缴纳了印花税，其副本或者抄本对外不发生权利义务关系，只是留存备查。但以副本或者抄本视同正本使用的，应另贴印花。

(2) 对财产所有人将财产赠给政府、社会福利单位、学校所立的书据免税。社会福利单位是指抚养孤老伤残的社会福利单位。对上述书据免税，旨在鼓励财产所有人这种有利于发展文化教育事业，造福社会的捐赠行为。

(3) 对国家指定的收购部门与村民委员会、农民个人书立的农副产品收购合同免税。由于我国农副产品种类繁多，地区之间差异较大，随着经济发展，国家指定的收购部门也会有所变化。对此，印花税法授权省、自治区、直辖市主管税务机关根据当地实际情况，具体划定本地区"收购部门"和"农副产品"的范围。

(4) 对无息、贴息贷款合同免税。无息、贴息贷款合同是指我国的各专业银行按照国家金融政策发放的无息贷款，以及由各专业银行发放并按有关规定由财政部门或中国人民银行给予贴息的贷款项目所签订的贷款合同。一般情况下，无息、贴息贷款体现国家政策，满足特定时期的某种需要，其利息全部或者部分是由国家财政负担的，对这类合同征收印花税没有财政意义。

(5) 对外国政府或者国际金融组织向我国政府及国家金融机构提供优惠贷款所书立的合同免税。该类合同是就具有援助性质的优惠贷款而成立的政府间协议，对其免税有利于引进和利用外资，以推动我国经济与社会的快速发展。

(6) 对房地产管理部门与个人签订的用于生活居住的租赁合同免税。

(7) 对农牧业保险合同免税。对该类合同免税，是为了支持农村保险事业的发展，减轻农牧业生产的负担。

(8) 对特殊货运凭证免税。包括：军事物资运输凭证，抢险救灾物资运输凭证，新建铁路的工程临管线运输凭证。

(9) 企业改制过程中享有征免印花税的其他情况。

(10) 对与高校学生签订的高校学生公寓租赁合同，免征印花税。2011年1月1日文到之日已征的应予免征的印花税,可从纳税人以后应纳的印花税税额中抵减或者予以退税。

(11) 为支持国家商品储备业务发展,从 2011 年 1 月 1 日至 2012 年 12 月 31 日,对商品储备管理公司及其直属库资金账簿免征印花税;对其承担商品储备业务过程中书立的购销合同免征印花税,对合同其他各方当事人应缴纳的印花税照章征收。

(12) 对中国联合网络通信集团有限公司转让 CDMA 网及其用户资产企业合并资产整合过程中涉及的征免印花税问题。

(13) 为鼓励金融机构对小型、微型企业提供金融支持,促进小型、微型企业发展,自 2011 年 11 月 1 日起至 2014 年 10 月 31 日止,对金融机构与小型、微型企业签订的借款合同涉及的印花税,予以免征。

第六节 征收管理

一、纳税办法

印花税的纳税办法,根据税额的大小、贴花次数以及税收征收管理的需要,分别采用以下三种纳税办法。

(一) 自行贴花办法

这种办法,一般适用于应税凭证较少或者贴花次数较少的纳税人。纳税人书立、领受或者使用印花税法列举的应税凭证的同时,纳税义务即已产生,应当根据应纳税凭证的性质和适用的税目税率,自行计算应纳税额,自行购买印花税票,自行一次贴足印花税票并加以注销或划销,纳税义务才算全部履行完毕。

需要说明的是,纳税人购买了印花税票,支付了税款,国家就取得了财政收入。但就印花税来说,纳税人支付了税款并不等于已履行了纳税义务。纳税人必须自行贴花并注销或划销,这样才算完整地完成了纳税义务。这也就是通常所说的"三自"纳税办法。

已贴用的印花税票不得重用。对已贴花的凭证,修改后所载金额增加的,其增加部分应当补贴印花税票。凡多贴印花税票者,不得申请退税或者抵用。

(二) 汇贴或汇缴办法

这种办法,一般适用于应纳税额较大或者贴花次数频繁的纳税人。

一份凭证应纳税额超过 500 元的,应向当地税务机关申请填写缴款书或者完税凭证,将其中一联粘贴在凭证上或者由税务机关在凭证上加注完税标记代替贴花。这就是通常所说的"汇贴"办法。

同一种类应纳税凭证,需频繁贴花的,纳税人可以根据实际情况自行决定是否采用按期汇总缴纳印花税的方式,汇总缴纳的期限为 1 个月。采用按期汇总缴纳方式的纳税人应事先告知主管税务机关。缴纳方式一经选定,1 年内不得改变。主管税务机关接到纳税人要求按期汇总缴纳印花税的告知后,应及时登记,制定相应的管理办法,防止出现管理漏洞。对采用按期汇总缴纳方式缴纳印花税的纳税人,应加强日常监督、检查。

实行印花税按期汇总缴纳的单位，对征税凭证和免税凭证汇总时，凡分别汇总的，按本期征税凭证的汇总金额计算缴纳印花税；凡确属不能分别汇总的，应按本期全部凭证的实际汇总金额计算缴纳印花税。

凡汇总缴纳印花税的凭证，应加注税务机关指定的汇缴戳记、编号并装订成册后，将已贴印花或者缴款书的一联粘附册后，盖章注销，保存备查。

经税务机关核准，持有代售许可证的代售户，代售印花税票取得的税款须专户存储，并按照规定的期限，向当地税务机关结报，或者填开专用缴款书直接向银行缴纳，不得逾期不缴或者挪作他用。代售户领存的印花税票及所售印花税票的税款，如有损失，应负责赔偿。

（三）委托代征办法

这一办法主要是通过税务机关的委托，经由发放或者办理应纳税凭证的单位代为征收印花税税款。税务机关应与代征单位签订代征委托书。发放或者办理应纳税凭证的单位，是指发放权利、许可证照的单位和办理凭证的鉴证、公证及其他有关事项的单位。

如按照印花税法规定，工商行政管理机关核发各类营业执照和商标注册证的同时，负责代售印花税票，征收印花税税款，并监督领受单位或个人负责贴花。税务机关委托工商行政管理机关代售印花税票，按代售金额5％的比例支付代售手续费。

发放或者办理应纳税凭证的单位，负有监督纳税人依法纳税的义务，具体是指以下纳税事项监督：

（1）应纳税凭证是否已粘贴印花。
（2）粘贴的印花是否足额。
（3）粘贴的印花是否按规定注销。

对未完成以上纳税手续的，应督促纳税人当场完成。

二、纳税环节

印花税应当在书立或领受时贴花。具体是指在合同签订时、账簿启用时和证照领受时贴花。如果合同是在国外签订，并且不便在国外贴花的，应在将合同带入境时办理贴花纳税手续。

三、纳税地点

印花税一般实行就地纳税。对于全国性商品物资订货会（包括展销会、交易会等）上所签订合同应纳的印花税，由纳税人回其所在地后及时办理贴花完税手续；对地方主办、不涉及省际关系的订货会、展销会上所签合同的印花税，其纳税地点由各省、自治区、直辖市人民政府自行确定。

四、纳税申报

印花税的纳税人应按《印花税暂行条例》有关规定及时办理纳税申报，并如实填写印花税纳税申报表，请见《纳税申报实务》"印花税纳税申报"章节的相关内容。

五、管理与处罚

(一) 对印花税应税凭证的管理

各级地方税务机关应加强对印花税应税凭证的管理，要求纳税人统一设置印花税应税凭证登记簿，保证各类应税凭证及时、准确、完整地进行登记；应税凭证数量多或内部多个部门对外签订应税凭证的单位，要求其指定符合本单位实际的应税凭证登记管理办法。有条件的纳税人应制定专门部门、专人负责应税凭证的管理。印花税应税凭证应按照《税收征管法实施细则》的规定保存10年。

(二) 完善按期汇总缴纳办法

各级地方税务机关应加强对按期汇总缴纳印花税单位的纳税管理，对核准实行汇总缴纳的单位，应发给汇缴许可证，核定汇总缴纳的限期；同时应要求纳税人定期报送汇总缴纳印花税情况报告，并定期对纳税人汇总缴纳印花税情况进行检查。

(三) 加强对印花税代售人的管理

各级税务机关应加强对印花税代售人代售税款的管理，根据本地代售情况进行一次清理检查，对代售人违反代售规定的，可视其情节轻重，取消代售资格，发现代售人各种影响印花税票销售的行为要及时纠正。

税务机关要根据本地情况，选择制度比较健全、管理比较规范、信誉比较可靠的单位或个人委托代售印花税票，并应对代售人经常进行业务指导、检查和监督。

(四) 核定征收印花税

根据《税收征管法》第35条规定和印花税的税源特征，为加强印花税征收管理，纳税人有下列情形的，地方税务机关可以核定纳税人印花税计税依据：

(1) 未按规定建立印花税应税凭证登记簿，或未如实登记和完整保存应税凭证的。

(2) 拒不提供应税凭证，或不如实提供应税凭证致使计税依据明显偏低的。

(3) 采用按期汇总缴纳办法的，未按地方税务机关规定的期限报送汇总缴纳印花税情况报告，经地方税务机关责令限期报告，逾期仍不报告的或者地方税务机关在检查中发现纳税人有未按规定汇总缴纳印花税情况的。

地方税务机关核定征收印花税，应向纳税人发放核定征收印花税通知书，注明核定征收的计税依据和规定的税款缴纳期限。

地方税务机关核定征收印花税，应根据纳税人的实际生产经营收入，参考纳税人各期印花税纳税情况及同行业合同签订情况，确定科学合理的数额或比例作为纳税人印花税计税依据。

各级地方税务机关应逐步建立印花税基础资料库，包括分行业印花税纳税情况、分户纳税资料等，确定科学、合理的评估模型，保证核定征收的及时、准确、公平、合理。

(五) 违章处罚

纳税人有下列行为之一的，由税务机关根据情节轻重予以处罚：

(1) 在应纳税凭证上未贴或者少贴印花税票的或者已粘帖在应税凭证上的印花税票未注销或者未划销的，由税务机关追缴其不缴或者少缴的税款、滞纳金，并处不缴或者少缴的税款50%以上5倍以下的罚款。

(2) 已贴用的印花税票揭下重用造成未缴或少缴印花税的,由税务机关追缴其不缴或者少缴的税款、滞纳金,并处不缴或者少缴的税款 50%以上 5 倍以下的处罚;构成犯罪的,依法追究刑事责任。

(3) 伪造印花税票的,由税务机关责令改正,处以 2 000 元以上 1 万元以下的罚款;情节严重的,处以 1 万元以上 5 万元以下的罚款;构成犯罪的,依法追究刑事责任。

(4) 按期汇总缴纳印花税的纳税人,超过税务机关核定的纳税期限,未缴或少缴印花税款的,由税务机关追缴其不缴或者少缴的税款、滞纳金,并处不缴或者少缴的税款 50%以上 5 倍以下的罚款;情节严重的,同时撤销其汇缴许可证;构成犯罪的,依法追究刑事责任。

(5) 纳税人违反以下规定的,由税务机关责令限期改正,可处以 2 000 元以下的罚款;情节严重的,处以 2 000 元以上 1 万元以下的罚款:

①凡汇总缴纳印花税的凭证,应加注税务机关指定的汇缴戳记,编号并装订成册后,将已贴印花或者缴款书的一联粘附册后,盖章注销,保存备查。

②纳税人对纳税凭证应妥善保存。凭证的保存期限,凡国家已有明确规定的,按规定办;没有明确规定的其余凭证均应在履行完毕后保存 1 年。

(6) 代售户对取得的税款逾期不缴或者挪作他用,或者违反合同将所领印花税票转托他人代售或者转至其他地区销售,或者未按规定详细提供领、售印花税票情况的,税务机关可视其情节轻重,给予警告或者取消其代售资格的处罚。

第七节 综合案例分析

【例 12-2】 某企业 2012 年 6 月开业,当年发生以下有关业务或者事项:

(1) 领受工商营业执照正副本各 1 件,税务登记证国税、地税正副本各 1 件,房屋产权证 1 件,土地使用证 1 件,商标注册证 2 件。

(2) 订立专有技术使用权转移书据 1 份,所载金额为 100 万元。

(3) 订立产品购销合同 1 份,所载金额为 200 万元。

(4) 订立借款合同 1 份,所载金额为 400 万元。

(5) 企业记载资金的账簿,"实收资本"、"资本公积"合计为 800 万元。

(6) 其他营业账簿 3 本。

【解析】 根据上述资料,该企业进行如下纳税处理:

(1) 企业领受权利、许可证照应纳印花税税额=(1+1+1+1+2)×5=30(元)

(2) 企业订立产权转移书据应纳印花税税额=1 000 000×0.5‰=500(元)

(3) 企业订立购销合同应纳印花税税额=2 000 000×0.3‰=600(元)

(4) 企业订立借款合同应纳印花税税额=4 000 000×0.05‰=200(元)

(5) 企业记载资金的账簿应纳印花税税额=8 000 000×0.5‰=4 000(元)

(6) 企业其他营业账簿应纳印花税税额=3×5=15(元)

(7) 当年企业应纳印花税税额=30+500+600+200+4 000+15=5 345(元)

自测题

一、名词解释
1. 印花税
2. "三自"纳税办法

二、简述题
1. 简述印花税的纳税义务人。
2. 简述印花税的税目与税率。
3. 简述印花税应纳税额的计算。
4. 简述印花税的税收优惠政策。
5. 简述印花税的征收管理。

三、单项选择题
1. 下列与应税合同有关的印花税纳税人为（　　）。
   A. 合同担保人　　B. 合同鉴定人
   C. 合同证人　　　D. 合同代理人
2. 印花税纳税人中的立账簿人是指（　　）。
   A. 设立营业账簿的企业
   B. 设立预算资金账的行政机关
   C. 设立经营账簿的会计
   D. 登记现金日记账的出纳
3. 甲企业和乙银行签订一份借款合同，丙为担保人，丁为鉴定人，戊为甲的代理人。在这一事件中，印花税的纳税义务人为（　　）。
   A. 甲、乙
   B. 甲、乙、丙、丁
   C. 甲、乙、戊
   D. 甲、乙、丙、丁、戊
4. 借款合同的印花税税率为（　　）。
   A. 0.05‰　　　　B. 0.3‰
   C. 0.5‰　　　　D. 1‰
5. 甲为乙办理货物运输业务，未签订运输合同，他们之间的运费结算单据应该（　　）。
   A. 未签合同不贴印花税票
   B. 应按单据所列运费金额贴印花税票
   C. 暂不贴印花税票
   D. 按件贴5元印花税票
6. 应纳印花税的凭证应当于（　　）贴花。
   A. 当年内
   B. 书立或领受时
   C. 履行完毕时
   D. 开始履行时
7. 某建筑公司乙与甲企业签订一份建筑承包合同，合同金额为1 000万元；施工期间，又将其中的安装工程280万元转包给另一建筑公司丙，并签订了转包合同。甲、乙、丙共缴纳印花税（　　）元。
   A. 3 000　　　　B. 3 840
   C. 7 680　　　　D. 11 520
8. A公司向B汽车运输公司租入5辆载重汽车，双方签订的合同规定，5辆载重汽车的总价值为240万元，租期为3个月，租金总计为12.80万元。A公司应当缴纳印花税（　　）元。
   A. 32　　　　　 B. 128
   C. 600　　　　　D. 2 400
9. 甲企业和乙企业2011年签订一份金额为500万元的购销合同，2012年1月经双方协商，将金额增加到700万元，双方2012年应缴纳印花税（　　）元。
   A. 600　　　　　B. 1 200
   C. 2 100　　　　D. 2 095
10. 印花税纳税人可以根据实际情况自行决定是否采用按期汇总缴纳印花税的方式，汇总缴纳的期限为（　　）。
    A. 10日　　　　B. 15日
    C. 1个月　　　 D. 3个月
11. 一份凭证应纳印花税税额超过（　　）元的，纳税人应向当地税务机关申请填写缴款书或者完税证，将其中一联粘贴在凭证上或者税务机关在凭证上加注完税标记代替贴花。

A. 100　　　　B. 300
C. 500　　　　D. 1 000

12. 某人与某租赁公司签订机动车租赁合同，租用小轿车一辆，租期一周，租金800元，该合同各方应按（　　）元贴花。

A. 0.8　　　　B. 1
C. 1.6　　　　D. 5

13. 对于全国性商品物资订货会（包括展销会、交易会等）上所签订合同应纳的印花税，纳税地点为（　　）。

A. 订货会所在地
B. 纳税人所在地
C. 国家税务总局确定
D. 省级人民政府确定

14. 印花税应税凭证应按照《税收征管法实施细则》的规定保存（　　）年。

A. 1年　　　　B. 3年
C. 5年　　　　D. 10年

四、多项选择题

1. 印花税的纳税义务人包括（　　）。

A. 立合同人　　B. 使用人
C. 立据人　　　D. 领受人

2. 下列属于印花税纳税人的有（　　）。

A. 签订加工承揽合同的外商投资企业
B. 发放专利证的国家专利局
C. 借款合同担保人
D. 在国外书立，在国内使用技术合同的单位

3. 根据印花税法的规定，下列属于权利、许可证照的有（　　）。

A. 房屋产权证
B. 商标注册证
C. 专利证
D. 土地使用证

4. 下列按照"产权转移书据"缴纳印花税的有（　　）。

A. 专利权的转让合同
B. 专利实施许可的转让合同
C. 非专利技术的转让合同
D. 专有技术使用权的转让合同

5. 下列凭证中，（　　）为印花税的应税凭证。

A. 购销、财产租赁、技术合同或者具有合同性质的凭证
B. 产权转移书据
C. 营业账簿
D. 权利、许可证照

6. 下列凭证中作为合同使用的，按合同贴印花税税票的有（　　）。

A. 保险单据
B. 借款单据
C. 仓单或栈单
D. 货物运输单据

7. 技术合同适用于（　　）。

A. 技术开发
B. 专利申请权转让
C. 专利权转让
D. 非专利技术转让

8. 财产租赁合同可以是（　　）。

A. 出租设备的合同
B. 出租机动车辆的合同
C. 出租柜台的合同
D. 出租门店的合同

9. 以下适用0.3‰印花税税率的项目有（　　）。

A. 加工承揽合同
B. 运输合同
C. 建筑、安装工程承包合同
D. 技术合同

10. 下列合同中，不属于适用1‰的税率征收印花税的有（　　）。

A. 购销合同
B. 财产租赁合同
C. 货物运输合同
D. 股权转让书据

11. 记载资金的账簿按（ ）合计金额为印花税的计税依据。

   A. 实收资本　　B. 长期投资
   C. 资本公积　　D. 盈余公积

12. 财产所有人将财产赠给（ ）所立的书据，免征印花税。

   A. 中外合资企业
   B. 国有企业
   C. 政府
   D. 社会福利单位

13. 关于印花税，下列说法正确的有（ ）。

   A. 未兑现的合同不征收印花税
   B. 房屋销售合同按照购销合同贴花
   C. 外商投资企业是印花税的纳税义务人
   D. 以电子形式签订的应税凭证，应当征收印花税

14. 根据印花税法的规定，下列各项中，免征印花税的有（ ）。

   A. 已缴纳印花税凭证的副本
   B. 财产所有人将财产赠给政府、社会福利单位、学校及其他单位所立的书据
   C. 无息、贴息贷款合同
   D. 农牧业保险合同

15. 印花税可以采用的征税办法有（ ）。

   A. 代扣代缴　　B. 自行贴花
   C. 汇贴或汇缴　D. 委托代征

五、判断题

1. 凡由两方或者两方以上当事人共同书立应税凭证的，其当事人各方均为印花税的纳税人，应各就其所持凭证的计税金额履行纳税义务。（ ）

2. 电网与用户之间签订的供用电合同，不征收印花税。（ ）

3. 由政府专利部门发给的专利证，按件贴花，税额为每件5元。（ ）

4. 印花税实行比例税率和定额税率两种税率。现行适用的比例税率，最高的是最低的20倍。（ ）

5. 某企业分别与他人签订了经营租赁合同和融资租赁合同各一项，该人按照两项租赁合同金额的1‰缴纳印花税。（ ）

6. 财产保险合同计算印花税的计税依据是保险费金额。（ ）

7. 已缴纳印花税凭证的副本或者抄本视同正本使用的，不必另贴印花。（ ）

8. 对于全国性商品物资订货会上所签订合同，应就地缴纳印花税。（ ）

六、计算题

某公司2012年1月开业，当年发生以下有关业务或者事项：

（1）领受房屋产权证、工商营业执照正副本、商标注册证、土地使用证各1件。

（2）订立专有技术使用权转移书据1份，所载金额为80万元。

（3）订立产品购销合同1份，所载金额为200万元。

（4）订立财产租赁合同1份，所载金额为10万元。

（5）在公司的营业账簿中，"实收资本"账户记载资金200万元。

（6）其他营业账簿5本。

（7）12月底该公司"实收资本"账户记载资金增加为300万元。

要求：计算该公司2012年度应缴纳的印花税。

第十三章 契税法

契税法是指国家制定的用以调整契税征收与缴纳之间权利及义务关系的法律规范。现行契税法的基本规范,是 1997 年 7 月 7 日国务院发布并于同年 10 月 1 日开始实施的《中华人民共和国契税暂行条例》(以下简称《契税暂行条例》)。

契税是以在中华人民共和国境内转移土地、房屋权属为征税对象,向产权承受人征收的一种财产税。

第一节 纳税义务人

契税的纳税义务人(以下简称纳税人)是境内转移土地、房屋权属,承受的单位和个人。境内是指中华人民共和国实际税收行政管辖范围内。土地、房屋权属是指土地使用权和房屋所有权。

单位是指企业单位、事业单位、国家机关、军事单位和社会团体以及其他组织。个人是指个体经营者及其他个人,包括中国公民和外籍人员。

第二节 征税对象

契税的征税对象是境内转移的土地、房屋权属。具体包括以下内容。

一、国有土地使用权出让

国有土地使用权出让是指土地使用者向国家交付土地使用权出让费用,国家将国有土地使用权在一定年限内让与土地使用者的行为。

二、土地使用权转让

土地使用权转让是指土地使用者以出售、赠与、交换或者其他方式将土地使用权转移给其他单位和个人的行为。土地使用权的转让不包括农村集体土地承包经营权的转移。

三、房屋买卖

即以货币为媒介,出卖者向购买者过渡房产所有权的交易行为。以下几种特殊情况,视同买卖房屋:

(1) 以房产抵债或实物交换房屋。
(2) 以房产作投资或作股权转让。
(3) 买房拆料或翻建新房。

四、房屋赠与

房屋的赠与是指房屋产权所有人将房屋无偿转让给他人所有。其中，将自己的房屋转交给他人的法人和自然人，称作房屋赠与人；接受他人房屋的法人和自然人，称为受赠人。房屋赠与的前提必须是产权无纠纷，赠与人和受赠人双方自愿。

由于房屋是不动产，价值较大，故法律要求赠与房屋应有书面合同（契约），并到房地产管理机关或农村基层政权机关办理登记过户手续，才能生效。如果房屋赠与行为涉及涉外关系，还需公证处证明和外事部门认证，才能有效。房屋的受赠人要按规定缴纳契税。

五、房屋交换

房屋交换是指房屋所有者之间相互交换房屋的行为。

随着经济形势的发展，有些特殊方式转移土地、房屋权属的，也将视同土地使用权转让、房屋买卖或者房屋赠与。一是以土地、房屋权属作价投资、入股；二是以土地、房屋权属抵债；三是以获奖方式承受土地、房屋权属；四是以预购方式或者预付集资建房款方式承受土地、房屋权属。

六、承受国有土地使用权支付的土地出让金

对承受国有土地使用权所应支付的土地出让金，要计征契税。不得因减免土地出让金而减免契税。

第三节 税　率

契税实行3%～5%的幅度税率。各省、自治区、直辖市人民政府可以在3%～5%的幅度税率规定范围内，按照本地区的实际情况决定适用税率。

第四节　应纳税额的计算

一、计税依据

契税的计税依据为不动产的价格。具体有：

(1) 国有土地使用权出让、土地使用权出售、房屋买卖，以成交价格为计税依据。成交价格是指土地、房屋权属转移合同确定的价格，包括承受者应交付的货币、实物、无形资产或者其他经济利益。

(2) 土地使用权赠与、房屋赠与，由征收机关参照土地使用权出售、房屋买卖的市

场价格核定。

(3) 土地使用权交换、房屋交换,为所交换的土地使用权、房屋的价格的差额。即交换价格相等时,免征契税;交换价格不等时,由多交付的货币、实物、无形资产或者其他经济利益的一方缴纳契税。

(4) 以划拨方式取得土地使用权,经批准转让房地产时,由房地产转让者补交契税。计税依据为补交的土地使用权出让费用或者土地收益。

为了避免偷、逃税款,税法规定,成交价格明显低于市场价格并且无正理由的,或者所交换土地使用权、房屋的价格差额明显不合理并且无正当理由的,征收机关可以参照市场价格核定计税依据。

(5) 房屋附属设施征收契税的依据:

①采取分期付款方式购买房屋附属设施土地使用权、房屋所有权的,应按合同规定的总价款计征契税。

②承受的房屋附属设施权属如为单独计价的,按照当地确定的适用税率征收契税;如与房屋统一计价的,适用与房屋相同的契税税率。

(6) 个人无偿赠与不动产行为,应对受赠人(法定继承人除外)全额征收契税。

(7) 出让国有土地使用权,契税计税价格为承受人为取得该土地使用权而支付的全部经济利益。对通过"招、拍、挂"程序承受国有土地使用权的,应按照土地成交总价款计征契税,其中的土地前期开发成本不得扣除。

二、应纳税额的计算方法

契税采用比例税率。应纳税额的计算公式为:

$$应纳税额 = 计税依据 \times 税率$$

【例 13-1】 居民甲有两套住房,将一套出售给居民乙,成交价格为 200 万元;将另一套两室住房与居民丙交换成两处一室住房,并支付给居民丙换房差价款 50 万元。当地政府确定的契税税率为 3%。

【解析】 根据上述资料,甲、乙、丙应进行如下纳税处理:

(1) 甲应纳契税税额 = $50 \times 3\%$ = 1.5(万元)

(2) 乙应纳契税税额 = $200 \times 3\%$ = 6(万元)

(3) 丙不缴纳契税。

第五节 税收优惠

一、契税优惠的一般规定

(1) 国家机关、事业单位、社会团体、军事单位承受土地、房屋用于办公、教学、医疗、科研和军事设施的,免征契税。

(2) 城镇职工按规定第一次购买公有住房的,免征契税。

对个人购买普通住房,且该住房属于家庭(成员范围包括购房人、配偶以及未成年子女，下同）唯一住房的，减半征收契税。对个人购买90平方米及以下普通住房，且该住房属于家庭唯一住房的，减按1%税率征收契税。

（3）因不可抗力灭失住房而重新购买住房的，酌情减免。不可抗力是指自然灾害、战争等不能预见、不可避免，并不能克服的客观情况。

（4）土地、房屋被县级以上人民政府征用、占用后，重新承受土地、房屋权属的，由省级人民政府确定是否减免。

（5）承受荒山、荒沟、荒丘、荒滩土地使用权，并用于农、林、牧、渔业生产的，免征契税。

（6）经外交部确认，依照我国有关法律规定以及我国缔结或参加的双边和多边条约或协定，应当予以免税的外国驻华使馆、领事馆、联合国驻华机构及其外交代表、领事官员和其他外交人员承受土地、房屋权属。

二、契税优惠的特殊规定

（一）企业公司制改造

非公司制企业，按照《中华人民共和国公司法》的规定，整体改建为有限责任公司（含国有独资公司）或股份有限公司，或者有限责任公司整体改建为股份有限公司的，对改建后的公司承受原企业土地、房屋权属，免征契税。

非公司制国有独资企业或国有独资有限责任公司，以其部分资产与他人组建新公司，且该国有独资企业（公司）在新设公司中所占股份超过50%的，对新设公司承受该国有独资企业（公司）的土地、房屋权属，免征契税。

（二）企业股权重组

在股权转让中，单位、个人承受企业股权，企业土地、房屋权属不发生转移，不征收契税。

国有、集体企业实施"企业股份合作制改造"，由职工买断企业产权，或向其职工转让部分产权，或者通过其职工投资增资扩股，将原企业改造为股份合作制企业的，对改造后的股份合作制企业承受原企业的土地、房屋权属，免征契税。

（三）企业合并

两个或两个以上的企业，依据法律规定、合同约定，合并改建为一个企业，对其合并后的企业承受原合并各方的土地、房屋权属，免征契税。

（四）企业分立

企业依照法律规定、合同约定，分设为两个或两个以上投资主体相同的企业，对派生方、新设方承受原企业土地、房屋权属，不征收契税。

（五）企业出售

国有、集体企业出售，被出售企业法人予以注销，并且买受人按照《中华人民共和国劳动法》（以下简称《劳动法》）等国家有关法律法规政策妥善安置原企业全部职工，其中与原企业30%以上职工签订服务年限不少于3年的劳动用工合同的，对其承受所购企业的土地、房屋权属，减半征收契税；与原企业全部职工签订服务年限不少于3年的劳动用工合同的，免征契税。

(六) 企业注销、破产

企业依照有关法律、法规的规定实施注销、破产后，债权人承受注销、破产企业土地、房屋权属以抵偿债务的，免征契税；对非债权人承受注销、破产企业土地、房屋权属，凡按照《劳动法》等国家有关法律法规政策妥善安置原企业全部职工，其中与原企业30%以上职工签订服务年限不少于3年的劳动用工合同的，对其承受所购企业的土地、房屋权属，减半征收契税；与原企业全部职工签订服务年限不少于3年的劳动用工合同的，免征契税。

(七) 房屋的附属设施

对于承受与房屋相关的附属设施（包括停车位、汽车库、自行车库、顶层阁楼以及储藏室，下同）所有权或土地使用权的行为，按照契税法律、法规的规定征收契税；对于不涉及土地使用权和房屋所有权转移变动的，不征收契税。

(八) 继承土地、房屋权属

对于《中华人民共和国继承法》（以下简称《继承法》）规定的法定继承人（包括配偶、子女、父母、兄弟姐妹、祖父母、外祖父母）继承土地、房屋权属，不征契税。

按照《继承法》规定，非法定继承人根据遗嘱承受死者生前的土地、房屋权属，属于赠与行为，应征收契税。

(九) 事业单位改制后承受土地、房屋权属

(1) 事业单位按照国家有关规定改制为企业的过程中，投资主体没有发生变化的，对改制后的企业承受原事业单位土地、房屋权属，免征契税。投资主体发生变化的，改制后的企业按照《劳动法》等有关法律法规妥善安置原事业单位全部职工，其中与原事业单位全部职工签订服务年限不少于3年劳动用工合同的，对其承受原事业单位的土地、房屋权属，免征契税；与原事业单位30%以上职工签订服务年限不少于3年劳动用工合同的，对其承受原事业单位的土地、房屋权属，减半征收契税。

(2) 事业单位改制过程中，改制后的企业以出让或国家作价出资（入股）方式取得原国有划拨土地使用权的，不属于本通知规定的契税减免税范围，应按规定缴纳契税。

(十) 夫妻变更房屋、土地权属

婚姻关系存续期间，房屋、土地权属原归夫妻一方所有，变更为夫妻双方共有的，免征契税。

(十一) 其他

(1) 经国务院批准实施债权转股权的企业，对债权转股权后新设立的公司承受原企业的土地、房屋权属，免征契税。

(2) 政府主管部门对国有资产进行行政性调整和划转过程中发生的土地、房屋权属转移，不征收契税。

(3) 企业改制重组过程中，同一投资主体内部所属企业之间土地、房屋权属的无偿划转，不征收契税。

(4) 对拆迁居民因拆迁重新购置住房的，对购房成交价格中相当于拆迁补偿款的部分免征契税，成交价格超过拆迁补偿款的，对超过部分征收契税。

（5）公司制企业在重组过程中，以名下土地、房屋权属对其全资子公司进行增资，属同一投资主体内部资产划转，对全资子公司承受母公司土地、房屋权属的行为，不征收契税。

第六节 征收管理

一、纳税义务发生时间

契税的纳税义务发生时间是纳税人签订土地、房屋权属转移合同的当天，或者纳税人取得其他具有土地、房屋权属转移合同性质凭证的当天。

二、纳税期限

纳税人应当自纳税义务发生之日起 10 日内，向土地、房屋所在地的契税征收机关办理纳税申报，并在契税征收机关核定的期限内缴纳税款。

三、纳税地点

契税在土地、房屋所在地的征收机关缴纳。

四、征收管理

纳税人办理纳税事宜后，契税征收机关应向纳税人开具契税完税凭证。纳税人持契税完税凭证和其他规定的文件材料，依法向土地管理部门、房屋管理部门办理有关土地、房屋的权属变更登记手续。纳税人未出具契税完税凭证的，土地管理部门、房产管理部门不予办理有关土地、房屋的权属变更登记手续。土地管理部门和房产管理部门应向契税征收机关提供有关资料，并协助契税征收机关依法征收契税。

五、纳税申报

契税的纳税人应按《契税暂行条例》有关规定及时办理纳税申报，并如实填写契税纳税申报表，请见《纳税申报实务》"契税纳税申报"章节的相关内容。

自测题

一、名词解释
1. 契税
2. 国有土地使用权出让
3. 国有土地使用权转让

二、简述题
1. 简述契税的纳税义务人。
2. 简述契税的税目与税率。
3. 简述契税应纳税额的计算。
4. 简述契税的税收优惠政策。
5. 简述契税的征收管理。

三、单项选择题
1. 下列属于契税的纳税人的是（   ）。
A. 销售房地产的公司
B. 购买别墅的个人

C. 承受土地的国家机关
D. 出让土地的国土资源管理局

2. 下列行为中计征契税的有（　　）。
A. 以抵债方式取得土地使用权
B. 以相等价格交换房屋
C. 以划拨方式取得土地使用权
D. 转移农村集体土地承包经营权

3. 契税税率适用（　　）的比例税率。
A. 1%～5%　　B. 3%～5%
C. 1%～3%　　D. 3%～7%

4. 国有土地使用权出让是以（　　）为计税依据。
A. 土地原值
B. 土地评估价格
C. 成交价格
D. 国家定价

5. 房屋赠与缴纳契税的计税依据以（　　）核定。
A. 成交价格
B. 国家定价
C. 征收机关参照市场价格
D. 评估定价

6. 甲、乙两人应需要互换房产，经评估部门确认，甲的房产价值为400万元，乙的房产价值为500万元。该地方契税适用税率为3%，则甲应缴纳契税（　　）万元。
A. 0　　B. 3
C. 12　　D. 15

7. 企业关闭破产，非债权人承受土地、房屋权属，妥善安置原企业职工（　　）以上的减半征收，全部安置原企业职工的，免征契税。
A. 25%　　B. 30%
C. 50%　　D. 51%

8. 已享受减免契税的纳税人改变有关土地房屋的用途，不在减免范围之列，应该（　　）。

A. 补缴税款及罚款
B. 退税
C. 补缴已减免的税款
D. 执行原政策不变

9. 某公司2012年12月以3 500万元购得某一写字楼作为办公用房使用，该写字楼原值6 000万元，累计折旧2 000万元，市场公允值3 400万元。如果适用的契税税率为3%，该公司应缴纳契税（　　）万元。
A. 105　　B. 120
C. 150　　D. 180

10. 甲公司拥有两套房产，2012年将其一套房产以300万元的价格转让给乙公司。关于契税的纳税义务人和纳税期限，下列说法正确的是（　　）。
A. 甲为纳税人，纳税期限为10日
B. 乙为纳税人，纳税期限为10日
C. 甲为纳税人，纳税期限为7日
D. 乙为纳税人，纳税期限为7日

11. 契税的纳税义务发生时间是（　　）。
A. 实际取得土地、房屋的当天
B. 办理土地、房屋权属转移的当天
C. 纳税人签订土地、房屋权属转移合同的当天
D. 实际付款的当天

12. 纳税人应当自纳税义务发生之日起（　　）日内，向土地、房屋所在地的契税征收机关办理纳税申报，并在契税征收机关核定的期限内缴纳税款。
A. 1　　B. 3
C. 5　　D. 10

13. 契税的纳税地点是（　　）税务机关。
A. 企业核算地
B. 纳税人居住地
C. 企业注册地
D. 土地、房屋所在地

四、多项选择题

1. 契税的纳税人可以是（　　）。
   A. 国家机关
   B. 军事单位
   C. 个体经营者
   D. 外籍个人

2. 下列各项中，属于契税的征税范围的是（　　）。
   A. 国有土地使用权出让
   B. 尚处于抵押期的房屋
   C. 房屋买卖
   D. 房屋赠与

3. 下列应当缴纳契税的有（　　）。
   A. 承受国有土地使用权支付的土地出让金
   B. 以房产抵债
   C. 国有土地使用权出让
   D. 买房拆料

4. 甲公司和乙公司双方约定，甲以一处办公楼和乙的一处厂房进行等价交换，下列处理不正确的是（　　）。
   A. 甲、乙均不缴纳契税
   B. 甲、乙均不缴纳土地增值税
   C. 纳税义务发生之日起7日内，契税纳税人应当办理纳税申报
   D. 纳税义务发生之日起7日内，土地增值税纳税人应当办理纳税申报

5. 下列应当缴纳契税的有（　　）。
   A. 以购买方式取得土地使用权
   B. 以划拨方式取得土地使用权
   C. 以受赠方式取得土地使用权
   D. 以抵债方式取得土地使用权

6. 下列以成交价格作为契税计税依据的有（　　）。
   A. 等价交换房屋
   B. 国有土地使用权出让
   C. 土地使用权出售
   D. 受赠房屋

7. 某外资企业将土地使用权转让给另一家内资企业，则外资企业要涉及的税种有（　　）。
   A. 土地增值税
   B. 契税
   C. 营业税
   D. 城建税

8. 甲将原值28万元的房产评估作价30万元投资乙企业，乙企业办理产权登记后又将该房产以40万元的价格售与丙企业。当地契税税率为3%，则（　　）。
   A. 丙企业缴纳契税0.9万元
   B. 丙企业缴纳契税1.2万元
   C. 乙企业缴纳契税0.9万元
   D. 乙企业缴纳契税0.84万元

9. 下列各项中，免征契税的有（　　）。
   A. 军事单位承受土地、房屋用于军事设施的
   B. 城镇职工按规定第一次购买公有住房的
   C. 遭受自然灾害后重新购买住房
   D. 某房地产公司购买办公用房的

10. 下列不符合契税减免条件的有（　　）。
    A. 事业单位用于经营的受让土地、房屋
    B. 城镇职工购买商品房
    C. 取得荒山土地使用权，用于娱乐设施建设
    D. 政府机关承受房屋用于医疗

11. 契税纳税义务发生时间正确的是（　　）。
    A. 纳税人签订土地、房屋权属转移合同的当天
    B. 纳税人取得其他具有土地、房屋权属转移合同性质凭证的当天
    C. 纳税人办理房地产产权证的当天
    D. 纳税人交纳房地产预付款的当天

五、判断题

1. 土地使用权的转让包括农村集体土地承包经营权的转移。（　）
2. 接受房屋赠与的行为需要缴纳契税。（　）
3. 以获奖方式得到的房屋权属不用缴纳契税。（　）
4. 房屋买卖计征契税的依据要按市场价格核定。（　）
5. 成交价格明显低于市场价格并且无正理由的，或者所交换土地使用权、房屋的价格差额明显不合理并且无正当理由的，征收机关可以参照市场价格核定契税的计税依据。（　）
6. 城镇职工购买的公有住房免征契税。（　）
7. 因不可抗力丧失住房而重新购买住房的，免征契税。（　）
8. 土地、房屋被县级以上人民政府征用、占用后，重新承受土地、房屋权属的，免征契税。（　）
9. 纳税人签订土地、房屋权属转移合同的当天为契税纳税义务发生时间。（　）
10. 纳税人应当持契税完税凭证和其他规定的文件材料，依法向土地管理部门、房屋管理部门办理有关土地、房屋的权属变更登记手续。纳税人未出具契税完税凭证的，土地管理部门、房产管理部门不予办理有关土地、房屋的权属变更登记手续。（　）

六、计算题

1. 2012年12月，某公司购买一块土地的使用权，成交价格为1 000万元。当地规定的契税税率为4%。

要求：计算该公司2012年12月应缴纳的契税。

2. 李某共有2套房屋，2012年8月将第一套市价为180万元的房产与张某交换，并支付张某15万元；2012年12月将第二套市价为120万元的房产折价给王某抵偿了110万元的债务。当地规定的契税税率为3%。

要求：计算李某2012年应缴纳的契税。

第十四章 企业所得税法

企业所得税法是指国家制定的用以调整企业所得税征收与缴纳之间权利及义务关系的法律规范。现行企业所得税法的基本规范，是2007年3月16日第十届全国人民代表大会第五次全体会议通过的《中华人民共和国企业所得税法》（以下简称《企业所得税法》）和2007年11月28日国务院第197次常务会议通过的《中华人民共和国企业所得税法实施条例》（以下简称《企业所得税法实施条例》），并于2008年1月1日开始施行。从此内外资企业实行统一的企业所得税法。

企业所得税是对我国境内的企业和其他取得收入的组织的生产经营所得和其他所得征收的所得税。

第一节 纳税义务人

企业所得税的纳税义务人（以下简称企业所得税纳税人）是指在中华人民共和国境内的企业和其他取得收入的组织。《企业所得税法》第1条规定，除个人独资企业、合伙企业不适用企业所得税法外，凡在我国境内，企业和其他取得收入的组织（以下统称企业）为企业所得税的纳税人，依照本法规定缴纳企业所得税。

企业所得税的纳税人分为居民企业和非居民企业，是为了更好地保障我国税收管辖权的有效行使。税收管辖权是一国政府在征税方面的主权，是国家主权的重要组成部分。根据国际上的通行做法，我国选择了地域管辖权和居民管辖权的双重管辖权标准，最大限度地维护了我国的税收利益。

一、居民企业

居民企业是指依法在中国境内成立，或者依照外国（地区）法律成立但实际管理机构在中国境内的企业。

企业包括国有企业、集体企业、私营企业、联营企业、股份制企业、外商投资企业、外国企业，以及有生产、经营所得和其他所得的其他组织。其中，有生产、经营所得和其他所得的其他组织，是指经国家有关部门批准，依法注册、登记的事业单位、社会团体等组织。由于我国的一些社会团体组织、事业单位在完成国家事业计划的过程中，开展多种经营和有偿服务活动，取得除财政部门各项拨款、财政部和国家物价部门批准的各项规费收入以外的经营收入，具有了经营的特点，应当视同企业纳入征税范围。其中，实际管理机构是指对企业的生产经营、人员、账务、财产等实施实质性全面管理和控制的机构。

二、非居民企业

非居民企业是指依照外国（地区）法律成立且实际管理机构不在中国境内，但在中国境内设立机构、场所的，或者在中国境内未设立机构、场所，但有来源于中国境内所得的企业。

上述所称机构、场所是指在中国境内从事生产经营活动的机构、场所，包括：

（1）管理机构、营业机构、办事机构。
（2）工厂、农场、开采自然资源的场所。
（3）提供劳务的场所。
（4）从事建筑、安装、装配、修理、勘探等工程作业的场所。
（5）其他从事生产经营活动的机构、场所。

非居民企业委托营业代理人在中国境内从事生产经营活动的，包括委托单位或者个人经常代其签订合同，或者储存、交付货物等，该营业代理人视为非居民企业在中国境内设立的机构、场所。

第二节 征税对象

企业所得税的征收对象是指企业的生产经营所得、其他所得和清算所得。

一、居民企业的征税对象

居民企业应就来源于中国境内、境外的所得作为征税对象。所得包括销售货物所得、提供劳务所得、转让财产所得、股息红利等权益性投资所得，以及利息所得、租金所得、特许权使用费所得、接受捐赠所得和其他所得。

二、非居民企业的征税对象

非居民企业在中国境内设立机构、场所的，应当就其所设机构、场所取得的来源于中国境内的所得，以及发生在中国境外但与其所设机构、场所有实际联系的所得，缴纳企业所得税。非居民企业在中国境内未设立机构、场所的，或者虽设立机构、场所但取得的所得与其所设机构、场所没有实际联系的，应当就其来源于中国境内的所得缴纳企业所得税。

上述所称实际联系是指非居民企业在中国境内设立的机构、场所拥有的据以取得所得的股权、债权，以及拥有、管理、控制据以取得所得的财产。

三、所得来源的确定

（1）销售货物所得，按照交易活动发生地确定。
（2）提供劳务所得，按照劳务发生地确定。
（3）转让财产所得，包括：①不动产转让所得按照不动产所在地确定；②动产转让所得按照转让动产的企业或者机构、场所所在地确定；③权益性投资资产转让所得按照被投资企业所在地确定。

（4）股息、红利等权益性投资所得，按照分配所得的企业所在地确定。

（5）利息所得、租金所得、特许权使用费所得，按照负担、支付所得的企业或者机构、场所所在地确定，或者按照负担、支付所得的个人的住所地确定。

（6）其他所得，由国务院财政部、税务主管部门确定。

第三节 税　率

企业所得税实行比例税率。企业所得税税率是体现国家与企业分配关系的核心要素。税率设计的原则是兼顾国家、企业、职工个人三者利益，既要保证财政收入的稳定增长，又要使企业在发展生产、经营方面有一定的财力保证；既要考虑到企业的实际情况和负担能力，又要维护税率的统一性。

一、基本税率

基本税率为25%，适用于居民企业和在中国境内设有机构、场所且取得的所得与机构、场所有关联的非居民企业。

现行企业所得税基本税率设定为25%，从世界各国（地区）比较而言还是偏低的。据有关资料介绍，世界上近160个实行企业所得税的国家（地区）平均税率为28.6%，我国周边18个国家（地区）的平均税率为26.7%。

二、低税率

低税率为20%，适用于在中国境内未设立机构、场所的，或者虽设立机构、场所但取得的所得与其所设机构、场所没有实际联系的非居民企业。但实际征税时适用10%的税率（在本章第七节税收优惠中介绍）。

第四节　应纳税所得额的计算

应纳税所得额是企业所得税的计税依据，按照《企业所得税法》的规定，应纳税所得额为企业每一个纳税年度的收入总额，减除不征税收入、免税收入、各项扣除，以及允许弥补的以前年度亏损后的余额。基本公式为：

应纳税所得额＝收入总额－不征税收入－免税收入－各项扣除－以前年度亏损

企业应纳税所得额的计算以权责发生制为原则，属于当期的收入和费用，不论款项是否收付，均作为当期的收入和费用；不属于当期的收入和费用，即使款项已经在当期收付，均不作为当期的收入和费用。应纳税所得额的正确计算直接关系到国家财政收入和企业的税收负担，并且同成本、费用核算关系密切。因此，企业所得税法对应纳税所得额计算做了明确规定。主要内容包括收入总额、扣除范围和标准、资产的税务处理、亏损弥补等。

一、收入总额

企业的收入总额包括以货币形式和非货币形式从各种来源取得的收入，具体有：销售货物收入、提供劳务收入、转让财产收入、股息、红利等权益性投资收益，以及利息收入、租金收入、特许权使用费收入、接受捐赠收入、其他收入。

企业取得收入的货币形式，包括现金、存款、应收账款、应收票据、准备持有至到期的债券投资以及债务的豁免等；纳税人以非货币形式取得的收入，包括固定资产、生物资产、无形资产、股权投资、存货、不准备持有至到期的债券投资、劳务以及有关权益等，这些非货币资产应当按照公允价值确定收入额。公允价值是指按照市场价格确定的价值。

（一）一般收入的确认

1. 销售货物收入

销售货物收入是指企业销售商品、产品、原材料、包装物、低值易耗品以及其他存货取得的收入。

2. 劳务收入

劳务收入是指企业从事建筑安装、修理修配、交通运输、仓储租赁、金融保险、邮电通信、咨询经纪、文化体育、科学研究、技术服务、教育培训、餐饮住宿、中介代理、卫生保健、社会服务、旅游、娱乐、加工以及其他劳务服务活动取得的收入。

3. 转让财产收入

转让财产收入是指企业转让固定资产、生物资产、无形资产、股权、债权等财产取得的收入。

4. 股息、红利等权益性投资收益

股息、红利等权益性投资收益是指企业因权益性投资从被投资方取得的收入。股息、红利等权益性投资收益，除国务院财政、税务主管部门另有规定外，按照被投资方做出利润分配决定的日期确认收入的实现。

5. 利息收入

利息收入是指企业将资金提供他人使用但不构成权益性投资，或者因他人占用本企业资金取得的收入，包括存款利息、贷款利息、债券利息、欠款利息等收入。利息收入，按照合同约定的债务人应付利息的日期确认收入的实现。

6. 租金收入

租金收入是指企业提供固定资产、包装物或者其他有形资产的使用权取得的收入。租金收入，按照合同约定的承租人应付租金的日期确认收入的实现。

7. 特许权使用费收入

特许权使用费收入是指企业提供专利权、非专利技术、商标权、著作权，以及其他特许权的使用权取得的收入。特许权使用费收入，按照合同约定的特许权使用人应付特许权使用费的日期确认收入的实现。

8. 接受捐赠收入

接受捐赠收入是指企业接受的来自其他企业、组织或者个人无偿给予的货币性资产、非货币性资产。接受捐赠收入,按照实际收到捐赠资产的日期确认收入的实现。

9. 其他收入

其他收入是指企业取得的除以上收入外的其他收入,包括企业资产溢余收入、逾期未退包装物押金收入、确实无法偿付的应付款项、已作坏账损失处理后又收回的应收款项、债务重组收入、补贴收入、违约金收入、汇兑收益等。

(二) 特殊收入的确认

(1) 以分期收款方式销售货物的,按照合同约定的收款日期确认收入的实现。

(2) 企业受托加工制造大型机械设备、船舶、飞机,以及从事建筑、安装、装配工程业务或者提供其他劳务等,持续时间超过 12 个月的,按照纳税年度内完工进度或者完成的工作量确认收入的实现。

(3) 采取产品分成方式取得收入的,按照企业分得产品的日期确认收入的实现,其收入额按照产品的公允价值确定。

(4) 企业发生非货币性资产交换,以及将货物、财产、劳务用于捐赠、偿债、赞助、集资、广告、样品、职工福利或者利润分配等用途的,应当视同销售货物、转让财产或者提供劳务,但国务院财政、税务主管部门另有规定的除外。

二、不征税收入和免税收入

国家为了扶持和鼓励某些特殊的纳税人和特定的项目,或者避免因征税影响企业的正常经营,对企业取得的某些收入予以不征税或免税的特殊政策,以减轻企业的负担,促进经济的协调发展。或准予抵扣应纳税所得额,或者是对专项用途的资金作为非税收入处理,减轻企业的税负,增加企业的可用资金。

(一) 不征税收入

1. 财政拨款

财政拨款是指各级人民政府对纳入预算管理的事业单位、社会团体等组织拨付的财政资金,但国务院和国务院财政、税务主管部门另有规定的除外。

2. 依法收取并纳入财政管理的行政事业性收费、政府性基金

依法收取并纳入财政管理的行政事业性收费是指依照法律、法规等有关规定,按照国务院规定程序批准,在实施社会公共管理,以及在向公民、法人或者其他组织提供特定公共服务过程中,向特定对象收取并纳入财政管理的费用。政府性基金是指企业依照法律、行政法规等有关规定,代政府收取的具有专项用途的财政资金。

3. 国务院规定的其他不征税收入

国务院规定的其他不征税收入是指企业取得的,由国务院财政、税务主管部门规定专项用途并经国务院批准的财政性资金。

财政性资金是指企业取得的来源于政府及其有关部门的财政补助、补贴、贷款贴息,以及其他各类财政专项资金,包括直接减免的增值税和即征即退、先征后退、先征后返的各种税收,但不包括企业按规定取得的出口退税款。

需要说明的是,企业的不征税收入用于支出所形成的费用,不得在计算应纳税所得额时扣除;企业的不征税收入用于支出所形成的资产,其计算的折旧、摊销不得在计算应纳税所得额时扣除。

（二）免税收入

1. 国债利息收入

为鼓励企业积极购买国债，支援国家建设，税法规定，企业因购买国债所得的利息收入，免征企业所得税。

2. 符合条件的股息、红利等权益性收益

符合条件的居民企业之间的股息、红利等权益性收益是指居民企业直接投资于其他居民企业取得的投资收益。

在中国境内设立机构、场所的非居民企业从居民企业取得与该机构、场所有实际联系的股息、红利等权益性投资收益。该收益都不包括连续持有居民企业公开发行并上市流通的股票不足 12 个月取得的投资收益。

3. 符合条件的非营利组织的收入

符合条件的非营利组织是指：

(1) 依法履行非营利组织登记手续。

(2) 从事公益性或者非营利性活动。

(3) 取得的收入除用于与该组织有关的、合理的支出外，全部用于登记核定或者章程规定的公益性或者非营利性事业。

(4) 财产及其孳生息不用于分配。

(5) 按照登记核定或者章程规定，该组织注销后的剩余财产用于公益性或者非营利性目的，或者由登记管理机关转赠给予该组织性质、宗旨相同的组织，并向社会公告。

(6) 投入人对投入该组织的财产不保留或者享有任何财产权利。

(7) 工作人员工资福利开支控制在规定的比例内，不变相分配该组织的财产。

(8) 国务院财政、税务主管部门规定的其他条件。

《企业所得税法》所称符合条件的非营利组织的收入，不包括非营利组织从事营利性活动取得的收入，但国务院财政、税务主管部门另有规定的除外。

4. 非营利组织的免税收入

非营利组织的下列收入为免税收入：

(1) 接受其他单位或者个人捐赠的收入。

(2) 除《企业所得税法》第 7 条规定的财政拨款以外的其他政府补助收入，但不包括因政府购买服务取得的收入。

(3) 按照省级以上民政、财政部门规定收取的会费。

(4) 不征税收入和免税收入孳生的银行存款利息收入。

(5) 财政部、国家税务总局规定的其他收入。

三、扣除原则和范围

（一）税前扣除项目的原则

企业申报的扣除项目和金额要真实、合法。真实是指能提供证明有关支出确属已经实际发生；合法是指符合国家税法的规定，若其他法规规定与税收法规规定不一致，应以税收法规的规定为标准。除税收法规另有规定外，税前扣除一般应遵循以下原则：

1. 权责发生制原则

权责发生制原则是指企业费用应在发生的所属期扣除,而不是在实际支付时确认扣除。

2. 配比原则

配比原则是指企业发生的费用应当与收入配比扣除。除特殊规定外,企业发生的费用不得提前或滞后申报扣除。

3. 相关性原则

相关性原则是指企业可扣除的费用从性质和根源上必须与取得应税收入直接相关。

4. 确定性原则

确定性原则是指企业可扣除的费用不论何时支付,其金额必须是确定的。

5. 合理性原则

合理性原则是指企业扣除的费用符合生产经营活动常规,是应当计入当期损益或者有关资产成本的必要和正常的支出。

(二) 扣除项目的范围

《企业所得税法》规定,企业实际发生的与取得收入有关的、合理的支出,包括成本、费用、税费、损失和其他支出,准予在计算应纳税所得额时扣除。在实际中,计算应纳税所得额时还应当注意三方面的内容:①企业发生的支出应当区分收益性支出和资本性支出。收益性支出在发生当期直接扣除;资本性支出应当分期扣除或者计入有关资产成本,不得在发生当期直接扣除。②企业的不征税收入用于支出所形成的费用或者财产,不得扣除或者计算对应的折旧、摊销扣除。③除《企业所得税法》和条例另有规定外,企业实际发生的成本、费用、税费、损失和其他支出,不得重复扣除。

1. 成本

成本是指企业在生产经营活动中发生的销售成本、销货成本、业务支出,以及其他耗费,即企业销售商品(产品、材料、下脚料、废料、废旧物资等)、提供劳务、转让固定资产、无形资产(包括技术转让)的成本。

企业必须将经营活动中发生的成本合理划分为直接成本和间接成本。直接成本是指可直接计入有关成本计算对象或劳务的经营成本中的直接材料、直接人工等。间接成本是指多个部门为同一成本对象提供服务的共同成本,或者同一种投入可以制造、提供两种或两种以上的产品或劳务的联合成本。

直接成本可根据有关会计凭证、记录直接计入有关成本计算对象或劳务的经营成本中。间接成本必须根据与成本计算对象之间的因果关系、成本计算对象的产量等,以合理的方法分配计入有关成本计算对象中。

2. 费用

费用是指企业每一个纳税年度为生产、经营商品和提供劳务等所发生的销售(经营)费用、管理费用和财务费用。已经计入成本的有关费用除外。

销售费用是指应由企业负担的为销售商品而发生的费用,包括广告费、运输费、装卸费、包装费、展览费、保险费、销售佣金(能直接认定的进口佣金调整商品进价成本)、代销手续费、经营性租赁费及销售部门发生的差旅费、工资、福利费等费用。

管理费用是指企业的行政管理部门为管理组织经营活动提供各项支援性服务而发生

的费用。

财务费用是指企业筹集经营性资金而发生的费用，包括利息净支出、汇兑净损失、金融机构手续费以及其他非资本化支出。

3. 税费

税费是指企业发生的除企业所得税和允许抵扣的增值税以外的企业缴纳的各项税金及其附加。即企业按规定缴纳的消费税、营业税、城市维护建设税、关税、资源税、土地增值税、房产税、车船税、土地使用税、印花税、教育费附加等产品销售税金及附加。这些已纳税费准予税前扣除。准予扣除的税费有两种方式：一是在发生当期扣除；二是在发生当期计入相关资产的成本，在以后各期分摊扣除。

4. 损失

损失是指企业在生产经营活动中发生的固定资产和存货的盘亏、毁损、报废损失，转让财产损失，呆账损失，坏账损失，自然灾害等不可抗力因素造成的损失以及其他损失。

企业发生的损失减除负责人赔偿和保险赔款后的余额，依照国务院财政、税务主管部门的规定扣除。

企业已经作为损失处理的资产，在以后纳税年度又全部收回或者部分收回时，应当计入当期收入。

5. 扣除的其他支出

扣除的其他支出是指除成本、费用、税费、损失外，企业在生产经营活动中发生的与生产经营活动有关的、合理的支出。

（三）扣除项目及其标准

在计算应纳税所得额时，下列项目可按照实际发生额或规定的标准扣除。

1. 工资、薪金支出

企业发生的合理的工资、薪金支出准予据实扣除。工资、薪金支出是企业每一纳税年度支付给本企业任职或与其有雇佣关系的员工的所有现金或非现金形式的劳动报酬，包括基本工资、资金、津贴、补贴、年终加薪、加班工资，以及与任职或者是受雇有关的其他支出。

"合理的工资、薪金"，是指企业按照股东大会、董事会、薪酬委员会或相关管理机构制定的工资、薪金制度规定实际发放给员工的工资、薪金。

2. 职工福利费、工会经费、职工教育经费

企业发生的职工福利费、工会经费、职工教育经费按标准扣除，未超过标准的按实际数扣除，超过标准的只能按标准扣除。

（1）企业发生的职工福利费支出，不超过工资、薪金总额14%的部分准予扣除。

（2）企业拨缴的工会经费，不超过工资、薪金总额2%的部分准予扣除。

（3）除国务院财政、税务主管部门另有规定外，企业发生的职工教育经费支出，不超过工资、薪金总额2.5%的部分准予扣除，超过部分准予结转以后纳税年度扣除。

上述计算职工福利费、工会经费、职工教育经费的"工资、薪金总额"，是指企业按照上述第1条规定实际发放的工资、薪金总和，不包括企业的职工福利费、职工教育经费、工会经费以及养老保险费、医疗保险费、失业保险费、工伤保险费、生育保险费

等社会保险费和住房公积金。属于国有性质的企业,其工资、薪金,不得超过政府有关部门给予的限定数额;超过部分,不得计入企业工资、薪金总额,也不得在计算企业应纳税所得额时扣除。

【例 14-1】 甲公司 2012 年发生合理的工资、薪金总额 600 万元,发生职工福利费支出 60 万元,工会经费支出 13 万元,职工教育经费支出 20 万元。

【解析】 根据上述资料,甲公司应作如下纳税调整:

职工福利费扣除标准=600×14%=84(万元),实际发生的职工福利费 60 万元低于扣除标准,准予据实扣除,不作纳税调整。

工会经费扣除标准=600×2%=12(万元),实际发生的工会经费 13 万元高于扣除标准,准予按标准 12 万元税前扣除,应调增所得额 1 万元(13-12)。

职工教育经费扣除标准=600×2.5%=15(万元),实际发生的职工教育经费 20 万元高于扣除标准,准予按标准 15 万元税前扣除,应调增所得额 5 万元(20-15),但准予结转以后纳税年度扣除。

3. 社会保险费

(1) 企业依照国务院有关主管部门或者省级人民政府规定的范围和标准为职工缴纳的"五险一金",即基本养老保险费、基本医疗保险费、失业保险费、工伤保险费、生育保险费等基本社会保险费和住房公积金,准予扣除。

(2) 企业为投资者或者职工支付的补充养老保险费、补充医疗保险费,在国务院财政、税务主管部门规定的范围和标准内,准予扣除。企业依照国家有关规定为特殊工种职工支付的人身安全保险费和符合国务院财政、税务主管部门规定可以扣除的商业保险费准予扣除。

(3) 企业参加财产保险,按照规定缴纳的保险费,准予扣除。企业为投资者或者职工支付的商业保险费,不得扣除。

4. 利息费用

企业在生产、经营活动中发生的利息费用,按下列规定扣除:

(1) 非金融企业向金融企业借款的利息支出、金融企业的各项存款利息支出和同业拆借利息支出、企业经批准发行债券的利息支出可据实扣除。

(2) 非金融企业向非金融企业借款的利息支出,不超过按照金融企业同期同类贷款利率计算的数额的部分可据实扣除,超过部分不许扣除。

金融机构是指各类银行、保险公司及经中国人民银行批准从事金融业务的非银行金融机构。包括国家专业银行、区域性银行、股份制银行、外资银行、中外合资银行以及其他综合性银行;还包括全国性保险企业、区域性保险企业、股份制保险企业、中外合资保险企业以及其他专业性保险企业;城市、农村信用社、各类财务公司以及其他从事信托投资、租赁等业务的专业和综合性非银行金融机构。非金融机构是指除上述金融机构以外的所有企业、事业单位以及社会团体等企业或组织。

5. 借款费用

(1) 企业在生产经营活动中发生的合理的不需要资本化的借款费用,准予扣除。

(2) 企业为购置、建造固定资产、无形资产和经过 12 个月以上的建造才能达到预定可销售状态的存货发生借款的,在有关资产购置、建造期间发生的合理的借款费用,应予以资本化,作为资本性支出计入有关资产的成本;有关资产交付使用后发生的借款利息,可在发生当期扣除。

【例14-2】 甲公司2011年1月1日为购建固定资产而向非金融机构借款1000万元,年利率10%(银行同期同类贷款利率6%),期限2年,年末付息。2011年12月31日固定资产达到预定可使用状态,并交付使用。

【解析】 根据上述资料,甲公司应作如下纳税调整:

实际计入固定资产账面价值的借款利息=1 000×10%=100(万元),高于准予计入固定资产计税基础的借款利息标准=1 000×6%=60(万元),准予按标准60万元计入固定资产计税基础,但因当年未涉及损益不需作纳税调整。

【例14-3】 沿用【例14-2】。甲公司2012年1月1日开始计提固定资产折旧,假定固定资产预计可使用10年,预计净残值为零,按直线法计提折旧。

【解析】 根据上述资料,甲公司应作如下纳税调整:

(1) 准予计入损益的固定资产折旧标准=60÷10=6(万元),实际计提的固定资产折旧10万元(100÷10),高于标准,准予按标准6万元税前扣除,应调增所得额4万元(10-6)。

(2) 借款费用扣除标准=1 000×6%=60(万元),实际发生的借款费用100万元(1 000×10%),高于扣除标准,准予按标准60万元税前扣除,应调增所得额40万元(100-60)。

6. 汇兑损失

企业在货币交易中,以及纳税年度终了时将人民币以外的货币性资产、负债按照期末即期人民币汇率中间价折算为人民币时产生的汇兑损失,除已经计入有关资产成本以及与向所有者进行利润分配相关的部分外,准予扣除。

7. 业务招待费

企业发生的与生产经营活动有关的业务招待费支出,按照发生额的60%扣除,但最高不得超过当年销售(营业)收入的5‰。当年销售(营业)收入还包括《企业所得税法实施条例》第25条规定的视同销售(营业)收入额。

【例14-4】 甲公司2012年取得产品销售收入3 000万元,发生业务招待费30万元。

【解析】 根据上述资料,甲公司应进行如下纳税调整:

业务招待费发生额的60%=30×60%=18(万元)

业务招待费扣除标准=3 000×5‰=15(万元)

因而,业务招待费准予按15万元税前扣除。

业务招待费应调增所得额=30-15=15(万元)

8. 广告费和业务宣传费

企业发生的符合条件的广告费和业务宣传费支出,除国务院财政、税务主管部门另有规定外,不超过当年销售(营业)收入15%的部分,准予扣除;超过部分,准予结转以后纳税年度扣除。

企业申报扣除的广告费支出应与赞助支出严格区分。企业申报扣除的广告费支出,必须符合下列条件:①广告是通过工商部门批准的专门机构制作的;②已实际支付费用,并已取得相应发票;③通过一定的媒体传播。

【例 14-5】 甲公司 2012 年取得产品销售收入 4 000 万元，发生产品广告费 500 万元。

【解析】 根据上述资料，甲公司应进行如下纳税调整：

广告费和业务宣传费扣除标准＝4 000×15％＝600（万元）

广告费实际发生额 500 万元，低于广告费和业务宣传费扣除标准，准予据实扣除，不作纳税调整。

9. 环境保护专项资金

企业依照法律、行政法规有关规定提取的用于环境保护、生态恢复等方面的专项资金，准予抵扣。上述专项资金提取后改变用途的，不得扣除。

10. 保险费

企业参加财产保险，按照规定缴纳的保险费，准予扣除。

11. 租赁费

企业根据生产经营活动的需要租入固定资产支付的租赁费，按照以下方法扣除：

（1）以经营租赁方式租入固定资产发生的租赁费支出，按照租赁期限均匀扣除。经营性租赁是指所有权不转移的租赁。

（2）以融资租赁方式租入固定资产发生的租赁费用支出，按照规定构成融资租入固定资产价值的部分应当提取折旧费用，分期扣除。融资租赁是指在实质上转移与一项资产所有权有关的全部风险和报酬的一种租赁。

12. 劳动保护费

企业发生的合理的劳动保护支出，准予扣除。

自 2011 年 7 月 1 日起，企业根据其工作性质和特点，由企业统一制作并要求员工工作时统一着装所发生的工作服饰费用，根据《实施条例》第 27 条的规定，可以作为企业合理的支出给予税前扣除。

13. 公益性捐赠支出

公益性捐赠是指企业通过公益性社会团体、公益性群众团体或者县级（含县级）以上人民政府及其部门，用于《中华人民共和国公益事业捐赠法》（以下简称《公益事业捐赠法》）规定的公益事业的捐赠。

企业只有发生为汶川地震灾后重建和玉树地震灾后重建等特定事项的捐赠，可以据实在当年企业所得税前全额扣除。其他公益性捐赠一律按企业发生的公益性捐赠支出，在年度利润总额 12％ 以内的部分，准予在计算应纳税所得额时扣除，超过标准的部分税前不得扣除。

（1）用于公益事业的捐赠支出，是指《公益事业捐赠法》规定的向公益事业的捐赠支出，具体范围包括：

①救助灾害、救济贫困、扶助残疾人等困难的社会群体和个人的活动。

②教育、科学、文化、卫生、体育事业。

③环境保护、社会公共设施建设。

④促进社会发展和进步的其他社会公共和福利事业。

企事业单位、社会团体以及其他组织捐赠住房作为廉租住房的视同公益性捐赠，按上述规定执行。

(2) 公益性社会团体是指同时符合下列条件的基金会、慈善组织等社会团体：
①依法登记，具有法人资格。
②以发展公益事业为宗旨，且不以营利为目的。
③全部资产及其增值为该法人所有。
④收益和营运结余主要用于符合该法人设立目的的事业。
⑤终止后的剩余财产不归属任何个人或者营利组织。
⑥不经营与其设立目的无关的业务。
⑦有健全的财务会计制度。
⑧捐赠者不以任何形式参与社会团体财产的分配。
⑨国务院财政、税务主管部门会同国务院民政部门等登记管理部门规定的其他条件。

【例 14-6】 甲公司 2012 年度，通过国家机关向中国红十字会捐赠 40 万元，当年会计利润总额为 300 万元。

【解析】 根据上述资料，甲公司应进行如下纳税调整：
纳税人通过国家机关向中国红十字会的捐赠，为公益性捐赠。
公益性捐赠扣除标准＝300×12％＝36（万元）
公益性捐赠应调增所得额＝40－36＝4（万元）

14. 有关资产的费用

企业转让各类固定资产发生的费用，允许扣除。企业按规定计算的固定资产折旧费、无形资产和递延资产的摊销费，准予扣除。

15. 总机构分摊的费用

非居民企业在中国境内设立的机构、场所，就其中国境外总机构发生的与该机构、场所生产经营有关的费用，能够提供总机构出具的费用汇集范围、定额、分配依据和方法等证明文件，并合理分摊的，准以扣除。

16. 资产损失

企业当期发生的固定资产和流动资产盘亏、毁损净损失，由其提供清查盘存资料经主管税务机关审核后，准予扣除；企业因存货盘亏、毁损、报废等原因不得从销项税金中抵扣的进项税金，应视同企业财产损失，准予与存货损失一起在所得税前按规定扣除。

17. 依照有关法律、行政法规和国家有关税法规定准予扣除的其他项目

如会员费、合理的会议费、差旅费、违约金、诉讼费用等。

四、不得扣除的项目

在计算应纳税所得额时，下列支出不得扣除：
(1) 向投资者支付的股息、红利等权益性投资收益款项。
(2) 企业所得税税款。
(3) 税收滞纳金，是指纳税人违反税收法规，被税务机关处以的滞纳金。
(4) 罚金、罚款和被没收财物的损失，是指纳税人违反国家有关法律、法规规定，被有关部门处以的罚款，以及被司法机关处以的罚金和被没收财物。罚息不属于行政性

罚款，准予税前扣除。

(5) 超过规定标准的公益性捐赠支出，以及非公益性捐赠支出。

(6) 赞助支出，是指企业发生的与生产经营活动无关的各种非广告性质支出。

(7) 未经核定的准备金支出，是指不符合国务院财政、税务主管部门规定的各项资产减值准备、风险准备等准备金支出。

根据财税〔2011〕104号规定，金融企业涉农贷款和中小企业贷款损失准备金税前扣除的政策，继续执行至2013年12月31日。

(8) 企业之间支付的管理费、企业内营业机构之间支付的租金和特许权使用费，以及非银行企业内营业机构之间支付的利息，不得扣除。

(9) 与取得收入无关的其他支出。

五、亏损弥补

亏损是指企业依照《企业所得税法》及其实施条例的规定，将每一纳税年度的收入总额减除不征税收入、免税收入和各项扣除后小于零的数额。税法规定，企业某一纳税年度发生的亏损可以用下一年度的所得弥补，下一年度的所得不足以弥补的，可以逐年延续弥补，但最长不得超过5年。而且，企业在汇总计算缴纳企业所得税时，其境外营业机构的亏损不得抵减境内营业机构的盈利。

【例14-7】 甲公司自2006年至2012年的应纳税所得额分别为－100万元、－20万元、－10万元、20万元、40万元、30万元、50万元。

【解析】 根据上述资料，甲公司应进行如下亏损弥补：

《企业所得税法》规定，2006年、2007年、2008年连续发生亏损，也必须从第一个亏损年度2006年算起，先亏损的先弥补。首先，弥补2006年度的亏损100万元，自2007年算起，按顺序连续计算亏损弥补期，可用2007年0万元、2008年0万元、2009年20万元、2010年40万元、2011年30万元的应纳税所得额弥补，共弥补2006年度亏损90万元，尚未弥补的亏损10万元因超过5年亏损弥补期限不能再进行税前弥补。其次，对2007年的亏损20万元，可用2008年度0万元、2009年0万元、2010年0万元、2011年0万元、2012年50万元中的20万元弥补亏损。最后，对2008年的亏损10万元，可用2009年0万元、2010年0万元、2011年0万元、2012年50万元中的10万元弥补亏损。弥补以前年度亏损后，2012年的应纳税所得额还剩20万元（50－20－10），按税法规定缴纳企业所得税。

第五节 资产的税务处理

资产是由于资本投资而形成的财产，对于资本性支出以及无形资产受让、开办、开发费用，不允许作为成本、费用从纳税人的收入总额中作一次性扣除，只能采取分次计提折旧或分次摊销的方式予以扣除。即纳税人经营活动中使用的固定资产的折旧费用、无形资产和长期待摊费用的摊销费用可以扣除。税法规定，纳入税务处理范围的资产形式主要有固定资产、生物资产、无形资产、长期待摊费用、投资资产、存货等，均以历史成本为计税基础。历史成本是指企业取得该项资产时实际发生的支出。企业持有各项资产期间资产增值或者减值，除国务院财政、税务主管部门规定可以确认损益外，不得调整该资产的计税基础。

一、固定资产的税务处理

固定资产是指企业为生产产品、提供劳务、出租或者经营管理而持有的、使用时间超过 12 个月的非货币性资产，包括房屋、建筑物、机器、机械、运输工具，以及其他与生产经营活动有关的设备、器具、工具等。

（一）固定资产计税基础

（1）外购的固定资产，以购买价款和支付的相关税费以及直接归属于使该资产达到预定用途发生的其他支出为计税基础。

（2）自行建造的固定资产，以竣工结算前发生的支出为计税基础。

（3）融资租入的固定资产，以租赁合同约定的付款总额和承租人在签订租赁合同过程中发生的相关费用为计税依据，租赁合同未约定付款总额的，以该资产的公允价值和承租人在签订租赁合同过程中发生的相关费用为计税基础。

（4）盘盈的固定资产，以同类固定资产的重置完全价值为计税基础。

（5）通过捐赠、投资、非货币性资产交换、债务重组等方式取得的固定资产，以该资产的公允价值和支付的相关税费为计税基础。

（6）改建的固定资产，除已足额提取折旧的固定资产和租入的固定资产以外的其他固定资产，以改建过程中发生的改建支出增加计税基础。

（二）固定资产折旧的范围

在计算应纳税所得额时，企业按照规定计算的固定资产折旧，准予扣除。下列固定资产不得计算折旧扣除：

（1）房屋、建筑物以外未投入使用的固定资产。

（2）以经营租赁方式租入的固定资产。

（3）以融资租赁方式租出的固定资产。

（4）已足额提取折旧仍继续使用的固定资产。

（5）与经营活动无关的固定资产。

（6）单独估价作为固定资产入账的土地。

（7）其他不得计算折旧扣除的固定资产。

（三）固定资产折旧的计提方法

（1）企业应当自固定资产投入使用月份的次月起计算折旧；停止使用的固定资产，应当自停止使用月份的次月起停止计算折旧。

（2）企业应当根据固定资产的性质和使用情况，合理确定固定资产的预计净残值。固定资产的预计净残值一经确定，不得变更。

（3）固定资产按照直线法计算的折旧，准予扣除。

（四）固定资产折旧的计提年限

除国务院财政、税务主管部门另有规定外，固定资产计算折旧的最低年限如下：

（1）房屋、建筑物，为 20 年。

(2) 飞机、火车、轮船、机器、机械和其他生产设备，为10年。
(3) 与生产经营活动有关的器具、工具、家具等，为5年。
(4) 飞机、火车、轮船以外的运输工具，为4年。
(5) 电子设备，为3年。

从事开采石油、天然气等矿产资源的企业，在开始商业性生产前发生的费用和有关固定资产的折耗、折旧方法，由国务院财政、税务主管部门另行规定。

（五）固定资产改扩建的税务处理

自2011年7月1日起，企业对房屋、建筑物固定资产在未足额提取折旧前进行改扩建的，如属于推倒重置的，该资产原值减除提取折旧后的净值，应并入重置后的固定资产计税成本，并在该固定资产投入使用后的次月起，按照税法规定的折旧年限，一并计提折旧；如属于提升功能、增加面积的，该固定资产的改扩建支出，并入该固定资产计税基础，并从改扩建完工投入使用后的次月起，重新按税法规定的该固定资产折旧年限计提折旧，如该改扩建后的固定资产尚可使用的年限低于税法规定的最低年限的，可以按尚可使用的年限计提折旧。

二、生物资产的税务处理

生物资产是指有生命的动物和植物。生物资产分为消耗性生物资产、生产性生物资产和公益性生物资产。消耗性生物资产是指为出售而持有的，或在将来收获为农产品的生物资产，包括生长中的农田作物、蔬菜、用材林以及存栏待售的牲畜等。生产性生物资产是指为产出农产品、提供劳务或出租等目的而持有的生物资产，包括经济林、薪炭林、产畜和役畜等。公益性生物资产是指以防护、环境保护为主要目的的生物资产，包括防风固沙林、水土保持林和水源涵养林等。

（一）生物资产的计税基础

生产性生物资产按照以下方法确定计税基础：
(1) 外购的生产性生物资产，以购买价款和支付的相关税费为计税基础。
(2) 通过捐赠、投资、非货币性资产交换、债务重组等方式取得的生产性生物资产，以该资产的公允价值和支付的相关税费为计税基础。

（二）生物资产的折旧方法和折旧年限

生产性生物资产按照直线法计算的折旧，准予扣除。企业应当自生产性生物资产投入使用月份的次月起计算折旧；停止使用的生产性生物资产，应当自停止使用月份的次月起停止计算折旧。

企业应当根据生产性生物资产的性质和使用情况，合理确定生产性生物资产的预计净残值。生产性生物资产的预计净残值一经确定，不得变更。

生产性生物资产计算折旧的最低年限如下：
(1) 林木类生产性生物资产，为10年。
(2) 畜类生产性生物资产，为3年。

三、无形资产的税务处理

无形资产是指企业长期使用、但没有实物形态的资产，包括专利权、商标权、著作权、土地使用权、非专利技术、商誉等。

(一) 无形资产的计税基础

无形资产按照以下方法确定计税基础：

(1) 外购的无形资产，以购买价款和支付的相关税费，以及直接归属于使该资产达到预定用途发生的其他支出为计税基础。

(2) 自行开发的无形资产，以开发过程中该资产符合资本化条件后至达到预定用途前发生的支出为计税基础。

(3) 通过捐赠、投资、非货币性资产交换、债务重组等方式取得的无形资产，以该资产的公允价值和支付的相关税费为计税基础。

(二) 无形资产摊销的范围

在计算应纳税所得额时，企业按照规定计算的无形资产摊销费用，准予扣除。

下列无形资产不得计算摊销费用扣除：

(1) 自行开发的支出已在计算应纳税所得额时扣除的无形资产。

(2) 自创商誉。

(3) 与经营活动无关的无形资产。

(4) 其他不得计算摊销费用扣除的无形资产。

(三) 无形资产的摊销方法及年限

无形资产的摊销，采取直线法计算。无形资产的摊销年限不得低于10年。作为投资或者受让的无形资产，有关法律规定或者合同约定了使用年限的，可以按照规定或者约定的使用年限分期摊销。外购商誉的支出，在企业整体转让或者清算时，准予扣除。

四、长期待摊费用的税务处理

长期待摊费用是指企业发生的应在一个年度以上或几个年度进行摊销的费用。在计算应纳税所得额时，企业发生的下列支出作为长期待摊费用，按照规定摊销的，准予扣除：

(1) 已足额提取折旧的固定资产的改建支出。

(2) 租入固定资产的改建支出。

(3) 固定资产的大修理支出。

(4) 其他应当作为长期待摊费用的支出。

企业的固定资产修理支出可在发生当期直接扣除。企业的固定资产改良支出，如果有关固定资产尚未提足折旧，可增加固定资产价值；如有关固定资产已提足折旧，可作为长期待摊费用，在规定的期间内平均摊销。

固定资产的改建支出是指改变房屋或者建筑物结构、延长使用年限等发生的支出。已足额提取折旧的固定资产的改建支出，按照固定资产预计尚可使用年限分期摊销；租入固定资产的改建支出，按照合同约定的剩余租赁期限分期摊销；改建的固定资产延长使用年限的，除已足额提取折旧的固定资产、租入固定资产的改建支出外，其他的固定资产发生改建支出，应当适当延长折旧年限。

大修理支出，按照固定资产尚可使用年限分期摊销。

企业所得税法所指固定资产的大修理支出，是指同时符合下列条件的支出：

(1) 修理支出达到取得固定资产时的计税基础 50%以上。
(2) 修理后固定资产的使用年限延长 2 年以上。

其他应当作为长期待摊费用的支出，自支出发生月份的次月起，分期摊销，摊销年限不得低于 3 年。

五、存货的税务处理

存货是指企业持有以备出售的产品或者商品、处在生产过程中的在产品、在生产或者提供劳务过程中耗用的材料和物料等。

（一）存货的计税基础

存货按照以下方法确定成本：

(1) 通过支付现金方式取得的存货，以购买价款和支付的相关税费为成本。
(2) 通过支付现金以外的方式取得的存货，以该存货的公允价值和支付的相关税费为成本。
(3) 生产性生物资产收获的农产品，以产出或者采购过程中发生的材料费、人工费和分摊的间接费用等必要支出为成本。

（二）存货的成本计算方法

企业使用或者销售的存货的成本计算方法，可以在先进先出法、加权平均法、个别计价法中选用一种。计价方法一经选用，不得随意变更。

企业转让以上资产，在计算企业应纳税所得额时，资产的净值允许扣除。其中，资产的净值是指有关资产、财产的计税基础减除已经按照规定扣除的折旧、折耗、摊销、准备金等后的金额。

除国务院财政、税务主管部门另有规定外，企业在重组过程中，应当在交易发生时确认有关资产的转让所得或者损失，相关资产应当按照交易价格重新确定计税基础。

六、投资资产的税务处理

投资资产是指企业对外进行权益性投资和债权性投资而形成的资产。

（一）投资资产的成本

投资资产按以下方法确定投资成本：

(1) 通过支付现金方式取得的投资资产，以购买价款为成本。
(2) 通过支付现金以外的方式取得的投资资产，以该资产的公允价值和支付的相关税费为成本。

（二）投资资产成本的扣除方法

企业对外投资期间，投资资产的成本在计算应纳税所得额时不得扣除，企业在转让或者处置投资资产时，投资资产的成本准予扣除。

七、税法规定与会计规定差异的处理

税法规定与会计规定差异的处理，是指企业在财务会计核算中与税法规定不一致的，应当依照税法规定予以调整。即企业在平时进行会计核算时，可以按会计制度的有关规定进行账务处理，但在申报纳税时，对税法规定和会计制度规定有差异的，要按税

法规定进行纳税调整。

（1）企业不能提供完整、准确的收入及成本、费用凭证，不能正确计算应纳税所得额的，由税务机关核定其应纳税所得额。

（2）企业依法清算时，以其清算终了后的清算所得为应纳税所得额，按规定缴纳企业所得税。清算所得是指企业的全部资产可变现价值或者交易价格减除资产净值、清算费用以及相关税费等后的余额。

投资方企业从被清算企业分得的剩余资产，其中相当于从被清算企业累计未分配利润和累计盈余公积中应当分得的部分，应当确认为股息所得；剩余资产减除上述股息所得后的余额，超过或者低于投资成本的部分，应当确认为投资资产转让所得或者损失。

（3）企业应纳税所得额是根据税收法规计算出来的，它在数额上与依据财务会计制度计算的利润总额往往不一致。因此，税法规定：对企业按照有关财务会计规定计算的利润总额，要按照税法的规定进行必要调整后，才能作为应纳税所得额计算缴纳所得税。

第六节 应纳税额的计算

一、居民企业应纳税额的计算

居民企业应缴纳所得税额等于应纳税所得额乘以适用税率。基本计算公式为：

$$应纳税额＝应纳税所得额×适用税率－减免税额－抵免税额$$

根据计算公式可以看出，应纳税额的多少，取决于应纳税所得额和适用税率两个因素。在实际过程中，应纳税所得额的计算一般有两种方法。

（一）直接计算法

在直接计算法下，企业每一纳税年度的收入总额减除不征税收入、免税收入、各项扣除以及允许弥补的以前年度亏损后的余额为应纳税所得额。计算公式与前述相同，即为：

$$应纳税所得额＝收入总额－不征税收入－免税收入－各项扣除金额－弥补亏损$$

（二）间接计算法

在间接计算法下，是在会计利润总额的基础上加或减按照税法规定调整的项目金额后，即为应纳税所得额。计算公式为：

$$应纳税所得额＝会计利润总额\pm纳税调整项目金额$$

税收调整项目金额包括两方面的内容：一是企业的财务会计处理和税收规定不一致的应予以调整的金额；二是企业按税法规定准予扣除的税收金额。

【例14-8】 某企业为居民企业，2012年发生经营业务如下：

（1）取得产品销售收入3 000万元，其他业务收入100万元。

（2）发生产品销售成本1 500万元，其他业务成本60万元。

（3）缴纳非增值税销售税金及附加50万元。

（4）发生销售费用800万元（其中广告费500万元）；管理费用480万元（其中业

务招待费 15 万元）；财务费用 80 万元。

(5) 取得购买国债的利息收入 20 万元，取得直接投资其他居民企业的权益性收益 40 万元。

(6) 营业外收入 100 万元，营业外支出 60 万元（其中通过公益性社会团体向贫困山区捐款 40 万元）。

(7) 计入成本、费用中的实发工资总额 200 万元，发生职工福利费 20 万元、职工工会经费 10 万元、职工教育经费 10 万元，缴纳"五险一金"60 万元。

【解析】 根据上述资料，该企业应进行如下纳税处理：

(1) 会计利润总额＝营业收入－营业成本－营业税金及附加－销售费用－管理费用－财务费用＋投资收益＋营业外收入－营业外支出＝(3 000＋100)－(1 500＋60)－50－800－480－80＋(20＋40)＋100－60＝230（万元）

(2) 纳税调整所得项目：

①广告费和业务宣传费应调增所得额＝500－465＝35（万元）

广告费实际发生额 500 万元，大于广告费和业务宣传费扣除标准 465 万元 [(3 000＋100)×15‰]，准予按标准 465 万元扣除，但超标部分 35 万元（500－465），准予结转以后纳税年度扣除。

②业务招待费应调增所得额＝15－9＝6（万元）

业务招待费扣除标准＝(3 000＋100)×5‰＝15.5（万元），大于业务招待费的×60％＝15×60％＝9（万元），即准予税前扣除业务招待费 9 万元。

③国债利息收入免征企业所得税，应调减所得额 20 万元。

④取得直接投资其他居民企业的权益性收益属于免税收入，应调减应纳税所得额 40 万元。

⑤捐赠支出应调增所得额＝40－27.6＝12.4（万元）

实际公益性捐赠额 40 万元大于扣除标准 27.6 万元（230×12％），准予按标准 27.6 万元扣除。

⑥职工福利费应调增所得额＝20－20＝0（万元）

发生职工福利费 20 万元，小于职工福利费扣除标准＝200×14％＝28（万元），准予据实扣除，不作纳税调整。

⑦工会经费应调增所得额＝10－4＝6（万元）

发生工会经费 10 万元，大于工会经费扣除标准＝200×2％＝4（万元），准予按标准 4 万元扣除。

⑧职工教育经费应调增所得额＝10－5＝5（万元）

职工教育经费扣除标准＝200×2.5％＝5（万元），实际发生的职工教育经费 10 万元高于扣除标准，准予按标准 5 万元税前扣除，但超标部分 5 万元（10－5），准予结转以后纳税年度扣除。

⑨按规定为职工缴纳的"五险一金"准予扣除，不作纳税调整。

⑩调整所得额＝35＋6－20－40＋12.4＋0＋6＋5＋0＝4.4（万元）

(3) 应纳税所得额＝230＋4.4＝234.4（万元）

(4) 该企业 2012 年应缴纳企业所得税＝234.4×25％＝58.6（万元）

二、境外所得抵扣税额的计算

自 2008 年 1 月 1 日起，居民企业以及非居民企业在中国境内设立的机构、场所（以下统称企业）依照《企业所得税法》第 23 条、第 24 条的有关规定，应在其应纳税额中抵免在境外缴纳的所得税额的，按以下规定执行。

（1）企业应按照《企业所得税法》及其实施条例、税收协定以及相关规定，准确计算下列当期与抵免境外所得税有关的项目后，确定当期实际可抵免分国（地区）别的境外所得税税额和抵免限额：

①境内所得的应纳税所得额（以下称境内应纳税所得额）和分国（地区）别的境外所得的应纳税所得额（以下称境外应纳税所得额）。

②分国（地区）别的可抵免境外所得税税额。

③分国（地区）别的境外所得税的抵免限额。

企业不能准确计算上述项目实际可抵免分国（地区）别的境外所得税税额的，在相应国家（地区）缴纳的税收均不得在该企业当期应纳税额中抵免，也不得结转以后年度抵免。

（2）企业应就其按照《企业所得税法实施条例》第 7 条规定确定的中国境外所得（境外税前所得），按以下规定计算实施《企业所得税法实施条例》第 78 条规定的境外应纳税所得额：

①居民企业在境外投资设立不具有独立纳税地位的分支机构，其来源于境外的所得，以境外收入总额扣除与取得境外收入有关的各项合理支出后的余额为应纳税所得额。各项收入、支出按《企业所得税法》及其实施条例的有关规定确定。

居民企业在境外设立不具有独立纳税地位的分支机构取得的各项境外所得，无论是否汇回中国境内，均应计入该企业所属纳税年度的境外应纳税所得额。

②居民企业应就其来源于境外的股息、红利等权益性投资收益，以及利息、租金、特许权使用费、转让财产等收入，扣除按照《企业所得税法》及其实施条例等规定计算的与取得该项收入有关的各项合理支出后的余额为应纳税所得额。来源于境外的股息、红利等权益性投资收益，应被投资方做出利润分配决定的日期确认收入实现；来源于境外的利息、租金、特许权使用费、转让财产等收入，应按有关合同约定应付交易对价款的日期确认收入实现。

③非居民企业在境内设立机构、场所的，应就其发生在境外但与境内所设机构、场所有实际联系的各项应税所得，比照上述第②项的规定计算相应的应纳税所得额。

④在计算境外应纳税所得额时，企业为取得境内、外所得而在境内、境外发生的共同支出，与取得境外应税所得有关的、合理的部分，应在境内、境外（分国（地区）别，下同）应税所得之间，按照合理比例进行分摊后扣除。

⑤在汇总计算境外应纳税所得额时，企业在境外同一国家（地区）设立不具有独立纳税地位的分支机构，按照《企业所得税法》及其实施条例的有关规定计算的亏损，不得抵减其境内或他国（地区）的应纳税所得额，但可以用同一国家（地区）其他项目或以后年度的所得按规定弥补。

（3）可抵免境外所得税税额是指企业来源于中国境外的所得依照中国境外税收法律以及相关规定应当缴纳并已实际缴纳的企业所得税性质的税款。但不包括：

①按照境外所得税法律及相关规定属于错缴或错征的境外所得税税款。
②按照税收协定规定不应征收的境外所得税税款。
③因少缴或迟缴境外所得税而追加的利息、滞纳金或罚款。
④境外所得税纳税人或者其利害关系人从境外征税主体得到实际返还或补偿的境外所得税税款。
⑤按照我国《企业所得税法》及其实施条例规定，已经免征我国企业所得税的境外所得负担的境外所得税税款。
⑥按照国务院财政、税务主管部门有关规定已经从企业境外应纳税所得额中扣除的境外所得税税款。

（4）居民企业从与我国政府订立税收协定（或安排）的国家（地区）取得的所得，按照该国（地区）税收法律享受了免税或减税待遇，且该免税或减税的数额按照税收协定规定应视同已缴税额在中国的应纳税额中抵免的，该免税或减税数额可作为企业实际缴纳的境外所得税额用于办理税收抵免。

（5）企业应按照《企业所得税法》及其实施条例和本通知的有关规定分国（地区）别计算境外税额的抵免限额。计算公式为：

某国（地区）所得税抵免限额＝中国境内、境外所得依照《企业所得税法》及其实施条例的规定计算的应纳税总额×来源于某国（地区）的应纳税所得额÷中国境内、境外应纳税所得总额

据以计算上述公式中"中国境国、境外所得依照《企业所得税法》及其实施条例的规定计算的应纳税总额"的税率，除国务院财政、税务主管部门另有规定外，应为《企业所得税法》第4条第1款规定的税率（25%）。

企业按照《企业所得税法》及其实施条例和本通知的有关规定计算的当期境内、境外应纳税所得总额小于零的，应以零计算当期境内、境外应纳税所得总额，其当期境外所得税的抵免限额也为零。

（6）在计算实际应抵免的境外已缴纳的所得税税额时，企业在境外一国（地区）当年缴纳的符合规定的所得税税额低于所计算的该国（地区）抵免限额的，应以该项税额作为境外所得税抵免额从企业应纳税总额中据实抵免；超过抵免限额的，当年应以抵免限额作为境外所得税抵免额进行抵免，超过抵免限额的余额允许从次年起在连续5个纳税年度内，用每年度抵免限额抵免当年应抵税额后的余额进行抵补。

（7）企业抵免境外所得税额后实际应纳所得税额的计算公式为：

企业实际应纳所得税额＝企业境内外所得应纳税总额－企业所得税减免、抵免优惠税额－境外所得税抵免额

（8）上述所称"不具有独立纳税地位"，是指根据企业设立地法律不具有独立法人地位或者按税收协定规定不认定为对方国家（地区）的税收居民。

（9）企业取得来源于中国香港、澳门、台湾地区的应税所得，按上述（2）的规定计算。

（10）中华人民共和国政府同外国政府订立的有关税收的协定与国内有关规定有不同规定的，依照协定的规定办理。

【例14-9】 某企业2012年度境内应纳税所得额为220万元，适用25%的企业所得

税税率。另外，该企业分别在甲、乙两国设有分支机构（我国与甲、乙两国已经缔结避免双重征税协定），在甲国分支机构的应纳税所得额为 80 万元，甲国所得税税率为 20%；在乙国分支机构的应纳税所得额为 30 万元，乙国所得税税率为 30%。假设该企业在甲、乙两国所得按我国税法计算的应纳税所得额和按甲、乙两国税法计算的应纳税所得额一致，两个分支机构在甲、乙两国分别缴纳了 16 万元和 9 万元的企业所得税。

【解析】 根据上述资料，该企业应进行如下纳税处理：

(1) 该企业按我国税法计算的境内、境外所得的应纳税总额：

境内、境外应纳税所得总额＝220＋80＋30＝330（万元）

境内、境外应纳企业所得税总额＝330×25％＝82.5（万元）

(2) 甲、乙两国的抵免限额：

甲国抵免限额＝82.5×(80÷330)＝20（万元）

乙国抵免限额＝82.5×(30÷330)＝7.5（万元）

在甲国缴纳的所得税为 16 万元，低于抵免限额 20 万元，可全额抵免。

在乙国缴纳的所得税为 9 万元，高于抵免限额 7.5 万元，其超过抵免限额的部分 1.5 万元（9－7.5）当年不能抵免，但可以在以后 5 个年度内，用每年度抵免限额抵免当年应抵税额的余额进行抵补。

(3) 汇总时在我国应缴纳的所得税：

汇总时在我国应缴纳企业所得税＝82.5－16－7.5＝59（万元）

三、非居民企业应纳税额的计算

在中国境内设有机构、场所且取得的所得与其所设机构、场所有实际联系的非居民企业，应纳税额的计算方法同居民企业应纳税额的计算方法。

对于在中国境内未设立机构、场所的，或者虽设立机构、场所但取得的所得与其所设机构、场所没有实际联系的非居民企业的所得，按照下列方法计算应纳税所得额：

(1) 股息、红利等权益性投资收益和利息、租金、特许权使用费所得，以收入全额为应纳税所得额。

(2) 转让财产所得，以收入全额减除财产净值后的余额为应纳税所得额。

(3) 其他所得，参照前两项规定的方法计算应纳税所得额。

财产净值是指财产的计税基础减除已经按照规定扣除的折旧、折耗、摊销、准备金等后的余额。

四、房地产开发企业所得税预缴税款的处理

(1) 房地产开发企业按当年实际利润据实分季（或月）预缴企业所得税的，对开发、建造的住宅、商业用房以及其他建筑物、附着物、配套设施等开发产品，在未完工前采取预售方式销售取得的预售收入，按照规定的预计利润率分季（或月）计算出预计利润额，计入利润总额预缴，开发产品完工、结算计税成本后按照实际利润再行调整。

(2) 房地产开发企业对经济适用房项目的预售收入进行初始纳税申报时，必须附送有关部门批准经济适用房项目开发、销售的文件以及其他相关证明材料。凡不符合规定或未附送有关部门的批准文件以及其他相关证明材料的，一律按销售非经济适用房的规

定执行。

(3)《国家税务总局〈关于房地产开发企业所得税预缴问题的通知〉》(国税函〔2008〕299号)适用于从事房地产开发经营业务的居民纳税人。

【例14-10】 某房地产开发公司2012年开发商品房一幢,到12月31日止销售了该幢商品房面积的60%,取得销售收入3 200万元。假定该房地产公司开发的商品房坐落在省级城市,企业所得税的预征所得率为15%。

【解析】 根据上述资料,该房地产公司应进行如下纳税处理:

(1) 预缴企业所得税的应纳税所得额＝3 200×15%＝480(万元)

(2) 2012年应预缴企业所得税＝480×25%＝120(万元)

第七节　税收优惠

税收优惠是指国家运用税收政策在税收法律、行政法规中规定对某一部分特定企业和课税对象给予减轻或免除税收负担的一种措施。税法规定的企业所得税的税收优惠方式包括免税、减税、加计扣除、加速折旧、减计收入、税额抵免等。

一、免征与减征优惠

企业的下列所得,可以免征、减征企业所得税。企业如果从事国家限制和禁止发展的项目,不得享受企业所得税优惠。

(一) 从事农、林、牧、渔业项目的所得

企业从事农、林、牧、渔业项目的所得,包括免征和减征两部分。

(1) 企业从事下列项目的所得,免征企业所得税:①蔬菜、谷物、薯类、油料、豆类、棉花、麻类、糖料、水果、坚果的种植;②农作物新品种的选育;③中药材的种植;④林木的培育和种植;⑤牲畜、家禽的饲养;⑥林产品的采集;⑦灌溉、农产品初加工、兽医、农技推广、农机作业和维修等农、林、牧、渔服务业项目;⑧远洋捕捞。

(2) 企业从事下列项目的所得,减半征收企业所得税:①花卉、茶以及其他饮料作物和香料作物的种植;②海水养殖、内陆养殖。

(二) 从事国家重点扶持的公共基础设施项目投资经营的所得

《企业所得税法》所称国家重点扶持的公共基础设施项目,是指《公共基础设施项目企业所得税优惠目录》规定的港口码头、机场、铁路、公路、电力、水利等项目。

企业从事国家重点扶持的公共基础设施项目的投资经营的所得,自项目取得第一笔生产经营收入所属纳税年度起,第1年至第3年免征企业所得税,第4年至第6年减半征收企业所得税。

企业承包经营、承包建设和内部自建自用本条规定的项目,不得享受本条规定的企业所得税优惠。

(三) 从事符合条件的环境保护、节能节水项目的所得

环境保护、节能节水项目的所得,自项目取得第一笔生产经营收入所属纳税年度起,第1年至第3年免征企业所得税,第4年至第6年减半征收企业所得税。

符合条件的环境保护、节能节水项目,包括公共污水处理、公共垃圾处理、沼气综合开发利用、节能减排技术改造、海水淡化等。项目的具体条件和范围由国务院财政、税务主管部门商国务院有关部门制定,报国务院批准后公布施行。

但是以上规定享受减免税优惠的项目,在减免税期限内转让的,受让方自受让之日起,可以在剩余期限内享受规定的减免税优惠;减免税期限届满后转让的,受让方不得就该项目重复享受减免税优惠。

(四)符合条件的技术转让所得

《企业所得税法》所称符合条件的技术转让所得免征、减征企业所得税,是指一个纳税年度内,居民企业转让技术所有权所得不超过 500 万元的部分,免征企业所得税;超过 500 万元的部分,减半征收企业所得税。

符合条件的技术转让所得应按以下方法计算:

$$技术转让所得 = 技术转让收入 - 技术转让成本 - 相关税费$$

技术转让收入是指当事人履行技术转让合同后获得的价款,不包括销售或转让设备、仪器、零部件、原材料等非技术性收入。不属于与技术转让项目密不可分的技术咨询、技术服务、技术培训等收入,不得计入技术转让收入。

技术转让成本是指转让的无形资产的净值,即该无形资产的计税基础减除在资产使用期间按照规定计算的摊销扣除额后的余额。

相关税费是指技术转让过程中实际发生的有关税费,包括除企业所得税和允许抵扣的增值税以外的各项税金及其附加、合同签订费用、律师费等相关费用及其他支出。

二、高新技术企业优惠

国家需要重点扶持的高新技术企业减按 15% 的所得税税率征收企业所得税。国家需要重点扶持的高新技术企业是指拥有核心自主知识产权,并同时符合下列条件的企业:

(1)拥有核心自主知识产权。
(2)产品(服务)属于《国家重点支持的高新技术领域》规定的范围。
(3)研究开发费用占销售收入的比例不低于规定比例。
(4)高新技术产品(服务)收入占企业总收入的比例不低于规定比例。
(5)科技人员占企业职工总数的比例不低于规定比例。
(6)高新技术企业认定管理办法规定的其他条件。

对经济特区和上海浦东新区内在 2008 年 1 月 1 日(含)之后完成登记注册的国家需要重点扶持的高新技术企业(以下简称新设高新技术企业),在经济特区和上海浦东新区内取得的所得,自取得第一笔生产经营收入所属纳税年度起,第 1 年至第 2 年免征企业所得税,第 3 年至第 5 年按照 25% 的法定税率减半征收企业所得税。

三、小型微利企业优惠

小型微利企业减按 20% 的税率征收企业所得税。小型微利企业的条件如下:

(1)工业企业,年度应纳税所得额不超过 30 万元,从业人数不超过 100 人,资产总额不超过 3 000 万元。

(2) 其他企业，年度应纳税所得额不超过30万元，从业人数不超过80人，资产总额不超过1 000万元。

上述"从业人数"按企业全年平均从业人数计算，"资产总额"按企业年初和年末的资产总额平均计算。

小型微利企业是指企业的全部生产经营活动产生的所得均负有我国企业所得税纳税义务的企业。仅就来源于我国所得负有我国纳税义务的非居民企业，不适用上述规定。

(3) 自2010年1月1日至2012年12月31日，对年应纳税所得额低于3万元（含3万元）的小型微利企业，其所得减按50%计入应纳税所得额，按20%的税率缴纳企业所得税。

自2012年1月1日至2015年12月31日，上述享受税收优惠的小型微利企业年应纳税所得额低于3万元（含3万元）调整为低于6万元（含6万元）。

四、加计扣除优惠

加计扣除优惠包括以下两项内容：

（一）研究开发费

企业为开发新技术、新产品、新工艺发生的研究开发费用，未形成无形资产计入当期损益的，在按照规定据实扣除的基础上，按照研究开发费用的50%加计扣除；形成无形资产的，按照无形资产成本的150%摊销。除法律另有规定外，摊销年限不得低于10年。

（二）企业安置残疾人员所支付的工资

企业安置残疾人员的，在按照支付给残疾职工工资据实扣除的基础上，按照支付给残疾职工工资的100%加计扣除。残疾人员的范围适用《中华人民共和国残疾人保障法》的有关规定。企业安置国家鼓励安置的其他就业人员所支付的工资的加计扣除办法，由国务院另行规定。

五、创投企业优惠

创投企业从事国家需要重点扶持和鼓励的创业投资，可以按投资额的一定比例抵扣应纳税所得额。

创投企业优惠是指创业投资企业采取股权投资方式投资于未上市的中小高新技术企业2年以上的，可以按照其投资额的70%在股权持有满2年的当年抵扣该创业投资企业的应纳税所得额；当年不足抵扣的，可以在以后纳税年度结转抵扣。

【例14-11】 甲公司2011年1月1日向乙公司（未上市的中小高新技术企业）投资100万元，股权持有到2012年12月31日。

【解析】 根据上述资料，甲公司2012年度可抵扣的应纳税所得额为70万元（100×70%），如果当年不足抵扣的，可以在以后纳税年度结转抵扣。

六、加速折旧优惠

企业的固定资产由于技术进步等原因，确需加速折旧的，可以缩短折旧年限或者采取加速折旧的方法。可采用以上折旧方法的固定资产是指：

（1）由于技术进步，产品更新换代较快的固定资产。
（2）常年处于强震动、高腐蚀状态的固定资产。

采取缩短折旧年限方法的，最低折旧年限不得低于规定折旧年限的60%；采取加速折旧方法的，可以采取双倍余额递减法或者年数总和法。

七、减计收入优惠

减计收入优惠是指企业综合利用资源，生产符合国家产业政策规定的产品所取得的收入，可以在计算应纳税所得额时减计收入。

综合利用资源是指企业以《资源综合利用企业所得税优惠目录》规定的资源作为主要原材料，生产国家非限制和禁止并符合国家和行业相关标准的产品取得的收入，减按90%计入收入总额。

上述所称原材料占生产产品材料的比例不得低于《资源综合利用企业所得税优惠目录》规定的标准。

八、税额抵免优惠

税额抵免是指企业购置并实际使用《环境保护专用设备企业所得税优惠目录》、《节能节水专用设备企业所得税优惠目录》和《安全生产专用设备企业所得税优惠目录》规定的环境保护、节能节水、安全生产等专用设备的，该专用设备的投资额的10%可以从企业当年的应纳税额中抵免；当年不足抵免的，可以在以后5个纳税年度结转抵免。

享受前款规定的企业所得税优惠的企业，应当实际购置并自身实际投入使用前款规定的专用设备；企业购置上述专用设备在5年内转让、出租的，应当停止享受企业所得税优惠，并补缴已经抵免的企业所得税税款。转让的受让方可以按照该专用设备投资额的10%抵免当年企业所得税应纳税额；当年应纳税额不足抵免的，可以在以后5个纳税年度结转抵免。

企业同时从事适用不同企业所得税待遇的项目的，其优惠项目应当单独计算所得，并合理分摊企业的期间费用；没有单独计算的，不得享受企业所得税优惠。

自2009年1月1日起，增值税一般纳税人购进固定资产发生的进项税额可从其销项税额中抵扣。如增值税进项税额允许抵扣，其专用设备投资额不再包括增值税进项税额；如增值税进项税额不允许抵扣，其专用设备投资额应为增值税专用发票上注明的价税合计金额。企业购买专用设备取得普通发票的，其专用设备投资额为普通发票上注明的金额。

九、民族自治地方的优惠

民族自治地方的自治机关对本民族自治地方的企业应缴纳的企业所得税中属于地方分享的部分，可以决定减征或者免征。自治州、自治县决定减征或者免征的，须报省、自治区、直辖市人民政府批准。

企业所得税法所称民族自治地方，是按照《中华人民共和国民族区域自治法》的规定，实行民族区域自治的自治区、自治州、自治县。

对民族自治地方内国家限制和禁止行业的企业，不得减征或者免征企业所得税。

十、非居民企业优惠

非居民企业减按 10% 的所得税税率征收企业所得税。非居民企业是指在中国境内未设立机构、场所的,或者虽设机构、场所但取得的所得与其所设机构、场所没有实际联系的企业。该类非居民企业取得下列所得免征企业所得税:

(1) 外国政府向中国政府提供贷款取得的利息所得。
(2) 国际金融组织向中国政府和居民企业提供优惠贷款取得的利息所得。
(3) 经国务院批准的其他所得。

十一、其他有关行业的优惠

为了新、旧企业所得税法规的顺利衔接,新企业所得税法规做了明确的过渡规定:即企业所得税法公布前(2007 年 3 月 16 日)已经批准设立(已经完成工商登记注册)的企业,依照当时的税收法律、行政法规规定,享受低税率优惠的,按照国务院规定,可以在《企业所得税法》施行后 5 年内,逐步过渡到新企业所得税法规定的税率;享受定期减免税优惠的,按照国务院规定,可以在《企业所得税法》施行后继续享受到期满为止,但因未获利而尚未享受优惠的,优惠期限从《企业所得税法》施行年度起计算。具体规定如下:

(一) 低税率优惠过渡政策

自 2008 年 1 月 1 日起,原享受低税率优惠政策的企业,在新税法施行后 5 年内逐步过渡到法定税率。其中:享受企业所得税 15% 税率的企业,2008 年按 18% 税率执行;2009 年按 20% 税率执行;2010 年按 22% 税率执行;2011 年按 24% 税率执行;2012 年按 25% 税率执行。原执行 24% 税率的企业,2008 年起按 25% 执行。

(二) "两免三减半"、"五免五减半" 过渡政策

自 2008 年 1 月 1 日起,原享受企业所得税 "两免三减半"、"五免五减半" 等定期减免税优惠的企业。新税法施行后继续按原税收法律、行政法规及相关文件规定的优惠办法及年限享受至期满为止。

但因未获利而尚未享受优惠的,其优惠期限从 2008 年度起计算。

适用 15% 企业所得税税率并享受企业所得税定期减半优惠过渡的企业,应一律按照规定的过渡税率计算的应纳税额实行减半征税,即 2008 年按 18% 税率计算的应纳税额实行减半征税,2009 年按 20% 税率计算的应纳税额实行减半征税,2010 年按 22% 税率计算的应纳税额实行减半征税,2011 年按 24% 税率计算的应纳税额实行减半征税,2012 年及以后年度按 25% 税率计算的应纳税额实行减半征税。

对原适用 24% 或 33% 企业所得税税率并享受国发〔2007〕39 号《关于实施企业所得税过渡优惠政策的通知》文件规定企业所得税定期减半优惠过渡的企业,2008 年及以后年度一律按 25% 税率计算的应纳税额实行减半征税。

(三) 西部大开发税收优惠

根据国务院实施西部大开发有关文件精神,财政部、税务总局和海关总署联合下发的《财政部、国家税务总局、海关总署关于西部大开发税收优惠政策问题的通知》中规定的西部大开发企业所得税优惠政策继续执行。

1. 适用范围

本政策的适用范围包括重庆市、四川省、贵州省、云南省、西藏自治区、陕西省、甘肃省、宁夏回族自治区、青海省、新疆维吾尔自治区、新疆生产建设兵团、内蒙古自治区和广西壮族自治区（上述地区统称"西部地区"）。湖南省湘西土家族苗族自治州、湖北省恩施土家族苗族自治州、吉林省延边朝鲜族自治州，可以比照西部地区的税收优惠政策执行。

2. 具体内容

（1）对设在西部地区国家鼓励类产业的内资企业，在 2011 年 1 月 1 日至 2020 年 12 月 31 日期间，减按 15% 的税率征收企业所得税。国家鼓励类产业企业是指以《产业结构调整指导目录》（2005 年版）中规定的产业项目为主营业务，其主营业务收入占企业总收入 70% 以上的企业。

（2）对西部地区 2010 年 12 月 31 日前新办的，根据《财务部、国家税务总局、海关总署关于西部大开发税收优惠政策问题的通知》（财税〔2001〕2002 号）规定，可以享受企业所得税"两免三减半"优惠的交通、电力、水利、广播电视企业，其享受的企业所得税"两免三减半"优惠可以继续享受到期满为止。

（3）对在西部地区新办交通、电力、水利、邮政、广播电视企业，上述项目业务收入占企业总收入 70% 以上的，可以享受企业所得税如下优惠政策：内资企业自开始生产经营之日起，第 1 年至第 2 年免征企业所得税，第 3 年至第 5 年减半征收企业所得税。

新办交通企业是指投资新办从事公路、铁路、航空、港口、码头运营和管道运输的企业。新办电力企业是指投资新办从事电力运营的企业。新办水利企业是指投资新办从事江河湖泊综合治理、防洪除涝、灌溉、供水、水资源保护、水力发电、水土保持、河道疏浚、河海堤防建设等开发水利、防治水害的企业。新办邮政企业是指投资新办从事邮政运营的企业。新办广播电视企业是指投资新办从事广播电视运营的企业。

上述企业同时符合本规定条件的，第 3 年至第 5 年减半征收企业所得税时，按 15% 的税率计算出应纳所得税额后减半执行。

上述所称企业是指投资主体自建、运营上述项目的企业，单纯承揽上述项目建设的施工企业不得享受 2 年免征、3 年减半征收企业所得税的政策。

3. 分别适用税率

对实行汇总（合并）纳税企业，应当将西部地区的成员企业与西部地区以外的成员企业分开，分别汇总（合并）申报纳税，分别适用所得税税率。

（四）其他事项

（1）享受企业所得税过渡优惠政策的企业，应按照新税法和实施条例中有关收入和扣除的规定计算应纳税所得额。

（2）企业所得税过渡优惠政策与新税法及实施条例规定的优惠政策存在交叉的，由企业选择最优惠的政策执行，不得叠加享受，且一经选择，不得改变。

（3）法律设置的发展对外经济合作和技术交流的特定地区内，以及国务院已规定执行上述地区特殊政策的地区内新设立的国家需要重点扶持的高新技术企业，可以享受过渡性税收优惠，具体办法由国务院规定。

（4）国家已确定的其它鼓励类企业，可以按照国务院规定享受减免税优惠。

（5）对企业取得的2009年、2010年和2011年发行的地方政府债券利息所得，免征企业所得税。地方政府债券是指经国务院批准，以省、自治区、直辖市和计划单列市政府为发行和偿还主体的债券。

（6）对企业持有2011～2013年发行的中国铁路建设债券取得的利息收入，减半征收企业所得税。

第八节 源泉扣缴

源泉扣缴是指依照有关法律规定或者合同约定对非居民企业直接负有支付相关款项义务的单位或者个人，依据企业所得税法规的相关规定对其应缴纳的企业所得税进行扣缴管理的一种征收方法。

此处的非居民企业，是指依照外国（地区）法律成立且实际管理机构不在中国境内，但在中国境内未设立机构、场所且有来源于中国境内所得的企业，以及虽设立机构、场所但取得的所得与其所设机构、场所没有实际联系的企业。

为规范和加强非居民企业所得税源泉扣缴管理，对非居民企业取得来源于中国境内的股息、红利等权益性投资收益和利息、租金、特许权使用费所得、转让财产所得以及其他所得应当缴纳的企业所得税，实行源泉扣缴。自2009年1月1日起，按以下规定执行。

一、扣缴义务人

（1）对非居民企业在中国境内未设立机构、场所的，或者虽设立机构、场所但取得的所得与其所设机构、场所没有实际联系的所得应缴纳的所得税，实行源泉扣缴，以支付人为扣缴义务人。税款由扣缴义务人在每次支付或者到期应支付时，从支付或者到期应支付的款项中扣缴。

其中：支付人是指依照有关法律规定或者合同约定对非居民企业直接负有支付相关款项义务的单位或者个人。支付包括现金支付、汇拨支付、转账支付和权益兑价支付等货币支付和非货币支付。到期应支付的款项是指支付人按照权责发生制原则应当计入相关成本、费用的应付款项。

（2）对非居民企业在中国境内取得工程作业和劳务所得应缴纳的所得税，税务机关可以指定工程价款或者劳务费的支付人为扣缴义务人。

二、扣缴方法

（1）扣缴义务人扣缴税款时，按前述第六节非居民企业应纳税额的计算方法计算税款。

（2）应当扣缴的所得税，扣缴义务人未依法扣缴或者无法履行扣缴义务的，由企业在所得发生地缴纳。企业未依法缴纳的，税务机关可以从该企业在中国境内其他收入项目的支付人应付的款项中，追缴该企业的应纳税款。其中：所得发生地是指依照《企业所得税法实施条例》第 7 条规定的原则确定的所得发生地。在中国境内存在多处所得发生地的，由企业选择其中之一申报缴纳企业所得税。该企业在中国境内其他收入是指该企业在中国境内取得的其他各种来源的收入。

（3）税务机关在追缴该企业应纳税款时，应当将追缴理由、追缴数额、缴纳期限和缴纳方式等告知该企业。

（4）扣缴义务人每次代扣的税款，应当自代扣之日起 7 日内缴入国库，并向所在地的税务机关报送扣缴企业所得税报告表。

第九节 特别纳税调整

一、特别纳税调整的概念

特别纳税调整是指企业与其关联方之间的业务往来，不符合独立交易原则而减少企业或者其关联方应纳税收入或者所得额的，税务机关有权按照合理方法进行调整。企业与其关联方共同开发、受让无形资产，或者共同提供、接受劳务发生的成本，在计算应纳税所得额时应当按照独立交易原则进行分摊。独立交易原则是指没有关联关系的交易各方，按照公平成交价格和营业常规进行业务往来遵循的原则。

二、关联方

关联方是指与企业有下列关联关系之一的企业、其他组织或者个人，具体指：
（1）在资金、经营、购销等方面存在直接或者间接的控制关系。
（2）直接或者间接地同为第三者控制。
（3）在利益上具有相关联的其他关系。

三、关联业务的税务处理

（1）由居民企业，或者由居民企业和中国居民控制的设立在实际税负明显低于 25% 的税率水平的国家（地区）的企业，并非由于合理的经营需要而对利润不作分配或者减少分配的，上述利润中应归属于该居民企业的部分，应当计入该居民企业的当期收入。

所指控制包括：①居民企业或者中国居民直接或者间接单一持有外国企业 10% 以上有表决权股份，且由其共同持有该外国企业 50% 以上股份；②居民企业，或者居民企业和中国居民持股比例没有达到第①项规定的标准，但在股份、资金、经营、购销等方面对该外国企业构成实质控制；③上述所指的实际税负明显偏低是指实际税负明显低于企业所得税法规定的 25% 税率的 50%。

（2）企业从其关联方接受的债权性投资与权益性投资的比例超过规定标准而发生的利息支出，不得在计算应纳税所得额时扣除。

企业间接从关联方获得的债权性投资，包括：①关联方通过无关联第三方提供的债权性投资；②无关联第三方提供的、由关联方担保且负有连带责任的债权性投资；③其他间接从关联方获得的具有负债实质的债权性投资。

权益性投资是指企业接受的不需要偿还本金和支付利息，投资人对企业净资产拥有所有权的投资。

(3) 母子公司间提供服务支付费用有关企业所得税的处理：

①母公司为其子公司（以下简称子公司）提供各种服务而发生的费用，应按照独立企业之间公平交易原则确定服务的价格，作为企业正常的劳务费用进行税务处理。母子公司未按照独立企业之间的业务往来收取价款的，税务机关有权予以调整。

②母公司向其子公司提供各项服务，双方应签订服务合同或协议，明确规定提供服务的内容、收费标准及金额等，凡按上述合同或协议规定所发生的服务费，母公司应作为营业收入申报纳税；子公司作为成本费用在税前扣除。

③母公司向其多个子公司提供同类项服务，其收取的服务费可以采取分项签订合同或协议收取；也可以采取服务分摊协议的方式，即由母公司与各子公司签订服务费用分摊合同或协议，以母公司为其子公司提供服务所发生的实际费用并附加一定比例利润作为向子公司收取的总服务费，在各服务受益子公司（包括盈利企业、亏损企业和享受减免税企业）之间按《企业所得税法》第41条第2款规定合理分摊。

④母公司以管理费形式向子公司提取费用，子公司因此支付给母公司的管理费，不得在税前扣除。

⑤子公司申报税前扣除向母公司支付的服务费用，应向主管税务机关提供与母公司签订的服务合同或者协议等与税前扣除该项费用相关的材料。不能提供相关材料的，支付的服务费用不得税前扣除。

四、特别纳税调整方法

税法规定对关联企业所得不实的，调整方法如下：

(一) 可比非受控价格法

可比非受控价格法是指以非关联方之间进行的与关联交易相同或类似业务活动所收取的价格作为关联交易的公平成交价格。

(二) 再销售价格法

再销售价格法是指以关联方购进商品再销售给非关联方的价格减去可比非关联交易毛利后的金额作为关联方购进商品的公平成交价格。

(三) 成本加成法

成本加成法是指以关联交易发生的合理成本加上可比非关联交易毛利作为关联交易的公平成交价格。

(四) 交易净利润法

交易净利润法是指以可比非关联交易的利润率指标确定关联交易的净利润。利润率指标包括资产收益率、销售利润率、完全成本加成率、贝里比率等。

(五) 利润分割法

利润分割法是指根据企业与其关联方对关联交易合并利润的贡献计算各自应该分配的利润额。利润分割法分为一般利润分割法和剩余利润分割法。

一般利润分割法根据关联交易各参与方所执行的功能、承担的风险以及使用的资产，确定各自应取得的利润。

剩余利润分割法将关联交易各参与方的合并利润减去分配给各方的常规利润的余额作为剩余利润，再根据各方对剩余利润的贡献程度进行分配。

第十节 征收管理

一、纳税地点

（1）除税收法律、行政法规另有规定外，居民企业以企业登记注册地为纳税地点；但登记注册地在境外的，以实际管理机构所在地为纳税地点。企业注册登记地是指企业依照国家有关规定登记注册的住所地。

（2）居民企业在中国境内设立不具有法人资格的营业机构的，应当汇总计算并缴纳企业所得税。企业汇总计算并缴纳企业所得税时，应当统一核算应纳税所得额，具体办法由国务院财政、税务主管部门另行制定。

（3）非居民企业在中国境内设立机构、场所的，应当就其所设机构、场所取得的来源于中国境内的所得，以及发生在中国境外但与其所设机构、场所有实际联系的所得，以机构、场所所在地为纳税地点。非居民企业在中国境内设立两个或者两个以上机构、场所的，经税务机关审核批准，可以选择由其主要机构、场所汇总缴纳企业所得税。非居民企业经批准汇总缴纳企业所得税后，需要增设、合并、迁移、关闭机构、场所或者停止机构、场所业务的，应当事先由负责汇总申报缴纳企业所得税的主要机构、场所向其所在地税务机关报告；需要变更汇总缴纳企业所得税的主要机构、场所的，依照前款规定办理。

（4）非居民企业在中国境内未设立机构、场所的，或者虽设立机构、场所但取得的所得与其所设机构、场所没有实际联系的所得，以扣缴义务人所在地为纳税地点。

（5）除国务院另有规定外，企业之间不得合并缴纳企业所得税。

二、纳税期限

企业所得税按年计征，分月或者分季预缴，年终汇算清缴，多退少补。

企业所得税的纳税年度，自公历 1 月 1 日起至 12 月 31 日止。企业在一个纳税年度的中间开业，或者由于合并、关闭等原因终止经营活动，使该纳税年度的实际经营期不足 12 个月的，应当以其实际经营期为一个纳税年度。企业清算时，应当以清算期间作为一个纳税年度。

自年度终了之日起 5 个月内，向税务机关报送年度企业所得税纳税申报表，并汇算清缴，结清应缴应退税款。

企业在年度中间终止经营活动的，应当自实际经营终止之日起 60 日内，向税务机关办理当期企业所得税汇算清缴。

三、纳税申报

按月或按季预缴的，应当自月份或者季度终了之日起 15 日内，向税务机关报送预缴企业所得税纳税申报表，预缴税款。

企业应根据当期实际利润额，按照本办法规定的预缴分摊方法计算总机构和分支机构的企业所得税预缴额，分别由总机构和分支机构分月或者分季就地预缴。

在规定期限内按实际利润额预缴有困难的，经总机构所在地主管税务机关认可，可以按照上一年度应纳税所得额的1/12或1/4，由总机构、分支机构就地预缴企业所得税。

企业在报送企业所得税纳税申报表时，应当按照规定附送财务会计报告和其他有关资料。

企业应当在办理注销登记前，就其清算所得向税务机关申报并依法缴纳企业所得税。

依照企业所得税法缴纳的企业所得税，以人民币计算。所得以人民币以外的货币计算的，应当折合成人民币计算并缴纳税款。

企业在纳税年度内无论盈利或者亏损，都应当依照企业所得税法第54条规定的期限，向税务机关报送预缴企业所得税纳税申报表、年度企业所得税纳税申报表、财务会计报告和税务机关规定应当报送的其他有关资料。

企业所得税年度纳税申报表分为主表和附表，请见《纳税申报实务》"企业所得税纳税申报"章节的相关内容。

第十一节 综合案例分析

【例14-12】 某市家用电器生产企业为居民企业，2012年度发生相关业务如下：
(1) 产品销售收入7 900万元。
(2) 特许权使用费收入100万元。
(3) 产品销售成本5 100万元。
(4) 营业税金及附加60万元。
(5) 销售费用1 000万元，其中广告费800万元。
(6) 管理费用1 100万元，其中实际支出的未形成无形资产的研究开发费用400万元。
(7) 财务费用200万元，其中支付非金融机构的利息160万元（此贷款期限1年，本年1月1日取得，年底支付利息，本金是3 000万元，同期银行贷款利率为6%）。
(8) 债券利息收入240万元（其中国债利息收入30万元）。
(9) 营业外支出10万元，属于通过县民政局向贫困地区的捐赠10万元。
(10) 2006年度、2007年度、2008年度经税务机关确认的亏损额分别为60万元、40万元、70万元，均未弥补；2009年度、2010年、2011年企业继续亏损，但是由于企业账目混乱，税务机关未予确认。

【解析】 根据上述资料，该企业应进行如下纳税处理（直接计算法）：
(1) 销售（营业）收入＝7 900＋100＝8 000（万元）
债券利息收入属于投资收益，不属于销售（营业）收入。
(2) 会计利润总额＝8 000－5 100－60－1 000－1 100－200＋240－10＝770（万元）

(3) 准予扣除的销售费用＝1 000万元

广告费扣除限额＝8 000×15％＝1 200（万元），广告费没有超过限额，可全额扣除。

(4) 准予扣除的财务费用＝200万元

向非金融机构借款利息扣除限额＝3 000×6％＝180（万元），实际发生利息费用160万元，没有超过标准，准予全额扣除。

(5) 准予扣除的公益性捐赠支出10万元。

公益性捐赠支出扣除限额＝770×12％＝92.4（万元）

公益性捐赠支出实际发生10万元，准予全额扣除。

(6) 2012年应纳税所得额＝8 000－5 100－60－1 000－（1 100＋400×50％）－200＋（240－30）－10－40－70＝430（万元）

国债利息收入免税；研究开发费用未形成无形资产计入当期损益的，在按照规定据实扣除的基础上，按照研究开发费用的50％加计扣除；经税务确认的以往年度亏损可以扣除，但是2006年度的亏损已经超过了5年补亏期，所以不予弥补。

(7) 2012年应缴纳的企业所得税＝430×25％＝107.5（万元）

【例14-13】 某工业企业为居民企业，其企业所得税为按年计算，分季预缴，纳税年度次年5月底之前汇算清缴，企业所得税税率为25％，经过分析研究会计资料获知公司2012年1月1日至12月31日的相关信息资料如下：

(1) 主营业务收入5 000万元；主营业务成本3 500万元。

(2) 其他业务收入400万元；其他业务成本200万元。

(3) 非增值税销售税金及附加90万元。

(4) 销售费用1 000万元，其中含广告费用800万元、业务宣传费50万元。

(5) 管理费用350万元，其中含业务招待费50万元、新产品研究开发费用80万元且属于费用研发支出。

(6) 财务费用100万元，其中含向非金融机构借款利息44万元，利率11％（银行同期同类贷款利率6％）；逾期归还银行贷款的罚息3万元。

(7) 投资收益82万元，其中取得直接投资其他居民企业的权益性收益50万元；在A国设有分支机构，取得税后得额32万元，A国企业所得税税率为20％，在A国缴纳了8万元的企业所得税。

(8) 营业外支出292万元，其中含公益性捐赠50万元、违约金10万元、工商局罚款10万元、缴纳税收滞纳金10万元、赞助支出12万元。

(9) 计入成本、费用中的实发工资总额600万元、拨缴职工工会经费15万元、发生的职工福利费100万元和职工教育经费20万元、缴纳的"五险一金"120万元。

(10) 企业已预缴企业所得税10万元。

【解析】 根据上述资料，该工业企业应进行如下纳税处理（间接计算法）：

(1) 会计利润总额＝（5 000＋400）－（3 500＋200）－90－1 000－350－100＋82－292＝－50（万元）

(2) 所得额调整项目：

①广告费和业务宣传费应调增所得额＝850－810＝40（万元）

广告费和业务宣传费扣除标准＝(5 000＋400)×15％＝810（万元），低于实际发生的广告费和业务宣传费＝800＋50＝850（万元），准予按标准810万元扣除。

②业务招待费应调增所得额＝50－27＝23（万元）

业务招待费的60％＝50×60％＝30（万元），超过扣除限额＝(5 000＋400)×5‰＝27（万元），准予按标准27万元扣除。

③新产品研究开发费用应调减所得额＝80×50％＝40（万元）

新产品研究开发费用未形成无形资产计入当期损益的，在按照规定据实扣除的基础上，按照研究开发费用的50％加计扣除。

④向非金融机构借款利息应调增所得额＝44－24＝20（万元）

借款费用扣除标准＝44÷11％×6％＝24（万元），低于实际发生的借款费用，准予按标准24万元扣除。

⑤取得直接投资其他居民企业的权益性收益属于免税收入，应调减应纳税所得额50万元。

⑥境外所得应调减所得额＝32万元

⑦公益性捐赠应调增所得额＝50－0＝50（万元）

公益性捐赠扣除标准＝0×12％＝0（万元），低于实际发生的公益性捐赠50万元，不得扣除捐赠额。

⑧罚款和税收滞纳金应调增所得额＝10＋10＝20（万元）

罚款和税收滞纳金不得税前扣除，应全额调增所得额。罚息不属于行政性罚款，准予税前扣除。

⑨赞助支出应调增所得额＝12万元

赞助支出不得税前扣除，应全额调增所得额。

⑩"三费"应调增所得额＝(15－12)＋(100－84)＋(20－15)＝24（万元）

"三费"扣除标准＝600×2％＋600×14％＋600×2.5％＝12＋84＋15＝111（万元），低于实际拨缴或发生的"三费"，准予按标准111万元（12＋84＋15）税前扣除。

⑪调整所得额＝40＋23－40＋20－50－32＋50＋20＋12＋24＝67（万元）

(3) 境内应纳税所得额＝－50＋67＝17（万元）

(4) 境内、境外应纳税所得总额＝17＋(32＋8)＝57（万元）

(5) 境内、境外应纳所得税总额＝57×25％＝14.25（万元）

(6) 境外已纳税款的抵减税额＝8万元

A国扣除限额＝14.25×(40÷57)＝10（万元）

A国已纳税款8万元，低于扣除限额10万元，准予据实按8万元扣除。

(7) 应纳企业所得税税额＝14.25－8＝6.25（万元）

(8) 应申请退还的所得税额＝10－6.25＝3.75（万元）

自测题

一、名词解释

1. 企业所得税
2. 居民企业
3. 非居民企业

4. 应纳税所得额
5. 公益性捐赠
6. 亏损弥补
7. 抵免限额
8. "两免三减半"
9. 可比非受控价格法
10. 再销售价格法
11. 成本加成法
12. 利润分割法

二、简答题

1. 简述企业所得税的纳税义务人。
2. 简述所得来源的确定。
3. 简述不征税收入和免税收入的范围。
4. 简述扣除项目的标准。
5. 简述不得扣除的项目。
6. 简述资产的税务处理。
7. 简述企业所得税应纳税额的计算。
8. 简述企业所得税境外所得抵扣税额的计算。
9. 简述企业所得税的税收优惠政策。
10. 简述特别纳税调整的调整方法。
11. 简述企业所得税的征收管理。

三、单项选择题

1. 企业所得税的纳税义务人不包括（　　）。
   A. 个人独资企业
   B. 中外合作企业
   C. 一人有限公司
   D. 国有企业

2. 根据国际上的通行做法，我国选择了下列（　　）标准，最大限度地维护了我国的税收利益。
   A. 地域管辖权
   B. 居民管辖权
   C. 地域管辖权和居民管辖权的双重管辖权
   D. 非居民管辖权

3. 依据企业所得税法的规定，下列各项中按照交易活动发生地确定所得来源地的是（　　）。
   A. 销售货物所得
   B. 劳务发生地所得
   C. 动产转让所得
   D. 利息所得

4. 下列（　　）为企业所得税的特别收入。
   A. 卡拉OK娱乐场所的点歌收入
   B. 销售货物分期收款的收入
   C. 转让固定资产的收入
   D. 提供商标权取得的收入

5. 以下属于企业所得税收入的不征税项目的是（　　）。
   A. 财政拨款
   B. 居民企业直接投资于其他居民企业取得的投资收益
   C. 符合条件的非营利组织的收入
   D. 国债利息收入

6. 根据企业所得税法的规定，下列有关企业所得税税率说法不正确的是（　　）。
   A. 居民企业适用税率为25%
   B. 非居民企业取得来源于中国境内的所得适用税率均为10%
   C. 符合条件的小型微利企业适用税率为20%
   D. 未在中国境内设立机构、场所的非居民企业，取得中国境内的所得适用税率为10%

7. 根据企业所得税法的规定，某企业2012年度准予税前扣除广告费和业务宣传费的限额是（　　）。
   A. 发生额的60%
   B. 当年销售（营业）收入的15%
   C. 当年销售（营业）收入的12%
   D. 当年销售（营业）收入的5‰

8. 某企业2012年销售收入3 000万元，另有固定资产处置利得10万元，当年实际发生业务招待费 30 万元，该企业当年可在所得税前列支出的业务招待费金额是（　　）万元。

A. 30　　　　B. 15
C. 15.15　　 D. 18

9. 根据企业所得税法的规定，纳税人的下列捐赠中，在计算应纳税所得额时准予按一定比例扣除的是（　　）。

A. 纳税人直接向灾区的捐赠
B. 纳税人通过企业向自然灾害地区的捐赠
C. 纳税人通过电视台向环境保护建设单位的捐赠
D. 纳税人通过县教育局向贫困小学的捐赠

10. 根据企业所得税法的规定，下列支出项目中，在计算企业所得税应纳税所得额时，可以扣除的项目是（　　）。

A. 银行企业内营业机构之间支付的利息
B. 为职工子女入园支付给幼儿园的赞助支出
C. 企业所得税税款
D. 被交通部门处以的罚款

11. 根据企业所得税法的规定，纳税人发生的下列支出中，在计算应纳税所得额时准予扣除的是（　　）。

A. 合同违约金
B. 环保部门的罚款
C. 司法机关所处罚金
D. 税务机关加收的税收滞纳金

12. 企业发生的公益性捐赠支出，在年度利润总额的（　　）以内的部分，准予在计算应纳税所得额时扣除。

A. 3%　　　　B. 10%
C. 12%　　　 D. 30%

13. 根据企业所得税法的规定，下列固定资产可以提取折旧的是（　　）。

A. 经营租赁方式租出的固定资产
B. 以融资租赁方式租出的固定资产
C. 已提足折旧超期使用的机器设备
D. 单独估价作为固定资产入账的土地

14. 根据企业所得税法的规定，飞机、火车、轮船以外的运输工具计算折旧的最低年限是（　　）。

A. 3 年　　　　B. 4 年
C. 5 年　　　　D. 10 年

15. 根据企业所得税法的规定，固定资产计算折旧的最低年限为 3 年的是（　　）。

A. 汽车　　　　B. 火车
C. 电子设备　　D. 轿车

16. 根据企业所得税法的规定，采取缩短折旧年限方法的，最低折旧年限不得低于规定折旧年限的（　　）。

A. 60%　　　　B. 50%
C. 40%　　　　D. 30%

17. 根据企业所得税法的规定，除特殊情况外，无形资产的摊销年限不得低于（　　）。

A. 5 年　　　　B. 10 年
C. 15 年　　　 D. 20 年

18. 根据企业所得税法的规定，下列各项收入中，能作为广告费和业务宣传费税前扣除限额计算依据的是（　　）。

A. 公司债券利息收入
B. 自产货物对外捐赠的视同销售收入
C. 转让固定资产的收入
D. 接受捐赠的收入

19. 根据企业所得税法的规定，下列企业从事下列项目的所得减半征收企业所得税的是（　　）。

A. 牲畜、家禽的饲养
B. 农作物新品种的选育
C. 灌溉、农产品初加工、兽医等农、林、牧、渔服务业项目
D. 花卉、茶以及其他饮料作物和香

料作物的种植

20. 根据企业所得税法的规定，企业下列项目的所得免征企业所得税的是（　）。
   A. 水果的种植
   B. 花卉的种植
   C. 茶的种植
   D. 香料作物的种植

21. 企业为开发新技术、新产品、新工艺发生的研究开发费用，未形成无形资产计入当期损益的，计算应纳税所得额时，在按照规定据实扣除的基础上，按照研究开发费用的（　）扣除。
   A. 全额　　　　B. 减半
   C. 加倍　　　　D. 50%加计

22. 根据企业所得税法的规定，美国企业在中国境内未设立机构、场所，其取得的来源于中国境内的所得，实际应按（　）的税率征收企业所得税。
   A. 10%　　　　B. 15%
   C. 20%　　　　D. 25%

23. 某外商投资企业，2007年开始享受两免三减半的优惠，原适用税率为15%。2012年计算企业应缴纳的所得税，适用税率为（　）。
   A. 7.5%　　　　B. 10%
   C. 11%　　　　D. 25%

24. 某居民企业2012年会计利润是1000万元，其中符合条件的技术转让所得100万元，假设无其他纳税调整事项，则企业2012年的应纳所得税税额是（　）万元。
   A. 225　　　　B. 250
   C. 260　　　　D. 275

25. 某居民企业2012年会计利润是1000万元，其中实际支付给残疾人的工资是100万元，假设无其他纳税调整事项，则企业2012年的企业所得税应纳税额是（　）万元。

A. 225　　　　B. 250
C. 260　　　　D. 275

26. 下列保险费中，不能在企业所得税税前扣除的是（　）。
   A. 企业为其投资者支付的国务院税务主管部门规定的补充养老保险费
   B. 企业为其职工支付的省级政府规定标准的基本医疗保险费
   C. 企业依照国家有关规定为特殊工种职工支付的人身安全保险费
   D. 企业为其职工支付的商业保险费

27. 根据企业所得税法的规定，企业所得税扣缴义务人代扣的税款，应当自代扣之日起（　）日内缴入国库。
   A. 5　　　　　B. 7
   C. 10　　　　D. 15

28. 根据企业所得税法的规定，居民企业登记注册地在境外的，企业所得税纳税地点是（　）。
   A. 纳税人的核算所在地
   B. 纳税人的实际管理机构所在地
   C. 纳税人的劳务发生地
   D. 纳税人的登记注册地

29. 非居民企业在中国境内设立两个或两个以上机构、场所的，企业所得税纳税地点是（　）。
   A. 纳税人的核算所在地
   B. 经批准，可以选择由其主要机构、场所所在地
   C. 纳税人的境外管理机构所在地缴纳
   D. 纳税人的登记注册地

30. 根据企业所得税法的规定，企业所得税的征收办法是（　）。
   A. 按月征收
   B. 按季计征，分月预缴
   C. 按季征收
   D. 按年计征，分月或分季预缴

31. 企业应当自月份或季度终了之日

起（　　）日内，向税务机关报送预缴企业所得税申报表，预缴税款。

A. 15　　　　B. 10
C. 7　　　　D. 5

四、多项选择题

1. 企业所得税的纳税义务人不包括（　　）。

A. 个人独资企业
B. 合伙企业
C. 一人有限公司
D. 外商投资企业

2. 根据企业所得税法的规定，下列各项中属于居民企业的有（　　）。

A. 在江苏省工商局登记注册的企业
B. 在日本注册但实际管理机构在南京的日资独资企业
C. 在美国注册的企业设在苏州的办事处
D. 在江苏省注册但在中东开展工程承包的企业

3. 根据企业所得税法的规定，判定居民企业的标准有（　　）。

A. 登记注册地标准
B. 实际管理机构所在地标准
C. 所得来源地标准
D. 经营行为发生地标准

4. 我国现行企业所得税法适用的法定税率和优惠税率有（　　）。

A. 25%　　　　B. 10%
C. 20%　　　　D. 15%

5. 下列商品销售方式确认收入实现时间正确的有（　　）。

A. 销售商品采用托收承付方式的，在发出货物并办妥托收手续时确认收入
B. 销售商品采取预收款方式的，在发出商品时确认收入
C. 销售商品采用支付手续费方式委托代销的，在收到手续费时确认收入
D. 销售商品采取以旧换新方式的，销售的商品应当按照销售商品收入确认条件确认收入，回收的商品作为购进商品处理

6. 根据企业所得税法的规定，下列关于特殊收入的确认正确的是（　　）。

A. 销售商品涉及现金折扣的，应当按扣除现金折扣前的金额确定销售商品收入金额
B. 商品销售涉及商业折扣的，应当按照扣除商业折扣后的金额确定销售商品收入金额
C. 企业已经确认销售收入的售出商品发生销售折让和销售退回，应当在发生当期冲减当期销售商品收入
D. 采用售后回购方式销售商品，除有证据表明不符合销售收入确认条件外，销售的商品按照售价确认收入，回收的商品作为购进商品处理

7. 根据企业所得税法的规定，下列不属于计算广告费限额的基数销售（营业）收入的是（　　）。

A. 投资收益
B. 接受捐赠
C. 债务重组
D. 特许权使用费收入

8. 根据企业所得税法的规定，下列属于企业所得税应税收入项目的有（　　）。

A. 国债利息收入
B. 逾期未退包装物押金收入
C. 债务重组收入
D. 确实无法支付的应付款项

9. 根据企业所得税法的规定，下列关于企业所得税的表述正确的有（　　）。

A. 企业每一纳税年度的收入总额，减除不征税收入、免税收入、各项扣除以及允许弥补的以前年度亏损后余额，为应纳税所得额
B. 企业的应纳税所得额乘以适用税率，减除依照税法关于税收优惠的规定减

免和抵免的税额后的余额，为应纳税额

C. 所有的非居民企业都仅就其来源于中国境内的所得缴纳企业所得税

D. 企业收入总额中包括征税收入、不征税收入和免税收入

10. 根据企业所得税法的规定，可在当期直接扣除的税费有（　　）。

A. 消费税　　　B. 土地增值税
C. 进口关税　　D. 车辆购置税

11. 下列各项税费，在计算企业所得税应纳税所得额时，准予从应税收入总额直接扣除的有（　　）。

A. 增值税　　　B. 营业税
C. 城建税　　　D. 所得税

12. 下列属于应当记入"管理费用"科目在企业所得税前扣除的是（　　）。

A. 城镇土地使用税
B. 车辆购置税
C. 房产税
D. 印花税

13. 根据企业所得税法的规定，下列关于扣除项目的描述正确的是（　　）。

A. 资本性支出，在发生当期直接扣除

B. 企业实际发生的成本、费用和税费不得扣除

C. 不征税收入用于支出所形成的费用或者财产，不得扣除

D. 免税收入用于支出所形成的费用或者财产，税前可以扣除

14. 下列属于企业职工福利费列支范围的是（　　）。

A. 职工困难补贴
B. 职工防暑降温费
C. 职工交通补贴
D. 劳保手套支出

15. 下列费用中，当年扣除不完，准予结转以后年度扣除的是（　　）。

A. 职工教育经费

B. 职工福利费
C. 工会经费
D. 广告费

16. 根据企业所得税法的规定，业务招待费的税前扣除必须符合两个限额，且取其较低者，这两个限额是（　　）。

A. 发生额的50%
B. 发生额的60%
C. 销售（营业）收入的5‰
D. 销售（营业）收入的10‰

17. 根据企业所得税法的规定，下列属于应当确认为广告费条件的是（　　）。

A. 通过工商部门批准的专门机构制作

B. 已支付费用，并取得相应发票
C. 通过一定媒体传播
D. 金额较大

18. 根据企业所得税法的规定，下列利息支出可以在企业所得税前据实扣除的是（　　）。

A. 非金融企业向金融企业借款的利息支出

B. 金融企业同业拆借利息支出

C. 非金融企业向非金融企业借款的利息支出

D. 企业经批准发行债券的利息支出

19. 根据企业所得税法的规定，租入固定资产支付的租赁费，下列描述正确的是（　　）。

A. 属于经营性租赁发生的租入固定资产租赁费：根据租赁期限均匀扣除

B. 属于融资性租赁发生的租入固定资产租赁费：根据租赁期限均匀扣除

C. 属于经营性租赁发生的租入固定资产租赁费：构成租入固定资产价值的部分应当提取折旧费用，分期扣除

D. 属于融资性租赁发生的租入固定资产租赁费：构成融资租入固定资产价值的部分应当提取折旧费用，分期扣除；租

赁费支出不得扣除

20. 根据企业所得税法的规定，下列保险费准予在所得税前扣除的是（　　）。

A. 财产保险费用
B. 投资者的商业保险费
C. 职工的商业保险费
D. 特定工种的法定人身安全保险费

21. 根据企业所得税法的规定，发生的下列支出可以在所得税前扣除的有（　　）。

A. 企业因违反规定被有关部门处以罚款
B. 企业因违反规定被有关部门没收财物的损失
C. 企业因违约被供货方处以罚款
D. 纳税人因未履行合同而支付的违约金

22. 根据企业所得税法的规定，下列项目在会计利润的基础上应调减应纳税所得额的有（　　）。

A. 出口退回的增值税
B. 财政拨款
C. 国库券利息收入
D. 成本法核算的股息红利收入

23. 根据企业所得税法的规定，在中国境内未设立机构、场所的非居民企业从中国境内取得的下列所得，应按收入全额计算征收企业所得税的有（　　）。

A. 股息
B. 特许权使用费
C. 租金
D. 转让财产所得

24. 根据企业所得税法的规定，下列支出项目中，在计算企业所得税应纳税所得额时，不得扣除的项目是（　　）。

A. 企业内营业机构之间支付的租金
B. 直接对农村义务教育的捐赠
C. 违反贷款协议，给商业银行处以罚息
D. 被交通部门处以的罚款

25. 在计算应纳税所得额时，下列支出可以在企业所得税前扣除的项目是（　　）。

A. 银行罚息
B. 广告性质的赞助支出
C. 税收滞纳金
D. 违反合同规定，被购货方没收的定金

26. 根据企业所得税法的规定，固定资产计算折旧的最低年限为 4 年的有（　　）。

A. 汽车　　　B. 火车
C. 电子设备　D. 轿车

27. 根据企业所得税法的规定，下列固定资产可以计提折旧的是（　　）。

A. 以经营租赁方式租出的固定资产
B. 以融资租赁方式租出的固定资产
C. 单独估价作为固定资产入账的土地
D. 未投入使用的房屋

28. 根据企业所得税法的规定，关于存货成本的计算方法，下列描述正确的是（　　）。

A. 先进先出法
B. 加权平均法
C. 个别计价法
D. 后进先出法

29. 根据企业所得税法的规定，采取加速折旧方法的，可以采取（　　）。

A. 直线法
B. 工作量法
C. 双倍余额递减法
D. 年数总和法

30. 根据企业所得税法的规定，某居民企业在境内以及美国都有很多分公司，针对其境内外业务所得，下列说法不正确的是（　　）。

A. 境外的盈利可以弥补境内的亏损

B. 境内的盈利可以弥补境外的亏损
C. 境内的盈亏不能相互弥补
D. 境外盈亏之间可以相互弥补

31. 根据企业所得税法的税收优惠的规定，下列所得，在一定的年限起，享受第1年至第3年免征企业所得税，第4年至第6年减半征收企业所得税的有（　　）。

A. 我国境内新办软件生产企业
B. 从事符合条件的环境保护、节能节水项目的所得
C. 企业从事国家重点扶持的公共基础设施项目的投资经营的所得
D. 在西部地区新办交通、电力、水利、邮政、广播电视企业，项目业务收入占企业总收入70%以上的

32. 根据企业所得税法的规定，企业下列项目的所得免征企业所得税的是（　　）。

A. 水果种植　　B. 花卉种植
C. 中药材种植　D. 家禽饲养

33. 根据企业所得税法的规定，下列属于减半征收的是（　　）。

A. 远洋捕捞
B. 农作物新品种的选育
C. 海水养殖
D. 内陆养殖

34. 根据企业所得税法的规定，固定资产的大修理支出，是指同时符合下列（　　）条件的支出。

A. 修理支出达到取得固定资产时的计税基础50%以上
B. 修理支出达到取得固定资产时的账面余额50%以上
C. 修理后固定资产的使用年限延长2年以上
D. 固定资产必须是房屋、建筑物

35. 根据企业所得税法的规定，下列各税率中符合低税率优惠过渡政策的有（　　）。

A. 18%　　B. 20%
C. 22%　　D. 24%

36. 根据企业所得税法的规定，对关联企业所得不实的，调整方法包括（　　）。

A. 再销售价格法
B. 交易净利润法
C. 成本加成法
D. 利润分割法

37. 根据企业所得税法的规定，下列表述正确的是（　　）。

A. 除法规或合同另有规定外，无形资产的摊销年限不得低于10年
B. 企业实际发生的职工福利费支出，不超过工资薪金总额14%的部分准予扣除
C. 企业发生的工资、薪金支出准予据实扣除
D. 企业在报送企业所得税纳税申报表时，应当按照规定附送财务会计报告和其他有关资料

38. 根据企业所得税法的规定，下列各项中，企业在计算应纳税所得额时，适用加计扣除优惠政策的是（　　）。

A. 开发新技术、新产品、新工艺发生的研究开发费用
B. 安置残疾人员实际支付的残疾人员工资
C. 创业投资企业从事国家需要重点扶持和鼓励的创业投资的投资额
D. 企业购置用于环境保护、节能节水、安全生产等专用设备的投资额

39. 根据企业所得税法的规定，工业企业要享受企业所得税法中小型微利企业的优惠税率，必须同时符合的条件有（　　）。

A. 年度应纳税所得额不超过30万元
B. 从业人数不超过100人
C. 资产总额不超过1 000万元

D. 资产总额不超过 3 000 万元

五、判断题

1. 居民企业是指依法在中国境内成立或者依照外国法律成立但在中国境内实际从事生产、经营的企业。（　）

2. 动产转让所得应按照转让动产的企业或者机构、场所所在地，确定是否为取得来源于中国境内所得。（　）

3. 企业实际发生的与取得收入有关的、合理的支出，准予在计算应纳税所得额时据实扣除。（　）

4. 在计算应纳税所得额时，违反税法规定被处以的罚款不得扣除，但税收滞纳金可以扣除。（　）

5. 企业的不征税收入用于支出所形成的费用或财产，可以扣除或者计算对应的折旧、摊销扣除。（　）

6. 居民企业转让资产，该项资产的损失净额，准予在计算应纳税所得额时扣除。（　）

7. 企业发生的职工教育经费支出，不超过工资薪金总额2.5%的部分准予扣除；超过部分准予在以后纳税年度结转扣除。（　）

8. 企业在生产经营活动中发生的合理的借款费用，准予扣除。（　）

9. 企业境外营业机构的亏损可以抵减境内营业税机构的盈利进行汇总缴纳企业所得税。（　）

10. 企业所有的房屋、建筑物都可以按规定提取折旧，但单独估价作为固定资产入账的土地不得提取折旧。（　）

11. 非居民企业在中国境内未设立机构、场所，其来源于中国境内的所得应缴纳的所得税，以支付人为扣缴义务人。（　）

12. 企业使用或者销售的存货的成本计算方法，可以在先进先出法、后进先出法、加权平均法、个别计价法中选用一种，计价方法一经选用，不得随意变更。（　）

13. 《企业所得税法》实施以后，外商投资企业原享有的税收优惠政策不再享有。（　）

14. 企业按照法律、行政法规有关规定提取的用于环境保护、生态恢复等方面的专项资金，准予扣除。（　）

15. 经省级税务机关批准，企业之间可以合并缴纳企业所得税。（　）

16. 企业所得税按年计征，分月或者分季预缴，年终汇算清缴，多退少补。（　）

六、计算题

某市生产企业为居民企业，2012年度发生相关业务如下：

（1）销售产品取得不含税销售额8 100万元，债券利息收入100万元（其中国债利息收入30万元）；应扣除的销售成本5 300万元，营业税金及附加70万元。

（2）发生销售费用1 000万元，其中广告费600万元；发生管理费用1 000万元，其中发生业务招待费30万元；发生财务费用200万元，其中支付非金融机构的利息80万元（此贷款期限1年，本年1月1日取得，年底支付利息，本金是1 000万元，同期银行贷款利率为6%）；发生营业外支出10万元，属于通过县民政局向汶川地震灾后重建的捐赠10万元。

（3）2006年度、2007年度、2008年度经税务机关确认的亏损额分别为60万元、40万元、50万元，均未弥补；2009年度、2010年、2011年企业继续亏损，但是由于企业账目混乱，税务机关未予确认。

要求计算：

（1）销售（营业）收入。

（2）会计利润总额。

（3）税前可扣除的销售费用。

（4）税前可扣除的管理费用。

（5）税前可扣除的财务费用。

(6) 税前准予扣除的公益性捐赠支出。
(7) 2012年应纳税所得额。
(8) 2012年应纳所得税税额。

七、综合题

新华化工机械制造有限公司为居民企业，其企业所得税为按年计算，分季预缴，纳税年度次年5月底之前汇算清缴，企业所得税税率为25%，经过分析研究会计资料获知公司2012年1月1日至12月31日的相关信息资料如下：

(1) 营业收入9 000万元。
(2) 营业成本5 440万元。
(3) 营业税金及附加200万元。
(4) 销售费用800万元（其中广告费200万元）。
(5) 管理费用1 200万元（其中业务招待费85万元）。
(6) 财务费用200万元（其中2012年1月1日向关联企业签订借款合同记载借款金额1 000万元，借期1年，支付利息费用90万元，同期银行贷款的年利率为6%）。
(7) 投资收益50万元，其中国债持有期间的利息收入10万元，取得直接投资其他居民企业的权益性收益40万元。
(8) 营业外支出200万元（其中通过省教育厅捐赠给某高校100万元）。
(9) 发生的合理的工资、薪金总额1 000万元，发生的职工福利费支出120万元、工会经费支出20万元、职工教育费支出15万元，并按规定缴纳"五险一金"200万元。
(10) 假设除上述资料外，无其他纳税调整事项。
(11) 本年度累计已预缴企业所得税235万元。

要求：计算新华公司2012年应缴纳的企业所得税。

第十五章 个人所得税法

个人所得税法是指国家制定的用以调整个人所得税征收与缴纳之间权利及义务关系的法律规范。个人所得税的基本规范是 1980 年 9 月 10 日第五届全国人民代表大会第三次会议制定、根据 1993 年 10 月 31 日第八届全国人民代表大会常务委员会第四次会议决定修改的《中华人民共和国个人所得税法》（以下简称《个人所得税法》），多年来通过了六次修改，目前适用的是 2011 年 6 月 30 日，由第十一届全国人民代表大会常务委员会第二十一次会议通过的《个人所得税法》修改并公布，自 2011 年 9 月 1 日起施行。

个人所得税是以自然人取得的各类应税所得为征税对象而征收的一种所得税，是政府利用税收对个人收入进行调节的一种手段。个人所得税的征税对象不仅包括个人还包括具有自然人性质的企业。

第一节 纳税义务人

个人所得税的纳税义务人，包括中国公民、个体工商业户以及在中国有所得的外籍人员（包括无国籍人员，下同）和香港、澳门、台湾同胞。纳税义务人依据住所和居住时间两个标准，区分为居民纳税义务人和非居民纳税义务人，分别承担不同的纳税义务。

一、居民纳税义务人

居民纳税义务人负有无限纳税义务。其所取得的应纳税所得，无论是来源于中国境内还是中国境外任何地方，都要在中国缴纳个人所得税。根据《个人所得税法》规定，居民纳税义务人是指在中国境内有住所，或者无住所而在中国境内居住满 1 年的个人。

在中国境内有住所的个人是指因户籍、家庭、经济利益关系，而在中国境内习惯性居住的个人。习惯性居住是判定纳税义务人属于居民还是非居民的一个重要依据。它是指个人因学习、工作、探亲等原因消除之后，没有理由在其他地方继续居留时，所要回到的地方，而不是指实际居住或在某一个特定时期内的居住地。一个纳税人因学习、工作、探亲、旅游等原因，原来是在中国境外居住，但是在这些原因消除之后，必须回到中国境内居住的，则中国为该纳税人的习惯性居住地。尽管该纳税义务人在一个纳税年度内，甚至连续几个纳税年度，都未在中国境内居住过 1 天，他仍然是中国居民纳税义务人，应就其来自全球的应纳税所得，向中国缴纳个人所得税。

在境内居住满 1 年是指一个纳税年度（自公历 1 月 1 日起至 12 月 31 日止，下同）内，在中国境内居住满 365 日。在计算居住天数时，对临时离境应视同在华居住，不扣减其在华居住的天数。临时离境是指在一个纳税年度内，一次不超过 30 日或多次累计不超过 90 日的离境。综上可知，个人所得税的居民纳税义务人，包括以下两类：

（1）在中国境内定居的中国公民和外国侨民。但不包括虽具有中国国籍，却并没有在中国大陆定居，而是侨居海外的华侨和居住在香港、澳门和台湾的同胞。

（2）从公历 1 月 1 日起至 12 月 31 日止，居住在中国境内的外国人、海外侨胞和香港、澳门和台湾同胞。这些人如果在一个纳税年度内，一次离境不超过 30 日，或者多次离境累计不超过 90 日的，仍应被视为全年在中国境内居住，从而判定为居民纳税义务人。例如，一个外籍人员从 2011 年 10 月起到中国境内的公司任职，在 2012 纳税年度内，曾于 3 月 7～12 日离境回国，向其总公司述职，12 月 23 日又离境回国欢度圣诞节和元旦。这两次离境时间相加，没有超过 90 日的标准，应视作临时离境，不扣减其在华居住天数。因此，该纳税义务人应为居民纳税人。

现行税法中关于"中国境内"的概念，是指中国大陆地区，目前还不包括香港、澳门和台湾地区。

二、非居民纳税义务人

非居民纳税义务人是指不符合居民纳税义务人判定标准（条件）的纳税义务人，非居民纳税义务人承担有限纳税义务，即仅就其来源于中国境内的所得，向中国缴纳个人所得税。《个人所得税法》规定，非居民纳税义务人是"在中国境内无住所又不居住或者无住所而在境内居住不满 1 年的个人"。也就是说，非居民纳税义务人，是指习惯性居住地不在中国境内，而且不在中国居住，或者在一个纳税年度内，在中国境内居住不满 1 年的个人。在现实生活中，习惯性居住地不在中国境内的个人，只有外籍人员、华侨或香港、澳门和台湾同胞。因此，非居民纳税义务人，实际上只能是在一个纳税年度中，没有在中国境内居住，或者在中国境内居住不满 1 年的外籍人员、华侨或香港、澳门和台湾同胞。

自 2004 年 7 月 1 日起，对境内居住的天数和境内实际工作期间按以下规定为准。

（一）判定纳税义务及计算在中国境内居住的天数

对在中国境内无住所的个人，需要计算确定其在中国境内居住天数，以便依照税法和协定或安排的规定判定其在华负有何种纳税义务时，均应以该个人实际在华逗留天数计算。上述个人入境、离境、往返或多次往返境内外的当日，均按 1 天计算其在华实际逗留天数。

（二）对个人入、离境当日及计算在中国境内实际工作期间

对在中国境内、境外机构同时担任职务或仅在境外机构任职的境内无住所个人，在按《国家税务总局关于在中国境内无住所的个人计算缴纳个人所得税若干具体问题的通知》（国税函发〔1995〕125 号）第 1 条的规定计算其境内工作期间时，对其入境、离境、往返或多次往返境内外的当日，均按半天计算为在华实际工作天数。

自 2000 年 1 月 1 日起，个人独资企业和合伙企业投资者也为个人所得税的纳税义务人。

纳税义务人及其纳税义务示意图如图 15-1 所示。

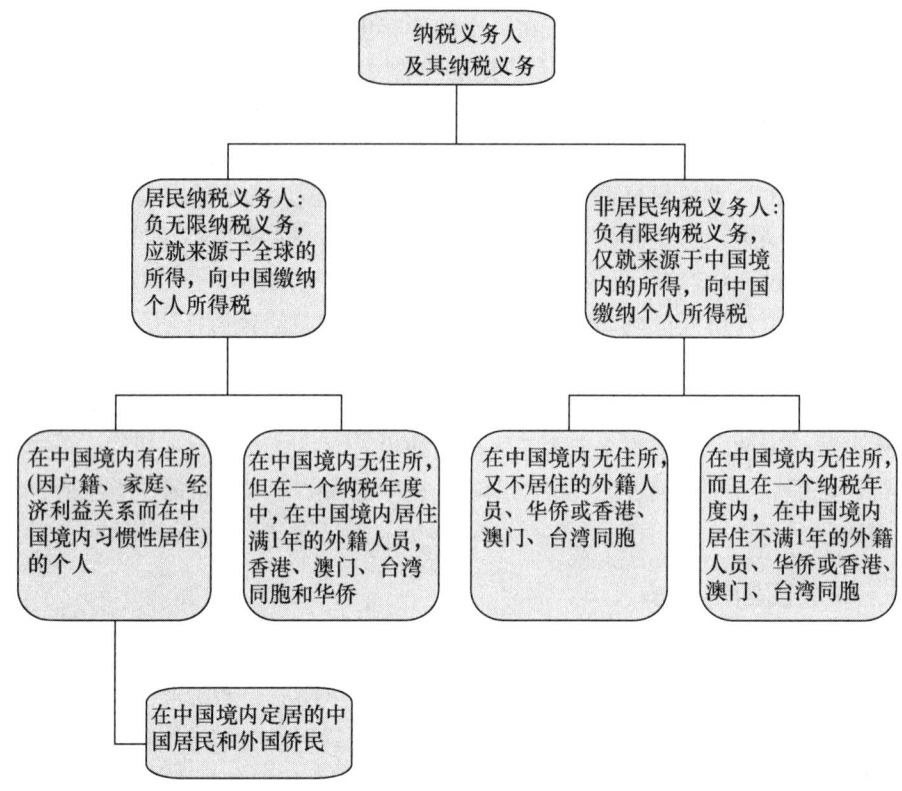

图 15-1 纳税义务人及其纳税义务示意图

第二节 所得来源地的确定

判断所得来源地,是确定该项所得是否应该征收个人所得税的重要依据。对于居民纳税义务人,因为要承担无限纳税义务,因此,有关判断其所得来源地的问题,相对来说不那么重要。但是,对于非居民纳税义务人,由于只就其来源于中国境内的所得征税,因此判断其所得来源地,就显得十分重要。中国的个人所得税,依据所得来源地的判断应反映经济活动的实质,要遵循方便税务机关实行有效征管的原则,具体规定如下:

(1)工资、薪金所得,以纳税人任职、受聘的公司、企业、事业单位、机关、团体、部队、学校等单位的所在地,作为所得来源地。

(2)生产、经营所得,以生产、经营活动实现地,作为所得来源地。

(3)劳务报酬所得,以纳税人实际提供劳务的地点,作为所得来源地。

(4)不动产转让所得,以不动产坐落地为所得来源地;动产转让所得,以实现转让的地点为所得来源地。

(5)财产租赁所得,以被租赁财产的使用地,作为所得来源地。

(6)利息、股息、红利所得,以支付利息、股息、红利的企业、机构、组织的所在地,作为所得来源地。

（7）特许权使用费所得，以特许权的使用地，作为所得来源地。

所得的来源地与所得的支付地并不是同一概念，有时两者是一致的，有时却是不相同的。根据上述原则和方法，来源于中国境内的所得有：

（1）在中国境内的公司、企业、事业单位、机关、社会团体、部队、学校等单位或经济组织中任职、受雇而取得的工资、薪金取得。

（2）在中国境内提供各种劳务而取得的劳务报酬所得。

（3）在中国境内从事生产、经营活动而取得的所得。

（4）个人出租的财产，被承租人在中国境内使用而取得的财产租赁所得。

（5）转让中国境内的房屋、建筑物、土地使用权，以及在中国境内转让其他财产而取得的财产转让所得。

（6）提供中国境内使用的专利权、专有技术、商标权、著作权，以及其他各种特许权利而取得的特许使用费所得。

（7）因持有中国的各种债券、股票、股权而从中国境内的公司、企业或其他经济组织以及个人取得的利息、股息、红利所得。

（8）在中国境内参加各种竞赛活动取得名次的奖金所得；参加中国境内有关部门和单位组织的有奖活动而取得的中奖所得；购买中国境内有关部门和单位发行的彩票取得的中彩所得。

（9）在中国境内以图书、报刊方式出版、发表作品，取得的稿酬所得。

第三节 征税范围

下列各项个人所得，应纳个人所得税。

一、工资、薪金所得

工资、薪金所得是指个人因任职或者受雇而取得的工资、薪金、奖金、年终加薪、劳动分红、津贴、补贴以及任职或者受雇有关的其他所得。

一般来说，工资、薪金所得属于非独立个人劳动所得。非独立个人劳动是指个人所从事的是由他人指定、安排并接受管理的劳动，工作或服务于公司、工厂、行政、事业单位的人员（私营企业主除外）均为非独立劳动者。他们从上述单位取得的劳动报酬，是以工资、薪金的形式体现的。在这类报酬中，工资和薪金的收入主体略有差异。通常情况下，把直接从事生产、经营或服务的劳动者（工人）的收入称为工资，即所谓"蓝领阶层"所得；而将从事社会公职或管理活动的劳动者（公职人员）的收入称为薪金，即所谓"白领阶层"所得。但实际立法过程中，各国都从简便易行的角度考虑，将工资、薪金合并为一个项目计征个人所得税。

除工资、薪金以外，奖金、年终加薪、劳动分红、津贴、补贴也被确定为工资、薪金范畴。其中，年终加薪、劳动分红不分种类和取得情况，一律按工资、薪金所得课税。津贴、补贴等则有例外。根据我国目前个人收入的构成情况，规定对于一些不属于工资、薪金性质的补贴、津贴或者不属于纳税人本人工资、薪金所得项目的收入，不予征税。这些项目包括：

（1）独生子女补贴。

（2）执行公务员工资制度未纳入基本工资总额的补贴、津贴差额和家属成员的副食品补贴。

（3）托儿补助费。

（4）差旅费津贴、误餐补助。其中，误餐补助是指按照财政部规定，个人因公在城区、郊区工作，不能在工作单位或返回就餐的，根据实际误餐顿数，按规定的标准领取的误餐费。单位以误餐补助名义发给职工的补助、津贴不能包括在内。

奖金是指所有具有工资性质的奖金，免税奖金的范围在税法中另有规定。

关于企业减员增效和行政、事业单位、社会团体在机构改革过程中实行内部退养办法人员取得收入如何征税问题，现行规定如下：

（1）实行内部退养的个人在其办理内部退养手续后至法定离退休年龄之间从原任职单位取得的工资、薪金，不属于离退休工资，应按"工资、薪金所得"项目计征个人所得税。

（2）个人在办理内部退养手续后从原任职单位取得的一次性收入，应按办理内部退养手续后至法定离退休年龄之间的所属月份进行平均，并与领取当月的"工资、薪金"所得合并后减除当月费用扣除标准，以余额为基数确定适用税率，再将当月工资、薪金加上取得的一次性收入，减去费用扣除标准，按适用税率计征个人所得税。

（3）个人在办理内部退养手续后至法定离退休年龄之间重新就业取得的"工资、薪金"所得，应与其从原任职单位取得的同一月份的"工资、薪金"所得合并，并依法自行向主管税务机关申报缴纳个人所得税。

公司职工取得的用于购买企业国有股权的劳动分红，按"工资、薪金所得"项目计征个人所得税。

出租汽车经营单位对出租车驾驶员采取单车承包或承租方式运营，出租车驾驶员从事客货运营取得的收入，按工资、薪金所得征税。

二、个体工商户的生产、经营所得

个体工商户的生产、经营所得，是指：

（1）个体工商户从事工业、手工业、建筑业、交通运输业、商业、饮食业、服务业、修理业及其他行业取得的所得。

（2）个人经政府有关部门批准，取得执照，从事办学、医疗、咨询以及其他有偿服务活动取得的所得。

（3）上述个体工商户和个人取得的与生产、经营有关的各项应税所得。

（4）个人因从事彩票代销业务而取得所得，应按照"个体工商户的生产、经营所得"项目计征个人所得税。

（5）其他个人从事个体工商业生产、经营取得的所得。

个体工商户的上述生产、经营所得实际上可以分为两类：一类是纯生产、经营所得，如第（1）、（2）、（3）、（4）项所得，它是指个人直接从事工商各业生产、经营活动而取得的生产性、经营性所得以及有关的其他所得。另一类是独立劳动所得，如第（5）

项所得。独立劳动是指个人所从事的是由自己自由提供的、不受他人指定、安排和具体管理的劳动。例如，私人诊所的医生、私人会计师事务所的会计师，以及独立从事教学、文艺等活动的个人均为独立劳动者，他们的收入具有不确定性。在国际税收协定中，也将独立的个人劳务严格界定为从事独立的科学、文学、艺术、教育或教学活动，以及医师、律师、工程师、建筑师、牙医师和会计师的独立活动。严格说来，个体工商户的劳动虽然也属于独立劳动，但没有包括在人们通常所说的"独立劳动"之内。

从事个体出租车运营的出租车驾驶员取得的收入，按"个体工商户的生产、经营所得"项目缴纳个人所得税。

出租车属个人所有，但挂靠出租汽车经营单位或企事业单位，驾驶员向挂靠单位缴纳管理费的，或出租汽车经营单位将出租车所有权转移给驾驶员的，出租车驾驶员从事客货运营取得的收入，比照"个体工商户的生产、经营所得"项目征税。

个体工商户和从事生产、经营的个人，取得与生产、经营活动无关的其他各项应税所得，应分别按照其他应税项目的有关规定，计算征收个人所得税。如取得银行存款的利息所得、对外投资取得的股息所得，应按"股息、利息、红利"税目的规定单独计征个人所得税。

个人独资企业、合伙企业的个人投资者以企业资金为本人、家庭成员及其相关人员支付与企业生产经营无关的消费性支出及购买汽车、住房等财产性支出，视为企业对个人投资者利润分配，并入投资者个人的生产经营所得，依照"个体工商户的生产、经营所得"项目计征个人所得税。

三、对企事业单位的承包经营、承租经营所得

对企事业单位的承包经营、承租经营所得，是指个人承包经营或承租经营以及转包、转租取得的所得。承包项目可分多种，如生产经营、采购、销售、建筑安装等各种承包。转包包括全部转包或部分转包。

四、劳务报酬所得

劳务报酬所得是指个人独立从事各种非雇佣的各种劳务所取得的所得。内容如下：

1. 设计

设计是指按照客户的要求，代为制定工程、工艺等各类设计业务。

2. 装潢

装潢是指接受委托，对物体进行装饰、修饰，使之美观或具有特定用途的作业。

3. 安装

安装是指按照客户要求，对各种机器、设备的装配、安置，以及与机器、设备相连的附属设施的装设和被安装机器设备的绝缘、防腐、保温、油漆等工程作业。

4. 制图

制图是指受托按实物或设想物体的形象，依体积、面积、距离等，用一定比例绘制成平面图、立体图、透视图等的业务。

5. 化验

化验是指受托用物理或化学的方法，检验物质的成分和性质等业务。

6. 测试

测试是指利用仪器仪表或其他手段代客对物品的性能和质量进行检测试验的业务。

7. 医疗

医疗是指从事各种病情诊断、治疗等医护业务。

8. 法律

法律是指受托担任辩护律师、法律顾问，撰写辩护词、起诉书等法律文书的业务。

9. 会计

会计是指受托从事会计核算的业务。

10. 咨询

咨询是指对客户提出的政治、经济、科技、法律、会计、文化等方面的问题进行解答、说明的业务。

11. 讲学

讲学是指应邀（聘）进行讲课、做报告、介绍情况等业务。

12. 新闻

新闻是指提供新闻信息、编写新闻消息的业务。

13. 广播

广播是指从事播音等劳务。

14. 翻译

翻译指受托从事中、外语言或文字的翻译（包括笔译和口译）的业务。

15. 审稿

审稿是指对文字作品或图形作品进行审查、核对的业务。

16. 书画

书画是指按客户要求，或自行从事书法、绘画、题词等业务。

17. 雕刻

雕刻是指代客镌刻图章、牌匾、碑、玉器、雕塑等业务。

18. 影视

影视是指应邀或应聘在电影、电视节目中出任演员，或担任导演、音响、化妆、道具、制作、摄影等等与拍摄影视节目有关的业务。

19. 录音

录音是指用录音器械代客录制各种音响带的业务，或者应邀演讲、演唱、采访而被录音的服务。

20. 录像

录像是指用录像器械代客录制各种图像、节目的业务，或者应邀表演、采访被录像的业务。

21. 演出

演出是指参加戏剧、音乐、舞蹈、曲艺等文艺演出活动的业务。

22. 表演

表演是指从事杂技、体育、武术、健美、时装、气功以及其他技巧性表演活动的业务。

23. 广告

广告是指利用图书、报纸、杂志、广播、电视、电影、招贴、路牌、橱窗、霓虹灯、灯箱、墙面及其他载体，为介绍商品、经营服务项目、文体节目或通告、声明等事项，所做的宣传和提供相关服务的业务。

24. 展览

展览是指举办或参加书画展、影展、盆景展、邮展、个人收藏品展、花鸟虫鱼展等各种展示活动的业务。

25. 技术服务

技术服务是指利用一技之长而进行技术指导、提供技术帮助的业务。

26. 介绍服务

介绍服务是指介绍供求双方商谈，或者介绍产品、经营服务项目等服务的业务。

27. 经纪服务

经纪服务是指经纪人通过居间介绍，促成各种交易和提供劳务等服务的业务。

28. 代办服务

代办服务是指代委托人办理受托范围内的各项事宜的业务。

29. 其他劳务

其他劳务是指上述列举28项劳务项目之外的各种劳务。

自2004年1月20日起，对商品营销活动中，企业和单位对其营销业绩突出的非雇员以培训班、研讨会、工作考察等名义组织旅游活动，通过免收差旅费、旅游费对个人实行的营销业绩奖励（包括实物、有价证券等），应根据所发生费用的全额作为该营销人员当期的劳务收入，按照"劳务报酬所得"项目征收个人所得税，并由提供上述费用的企业和单位代扣代缴。

在实际操作过程中，还可能出现难以判定一项所得是属于工资、薪金所得，还是属于劳务报酬所得的情况。这两者的区别在于：工资、薪金所得是属于非独立个人劳务活动，即在机关、团体、学校、部队、企业、事业单位及其他组织中任职、受雇而得到的报酬；而劳务报酬所得则是个人独立从事各种技艺、提供各项劳务取得的报酬。

五、稿酬所得

稿酬所得是指个人因其作品以图书、报刊形式出版、发表而取得的所得。将稿酬所得独立划归一个征税项目，而对不以图书、报刊形式出版、发表的翻译、审稿、书画所得归为劳务报酬所得，主要是考虑了出版、发表作品的特殊性。第一，它是一种依靠较高智力创作的精神产品；第二，它具有普遍性；第三，它与社会主义精神文明和物质文明密切相关；第四，它的报酬相对偏低。因此，稿酬所得应当与一般劳务报酬相对区别，并给予适当的优惠照顾。

六、特许权使用费所得

特许权使用费所得是指个人提供专利权、商标权、著作权、非专利技术以及其他特许权的使用权取得的所得。提供著作权的使用权取得的所得，不包括稿酬所得。

专利权是由国家专利主管机关依法授予专利申请人或其权利继承人在一定期间内实施其发明创造的专有权。对于专利权，许多国家只将提供他人使用取得的所得，列入特许权使用费，而将转让专利权所得列为资本利得税的征税对象。我国没有开征资本利得税，故将个人提供和转让专利权取得的所得，都列入特许权使用费所得征收个人所得税。

商标权即商标注册人享有的商标专用权。

著作权即版权，是作者依法对文学、艺术和科学作品享有的专有权。

个人提供或转让商标权、著作权、专有技术或技术秘密、技术诀窍取得的所得，应当依法缴纳个人所得税。

七、利息、股息、红利所得

利息、股息、红利所得是指个人拥有债权、股权而取得的利息、股息、红利所得。利息是指个人拥有债权而取得的利息，包括存款利息、贷款利息和各种债券的利息。按税法规定，个人取得的利息所得，除国债和国家发行的金融债券利息外，应当依法缴纳个人所得税。股息、红利是指个人拥有股权取得的股息、红利。按照一定的比率对每股发给的息金叫股息；公司、企业应分配的利润，按股份分配的叫红利。股息、红利所得，除另有规定外，都应当缴纳个人所得税。

除个人独资企业、合伙企业以外的其他企业的个人投资者，以企业资金为本人、家庭成员及其相关人员支付与企业生产经营无关的消费性支出及购买汽车、住房等财产性支出，视为企业对个人投资者的红利分配，依照"利息、股息、红利所得"项目计征个人所得税。企业的上述支出不允许在所得税前扣除。

纳税年度内个人投资者从其投资企业（个人独资企业、合伙企业除外）借款，在该纳税年度终了后既不归还又未用于企业生产经营的，其未归还的借款可视为企业对个人投资者的红利分配，依照"利息、股息、红利所得"项目计征个人所得税。

个人在个人银行结算账户的存款自 2003 年 9 月 1 日起孳生的利息，应按"利息、股息、红利所得"项目计征个人所得税，税款由办理个人银行结算账户业务的储蓄机构在结付利息时代扣代缴。自 2008 年 10 月 9 日起暂免征收储蓄存款利息的个人所得税。

八、财产租赁所得

财产租赁所得是指个人出租建筑物、土地使用权、机器设备、车船以及其他财产取得的所得。

个人取得的财产转租收入，属于"财产租赁所得"的征税范围，由财产转租人缴纳个人所得税。在确认纳税义务人时，应以产权凭证为依据；对无产权凭证的，由主管税务机关根据实际情况确定。产权所有人死亡，在未办理产权继承手续期间，该财产出租而有租金收入的，以领取租金的个人为纳税义务人。

九、财产转让所得

财产转让所得是指个人转让有价证券、股权、建筑物、土地使用权、机器设备、车船以及其他财产取得的所得。

在现实生活中，个人进行的财产转让主要是个人财产所有权的转让。财产转让实际上是一种买卖行为，当事人双方通过签订、履行财产转让合同，形成财产买卖的法律关系，使出让财产的个人从对方取得价款（收入）或其他经济利益。财产转让所得因其性质的特殊性，需要单独列举项目征税。对个人取得的各项财产转让所得，除股票转让所得外，都要征收个人所得税。具体规定为：

（一）股票转让所得

根据《个人所得税法实施条例》规定，对股票所得征收个人所得税的办法，由财政部另行制定，报国务院批准施行。鉴于我国证券市场发育还不成熟，股份制还处于试点阶段，对股票转让所得的计算、征税办法和纳税期限的确认等都需要做深入的调查研究后，结合国际通行的做法，做出符合我国实际的规定。因此，国务院决定，对股票转让所得暂不征收个人所得税。

（二）量化资产股份转让

集体所有制企业在改制为股份合作制企业时，对职工个人以股份形式取得的拥有所有权的企业量化资产，暂缓征收个人所得税；待个人将股份转让时，就其转让收入额，减除个人取得该股份时实际支付的费用支出和合理转让费用后的余额，按"财产转让所得"项目计征个人所得税。

（三）个人出售自有住房

（1）根据《个人所得税法》的规定，个人出售自有住房取得的所得应按照"财产转让所得"项目征收个人所得税。

（2）个人出售自有住房的应纳税所得税额，按下列原则确定：

①个人出售除已购公有住房以外的其他自有住房，其应纳税所得额按照《个人所得税法》的有关规定确定。

②个人出售已购公有住房，其应纳税所得额为个人出售已购公有住房的销售价，减除住房面积标准的经济适用房价款、原支付超过住房面积标准的房价款、向财政或原产权单位缴纳的所得收益以及税法规定的合理费用后的余额。已购公有住房是指城镇职工根据国家和县级（含县级）以上人民政府有关城镇住房制度改革政策规定，按照成本价（或标准价）购买的公有住房。经济适用住房价格按县级（含县级）以上地方人民政府规定的标准确定。

③职工以成本价（或标准价）出资的集资合作建房、安居工程住房、经济适用住房以及拆迁安置住房，比照已购公有住房确定应纳税所得额。

（3）为鼓励个人换购住房，对出售自有住房并拟在现住房出售后1年内按市场价重新购房的纳税人，其出售现住房所应缴纳的个人所得税，视其重新购房的价值可全部或部分予以免税。具体办法为：

①个人出售现住房所应缴纳的个人所得税税款，应在办理产权过户手续前，以纳税保证金形式向当地主管税务机关缴纳。税务机关在收取纳税保证金时，应向纳税人正式开具"中华人民共和国纳税保证金收据"，并纳入专户存储。

②个人出售现住房后1年内重新购房的，按照购房金额大小相应退还纳税保证金。购房金额大于或等于原住房销售额（原住房为已购公有住房的，原住房销售额应扣除已按规定向财政或原产权单位缴纳的所得收益，下同）的，全部退还纳税保证金；购房金

额小于原住房销售额的,按照购房金额占原住房销售额的比例退还纳税保证金,余额作为个人所得税缴入国库。

③个人出售现住房后1年内未重新购房的,所缴纳的纳税保证金全部作为个人所得税缴入国库。

④个人在申请退还纳税保证金时,应向主管税务机关提供合法、有效的售房、购房合同和主管税务机关要求提供的其他有关证明材料,经主管税务机关审核确认后方可办理纳税保证金退还手续。

⑤跨行政区域售、购住房又符合退还纳税保证金条件的个人,应向纳税保证金缴纳地主管税务机关申请退还纳税保证金。

(4) 对个人转让自用5年以上并且是家庭唯一生活用房取得的所得,继续免征个人所得税。

(5) 为了确保有关住房转让的个人所得税政策得到全面、正确的实施,各级房地产交易管理部门应与税务机关加强协作、配合,主管税务机关需要有关本地区房地产交易情况的,房地产交易管理部门应及时提供。

(6) 个人现自有住房房产证登记的产权人为1人,在出售后1年内又以产权人配偶名义或产权人夫妻双方名义按市场价重新购房的,产权人出售住房所得应缴纳的个人所得税,可以按照《财政部、国家税务总局、建设部关于个人出售住房所得征收个人所得税有关问题的通知》(财税字〔1999〕278号)第3条的规定,全部或部分予以免税;以其他人名义按市场价重新购房的,产权人出售住房所得应缴纳的个人所得税,不予免税。

十、偶然所得

偶然所得是指个人得奖、中奖、中彩以及其他偶然性质的所得。得奖是指参加各种有奖竞赛活动,取得名次得到的奖金;中奖、中彩是指参加各种有奖活动,如有奖销售、有奖储蓄,或者购买彩票,经过规定程序,抽中、摇中号码而取得的奖金。偶然所得应缴纳的个人所得税税款,一律由发奖单位或机构代扣代缴。

十一、经国务院财政部门确定征税的其他所得

除上述列举的各项个人应税所得外,其他确有必要征税的个人所得,由国务院财政部门确定。个人取得的所得,难以界定应纳税所得项目的,由主管税务机关确定。

第四节 税 率

个人所得税的税率按所得项目不同分别确定。

一、工资、薪金所得适用税率

工资、薪金所得,适用七级超额累进税率,税率为3%~45%,如表15-1所示。

表 15-1　　　　　　　　　工资、薪金所得个人所得税税率表

级数	全月含税应纳税所得额	全月不含税应纳税所得额	税率/%	速算扣除数/元
1	不超过 1 500 元的	不超过 1 455 元的	3	0
2	超过 1 500～4 500 元的部分	超过 1 455～4 155 元的部分	10	105
3	超过 4 500～9 000 元的部分	超过 4 155～7 755 元的部分	20	555
4	超过 9 000～35 000 元的部分	超过 7 755～27 255 元的部分	25	1 005
5	超过 35 000～55 000 元的部分	超过 27 255～41 255 元的部分	30	2 755
6	超过 55 000～80 000 元的部分	超过 41 255～57 505 元的部分	35	5 505
7	超过 80 000 元的部分	超过 57 505 元的部分	45	13 505

注：本表所称全月含税应纳税所得额和全月不含税应纳税所得额，是指依照税法的规定，以每月收入额减除费用 3 500 元后的余额或者再减除附加减除费用后的余额。

二、个体工商户的生产、经营所得和对企事业单位的承包经营、承租经营所得适用税率

（1）个体工商户的生产、经营所得和对企业事业单位的承包经营、承租经营所得，适用 5%～35% 的五级超额累理税率，如表 15-2 所示。

表 15-2　个体工商户的生产、经营所得和对企业事业单位的承包经营、承租经营所得
个人所得税税率表

级数	全年含税应纳税所得额	全年不含税应纳税所得额	税率/%	速算扣除数/元
1	不超过 15 000 元的	不超过 14 250 元的	5	0
2	超过 15 000～30 000 元的部分	超过 14 250 元至 27 750 元的部分	10	750
3	超过 30 000～60 000 元的部分	超过 27 750 元至 51 750 元的部分	20	3 750
4	超过 60 000～100 000 元的部分	超过 51 750 元至 79 750 元的部分	30	9 750
5	超过 100 000 元的部分	超过 79 750 元的部分	35	14 750

注：本表所称全年含税应纳税所得额和全年不含税应纳税所得额，对个体工商户的生产、经营所得来源，是指以每一纳税年度的收入总额，减除成本、费用、相关税费以及损失后的余额；对企事业单位的承包经营、承租经营所得来源，是指以每一纳税年度的收入总额，减除必要费用后的余额。

需要说明的是，由于目前实行承包（租）经营的形式较多，分配方式也不相同，因此，承包、承租人按照承包、承租经营合同（协议）规定取得所得的适用税率也不一致。根据国家税务总局发布的《关于个人对企事业单位实行承包经营、承租经营取得所得征税问题的通知》规定，其适用税率分为以下两种情况：

①承包、承租人对企业经营成果不拥有所有权，仅是按合同（协议）规定取得一定所得的，其所得按"工资、薪金"所得项目征税，适用 3%～45% 的七级超额累进税率。

②承包、承租人按合同（协议）的规定只向发包、出租方交纳一定费用后，企业经营成果归其所有的，承包、承租人取得的所得，按对企事业单位的承包经营、承租经营所得项目，适用 5%～35% 的五级超额累进税率征税。

（2）个人独资企业和合伙企业的个人投资者取得的生产经营所得，也适用 5%～35% 的五级超额累进税率。

三、稿酬所得适用税率

稿酬所得，适用比例税率，税率为 20%，并按应纳税额减征 30%。故其实际税率为 14%。

四、劳务报酬所得适用税率

劳务报酬所得，适用比例税率，税率为 20%。对劳务报酬所得一次收入畸高的，可以实行加成征收，具体办法由国务院规定。

根据《个人所得税法实施条例》规定，"劳务报酬所得一次收入畸高"，是指个人一次取得劳务报酬，其应纳税所得额超过 20 000 元。对应纳税所得额超过 20 000～50 000 元的部分，依照税法规定计算应纳税额后再按照应纳税额加征五成；超过 50 000 元的部分，加征十成。因此，劳务报酬所得实际上适用 20%、30%、40% 的三级超额累进税率，如表 15-3 所示。

表 15-3　　　　劳务报酬所得个人所得税税率表

级数	每次应纳税所得额	税率/%	速算扣除数/元
1	不超过 20 000 元的	20	0
2	超过 20 000～50 000 元的部分	30	2 000
3	超过 50 000 元的部分	40	7 000

注：本表所称每次应纳税所得额，是指每次收入额减除费用 800 元（每次收入额不超过 4 000 元时）或者减除 20% 的费用（每次收入额超过 4 000 元时）后的余额。

五、特许权使用费所得，利息、股息、红利所得，财产租赁所得，财产转让所得，偶然所得和其他所得适用税率

特许权使用费所得，利息、股息、红利所得，财产租赁所得，财产转让所得，偶然所得和其他所得，适用比例税率，税率为 20%。从 2007 年 8 月 15 日起，居民储蓄利息税率调为 5%；自 2008 年 10 月 9 日起，暂免征收储蓄存款利息的个人所得税。对个人出租住房取得的所得减按 10% 的税率征收个人所得税。

第五节　应纳税所得额的规定

由于个人所得税的应税项目不同，并且取得某项所得所需费用也不相同，因此，计算个人应纳税所得额，需按不同应税项目分项计算。以某项应税项目的收入额减去税法规定的该项费用减除标准后的余额，为该项应纳税所得额。

一、每次收入的确定

《个人所得税法》对纳税义务人取得的劳务报酬所得，稿酬所得，特许权使用费所

得、利息、股息、红利所得，财产租赁所得，偶然所得和其他所得等 7 项所得，都是明确应该按次计算征税的。由于扣除费用依据每次应纳税所得额的大小，分别规定了定额和定率两种标准。因此，无论是从正确贯彻税法的立法精神，维护纳税义务人的合法权益方面来看，还是从避免税收漏洞，防止税款流失，保证国家税收收入方面来看，如何准确划分"次"，都是十分重要的。劳务报酬所得等 7 个项目的"次"，《个人所得税法实施条例》中做出了明确规定。具体包括：

（一）劳务报酬所得

劳务报酬所得，根据不同劳务项目的特点，分别规定为：

（1）只有一次性收入的，以取得该项收入为一次。例如，从事设计、安装、装潢、制图、化验、测试等劳务，往往是接受客户的委托，按照客户的要求，完成一次劳务后取得收入。因此，是属于只有一次性的收入，应以每次提供劳务取得的收入为一次。

（2）属于同一事项连续取得收入的，以 1 个月内取得的收入为一次。例如，某歌手与一卡拉 OK 厅签约，在 2012 年 1 年内每天到卡拉 OK 厅演唱一次，每次演出后付酬 800 元。在计算其劳务报酬所得时，应视为同一事项的连续性收入，以其 1 个月内取得的收入为一次计征个人所得税，而不能以每天取得的收入为一次。

（二）稿酬所得

稿酬所得，以每次出版、发表取得的收入为一次。具体又可细分为：

（1）同一作品再版取得的所得，应视作另一次稿酬所得计征个人所得税。

（2）同一作品先在报刊上连载，然后再出版，或先出版，再在报刊上连载的，应视为两次稿酬所得征税。即连载作为一次，出版作为另一次。

（3）同一作品在报刊上连载取得收入的，以连载完成后取得的所有收入合并为一次，计征个人所得税。

（4）同一作品在出版和发表时，以预付稿酬或分次支付稿酬等形式取得的稿酬收入，应合并计算为一次

（5）同一作品出版、发表后，因添加印数而追加稿酬的，应与以前出版、发表时取得的稿酬合并计算为一次，计征个人所得税。

（三）特许权使用费所得

特许权使用费所得，以某项使用权的一次传让所取得的收入为一次。一个纳税义务人，可能不仅拥有一项特许权利，每一项特许权的使用权也可能不止一次地向他人提供。因此，对特许权使用费所得的"次"的界定，明确为每一项使用权的每次转让所取得的收入为一次。如果该次转让取得的收入是分笔支付的，则应将各笔收入相加为一次的收入，计征个人所得税。

（四）财产租赁所得

财产租赁所得，以 1 个月内取得的收入为一次。

（五）利息、股息、红利所得

利息、股息、红利所得，以支付利息、股息、红利时取得的收入为一次。

（六）偶然所得

偶然所得，以每次收入为一次。

(七) 其他所得

其他所得,以每次收入为一次。

二、费用减除标准

(一) 工资、薪金所得

工资、薪金所得,以每月收入额减除费用3 500元后的余额,为应纳税所得额。

(二) 个体工商户的生产、经营所得

个体工商户的生产、经营所得,以每一纳税年度的收入总额,减除成本、费用以及损失后的余额,为应纳税所得额。

成本、费用是指纳税义务人从事生产、经营所发生的各项直接支出和分配计入成本的间接费用以及销售费用、管理费用、财务费用;损失是指纳税义务人在生产、经营过程中发生的各项营业外支出。

从事生产、经营的纳税义务人未提供完整、准确的纳税资料,不能正确计算应纳税所得额的,由主管税务机关核定其应纳税所得额。

个人独资企业的投资者以全部生产经营所得为应纳税所得额;合伙企业的投资者按照合伙企业的全部生产经营所得和合伙协议约定的分配比例,确定应纳税所得额,合伙协议没有约定分配比例的,已全部生产经营所得和合伙人数量平均计算每个投资者的应纳税所得额。

上述所称生产经营所得,包括企业分配给投资者个人的所得和企业当年留存的所得(利润)。

(三) 对企事业单位的承包经营、承租经营所得

对企事业单位的承包经营、承租经营所得,以每一纳税年度的收入总额,减除必要费用后的余额,为应纳税所得额。

每一纳税年度的收入总额是指纳税义务人按照承包经营、承租经营合同规定分得的经营利润和工资、薪金性质的所得。减除必要费用是指按月减除3 500元。

(四) 劳务报酬所得、稿酬所得、特许权使用费所得、财产租赁所得

劳务报酬所得、稿酬所得、特许权使用费所得、财产租赁所得,每次收入不超过4 000元的,减除费用800元;4 000元以上的,减除20%的费用,其余额为应纳税所得额。

(五) 财产转让所得

财产转让所得,以转让财产的收入额减除财产原值和合理费用后的余额,为应纳税所得额。

财产原值是指:①有价证券,为买入价以及买入时按照规定缴纳的有关费用;②建筑物,为建造费或者购进价格以及其他有关费用;③土地使用权,为取得土地使用权所支付的金额、开发土地的费用以及其他有关费用;④机器设备、车船,为购进价格、运输费、安装费以及其他有关费用;⑤其他财产,参照以上方法确定。

纳税义务人未提供完整、准确的财产原值凭证,不能正确计算财产原值的,由主管税务机关核定其财产原值。

合理费用是指卖出财产时按照规定支付的有关费用。

(六) 利息、股息、红利所得，偶然所得和其他所得

利息、股息、红利所得，偶然所得和其他所得，以每次收入额为应纳税所得额。

自 2005 年 6 月 13 日起，个人从上市公司取得的股息、红利所得按以下规定处理：

(1) 对个人投资者从上市公司取得的股息、红利所得，自 2005 年 6 月 13 日起暂减按 50％计入个人应纳税所得额，依照现行税法规定计征个人所得税。

(2) 对证券投资基金从上市公司分配取得的股息、红利所得，按照财税〔2005〕102 号文件规定，扣缴义务人在代扣代缴个人所得税时，减按 50％计算应纳税所得额。

三、附加减除费用适用的范围和标准

(一) 附加减除费用适用的范围

附加减除费用适用的范围，包括：

(1) 在中国境内的外商投资企业和外国企业中工作取得工资、薪金所得的外籍人员。

(2) 应聘在中国境内的企业、事业单位、社会团体、国家机关中工作取得工资、薪金所得的外籍专家。

(3) 在中国境内有住所而在中国境外任职或者受雇取得工资、薪金所得的个人。

(4) 财政部确定的取得工资、薪金所得的其他人员。

(二) 附加减除费用标准

上述适用范围内的人员每月工资、薪金所得在减除 3 500 元费用的基础上，再减除 1 300 元。

华侨和香港、澳门、台湾同胞，参照上述附加减除费用标准执行。

四、应纳税所得额的其他规定

(一) 准予扣除 30％的情况

个人将其所得通过中国境内的社会团体、国家机关向教育和其他社会公益事业以及遭受严重自然灾害地区、贫困地区捐赠，捐赠额未超过纳税义务人申报的应纳税所得额 30％的部分，可以从其应纳税所得额中扣除。

(二) 准予全额扣除的情况

个人通过非营利的社会团体和国家机关向农村义务教育的捐赠，准予在缴纳个人所得税前的所得额中全额扣除。农村义务教育的范围，是政府和社会力量举办的农村乡镇（不含县和县级市政府所在地的镇）、村的小学和初中以及属于这一阶段的特殊教育学校。纳税人对农村义务教育与高中在一起的学校的捐赠，也享受此项所得税前扣除。

个人的所得（不含偶然所得和经国务院财政部门确定征税的其他所得）用于资助非关联的科研机构和高等学校研究开发新产品、新技术、新工艺所发生的研究开发经费，经主管税务机关确定，可以全额在下月（工资、薪金所得）或下次（按次计征的所得）或当年（按年计征的所得）计征个人所得税时，从应纳税所得额中扣除，不足抵扣的，不得结转抵扣。

第六节 应纳税额的计算

依照税法规定的适用税率和费用扣除标准，各项所得的应纳税额，应分别计算。

一、工资、薪金所得应纳税额的计算

工资、薪金所得应纳税额的计算，可以采用超额累进计算法和速算扣除数计算法，其计算公式为：

应纳税额＝应纳税所得额×适用税率－速算扣除数
＝（每月收入额－3 500元或4 800元）×适用税率－速算扣除数

需要说明的是，由于工资、薪金所得在计算应纳个人所得税额时，适用的是超额累进税率，所以，计算比较烦琐。运用速算扣除数计算法，可以简化计算过程。速算扣除数是指在采用超额累进税率征税的情况下，根据超额累进税率表中划分的应纳税所得额级距和税率，先用全额累进方法计算出税额，再减去用超额累进方法计算的应征税额以后的差额。当超额累进税率表中的级距和税率确定以后，各级速算扣除数也固定不变，成为计算应纳税额时的常数。

工资、薪金所得适用的速算扣除数，如表15-1所示。

【例15-1】 假定某纳税人2012年12月工资所得4 500元，该纳税人不适用附加减除费用的规定。

【解析】 根据上述资料，该纳税人应进行如下纳税处理：
（1）工资、薪金所得应纳税所得额＝4 500－3 500＝1 000（元）
（2）工资、薪金所得应纳税额＝1 000×3％＝30（元）

【例15-2】 假定在某外商投资企业中工作的美国专家（假设为非居民纳税人），2012年12月份取得由该企业发放的工资收入10 400元人民币。

【解析】 根据上述资料，该纳税人应进行如下纳税处理：
（1）工资、薪金所得应纳税所得额＝10 400－4 800＝5 600（元）
（2）工资、薪金所得应纳税额＝5 600×20％－555＝565（元）

二、个体工商户的生产、经营所得应纳税额的计算

个体工商户的生产、经营所得应纳税额的计算公式为：

应纳税额＝应纳税所得额×适用税率－速算扣除数
＝（全年收入总额－成本、费用以及损失）×适用税率－速算扣除数

这里需要指出的是：

（一）对个体工商户个人所得税计算征收的有关规定

（1）自2011年9月1日起，个体工商户业主的费用扣除标准统一确定为42 000元/年，即3 500元/月。

（2）个体工商户向其从业人员实际支付的合理的工资、薪金支出，允许在税前据实扣除。

（3）个体工商户拨缴的工会经费，发生的职工福利费、职工教育经费支出分别在工资薪金总额2％、14％、2.5％的标准内据实扣除。

（4）个体工商户每一纳税年度发生的广告费和业务宣传费用不超过当年销售（营业）收入15％的部分，可据实扣除；超过部分，准予在以后纳税年度结转扣除。

（5）个体工商户每一纳税年度发生的与其生产经营业务直接相关的业务招待费支

出，按照发生额的60%扣除，但最高不得超过当年销售（营业）收入的5‰。

（6）个体工商户在生产、经营期间借款利息支出，凡有合法证明的，不高于按金融机构同类、同期贷款利率计算的数额的部分，准予扣除。

（7）个体工商户或个人专营种植业、养殖业、饲养业、捕捞业，应对其所得计征个人所得税。兼营上述四业并且四业的所得单独核算的，对属于征收个人所得税的，应与其他行业的生产、经营所得合并计征个人所得税；对于四业的所得不能单独核算的，应就其全部所得计征个人所得税。

（8）个体工商户和从事生产、经营的个人，取得与生产、经营活动无关的各项应税所得，应分别适用各应税项目的规定计算征收个人所得税。

（二）个体工商户的生产、经营所得适用的速算扣除数

个体工商户的生产、经营所得适用的速算扣除数，如表15-2所示。

【例15-3】 某个体工商户2012年全年收入总额为70 000元，成本、费用以及损失经税务部门确定为45 000元。

【解析】 根据上述资料，该纳税人应进行如下纳税处理：

全年应纳税所得额＝70 000－45 000＝25 000（元）

个体工商户的生产、经营所得应纳税额＝25 000×10%－750＝1 750（元）

（三）个人独资企业和合伙企业应纳个人所得税的计算

对个人独资企业和合伙企业生产经营所得，其个人所得税应纳税额的计算有以下两种方法：

1. 查账征收

（1）自2011年9月1日起，个人独资企业和合伙企业投资者的生产经营所得依法计征个人所得税时，个人独资企业和合伙企业投资者本人的费用扣除标准统一确定为42 000元/年，即3 500元/月，投资者的工资不得在税前扣除。

（2）投资者及其家庭发生的生活费用不允许在税前扣除。投资者及其家庭发生的生活费用与企业生产经营费用混合在一起，并且难以划分的，全部视为投资者个人及其家庭发生的生活费用，不允许在税前扣除。

（3）企业生产经营和投资者及其家庭生活共用的固定资产，难以划分的，由主管税务机关根据企业的生产经营类型、规模等具体情况，核定准予在税前扣除的折旧费用的数额或比例。

（4）企业向其从业人员实际支付的合理的工资、薪金支出，允许在税前据实扣除。

（5）企业拨缴的工会经费、发生的职工福利费、职工教育经费支出，分别在工资、薪金总额2%、14%、2.5%的标准内据实扣除。

（6）每一纳税年度发生的广告费和业务宣传费不超过当年销售（营业）收入15%的部分，可据实扣除；超过部分，准予在以后纳税年度结转扣除。

（7）每一纳税年度发生的与其生产经营业务直接相关的业务招待费，按照发生额的60%扣除，但最高不得超过当年销售（营业）收入的5‰。

（8）企业计提的各种准备金不得扣除。

2. 核定征收

核定征收方式，包括定额征收、核定应税所得率征收以及其他合理的征收方式。

实行核定应税所得率征收方式的,应纳所得税额的计算公式如下:
(1) 应纳所得税额＝应纳税所得额×适用税率
(2) 应纳税所得额＝收入总额×应税所得率
或　　　　　　　＝成本费用支出额÷(1－应税所得率)×应税所得率
应税所得率应按表15-4规定的标准执行。

表15-4　　　　　　　　　　个人所得税应税所得率表

行业	应税所得率/%
工业、交通运输业、商业	5～20
建筑业、房地产开发业	7～20
饮食服务业	7～25
娱乐业	20～40
其他行业	10～30

企业经营多业的,无论其经营项目是否单独核算,均应根据其主营项目确定其适用的应税所得率。

实行核定征税的投资者,不能享受个人所得税的优惠政策。

实行查账征税方式的个人独资企业和合伙企业改为核定征税方式后,在查账征税方式下认定的年度经营亏损未弥补完的部分,不得再继续弥补。

三、对企事业单位的承包经营、承租经营应纳税额的计算

对企事业单位的承包经营、承租经营所得,其个人所得税应纳税额的计算公式为:
应纳税额＝应纳税所得额×适用税率－速算扣除数
或　　　　　　　＝(纳税年度收入总额－必要费用)×适用税率－速算扣除数
这里需要说明的是:

(1) 对企事业单位的承包经营、承租经营所得,以每一纳税年度的收入总额,减除必要费用后的余额为应纳税所得额。在一个纳税年度中,承包经营或者承租经营期限不足1年的,以其实际经营期为纳税年度。

(2) 对企事业单位的承包经营、承租经营所得适用的速算扣除数,同个体工商户的生产、经营所得适用的速算扣除数。

【例15-4】　假定2012年3月1日,某个人与事业单位签订承包合同经营招待所,承包期为3年。2012年招待所实现承包经营利润215 000元,按合同规定承包人每年应从承包经营利润中上缴承包费40 000元。

【解析】　根据上述资料,该纳税人应进行如下纳税处理:
(1) 年应纳税所得额＝承包经营利润－上缴费用－每月必要费用扣减合计＝215 000－40 000－3 500×10＝140 000(元)

(2) 对企事业单位的承包经营、承租经营所得应纳税额＝年应纳税所得额×适用税率－速算扣除数＝140 000×35%－14 750＝34 250(元)

四、劳务报酬所得应纳税额的计算

劳务报酬所得应纳税额的计算公式为：
1. 每次收入不超过 4 000 元的

$$应纳税额 = 应纳税所得额 \times 适用税率$$

或
$$= (每次收入额 - 800 元) \times 20\%$$

【例15-5】 某纳税人一次取得审稿费 3 000 元。

【解析】 根据上述资料，该纳税人应进行如下纳税处理：

劳务报酬所得应纳税额 = (3 000 - 800) × 20% = 440 （元）

2. 每次收入超过 4 000~25 000 元的部分

$$应纳税额 = 应纳税所得额 \times 适用税率$$

或
$$= 每次收入额 \times (1 - 20\%) \times 20\%$$

【例15-6】 某纳税人一次取得讲课费 6 000 元。

【解析】 根据上述资料，该纳税人应进行如下纳税处理：

劳务报酬所得应纳税额 = 6 000 × (1 - 20%) × 20% = 960 （元）

3. 每次收入超过 25 000 元的部分

$$应纳税额 = 应纳税所得额 \times 适用税率 - 速算扣除数$$

或
$$= 每次收入额 \times (1 - 20\%) \times 适用税率 - 速算扣除数$$

劳务报酬所得适用的速算扣除数，如表 15-3 所示。

【例15-7】 某演员一次取得表演收入 28 000 元。

【解析】 根据上述资料，该演员应进行如下纳税处理：

劳动报酬所得应纳税所得额 = 28 000 × (1 - 20%) = 22 400 （元）

劳动报酬所得应纳税额 = 22 400 × 30% - 2 000 = 4 720 （元）

【例15-8】 某画家一次取得劳务报酬所得 80 000 元。

【解析】 根据上述资料，该画家应进行如下纳税处理：

劳动报酬所得应纳税所得额 = 80 000 × (1 - 20%) = 64 000 （元）

劳动报酬所得应纳税额 = 64 000 × 40% - 7 000 = 18 600 （元）

五、稿酬所得应纳税额的计算

稿酬所得应纳税额计算公式为：
1. 每次收入不超过 4 000 元的

$$应纳税额 = 应纳税所得额 \times 适用税率 \times (1 - 30\%)$$

或
$$= (每次收入额 - 800) \times 20\% \times (1 - 30\%)$$

2. 每次收入超过 4 000 元的部分

$$应纳税额 = 应纳税所得额 \times 适用税率 \times (1 - 30\%)$$

或
$$= 每次收入额 \times (1 - 20\%) \times 20\% \times (1 - 30\%)$$

【例15-9】 某作家取得一次未扣除个人所得税的稿酬收入 20 000 元。

【解析】 根据上述资料，该作家应进行如下纳税处理：

稿酬所得应纳税额 = 应纳税所得额 × 适用税率 × (1 - 30%)

$$= 20\,000 \times (1-20\%) \times 20\% \times (1-30\%) = 2\,240(元)$$

六、特许权使用费所得应纳税额的计算

特许权使用费所得应纳税额的计算公式为：

1. 每次收入不超过 4 000 元的

应纳税额＝应纳税所得额×适用税率＝(每次收入额－800)×20%

2. 每次收入超过 4 000 元的部分

应纳税额＝应纳税所得额×适用税率＝每次收入额×(1－20%)×20%

【例 15-10】 2012 年 12 月，王某将其拥有的专利权转让，取得收入 100 000 元。

【解析】 根据上述资料，王某应进行如下纳税处理：

特许权使用费所得应纳税额＝应纳税所得额×适用税率

$$= 100\,000 \times (1-20\%) \times 20\% = 16\,000 \text{（元）}$$

七、利息、股息、红利所得应纳税额的计算

利息、股息、红利所得应纳税额的计算公式为：

应纳税额＝应纳税所得额×适用税率＝每次收入额×20%

八、财产租赁所得应纳税额的计算

（一）应纳税所得额

财产租赁所得一般以个人每次取得的收入，定额或定率减除规定费用后的余额为应纳税所得额。每次收入不超过 4 000 元，定额减除费用 800 元；每次收入在 4 000 元以上，定率减除 20% 的费用。财产租赁所得以 1 个月内取得的收入为一次。

个人出租财产取得的财产租赁收入，在计算缴纳个人所得税时，应依次扣除以下费用：

（1）财产租赁过程中缴纳的税费。

（2）向出租方支付的租金。

（3）由纳税人负担的该出租财产实际开支的修缮费用。允许扣除的修缮费用，以每次 800 元为限。一次扣除不完的，准予在下一次继续扣除，直到扣完为止。

（4）税法规定的费用扣除标准。

财产租赁所得应纳税额的计算公式为：

1. 每次（月）收入不超过 4 000 元的

应纳税所得额＝每次(月)收入额－准予扣除项目－修缮费用(800 元为限)－800 元

2. 每次（月）收入超过 4 000 元的部分

应纳税所得额＝[每次(月)收入额－准予扣除项目－修缮费用(800 元为限)]×(1－20%)

（二）应纳税额的计算方法

财产租赁所得适用 20% 的比例税率。但对于个人按市场价格出租的居民住房取得的所得，自 2001 年 1 月 1 日起暂减按 10% 的税率征收个人所得税。其应纳税额的计算公式为：

应纳税额＝应纳税所得额×适用税率

【例 15-11】 刘某于 2012 年 1 月将其自有的处于市区的面积为 85 平方米的房屋出租给张某居住，租期 1 年。刘某每月取得租金收入 4 200 元。租赁居民住房用于居住，适用的营业税税率为 3% 减半，城市维护建设税税率为 7%，教育费附加征收比率为 3%，房产税税率为 4%。

【解析】 根据上述资料，刘某应进行如下纳税处理：

财产租赁收入以每月内取得的收入为一次计税。

(1) 每月财产租赁所得应纳税额=[4 200－4 200×3%×50%－4 200×3%×50%×(7%+3%)－4 200×4%－800]×10%=3 162.7×10%=316.27（元）

(2) 全年财产租赁所得应纳税额=316.27×12=3 795.24（元）

【例 15-12】 沿用【例 15-11】。当年 2 月份因下水道堵塞找人修理，发生修理费用 1 500 元，有维修部门的正式收据。

【解析】 根据上述资料，刘某应进行如下纳税处理：

(1) 2 月份财产租赁所得应纳税额=[4 200－4 200×3%×50%－4 200×3%×50%×(7%+3%)－4 200×4%－800－800]×10%=2 362.7×10%=236.27（元）

(2) 3 月份财产租赁所得应纳税额=[4 200－4 200×3%×50%－4 200×3%×50%×(7%+3%)－4 200×4%－(1 500－800)－800]×10%=2 462.7×10%=246.27（元）

(3) 全年财产租赁所得应纳税额=316.27×10+236.27+246.27=3 645.24（元）

九、财产转让所得应纳税额的计算

财产转让所得应纳税额的计算公式为：

$$应纳税额=应纳税所得额×适用税率$$
$$=(转让财产收入总额-财产原值-合理费用)×20\%$$

【例 15-13】 某纳税人转让其拥有的房屋一间，收入 750 000 元，该房屋原值为 500 000 元，支付相关税费 40 000 元。

【解析】 根据上述资料，该纳税人应进行如下纳税处理：

(1) 应纳税所得额=750 000－500 000－40 000=210 000（元）

(2) 财产转让所得应纳税额=210 000×20%=42 000（元）

十、偶然所得应纳税额的计算

偶然所得应纳税额的计算公式为：

$$应纳税额=应纳税所得额×适用税率=每次收入额×20\%$$

【例 15-14】 陈某在参加商场的有奖销售过程中，中奖所得共计价值 20 000 元。陈某领奖时告知商场，从中奖收入中拿出 8 000 元通过教育部门向某希望小学捐赠。

【解析】 根据上述资料，陈某应进行如下纳税处理：

(1) 陈某的捐赠为公益性捐赠，准予按不超过应纳税所得额 30% 的部分扣除。

(2) 公益性捐赠扣除标准=20 000×30%=6 000（元），小于实际捐赠额，准予按标准 6 000 元扣除。

(3) 偶然所得应纳税额（即商场代扣代缴税款）=(20 000－6 000)×20%=2 800（元）

(4) 陈某实际可得金额=20 000－8 000－2 800=9 200（元）

十一、其他所得应纳税额的计算

其他所得应纳税额的计算公式为:

$$应纳税额=应纳税所得额\times 适用税率=每次收入额\times 20\%$$

十二、应纳税额计算中的特殊问题

(一) 对个人取得全年一次性奖金等计算征收个人所得税的方法

全年一次性奖金是指行政机关、企事业单位等扣缴义务人根据其全年经济效益和对雇员全年工作业绩的综合考核情况,向雇员发放的一次性奖金。一次性奖金也包括年终加薪、实行年薪制和绩效工资办法的单位根据考核情况兑现的年薪和绩效工资。

纳税人取得全年一次性奖金,单独作为1个月工资、薪金所得计算纳税,自2005年1月1日起按以下计税办法,由扣缴义务人发放时代扣代缴:

(1) 先将雇员当月内取得的全年一次性奖金,除以12个月,按其商数确定适用税率和速算扣除数。

如果在发放年终一次性奖金的当月,雇员当月工资薪金所得低于税法规定的费用扣除额,应将全年一次性奖金减除"雇员当月工资薪金所得与费用扣除额的差额"后的余额,按上述办法确定全年一次性奖金的适用税率和速算扣除数。

(2) 将雇员个人当月内取得的全年一次性奖金,按上述第(1)条确定的适用税率和速算扣除数计算征税。

①如果雇员当月工资薪金所得高于(或等于)税法规定的费用扣除额的,适用公式为:

$$应纳税额=雇员当月取得全年一次性奖金\times 适用税率-速算扣除数$$

②如果雇员当月工资薪金所得低于税法规定的费用扣除额的,适用公式为:

$$应纳税额=(雇员当月取得全年一次性奖金-雇员当月工资薪金所得与\\费用扣除额的差额)\times 适用税率-速算扣除数$$

(3) 在一个纳税年度内,对每一个纳税人,该计税办法只允许采用一次。

(4) 实行年薪制和绩效工资的单位,个人取得年终兑现的年薪和绩效工资按上述第(2) 条、第(3) 条规定执行。

(5) 雇员取得除全年一次性奖金以外的其他各种名目奖金,如半年奖、季度奖、加班奖、先进奖、考勤奖等,一律与当月工资、薪金收入合计,按税法规定缴纳个人所得税。

(6) 对无住所个人取得上述第(5) 条所述的各种名目奖金,如果该个人当月在我国境内没有纳税义务,或者该个人由于出入境原因导致当月在我国工作时间不满1个月的,仍按照《国家税务总局关于在我国境内无住所的个人取得奖金征税问题的通知》(国税发〔1996〕183号) 计算纳税。

【例15-15】 公民马某2012年12月工资为3 100元,年末一次性领取年终奖金24 400元。

【解析】 根据上述资料,马某应进行如下纳税处理:

(1) 确定适用税率和速算扣除数。

(全年一次性奖金收入-当月工资与3 500元的差额)÷12=[24 400-(3 500-3 100)]÷

12＝2 000（元），据此确定全年一次性奖金适用的税率为 10%，速算扣除数为 105 元。

（2）计算全年一次性奖金的应纳税额。

全年一次性奖金应纳税额＝（全年一次性奖金收入－当月工资与 3 500 元的差额）×适用税率－速算扣除数

＝[24 400－（3 500－3 100）]×10%－105＝2 295（元）

（二）对在中国境内无住所的个人一次取得数月奖金或年终加薪、劳动分红（以下简称奖金，不包括应按月支付的奖金）的计税方法

对上述个人取得的奖金，可单独作为 1 个月的工资、薪金所得计算纳税。由于对每月的工资、薪金所得计税时已按月扣除了费用，因此，对上述奖金不再减除费用，全额作为应纳税所得额直接按适用税率计算应纳税款，并且不再按居住天数进行划分计算。上述个人应在取得奖金月份的次月 7 日内申报纳税。但有一种特殊情况，即：在中国境内无住所的个人在担任境外企业职务的同时，兼任该外国企业在华机构的职务，但并不实际或不经常到华履行该在华机构职务，对其一次取得的数月奖金中属于全月未在华的月份奖金，依照劳务发生地原则，可不作为来源于中国境内的奖金收入计算纳税。

（三）特定行业职工取得的工资、薪金所得的计税方法

为了照顾采掘业、远洋运输业、远洋捕捞业因季节、产量等因素的影响，职工的工资、薪金收入呈现较大幅度波动的实际情况，对这三个特定行业的职工取得的工资、薪金所得，可按月预缴，年度终了后 30 日内，合计其全年工资、薪金所得，再按 12 个月平均并计算实际应纳的税款，多退少补。用公式表示为：

应纳所得税额＝[（全年工资、薪金收入÷12－费用扣除标准）×税率－速算扣除数]×12

（四）关于个人取得公务交通、通信补贴收入征税问题

个人因公务用车和通信制度改革而取得的公务用车、通信补贴收入，扣除一定标准的公务费用后，按照"工资、薪金"所得项目计征个人所得税。按月发放的，并入当月"工资、薪金"所得计征个人所得税；不按月发放的，分解到所属月份并与该月份"工资、薪金"所得合并后计征个人所得税。

公务费用扣除标准，由省级地方税务局根据纳税人公务交通、通信费用的实际发生情况调查测算，报经省级人民政府批准后确定，并报国家税务总局备案。

（五）关于失业保险费（金）征税问题

城镇企业事业单位及其职工个人按照《失业保险条例》规定的比例，实际缴付的失业保险费，均不计入职工个人当期工资、薪金收入，免予征收个人所得税；超过《失业保险条例》规定的比例缴付失业保险费的，应将其超过规定比例缴付的部分计入职工个人当期的工资薪金收入，依法计征个人所得税。

具备《失业保险条例》规定条件的失业人员，领取的失业保险金，免予征收个人所得税。

（六）关于支付各种免税之外的保险金的征税方法

企业为员工支付各项免税之外的保险金，应在企业向保险公司缴付时（即该保险落到被保险人的保险账户）并入员工当期的工资收入，按"工资、薪金所得"项目计征个

人所得税，税款由企业负责代扣代缴。

（七）关于企业改组改制过程中个人取得的量化资产征税问题

对职工个人以股份形式取得的量化资产仅作为分红依据，不拥有所有权的企业量化资产，不征收个人所得税。

对职工个人以股份形式取得的拥有所有权的企业量化资产，暂缓征收个人所得税；待个人将股份转让时，就其转让收入额，减除个人取得该股份时实际支付的费用支出和合理转让费用后的余额，按"财产转让所得"项目计征个人所得税。

对职工个人以股份形式取得的企业量化资产参与企业分配而获得的股息、红利，应按"利息、股息、红利"项目征收个人所得税。

（八）在外商投资企业、外国企业和外国驻华机构工作的中方人员取得的工资、薪金所得的征税问题

（1）在外商投资企业、外国企业和外国驻华机构工作的中方人员取得的工资、薪金收入，凡是由雇佣单位和派遣单位分别支付的，支付单位应按税法规定代扣代缴个人所得税。同时，按照税法规定，纳税义务人应以每月全部工资、薪金收入减除规定费用后的余额为应纳税所得额。为了有利于征管，对雇佣单位和派遣单位分别支付工资、薪金的，采取由支付者中的一方减除费用的方法，即只由雇佣单位在支付工资、薪金时，按税法规定减除费用，计算扣缴个人所得税；派遣单位支付的工资、薪金不再减除费用，以支付金额直接确定适用税率，计算扣缴个人所得税。

上述纳税义务人，应持两处支付单位提供的原始明细工资、薪金单（书）和完税凭证原件，选择并固定到一地税务机关申报每月工资、薪金收入，汇算清缴其工资、薪金收入的个人所得税，多退少补。具体申报期限，由各省、自治区、直辖市税务机关确定。

【例 15-16】 王某为一外商投资企业雇佣的中方人员，假定 2012 年 12 月，该外商投资企业支付给王某的薪金 8 700 元，同月，王某还收到其所在的派遣单位发给的工资 1 900 元。

【解析】 根据上述资料，王某应进行如下纳税处理：

（1）外商投资企业应为王某扣缴的个人所得税：

扣缴税额＝（每月收入额－3 500）×适用税率－速算扣除数
　　　　＝（8 700－3 500）×20%－555＝485（元）

（2）派遣单位应为王某扣缴的个人所得税：

扣缴税额＝每月收入额×适用税率－速算扣除数＝1 900×10%－105＝85（元）

（3）王某实际应缴的个人所得税：

应纳税额＝（每月收入额－3 500）×适用税率－速算扣除数
　　　　＝（8 700＋1 900－3 500）×20%－555＝865（元）

因此，在王某到某税务机关申报时，还应补缴 295 元（865－485－85）。

（2）对外商投资企业、外国企业和外国驻华机构发放给中方工作人员的工资、薪金所得，应全额征税。但对可以提供有效合同或有关凭证，能够证明其工资、薪金所得的一部分按照有关规定上缴派遣（介绍）单位的，可扣除其实际上缴的部分，按其余额计征个人所得税。

(九)在中国境内无住所的个人取得工资薪金所得的征税问题

依照《个人所得税法》及其实施条例和我国对外签订的避免双重征税协定（以下简称税收协定）的有关规定，现对在中国境内无住所的个人由于在中国境内公司、企业、经济组织（以下简称中国境内企业）或外国企业在中国境内设立的机构、场所以及税收协定所说常设机构（以下简称中国境内机构）担任职务，或者由于受雇或履行合同而在中国境内从事工作，取得的工资、薪金所得应分别不同情况确定：

（1）关于工资、薪金所得来源地的确定。根据规定，属于来源于中国境内的工资、薪金所得应为个人实际在中国境内工作期间取得的工资、薪金，即：个人实际在中国境内工作期间取得的工资、薪金，不论是由中国境内还是境外企业或个人雇主支付，均属来源于中国境内的所得；个人实际在中国境外工作期间取得的工资、薪金，不论是由中国境内还是境外企业或个人雇主支付，均属于来源于中国境外的所得。

（2）关于在中国境内无住所而在一个纳税年度中在中国境内连续或累计居住不超过90日，或在税收协定规定的期间内在中国境内连续或累计居住不超过183日的个人，由中国境外雇主支付并且不是由该雇主的中国境内机构负担的工资、薪金，免予申报缴纳个人所得税。对前述个人应仅就其实际在中国境内工作期间由中国境内企业或个人雇主支付或者由中国境内机构负担的工资、薪金所得申报纳税。

（3）在中国境内无住所而在一个纳税年度中在中国境内连续或累计居住超过90日或在税收协定规定的期间内在中国境内连续或累计居住超过183日但不满1年的个人，其实际在中国境内工作期间取得的由中国境内企业或个人雇主支付和由境外企业或个人雇主支付的工资、薪金所得，均应申报缴纳个人所得税；其在中国境外工作期间取得的工资、薪金所得，除中国境内企业或高层管理人员，不予征收个人所得税。

（4）中国境内企业董事、高层管理人员纳税义务的确定。担任中国境内企业董事或高层管理职务的个人〔注：指公司正、副（总）经理、各职能技师、总监及其他类似公司管理层的职务〕，其取得的由该中国境内企业支付的董事费或工资薪金，不适用前述（2）、（3）项的规定，而应自其担任该中国境内企业董事或高层管理职务起，至其解除上述职务止的期间，不论其是否在中国境外履行职务，均应申报缴纳个人所得税；其取得的由中国境外企业支付的工资、薪金，应依照前述规定确定纳税义务。

（5）不满1个月的工资、薪金所得应纳税款的计算。属于前述情况中的个人，凡应仅就不满1个月期间的工资、薪金所得申报纳税的，均应按全月工资、薪金所得计算实际应纳税额。其计算公式如下：

$$应纳税额=(当月工资、薪金应纳税所得额\times 适用税率-速算扣除数)\times 当月实际在中国天数\div 当月天数$$

如果属于上述情况的个人取得的是日工资、薪金，应以日工资、薪金乘以当月天数换算成月工资、薪金后，按上述公式计算应纳税额。

【例15-17】外籍个人在2012年1月1日起担任中国境内某外商投资企业的副总经理，由该企业每月支付其工资15 000元，同时，该企业外方的境外总机构每月也支付其工资5 000美元。其大部分时间是在境外履行职务，2012年来华工作时间累计为180天。

【解析】根据规定，其2012年度在我国的纳税义务确定为：

(1) 由于其属于企业的高层管理人员，因此，根据规定，该人员于2012年1月1日起至12月31日在华任职期间，由该企业支付的每月15 000元工资、薪金所得，应按月依照税法规定的期限申报缴纳个人所得税。

(2) 由于其2012年来华工作时间未超过183天，根据税收协定的规定，其境外雇主支付的工资、薪金所得，在我国可免予申报纳税（如果该个人属于与我国未签订税收协定国家的居民或港、澳、台居民，则其由境外雇主按每月5 000美元标准支付的工资、薪金，凡属于在中国境内180天工作期间取得的部分，应与中国境内企业每月支付的15 000元工资合并计算缴纳个人所得税）。

（十）两个以上的纳税人共同取得同一项所得的计税问题

两个或两个以上的纳税义务人共同取得同一项所得的（如共同写作一部著作而取得稿酬所得），可以对每个人分得的收入分别减除费用，并计算各自应纳的税款）。

（十一）关于个人取得退职费收入征免个人所得税问题

(1)《个人所得税法》第4条第7款所说的可以免征个人所得税的"退职费"是指个人符合《国务院关于工人退休、退职的暂行办法》（国发〔1978〕104号）规定的退职条件并按该办法规定的退职费标准所领取的退职费。

(2) 个人取得的不符合上述办法规定的退职条件和退职费标准的退职费收入，应属于与其任职、受雇活动有关的工资、薪金性质的所得，应在取得的当月按工资、薪金所得计算缴纳个人所得税。但考虑到作为雇主给予退职人员经济补偿的退职费，通常为一次性发给，且数额较大，以及退职人员有可能在一段时间内没有固定收入等实际情况，依照《个人所得税法》有关工资、薪金所得计算征税的规定，对退职人员一次取得较高退职费收入的，可视为其一次取得数月的工资、薪金收入，并以原每月工资、薪金收入总额为标准，划分为若干月份的工资、薪金收入后，计算个人所得税的应纳税所得额及税额。但按上述方法划分超过了6个月工资、薪金收入的，应按6个月平均划分计算。个人取得全部退职费收入的应纳税款，应由其原雇主在支付退职费时负责代扣并于次月7日内缴入国库。个人退职后6个月内又再次任职、受雇的，对个人已缴纳个人所得税的退职费收入，不再与再次任职、受雇取得的工资、薪金所得合并计算补缴个人所得税。

（十二）对个人因解除劳动合同而取得经济补偿金的征税方法

(1) 企业依照国家有关法律规定宣告破产，企业职工从该破产企业取得的一次性安置费收入，免征个人所得税。

(2) 个人因与用人单位解除劳动关系而取得的一次性补偿收入（包括用人单位发放的经济补偿金、生活补助费和其他补助费用），其收入在当地上年职工平均工资3倍数额以内的部分，免征个人所得税；超过3倍数额部分的一次性补偿收入，可视为一次取得数月的工资、薪金收入，允许在一定期限内平均计算。方法为：以超过3倍数额部分的一次性补偿收入，除以个人在本企业的工作年限数（超过12年的按12年计算），以其商数作为个人的月工资、薪金收入，按照税法规定计算缴纳个人所得税。个人在解除劳动合同后又再次任职、受雇的，已纳税的一次性补偿收入不再与再次任职、受雇的工资薪金所得合并计算补缴个人所得税。

(3) 个人领取一次性补偿收入时，按照国家和地方政府规定的比例实际缴纳的住房公积金、医疗保险费、基本养老保险费、失业保险费，可以计征其一次性补偿收入的个人所得税时予以扣除。

【例 15-18】 李先生在甲公司工作了 13 年，2012 年 12 月与该单位解除聘用关系，取得一次性补偿收入 220 000 元。甲公司所在地上年平均工资为 40 000 元。

【解析】 根据上述资料，李先生应进行如下纳税处理：

李先生的补偿收入应缴纳个人所得税 = {[(220 000 − 40 000 × 3) ÷ 12 − 3 500] × 20% − 555} × 12 = 4 940（元）

（十三）个人兼职和退休人员再任职取得收入个人所得税的征税方法

个人兼职取得的收入应按照"劳务报酬所得"应税项目缴纳个人所得税；退休人员再任职取得的收入，在减除按个人所得税法规定的费用扣除标准后，按"工资、薪金所得"应税项目缴纳个人所得税。

（十四）企业为股东个人购买汽车个人所得税的征税方法

（1）企业为股东购买车辆并将车辆所有权办到股东个人名下，其实质为企业对股东进行了红利性质的实物分配，应按照"利息、股息、红利所得"项目征收个人所得税。考虑到该股东个人名下的车辆同时也为企业经营使用的实际情况，允许合理减除部分所得；减除的具体数额由主管税务机关根据车辆的实际使用情况合理确定。

（2）依据《企业所得税法》以及有关规定，上述企业为个人股东购买的车辆，不属于企业的资产，不得在企业所得税前扣除折旧。

（十五）个人取得有奖发票奖金征免个人所得税

个人取得单张有奖发票奖金所得不超过 800 元（含 800 元）的，暂免征收个人所得税；个人取得单张有奖发票所得超过 800 元的，应全额按照《个人所得税法》规定的"偶然所得"项目征收个人所得税。税务机关或其指定的有奖发票兑奖机构，是有奖发票奖金所得个人所得税的扣缴义务人，应依法认真做好个人所得税代扣代缴工作。

（十六）个人提前退休取得补贴收入征收个人所得税规定

自 2011 年 1 月 1 日起，个人提前退休取得一次性补贴收入征收个人所得税按以下规定执行：

（1）机关、企事业单位对未达到法定退休年龄、正式办理提前退休手续的个人，按照统一标准向提前退休工作人员支付一次性补贴，不属于免税的离退休工资收入，应按照"工资、薪金所得"项目征收个人所得税。

（2）个人因办理提前退休手续而取得的一次性补贴收入，应按照办理提前退休手续至法定退休年龄之间所属月份平均分摊计算个人所得税。计税公式：

$$应纳税额 = \left\{ \left[\left(\frac{一次性补贴收入}{办理提前退休手续至法定退休年龄的实际月份数} \right) - 费用扣除标准 \right] \times 适用税率 - 速算扣除数 \right\} \times 提前办理退休手续至法定退休年龄的实际月份数$$

第七节 税收优惠

《个人所得税法》及其实施条例以及财政部、国家税务总局的若干规定等，都对个人所得项目给予了减税免税的优惠。

一、免征个人所得税的优惠

（1）省级人民政府、国务院部委和中国人民解放军军以上单位，以及外国组织、颁发的科学、教育、技术、文化、卫生、体育、环境保护等方面的奖金。

（2）国债和国家发行的金融债券利息。国债利息是指个人持有中华人民共和国财政部发行的债券而取得的利息所得；国家发行的金融债券利息是指个人持有经国务院批准发行的金融债券而取得的利息所得。

（3）按照国家统一规定发给的补贴、津贴。这里所说的"按照国家统一规定发给的补贴、津贴"，是指按照国务院规定发给的政府特殊津贴和国务院规定免纳个人所得税的补贴、津贴。发给中国科学院资深院士和中国工程院资深院士每人每年1万元的资深院士津贴免予征收个人所得税。

（4）福利费、抚恤金、救济金。福利费是指根据国家有关规定，从企业、事业单位、国家机关、社会团体提留的福利费或者工会经费中支付给个人的生活补助费；救济金是指国家民政部门支付给个人的生活困难补助费。

（5）保险赔款。

（6）军人的转业费、复员费。

（7）按照国家统一规定发给干部、职工的安家费、退职费、退休工资、离休工资、离休生活补助费。

（8）依照《中华人民共和国外交特权与豁免条例》和《中华人民共和国领事特权与豁免条例》规定应予免税的各国驻华使馆、领事馆的外交代表、领事官员和其他人员的所得。

（9）中国政府参加的国际公约以及签订的协议中规定免税的所得。

（10）发给见义勇为者的奖金。

（11）企业和个人按照省级以上人民政府规定的比例提取并缴付的住房公积金、医疗保险金、基本养老保险金、失业保险金，不计入个人当期的工资、薪金收入，免予征收个人所得税。超过规定的比例缴付的部分计征个人所得税。个人领取原提存的住房公积金、医疗保险金、基本养老保险金时，免予征收个人所得税。

（12）对个人取得的教育储蓄存款利息所得以及国务院财政部门确定的其他专项储蓄存款或者储蓄性专项基金存款的利息所得，免征个人所得税。

（13）储蓄机构内从事代扣代缴工作的办税人员取得的扣缴利息税手续费所得，免征个人所得税。

（14）生育妇女按照县级以上人民政府根据国家有关规定制定的生育保险办法，取得的生育津贴、生育医疗费或其他属于生育保险性质的津贴、补贴，免征个人所得税。

（15）对延长离休退休年龄的高级专家从其劳动人事关系所在单位取得的，单位按国家有关规定向职工统一发放的工资、薪金、奖金、津贴、补贴等收入，视同离休、退休工资，免征个人所得税。

从其劳动人事关系所在单位之外的其他地方取得的培训费、讲课费、顾问费、稿酬等各种收入，依法计征个人所得税。

延长离休退休年龄的高级专家是指：①享受国家发放的政府特殊津贴的专家、学者；②中国科学院、中国工程院院士。

（16）个人通过扣缴单位统一向灾区的捐赠，由扣缴单位凭政府机关或非营利组织开具的汇总捐赠凭据、扣缴单位记载的个人捐赠明细表等，由扣缴单位在代扣代缴税款时，依法据实扣除。

（17）外籍个人以非现金形式或实报实销形式取得的住房补贴、伙食补贴、搬迁费、洗衣费。

（18）外籍个人按合理标准取得的境内、外出差补贴。

（19）外籍个人取得的探亲费、语言训练费、子女教育费等，经当地税务机关审核批准为合理的部分。

（20）个人举报、协查各种违法、犯罪行为而获得的奖金。

（21）个人办理代扣代缴税款手续，按规定取得的扣缴手续费。

（22）个人转让自用达5年以上，并且是唯一的家庭居住用房取得的所得。

（23）对按《国务院关于高级专家离休退休若干问题的暂行规定》和《国务院办公厅关于杰出高级专家暂缓离休退休审批问题的通知》精神，达到离休、退休年龄，但确因工作需要，适当延长离休、退休年龄的高级专家（指享受国家发放的政府特殊津贴的专家、学者），其在延长离休、退休期间的工资、薪金所得，视同退休工资、离休工资免征个人所得税。

（24）外籍个人从外商投资企业取得的股息、红利所得。

（25）凡符合下列条件之一的外籍专家取得的工资、薪金所得可免征个人所得税：①根据世界银行专项贷款协议由世界银行直接派往我国工作的外国专家；②联合国组织直接派往我国工作的专家；③为联合国援助项目来华工作的专家；④援助国派往我国专为该国无偿援助项目工作的专家；⑤根据两国政府签订文化交流项目来华工作2年以内的文教专家，其工资、薪金所得由该国负担的；⑥根据我国大专院校国际交流项目来华工作2年以内的文教专家，其工资、薪金所得由该国负担的；⑦通过民间科研协定来华工作的专家，其工资、薪金所得由该国政府机构负担的。

（26）对被拆迁人按照国家有关城镇房屋拆迁管理办法规定的标准取得的拆迁补偿款，免征个人所得税。

（27）个人取得单张有奖发票奖金所得不超过800元（含800元）的，暂免征收个人所得税；个人取得单张有奖发票奖金所得超过800元的，应全额按照个人所得税法规定的"偶然所得"项目征收个人所得税。

（28）第二届高等学校教学名师奖奖金，免予征收个人所得税；第二届高等学校教学名师奖获奖人数为100人，每人奖金2万元。

（29）经国务院财政部门批准免税的所得。

二、减征个人所得税的优惠

（1）残疾、孤老人员和烈属的所得。
（2）因严重自然灾害造成重大损失的。
（3）其他经国务院财政部门批准减税的。

三、非居民纳税人的减免税优惠

（一）对在中国境内无住所，但在境内居住 1 年以上、不到 5 年的纳税人的减免税优

《个人所得税法实施条例》规定："在中国境内无住所，但是居住 1 年以上 5 年以下的个人，其来源于中国境外的所得，经主管税务机关批准，可以只就由中国境内公司、企业以及其他经济组织或者个人支付部分缴纳个人所得税；居住超过 5 年的个人，从第 6 年起，应当就其来源于中国境内外的全部所得缴纳个人所得税。"

1995 年 9 月 16 日，财政部、国家税务总局又发出通知，对执行上述规定时 5 年期限的计算问题作了明确规定。

1. 关于 5 年期限的具体计算

个人在中国境内居住满 5 年是指个人在中国境内连续居住满 5 年，即在连续 5 年中的每一纳税年度内均居住满 1 年。

2. 关于个人在华居住满 5 年以后纳税义务的确定

个人在中国境内居住满 5 年后，从第 6 年起的以后年度中，凡在境内居住满 1 年的，应当就其来源于境内、境外的所得申报纳税；凡在境内居住不满 1 年的，则仅就该年内来源于境内的所得申报纳税。如该个人在第 6 年起以后的某一纳税年度内在境内居住不足 90 天，可以按《个人所得税法实施条例》第 7 条的规定确定纳税义务，并从再次居住满 1 年的年度起重新计算 5 年期限。

3. 于计算 5 年期限的起始日期

个人在境内是否居住满 5 年，自 1994 年 1 月 1 日起开始计算。

（二）对在中国境内无住所，但在一个纳税年度中在中国境内居住不超过 90 日的纳税人的减免税优惠

《个人所得税法实施条例》规定：中国境内无住所，但是在一个纳税年度中在中国境内连续或者累计居住不超过 90 日的个人，其来源于中国境内的所得，由境外雇主支付并且不由该雇主在中国境内的机构、场所负担的部分，免予缴纳个人所得税。

第八节 境外所得的税额扣除

在对纳税人的境外所得征税时，会存在其境外所得已在来源国家或者地区缴税的实际情况。基于国家之间对同一所得应避免双重征税的原则，我国在对纳税人的境外所得行使税收管辖权时，对该所得在境外已纳税额采取了分不同情况从应征税额中予以扣除的做法。

为避免双重征税，我国税法规定，纳税义务人从中国境外取得的所得，准予其在应纳税额中扣除已在境外缴纳的个人所得税税额。但扣除额不得超过该纳税义务人境外所得依照我国税法规定计算的应纳税额。

对这条规定需要解释的是：

(1) 税法所说的已在境外缴纳的个人所得税税额，是指纳税义务人从中国境外取得的所得，依照该所得来源国家或者地区的法律应当缴纳并且实际已经缴纳的税额。

(2) 税法所说的依照本法规定计算的应纳税额，是指纳税义务人从中国境外取得的所得，区别不同国家或者地区和不同应税项目，依照我国税法规定的费用减除标准和适用税率计算的应纳税额；同一国家或者地区内不同应税项目，依照我国税法计算的应纳税额之和，为该国家或者地区的扣除限额。

纳税义务人在中国境外一个国家或者地区实际已经缴纳的个人所得税税额，低于依照上述规定计算出的该国家或者地区扣除限额的，应当在中国缴纳差额部分的税款；超过该国家或者地区扣除限额的，其超过部分不得在本纳税年度的应纳税额中扣除，但是可以在以后纳税年度的该国家或者地区扣除限额的余额中补扣，补扣期限最长不得超过5年。

(3) 纳税义务人依照税法的规定申请扣除已在境外缴纳的个人所得税税额时，应当提供境外税务机关填发的完税凭证原件。

(4) 为了保证正确计算扣除限额及合理扣除境外已纳税额，税法要求：在中国境内有住所，或者无住所而在境内居住满1年的个人，从中国境内和境外取得的所得，应当分别计算应纳税额。

【例15-19】 中国公民李倩在2012年纳税年度，从A、B两国取得应税收入。其中，在A国一公司任职，取得工资、薪金收入87 600元（平均每月7 300元），因提供一项专利技术使用权，一次取得特许权使用费收入30 000元，该两项收入在A国分别缴纳个人所得税1 800元、4 200元；因在B国出版著作，获得稿酬收入（版税）15 000元，并在B国缴纳该项收入的个人所得税1 720元。

【解析】 根据上述资料，李倩在境外所纳个人所得税的抵减如下：

(1) A国所纳个人所得税的抵减。

按照我国税法规定的费用减除标准和税率，计算李倩从A国取得的应税所得应纳税额，该应纳税额即为抵减限额。

①工资、薪金所得。

李倩从A国取得的工资、薪金收入，应每月减除费用4 800元，其余额按七级超额累进税率表的适用税率计算应纳税额。

工资、薪金所得应纳税额＝[(7 300－4 800)×10%－105]×12＝1 740（元）

②特许权使用费所得。

李倩从A国取得的特许权使用费收入，应减除20%的费用，其余额按20%的比例税率计算应纳税额。

特许权使用费所得应纳税额＝30 000×(1－20%)×20%＝4 800（元）

根据计算结果，李倩从A国取得应税所得在A国缴纳的个人所得税额的抵减限额为6 540元（1 740＋4 800）。其在A国实际缴纳个人所得税6 000元（1 800＋4 200），低于抵减限额，可以全额抵扣，并需在中国补缴差额部分的税款540元（6 540－6 000）。

(2) B国所纳个人所得税的抵减。

按照我国税法规定，李倩从B国取得的稿酬收入，应减除20%的费用，就其余额按20%的税率计算应纳税额并减征30%。

稿酬所得抵减限额＝15 000×（1－20%）×20%×（1－30%）＝1 680（元）

李倩的稿酬所得在B国实际缴纳个人所得税1 720元，超出抵减限额40元，不能在本年度扣除，但可在以后5个纳税年度的该国减除限额的余额中补减。

综合上述计算结果，李倩在本纳税年度中的境外所得，应在中国补缴个人所得税540元。其在B国缴纳的个人所得税未抵减完的40元，可按我国税法规定的前提条件下补减。

第九节 征收管理

个人所得税采取自行申报纳税和代扣代缴两种纳税办法。

一、自行申报纳税

自行申报纳税是由纳税人自行在税法规定的纳税期限内，向税务机关申报取得的应税所得项目和数额，如实填写个人所得税纳税申报表，并按照税法规定计算应纳税额，据此缴纳个人所得税的一种方法。

（一）自行申报纳税的纳税义务人

（1）自2006年1月1日起，年所得12万元以上的。年所得12万元以上的纳税人，无论取得的各项所得是否已足额缴纳了个人所得税，均应当按照本办法的规定，于纳税年度终了后向主管税务机关办理纳税申报；其他情形的纳税人，均应当按照自行申报纳税管理办法的规定，于取得所得后向主管税务机关办理纳税申报。需要注意的是，年所得12万元以上的纳税人，不包括在中国境内无住所，且在一个纳税年度中在中国境内居住不满1年的个人。

（2）从中国境内两处或者两处以上取得工资、薪金所得的。

（3）从中国境外取得所得的。从中国境外取得所得的纳税人，是指在中国境内有住所，或者无住所而在一个纳税年度中在中国境内居住满1年的个人。

（4）取得应税所得，没有扣缴义务人的。

（5）国务院规定的其他情形。

（二）自行申报纳税的内容

年所得12万元以上的纳税人，在纳税年度终了后，应当填写个人所得税纳税申报表（适用于年所得12万元以上的纳税人申报），并在办理纳税申报时报送主管税务机关，同时报送个人有效身份证件复印件，以及主管税务机关要求报送的其他有关资料。

1. 构成12万元的所得

12万元的所得包括：①工资、薪金所得；②个体工商户的生产、经营所得；③对企事业单位的承包经营、承租经营所得；④劳务报酬所得；⑤稿酬所得；⑥特许权使用费所得；⑦利息、股息、红利所得；⑧财产租赁所得；⑨财产转让所得；⑩偶然所得；⑪经国务院财政部门确定征税的其他所得。

2. 不包含在12万元中的所得

(1) 免税所得。即省级人民政府、国务院部委、中国人民解放军军以上单位,以及外国组织、国际组织颁发的科学、教育、技术、文化、卫生、体育、环境保护等方面的奖金;国债和国家发行的金融债券利息;按照国家统一规定发给的补贴、津贴,即《个人所得税法实施条例》第13条规定的按照国务院规定发放的政府特殊津贴、院士津贴、资深院士津贴,以及国务院规定免征个人所得税的其他补贴、津贴;福利费、抚恤金、救济金;保险赔款;军人的转业费、复员费;按照国家统一规定发给干部、职工的安家费、退职费、退休工资、离休工资、离休生活补助费。

(2) 暂免征税所得。即依照我国有关法律规定应予免税的各国驻华使馆、领事馆的外交代表、领事官员和其他人员的所得;中国政府参加的国际公约、签订的协议中规定免税的所得。

(3) 可以免税的来源于中国境外的所得,如按照国家规定单位为个人缴付和个人缴付的基本养老保险费、基本医疗保险、失业保险费、住房公积金。

3. 各项所得的年所得的计算办法

(1) 工资、薪金所得。按照未减除费用及附加减除费用的收入额计算。

(2) 劳务报酬所得、特许权使用费所得。不得减除纳税人在提供劳务或让渡特许权使用权过程中缴纳的有关税费。

(3) 财产租赁所得。不得减除纳税人在出租财产过程中缴纳的有关税费;对于纳税人一次取得跨年度财产租赁所得的,全部视为实际取得所得年度的所得。

(4) 个人转让房屋所得。采取核定征收个人所得税的,按照实际征收率(1%、2%、3%)分别换算为应税所得率(5%、10%、15%),据此计算年所得。

(5) 个人储蓄存款利息所得、企业债券利息所得。全部视为纳税人实际取得所得年度的所得。

(6) 对个体工商户、个人独资企业投资者,按照征收率核定个人所得税的,将征收率换算为应税所得率,据此计算应纳税所得额。合伙企业投资者按照上述方法确定应纳税所得额后,合伙人应根据合伙协议规定的分配比例确定其应纳税所得额,合伙协议未规定分配比例的,按合伙人数平均分配确定其应纳税所得额。对于同时参与两个以上企业投资的,合伙人应将其投资所有企业的应纳税所得额相加后的总额作为年所得。

(7) 股票转让所得。以一个纳税年度内,个人股票转让所得与损失盈亏相抵后的正数为申报所得数额,盈亏相抵为负数的,此项所得按"零"填写。

(三) 自行申报纳税的申报期限

(1) 年所得12万元以上的纳税人,在纳税年度终了后3个月内向主管税务机关办理纳税申报。

(2) 个体工商户和个人独资、合伙企业投资者取得的生产、经营所得应纳的税款,分月预缴的,纳税人在每月终了后15日内办理纳税申报;分季预缴的,纳税人在每个季度终了后15日内办理纳税申报;纳税年度终了后,纳税人在3个月内进行汇算清缴,多退少补。

(3) 纳税人年终一次性取得对企事业单位的承包经营、承租经营所得的,自取得所得之日起30日内办理纳税申报;在一个纳税年度内分次取得承包经营、承租经营所得的，在每次取得所得后的次月 15 日内申报预缴；纳税年度终了后 3 个月内汇算清缴，多退少补。

（4）从中国境外取得所得的纳税人，在纳税年度终了后 30 日内向中国境内主管税务机关办理纳税申报。

（5）除以上规定的情形外，纳税人取得其他各项所得须申报纳税的，在取得所得的次月 15 日内向主管税务机关办理纳税申报。

（6）纳税人不能按照规定的期限办理纳税申报，需要延期的，按照《税收征管法》第 27 条和《税收征管法实施细则》第 37 条的规定办理。

（四）自行申报纳税的申报方式

纳税人可以采取数据电文、邮寄等方式申报，也可以直接到主管税务机关申报、或者采取符合主管税务机关规定的其他方式申报。纳税人采取邮寄方式申报的，以邮寄部门挂号信函收据作为申报凭据，以寄出的邮戳日期为实际申报日期。

纳税人也可以委托有税务代理资质的中介机构或者他人代为办理纳税申报。

（五）自行申报纳说的申报地点

（1）在中国境内有任职、受雇单位的，向任职、受雇单位所在地主管税务机关申报。

（2）在中国境内有两处或者两处以上任职、受雇单位的，选择并固定向其中一处单位所在地主管税务机关申报。

（3）在中国境内无任职、受雇单位，年所得项目中有个体工商户的生产、经营所得或者对企事业单位的承包经营、承租经营所得（以下统称生产、经营所得）的，向其中一处实际经营所在地主管税务机关申报。

（4）在中国境内无任职、受雇单位，年所得项目中无生产、经营所得的，向户籍所在地主管税务机关申报。在中国境内有户籍，但户籍所在地与中国境内经常居住地不一致的，选择并固定向其中一地主管税务机关申报。在中国境内没有户籍的，向中国境内经常居住地主管税务机关申报。

（5）其他所得的纳税人，纳税申报地点分别为：

①从两处或者两处以上取得工资、薪金所得的，选择并固定向其中一处单位所在地主管税务机关申报。

②从中国境外取得所得的，向中国境内户籍所在地主管税务机关申报。在中国境内有户籍，但户籍所在地与中国境内经常居住地不一致的，选择并固定向其中一地主管税务机关申报。在中国境内没有户籍的，向中国境内经常居住地主管税务机关申报。

③个体工商户向实际经营所在地主管税务机关申报。

④个人独资、合伙企业投资者兴办两个或两个以上企业的，区分不同情形确定纳税申报地点：兴办的企业全部是个人独资性质的，分别向各企业的实际经营管理所在地主管税务机关申报；兴办的企业中含有合伙性质的，向经常居住地主管税务机关申报；兴办的企业中含有合伙性质，个人投资者经常居住地与其兴办企业的经营管理所在地不一致的，选择并固定向其参与兴办的某一合伙企业的经营管理所在地主管税务机关申报；除以上情形外，纳税人应当向取得所得所在地主管税务机关申报。

纳税人不得随意变更纳税申报地点，因特殊情况变更纳税申报地点的，须报原主管税务机关备案。

以自行申报办法缴纳个人所得说的，请见《纳税申报实务》"个人所得税纳税申报"章节的相关内容。

二、代扣代缴纳税

代扣代缴是指按照税法规定负有扣缴税款义务的单位或者个人，在向个人支付应纳税所得时，应计算应纳税额，从其所得中扣除并缴入国库，同时向税务机关报送扣缴个人所得税报告表。这种方法，有利于控制税源、防止漏税和逃税。

根据《个人所得税法》及其实施条例以及《税收征管法》及其实施细则的有关规定，国家税务总局制定下发了《个人所得税代扣代缴暂行办法》（以下简称《暂行办法》）。自1995年4月1日起执行的《暂行办法》，对扣缴义务人和代扣代缴的范围、扣缴义务人的义务及应承担的责任、代扣代缴期限等作了明确规定。

（一）扣缴义务人和代扣代缴的范围

1. 扣缴义务人

凡支付个人应纳税所得的企业（公司）、事业单位、机关、社团组织、军队、驻华机构、个体户等单位或者个人，为个人所得税的扣缴义务人。

驻华机构不包括外国驻华使领馆和联合国及其他依法享有外交特权和豁免的国际组织驻华机构。

2. 代扣代缴的范围

扣缴义务人向个人支付下列所得，应代扣代缴个人所得税：

（1）工资、薪金所得。
（2）对企事业单位的承包经营、承租经营所得。
（3）劳务报酬所得。
（4）稿酬所得。
（5）特许权使用费所得。
（6）利息、股息、红利所得。
（7）财产租赁所得。
（8）财产转让所得。
（9）偶然所得。
（10）经国务院财政部门确定征税的其他所得。

扣缴义务人向个人支付应纳税所得（包括现金、实物和有价证券）时，不论纳税人是否属于本单位人员，均应代扣代缴其应纳的个人所得税税款。支付包括现金支付、汇拨支付、转账支付和以有价证券、实物以及其他形式的支付。

（二）扣缴义务人的义务及应承担的责任

（1）扣缴义务人应指定支付应纳税所得的财务会计部门或其他有关部门的人员为办税人员，由办税人员具体办理个人所得税的代扣代缴工作。代扣代缴义务人的有关领导要对代扣代缴工作提供便利，支持办税人员履行义务；确定办税人员或办税人员发生变动时，应将名单及时报告主管税务机关。

(2) 扣缴义务人的法人代表（或单位主要负责人）、财会部门的负责人及具体办理代扣代缴税款的有关人员，共同对依法履行代扣代缴义务负法律责任。

(3) 同一扣缴义务人的不同部门支付应纳税所得时，应报办税人员汇总。

(4) 扣缴义务人在代扣税款时，必须向纳税人开具税务机关统一印制的代扣代收税款凭证，并详细注明纳税人姓名、工作单位、家庭住址和居民身份证或护照号码（无上述证件的，可用其他能有效证明身份的证件）等个人情况。对工资、奖金所得和利息、股息、红利所得等，因纳税人数众多、不便一一开具代扣代收税款凭证的，经主管税务机关同意，可不开具代扣代收税款凭证，但应通过一定形式告知纳税人已扣缴税款。纳税人为持有完税依据而向扣缴义务人索取代扣代收税款凭证的，扣缴义务人不得拒绝。扣缴义务人应主动向税务机关申领代扣代收税款凭证，据以向纳税人扣税。非正式扣税凭证，纳税人可以拒收。

(5) 扣缴义务人对纳税人的应扣未扣的税款，其应纳税款仍然由纳税人缴纳，扣缴义务人应承担应扣未扣税款50%以上至3倍的罚款。

(6) 扣缴义务人应设立代扣代缴税款账簿，正确反映个人所得税的扣缴情况，并如实填写扣缴个人所得税报告表及其他有关资料。

（三）代扣代缴期限

扣缴义务人每月所扣的税款，应当在次月15日内缴入国库，并向主管税务机关报送扣缴个人所得税报告表、代扣代收税款凭证和包括每一纳税人姓名、单位、职务、收入、税款等内容的支付个人收入明细表以及税务机关要求报送的其他有关资料。

扣缴义务人违反上述规定不报送或者报送虚假纳税资料的，一经查实，其未在支付个人收入明细表中反映的向个人支付的款项，在计算扣缴义务人应纳税所得额时不得作为成本费用扣除。

扣缴义务人因有特殊困难不能按期报送扣缴个人所得税报告表及其他有关资料的，经县级税务机关批准，可以延期申报。

（四）代扣代缴的纳税地点

扣缴义务人向其主管税务机关申报纳税。

以代扣代缴办法缴纳个人所得说的，请见《纳税申报实务》"个人所得税纳税申报"章节的相关内容。

第十节 综合案例分析

【例15-20】 中国公民王东被北京欣欣有限公司派遣至北京晓晓外商投资企业工作。2012年12月份王东取得收入如下：

(1) 取得北京晓晓外商投资企业为其支付的工资13 600元，且该企业为其缴纳社会保险费4 488元和住房公积金1 632元。同时取得其派遣单位北京欣欣有限公司所发工资1 000元。工资、薪金所得已经被代扣代缴了个人所得税。

(2) 2012年9月出版了一部著作，一次取得稿酬收入10 000元，又于2012年10月、11月、12月在报上连载，分别取得稿酬1 000元、1 200元和1 900元。稿酬所得已经分别被代扣代缴了个人所得税。

(3) 在 A 国因提供一项专利技术使用权，一次取得特许权使用费收入 30 000 元，该项收入在 A 国缴纳个人所得税 4 600 元；在 B 国因提供劳务取得劳务报酬 10 500 元，在 B 国缴纳该项收入的个人所得税 1 720 元。

【解析】 根据上述资料，王东应进行如下纳税处理：

(1) 两处取得工资、薪金所得

$$\text{雇佣单位代扣代缴个人所得税税额} = (\text{月工资} - \text{社会保险费} - \text{住房公积金} - \text{费用减除标准}) \times \text{税率} - \text{速算扣除数}$$
$$= (13\,600 - 4\,488 - 1\,632 - 3\,500) \times 10\% - 105$$
$$= 3\,980 \times 10\% - 105 = 293 \text{（元）}$$

$$\text{派遣单位代扣代缴个人所得税税额} = \text{月工资} \times \text{税率} - \text{速算扣除数} = 1\,000 \times 3\% - 0 = 30 \text{（元）}$$

$$\text{实际应纳个人所得税税额} = (\text{月工资合计} - \text{社会保险费} - \text{住房公积金} - \text{费用减除标准}) \times \text{税率} - \text{速算扣除数}$$
$$= [(13\,600 + 1\,000) - 4\,488 - 1\,632 - 3\,500] \times 20\% - 555$$
$$= 4\,980 \times 20\% - 555 = 441 \text{（元）}$$

王东应持两处支付单位提供的原始明细工资、薪金单和完税凭证原件，选择并固定到一地税务机关申报每月工资、薪金收入，汇算清缴其工资、薪金收入的个人所得税，多退少补。

$$\text{王东需自行申报的应纳个人所得税税额} = \text{实际应纳个人所得税税额} - \text{雇佣单位代扣代缴个人所得税税额} - \text{派遣单位代扣代缴个人所得税税额}$$
$$= 441 - 293 - 30 = 118 \text{（元）}$$

(2) 出版、连载分别取得稿酬所得

稿酬所得，以每次出版、发表取得的收入为一次。如果作者将同一作品既出版，又在报刊上连载，应将出版和连载取得的收入分为两次计税。作品在报刊上连载的，应合并连载同一作品的所有所得为一次，计征个人所得税。稿酬所得应由支付单位代扣扣缴个人所得税。

$$9 \text{月份因出版取得稿酬代扣扣缴的个人所得税税额} = (\text{稿酬所得} - \text{费用减除标准}) \times \text{适用税率} \times (1 - 30\%)$$
$$= 10\,000 \times (1 - 20\%) \times 20\% \times (1 - 30\%) = 1\,120 \text{（元）}$$

$$10 \text{月份因连载取得稿酬代扣扣缴的个人所得税税额} = (\text{稿酬所得} - \text{费用减除标准}) \times \text{适用税率} \times (1 - 30\%)$$
$$= (1\,000 - 800) \times 20\% \times (1 - 30\%) = 28 \text{（元）}$$

$$11 \text{月份因连载取得稿酬代扣扣缴的个人所得税税额} = (1\,000 + 1\,200 - 800) \times 20\% \times (1 - 30\%) - 28$$
$$= 196 - 28 = 168 \text{（元）}$$

$$12 \text{月份因连载取得稿酬代扣扣缴的个人所得税税额} = (1\,000 + 1\,200 + 1\,900) \times (1 - 20\%) \times 20\%$$
$$\times (1 - 30\%) - 28 - 168$$
$$= 459.2 - 28 - 168 = 263.2 \text{（元）}$$

(3) 境外所得的抵减

按照我国税法规定的费用减除标准和税率，计算该纳税人从 A 国、B 国分别取得所得的应纳税额，该应纳税额即为抵减限额。纳税人依照税法的规定申请扣除已在境外缴纳的个人所得税额时，应当提供境外税务机关填发的完税凭证原件。

①A 国所纳个人所得税的抵减。

按照我国税法规定，该纳税人从 A 国取得的特许权使用费收入，应减除 20% 的费用，其余额按 20% 的比例税率计算应纳税额。

特许权使用费所得的抵减限额＝（特许权使用费所得－费用减除标准）×适用税率
$$=30\,000\times(1-20\%)\times20\%=4\,800（元）$$

王东从 A 国取得的特许权使用费所得在 A 国实际缴纳个人所得税 4 600 元，低于抵减限额，可以全额抵扣，并需在中国自行申报补缴差额部分的税款 200 元（4 800－4 600）。

②B 国所纳个人所得税的抵减。

按照我国税法规定，该纳税人从 B 国取得的劳务报酬所得，应减除 20% 的费用，就其余额按 20% 的税率计算应纳税额。

劳务报酬所得的抵减限额＝（劳务报酬所得－费用减除标准）×适用税率
$$=10\,500\times(1-20\%)\times20\%=1\,680（元）$$

王东从 B 国取得的劳务报酬所得在 B 国实际缴纳个人所得税 1 720 元，超出抵减限额 40 元（1 720－1 680），不能在本年度扣除，但可在以后 5 个纳税年度的该国减除限额的余额中补减。

综合上述计算结果，王东应因两处取得工资薪金所得自行申报补缴工资薪金所得个人所得税 118 元，因境外所得自行申报补缴个人所得税 200 元，合计应自行申报补缴个人所得税 318 元。

【例 15-21】 中国公民李宏轩在北京晓晓化妆品有限公司任职，2012 年度取得收入如下：

(1) 每月取得工资收入 11 500 元，单位为其缴纳社会保险费 3 795 元、住房公积金 1 380 元和商业医疗保险费 1 000 元。

(2) 年终一次取得奖金 60 000 元。

(3) 12 月份接受邀请给一个单位讲学 4 次，每次取得讲课费 3 000 元。

(4) 与他人共同编写一部著做出版取得稿酬 15 000 元；由于该书加印，又取得稿酬 5 000 元。

(5) 取得国债利息收入 8 000 元。

(6) 被投资企业为其购买小汽车一辆，价值 150 000 元。

(7) 1 月份将市区内闲置的一处住房出租给他人居住，租期 1 年，每月租金 6 000 元。租赁居民住房用于居住，适用的营业税税率为 3% 减半，城市维护建设税税率为 7%，教育费附加征收比率为 3%X，房产税税率为 4%，个人所得税税率为 10%。

【解析】 根据上述资料，李宏轩应进行如下纳税处理：

(1) 工资、薪金所得

①单位为李宏轩支付的商业医疗保险费不得税前扣除，应并入工资、薪金所得计征个人所得税；年终一次取得奖金应单独计征个人所得税。

工资、薪金所得应代扣代缴税额＝[（11 500＋1 000－3 795－1 380－3 500）

$$×10\%-105]×12$$
$$=[3\,825×10\%-105]×12=277.5×12=3\,330(元)$$

② 年终一次取得奖金 60 000 元除以 12 等于 5 000 元，则全年一次性奖金适用的个人所得税税率为 20%，速算扣除数为 555 元。

全年一次性奖金所得代扣代缴税额 = 60 000 × 20% − 555 = 11 445（元）

（2）劳务报酬所得

在同一个月内讲学 4 次应合并为一次按劳务报酬所得计征个人所得税。

劳务报酬所得代扣代缴税额 = 3 000 × 4 × (1 − 20%) × 20% = 1 920（元）

（3）稿酬所得

出版和加印分别取得稿酬应合并为一次按稿酬所得计征个人所得税。

$$稿酬所得代扣代缴税额=(15\,000+5\,000)×(1-20\%)×20\%×(1-30\%)$$
$$=2\,240(元)$$

（4）利息、股息、红利所得

国债利息免征个人所得税。被投资企业为其购买小汽车应按利息、股息、红利所得计征个人所得税。

利息、股息、红利所得代扣代缴税额 = 150 000 × 20% = 30 000（元）

（5）财产租赁所得

财产租赁所得，以 1 个月内取得的收入为一次计征个人所得税。

$$财产租赁所得代扣代缴税额=[6\,000-6\,000×3\%×50\%×(1+7\%+3\%)-6\,000$$
$$×4\%]×(1-20\%)×10\%×12$$
$$=5\,661×(1-20\%)×10\%×12=5\,434.56（元）$$

自测题

一、名词解释

1. 居民纳税义务人
2. 非居民纳税义务人
3. 工资、薪金所得
4. 劳务报酬所得
5. 稿酬所得
6. 特许权使用费所得
7. 财产租赁所得
8. 财产转让所得
9. 偶然所得
10. 超额累进税率
11. 自行申报纳税
12. 代扣代缴申报纳税

二、简述题

1. 简述个人所得税的纳税义务人及其纳税义务。
2. 简述所得来源地的确定。
3. 简述个人所得税的应税所得项目。
4. 简述个人所得税的税率。
5. 简述应纳税所得额的确定。
6. 简述个人所得税应纳税额的计算。
7. 简述个人所得税税收优惠政策。
8. 简述个人所得税境外所得的税额扣除。
9. 简述个人所得税的征收管理。

三、单项选择题

1. 根据个人所得税法的规定，我国居民纳税人与非居民纳税人的划分标准是（　　）。

    A. 住所

B. 时间标准
C. 住所和时间标准
D. 户籍所在地标准

2. "临时离境"是指在一个纳税年度内，一次不超过（　　）日或者多次累计不超过（　　）日的离境。
A. 30，60　　B. 30，90
C. 60，90　　D. 30，45

3. 根据个人所得税法的规定，生产、经营所得的所得来源地是（　　）。
A. 合同签订地
B. 销售方机构所在地
C. 生产、经营活动实现地
D. 购买方机构所在地

4. 下列各项中，属于按"工资、薪金所得"项目征税的是（　　）。
A. 托儿补助费　B. 劳动分红
C. 投资分红　　D. 独生子女补贴

5. 出租汽车经营单位对出租车驾驶员采取单车承包或承租方式运营，出租车驾驶员从事客货运营取得的收入，按（　　）项目征税。
A. 工资、薪金所得
B. 个体工商户的生产、经营所得
C. 承包经营、承租经营的所得
D. 劳务报酬所得

6. 出租汽车经营单位将出租车所有权转移给驾驶员的，出租车驾驶员从事客货运营取得的收入，比照（　　）征税。
A. 工资、薪金所得
B. 个体工商户的生产、经营所得
C. 承包经营、承租经营的所得
D. 劳务报酬所得

7. 个人参加笔会现场作画取得的收入属于（　　）。
A. 工资、薪金所得
B. 个体工商户的生产、经营所得
C. 劳务报酬所得
D. 稿酬所得

8. 根据个人所得税法的规定，下列项目中，属于劳务报酬所得的是（　　）。
A. 发表论文取得的报酬
B. 画家拍卖自己的绘画所得
C. 将外国的作品翻译出版取得的报酬
D. 高校教师受出版社委托进行审稿取得的报酬

9. 个人兼职所得的收入应按（　　）项目缴纳个人所得税。
A. 工资、薪金所得
B. 劳务报酬所得
C. 个体工商户的生产、经营所得
D. 利息、股息、红利所得

10. 根据个人所得税法的规定，公司职工取得的劳务分红应按照（　　）项目征收个人所得税。
A. 工资、薪金所得
B. 劳务报酬所得
C. 利息、股息、红利所得
D. 偶然所得

11. 下列不属于应按"特许权使用费所得"项目征收个人所得税的是（　　）。
A. 转让技术诀窍所得
B. 转让技术秘密所得
C. 转让专利权所得
D. 转让土地使用权所得

12. 承包、承租人对企业经营成果不拥有所有权，仅按合同（协议）规定取得一定所得的，应按（　　）所得项目征收个人所得税。
A. 工资、薪金所得
B. 个体工商户的生产、经营所得
C. 承包经营、承租经营的所得
D. 劳务报酬所得

13. 某公司的个人投资者赵某从其投资企业借款 5 万元自用于消费，到年底仍未归还，则该款项应按（　　）计征个人所得税。

A. 工资、薪金所得
B. 个体工商户的生产、经营所得
C. 承包经营、承租经营的所得
D. 利息、股息、红利所得

14. 个人因从事彩票代销业务而取得的所得,应按( )计征个人所得税。

A. 工资、薪金所得
B. 个体工商户的生产、经营所得
C. 承包经营、承租经营的所得
D. 劳务报酬所得

15. 张三 2012 年 12 月取得咨询收入 25 000 元,则其适用税率为( )。

A. 20%
B. 20%,加征 3 成
C. 20%,加征 5 成
D. 20%,加征 10 成

16. 甲在公司任职,同时兼任监事,则获得的监事费收入按( )征收个人所得税。

A. 工资、薪金所得
B. 劳务报酬所得
C. 偶然所得
D. 利息、股息、红利所得

17. 王先生 2012 年 8 月退休,每月领取退休工资 1 300 元,12 月份被一家公司聘用,月工资 3 600 元。2012 年 12 月王先生应缴纳个人所得税( )元。

A. 3   B. 30
C. 42   D. 135

18. 王先生在甲公司工作了 15 年,2012 年 12 月与该单位解除聘用关系,取得一次性补偿收入 81 000 元。甲公司所在地上年平均工资为 15 000 元。王先生的补偿收入应缴纳个人所得税( )元。

A. 135   B. 195
C. 300   D. 795

19. 张某的一篇小说在一家日报上连载 2 个月,第 1 个月月末报社支付稿酬 2 000 元;第 2 个月月末,报社支付稿酬 10 000 元。张某 2 个月所获稿酬应缴纳的个人所得税为( )元。

A. 1 344   B. 1 988
C. 2 296   D. 2 408

20. 陈某于 2012 年 12 月从某上市公司分得红利 10 000 元,则陈某当月应缴纳个人所得税( )元。

A. 400   B. 775
C. 1 000   D. 2 000

21. 根据个人所得税法的规定,下列各项中计算应纳税所得额时,不得扣除费用的是( )。

A. 利息、股息、红利所得
B. 稿酬所得
C. 劳务报酬所得
D. 特许权使用费所得

22. 某高校教师与民办大学签约,当年业余为其讲授大学语文、应用文基础、古诗赏析三门课程,则其讲课费应缴纳个人所得税正确的是( )。

A. 结束课程时按三门课程分别计算
B. 合计全部收入一并计算
C. 按每个月取得的收入计算
D. 平均每个月收入计算

23. 马先生转租住房,2012 年每月取得租金收入 4 000 元。每月发生的合理可扣除税费为 100 元,租金支出每月 2 000 元,12 月份发生修缮费用 500 元,均取得合法票据。针对此项业务,12 月马先生应缴纳个人所得税( )元。

A. 0   B. 60
C. 70   D. 75

24. 根据个人所得税法的规定,下列应当缴纳个人所得税的是( )。

A. 单张有奖发票奖金所得 1 000 元
B. 退休工资
C. 保险赔偿收入
D. 国债利息收入

25. 某大学教授在 A、B 两国讲学分别取得收入 18 000 元和 35 000 元，已分别按收入来源国税法缴纳了个人所得税 2 000 元和 6 000 元，那么教授应该在我国补缴个人所得税（　　）元。

A. 480　　　　B. 1 280
C. 2 600　　　D. 2 720

26. 根据个人所得税法的规定，个人进行公益性捐赠，从应纳税所得额中扣除的比例最高为（　　）。

A. 3%　　　　B. 12%
C. 30%　　　 D. 100%

27. 2012 年 12 月张某因提供重要线索，协助公安部门侦破某重大经济案件，获得公安部门奖金 2 万元，已取得公安部门提供的获奖证明材料。则此业务张某应缴纳个人所得税（　　）元。

A. 0　　　　　B. 3 200
C. 3 840　　　D. 4 000

28. 王某 2012 年 12 月承揽一项房屋装修工程，计划一个月完工，按照进度房主 12 月 10 日支付 10 000 元，12 月 20 日支付 20 000 元，12 月 30 日支付 30 000 元。不考虑其他税费，王某取得的装修收入应缴纳个人所得税（　　）元。

A. 7 674　　　B. 12 300
C. 12 400　　 D. 13 200

29. 2012 年 10、11、12 月，刘某业余分别为三所学校授课，各取得课酬 10 000 元，则刘某此业务应缴纳个人所得税（　　）元。

A. 3 200　　　B. 4 500
C. 4 800　　　D. 5 200

30. 根据个人所得税法的规定，下列项目中，应征收个人所得税的有（　　）。

A. 外籍个人按照合理标准取得的境内出差补贴
B. 个人举报犯罪行为获得的奖金
C. 退休人员再任职取得的收入
D. 军人转业费

31. 根据个人所得税法的规定，下列所得中，免缴个人所得税的是（　　）。

A. 年终加薪
B. 拍卖本人文字作品原稿的收入
C. 个人保险所获赔款
D. 从投资管理公司取得的派息分红

32. 李某 2012 年 12 月取得工资收入 2 600 元，稿酬收入 3 000 元，他当即表示将稿酬收入通过民政局捐赠给受灾地区，则其当月应纳个人所得税为（　　）元。

A. 375　　　　B. 257
C. 343　　　　D. 215.60

33. 对于县级政府颁发的科学、教育、技术、文化、卫生、体育、环境保护等方面的奖金，应当（　　）。

A. 征收个人所得税
B. 免征个人所得税
C. 减半征收个人所得税
D. 适当减征个人所得税

34. 从中国境外取得所得的纳税人，在纳税年度终了后（　　）内向中国境内主管税务机关办理纳税申报。

A. 30 日　　　B. 45 日
C. 60 日　　　D. 3 个月

35. 扣缴义务人因有特殊困难不能按期报送扣缴个人所得税报告表及其他有关资料的，经（　　）批准，可以延期申报。

A. 税务所
B. 县级税务机关
C. 设区的市级税务机关
D. 省级税务机关

36. 根据个人所得税法的规定，自行申报缴纳个人所得税的纳税人，当其在中国境内两处或两处以上取得工资、薪金所得时，其纳税地点的选择应是（　　）。

A. 经常居住
B. 个人户籍所在地
C. 所得额较大的一地
D. 其中固定一地

四、多项选择题

1. 下列各项中,属于个人所得税的居民纳税义务人的有（　　）。
   A. 在中国境内无住所,但一个纳税年度中在中国境内居住满1年的个人
   B. 在中国境内无住所且居住满3个月
   C. 在中国境内无住所,而在境内居住超过6个月不满1年的个人
   D. 在中国境内有住所,但在一个纳税年度内实际在境内不足30天

2. 根据个人所得税法的规定,个人所得税的纳税义务人包括（　　）。
   A. 在中国境内无住所,又不居住,且无来源于中国境内所得的个人
   B. 个体工商户
   C. 个人独资企业
   D. 有来源于中国境内所得的外籍人员

3. 下列关于个人所得税所得来源地的描述正确的有（　　）。
   A. 生产、经营所得,以生产、经营活动实现地,作为所得来源地
   B. 不动产转让所得,以实现转让的地点为所得来源地
   C. 财产租赁所得,以被租赁财产的使用地,作为所得来源地
   D. 特许权使用费所得,以特许权的使用地,作为所得来源地

4. 根据个人所得税法的规定,不扣减在华天数的临时离境包括（　　）。
   A. 一次离境不超过30天
   B. 一次离境不超过90天
   C. 多次累计离境不超过90天
   D. 多次累计离境不超过183天

5. 下列不计入工资、薪金所得,不予征税的项目有（　　）。
   A. 独生子女补贴 B. 误餐补助
   C. 托儿补助费 D. 差旅费津贴

6. 下列属于应计入工资、薪金所得项目的有（　　）。
   A. 年终加薪 B. 全年一次性奖金
   C. 职务工资 D. 饭费补贴

7. 下列各项中,应当按照"工资、薪金所得"项目征收个人所得税的有（　　）。
   A. 劳动分红 B. 独生子女补贴
   C. 差旅费津贴 D. 年终加薪

8. 根据个人所得税法的规定,下列应按"个体工商户的生产、经营所得"项目缴纳个人所得税的是（　　）。
   A. 从事个体出租车运营的出租车驾驶员取得的收入
   B. 个人因从事彩票代销业务而取得所得
   C. 受托从事俄文的翻译取得所得
   D. 个人独资企业的投资者以企业资金为本人购买汽车

9. 下列个人所得按"劳务报酬所得"项目缴纳个人所得税的有（　　）。
   A. 受托从事会计核算取得的收入
   B. 个人兼职收入
   C. 教师自办培训班取得的收入
   D. 个人从事彩票代销业务取得的收入

10. 下列属于劳务报酬所得项目的有（　　）。
    A. 笔译翻译收入 B. 审稿收入
    C. 现场书画收入 D. 雕刻收入

11. 根据个人所得税法的规定,下列属于稿酬所得的项目有（　　）。
    A. 书画家出席笔会现场泼墨书写取得的收入
    B. 提供著作的版权而取得的报酬
    C. 将国外的作品翻译出版取得的报酬
    D. 发表论文取得的所得

12. 下列个人收入,应按照"特许权使用费所得"项目缴纳个人所得税的有（　　）。
    A. 个人取得专利权转让收入

B. 作家公开拍卖自己的文字作品手稿复印件的收入

C. 个人公开拍卖他人的文字作品手稿复印件的收入

D. 作家公开拍卖自己的文字作品手稿原件的收入

13. 根据个人所得税法的规定，以下应按照"利息、股息、红利所得"项目征收个人所得税的有（　　）。

A. 个人购买上市公司股票得到的股利分红

B. 个人独资企业的个人投资者以企业资金为本人购买住房

C. 股份有限公司的个人投资者以企业资金为本人购买汽车

D. 个人获得国债利息

14. 根据个人所得税法的规定，以下应按照"财产转让所得"项目征收个人所得税的有（　　）。

A. 个人转让自己使用过的物品取得的所得

B. 个人转让家传古董取得的所得

C. 个人将使用6年的家庭唯一住房转让取得的所得

D. 个人将自己的文字作品手稿拍卖取得的所得

15. 下列属于财产转让所得的项目有（　　）。

A. 转让股权　　B. 转让土地使用权
C. 转让专利权　D. 转让有价证券

16. 根据个人所得税法的规定，下列表述正确的是（　　）。

A. 若某人发表一篇作品，出版单位分三次支付稿酬，则三次稿酬应合并为一次征税

B. 同一作品再版取得的所得，应视作另一次稿酬所得计征个人所得税

C. 若因作品加印而获得稿酬，应合并为一次征税

D. 如果作品，连载后又出版图书，则应作为两次所得征收个人所得税

17. 下列个人所得税应税项目中，费用扣除同时采用定额扣除（800元）或定率扣除（20%）的项目有（　　）。

A. 财产转让所得
B. 稿酬所得
C. 特许权使用费所得
D. 劳务报酬所得

18. 下列项目中计征个人所得税时，允许从总收入中减除费用800元的有（　　）。

A. 稿费3 500元
B. 在有奖销售中一次性获奖2 000元
C. 提供咨询服务一次取得收入3 000元
D. 转让房屋收入10万元

19. 下列项目中，以1个月内取得的收入为一次计征个人所得税的项目有（　　）。

A. 分月取得的某项专利转让费
B. 财产租赁所得
C. 小说在报刊上连载3个月的报酬所得
D. 属于同一事项连续取得的劳务报酬所得

20. 计算个人转让住房应缴个人所得税时允许扣除的合理费用是指（　　）。

A. 房装修费用　B. 住房贷款利息
C. 手续费　　　D. 公证费

21. 根据个人所得税法的规定，下列适用附加减除费用的是（　　）。

A. 在外商投资企业中工作取得工资、薪金的外籍人员

B. 临时在国外打工取得工资收入的中国公民

C. 在我国企事业单位中工作的外籍专家

D. 在我国的外国企业中工作取得工资、薪金的中方人员

22. 根据个人所得税法的规定，下列事项应按照"工资、薪金所得"缴纳个人所得

税的有（　　）。

A. 个人兼职收入
B. 员工因拥有股权而参与企业税后利润分配取得的所得
C. 单位向职工奖励汽车
D. 劳动分红

23. 根据个人所得税法的规定，对财产转租所得，下列项目属于可以扣除的是（　　）。

A. 财产租赁过程中缴纳的税费
B. 向出租方支付的租金
C. 纳税人负担的租赁财产实际开支的修缮费
D. 税法规定的费用扣除标准

24. 根据个人所得税法的规定，下列所得可以采用按年计征、分期预缴个人所得税的有（　　）。

A. 个体工商户的生产、经营所得
B. 个人独资企业的生产、经营所得
C. 跨年度分期取得稿酬
D. 企业承包经营所得

25. 根据个人所得税法的规定，下列稿酬所得中，不应合并为一次性所得征税的有（　　）。

A. 同一作品在报刊上连载，分次取得的稿酬
B. 同一作品出版后加印而追加的稿酬
C. 同一作品再版取得的稿酬
D. 同一作品先连载，后出版取得的稿酬

26. 对于个人的财产转让所得，在计算征收个人所得税时，准予从收入中扣除的财产原值及合理费用有（　　）。

A. 有价证券的原值
B. 建筑物的建造费用及相关费用
C. 机器设备的购进价格及运输费用
D. 对转让财产的评估价

27. 根据个人所得税法的规定，下列项目中，经批准可减征个人所得税的有（　　）。

A. 个人举报各种违法行为而获得的奖金
B. 外籍个人从外商投资企业取得的红利
C. 残疾、孤老人员、烈属取得的所得
D. 因自然灾害遭受重大损失

28. 下列免征个人所得税的项目有（　　）。

A. 职工春节加班补贴
B. 军人的转业费、安家费
C. 参加有奖销售活动得到的赠品
D. 福利费、抚恤金、救济金

29. 下列征收个人所得税的收入有（　　）。

A. 有奖发票中奖700元
B. 学生勤工俭学收入1 000元
C. 演出取得收入3 000元
D. 保险赔款2 000元

30. 下列项目中，免征个人所得税的有（　　）。

A. 国家发行的金融债券的利息
B. 外籍个人从外商投资企业取得的红利
C. 残疾、孤老人员和烈属取得的所得
D. 因严重自然灾害遭受重大损失的

31. 下列各项个人所得中，应当征收个人所得税的有（　　）。

A. 企业集资取得的利息
B. 从股份公司取得的股息
C. 企业债券利息
D. 国家发行的金融债券利息

32. 下列目前不征或免征、暂免征个人所得税的项目有（　　）。

A. 退休工资3 000元
B. 境内上市公司股票转让所得5万元
C. 国家民政部门支付的救济金2万元
D. 举报偷税获奖1万元

33. 根据个人所得税法的规定，下列项

目享受个人所得税减免税优惠的有（　　）。

A．外籍个人以实报实销形式取得的住房补贴和伙食补贴

B．外籍个人取得搬迁费的现金补贴

C．个人领取原提存的住房公积金

D．个人取得的企业债券利息收入

34．根据个人所得税征收管理制度的规定，下列所得中，应当自行申报纳税的有（　　）。

A．从两处或两处以上取得工资、薪金所得的

B．从中国境外取得所得的

C．取得应税所得，扣缴义务人没有扣缴税款的

D．年所得12万元以上的

35．根据个人所得税征收管理制度的规定，下列关于年所得12万元以上纳税人的描述正确的有（　　）。

A．无论取得的各项所得是否已足额缴纳了个人所得税，都应当于纳税年度终了后向主管税务机关办理纳税申报

B．年所得12万元以上的纳税人，不包括在中国境内无住所，且在一个纳税年度中在中国境内居住不满1年的个人

C．已经足额缴纳所得税的年所得额12万元以上的个人，无需自行申报

D．在办理纳税申报时应当提供个人有效身份证件复印件

36．根据个人所得税法的规定，个人取得的下列所得中，支付人应当代扣代缴个人所得税的有（　　）。

A．偶然所得

B．财产转让所得

C．对企事业单位的承包经营、承租经营所得

D．个体工商户的生产、经营所得

37．根据个人所得税法的规定，下列关于扣缴义务人对纳税人的应扣未扣的税款处理正确的是（　　）。

A．应纳税款由纳税人缴纳

B．应纳税款由扣缴义务人缴纳

C．扣缴义务人应承担应扣未扣税款50%以上至5倍的罚款

D．扣缴义务人应承担应扣未扣税款50%以上至3倍的罚款

五、判断题

1．某美籍专家在中国境内从2009至2012年已居住了4年，按中国税法规定，其为中国的居民纳税人。2012年期间临时离境20天，他在中国境内取得的年薪金60万元人民币，在中国境外取得利息、租金收入折合40万元人民币，他取得的这100万元人民币所得，都要向中国政府缴纳个人所得税。（　　）

2．对非居民纳税人来源于中国境内但支付地点在境外的所得，免征个人所得税。（　　）

3．在中国境内无住所，但是在一个纳税年度中在中国境内连续或累计居住超过90日（协定183日）不超过1年的个人，其来源于中国境内的所得，由境外雇主支付并且不由该雇主在中国境内的机构、场所负担的部分，免予缴纳个人所得税。（　　）

4．某人在甲地取得工资1 000元，在乙地取得工资5 200元。甲地和乙地的支付者分别扣缴了该人的个人所得税，按税法规定该人还应该自行申报补缴个人所得税。（　　）

5．2012年度某外籍专家在中国工作，居住70天，在中国任职期间的工资2万美元，其中1万美元中方直接支付，另外1万美元中方转交其本国派出公司支付。外籍专家应就其中方支付的1万美元在中国缴纳个人所得税。（　　）

6．超过政府规定标准缴纳的养老、医疗、失业保险，其超过规定交付的部分应计入职工当期工资、薪金所得，依法计征个人所得税。（　　）

7. 个人转让自用达5年以上的家庭生活用房取得的所得,免征个人所得税。( )

8. 某畅销书再版,则其再版稿酬应与以前出版发表时的稿酬合并为一次计征个人所得税。( )

9. 某畅销书出版后添加印数,则其因添加印数追加的稿酬应与以前出版发表时的稿酬合并为一次计征个人所得税。( )

10. 同一作品在报刊上连载取得收入的,以1个月内取得的收入合并为一次,计征个人所得税。( )

11. 某作者由出版社出版一部小说,取得稿酬3万元,该书在北京晚报上连载刊登,连载完后报社支付其稿酬2万元。该作者的两笔稿酬应该分开缴纳个人所得税。( )

12. 个人通过民政部门向社会公益事业以及遭受自然灾害地区、贫困地区捐赠,捐赠额超过纳税人申报的应纳税所得额30%的部分,不得从其应纳所得额中扣除。( )

13. 个人购买溢价发行的金融债券和企业债券的利息免税。( )

14. 个体工商户张某对外投资,从被投资企业分得红利,属投资经营所得,应依法按个体工商业户的生产、经营所得缴纳个人所得税。( )

15. 个人取得应纳税所得,没有扣缴义务人或者扣缴义务人未按规定扣缴税款的,均应自行申报缴纳个人所得税。( )

六、计算题

1. 中国公民张某系某公司工程师,2012年12月取得收入如下:

(1) 单位支付其工资3 000元。

(2) 年终取得一次性奖金12 000元。

(3) 为某单位讲座取得酬金6 000元。

(4) 取得省政府颁发的科技奖金10 000元。

(5) 单位为其支付商业养老保险5 000元。

(6) 其投资的股份合作企业为其购买10万元的汽车一辆。

要求:计算张某2012年12月应缴纳的个人所得税。

2. 中国公民孙某系自由职业者,2012年取得收入如下:

(1) 出版中篇小说一部,取得稿酬50 000元,后因小说加印和报刊连载,分别取得出版社稿酬10 000元和报社稿酬3 800元。

(2) 受托对一电影剧本进行审核,取得审稿收入15 000元。

(3) 临时担任会议翻译,取得收入3 000元。

(4) 出国访问期间举办中国改革讲座,国外主办单位支付酬金折合人民币15 000元,境外缴纳个人所得税折合人民币2 000元。

要求:计算孙某2012年应缴纳的个人所得税。

七、综合题

中国公民李凡,2012年度取得收入如下:

(1) 每月取得工资收入8 000元,单位为其缴纳社会保险费2 640元、住房公积金960元和商业医疗保险费1 000元。

(2) 年终一次取得奖金20 000元。

(3) 3月给出版社审稿取得审稿费8 000元。

(4) 4月出版了一部著作,一次取得稿酬收入15 000元,又于6月至12月在报上连载,每次收到稿酬1 000元。

(5) 5月分得现金股利20 000元。

(6) 7月份将市区内闲置的一处住房出租给他人居住,租期1年,每月租金5 000元。8月发生房屋修缮费1 500元。财产租赁适用的营业税税率为3%减半,城市维护建设税税率为7%，教育费附加征收比率为3%，房产税税率为4%，个人所得税税率为10%。

(7) 在A国讲学取得收入30 000元，在B国从事书画展卖取得收入70 000元，已分别按收入来源国税法规定缴纳个人所得税5 000元和18 000元。

要求： 计算李凡2012年度应缴纳的个人所得税。

第十六章 税收征收管理法

税收征收管理法是有关税收征收管理法律规范的总称，包括税收征收管理法及税收征收管理的有关法律、法规和规章。

2001年4月28日修改公布、2001年5月1日起施行的《中华人民共和国税收征收管理法》（以下简称《征管法》），以及2002年9月7日发布、10月15日起施行的《中华人民共和国税收征收管理法实施细则》（以下简称《征管法实施细则》），对加强税收征收管理，规范税收征收和缴纳行为，保障国家税收收入，保护纳税人的合法权益，促进经济和社会发展，具有十分重要的意义。

第一节 税收征收管理法概述

一、税收征收管理法的适用范围

《征管法》第2条规定："凡依法由税务机关征收的各种税收的征收管理，均适用本法。"这就明确界定了《征管法》的适用范围。

我国税收的征收机关有税务、海关、财政等部门，税务机关征收各种工商税收，海关征收关税。《征管法》只适用于由税务机关征收的各种税收的征收管理。

农税征收机关负责征收的耕地占用税、契税的征收管理，由国务院另行规定；海关征收的关税及代征的增值税、消费税，适用其他法律、法规的规定。

需要说明的是，目前还有一部分费由税务机关征收，如教育费附加。这些费不适用《征管法》，不能采取《征管法》规定的措施，其具体管理办法由各种费的条例和规章决定。

二、税收征收管理法的遵守主体

（一）税务行政主体——税务机关

《征管法》第5条规定："国务院税务主管部门主管全国税收征收管理工作。各地国家税务局和地方税务局应当按照国务院规定的税收征收管理范围分别进行征收管理。"《征管法》和《征管法实施细则》规定："税务机关是指各级税务局、税务分局、税务所和省以下税务局的稽查局。稽查局专司偷税、逃避追缴欠税、骗税、抗税案件的查处。国家税务总局应明确划分税务局和稽查局的职责，避免职责交叉。"上述规定既明确了税收征收管理的行政主体（即执法主体），也明确了《征管法》的遵守主体。

（二）税务行政管理相对人——纳税人、扣缴义务人和其他有关单位

纳税人和扣缴义务人是税收征管法的纳税主体，也是税务行政管理的相对人。《征管法》第4条规定："法律、行政法规规定负有纳税义务的单位和个人为纳税人。法律、行政法规规定负有代扣代缴、代收代缴税款义务的单位和个人为扣缴义务人。纳税人、扣缴义务人必须依照法律、行政法规的规定缴纳税款、代扣代缴、代收代缴税款。"第6条第2款规定"纳税人、扣缴义务人和其他有关单位应当按照国家有关规定如实向税务机关提供与纳税和代扣代缴、代收代缴税款有关的信息。"根据上述规定，纳税人、扣缴义务人和其他有关单位是税务行政管理的相对人，《征管法》的遵守主体，必须按照《征管法》的有关规定接受税务管理，享受合法权益。

（三）有关单位和部门

《征管法》第5条规定："地方各级人民政府应当依法加强对本行政区域内税收征收管理工作的领导或者协调，支持税务机关依法执行职务、依照法定税率计算税额，依法征收税款。各有关部门和单位应当支持、协助税务机关依法执行职务。税务机关依法执行职务，任何单位和个人不得阻挠。"这说明包括地方各级人民政府在内的有关单位和部门同样是《征管法》的遵守主体，必须遵守《征管法》的有关规定。

三、税收征收管理权利和义务的设定

《征管法》及其实施细则加强了对税务机关行使权力的监督，更加明确了纳税人依法享有的权利，它对于提高征管主体的征管水平、切实保护纳税人的合法权益起到极大的促进作用。

（一）税务机关和税务人员的权利与义务

1. 税务机关和税务人员的权利

税务机关和税务人员的权利主要包括：

（1）负责税收征收管理工作。

（2）税务机关依法执行职务，任何单位和个人不得阻挠。

2. 税务机关和税务人员的义务

税务机关和税务人员的义务主要包括：

（1）税务机关应当广泛宣传税收法律、行政法规，普及纳税知识，无偿地为纳税人提供纳税咨询服务。

（2）税务机关应当加强队伍建设，提高税务人员的政治业务素质。

（3）税务机关、税务人员必须秉公执法、忠于职守、清正廉洁、礼貌待人、文明服务，尊重和保护纳税人、扣缴义务人的权利，依法接受监督。

（4）税务人员不得索贿受贿、徇私舞弊、玩忽职守、不征或者少征应征税款；不得滥用职权多征税款或者故意刁难纳税人和扣缴义务人。

（5）各级税务机关应当建立、健全内部制约和监督管理制度。

（6）上级税务机关应当对下级税务机关的执法活动依法进行监督。

（7）各级税务机关应当对其工作人员执行法律、行政法规和廉洁自律准则的情况进行监督检查。

（8）税务机关负责征收、管理、稽查，行政复议人员的职责应当明确，并相互分

离、相互制约。

(9) 税务机关应为检举人保密，并按照规定给予奖励。

(10) 税务人员在核定应纳税额、调整税收定额、进行税务检查、实施税务行政处罚、办理税务行政复议时，与纳税人、扣缴义务人或者其法定代表人、直接责任人有下列关系之一的，应当回避：①夫妻关系；②直系血亲关系；③三代以内旁系血亲关系；④近姻亲关系；⑤可能影响公正执法的其他利益关系。

(二) 纳税人、扣缴义务人的权利与义务

1. 纳税人、扣缴义务人的权利

纳税人、扣缴义务人的权利主要包括：

(1) 纳税人、扣缴义务人有权向税务机关了解国家税收法律、行政法规的规定以及与纳税程序有关的情况。

(2) 纳税人、扣缴义务人有权要求税务机关为纳税人、扣缴义务人的情况保密。税务机关应当为纳税人、扣缴义务人的情况保密。保密是指纳税人、扣缴义务人的商业秘密及个人隐私。纳税人、扣缴义务人的税收违法行为不属于保密范围。

(3) 纳税人依法享有申请减税、免税、退税的权利。

(4) 纳税人、扣缴义务人对税务机关所做出的决定，享有陈述权、申辩权；依法享有申请行政复议、提起行政诉讼、请求国家赔偿等权利。

(5) 纳税人、扣缴义务人有权控告和检举税务机关、税务人员的违法违纪行为。

2. 纳税人、扣缴义务人的义务

纳税人、扣缴义务人的义务主要包括：

(1) 纳税人、扣缴义务人必须依照法律、行政法规的规定缴纳税款、代扣代缴、代收代缴税款。

(2) 纳税人、扣缴义务人和其他有关单位应当按照国家有关规定如实向税务机关提供与纳税和代扣代缴、代收代缴税款有关的信息。

(3) 纳税人、扣缴义务人和其他有关单位应当接受税务机关依法进行的税务检查。

(三) 地方各级人民政府、有关部门和单位的权利与义务

1. 地方各级人民政府、有关部门和单位的权利

地方各级人民政府、有关部门和单位的权利主要包括：

(1) 地方各级人民政府应当依法加强对本行政区域内税收征收管理工作的领导或者协调，支持税务机关依法执行职务，依照法定税率计算税额，依法征收税款。

(2) 各有关部门和单位应当支持、协助税务机关依法执行职务。

(3) 任何单位和个人都有权检举违反税收法律、行政法规的行为。

2. 地方各级人民政府、有关部门和单位的义务

地方各级人民政府、有关部门和单位的义务主要包括：

(1) 任何机关、单位和个人不得违反法律、行政法规的规定，擅自做出税收开征、停征以及减税、免税、退税、补税和其他与税收法律、行政法规相抵触的决定。

(2) 收到违反税收法律、行政法规行为检举的机关和负责查处的机关应当为检举人保密。

第二节 税务管理

税务管理包括税务登记管理,账簿、凭证管理和纳税申报管理三个部分。

一、税务登记管理

税务登记是税务机关对纳税人的生产、经营活动进行登记并据此对纳税人实施税务管理的一种法定制度。税务登记又称纳税登记,它是税务机关对纳税人实施税收管理的首要环节和基础工作,是征纳双方法律关系成立的依据和证明,也是纳税人必须依法履行的义务。

(一) 开业税务登记

纳税人在领取营业执照后应当在法定期间内办理税务登记。

从事生产、经营的纳税人,应当自领取营业执照之日起30日内,向生产、经营地或者纳税义务发生地的主管税务机关申报办理税务登记,如实填写税务登记表,并按照税务机关的要求提供有关证件、资料。除上述以外的其他纳税人,除国家机关和个人外,应当自纳税义务发生之日起30日内,持有关证件向所在地主管税务机关申报办理税务登记。

扣缴义务人应当自扣缴义务发生之日起30日内,向所在地的主管税务机关申报办理扣缴税款登记,领取扣缴税款登记证件;税务机关对已办理税务登记的扣缴义务人,可以只在其税务登记证件上登记扣缴税款事项,不再发给扣缴税款登记证件。

税务机关应当自收到申报之日起30日内审核并发给税务登记证件。工商行政管理机关应当将办理登记注册、核发营业执照的情况,定期向税务机关通报。

税务机关审核后发给税务登记证及其副本。税务登记证是纳税人依法履行税务登记义务的书面证明。除按照规定不需要发给税务登记证件的外,纳税人办理下列事项时,必须持税务登记证件:①开立银行账户;②申请减税、免税、退税;③申请办理延期申报、延期缴纳税款;④领购发票;⑤申请开具外出经营活动税收管理证明;⑥办理停业、歇业;⑦其他有关税务事项。纳税人按照国务院税务主管部门的规定使用税务登记证件。税务登记证件不得转借、涂改、损毁、买卖或者伪造。

(二) 变更税务登记

变更税务登记是纳税人税务登记内容发生重要变化时向税务机关申报办理的税务登记手续。

纳税人税务登记内容发生变化的,应当自工商行政管理机关或者其他机关办理变更登记之日起30日内,持有关证件向原税务登记机关申报办理变更税务登记。

纳税人税务登记内容发生变化,不需要到工商行政管理机关或者其他机关办理变更登记的,应当自发生变化之日起30日内,持有关证件向原税务登记机关申报办理变更税务登记。

(三) 注销税务登记

注销税务登记是指纳税人税务登记内容发生了根本性变化,需终止履行纳税义务时向税务机关申报办理的税务登记手续。

纳税人发生解散、破产、撤销以及其他情形，依法终止纳税义务的，应当在向工商行政管理机关办理注销登记前，持有关证件向原税务登记管理机关申报办理注销税务登记；按照规定不需要在工商行政管理机关办理注册登记的，应当自有关机关批准或者宣告终止之日起15日内，持有关证件向原税务登记机关申报办理注销税务登记。

纳税人因住所、生产、经营场所变动而涉及改变主管税务登记机关的，应当在向工商行政管理机关申请办理变更或注销登记前，或者住所、生产、经营场所变动前，向原税务登记机关申报办理注销税务登记，并在30日内向迁达地主管税务机关申报办理税务登记。

纳税人被工商行政管理机关吊销营业执照的，应当自营业执照被吊销之日起15日内，向原税务登记机关申报办理注销税务登记。

纳税人在办理注销税务登记前，应当向税务机关结清应纳税款、滞纳金、罚款，缴销发票、税务登记证件和其他税务证件。

（四）停业、复业登记

实行定期定额征收方式的纳税人，在营业执照核准的经营期限内停业的，应当向税务机关提出停业登记，说明停业的理由、时间、停业前的纳税情况和发票的领、用、存情况，并如实填写申请停业登记表。税务机关经过审核（必要时可实地审查），应当责成申请停业的纳税人结清税款并收回税务登记证件、发票领购簿和发票，办理停业登记。纳税人停业期间发生纳税义务，应当及时向主管税务机关申报，依法补缴应纳税款。

纳税人应当于恢复生产、经营之前，向税务机关提出复业登记申请，经确认后，办理复业登记，领回或启用税务登记证件和发票领购簿及其领购的发票，纳入正常管理。

纳税人停业期满不能及时恢复生产、经营的，应当在停业期满前向税务机关提出延长停业登记。纳税人停业期满未按期复业又不申请延长停业的，税务机关应当视为已恢复营业，实施正常的税收征收管理。

（五）外出经营报验登记

(1) 纳税人到外县（市）临时从事生产经营活动的，应当在外出生产经营以前，持税务登记证向主管税务机关申请开具《外出经营活动税收管理证明》（以下简称《外管证》）。

(2) 税务机关按照一地一证原则，核发《外管证》，《外管证》的有效期限一般为30日，最长不得超过180天。

(3) 纳税人应当在《外管证》注明地进行生产经营前向当地税务机关报验登记，并提交下列证件、资料：①税务登记证件副本；②《外管证》。纳税人在《外管证》注明地销售货物的，除提交以上证件、资料外，应如实填写《外出经营货物报验单》，申报查验货物。

(4) 纳税人外出经营活动结束，应当向经营地税务机关填报《外出经营活动情况申报表》，并结清税款、缴销发票。

(5) 纳税人应当在《外管证》有效期届满后10日内，持《外管证》回原税务登记地税务机关办理《外管证》缴销手续。

二、账簿、凭证管理

账簿是纳税人、扣缴义务人连续地记录其各种经济业务的账册或簿籍。凭证是纳税人用来记录经济业务,明确经济责任,并据以登记账簿的书面证明。账簿、凭证管理是继税务登记之后税收管理的又一重要环节,在税收管理中占有十分重要的地位。

(一) 关于对账簿、凭证设置的管理

从事生产、经营的纳税人应当自领取营业执照或者发生纳税义务之日起 15 日内,按照国家有关规定设置账簿。根据合法、有效凭证记账,进行核算。

扣缴义务人应当自税收法律、行政法规规定的扣缴义务发生之日起 10 日内,按照所代扣、代收的税种,分别设置代扣代缴、代收代缴税款账簿。

生产、经营规模小又确无建账能力的纳税人,可以聘请经批准从事会计代理记账业务的专业机构或者经税务机关认可的财会人员代为建账和办理账务;聘请上述机构或者人员有实际困难的,经县以上税务机关批准,可以按照税务机关的规定,建立收支凭证粘贴簿、进货销货登记簿或者使用税控装置。

从事生产、经营的纳税人应当自领取税务登记证件之日起 15 日内,将其财务、会计制度和具体的财务、会计处理办法报送主管税务机关备案。纳税人使用计算机记账的,应当在使用前将会计电算化系统的会计核算软件、使用说明书及有关资料报送主管税务机关备案。

(二) 关于账簿、凭证的保管

从事生产经营的纳税人、扣缴义务人必须按照国务院财政、税务主管部门规定的保管期限保管账簿、记账凭证、完税凭证及其他有关资料。账簿、记账凭证、报表、完税凭证、发票、出口凭证以及其他有关涉税资料应当保存 10 年;但是,法律、行政法规另有规定的除外。账簿、记账凭证、报表、完税凭证、发票、出口凭证以及其他有关涉税资料应当合法、真实、完整,而不得伪造、变造或者擅自损毁。

(三) 发票管理

税务机关是发票的主管机关,负责发票的印制、领购、开具、取得、保管、缴销的管理和监督。

增值税专用发票由国务院税务主管部门指定的企业印制;其他发票按照国务院税务主管部门的规定,分别由省、自治区、直辖市国家税务局、地方税务局指定企业印制。

(四) 税控管理

税控管理是税收征收管理的一个重要组成部分,也是近期提出来的一个崭新的概念。它是指税务机关利用税控装置对纳税人的生产经营情况进行监督和管理,以保障国家税收收入,防止税款流失,提高税收征管工作效率,降低征收成本的各项活动的总称。

《征管法》第 23 条规定:"国家根据税收征收管理的需要,积极推广使用税控装置。纳税人应当按照规定安装、使用税控装置,不得损毁或者擅自改动税控装置。"同时还在第 60 条中增加了一款,规定"不能按照规定安装、使用税控装置,或者损毁或者擅自改动税控装置的,由税务机关责令限期改正,可以处以 2 000 元以下的罚款;情节严重的,处 2 000 元以上 1 万元以下的罚款。"这样不仅使推广使用税控装置有法可依,

而且可以打击在推广使用税控装置中的各种违法犯罪活动。

三、纳税申报管理

纳税申报是纳税人按照税法规定的期限和内容，向税务机关提交有关纳税事项书面报告的法律行为，是纳税人履行纳税义务、界定纳税人法律责任的主要依据，是税务机关税收管理信息的主要来源和税务管理的重要制度。

（一）纳税申报的对象

根据《征管法》第25条的规定，纳税申报的对象为纳税人和扣缴义务人。纳税人在纳税期内没有应纳税款的，也应当按照规定办理纳税申报。纳税人享受减税、免税待遇的，在减税、免税期间应当按照规定办理纳税申报。

（二）纳税申报的内容

纳税申报的内容，主要在各税种的纳税申报表和代扣代缴、代收代缴税款报告表中体现，还有的是随纳税申报表附报的财务报表和有关纳税资料中体现。纳税人和扣缴义务人的纳税申报和代扣代缴、代收代缴税款报告表的主要内容包括：税种、税目，应纳税项目或者应代扣代缴、代收代缴税款项目，计税依据，扣除项目及标准，适用税率或者单位税额，应退税项目及税额、应减免税项目及税额，应纳税额或者应代扣代缴、代收代缴税额，税款所属期限、延期缴纳税款、欠税、滞纳金等。

（三）纳税申报的期限

《征管法》规定纳税人和扣缴义务人都必须按照法定的期限办理纳税申报。申报期限有两种：一种是法律、行政法规明确规定的；另一种是税务机关按照法律、行政法规的原则规定，结合纳税人生产经营的实际情况及其所应缴纳的税种等相关问题予以确定的。两种期限具有同等的法律效力。

（四）纳税申报的要求

纳税人办理纳税申报时，应当如实填写纳税申报表，并根据不同的情况相应报送下列有关证件、资料：

（1）财务会计报表及其说明材料。

（2）与纳税有关的合同、协议书及凭证。

（3）税控装置的电子报税资料。

（4）外出经营活动税收管理证明和异地完税凭证。

（5）境内或者境外公证机构出具的有关证明文件。

（6）税务机关规定应当报送的其他证件、资料。

（7）扣缴义务人办理代扣代缴、代收代缴税款报告时，应当如实填写代扣代缴、代收代缴税款报告表，并报送代扣代缴、代收代缴税款的合法凭证以及税务机关规定的其他有关证件、资料。

（五）纳税申报的方式

《征管法》第26条规定："纳税人、扣缴义务人可以直接到税务机关办理纳税申报或者报送代扣代缴、代收代缴税款报告表，也可以按照规定采取邮寄、数据电文或者其他方式办理上述申报、报送事项。"目前，纳税申报的形式主要有以下三种。

1. 直接申报

直接申报是指纳税人自行到税务机关办理纳税申报。这是一种传统申报方式。

2. 邮寄申报

邮寄申报是指经税务机关批准的纳税人使用统一规定的纳税申报特快专递专用信封，通过邮政部门办理交寄手续，并向邮政部门索取收据作为申报凭据的方式。

纳税人采取邮寄方式办理纳税申报的，应当使用统一的纳税申报专用信封，并以邮政部门收据作为申报凭据。邮寄申报以寄出的邮戳日期为实际申报日期。

3. 数据电文

数据电文是指经税务机关确定的电话语音、电子数据交换和网络传输等电子方式。例如，目前纳税人的网上申报就是数据电文申报方式的一种形式。

纳税人采取电子方式办理纳税申报的，应当按照税务机关规定的期限和要求保存有关资料，并定期书面报送主管税务机关。纳税人、扣缴义务人采取数据电文方式办理纳税申报的，其申报日期以税务机关计算机网络系统收到该数据电文的时间为准。

无论采用直接申报、邮寄申报，还是数据电文申报，最终都要由征税机关打印税收缴款书或从网上生成并打印税收缴款书作为纳税人缴纳税款的依据。税收缴款书因征税机关不同，其格式和所填列的内容有所不同，主要有国家税务局税收通用缴款书、地方税务局专用缴款书和海关专用缴款书。

除上述方式外，实行定期定额缴纳税款的纳税人，可以实行简易申报、简并征期等申报纳税方式。

1. 简易申报

简易申报是指实行定期定额缴纳税款的纳税人在法律、行政法规规定的期限内或者税务机关依据法规的规定确定的期限内缴纳税款的，税务机关可以视同申报。

2. 简并征期

简并征期是指实行定期定额缴纳税款的纳税人，经税务机关批准，可以采取将纳税期限合并为按季、半年、年的方式缴纳税款。

（六）延期申报管理

延期申报是指纳税人、扣缴义务人不能按照税法规定的期限办理纳税申报或扣缴税款报告。

根据《征管法》第 27 条和《征管法实施细则》第 37 条及有关法规的规定，纳税人因有特殊情况，不能按期进行纳税申报的，经县以上税务机关核准，可以延期申报。但应当在规定的期限内向税务机关提出书面延期申请，经税务机关批准，在核准的期限内办理。如纳税人、扣缴义务人因不可抗力，不能按期办理纳税申报或者报送代扣代缴、代收代缴税款报告表的，可以延期办理，但应当在不可抗力情形消除后立即向税务机关报告。

经核准延期办理纳税申报的，应当在纳税期内按照上期实际缴纳的税额或者税务机关核定的税额预缴税款，并在核准的延期内办理纳税结算。

（七）监督检查纳税申报存在的问题

1. 纳税人、扣缴义务人是否申报，申报是否及时

这里监督检查的对象主要是那些已办理税务登记的纳税人是否申报。纳税人、扣缴

义务人必须在法律、行政法规规定或者税务机关依照法律、行政法规的规定确定的申报期限内到主管税务机关办理纳税申报。纳税人、扣缴义务人到期没有申报，又没有提出延期申报的，主管税务机关需要进一步查实，如果确因不可抗力不能按期办理纳税申报或者报送代扣代缴、代收代缴报告的，可以延期办理。

2. 申报表的选择是否正确

纳税人选择填报的纳税申报表是否正确主要在于纳税人应当申报缴纳哪种（或哪几种）税，而税种的选择取决于纳税人是否是该税种的纳税人。

3. 报送材料是否齐全，填写的内容是否完整

纳税申报表填写内容的完整要求一般都包括以下内容：①企业名称（盖章）；②企业地址、电话、邮编；③税务登记证代码；④税款所属时间；⑤申报日期；⑥税种名称（已印的可省略）；⑦税目名称、税目代码；⑧计税总值（营业额、收入额、所得额、土地面积等）；⑨税率、税额；⑩减免税额；⑪已缴税额。

4. 签字、盖章是否齐全

签字、盖章要承担法律后果，因此只有签字、盖章齐全的纳税申报表才具有法律效果。特别是纳税人委托税务代理人办理的纳税申报，不但要有纳税人公章，财务负责人、办税人员签字或盖章，还要有代理申报人和授权人签字，只有这样才能分清各自的责任。

5. 逻辑关系是否正确

税务人员通过对纳税申报表、扣缴税款报告表、财务会计报表等纳税申报资料之间以及各材料自身的逻辑关系分析来推测纳税人是否存在申报不实等问题。

第三节 税款征收

税款征收是税务机关依照税收法律、法规规定将纳税人应当缴纳的税款组织征收入库的一系列活动的总称，是税收征收管理工作的中心环节，是税务登记、账簿票证管理、纳税申报等税务管理工作的目的和归宿，在整个税收工作中占据着及其重要的地位。

一、税款征收的原则

（一）税务机关是征税的唯一行政主体的原则

《征管法》第29条规定："除税务机关、税务人员以及经税务机关依照法律、行政法规委托的单位和人员外，任何单位和个人不得进行税款征收活动。"第41条同时规定："采取税收保全措施、强制执行措施的权利，不得由法定的税务机关以外的单位和个人行使。"

（二）税务机关只能依照法律、行政法规的规定征收税款

根据《征管法》第28条的规定：税务机关只能依照法律、行政法规的规定征收税款。未经法定机关和法定程序调整，征纳双方均不得随意变动。税务机关代表国家向纳税人征收税款，不能任意征收，只能依法征收。

(三) 税务机关不得违反法律、行政法规的规定开征、停征、多征、少征、提前征收、延缓征收或者摊派税款

《征管法》第 28 条规定:"税务机关依照法律、行政法规的规定征收税款,不得违反法律、行政法规的规定开征、停征、多征、少征、提前征收、延缓征收或者摊派税款。"

税务机关是执行税法的专职机构,既不得在税法生效之前先行向纳税人征收税款,也不得在税法尚未失效时,停止征收税款,更不得擅立章法,新开征一种税。

在税款征收过程中,税务机关应当按照税收法律、行政法规预先规定的征收标准进行征税。不得擅自增减改变税目、调高或降低税率、加征或减免税款、提前征收或延缓征收税款以及摊派税款。

(四) 税务机关征收税款必须遵守法定权限和法定程序的原则

税务机关执法必须遵守法定权限和法定的程序,这也是税款征收的一项基本原则。例如,采取税收保全措施或强制执行措施时;办理减税、免税、退税时;核定应纳税额时;进行纳税调整时;针对纳税人的欠税,进行清理,采取各种措施时;税务机关都必须按照法律或者行政法规规定的审批权限和程序进行操作,否则就是违法。

(五) 税务机关征收税款或扣押、查封商品、货物或其他财产时,必须向纳税人开具完税凭证或开付扣押、查封的收据或清单

《征管法》第 34 条规定:"税务机关征收税款时,必须给纳税人开具完税凭证。扣缴义务人代扣、代收税款时,纳税人要求扣缴义务人开具代扣、代收税款凭证的,扣缴义务人应当开具。"第 47 条规定:"税务机关扣押商品、货物或者其他财产时,必须开付收据;查封商品、货物或者其他财产时,必须开付清单。"这是税款征收的又一基本原则。

(六) 税款、滞纳金、罚款统一由税务机关上缴国库

《征管法》第 53 条规定:"国家税务局和地方税务局应当按照国家规定的税收征收管理范围和税款入库预算级次,将征收的税款缴入国库。对审计机关、财政机关依法查出的税收违法行为,税务机关应当根据有关机关的决定、意见书,依法将应收的税款、滞纳金按照税款入库预算级次缴入国库,并将结果及时回复有关机关。"这也是税款征收的一个基本原则。

(七) 税款优先的原则

《征管法》第 45 条规定,"税务机关征收税款,税收优先于无担保债权,法律另有规定的除外;纳税人欠缴的税款发生在纳税人以其财产设定抵押、质押或者纳税人的财产被留置之前的,税收应当先于抵押权、质权、留置权执行。纳税人欠缴税款,同时又被行政机关决定处以罚款、没收违法所得的,税收优先于罚款、没收违法所得。税务机关应当对纳税人欠缴税款的情况定期予以公告。"

根据《征管法》第 45 条的规定,第一次在税收法律上确定了税款优先的地位,确定了税款征收在纳税人支付各种款项和偿还债务时的顺序。税款优先的原则不仅增强了税法的刚性,而且增强了税法在执行中的可操作性。

1. 税收优先于无担保债权

这里所说的税收优先于无担保债权是有条件的,也就是说并不是优先于所有的无担保债权，对于法律上另有规定的无担保债权，不能行使税收优先权。

2. 纳税人发生欠税在前的，税收优先于抵押权、质权和留置权的执行

这里有两个前提条件：一是纳税人有欠税；二是欠税发生在前。即纳税人的欠税发生在以其财产设定抵押、质押或被留置之前。纳税人在有欠税的情况下设置抵押权、质押权、留置权时，纳税人应当向抵押权人、质权人说明其欠税情况。

3. 税收优先于罚款、没收违法所得

纳税人欠缴税款，同时又被税务机关决定处以罚款、没收违法所得的，税收优先于罚款、没收违法所得。纳税人欠缴税款，同时又被税务机关以外的其他行政部门处以罚款、没收违法所得的，税收优先于罚款、没收违法所得。

二、税款征收方式

税款征收方式是指税务机关根据各种税的不同特点、征纳双方的具体条件而确定的计算征收税款的方法和形式。税款征收的方式主要有以下几种。

（一）查账征收

查账征收是指税务机关按照纳税人提供的账表所反映的经营情况，依照适用税率计算缴纳税款的方式。这种方式一般适用于财务会计制度较为健全，能够认真履行纳税义务的纳税单位。

（二）查定征收

查定征收是指税务机关根据纳税人的从业人员、生产设备、采用原材料等因素，对其产制的应税产品查实核定产量、销售额并据以征收税款的方式。这种方式一般适用于账册不够健全，但是能够控制原材料或进销货的纳税单位。

（三）查验征收

查验征收是指税务机关对纳税人应税商品，通过查验数量，按市场一般销售单价计算其销售收入并据以征税的方式。这种方式一般适用于经营品种比较单一、经营地点、时间和商品来源不固定的纳税单位。

（四）定期定额征收

定期定额征收是指税务机关通过典型调查，逐户确定营业额和所得额并据以征收税款的方式。这种方式一般适用于无完整考核依据小型纳税单位。

（五）代扣代缴、代收代缴

代扣代缴、代收代缴是指依照税法规定负有代扣代缴、代收代缴税款义务的单位和个人，按照税法规定对纳税人应当缴纳的税款进行扣缴或代缴的征收方式。这种方式有利于加强对税收的源泉控制，减少税款流失，降低税收成本，手续也比较简单。

（六）委托代征税款

委托代征税款是指税务机关委托代征人以税务机关的名义征收税款，并将税款缴入国库的方式。这种方式一般适用于小额、零散税源的征收。

（七）邮寄纳税

邮寄纳税是一种新的纳税方式。这种方式主要适用于那些有能力按期纳税，但采用其他方式纳税又不方便的纳税人。

（八）其他方式

如利用网络申报、用 IC 卡纳税等方式。

三、税款征收制度

（一）代扣代缴、代收代缴税款制度

（1）对法律、行政法规没有规定负有代扣、代收税款义务的单位和个人，税务机关不得要求其履行代扣、代收税款义务。

（2）税法规定的扣缴义务人必须依法履行代扣、代收税款义务。如果不履行扣缴义务，就要承担法律责任。除按征管法及其实施细则的规定给予处罚外，应当责成扣缴义务人限期将应扣未扣、应收未收税款补扣或补收。

（3）扣缴义务人依法履行代扣、代收税款义务时，纳税人不得拒绝。纳税人拒绝的，扣缴义务人应当在 1 日之内报告主管税务机关处理。不及时向主管税务机关报告的，扣缴义务人应承担应扣未扣、应收未收税款的责任。

（4）扣缴义务人代扣、代收税款，只限于法律、行政法规规定的范围，并依照法律、行政法规规定的征收标准执行。对法律、行政法规没有规定代扣、代收的，扣缴义务人不能超越范围代扣、代收税款，扣缴义务人也不得提高或降低标准代扣、代收税款。

（5）对依法负有代扣代缴、代收代缴义务的扣缴义务人，税务机关应按照规定付给其手续费。代扣、代缴税款手续费只能由县（市）以上税务机关统一办理退库手续，不得在征收税款过程中坐支。

（二）延期缴纳税款制度

《征管法》第 31 条规定："纳税人、扣缴义务人按照法律、行政法规规定或者税务机关依照法律、行政法规的规定确定的期限，缴纳或者解缴税款。纳税人因有特殊困难，不能按期缴纳税款的，经省、自治区、直辖市国家税务局、地方税务局批准，可以延期缴纳税款，但是最长不得超过 3 个月。"

特殊困难的主要内容包括：一是因不可抗力，导致纳税人发生较大损失，正常生产经营活动受到较大影响的；二是当期货币资金在扣除应付职工工资、社会保险费后，不足以缴纳税款的。

纳税人在申请延期缴纳税款时应当注意以下几个问题：

（1）在规定期限内提出书面申请。纳税人需要延期缴纳税款的，应当在缴纳税款期限届满前提出申请，并报送下列材料：申请延期缴纳税款报告，当期货币资金余额情况及所有银行存款账户的对账单，资产负债表，应付职工工资和社会保险费等税务机关要求提供的支出预算。税务机关应当自收到申请延期缴纳税款报告之日起 20 日内做出批准或者不予批准的决定；不予批准的，从缴纳税款期限届满之日起加收滞纳金。

（2）税款的延期缴纳，必须经省、自治区、直辖市国家税务局、地方税务局批准，方为有效。

（3）延期期限最长不得超过 3 个月，同一笔税款不得滚动审批。

（4）批准延期内免予加收滞纳金。

（三）税收滞纳金征收制度

《征管法》第32条规定："纳税人未按照规定期限缴纳税款的，扣缴义务人未按照规定期限解缴税款的，税务机关除责令限期缴纳外，从滞纳税款之日起，按日加收滞纳税款0.5‰的滞纳金。"

（四）减免税收制度

根据《征管法》第33条的规定：办理减税、免税应注意下列事项：

（1）纳税人可以依照法律、行政法规的规定书面申请减税、免税。减税、免税的申请须经法律、行政法规规定的减税、免税审查批准机关审批。地方各级人民政府、各级人民政府主管部门、单位和个人违反法律、行政法规规定，擅自做出的减税、免税决定无效，税务机关不得执行，并向上级税务机关报告。

（2）纳税人申请减免税，应向主管税务机关提出书面申请，并按规定附送有关资料。

（3）纳税人享受减税、免税的条件发生变化时，应当自发生变化之日起15日内向税务机关报告，经税务机关审核后，停止其减税、免税；对不报告的，又不符合减税、免税条件的，税务机关有权追回已减免的税款。

（4）减税、免税期满，纳税人应当自期满次日起恢复纳税。

（五）税额核定制度

《征管法》第35条规定："纳税人有下列情形之一的，税务机关有权核定其应纳税额：①依照法律、行政法规的规定可以不设置账簿的；②依照法律、行政法规的规定应当设置但未设置账簿的；③擅自销毁账簿或者拒不提供纳税资料的；④虽设置账簿，但账目混乱或者成本资料、收入凭证、费用凭证残缺不全，难以查账的；⑤发生纳税义务，未按照规定的期限办理纳税申报，经税务机关责令限期申报，逾期仍不申报的；⑥纳税人申报的计税依据明显偏低，又无正当理由的。"

目前税务机关核定税额的方法主要有以下四种：

（1）参照当地同类行业或者类似行业中，经营规模和收入水平近似的纳税人的收入额和利润率核定。

（2）按照成本加合理费用和利润的方法核定。

（3）按照耗用的原材料、燃料、动力等推算或者测算核定。

（4）按照其他合理的方法核定。

（六）税收调整制度

《征管法》第36条规定："企业或者外国企业在中国境内设立的从事生产、经营的机构、场所与其关联企业之间的业务往来，应当按照独立企业之间的业务往来收取或者支付价款、费用；不按照独立企业之间的业务往来收取或者支付价款、费用，而减少其应纳税的收入或者所得额的，税务机关有权进行合理调整。"

关联企业是指有下列关系之一的公司、企业和其他经济组织：

（1）在资金、经营、购销等方面，存在直接或者间接的拥有或者控制关系。

（2）直接或者间接地同为第三者所拥有或者控制。

（3）在利益上具有相关联的其他关系。独立企业之间的业务往来是指没有关联关系的企业之间按照公平成交价格和营业常规所进行的业务往来。

纳税人与其关联企业之间有需要调整的业务发生时，税务机关可以按照下列方法调整计税收入额或者所得额：

（1）按照独立企业之间进行的相同或者类似业务活动的价格。
（2）按照再销售给无关联关系的第三者的价格所应取得的收入和利润水平。
（3）按照成本加合理的费用和利润。
（4）按照其他合理的方法。

纳税人与其关联企业未按照独立企业之间的业务往来支付价款、费用的，税务机关自该业务往来发生的纳税年度起3年内进行调整；有特殊情况的，可以自该业务往来发生的纳税年度起10年内进行调整。

（七）未办理税务登记的从事生产、经营的纳税人，以及临时从事经营纳税人的税款征收制度

《征管法》第37条规定："对未按照规定办理税务登记的从事生产、经营的纳税人以及临时从事经营的纳税人，由税务机关核定其应纳税额，责令缴纳；不缴纳的，税务机关可以扣押其价值相当于应纳税款的商品、货物。扣押后缴纳应纳税款的，税务机关必须立即解除扣押，并归还所扣押的商品、货物；扣押后仍不缴纳应纳税款的，经县以上税务局（分局）局长批准，依法拍卖或者变卖所扣押的商品、货物，以拍卖或者变卖所得抵缴税款。"

（八）税收保全措施

税收保全措施是指税务机关对可能由于纳税人的行为或者某种客观原因，致使以后税款的征收不能保证或难以保证的案件，采取限制纳税人处理或转移商品、货物或其他财产的措施。

根据《征管法》第38条的规定，采取税收保全措施应注意以下几个问题：

1. 采取税收保全措施的前提条件

税务机关采取税收保全措施的前提是，从事生产、经营的纳税人有逃避纳税义务行为的。即税务机关采取税收保全措施的前提是对逃税的纳税人采取的。采取时，应当符合下列两个条件：

（1）纳税人有逃避纳税义务的行为。没有逃避纳税义务行为的，不能采取税收保全措施。逃避纳税义务行为的最终目的是为了不缴或少缴税款，其采取的方法主要是转移、隐匿可以用来缴纳税款的资金或实物。

（2）必须是在规定的纳税期之前和责令限期缴纳应纳税款的期限内。如果纳税期和责令缴纳应纳税款的期限届满，纳税人又没有缴纳应纳税款的，税务机关可以按规定采取强制措施，就无所谓税收保全了。

2. 采取税收保全措施的法定程序

（1）责令纳税人提前缴纳税款。税务机关有根据认为从事生产、经营的纳税人有逃避纳税义务行为的，可以在规定的纳税期之前，责令限期缴纳应纳税款。税务机关对有逃税行为的纳税人在规定的纳税期之前，责令限期缴纳税款时，主管税务机关应下达给有逃税行为的纳税人执行。同时主管税务机关填制由纳税人签章的《税务文书送达回证》。

（2）责成纳税人提供纳税担保。在限期内，纳税人有明显的转移、隐匿应纳税的商品、货物以及其他财产或者应纳税的收入迹象的，税务机关可以责成纳税人提供纳税担保。

（3）冻结纳税人的存款。纳税人不能提供纳税担保的，经县以上税务局（分局）局长批准，书面通知纳税人开户银行或者其他金融机构冻结纳税人的金额相当于应纳税款的存款。

（4）扣押、查封纳税人的商品、货物或者其他财产。纳税人在开户银行或者其他金融机构中没有存款，或者税务机关无法掌握其存款情况的，税务机关可以扣押、查封纳税人的价值相当于应纳税款的商品、货物或其他财产。

3. 税收保全措施的终止

税收保全措施的终止有两种情况：

（1）纳税人在规定的限期内缴纳了应纳税款的，税务机关必须立即解除税收保全措施。

（2）纳税人超过规定的期限仍不缴纳税款的，经县以上税务局（分局）局长批准，终止保全措施，转入强制执行措施，即书面通知纳税人开户银行或者其他金融机构从其冻结的存款中扣缴税款，或者依法拍卖、变卖所扣押、查封的商品、货物或其他财产，以拍卖或者变卖所得抵缴税款。

（九）税收强制执行措施

税收强制执行措施是指当事人不履行法律、行政法规规定的义务，有关国家机关采用法定的强制手段，强迫当事人履行义务的行为。

根据《征管法》第40条的规定，采取税收强制执行措施应注意以下几个问题：

1. 税收强制执行的适用范围

强制执行措施的适用范围仅限于未按照规定的期限缴纳或者解缴税款或者提供纳税担保的，经责令限期缴纳，逾期仍未缴纳的从事生产、经营的纳税人、扣缴义务人、纳税担保人。需要说明的是，采取强制执行措施适用于扣缴义务人、纳税担保人，采取税收保全措施时则不适用。

2. 税收强制执行应坚持的原则

税务机关采取税收强制执行措施时，必须坚持告诫在先的原则，即纳税人、扣缴义务人、纳税担保人未按照规定的期限缴纳或者解缴税款或者提供纳税担保的，应当先行告诫，责令限期缴纳，逾期仍未缴纳的，再采取税收强制执行措施。如果没有责令限期缴纳就采取税收强制执行措施，也就违背了告诫在先的原则，所采取的措施和程序是违法的。

3. 采取税收强制执行措施的程序

（1）税款的强制征收（扣缴税款）。纳税人、扣缴义务人、纳税担保人在规定的期限内未缴纳或者解缴税款或者提供纳税担保的，应当先行告诫，经主管税务机关责令限期缴纳，逾期仍未缴纳的，经县以上税务局（分局）局长批准，书面通知其开户银行或者其他金融机构，从其存款中扣缴税款。在扣缴税款的同时，主管税务机关应按照《征管法》第68条的规定，可以处以不缴或者少缴的税款50%以上5倍以下的罚款。

（2）扣押、查封、拍卖或者变卖，以拍卖或者变卖所得抵缴税款。按照《征管法》第40条的规定，扣押、查封、拍卖或者变卖等行为具有连续性，即扣押、查封后，不再给纳税人自动履行纳税义务的期间,税务机关可以直接拍卖或者变卖其价值相当于应纳税款的商品、货物或者其他财产,以拍卖或者变卖所得抵缴税款。

4. 滞纳金的强制划拨

采取税收强制执行措施时,对纳税人、扣缴义务人、纳税担保人未缴纳的滞纳金必须同时强制执行。对纳税人已缴纳税款,但拒不缴纳滞纳金的,税务机关可以单独对纳税人应缴未缴的滞纳金采取强制执行措施。

(十)欠税清缴制度

欠税是指纳税人未按照规定期限缴纳税款,扣缴义务人未按照规定解缴税款的行为。

《征管法》在欠税清缴方面主要采取了以下措施:

1. 严格控制欠缴税款的审批权限

根据《征管法》第31条的规定,缓缴税款的审批权限集中在省、自治区、直辖市国家税务局、地方税务局。这样规定,一方面能帮助纳税人渡过暂时的难关,另一方面也体现了严格控制欠税的精神,保证国家税收免遭损失。

2. 限期缴纳时限

从事生产、经营的纳税人、扣缴义务人未按照规定的期限缴纳或者解缴税款的,纳税担保人未按照规定的期限缴纳所担保的税款的,由税务机关发出限期缴纳税款通知书,责令缴纳或者解缴税款的最长期限不得超过15日。

3. 建立欠税清缴制度,防止税款流失

(1)扩大了阻止出境对象的范围。《征管法》第44条规定:"欠缴税款的纳税人及其法定代表需要出境的,应当在出境前向税务机关结清应纳税款、滞纳金或者提供担保。未结清税款、滞纳金,又不提供担保的,税务机关可以通知出境管理机关阻止其出境。"

(2)建立改制纳税人欠税的清缴制度。《征管法》第48条规定:"纳税人有合并、分立情形的,应当向税务机关报告,并依法缴清税款。纳税人合并时未缴清税款的,应当由合并后的纳税人继续履行未履行的纳税义务;纳税人分立时未缴清税款的,分立后的纳税人对未履行的纳税义务应当承担连带责任。"

(3)大额欠税处分财产报告制度。根据《征管法》第49条和《征管法实施细则》第77条的规定,欠缴税款数额在5万元以上的纳税人,在处分其不动产或者大额资产之前,应当向税务机关报告。这一规定有利于税务机关及时掌握欠税企业处置不动产和大额资产的动向。税务机关可以根据其是否侵害了国家税收、是否有转移资产、逃避纳税义务的情形,决定是否行使税收优先权,是否采取税收保全措施或者强制执行措施。

(4)税务机关可以对欠缴税款的纳税人行使代位权、撤销权。根据《征管法》第50条的规定,欠缴税款的纳税人因怠于行使到期债权,或者放弃到期债权,或者无偿转让财产,或者以明显不合理的低价转让财产而受让人知道该情形,对国家税收造成损害的,税务机关可以依据《中华人民共和国合同法》行使代位权、撤销权。税务机关依照前款规定行使代位权、撤销权的,不免除欠缴税款的纳税人尚未履行的纳税义务和应承担的法律责任。

(5)建立欠税公告制度。根据《征管法》第45条和《征管法实施细则》第76条的规定，税务机关应当对纳税人欠缴税款的情况，在办税场所或者广播、电视、报纸、期刊、网络等新闻媒体上定期予以公告。同时税务机关还可以根据实际情况和实际需要，制定纳税人的纳税信用等级评比制度。

（十一）税款的退还和追征制度

1. 税款的退还

《征管法》第 51 条规定："纳税人超过应纳税额缴纳的税款，税务机关发现后应当立即退还；纳税人自结算缴纳税款之日起 3 年内发现的，可以向税务机关要求退还多缴的税款并加算银行同期存款利息，税务机关及时查实后应当立即退还；涉及从国库中退库的，依照法律、行政法规中有关国库管理的规定退还。"

2. 税款的追征

《征管法》第 52 条规定："因税务机关的责任，致使纳税人、扣缴义务人未缴或者少缴税款的，税务机关在 3 年内可以要求纳税人、扣缴义务人补缴税款，但是不得加收滞纳金。因纳税人、扣缴义务人计算错误等失误，未缴或者少缴税款的，税务机关在 3 年内可以追征税款、滞纳金；有特殊情况的，追征期可以延长到 5 年。对偷税、抗税、骗税的，税务机关追征其未缴或者少缴的税款、滞纳金或者所骗取的税款，不受前款规定期限的限制。"

（十二）税款入库制度

审计机关、财政机关依法进行审计、检查时，对税务机关的税收违法行为做出的决定，税务机关应当执行；发现被审计、检查单位有税收违法行为的，向被审计、检查单位下达决定、意见书，责成被审计、检查单位向税务机关缴纳应当缴纳的税款、滞纳金。税务机关应当根据有关机关的决定、意见书，依照税收法律、行政法规的规定，将应收的税款、滞纳金按照国家规定的税收征收管理范围和税款入库预算级次缴入国库。

税务机关应当自收到审计机关、财政机关的决定、意见书之日起 30 日内将执行情况书面回复审计机关、财政机关。

有关机关不得将其履行职责过程中发现的税款、滞纳金自行征收入库或者以其他款项的名义自行处理、占压。

第四节　税务检查

一、税务检查的形式

（一）重点检查

重点检查指对公民举报、上级机关交办或有关部门转来的有偷税行为或偷税嫌疑的，纳税申报与实际生产经营情况有明显不符的纳税人及有普遍逃税行为的行业的检查。

（二）分类计划检查

分类计划检查指根据纳税人历来纳税情况、纳税人的纳税规模及税务检查间隔时间的长短等综合因素，按事先确定的纳税人分类、计划检查时间及检查频率而进行的检查。

(三) 集中性检查

集中性检查指税务机关在一定时间、一定范围内，统一安排、统一组织的税务检查，这种检查一般规模比较大，如以前年度的全国范围内的税收、财务大检查就属于这类检查。

(四) 临时性检查

临时性检查指由各级税务机关根据不同的经济形势、偷逃税趋势、税收任务完成情况等综合因素，在正常的检查计划之外安排的检查。如行业性解剖、典型调查性的检查等。

(五) 专项检查

专项检查指税务机关根据税收工作实际，对某一税种或税收征收管理某一环节进行的检查。如增值税一般纳税专项检查、漏征漏管户专项检查等。

二、税务检查的方法

(一) 全查法

全查法是对被查纳税人一定时期内所有会计凭证、账簿、报表及各种存货进行全面、系统检查的一种方法。

(二) 抽查法

抽查法是对被查纳税人一定时期内的会计凭证、账簿、报表及各种存货，抽取一部分进行检查的一种方法。

(三) 顺查法

顺查法与逆查法对称，是对被查纳税人按照其会计核算的顺序，依次检查会计凭证、账簿、报表，并将其相互核对的一种检查方法。

(四) 逆查法

逆查法与顺查法对称，指逆会计核算的顺序，依次检查会计报表、账簿及凭证，并将其相互核对的一种稽查方法。

(五) 现场检查法

现场检查法与调账检查法对称，指税务机关派人员到被查纳税人的机构办公地点对其账务资料进行检查的一种方法。

(六) 调账检查法

调账检查法与现场检查法对称，指将被查纳税人的账务资料调到税务机关进行检查的一种方法。

(七) 比较分析法

比较分析法是将被查纳税人检查期有关财务指标的实际完成数进行纵向或横向比较，分析其异常变化情况，从中发现纳税问题线索的一种方法。

(八) 控制计算法

控制计算法也称逻辑推算法，指根据被查纳税人财务数据的相互关系，用可靠或科学测定的数据，验证其检查期账面记录或申报的资料是否正确的一种检查方法。

(九) 审阅法

审阅法指对被查纳税人的会计账簿、凭证等账务资料，通过直观的审查阅览，发现在纳税方面存在问题的一种检查方法。

(十) 核对法

核对法指通过对被查纳税人的各种相关联的会计凭证、账簿、报表及实物进行相互核对，验证其在纳税方面存在问题的一种检查方法。

(十一) 观察法

观察法指通过被查纳税人的生产经营场所、仓库、工地等现场，实地察看其生产经营及存货等情况，以发现纳税问题或验证账中可疑问题的一种检查方法。

(十二) 外调法

外调法指对被查纳税人有怀疑或已掌握一定线索的经济事项，通过向与其有经济联系的单位或个人进行调查，予以查证核实的一种方法。

(十三) 盘存法

盘存法指通过对被查纳税人的货币资金、存货及固定资产等实物进行盘点清查，核实其账实是否相符，进而发现纳税问题的一种检查方法。

(十四) 交叉稽核法

国家为加强增值税专用发票管理，应用计算机将开出的增值税专用发票抵扣联与存根联进行交叉稽核，以查出虚开及假开发票行为，避免国家税款流失。目前这种方法通过"金税工程"体现，对利用增值税专用发票偷逃税款行为起到了极大的遏制作用。

三、税务检查的职责

(1) 税务机关有权进行下列税务检查：①检查纳税人的账簿、记账凭证、报表和有关资料，检查扣缴义务人代扣代缴、代收代缴税款账簿、记账凭证和有关资料；②到纳税人的生产、经营场所和货物存放地检查纳税人应纳税的商品、货物或者其他财产，检查扣缴义务人与代扣代缴、代收代缴税款有关的经营情况；③责成纳税人、扣缴义务人提供与纳税或者代扣代缴、代收代缴税款有关的文件、证明材料和有关资料；④询问纳税人、扣缴义务人与纳税或者代扣代缴、代收代缴税款有关的问题和情况；⑤到车站、码头、机场、邮政企业及其分支机构检查纳税人托运、邮寄应纳税商品、货物或者其他财产的有关单据、凭证和资料；⑥经县以上税务局（分局）局长批准，凭全国统一格式的检查存款账户许可证明，查询从事生产、经营的纳税人、扣缴义务人在银行或者其他金融机构的存款账户。税务机关在调查税收违法案件时，经设区的市、自治州以上税务局（分局）局长批准，可以查询案件涉嫌人员的储蓄存款。税务机关查询所获得的资料，不得用于税收以外的用途。

(2) 税务机关对从事生产、经营的纳税人以前纳税期的纳税情况依法进行税务检查时，发现纳税人有逃避纳税义务的行为，并有明显的转移、隐匿其应纳税的商品、货物、其他财产或者应纳税收入的迹象的，可以按照批准权限采取税收保全措施或者强制执行措施。

(3) 纳税人、扣缴义务人必须接受税务机关依法进行的税务检查，如实反映情况，提供有关资料，不得拒绝、隐瞒。

（4）税务机关依法进行税务检查时，有权向有关单位和个人调查纳税人、扣缴义务人和其他当事人与纳税或者代扣代缴、代收代缴税款有关的情况，有关单位和个人有义务向税务机关如实提供有关资料及证明材料。

（5）税务机关调查税务违法案件时，对与案件有关的情况和资料，可以记录、录音、录像、照相和复制。

（6）税务机关派出的人员进行税务检查时，应当出示税务检查证和税务检查通知书，并有责任为被检查人保守秘密；未出示税务检查证和税务检查通知书的，被检查人有权拒绝检查。

第五节 法律责任

法律责任是指违反法律法规而应承担的不利后果。违反税法规定的行为，依法给予税务行政处罚，触犯刑律的，依法追究刑事责任。

一、违反税务管理基本规定行为的处罚

根据《征管法》第60条和《征管法实施细则》第90条的规定，纳税人有下列行为之一的，由税务机关责令限期改正，可以处2 000元以下的罚款；情节严重的，处2 000元以上1万元以下的罚款：

（1）未按照规定的期限申报办理税务登记、变更或者注销登记的。

（2）未按照规定设置、保管账簿或者保管记账凭证和有关资料的。

（3）未按照规定将财务、会计制度或者财务、会计处理办法和会计核算软件报送税务机关备查的。

（4）未按照规定将其全部银行账号向税务机关报告的。

（5）未按照规定安装、使用税控装置，或者损毁或者擅自改动税控装置的。

（6）纳税人未按照规定办理税务登记证件或者换证手续的。

纳税人不办理税务登记的，由税务机关责令限期改正；逾期不改正的，由工商行政管理机关吊销其营业执照。

纳税人未按照规定使用税务登记证件，或者转借、涂改、损毁、买卖、伪造税务登记证件的，处2 000元以上1万元以下的罚款；情节严重的，处1万以上5万元以下的罚款。

二、扣缴义务人违反账簿、凭证管理的处罚

《征管法》第61条规定："扣缴义务人未按照规定设置、保管代扣代缴、代收代缴税款账簿或者保管代扣代缴、代收代缴税款记账凭证及有关资料的，由税务机关责令限期改正，可以处2 000元以下的罚款；情节严重的，处2 000元以上5 000元以下的罚款。"

三、纳税人、扣缴义务人未按规定进行纳税申报的法律责任

《征管法》第62条规定:"纳税人未按照规定的期限办理纳税申报和报送纳税资料的,或者扣缴义务人未按照规定的期限向税务机关报送代扣代缴、代收代缴税款报告表和有关资料的,由税务机关责令限期改正,可以处2 000元以下的罚款;情节严重的,可以处2 000元以上1万元以下的罚款。"

四、对偷税的认定及其法律责任

根据《征管法》第63条和《中华人民共和国刑法》(以下简称《刑法》)第201条的规定:

(1) 纳税人伪造、变造、隐匿、擅自销毁账簿、记账凭证,或者在账簿上多列支出或者不列、少列收入,或者经税务机关通知申报而拒不申报或者进行虚假的纳税申报,不缴或者少缴应纳税款的,是偷税。

(2) 对纳税人偷税的,由税务机关追缴其不缴或者少缴的税款、滞纳金,并处不缴或者少缴的税款50%以上5倍以下的罚款;构成犯罪的,依法追究刑事责任。

(3) 纳税人偷税金额占应缴税额的10%以上不满30%,并且偷税数额在1万元以上不满10万元的,或者因偷税被税务机关给予两次行政处罚又偷税的,构成偷税罪,处以3年以下有期徒刑或者拘役,并处偷税数额1倍以上5倍以下的罚金;偷税数额占应纳税额30%以上,并且偷税数额在10万元以上的,处3年以上7年以下有期徒刑,并处偷税数额1倍以上5倍以下的罚金。

(4) 扣缴义务人采取上述所列手段,不缴或者少缴已扣、已收税款,由税务机关追缴其不缴或者少缴的税款、滞纳金,并处不缴或者少缴的税款50%以上5倍以下的罚款;扣缴义务人采取前列手段,不缴或者少缴已扣、已收税款,数额占应缴税额的10%以上并且数额在1万元以上的,依照前列规定处罚。

(5) 对多次犯有前两款行为,未经处理的,按照累计数额计算。

五、进行虚假申报或不进行申报行为的法律责任

《征管法》第64条规定:"纳税人、扣缴义务人编造虚假计税依据的,由税务机关责令限期改正,并处5万元以下的罚款。纳税人不进行纳税申报,不缴或者少缴应纳税款的,由税务机关追缴其不缴或者少缴的税款、滞纳金,并处不缴或者少缴税款50%以上5倍以下的罚款。"

六、逃避追缴欠税的法律责任

根据《征管法》第65条和《刑法》第203条的规定,纳税人欠缴应纳税款,采取转移或者隐匿财产的手段,妨碍税务机关追缴欠缴的税款的,由税务机关追缴欠缴的税款、滞纳金,并处欠缴税款50%以上5倍以下的罚款;纳税人欠缴应纳税款的数额在1万元以上不满10万元的,处3年以下有期徒刑或者拘役,并处或单处欠缴税款1倍以上5倍以下的罚金;数额在10万元以上的,处3年以上7年以下有期徒刑,并处欠缴税款1倍以上5倍以下的罚金。

七、骗取出口退税的法律责任

根据《征管法》第 66 条和《刑法》第 204 条的规定，纳税人以假报出口或者其他欺骗手段，骗取国家出口退税款的，由税务机关追缴其骗取的退税款，并处骗取税款 1 倍以上 5 倍以下的罚款；数额较大的即构成犯罪，处 5 年以下有期徒刑或者拘役，并处骗取税款 1 倍以上 5 倍以下罚金；数额巨大或者有其他严重情节的，处 5 年以上 10 年以下有期徒刑，并处骗取税款 1 倍以上 5 倍以下罚金；数额特别巨大或者有其他特别严重情节的，处 10 年以上有期徒刑或者无期徒刑，并处骗取税款 1 倍以上 5 倍以下罚金或者没收财产。

对骗取国家出口退税款的，税务机关可以在规定期间内停止为其办理出口退税。

八、抗税的法律责任

根据《征管法》第 67 条和《刑法》第 202 条的规定，以暴力、威胁方法拒不缴纳税款的，是抗税，除由税务机关追缴其拒缴的税款、滞纳金外，依法追究刑事责任；情节轻微，未构成犯罪的，由税务机关追缴其拒缴的税款、滞纳金，并处拒缴税款 1 倍以上 5 倍以下的罚款；构成犯罪的，处 3 年以下有期徒刑或者拘役，并处拒缴税款 1 倍以上 5 倍以下的罚金；情节严重的，处 3 年以上 7 年以下有期徒刑，并处拒缴税款 1 倍以上 5 倍以下的罚金。

九、在规定期限内不缴或少缴税款的法律责任

《征管法》第 68 条规定："纳税人、扣缴义务人在规定期限内不缴或者少缴应纳或者应解缴的税款，经税务机关责令限期缴纳，逾期仍未缴纳的，税务机关除依照本法第 40 条的规定采取强制执行措施追缴其不缴或者少缴的税款外，可以处不缴或者少缴税款 50% 以上 5 倍以下的罚款。"

十、扣缴义务人不履行扣缴义务的法律责任

《征管法》第 69 条规定："扣缴义务人应扣未扣，应收而不收税款的，由税务机关向纳税人追缴税款，对扣缴义务人处应扣未扣，应收未收税款 50% 以上 3 倍以下的罚款。"

十一、不配合税务机关依法检查的法律责任

《征管法》第 70 条规定："纳税人、扣缴义务人逃避、拒绝或者以其他方式阻挠税务机关检查的，由税务机关责令改正，可以处 1 万元以下的罚款；情节严重的，处 1 万元以上 5 万元以下的罚款。"

十二、非法印制发票的法律责任

根据《征管法》第 71 条和《刑法》第 206、209 条的规定：

（1）增值税专用发票由国务院税务主管部门指定的企业印制；其他发票按照国务院税务主管部门的规定，分别由省、自治区、直辖市国家税务局、地方税务局指定的企业

印制。未经上述规定的税务机关指定，不得印制发票。非法印制发票的，由税务机关销毁非法印制的发票，没收违法所得和作案工具，并处 1 万元以上 5 万元以下的罚款；构成犯罪的，依法追究刑事责任。

（2）伪造或者出售伪造的增值税专用发票的，处 3 年以下有期徒刑、拘役或者管制，并处 2 万元以上 20 万元以下罚金；数量较大或者有其他严重情节的，处 3 年以上 10 年以下有期徒刑，并处 5 万元以上 50 万元以下罚金；数量巨大或者有其他特别严重情节的，处 10 年以上有期徒刑或者无期徒刑，并处 5 万元以上 50 万元以下罚金或者没收财产；数量特别巨大，情节特别严重，严重破坏经济秩序的，处无期徒刑或者死刑，并处没收财产。单位犯本条规定之罪的，对单位判处罚金，并对其直接负责的主管人员和其他直接责任人员，处 3 年以下有期徒刑、拘役或者管制；数量较大或者有其他严重情节的，处 3 年以上 10 年以下有期徒刑；数量巨大或者有其他特别严重情节的，处 10 年以上有期徒刑或者无期徒刑。

（3）伪造、擅自制造或者出售伪造、擅自制造的可以用于骗取出口退税、抵扣税款的其他发票的，处 3 年以下有期徒刑、拘役或者管制，并处 2 万元以上 20 万元以下罚金；数量巨大的，处 3 年以上 7 年以下有期徒刑，并处 5 万元以上 50 万元以下罚金；数量特别巨大的，处 7 年以上有期徒刑，并处 5 万元以上 50 万元以下罚金或者没收财产。伪造、擅自制造或者出售伪造、擅自制造的上述规定以外的其他发票的，处 2 年以下有期徒刑、拘役或者管制，并处或者单处 1 万元以上 5 万元以下罚金；情节严重的，处 2 年以上 7 年以下有期徒刑，并处 5 万元以上 50 万元以下罚金。

（4）非法印制、转借、倒卖、变造、或者伪造完税凭证的，由税务机关责令改正，处 2 000 元以上 1 万元以下的罚款；情节严重的，处 1 万元以上 5 万元以下的罚款；构成犯罪的，依法追究刑事责任。

十三、有税收违法行为而拒不接受税务机关处理的法律责任

《征管法》第 72 条规定："从事生产、经营的纳税人、扣缴义务人有本法规定的税收违法行为，拒不接受税务机关处理的，税务机关可以收缴其发票或者停止向其发售发票。"

十四、税务人员的法律责任

根据《征管法》和《刑法》的相关规定，税务人员有下列行为之一，未构成犯罪的，给予行政处分；构成犯罪的，依法追究刑事责任：

（1）与纳税人、扣缴义务人勾结，唆使或者协助纳税人、扣缴义务人违反税法规定的。

（2）利用职务上的便利，收受或者索取纳税人、扣缴义务人财物或者谋取其他不正当利益的。

（3）徇私舞弊或者玩忽职守，不征或少征应征税款，致使国家税收遭受重大损失的。

（4）查封、扣押纳税人个人及其所扶养家属维持生活必需的住房和用品的。

（5）对控告、检举税收违法违纪行为的纳税人、扣缴义务人以及其他检举人进行打

击报复的。

（6）违反法律、行政法规的规定，擅自做出税收的开征、停征或者减税、免税、退税、补税以及其他同税收法律、行政法规相抵触的决定的。

（7）私分扣押、查封的商品、货物或者其他财产的。

税务人员有下列行为之一，给予行政处分：

（1）滥用职权，故意刁难纳税人、扣缴义务人的，调离税收工作岗位，并依法给予行政处分。

（2）违反法律、行政法规的规定提前征收、延缓征收或者摊派税款的，由其上级机关或者行政监察机关责令改正，对直接负责的主管人员和其他直接责任人员依法给予行政处分。

（3）在征收税款或者查处税收违法案件时，未按照相关规定进行回避的，对直接负责的主管人员和其他直接责任人员，依法给予行政处分。

（4）未按照相关规定为纳税人、扣缴义务人、检举人保密的，对直接负责的主管人员和其他直接责任人员，由所在单位或者有关单位依法给予行政处分。

十五、银行及其他金融机构拒绝配合税务机关依法执行职务的法律责任

（1）银行和其他金融机构未依照《征管法》的规定在从事生产、经营的纳税人的账户中登录税务登记证件号码，或者未按规定在税务登记证件中登录从事生产、经营的纳税人的账户账号的，由税务机关责令其限期改正，处2 000元以上2万元以下的罚款；情节严重的，处2万元以上5万元以下的罚款。

（2）为纳税人、扣缴义务人非法提供银行账户、发票、证明或者其他方便，导致未缴、少缴税款或者骗取国家出口退税款的，税务机关除没收其违法所得外，可以处未缴、少缴或者骗取的税款1倍以下的罚款。

（3）《征管法》第73条规定："纳税人、扣缴义务人的开户银行或者其他金融机构拒绝接受税务机关依法检查纳税人、扣缴义务人存款账户，或者拒绝执行税务机关做出的冻结存款或者扣缴税款的决定，或者在接到税务机关的书面通知后帮助纳税人、扣缴义务人转移存款，造成税款流失的，由税务机关处10万元以上50万元以下的罚款，对直接负责的主管人员和其他直接责任人员处1 000元以上1万元以下的罚款。"

十六、违反税务代理的法律责任

税务代理人违反税收法律、行政法规，造成纳税人未缴或少缴税款的，除由纳税人缴纳或者补缴应纳税款、滞纳金外，对税务代理人处纳税人未缴或少缴税款50%以上3倍以下的罚款。

第六节 综合案例分析

【例16-1】 某商贸公司开业登记并办理了税务登记。2个月后的一天，税务机关发来一份税务处理通知书，称该公司未按规定期限办理纳税申报，并处以罚款。公司经

理对此很不理解,跑到税务机关辩称,本公司虽已开业2个月,但尚未做成一笔生意,没有收入又如何办理纳税申报呢?

【解析】 根据上述资料,分析如下:

(1) 该公司辩称的理由不能成立。该公司的行为已经违反了《征管法》的规定。按照《征管法》的有关规定,纳税申报是指纳税人或者扣缴义务人必须在法定期限内向税务机关报送纳税申报表、财务报表、代扣代缴、代收代缴税款报告表以及税务机关根据实际需要要求纳税人和扣缴义务人报送其他有关资料的法律行为。纳税人、扣缴义务人不能按期办理纳税申报或者报送代扣代缴、代收代缴税款报告表的,经税务机关核准,可以延期申报。纳税人在纳税期限内没有应纳税款的,也应当按照规定办理纳税申报。纳税人享受减税、免税待遇的,在减税、免税期间应当按照规定办理纳税申报。本案中,该商贸公司虽然没有取得收入,但仍然应该依法进行纳税申报。

(2) 税务机关可以处以罚款。根据法律规定,纳税人未按照规定的期限办理纳税申报和报送纳税资料的,或者扣缴义务人未按照规定的期限向税务机关报送代扣代缴、代收代缴税款报告表和有关资料的,由税务机关责令限期改正,可以处2 000元以下的罚款;情节严重的,可以处2 000元以上1万元以下的罚款。

【例16-2】 某歌星因涉嫌偷税被税务机关立案查处,经查,发现该歌星2012年度在国内15个省的108次演出中共获得演出收入450万元。调查确认其中60场演出存在隐匿收入的偷税行为,偷税数额98万元。其中,该歌星与8个扣缴义务人共同偷税25万元;18个扣缴义务人偷税55万元;6个扣缴义务人不扣或少扣该歌星个人所得税款18万元。

【解析】 根据上述资料,分析如下:

(1) 偷税行为的认定。根据《个人所得税法》的规定,个人所得税以所得人为纳税人,以支付所得的单位或者个人为扣缴义务人。因此,该歌星是个人所得税的纳税人,而扣缴义务人不履行代扣代缴义务的,也应承担相应的责任。根据《征管法》和《刑法》的规定:纳税人伪造、变造、隐匿、擅自销毁账簿、记账凭证,或者在账簿上多列支出或者不列、少列收入,或者经税务机关通知申报而拒不申报或者进行虚假的纳税申报,不缴或者少缴应纳税款的,是偷税。本案中,该歌星通过与扣缴义务人签订假收入合同,填制造假的纳税申报表来达到少缴税款的目的,其行为已经构成偷税。该歌星和扣缴义务人共同实施了偷税行为,偷税责任应由双方共同承担。

(2) 偷税行为的处罚。纳税人偷税数额占应纳税额的10%以上不满30%,并且偷税数额在1万元以上不满10万元的,或者因偷税被税务机关给予两次行政处罚又偷税的构成偷税罪,处以3年以下有期徒刑或者拘役,并处偷税数额1倍以上5倍以下的罚金;偷税数额占应纳税额30%以上,并且偷税数额在10万元以上的,处3年以上7年以下有期徒刑,并处偷税数额1倍以上5倍以下的罚金。

扣缴义务人采取上述所列手段,不缴或者少缴已扣、已收税款,由税务机关追缴其不缴或者少缴的税款、滞纳金,并处不缴或者少缴的税款50%以上5倍以下的罚款;扣缴义务人采取前列手段,不缴或者少缴已扣、已收税款,数额占应缴税额的10%以上并且数额在1万元以上的,依照前列规定处罚。本案中,由该歌星和扣缴义务人共同偷税25万元的行为,税务机关对其处以3倍的罚款;18个扣缴义务人自行偷税55万元的行为,税务机关向扣缴义务人追缴税款,加收滞纳金,并处所偷税款1倍的罚款;6个扣缴义务人不扣或少扣纳税人个人所得税款18万元的行为,由税务机关向扣缴义务人追缴税款,并加收滞纳金。对本案中涉嫌构成偷税罪的有关涉案人员由税务机关移送司法机关处理。

【例16-3】 某房地产公司从2012年1月份开张至2012年6月半年期间从未办理纳税申报,税务机关多次催促,该公司总是以刚开张、亏损大为由拒不进行纳税申报。税务人员在明查暗访中,发现该公司的经营不仅不坏,反而相当不错,便怀疑该公司有偷税行为。为了证实,便要求检查该公司的所有会计资料。经查账,该公司确属亏损。后有人举报该公司有两本账。税务机关接到举报后,要求该公司提供真实的经营资料。从这些资料看出,该公司确属偷税,而且偷税数额很大,所偷税款涉及增值税、城市维护建设税、教育费附加及企业所得税等,偷税数额达17.8万元。税务机关责令其补缴所偷税款及所偷税款的滞纳金和罚款。该公司置之不理。税务机关多次催缴,均无效果。税务人员认为该公司的行为已从偷税上升为抗税。

【解析】 根据上述资料,分析如下:

(1) 违反税务管理基本规定行为的处罚。该公司在纳税申报方面已经违反了《征管法》。《征管法》规定,纳税人必须在法律、行政法规或税务机关依照法律、行政法规的规定确定的申报期限办理纳税申报,报送纳税申报表、财务报表以及税务机关根据实际需要要求纳税人报送的其他纳税资料;纳税人未按规定的期限办理纳税申报的,由税务机关责令限期改正,可处以2 000元以下的罚款;逾期不改正的,可处以2 000元以上1万元以下的罚款。

根据上述规定,本例中的公司首先没有做到按期办理纳税申报,对此,税务机关没有处理,显然是错误的。因此,税务机关应根据上述规定,处该公司2 000元以上1万元以下的罚款。

(2) 偷税、抗税的认定及其处罚。根税收征收管理法规定,纳税人采取伪造、变造、隐匿、擅自销毁账簿、记账凭证,在账簿上多列支出或不列、少列收入、或者进行虚假的纳税申报手段,不缴或少缴应纳税款的,是偷税。以暴力、威胁方法拒不缴纳税款的,是抗税。

根据上述规定,本例中的房地产公司的行为属偷税。因为该公司作假账的目的在于少缴税款。尽管其态度不好,对税务机关的责令充耳不闻,但始终没有使用暴力、威胁的方法,没有构成抗税。本例中税务机关对某公司的行为定为抗税是错的。此外,因为本案中的公司偷税数额较大,已构成偷税罪。因此,税务机关应将此案交由检察机关立案。

自测题

一、名词解释
1. 税务登记
2. 纳税申报
3. 税款征收
4. 查账征收
5. 查定征收
6. 查验征收
7. 税收保全措施

8. 税款优先原则
9. 税收强制执行措施
10. 全查法
11. 抽查法
12. 顺查法
13. 逆查法
14. 偷税
15. 抗税
16. 骗取出口退税
17. 欠税

二、简述题

1. 简述税收征收管理法的适用范围。
2. 简述税务机关的权利和义务。
3. 简述纳税义务人、扣缴义务人的权利和义务。
4. 简述税务登记管理的有关规定。
5. 简述纳税申报管理。
6. 简述税款征收方式。
7. 简述税务检查的有关规定。
8. 简述涉税的法律责任。

三、单项选择题

1. 下列税种中,适用《税收征管法》的是(　　)。
  A. 教育费附加
  B. 关税
  C. 增值税
  D. 海关代征的增值税

2. 从事生产、经营的纳税人应当(　　),向生产、经营地或者纳税义务发生地的主管税务机关申报办理税务登记,如实填写税务登记表,并按照税务机关的要求提供有关证件、资料。
  A. 自税务登记之日起 30 日内
  B. 自领取营业执照之日起 30 日内
  C. 自税务登记之日起 60 日内
  D. 自领取营业执照之日起 60 日内

3. 纳税人税务登记内容发生变化,不需要到工商行政管理机关办理变更登记的,应当(　　)起(　　)内,持有关证件向原税务登记机关申报办理变更税务登记。
  A. 自发生变化之日,30 日
  B. 自发生变化之日,60 日
  C. 自领取营业执照之日,30 日
  D. 自领取营业执照之日,60 日

4. 纳税人被工商行政管理机关吊销营业执照的,应当自营业执照被吊销之日起(　　)日内,向原税务登记机关申报办理注销税务登记。
  A. 15   B. 30
  C. 45   D. 60

5. 从事生产、经营的纳税人应当自领取(　　)或者发生纳税义务之日起 15 日内设置账簿。
  A. 营业执照
  B. 税务登记证
  C. 组织机构代码证
  D. 银行开户许可证

6. 从事生产、经营的纳税人应当自领取营业执照或者发生纳税义务之日起(　　)日内设置账簿。
  A. 15   B. 30
  C. 60   D. 90

7. 扣缴义务人应当自税收法律、行政法规规定的扣缴义务发生之日起(　　)内,按照所代扣、代收的税种,分别设置代扣代缴、代收代缴税款账簿。
  A. 7 日   B. 10 日
  C. 15 日   D. 30 日

8. 账簿、记账凭证、报表、完税凭证、发票、出口凭证以及其他有关涉税资料的保管期限,除另有规定外,应当为(　　)。
  A. 5 年   B. 10 年
  C. 15 年   D. 25 年

9. 纳税人因有特殊困难,不能按期缴纳税款的,经省、自治区、直辖市国家税务局、地方税务局批准,可以延期缴纳税款,但最长不得超过(　　)个月。

A. 1   B. 3
C. 6   D. 12

10. 一般适用于经营品种比较单一，经营地点、时间和商品来源不固定的纳税单位的税款征收方式指的是（　　）。

A. 查账征收
B. 查定征收
C. 查验征收
D. 定期定额征收

11. 如果纳税人不能提供担保的，经（　　）批准，税务机关可以采取税收保全措施。

A. 派出所所长
B. 县以上税务局（分局）局长
C. 省级、自治区、直辖市税务局局长
D. 国家税务总局局长

12. 税务机关征收税款，税收优先于（　　），法律另有规定的除外。

A. 应付职工薪酬
B. 无担保债权
C. 有担保债权
D. 社会保障性缴款

13. 经税务机关同意，纳税人或纳税担保人将其动产或权利凭证移交税务机关占有，将该动产或权利凭证作为税款及滞纳金的担保，称为（　　）。

A. 纳税担保   B. 纳税质押
C. 纳税抵押   D. 纳税补偿

14. 纳税人伪造、变造、隐匿、擅自销毁账簿、记账凭证，或者在账簿上多列支出或者不列、少列收入，或者经税务机关通知申报而拒不申报或者进行虚假的纳税申报，不缴或者少缴应纳税款的，是（　　）。

A. 偷税   B. 欠税
C. 骗税   D. 逃税

四、多项选择题

1. 税收征收管理机关目前有（　　）。

A. 国家税务局
B. 地方税务局
C. 地方财政局
D. 海关

2. 下列选项中，属于税务机关的税务人员权利的有（　　）。

A. 负责税收征收管理工作
B. 税务机关应当加强队伍建设，提高税务人员的政治业务素质
C. 税务机关依法执行职务，任何单位和个人不得阻挠
D. 税务机关负责征收、管理、稽查、行政复议人员的职责应当明确，并相互分离、相互制约

3. 税务机关的义务包括（　　）。

A. 税务机关应当广泛宣传税收法律、行政法规，普及纳税知识，无偿地为纳税人提供纳税咨询服务
B. 税务机关应当为检举人保密，并按照规定给予奖励
C. 税务机关应当加强队伍建设，提高税务人员的政治业务素质
D. 税务机关、税务人员必须秉公执法、忠于职守、清正廉洁、礼貌待人、文明服务，尊重和保护纳税人、扣缴义务人的权利，依法接受监督

4. 纳税人、扣缴义务人的权利有（　　）。

A. 纳税人、扣缴义务人有权向税务机关了解国家税收法律、行政法规的规定以及与纳税程序有关的情况
B. 纳税人、扣缴义务人有权要求税务机关为纳税人、扣缴义务人的情况保密
C. 纳税人依法享有申请减税、免税、退税的权利
D. 纳税人、扣缴义务人有权控告和检举税务机关、税务人员的违法违纪行为

5. 除按照规定不需要发给税务登记证件的外，纳税人办理下列（　　）事项时，

必须持税务登记证件。

A. 开立银行账户

B. 申请办理延期申报、延期缴纳税款

C. 领购发票

D. 申请减税、免税、退税

6. 发生下列情形之一的，应当办理变更税务登记的有（　　）。

A. 改变名称

B. 改变法定代表人

C. 改变生产经营或经营方式

D. 增减注册资金

7. 纳税人、扣缴义务人对税务机关做出的决定，享有（　　）。

A. 申辩权

B. 陈述权

C. 申请行政复议的权利

D. 提起行政诉讼的权利

8. 纳税人在办理注销税务登记前，应当向税务机关（　　）。

A. 结清应纳税款、滞纳金、罚款

B. 提供清缴欠税的纳税担保

C. 缴销发票

D. 税务登记证件和其他税务证件

9. 纳税人和扣缴义务人纳税申报的形式有（　　）。

A. 直接申报

B. 邮寄申报

C. 数据电文

D. 简易申报、简并征期

10. 下列关于税款优先原则说法正确的有（　　）。

A. 税收优先于无担保债权

B. 纳税人发生欠税在前的，税收优先于抵押权、质权和留置权的执行

C. 纳税人欠缴税款，同时又被税务机关决定处以罚款、没收非法所得的，税收优先于罚款，没收非法所得

D. 纳税人欠缴税款，同时又被税务机关以外的其他行政部门处以罚款、没收非法所得的，税款优先于罚款、没收非法所得

11. 如果纳税人不能提供纳税担保，经县以上税务局（分局）局长批准，税务机关可以采取下列税收保全措施（　　）。

A. 书面通知纳税人开户银行或者其他金融机构冻结纳税人的金额相当于应纳税款的存款

B. 书面通知其开户银行或者其他金融机构从其存款中扣缴税款

C. 扣押、查封纳税人的价值相当于应纳税款的商品、货物或者其他财产

D. 扣押、查封、依法拍卖或者变卖其价值相当于应纳税款的商品、货物或者其他财产，以拍卖或者变卖所得抵缴税款

12. 纳税人有下列情形之一的，税务机关有权核定其应纳税额（　　）。

A. 依照法律、行政法规的规定可以不设置账簿的

B. 依照法律、行政法规的规定应当设置但未设置账簿的

C. 发生纳税义务，未按照规定的期限办理纳税申报，经税务机关责令限期申报，逾期仍不申报的

D. 纳税人申报的计税依据明显偏低，又无正当理由的

13. 税款征收方式包括（　　）。

A. 查账征收

B. 代扣代缴

C. 定期定额征收

D. 预缴征收

14. 实施税收强制措施的被执行人包括（　　）。

A. 从事生产、经营的纳税人

B. 不从事生产、经营的纳税人

C. 纳税担保人

D. 代扣代缴、代收代缴义务人

15. 下列关于税款的追征的说法正确

的有（　　）。

A. 因税务机关责任，致使纳税人、扣缴义务人未缴或者少缴税款的，税务机关在3年内可要求纳税人、扣缴义务人补缴税款，但是不得加收滞纳金

B. 因纳税人、扣缴义务人计算错误等失误，未缴或者少缴税款的，税务机关在3年内可以追征税款，但是不得加收滞纳金

C. 因纳税人、扣缴义务人计算等失误，未缴或者少缴税款的，税务机关在3年内可以追征税款、滞纳金

D. 对偷税、抗税、骗税的，追征期可以延长到5年

五、判断题

1. 税务人员征收税款和查处税收违法案件，与纳税人、扣缴义务人或者税收违法案件有利害关系的，应当回避。（　　）

2. 普及纳税知识、无偿地为纳税人提供纳税咨询服务，这是税务机关和税务人员的义务。（　　）

3. 纳税人因经营地点变动而改变原主管税务机关的，应办理变更税务登记。（　　）

4. 纳税人享受减税、免税待遇的，在减税、免税期间不必办理纳税申报。（　　）

5. 纳税人欠缴税款，同时又被行政机关决定处以罚款、没收违法所得的，先交纳罚款、没收违法所得，再缴纳税款。（　　）

6. 因纳税人、扣缴义务人计算错误等失误，未缴或者少缴税款的，税务机关在3年内可以追征税款、滞纳金；有特殊情况的，追征期可以延长到5年。（　　）

7. 纳税人、扣缴义务人必须接受税务机关依法进行的税务检查，如实反映情况，提供有关资料，不得拒绝、隐瞒。（　　）

8. 对纳税人、扣缴义务人多次犯有偷税行为，未经处理的，按照累计数额计算。（　　）

9. 税务代理人违反税收法律、行政法规，造成纳税人未缴或少缴税款的，除由税务代理人缴纳或者补缴应纳税款、滞纳金外，对税务代理人处纳税人未缴或少缴税款50%以上5倍以下的罚款。（　　）

第十七章 税务行政法制

第一节 税务行政处罚

一、税务行政处罚的概念

税务行政处罚是行政处罚的重要组成部分。税务行政处罚是指公民、法人或者其他组织有违反税收征收管理秩序的违法行为，尚未构成犯罪，依法应当承担行政责任的，由税务机关给予行政处罚。

税务机关进行税务行政处罚时应当遵循法定原则、公正公开原则、以事实为依据原则、过罚相当原则、处罚与教育相结合原则、监督与制约原则。

二、税务行政处罚的设定和种类

(一) 税务行政处罚的设定

税务行政处罚的设定是指由特定的国家机关通过一定形式首次独立规定公民、法人或者其他组织的行为规范，并规定违反该行为规范的行政制裁措施。现行我国税收法制的原则是税权集中、税法统一，税收的立法权主要集中在中央。

目前可以设定税务行政处罚的有：

（1）全国人民代表大会及其常务委员会可以通过法律的形式设定各种税务行政处罚。

（2）国务院可以通过行政法规的形式设定除限制人身自由以外的各种税务行政处罚。

（3）国家税务总局可以通过规章的形式设定警告和罚款。

(二) 税务行政处罚的种类

根据税法的规定，现行执行的税务行政处罚种类主要有四种：

（1）罚款。

（2）没收非法所得。

（3）停止出口退税权。

（4）收缴发票和暂停供应发票。

三、税务行政处罚的主体与管辖

(一) 税务行政处罚的主体

税务行政处罚的实施主体主要是县以上的税务机关。税务机关是指能够独立行使税收征收管理职权,具有法人资格的行政机关。我国税务机关的组织构成包括国家税务总局,省、自治区、直辖市国家税务局和地方税务局,地(市、州、盟)国家税务局和地方税务局,县(市、旗)国家税务局和地方税务局四级。这些税务机关都具有税务行政处罚主体资格。

各级税务机关的内设机构、派出机构不具有处罚主体资格,不能以自己的名义实施税务行政处罚。但是,税务所可以实施罚款额在2 000元以下的税务行政处罚。这是《征管法》对税务所的特别授权。

(二) 税务行政处罚的管辖

根据《中华人民共和国行政处罚法》和《征管法》的规定,税务行政处罚由当事人税收违法行为发生地的县(市、旗)以上税务机关管辖。

四、税务行政处罚的程序

(一) 税务行政处罚的简易程序

税务行政处罚的简易程序是指税务机关及其执法人员对公民、法人或者其他组织违反税收征收管理秩序的行为,当场做出税务行政处罚决定的行政处罚程序。

简易程序的适用条件:一是案情简单、事实清楚、违法后果比较轻微且有法定依据应当给予处罚的违法行为;二是给予的处罚较轻、仅适用于对公民处以50元以下和对法人或者其他组织处以1 000元以下罚款的违法案件。

符合上述条件,税务行政执法人员当场做出税务行政处罚决定应当按照下列程序进行:

(1) 向当事人出示税务行政执法身份证件。
(2) 告知当事人受到税务行政处罚的违法事实、依据和陈述申辩权。
(3) 听取当事人陈述申辩意见。
(4) 填写具有预定格式、编有号码的税务行政处罚决定书,并当场交付当事人。

(二) 税务行政处罚的一般程序

除了适用简易程序的税务违法案件外,对于其他违法案件,税务机关在做出处罚决定之前都要经过立案、调查取证(有的案件还要举行听证)、审查、决定、执行程序。适用一般程序的案件一般是情节比较复杂、处罚比较重的案件。

听证是指税务机关在对当事人某些违法行为做出处罚决定之前,按照一定形式听取调查人员和当事人意见的程序。税务行政处罚听证的范围是对公民做出2 000元以上,或者对法人或其他组织做出1万元以上罚款的案件。

五、税务行政处罚的执行

税务机关做出行政处罚决定后,应当依法送达当事人执行。

税务行政处罚的执行是指履行税务机关依法做出的行政处罚决定的活动。税务机关依法做出处罚决定后,当事人应当在行政处罚决定规定的期限内,予以履行。当事人在法定期限内不申请复议又不起诉,并且在规定的期限内又不履行的,税务机关可以依法强制执行或申请法院强制执行。

税务机关对当事人做出罚款决定的,当事人应当在收到行政处罚决定书之日起15

日内缴纳罚款,到期不缴纳的,税务机关可以对当事人每日按罚款数额的3%加处罚款。

(一) 税务机关行政执法人员当场收缴罚款

税务机关对当事人当场做出行政处罚决定,具有依法给予20元以下罚款或不当场收缴罚款事后难以执行情形的,税务机关行政执法人员可以当场收缴罚款。

税务机关行政执法人员当场收缴罚款的,必须向当事人出具合法罚款收据,并且应当在收缴罚款之日起2日内将罚款交至税务机关。税务机关应当在2日内将罚款交付指定的银行或者其他金融机构。

(二) 税务行政罚款决定与罚款收缴分离

除了依法可以当场收缴罚款的情形以外,税务机关做出罚款处罚决定,实行做出罚款决定的税务机关与收缴罚款的机构分离。

税务机关做出的罚款处罚决定,代收罚款的银行或其他金融机构(代收机构)由国家税务总局与财政部、中国人民银行研究确定。各级地方税务机关的代收机构也可以由各地方税务局与当地财政部门、中国人民银行分支机构研究确定。

税务机关应当同代收机构签订代收罚款协议。代收机构代收罚款,应当向当事人出具财政部规定的罚款收据。

第二节 税务行政复议

为了进一步发挥行政复议解决税务行政争议的作用,保护公民、法人和其他组织的合法权益,监督和保障税务机关依法行使职权,根据《中华人民共和国行政复议法》、《中华人民共和国税收征收管理法》和《中华人民共和国行政复议法实施条例》,结合税收工作实际,国家税务总局制定了《税务行政复议规则》已经2009年12月15日第2次局务会议审议通过并予公布,自2010年4月1日起施行。

一、税务行政复议的概念和特点

(一) 税务行政复议的概念

税务行政复议是我国行政复议制度的一个重要组成部分。税务行政复议是指当事人(纳税人、扣缴义务人、纳税担保人及其他税务当事人)不服税务机关及其工作人员做出的税务具体行政行为,依法向上一级税务机关(复议机关)提出申请,复议机关经审理对原税务机关具体行政行为依法做出维持、变更、撤销等决定的活动。

(二) 税务行政复议的特点

(1) 税务行政复议以当事人不服税务机关及其工作人员做出的税务具体行政行为为前提。

(2) 税务行政复议因当事人的申请而产生。

(3) 税务行政复议是一种行政行为,税务行政复议案件的审理一般由原处理税务机关的上一级税务机关进行。

(4) 税务行政复议与行政诉讼相衔接。税务行政复议一般情况下不是当事人进行行政诉讼的必经程序。对于因征税问题引起的争议，税务行政复议是税务行政诉讼的必经前置程序，未经复议不能向人民法院起诉，经复议不服的，才能起诉；对于因处罚、保全措施及强制执行引起的争议，当事人可以选择适用复议或诉讼程序，如选择复议程序，对复议决定仍不服的，可以向人民法院起诉。

二、税务行政复议机构和人员

（1）各级行政复议机关负责法制工作的机构（以下简称行政复议机构）依法办理行政复议事项，履行下列职责：①受理行政复议申请；②向有关组织和人员调查取证，查阅文件和资料；③审查申请行政复议的具体行政行为是否合法和适当，起草行政复议决定；④处理或者转送对税务行政复议规则第15条所列有关规定的审查申请；⑤对被申请人违反行政复议法及其实施条例和税务行政复议规则规定的行为，依照规定的权限和程序向相关部门提出处理建议；⑥研究行政复议工作中发现的问题，及时向有关机关或者部门提出改进建议，重大问题及时向行政复议机关报告；⑦指导和监督下级税务机关的行政复议工作；⑧办理或者组织办理行政诉讼案件应诉事项；⑨办理行政复议案件的赔偿事项；⑩办理行政复议、诉讼、赔偿等案件的统计、报告、归档工作和重大行政复议决定备案事项；⑪其他与行政复议工作有关的事项。

（2）各级行政复议机关可以成立行政复议委员会，研究重大、疑难案件，提出处理建议。行政复议委员会可以邀请本机关以外的具有相关专业知识的人员参加。

（3）行政复议工作人员应当具备与履行行政复议职责相适应的品行、专业知识和业务能力，并取得行政复议法实施条例规定的资格。

三、税务行政复议的受案范围

行政复议机关受理申请人对税务机关下列具体行政行为不服提出的行政复议申请：

（1）征税行为，包括确认纳税主体、征税对象、征税范围、减税、免税、退税、抵扣税款、适用税率、计税依据、纳税环节、纳税期限、纳税地点和税款征收方式等具体行政行为，征收税款、加收滞纳金，扣缴义务人、受税务机关委托的单位和个人做出的代扣代缴、代收代缴、代征行为等。

（2）行政许可、行政审批行为。

（3）发票管理行为，包括发售、收缴、代开发票等。

（4）税收保全措施、强制执行措施。

（5）行政处罚行为：①罚款；②没收财物和违法所得；③停止出口退税权。

（6）不依法履行下列职责的行为：①颁发税务登记；②开具、出具完税凭证、外出经营活动税收管理证明；③行政赔偿；④行政奖励；⑤其他不依法履行职责的行为。

（7）资格认定行为。

（8）不依法确认纳税担保行为。

（9）政府信息公开工作中的具体行政行为。

（10）纳税信用等级评定行为。

（11）通知出入境管理机关阻止出境行为。

（12）其他具体行政行为。

申请人认为税务机关的具体行政行为所依据的下列规定不合法，对具体行政行为申请行政复议时，可以一并向行政复议机关提出对有关规定的审查申请；申请人对具体行政行为提出行政复议申请时不知道该具体行政行为所依据的规定的，可以在行政复议机关做出行政复议决定以前提出对该规定的审查申请：

（1）国家税务总局和国务院其他部门的规定。

（2）其他各级税务机关的规定。

（3）地方各级人民政府的规定。

（4）地方人民政府工作部门的规定。

前款中的规定不包括规章。

四、税务行政复议管辖

（1）对各级国家税务局的具体行政行为不服的，向其上一级国家税务局申请行政复议。（2）对各级地方税务局的具体行政行为不服的，可以选择向其上一级地方税务局或者该税务局的本级人民政府申请行政复议。省、自治区、直辖市人民代表大会及其常务委员会、人民政府对地方税务局的行政复议管辖另有规定的，从其规定。

（3）对国家税务总局的具体行政行为不服的，向国家税务总局申请行政复议。对行政复议决定不服，申请人可以向人民法院提起行政诉讼，也可以向国务院申请裁决。国务院的裁决为最终裁决。

（4）对下列税务机关的具体行政行为不服的，按照下列规定申请行政复议：①对计划单列市税务局的具体行政行为不服的，向省税务局申请行政复议。②对税务所（分局）、各级税务局的稽查局的具体行政行为不服的，向其所属税务局申请行政复议。③对两个以上税务机关共同做出的具体行政行为不服的，向共同上一级税务机关申请行政复议；对税务机关与其他行政机关共同做出的具体行政行为不服的，向其共同上一级行政机关申请行政复议。④对被撤销的税务机关在撤销以前所做出的具体行政行为不服的，向继续行使其职权的税务机关的上一级税务机关申请行政复议。⑤对税务机关做出逾期不缴纳罚款加处罚款的决定不服的，向做出行政处罚决定的税务机关申请行政复议。但是对已处罚款和加处罚款都不服的，一并向做出行政处罚决定的税务机关的上一级税务机关申请行政复议。

有前款②、③、④、⑤项所列情形之一的，申请人也可以向具体行政行为发生地的县级地方人民政府提交行政复议申请，由接受申请的县级地方人民政府依法转送。

五、税务行政复议申请人和被申请人

（1）合伙企业申请行政复议的，应当以工商行政管理机关核准登记的企业为申请人，由执行合伙事务的合伙人代表该企业参加行政复议；其他合伙组织申请行政复议的，由合伙人共同申请行政复议。

前款规定以外的不具备法人资格的其他组织申请行政复议的，由该组织的主要负责人代表该组织参加行政复议；没有主要负责人的，由共同推选的其他成员代表该组织参加行政复议。

（2）股份制企业的股东大会、股东代表大会、董事会认为税务具体行政行为侵犯企

业合法权益的，可以以企业的名义申请行政复议。

（3）有权申请行政复议的公民死亡的，其近亲属可以申请行政复议；有权申请行政复议的公民为无行为能力人或者限制行为能力人，其法定代理人可以代理申请行政复议。有权申请行政复议的法人或者其他组织发生合并、分立或终止的，承受其权利义务的法人或者其他组织可以申请行政复议。

（4）行政复议期间，行政复议机关认为申请人以外的公民、法人或者其他组织与被审查的具体行政行为有利害关系的，可以通知其作为第三人参加行政复议。行政复议期间，申请人以外的公民、法人或者其他组织与被审查的税务具体行政行为有利害关系的，可以向行政复议机关申请作为第三人参加行政复议。第三人不参加行政复议，不影响行政复议案件的审理。

（5）非具体行政行为的行政管理相对人，但其权利直接被该具体行政行为所剥夺、限制或者被赋予义务的公民、法人或其他组织，在行政管理相对人没有申请行政复议时，可以单独申请行政复议。

（6）同一行政复议案件申请人超过5人的，应当推选1至5名代表参加行政复议。

（7）申请人对具体行政行为不服申请行政复议的，做出该具体行政行为的税务机关为被申请人。

（8）申请人对扣缴义务人的扣缴税款行为不服的，主管该扣缴义务人的税务机关为被申请人；对税务机关委托的单位和个人的代征行为不服的，委托税务机关为被申请人。

（9）税务机关与法律、法规授权的组织以共同的名义做出具体行政行为的，税务机关和法律、法规授权的组织为共同被申请人。税务机关与其他组织以共同名义做出具体行政行为的，税务机关为被申请人。

（10）税务机关依照法律、法规和规章规定，经上级税务机关批准做出具体行政行为的，批准机关为被申请人。申请人对经重大税务案件审理程序做出的决定不服的，审理委员会所在税务机关为被申请人。

（11）税务机关设立的派出机构、内设机构或者其他组织，未经法律、法规授权，以自己名义对外做出具体行政行为的，税务机关为被申请人。

（12）申请人、第三人可以委托1至2名代理人参加行政复议。申请人、第三人委托代理人的，应当向行政复议机构提交授权委托书。授权委托书应当载明委托事项、权限和期限。公民在特殊情况下无法书面委托的，可以口头委托。口头委托的，行政复议机构应当核实并记录在卷。申请人、第三人解除或者变更委托的，应当书面告知行政复议机构。被申请人不得委托本机关以外人员参加行政复议。

六、税务行政复议申请

（1）申请人可以在知道税务机关做出具体行政行为之日起60日内提出行政复议申请。因不可抗力或者被申请人设置障碍等原因耽误法定申请期限的，申请期限的计算应当扣除被耽误时间。

（2）申请人对"征税行为"的行为不服的，应当先向行政复议机关申请行政复议；对行政复议决定不服的，可以向人民法院提起行政诉讼。

申请人按照前款规定申请行政复议的，必须依照税务机关根据法律、法规确定的税额、期限，先行缴纳或者解缴税款和滞纳金，或者提供相应的担保，才可以在缴清税款和滞纳金以后或者所提供的担保得到做出具体行政行为的税务机关确认之日起60日内提出行政复议申请。

申请人提供担保的方式包括保证、抵押和质押。做出具体行政行为的税务机关应当对保证人的资格、资信进行审查，对不具备法律规定资格或者没有能力保证的，有权拒绝。做出具体行政行为的税务机关应当对抵押人、出质人提供的抵押担保、质押担保进行审查，对不符合法律规定的抵押担保、质押担保，不予确认。

(3) 申请人对"征税行为"以外的其他具体行政行为不服，可以申请行政复议，也可以直接向人民法院提起行政诉讼。

申请人对税务机关做出逾期不缴纳罚款加处罚款的决定不服的，应当先缴纳罚款和加处罚款，再申请行政复议。

(4) 申请人可以在知道税务机关做出具体行政行为之日起60日内提出行政复议申请。政复议申请期限的计算，依照下列规定办理：①当场做出具体行政行为的，自具体行政行为做出之日起计算。②载明具体行政行为的法律文书直接送达的，自受送达人签收之日起计算。③载明具体行政行为的法律文书邮寄送达的，自受送达人在邮件签收单上签收之日起计算；没有邮件签收单的，自受送达人在送达回执上签名之日起计算。④具体行政行为依法通过公告形式告知受送达人的，自公告规定的期限届满之日起计算。⑤税务机关做出具体行政行为时未告知申请人，事后补充告知的，自该申请人收到税务机关补充告知的通知之日起计算。⑥被申请人能够证明申请人知道具体行政行为的，自证据材料证明其知道具体行政行为之日起计算。

税务机关做出具体行政行为，依法应当向申请人送达法律文书而未送达的，视为该申请人不知道该具体行政行为。

(5) 申请人依照行政复议法第6条第⑧项、第⑨项、第⑩项的规定申请税务机关履行法定职责，税务机关未履行的，行政复议申请期限依照下列规定计算：①有履行期限规定的，自履行期限届满之日起计算；②没有履行期限规定的，自税务机关收到申请满60日起计算。

(6) 税务机关做出的具体行政行为对申请人的权利、义务可能产生不利影响的，应当告知其申请行政复议的权利、行政复议机关和行政复议申请期限。

(7) 申请人书面申请行政复议的，可以采取当面递交、邮寄或者传真等方式提出行政复议申请。有条件的行政复议机关可以接受以电子邮件形式提出的行政复议申请。对以传真、电子邮件形式提出行政复议申请的，行政复议机关应当审核确认申请人的身份、复议事项。

(8) 申请人书面申请行政复议的，应当在行政复议申请书中载明下列事项：①申请人的基本情况，包括公民的姓名、性别、出生年月、身份证件号码、工作单位、住所、邮政编码、联系电话；法人或者其他组织的名称、住所、邮政编码、联系电话和法定代表人或者主要负责人的姓名、职务。②被申请人的名称。③行政复议请求、申请行政复议的主要事实和理由。④申请人的签名或者盖章。⑤申请行政复议的日期。

(9) 申请人口头申请行政复议的，行政复议机构应当依照税务行政复议规则第39

条规定的事项，当场制作行政复议申请笔录，交申请人核对或者向申请人宣读，并由申请人确认。

（10）有下列情形之一的，申请人应当提供证明材料：①认为被申请人不履行法定职责的，提供要求被申请人履行法定职责而被申请人未履行的证明材料。②申请行政复议时一并提出行政赔偿请求的，提供受具体行政行为侵害而造成损害的证明材料。③法律、法规规定需要申请人提供证据材料的其他情形。

（11）申请人提出行政复议申请时错列被申请人的，行政复议机关应当告知申请人变更被申请人。申请人不变更被申请人的，行政复议机关不予受理，或者驳回行政复议申请。

（12）申请人向行政复议机关申请行政复议，行政复议机关已经受理的，在法定行政复议期限内申请人不得向人民法院提起行政诉讼；申请人向人民法院提起行政诉讼，人民法院已经依法受理的，不得申请行政复议。

七、税务行政复议受理

（1）行政复议申请符合下列规定的，行政复议机关应当受理：①属于税务行政复议规则规定的行政复议范围；②在法定申请期限内提出；③有明确的申请人和符合规定的被申请人；④申请人与具体行政行为有利害关系；⑤有具体的行政复议请求和理由；⑥属于收到行政复议申请的行政复议机关的职责范围；⑦其他行政复议机关尚未受理同一行政复议申请，人民法院尚未受理同一主体就同一事实提起的行政诉讼。

（2）行政复议机关收到行政复议申请以后，应当在5日内审查，决定是否受理。对不符合税务行政复议规则规定的行政复议申请，决定不予受理，并书面告知申请人。

对不属于本机关受理的行政复议申请，应当告知申请人向有关行政复议机关提出。

行政复议机关收到行政复议申请以后未按照前款规定期限审查并做出不予受理决定的，视为受理。

（3）对符合规定的行政复议申请，自行政复议机构收到之日起即为受理；受理行政复议申请，应当书面告知申请人。

（4）行政复议申请材料不齐全、表述不清楚的，行政复议机构可以自收到该行政复议申请之日起5日内书面通知申请人补正。补正通知应当载明需要补正的事项和合理的补正期限。无正当理由逾期不补正的，视为申请人放弃行政复议申请。

补正申请材料所用时间不计入行政复议审理期限。

（5）上级税务机关认为行政复议机关不予受理行政复议申请的理由不成立的，可以督促其受理；经督促仍然不受理的，责令其限期受理。

上级税务机关认为行政复议申请不符合法定受理条件的，应当告知申请人。

（6）上级税务机关认为有必要的，可以直接受理或者提审由下级税务机关管辖的行政复议案件。

（7）对应当先向行政复议机关申请行政复议，对行政复议决定不服再向人民法院提起行政诉讼的具体行政行为，行政复议机关决定不予受理或者受理以后超过行政复议期限不作答复的，申请人可以自收到不予受理决定书之日起或者行政复议期满之日起15日内，依法向人民法院提起行政诉讼。

依照税务行政复议规则第83条规定延长行政复议期限的，以延长以后的时间为行政复议期满时间。

(8) 行政复议期间具体行政行为不停止执行；但是有下列情形之一的，可以停止执行：①被申请人认为需要停止执行的；②行政复议机关认为需要停止执行的；③申请人申请停止执行，行政复议机关认为其要求合理，决定停止执行的；④法律规定停止执行的。

八、税务行政复议证据

(1) 行政复议证据包括以下类别：①书证；②物证；③视听资料；④证人证言；⑤当事人陈述；⑥鉴定结论；⑦勘验笔录、现场笔录。

(2) 在行政复议中，被申请人对其做出的具体行政行为负有举证责任。

(3) 行政复议机关应当依法全面审查相关证据。行政复议机关审查行政复议案件，应当以证据证明的案件事实为依据。定案证据应当具有合法性、真实性和关联性。

(4) 行政复议机关应当根据案件的具体情况，从以下方面审查证据的合法性：①证据是否符合法定形式；②证据的取得是否符合法律、法规、规章和司法解释的规定；③是否有影响证据效力的其他违法情形。

(5) 行政复议机关应当根据案件的具体情况，从以下方面审查证据的真实性：①证据形成的原因；②发现证据时的环境；③证据是否为原件、原物，复制件、复制品与原件、原物是否相符；④提供证据的人或者证人与行政复议参加人是否具有利害关系；⑤影响证据真实性的其他因素。

(6) 行政复议机关应当根据案件的具体情况，从以下方面审查证据的关联性：①证据与待证事实是否具有证明关系；②证据与待证事实的关联程度；③影响证据关联性的其他因素。

(7) 下列证据材料不得作为定案依据：①违反法定程序收集的证据材料；②以偷拍、偷录和窃听等手段获取侵害他人合法权益的证据材料；③以利诱、欺诈、胁迫和暴力等不正当手段获取的证据材料；④无正当事由超出举证期限提供的证据材料；⑤无正当理由拒不提供原件、原物，又无其他证据印证，且对方不予认可的证据的复制件、复制品；⑥无法辨明真伪的证据材料；⑦不能正确表达意志的证人提供的证言；⑧不具备合法性、真实性的其他证据材料。

(8) 在行政复议过程中，被申请人不得自行向申请人和其他有关组织或者个人收集证据。

(9) 行政复议机构认为必要时，可以调查取证。行政复议工作人员向有关组织和人员调查取证时，可以查阅、复制和调取有关文件和资料，向有关人员询问。调查取证时，行政复议工作人员不得少于2人，并应当向当事人和有关人员出示证件。被调查单位和人员应当配合行政复议工作人员的工作，不得拒绝、阻挠。

需要现场勘验的，现场勘验所用时间不计入行政复议审理期限。

(10) 申请人和第三人可以查阅被申请人提出的书面答复、做出具体行政行为的证据、依据和其他有关材料，除涉及国家秘密、商业秘密或者个人隐私外，行政复议机关不得拒绝。

九、税务行政复议审查和决定

（1）行政复议机构应当自受理行政复议申请之日起7日内，将行政复议申请书副本或者行政复议申请笔录复印件发送被申请人。被申请人应当自收到申请书副本或者申请笔录复印件之日起10日内提出书面答复，并提交当初做出具体行政行为的证据、依据和其他有关材料。

对国家税务总局的具体行政行为不服申请行政复议的案件，由原承办具体行政行为的相关机构向行政复议机构提出书面答复，并提交当初做出具体行政行为的证据、依据和其他有关材料。

（2）行政复议机构审理行政复议案件，应当由2名以上行政复议工作人员参加。

（3）行政复议原则上采用书面审查的办法，但是申请人提出要求或者行政复议机构认为有必要时，应当听取申请人、被申请人和第三人的意见，并可以向有关组织和人员调查了解情况。

（4）对重大、复杂的案件，申请人提出要求或者行政复议机构认为必要时，可以采取听证的方式审理。

（5）行政复议机构决定举行听证的，应当将举行听证的时间、地点和具体要求等事项通知申请人、被申请人和第三人。第三人不参加听证的，不影响听证的举行。

（6）听证应当公开举行，但是涉及国家秘密、商业秘密或者个人隐私的除外。

（7）行政复议听证人员不得少于2人，听证主持人由行政复议机构指定。

（8）听证应当制作笔录。申请人、被申请人和第三人应当确认听证笔录内容。

行政复议听证笔录应当附卷，作为行政复议机构审理案件的依据之一。

（9）行政复议机关应当全面审查被申请人的具体行政行为所依据的事实证据、法律程序、法律依据和设定的权利义务内容的合法性、适当性。

（10）申请人在行政复议决定做出以前撤回行政复议申请的，经行政复议机构同意，可以撤回。申请人撤回行政复议申请的，不得再以同一事实和理由提出行政复议申请。但是，申请人能够证明撤回行政复议申请违背其真实意思表示的除外。

（11）行政复议期间被申请人改变原具体行政行为的，不影响行政复议案件的审理。但是，申请人依法撤回行政复议申请的除外。

（12）申请人在申请行政复议时，依据税务行政复议规则第15条规定一并提出对有关规定的审查申请的，行政复议机关对该规定有权处理的，应当在30日内依法处理；无权处理的，应当在7日内按照法定程序逐级转送有权处理的行政机关依法处理，有权处理的行政机关应当在60日内依法处理。处理期间，中止对具体行政行为的审查。

（13）行政复议机关审查被申请人的具体行政行为时，认为其依据不合法，本机关有权处理的，应当在30日内依法处理；无权处理的，应当在7日内按照法定程序逐级转送有权处理的国家机关依法处理。处理期间，中止对具体行政行为的审查。

（14）行政复议机构应当对被申请人的具体行政行为提出审查意见，经行政复议机关负责人批准，按照下列规定做出行政复议决定：①具体行政行为认定事实清楚，证据确凿，适用依据正确，程序合法，内容适当的，决定维持。②被申请人不履行法定职责的，决定其在一定期限内履行。③具体行政行为有下列情形之一的，决定撤销、变更或者确认该具体行政行为违法；决定撤销或者确认该具体行政行为违法的，可以责令被申请人在一定期限内重新做出具体行政行为：主要事实不清、证据不足的；适用依据错误的；违反法定程序的；超越职权或者滥用职权的；具体行政行为明显不当的。④被申请人自收到行政复议机构申请书副本或者申请笔录复印件之日起 10 日内，不能提出书面答复，提交当初做出具体行政行为的证据、依据和其他有关材料的，视为该具体行政行为没有证据、依据，决定撤销该具体行政行为。

（15）行政复议机关责令被申请人重新做出具体行政行为的，被申请人不得以同一事实和理由做出与原具体行政行为相同或者基本相同的具体行政行为；但是行政复议机关以原具体行政行为违反法定程序决定撤销的，被申请人重新做出具体行政行为的除外。

（16）行政复议机关责令被申请人重新做出具体行政行为的，被申请人不得做出对申请人更为不利的决定；但是行政复议机关以原具体行政行为主要事实不清、证据不足或适用依据错误决定撤销的，被申请人重新做出具体行政行为的除外。

（17）有下列情形之一的，行政复议机关可以决定变更：①认定事实清楚，证据确凿，程序合法，但是明显不当或者适用依据错误的；②认定事实不清，证据不足，但是经行政复议机关审理查明事实清楚，证据确凿的。

（18）有下列情形之一的，行政复议机关应当决定驳回行政复议申请：①申请人认为税务机关不履行法定职责申请行政复议，行政复议机关受理以后发现该税务机关没有相应法定职责或者在受理以前已经履行法定职责的；②受理行政复议申请后，发现该行政复议申请不符合行政复议法及其实施条例和税务行政复议规则规定的受理条件的。

上级税务机关认为行政复议机关驳回行政复议申请的理由不成立的，应当责令限期恢复受理。行政复议机关审理行政复议申请期限的计算应当扣除因驳回耽误的时间。

（19）行政复议期间，有下列情形之一的，行政复议中止：①作为申请人的公民死亡，其近亲属尚未确定是否参加行政复议的；②作为申请人的公民丧失参加行政复议的能力，尚未确定法定代理人参加行政复议的；③作为申请人的法人或者其他组织终止，尚未确定权利义务承受人的；④作为申请人的公民下落不明或者被宣告失踪的；⑤申请人、被申请人因不可抗力，不能参加行政复议的；⑥行政复议机关因不可抗力原因暂时不能履行工作职责的；⑦案件涉及法律适用问题，需要有权机关做出解释或者确认的；⑧案件审理需要以其他案件的审理结果为依据，而其他案件尚未审结的；⑨其他需要中止行政复议的情形。

行政复议中止的原因消除以后，应当及时恢复行政复议案件的审理。行政复议机构中止、恢复行政复议案件的审理，应当告知申请人、被申请人、第三人。

（20）行政复议期间，有下列情形之一的，行政复议终止：①申请人要求撤回行政复议申请，行政复议机构准予撤回的；②作为申请人的公民死亡，没有近亲属，或者其近亲属放弃行政复议权利的；③作为申请人的法人或者其他组织终止，其权利义务的承受人放弃行政复议权利的；④申请人与被申请人依照税务行政复议规则第 87 条的规定，经行政复议机构准许达成和解的；⑤行政复议申请受理以后，发现其他行政复议机关已经先于本机关受理，或者人民法院已经受理的。

依照上述（19）第①项、第②项、第③项规定中止行政复议，满 60 日行政复议中止的原因未消除的,行政复议终止。

(21) 行政复议机关责令被申请人重新做出具体行政行为的,被申请人应当在60日内重新做出具体行政行为;情况复杂,不能在规定期限内重新做出具体行政行为的,经行政复议机关批准,可以适当延期,但是延期不得超过30日。公民、法人或者其他组织对被申请人重新做出的具体行政行为不服,可以依法申请行政复议,或者提起行政诉讼。

(22) 申请人在申请行政复议时可以一并提出行政赔偿请求,行政复议机关对符合国家赔偿法的规定应当赔偿的,在决定撤销、变更具体行政行为或者确认具体行政行为违法时,应当同时决定被申请人依法赔偿。申请人在申请行政复议时没有提出行政赔偿请求的,行政复议机关在依法决定撤销、变更原具体行政行为确定的税款、滞纳金、罚款和对财产的扣押、查封等强制措施时,应当同时责令被申请人退还税款、滞纳金和罚款,解除对财产的扣押、查封等强制措施,或者赔偿相应的价款。

(23) 行政复议机关应当自受理申请之日起60日内做出行政复议决定。情况复杂,不能在规定期限内做出行政复议决定的,经行政复议机关负责人批准,可以适当延期,并告知申请人和被申请人;但是延期不得超过30日。行政复议机关做出行政复议决定,应当制作行政复议决定书,并加盖行政复议机关印章。行政复议决定书一经送达,即发生法律效力。

(24) 被申请人应当履行行政复议决定。被申请人不履行、无正当理由拖延履行行政复议决定的,行政复议机关或者有关上级税务机关应当责令其限期履行。

(25) 申请人、第三人逾期不起诉又不履行行政复议决定的,或者不履行最终裁决的行政复议决定的,按照下列规定分别处理:①维持具体行政行为的行政复议决定,由做出具体行政行为的税务机关依法强制执行,或者申请人民法院强制执行;②变更具体行政行为的行政复议决定,由行政复议机关依法强制执行,或者申请人民法院强制执行。

十、税务行政复议和解与调解

(1) 对下列行政复议事项,按照自愿、合法的原则,申请人和被申请人在行政复议机关做出行政复议决定以前可以达成和解,行政复议机关也可以调解:①行使自由裁量权做出的具体行政行为,如行政处罚、核定税额、确定应税所得率等;②行政赔偿;③行政奖励;④存在其他合理性问题的具体行政行为。

(2) 申请人和被申请人达成和解的,应当向行政复议机构提交书面和解协议。和解内容不损害社会公共利益和他人合法权益的,行政复议机构应当准许。

(3) 经行政复议机构准许和解终止行政复议的,申请人不得以同一事实和理由再次申请行政复议。

(4) 调解应当符合下列要求:①尊重申请人和被申请人的意愿;②在查明案件事实的基础上进行;③遵循客观、公正和合理原则;④不得损害社会公共利益和他人合法权益。

(5) 行政复议机关按照下列程序调解:①征得申请人和被申请人同意;②听取申请人和被申请人的意见;③提出调解方案;④达成调解协议;⑤制作行政复议调解书。

(6) 行政复议调解书应当载明行政复议请求、事实、理由和调解结果，并加盖行政复议机关印章。行政复议调解书经双方当事人签字，即具有法律效力。调解未达成协议，或者行政复议调解书不生效的，行政复议机关应当及时做出行政复议决定。

(7) 申请人不履行行政复议调解书的，由被申请人依法强制执行，或者申请人民法院强制执行。

十一、税务行政复议指导和监督

(1) 各级税务复议机关应当加强对履行行政复议职责的监督。行政复议机构负责对行政复议工作进行系统督促、指导。

(2) 各级税务机关应当建立健全行政复议工作责任制，将行政复议工作纳入本单位目标责任制。

(3) 各级税务机关应当按照职责权限，通过定期组织检查、抽查等方式，检查下级税务机关的行政复议工作，并及时向有关方面反馈检查结果。

(4) 行政复议期间行政复议机关发现被申请人和其他下级税务机关的相关行政行为违法或者需要做好善后工作的，可以制作行政复议意见书。有关机关应当自收到行政复议意见书之日起 60 日内将纠正相关行政违法行为或者做好善后工作的情况报告行政复议机关。行政复议期间行政复议机构发现法律、法规和规章实施中带有普遍性的问题，可以制作行政复议建议书，向有关机关提出完善制度和改进行政执法的建议。

(5) 省以下各级税务机关应当定期向上一级税务机关提交行政复议、应诉、赔偿统计表和分析报告，及时将重大行政复议决定报上一级行政复议机关备案。

(6) 行政复议机构应当按照规定将行政复议案件资料立卷归档。行政复议案卷应当按照行政复议申请分别装订立卷，一案一卷，统一编号，做到目录清晰、资料齐全、分类规范、装订整齐。

(7) 行政复议机构应当定期组织行政复议工作人员业务培训和工作交流，提高行政复议工作人员的专业素质。

(8) 行政复议机关应当定期总结行政复议工作。对行政复议工作中做出显著成绩的单位和个人，依照有关规定表彰和奖励。

第三节 税务行政诉讼

一、税务行政诉讼的概念

税务行政诉讼是行政诉讼的一个重要组成部分。税务行政诉讼是指公民、法人和其他组织认为税务机关及其工作人员的具体税务行政行为违法或者不当，侵犯了其合法权益，依法向人民法院提起行政诉讼，由人民法院对具体税务行政行为的合法性和适当性进行审理并做出裁决的司法活动。

从税务行政诉讼与税务行政复议及其他行政诉讼活动的比较中可以看出，税务行政诉讼具有以下特殊性：

（1）税务行政诉讼是由人民法院进行审理并做出裁决的一种诉讼活动。

（2）税务行政诉讼以解决税务行政争议为前提，这是税务行政诉讼与其他行政诉讼活动的根本区别，具体体现在：①被告必须是税务机关，或经法律、法规授权的行使税务行政管理权的组织，而不是其他行政机关或组织；②税务行政诉讼解决的争议发生在税务行政管理过程中；③因税款征纳问题发生的争议，当事人在向人民法院提起行政诉讼前，必须先经税务行政复议程序，即复议前置。

二、税务行政诉讼的原则

除共有原则外（如人民法院独立行使审判权，实行合议、回避、公开、辩论、两审、终审等），税务行政诉讼还必须和其他行政诉讼一样，遵循以下几个特有原则。

（一）人民法院特定主管原则

即人民法院对税务行政案件只有部分管辖权。根据《中华人民共和国行政诉讼法》（以下简称《行政诉讼法》）第11条的规定，人民法院只能受理因具体行政行为引起的税务行政争议案。

（二）合法性审查原则

除审查税务机关是否滥用权力、税务行政处罚是否显失公正外，人民法院只对具体税务行为是否合法予以审查。与此相适应，人民法院原则上不直接判决变更。

（三）不适用调解原则

税收行政管理权是国家权力的重要组成部分，税务机关无权依自己意愿进行处置，因此，人民法院也不能对税务行政诉讼法律关系的双方当事人进行调解。

（四）起诉不停止执行原则

即当事人不能以起诉为理由而停止执行税务机关所做出的具体行政行为，如税收保全措施和税收强制执行措施。

（五）税务机关负举证责任原则

由于税务行政行为是税务机关单方依一定事实和法律做出的，只有税务机关最了解做出该行为的证据。如果税务机关不提供或不能提供证据，就可能败诉。

（六）由税务机关负责赔偿的原则

依据《中华人民共和国国家赔偿法》的有关规定，税务机关及其工作人员因执行职务不当，给当事人造成人身及财产损害，应负担赔偿责任。

三、税务行政诉讼的参加人

税务行政诉讼的参加人包括原告和被告。原告是指认为税务机关具体行政行为侵犯其合法权益的纳税人、扣缴义务人、纳税担保人以及其他当事人。被告是指做出具体行政行为的税务机关或其上一级税务机关。

四、税务行政诉讼的管辖

税务行政诉讼管辖是指人民法院受理第一审税务案件的职权分工。具体来讲，税务行政诉讼的管辖分为级别管辖、地域管辖和裁定管辖。

（一）级别管辖

级别管辖是上下级人民法院之间受理第一审税务案件的分工和权限。根据《行政诉讼法》的规定，基层人民法院管辖一般的税务行政诉讼案件；中高级人民法院管辖本辖区内重大、复杂的税务行政诉讼案件；最高人民法院管辖全国范围内重大、复杂的税务行政诉讼案件。

（二）地域管辖

地域管辖是同级人民法院之间受理第一审行政案件分工和权限，分一般地域管辖和特殊地域管辖两种。

1. 一般地域管辖

一般地域管辖是指按照最初做出具体行政行为的机关所在地来确定管辖法院。凡是未经复议直接向人民法院提起诉讼的，或者经过复议，复议裁决维持原具体行政行为，当事人不服向人民法院提起诉讼的，均由最初做出具体行政行为的税务机关所在地人民法院管辖。

2. 特殊地域管辖

特殊地域管辖是指根据特殊行政法律关系或特殊行政法律关系所指的对象来确定管辖法院。税务行政案件的特殊地域管辖主要是指经过复议的案件，复议机关改变原具体行政行为的，由原告选择最初做出具体行政行为的税务机关所在地人民法院，或者复议机关所在地人民法院管辖。原告可以向任何一个有管辖权的人民法院起诉，最先收到起诉状的人民法院为第一审法院。

（三）裁定管辖

裁定管辖是指人民法院依法自行裁定的管辖，包括移送管辖、指定管辖及管辖权的转移三种情况。

1. 移送管辖

移送管辖是指人民法院将已经受理的案件，移送给有管辖权的人民法院审理。根据《行政诉讼法》第21条的规定，移送管辖必须具备三个条件：一是移送人民法院已经受理了该案件；二是移送法院发现自己对该案件没有管辖权；三是接受移送的人民法院必须对该案件确有管辖权。

2. 指定管辖

指定管辖是指上级人民法院以裁定的方式，指定某下一级人民法院管辖某一案件。根据《行政诉讼法》第22条的规定，有管辖权的人民法院因特殊原因不能行使对行政诉讼的管辖权的，由其上级人民法院指定管辖；人民法院对管辖权发生争议且协商不成的，由它们共同的上级人民法院指定管辖。

3. 管辖权的转移

根据《行政诉讼法》第23条的规定，上级人民法院有权审理下级人民法院管辖的第一审税务行政案件，也可以把自己管辖的第一审税务行政案件移交下级人民法院审判；下级人民法院对其管辖的第一审税务行政案件，认为需要由上级人民法院审判的，可以报请上级人民法院决定。

五、税务行政诉讼的受案范围

税务行政诉讼的受案范围是指人民法院对税务机关的哪些行为拥有司法审查权，即公民、法人或者其他组织对税务机关的哪些行为不服可以向人民法院提起税务行政诉讼。税务行政诉讼的受案范围与税务行政复议的受案范围基本一致,包括:

(1) 税务机关做出的征税行为:一是征收税款、加收滞纳金;二是扣缴义务人、受税务机关委托的单位做出代扣代缴、代收代缴行为及代征行为。

(2) 税务机关做出的责令纳税人提交纳税保证金或者纳税担保的行为。

(3) 税务机关做出的行政处罚行为。

(4) 税务机关做出的通知出境管理机关阻止出境行为。

(5) 税务机关做出的税收保全措施。

(6) 税务机关做出的税收强制执行措施。

(7) 认为符合法定条件申请税务机关颁发税务登记证和发售发票,税务机关拒绝颁发、发售或不予答复的行为。

(8) 税务机关的复议行为:一是复议机关改变了原具体行政行为;二是复议期限届满,税务机关不予答复的行为。

六、税务行政诉讼的起诉和受理

(一) 税务行政诉讼的起诉

税务行政诉讼起诉是指公民、法人或者其他组织认为自己的合法权益受到税务机关具体行政行为的侵害,而向人民法院提出诉讼请求,要求人民法院行使审判权,依法予以保护的诉讼行为。起诉是法律赋予税务行政管理相对人、用以保护其合法权益的权利和手段。在税务行政诉讼等行政诉讼中,起诉权是单向性的权利,税务机关不享有起诉权,只有应诉权,即是税务机关只能作为被告;与民事诉讼不同,作为被告的税务机关不能反诉。

税务行政诉讼的原告,即纳税人、扣缴义务人、纳税担保人等税务管理相对人在提起税务行政诉讼时,必须符合下列条件:

(1) 原告是认为具体税务行政行为侵犯其合法权益的公民、法人或者其他组织。

(2) 有明确的被告。

(3) 有具体的诉讼请求和事实、法律根据。

(4) 属于人民法院的受案范围和受诉人民法院管辖。

此外,提起税务行政诉讼,还必须符合法定的期限和必经的程序。根据《征管法》第88条及其他相关规定,对税务机关的征税行为提起诉讼,必须先经过复议;对复议决定不服的,可以在接到复议决定书之日起15日内向人民法院起诉。对其他具体行政行为不服的,当事人可以在接到通知或者知道之日起15日内直接向人民法院起诉。

税务机关做出具体行政行为时,未告知当事人诉权和起诉期限,致使当事人逾期向人民法院起诉的,其起诉期限从当事人实际知道诉权或者起诉期限时计算,但最长不得超过2年。

(二) 税务行政诉讼的受理

原告起诉,经人民法院审查,认为符合起诉条件并立案审理的行为,称为受理。对当事人的起诉,人民法院一般从以下几方面进行审查并做出是否受理的决定:一是审查是否属于法定的诉讼受案范围;二是审查是否具备法定的起诉条件;三是审查是否已经受理或者正在受理;四是审查是否有管辖权;五是审查是否符合法定的期限;六是审查是否经过必经复议程序。

根据法律规定,人民法院接到诉状,经过审查,应当在 7 日内立案或者做出裁定不予受理。原告对不予受理的裁定不服的,可以提起上诉。

七、税务行政诉讼的审理和判决

(一) 税务行政诉讼的审理

人民法院审理行政案件实行合议、回避、公开审判和两审终审的审判制度。审理的核心是审查被诉具体行政行为是否合法,即做出该行为的税务机关是否依法享有该税务行政管理权;该行为是否依据一定的事实和法律做出;税务机关做出该行为是否遵照必备的程序等。

(二) 税务行政诉讼的判决

人民法院对受理的税务行政案件,经过调查、收集证据、开庭审理之后,分别做出如下判决:

(1) 维持判决。适用于具体行政行为证据确凿,适用法律、法规正确,符合法定程序的案件。

(2) 撤销判决。被诉的具体行政行为主要证据不足,适用法律、法规错误,违反法定程序,或者超越职权、滥用职权,人民法院应判决撤销或部分撤销,同时可判决税务机关重新做出具体行政行为。

(3) 履行判决。税务机关不履行或拖延履行法定职责的,判决其在一定期限内履行。

(4) 变更判决。税务行政处罚显失公正的,可以判决变更。

对一审人民法院的判决不服的,当事人可以上诉。对发生法律效力的判决,当事人必须执行,否则人民法院有权依对方当事人的申请予以强制执行。

第四节 综合案例分析

【例 17-1】 许某自 2009 年开设私人诊所,为患者看病,因认真负责、医术高超、热情服务受到患者的欢迎。到 2012 年 3 月取得了相当可观的收入,扩大了诊所的面积,并称为了感谢政府政策给予他的机遇,每年捐献给希望工程 1 万元。由此获得了模范个体户的称号。2012 年 5 月 10 日,许某忽然接到了税务机关要求其补缴税款及税收滞纳金和因偷税而处罚的通知单,许某愤愤不平地以税务机关决定、处罚错误为由,向上一级税务机关申请行政复议,上一级税务机关经过审查,做出维持原税务机关决定的复议决定。许某对上一级税务机关的决定仍然不服,起诉到法院,法院做出维持税务机关决定和上一级税务机关复议决定的判决。

【解析】 根据上述资料,分析如下:

(1) 许某偷逃了增值税、城市维护建设税、教育费附加及个人所得税。税法规定,纳税人既有应征营业税的行为,又有销售货物的行为,属于兼营行为。纳税人应当按照相应的营业税法和增值税法分别核算应税营业额和销售额,分别计算营业税税额和增值税税额。如果纳税人不分别核算或不能准确核算的,由主管税务机关核定其应税行为营业额。

另外,根据《营业税暂行条例》及其实施细则的有关规定,医院、诊所和其他医疗机构提供的医疗服务可以免税。这里的医疗服务是有特指的,它指的是对患者进行诊断、治疗和防疫、接生、计划生育等方面的服务,以及与这些服务有关的提供药品、医疗用具、病房住宿、伙食的业务。可本例中的许某,除了给患者提供诊断服务以外,还经营销售各种药品,而且主要以销售药品为主。根据《增值税暂行条例》的有关规定,销售药品属于销售货物,应征收增值税。因此,许某开诊所治病并销售药品,属兼营行为。该诊所提供给患者的诊断服务属营业税的免税范围,应免征营业税,对销售药品的销售收入应当征收增值税。本例中的许某,虽然每年捐献1万元给希望工程换得模范个体的美名,但偷逃税款终难逃脱法律的制裁。其所卖药品收入偷逃了增值税、城市维护建设税、教育费附加及个人所得税。

(2)税务机关、上一级税务机关的决定及法院的判决是合法的。许某对税务机关、上一级税务机关的决定及法院判决不服是没有根据的,法院判决维持原税务机关的决定和上一级税务机关的复议决定,是完全正确的、合法的。

【例17-2】 某高级工程师杨某在2010年至2012年期间,背着单位,私下挂靠有关单位,并以挂靠单位的名义与一些厂矿签订协议,由挂靠单位转借账号、发票、印章等,杨某支付手续费后取得技术服务收入。后经群众举报,税务机关予以查实,要求杨某补缴个人所得税税款6万元并加收滞纳金。杨某不服,认为自己已经支付了手续费,主观上并没有偷逃税款的恶意。对税务机关的处罚表示不服,提出必须先经过上级税务机关复议,如果没有异议,才同意支付税款和滞纳金。

【解析】 根据上述资料,分析如下:

(1)杨某的说法不能成立。根据税务行政处罚的有关规定:"当事人对税务机关的行政处罚决定不服的,可以依法向上一级税务机关提起行政复议,但行政复议期间不停止执行税务行政处罚措施。"因此杨某以提起行政复议为由拒绝支付罚款的理由没有法律根据。

(2)杨某不能直接向人民法院提起诉讼。根据税务行政复议的有关规定:"对征税行为不服的当事人,必须先提起行政复议,不能直接向人民法院提起诉讼,即必须遵循复议前置程序的规定。"

本案中,杨某必须先向上一级税务机关提起行政复议,如果对复议结果不服的,才可以依法向人民法院提起诉讼。

自测题

一、名词解释
1. 税务行政处罚
2. 税务行政复议
3. 税务行政诉讼

二、简述题
1. 简述税务行政处罚。
2. 简述税务行政复议的决定。
3. 简述税务行政诉讼的受案范围。

三、单项选择题

1. 税务行政处罚的实施主体主要是（　　）。
   A. 基层税务所
   B. 县以上税务机关
   C. 市以上税务机关
   D. 省以上税务机关

2. 根据行政处罚法的规定，依据行政处罚简易程序进行执法活动时，执法人员可以（　　）。
   A. 口头做出处罚决定
   B. 当场做出处罚决定
   C. 不听取当事人申辩
   D. 不出示执法身份证件

3. 根据行政处罚法的规定，下列税务机关可以对当事人当场做出行政处罚决定，并收缴罚款的是（　　）。
   A. 依法给予100元以下罚款的
   B. 依法给予50元以下罚款的
   C. 被处罚人在当地没有固定住所的
   D. 依法处20元以下罚款的

4. 国务院可以通过行政法规的形式设定除（　　）以外的税务行政处罚。
   A. 警告
   B. 限制人身自由
   C. 罚金
   D. 罚款

5. 税务所可以实施罚款额在（　　）元以下的税务行政处罚。
   A. 1 000   B. 2 000
   C. 2 500   D. 3 000

6. 税务机关对当事人做出罚款行政处罚决定的，当事人应当在收到行政处罚决定书之日起15日内缴纳罚款，到期不缴纳的，税务机关可以对当事人每日按罚款数额的（　　）加处罚款。
   A. 1%   B. 2%
   C. 3%   D. 10%

7. 我国对公民和法人的违法案件实行税务行政处罚简易程序中的处罚标准分别是（　　）。
   A. 50元以下，1 000元以下
   B. 50元以下，2 000元以下
   C. 100元以下，5 000元以下
   D. 1 000元以下，10 000元以下

8. 税务机关当场收缴罚款的，必须向当事人出具合法罚款收据，并且应当在收缴罚款之日起（　　）内将罚款交至税务机关。
   A. 2日   B. 3日
   C. 5日   D. 6日

9. 当事人对征税不服的复议申请，应当在缴清税款和滞纳金以后或者所提供的担保得到做出具体行政行为的税务机关确认之日起（　　）内提出。
   A. 15日   B. 30日
   C. 60日   D. 90日

10. 根据税务行政复议相关规定，当事人对国税局与地税局共同做出的具体行政行为不服的，当事人（　　）。
    A. 向国家税务总局申请行政复议
    B. 向该国税局的上级主管机关申请行政复议
    C. 向地税局的上级主管机关申请行政复议
    D. 向国务院申请行政复议

11. 根据税务行政复议相关规定，对税务所、各级税务局的稽查局做出的具体行政行为不服的，向其（　　）提起行政复议。
    A. 主管税务局
    B. 上级税务局
    C. 省级税务局
    D. 国家税务局

12. 凡是未经复议直接向人民法院提起诉讼的，或者经过复议，复议裁决维持原具体行政行为，当事人不服向人民法院提起诉讼的，均由最初做出具体行政行为

的税务机关所在地人民法院管辖，称为（　　）。

A. 一般地域管辖
B. 特殊地域管辖
C. 级别管辖
D. 指定管辖

13. 税务行政复议一般情况下不是当事人进行税务行政诉讼的必经程序。除因（　　）引起的争议，税务行政复议是税务行政诉讼的必经前置程序。

A. 税务机关做出的征税行为
B. 税务机关责令纳税人提供纳税担保的行为
C. 税务机关做出的税收保全措施
D. 税务机关未及时解除税收保全措施，使纳税人合法权益遭受损失的行为

14. 下列选项中，属于提起行政诉讼前必须经过行政复议程序的是（　　）。

A. 税务机关不予开具完税凭证和出具票据
B. 税务机关不予认定为增值税一般纳税人
C. 税务机关不予审批减免税
D. 税务机关不予核准延期申报、批准延期缴纳税款

15. 税务机关做出具体行政行为时，未告知当事人诉权和起诉期限，致使当事人逾期向人民法院起诉的，其起诉期限从当事人实际知道诉权或者起诉期限时计算。但最长不得超过（　　）。

A. 1年　　　　B. 2年
C. 5年　　　　D. 20年

16. 人民法院对受理的税务行政案件，下列判决结果描述错误的是（　　）。

A. 维持判决　　B. 履行判决
C. 变更判决　　D. 缺席判决

四、多项选择题

1. 现行执行的税务行政处罚种类主要有（　　）。

A. 罚款
B. 没收非法所得
C. 税收滞纳金
D. 收缴发票和暂停供应发票

2. 根据相关规定，国家税务总局可以通过规章的形式设定（　　）。

A. 警告　　　　B. 拘留
C. 罚金　　　　D. 罚款

3. 我国税务行政处罚一般程序包括（　　）。

A. 立案　　　　B. 调查取证
C. 决定　　　　D. 执行程序

4. 下列税务行政相对人有举行听证权利的是（　　）。

A. 对公民做出2 000元上罚款的案件
B. 处罚存在争议
C. 对法人或其他组织做出1万元以上罚款的案件
D. 对法人或其他组织做出5 000元以上罚款的案件

5. 下列选项中，属于不是必须经过行政复议程序的有（　　）。

A. 税务机关不予退还税款
B. 税务机关不予认定为增值税一般纳税人
C. 税务机关不予审批减免税或者出口退税
D. 税务机关不予核准延期申报、批准延期缴纳税款

6. 行政复议期间税务具体行政行为不停止执行，但是符合特定条件可以停止执行，下列可以停止执行税务具体行政行为的是（　　）。

A. 被申请人甲税务机关认为需要停止执行的
B. 复议机关乙税务机关认为需要停止执行的
C. 申请人长虹商贸公司认为需要停止执行的

D. 申请人长虹商贸公司申请停止执行，复议机关乙税务机关认为其要求合理，决定停止执行的

7. 根据行政复议法的规定，关于行政复议证据的描述正确的是（ ）。

A. 在行政复议中，被申请人对其做出的具体行政行为负有举证责任

B. 以偷拍获取侵害他人合法权益的证据不得作为定案依据

C. 在行政复议过程中，被申请人不得自行向申请人收集证据

D. 申请人可以查阅被申请人提出的书面答复

8. 税务行政复议机关对复议申请经过审理，发现具体行政行为有下列（ ），应决定撤销、变更，并可以责令被申请人在一定期限内重新做出具体行政行为。

A. 主要事实不清、证据不足的

B. 违反法定程序的

C. 具体行政行为明显不当的

D. 超越职权或者滥用职权的

9. 税务行政复议申请人包括（ ）。

A. 纳税人、扣缴义务人

B. 纳税担保人

C. 有权申请行政复议的公民死亡的，其近亲属可以申请行政复议

D. 有权申请行政复议的法人或者其他组织发生合并、分立或终止的，承受其权利义务的法人或者其他组织可以申请行政复议

10. 税务行政复议的受案范围中，属于税务机关做出的征税行为的有（ ）。

A. 征收税款

B. 加收滞纳金

C. 税务机关做出的税收保全措施

D. 税务机关做出的税收强制执行措施

11. 下列关于税务行政诉讼的原则描述正确的是（ ）。

A. 人民法院特定主管原则

B. 合法性审查原则

C. 税务机关负举证责任原则

D. 不适用调解原则

12. 税务行政诉讼的管辖类别有（ ）。

A. 级别管辖

B. 地域管辖

C. 裁定管辖

D. 行政管辖

13. 纳税人、扣缴义务人等税务管理相对人在提起税务行政诉讼时，必须符合一定条件。下列属于必须符合的条件有（ ）。

A. 有明确的被告

B. 有具体的诉讼请求和事实、法律根据

C. 原告可以是与其无关的见义勇为的自然人

D. 属于人民法院的受案范围

五、判断题

1. 税务行政处罚是指公民、法人或者其他组织有违反税收征收管理秩序的违法行为，尚未构成犯罪，依法应当承担行政责任的，由税务机关给予行政处罚。（ ）

2. 国务院可以通过行政法规的形式设定除限制人身自由以外的各种税务行政处罚。（ ）

3. 各级税务机关的内设机构、派出机构具有处罚主体资格，能以自己的名义实施税务行政处罚。（ ）

4. 税务机关行政执法人员当场收缴罚款的情形是：依法给予当事人50元以下罚款或不当场收缴罚款事后难以执行的。（ ）

5. 税务机关对当事人做出罚款决定的，当事人应当在收到行政处罚决定书之日起15天内缴纳罚款，逾期税务机关可以对当事人每日按罚款数额的5‰加处罚款。

(   )

6. 税务行政复议是税务行政诉讼的必经前置程序,未经复议不得向法院起诉,经行政复议决定不服的,才能提起行政诉讼。(   )

7. 税务行政诉讼的被告只能是国家行政机关,或经法律、行政法规授权的行使税务行政管理的组织。(   )

8. 人民法院审理行政案件实行合议、回避、公开审判和两审终审的审判制度。(   )

自测题参考答案

第一章 税法概论

三、单项选择题
1. A 2. D 3. A 4. C 5. C
6. B 7. D 8. B 9. A 10. D
11. C 12. D 13. B

四、多项选择题
1. CD 2. BC 3. CD 4. BD 5. ACD
6. AB 7. ABD 8. ABD 9. ABC 10. ACD

五、判断题
1. × 2. × 3. × 4. × 5. ×
6. √ 7. × 8. √ 9. × 10. ×

第二章 增值税法

三、单项选择题
1. B 2. A 3. B 4. D 5. C
6. A 7. C 8. A 9. D 10. D
11. B 12. D 13. C 14. C 15. C
16. D 17. A 18. B 19. B 20. B
21. D 22. C 23. C 24. B 25. D
26. B 27. C 28. A 29. D 30. D

四、多项选择题
1. CD 2. ABC 3. ABCD 4. ABD 5. AC
6. AB 7. ABD 8. CD 9. AC 10. ABD
11. ABCD 12. ABD 13. BD 14. BD 15. AC
16. ABCD 17. ABC 18. ABC 19. ABCD 20. CD
21. AB 22. BD 23. ACD 24. BD 25. AB
26. ABCD 27. BC 28. ABD 29. ABCD 30. ABC
31. AD 32. BC 33. ABCD 34. ABC 35. ACD

五、判断题

1. √ 2. × 3. √ 4. × 5. ×
6. × 7. × 8. × 9. × 10. ×
11. √ 12. × 13. × 14. × 15. ×
16. × 17. √ 18. √

六、计算题

1. 该白酒厂应进行如下纳税处理：

(1) 购进农产品，除取得增值税专用发票或者海关进口增值税专用缴款书外，按照农产品收购发票或者销售发票上注明的农产品买价和13%的扣除率计算进项税额。

本厂购入粮食的进项税额＝116 000×13%＝15 080（元）

(2) 本厂外购货物的进项税额＝(20 000+42 000)×17%＝10 540（元）

(3) 本厂增值税销项税额＝156 000×17%+11 700÷(1+17%)×17%+145 000×17%＝52 870（元）

(4) 本厂转出的进项税额＝42 000×17%×20%＝1 428（元）

(5) 本厂应缴纳的增值税＝52 870－(15 080+10 540－1 428)＝28 678（元）

2. 该企业应进行如下纳税处理：

该企业办理出口退税适用"免、抵、退"税计算办法。

(1) 免征出口环节增值税。

(2) 当期免抵退税不得免征和抵扣税额＝1 224×(17%－13%)＝48.96（万元）

(3) 当期应纳税额＝300×17%－(150－48.96)－22＝－72.04（万元）

(4) 当期免抵退税额＝1 224×13%＝159.12（万元）

(5) 按规定，如当期期末留抵税额≤当期免抵退税额时，当期应退税额＝当期期末留抵税额，即该企业当期应退税额＝72.04万元

(6) 当期免抵税额＝当期免抵退税额－当期应退税额，即当期免抵税额＝159.12－72.04＝87.08（万元）

七、综合题

该冰箱生产企业应进行如下纳税处理：

(1) 当期销项税额＝8 000×0.3÷(1+17%)×17%+200×0.3÷(1+17%)×17%+100×0.3÷(1+17%)×17%+100×0.3÷(1+17%)×17%+1÷(1+17%)×17%×2＝348.72+8.72+4.36+4.36+0.29＝366.45（万元）

其中：

①因某商场大批量购货，本企业给予5%的折扣销售，为商业折扣，但由于另开红字发票入账，则不得从销售额中扣除，应按全价计算销售额。

②采取直接收款方式销售货物，货款已收，货未发出，但已发生纳税义务，应核算销售额，计算销项税额。

③采取以旧换新方式销售货物的，应按新货物的同期销售价格确定销售额，不得扣减旧货物的收购价格。

④采取以物易物方式购销货物，本企业应作销售处理，计算销项税额。

⑤销售自己使用过的2009年1月1日以后购进或者自制的固定资产，按照适用税

率征收增值税。

⑥所有价格均为含税价格，均应转换为不含税销售额。

（2）当期进项税额＝85＋8×7％＋12＋40×13％＋0＋0.17＋4.36＝107.29（万元）

其中：

①生产企业不再采用验收入库扣税法，与其他企业一样采用发票认证制度。

②运费准予按运费金额的7％抵扣进项税额。

③自2009年1月1日起，进口生产经营用设备，取得海关进口增值税专用缴款书的，准予抵扣进项税额。

④向农业生产者收购农产品，准予按照收购金额和扣除率13％计算进项税额，从当期销项税额中抵扣。

⑤从小规模纳税人购进货物取得普通发票的，不准抵扣进项税额。

⑥对采用以物易物方式换入钢材，应作采购处理，取得增值税专用发票的，其进项税额准予从销项税额中抵扣。

（3）应纳增值税税额＝366.45－107.29＝259.16（万元）

综上，当期应纳增值税额为259.16万元。

第三章 消费税法

三、单项选择题

1. C	2. B	3. A	4. D	5. C
6. B	7. B	8. A	9. C	10. D
11. B	12. D	13. D	14. D	15. A
16. C	17. C	18. B	19. A	20. B
21. C	22. C	23. C	24. D	25. C
26. B	27. B	28 A.	29. A	30. D
31. D	32. D	33. D	34. A	35. D
36. C	37. B	38. B		

四、多项选择题

1. ABC	2. ACD	3. ABCD	4. BD	5. ACD
6. ABD	7. BCD	8. BCD	9. ABC	10. AD
11. ABC	12. ABD	13. ABCD	14. ABD	15. ABCD
16. ABD	17. ACD	18. ABD	19. ACD	20. AD
21. AC	22. BD	23. ABD	24. CD	25. AC
26. BCD	27. ACD	28. BCD	29. BC	30. ABC
31. CD	32. BCD	33. BC	34. AC	35. AD

五、判断题

1. √	2. ×	3. √	4. ×	5. ×
6. √	7. √	8. √	9. √	10. ×
11. ×	12. √	13. √	14. ×	15. ×

六、计算题

1. （1）该烟丝厂应进行如下纳税处理：

①就加工费缴纳增值税

应纳增值税税额＝[8 000＋2 000÷(1＋17％)]×17％＝1 650.60（元）

②应在向卷烟厂交货时代收代缴消费税

组成计税价格＝[100 000＋8 000＋2 000÷(1＋17％)]÷(1－30％)＝156 727.72（元）

应代收代缴的消费税＝156 727.72×30％＝47 018.32（元）

（2）该卷烟厂应进行如下纳税处理：

①应纳增值税

取得增值税专用发票的加工费负担的增值税1 650.60元已通过认证，准予作为进项税额抵扣。

应纳增值税税额＝119 000－1 650.60＝117 349.40（元）

②应纳消费税

卷烟实行从价定率和从量定额复合计征办法征税。委托加工收回的烟丝用于连续生产应税消费品卷烟的，其已纳的消费税税款准予按领用数量80％计算扣除。

应纳消费税税额＝销售额×消费税比例税率＋销售数量×消费税单位税额－当期准予扣除的委托加工应税消费品已纳税款＝700 000×36％＋50×150－47 018.32×80％＝221 885.34（元）

2. 该汽车制造厂应进行如下纳税处理：

（1）销项税额＝12×100 000×17％＋3×100 000×17％＋2×100 000×17％＋35 100÷(1＋17％)×17％＝294 100（元）

其中：

①委托其他纳税人采用视同买断的代销方式代销货物，纳税义务发生时间为收到代销单位的代销清单或者收到全部或者部分货款的当天。

②无偿赠送汽车应视同销售货物，不论是否开具发票，均应计算销项税额和消费税。

③给本企业管理部门使用汽车应视同销售货物，应计算销项税额和消费税。

④提供汽车修理劳务为增值税的应税劳务，应缴纳增值税，不应缴纳营业税。

（2）进项税额＝20 000＋6 000×7％＋153 000＝173 420（元）

其中：购进以及进口货物只要取得增值税专用发票和海关完税凭证且已通过认证，均可抵扣进项税额。支付的运费只要取得运费发票且已通过认证准予按运费金额和7％的扣除率计算抵扣进项税额。

（3）应纳增值税税额＝294 100－173 420＝120 680（元）

（4）应纳消费税税额＝12×100 000×12％＋3×100 000×12％＋2×100 000×12％＝204 000（元）

其中：

①消费税采用单环节纳税，汽车公司应在小轿车出厂时缴纳消费税；提供的汽车修理劳务不属于销售应税消费品，不用缴纳消费税。

②领用进口汽车轮胎用于生产汽车，不属于准予扣除外购应税消费品已纳税款的扣

除范围中"外购已税汽车轮胎(内胎和外胎)生产的汽车轮胎"的情况,即不得在小汽车应纳消费税额中扣除。

综上,当期应纳增值税税额为120 680元,应纳消费税税额为204 000元。

七、综合题

该白酒厂应进行如下纳税处理:

(1) 销项税额=1 500×180÷(1+17%)×17%+(200+300)×180÷(1+17%)×17%+100×50÷(1+17%)×17%=53 034.19(元)

其中:

①将白酒用作职工福利和作礼品送给关系单位,均属于视同销售货物行为,均应计算销项税额和消费税。

②从1995年6月1日起,对酒类产品生产企业销售酒类产品(除黄酒、啤酒以外)而收取的包装物押金,无论押金是否返还以及会计上如何核算,均应并入当期酒类产品销售额中征税。

(2) 进项税额=51 000+13 600+1 000×7%+3 400+5 000×7%=68 420(元)

其中:购进货物只要取得增值税专用发票且已通过认证,均可抵扣进项税额;支付的运费,但不包括装卸费,只要取得运费发票且已通过认证准予按运费金额和7%的扣除率计算抵扣进项税额。

(3) 应纳增值税税额=53 034.19-68 420=-15 385.81(元)

(4) 应纳消费税税额=应税销售额×比例税率+应税销售数量×定额税率-当期准予扣除的已纳消费税税款=[(1 500+200+300)×180+100×50]÷(1+17%)×20%+(1 500+200+300)×12×0.5-0=74 393.16(元)

其中:

①白酒实行从价定率和从量定额复合计征办法征税。白酒适用比例税率为20%,定额税率为0.5元/500克。

②领用高度薯类白酒勾兑成中度酒,不属于准予扣除外购应税消费品已纳税款的扣除范围,不得扣除已纳消费税税款。

综上,当期期末留抵的进项税额为15 385.81元,应纳消费税税额为74 393.16元。

第四章 营业税法

三、单项选择题

1. D	2. C	3. A	4. D	5. C
6. D	7. B	8. C	9. D	10. B
11. D	12. B	13. D	14. B	15. C
16. B	17. A	18. D	19. B	20. A
21. B	22. A	23. D		

四、多项选择题

1. ABCD	2. AD	3. BD	4. ABD	5. CD
6. ABC	7. AC	8. ABC	9. BD	10. AB

11. ABC	12. ABC	13. ABC	14. ABD	15. CD
16. AB	17. CD	18. AD	19. ABD	20. BD
21. ABD	22. CD	23. ACD	24. BCD	

五、判断题

1. √	2. ×	3. ×	4. ×	5. √
6. √	7. √	8. ×	9. √	10. ×
11. √	12. ×	13. ×	14. √	15. √
16. √				

六、计算题

该娱乐公司应进行如下纳税处理：

(1) 歌舞厅收入缴纳的营业税＝600×20％＝120（万元）

(2) 游戏厅收入缴纳的营业税＝200×20％＝40（万元）

(3) 保龄球馆收入缴纳的营业税＝120×5％＝6（万元）

(4) 美容美发、中医按摩收入缴纳营业税＝250×5％＝12.5（万元）

七、综合题

该房地产公司应进行如下纳税处理：

(1) 销售标准住宅应缴纳的营业税＝400×(1＋10％)÷(1－3％)×3％＋1 500×5％＝88.61（万元）

(2) 销售商品房应缴纳的营业税＝1 200×(22＋3)×(1＋10％)÷(1－3％)×3％＋2 500×(22＋3)×5％＝4 145.62（万元）

(3) 外购的土地使用权对外出售，按照差额计算营业税，售价小于买价，所以不缴纳营业税。

(4) 纳税人提供建筑业或者租赁业劳务，采取预收款方式的，其纳税义务的发生时间为收到预收款的当天。

出租房屋应缴纳的营业税＝10×12×5％＝6（万元）

(5) 增值税小规模纳税人销售自己使用过的机器设备，减按 2％的税率计算增值税。

销售机器设备应缴纳的增值税＝3÷(1＋3％)×2％＝0.058（万元）

第五章　城市维护建设税

三、单项选择题

1. D	2. D	3. B	4. C	5. B
6. C	7. D	8. B	9. B	10. C
11. C	12. D	13. A	14. B	15. B
16. B	17. A	18. A	19. A	20. C

四、多项选择题

| 1. AB | 2. ABCD | 3. ABCD | 4. BC | 5. CD |
| 6. BC | 7. ABCD | 8. AB | 9. BD | 10. BCD |

11. AC	12. AD	13. AC	14. ABC	15. BCD
16. ABCD	17. CD			

五、判断题

1. ×	2. √	3. ×	4. ×	5. ×
6. √	7. ×	8. ×		

六、计算题

甲卷烟厂应进行如下纳税处理：

应缴纳的城建税＝（30 000＋5 000＋40 000＋10 000）×5％＝4 250（元）

应缴纳的教育费附加＝（30 000＋5 000＋40 000＋10 000）×3％＝2 550（元）

应缴纳的城建税罚款和滞纳金＝（8 000＋600）×5％＝430（元）

应缴纳的教育费附加罚款和滞纳金＝（8 000＋600）×3％＝258（元）

七、综合题

该日化厂应进行如下纳税处理：

（1）计算进口环节应缴纳的消费税和增值税

①进口香水精应纳关税税额＝20 000×20％＝4 000（元）

②进口香水精应纳消费税税额＝（20 000＋4 000）÷（1－30％）×30％＝10 285.71（元）

③进口香水精应纳增值税税额＝（20 000＋4 000）÷（1－30％）×17％＝5 828.57（元）

（2）计算当期应缴纳的增值税

销项税额＝90 000×17％＋（0.2＋0.2）×90 000÷0.6×17％＋400 000×17％＝93 500（元）

进项税额＝5 828.57＋1 700＝7 528.57（元）

应纳增值税税额＝93 500－7 528.57－3 000＝82 971.43（元）

（3）计算当期应缴纳的消费税

应纳消费税税额＝400 000×30％－（2 000－100）÷2 000×10 285.71＝110 228.58（元）

（4）计算当期应缴纳的营业税

应纳营业税税额＝10 000×3％＝300（元）

（5）计算当期应缴纳的城建税和教育费附加

应纳城建税税额＝（实际缴纳的增值税＋实际缴纳的消费税＋实际缴纳的营业税）×适用税率＝（82 971.43＋110 228.58＋300）×7％＝13 545（元）

应纳教育费附加＝（实际缴纳的增值税＋实际缴纳的消费税＋实际缴纳的营业税）×征收比率＝（82 971.43＋110 228.58＋300）×3％＝5 805（元）

第六章 关税法

三、单项选择题

1. B	2. C	3. D	4. D	5. D
6. B	7. C	8. B	9. C	10. C
11. D	12. B	13. B	14. D	15. C
16. B	17. B	18. C	19. B	20. B

21. C   22. A   23. B   24. A

四、多项选择题
1. ABCD   2. ABC   3. ABC   4. ABD   5. AC
6. AC   7. ABC   8. ABCD   9. BCD   10. BCD
11. ABD   12. ABC   13. AD   14. ABD   15. ABC
16. ABD   17. ABC

五、判断题
1. √   2. ×   3. ×   4. √   5. ×
6. ×   7. √   8. ×   9. ×   10. √

六、计算题
该进出口公司应进行如下纳税处理：

（1）关税完税价格＝离岸价格－装配调试费－买方佣金＋运费＋保险费＝6 000－60－50＋150＋60＝6 100（万元）

（2）关税税额＝关税完税价格×进口关税税率＝6 100×20％＝1 220（万元）

（3）组成计税价格＝(关税完税价格＋关税)÷(1－消费税税率)＝(6 100＋1 220)÷(1－10％)＝8 133.33（万元）

（4）海关代征的增值税税额＝组成计税价格×增值税税率＝8 133.33×17％＝1 382.67（万元）

（5）海关代征的消费税税额＝组成计税价格×消费税税率＝8 133.33×10％＝813.33（万元）

七、综合题
该卷烟生产企业应进行如下纳税处理：

（1）进口卷烟应纳关税税额＝[800×(1＋2％)×(1＋3‰)]×20％＝163.69（万元）

（2）每条进口卷烟消费税适用比例税率的价格＝｛[800×(1＋2％)×(1＋3‰)＋163.69]×10 000÷(800×250)＋0.6｝÷(1－36％)＝77.67（元）

单条卷烟价格大于70元，适用消费税比例税率为56％。

（3）进口卷烟应纳消费税税额＝｛[800×(1＋2％)×(1＋3‰)＋163.69]×10 000÷(800×250)＋0.6｝÷(1－56％)×(800×250)×56％÷10 000＋800×150÷10 000＝1 277.27（万元）

（4）进口卷烟应纳增值税税额＝[800×(1＋2％)×(1＋3‰)＋163.69＋1 277.27]×17％＝384.10（万元）

第七章 资源税法

三、单项选择题
1. B   2. C   3. D   4. A   5. C
6. B   7. D   8. C   9. D   10. C
11. C   12. C   13. C

四、多项选择题

1. BD　　　　2. ACD　　　3. ABD　　　4. ABCD　　　5. AD
6. BD　　　　7. CD　　　　8. ACD　　　9. CD　　　　10. ABD
11. ABCD　　12. AC

五、判断题

1. ×　　　　2. √　　　　3. ×　　　　4. ×　　　　5. √
6. ×　　　　7. ×　　　　8. ×

六、计算题

1. 该盐场应进行如下纳税处理：

应纳资源税税额＝固体盐课税数量×固体盐单位税额－外购液体盐课税数量×液体盐单位税额＝14 000×10－20 000×2＝100 000（元）

2. 该矿山应进行如下纳税处理：

（1）原矿应纳税额＝课税数量×单位税额＝10 000×12＝120 000（元）

（2）精矿应纳税额＝入选精矿数量÷选矿比×单位税额＝6 000÷20％×12＝360 000（元）

（3）应纳资源税税额＝原矿应纳税额＋精矿应纳税额＝120 000＋360 000＝480 000（元）

第八章　土地增值税法

三、单项选择题

1. C　　　　2. C　　　　3. C　　　　4. B　　　　5. D
6. C　　　　7. C　　　　8. A　　　　9. B　　　　10. C
11. D　　　12. D　　　13. D　　　14. B　　　15. C
16. B　　　17. C　　　18. A　　　19. A　　　20. D
21. C　　　22. A

四、多项选择题

1. ABCD　　2. ABC　　　3. BD　　　　4. BCD　　　5. ACD
6. ABD　　　7. BD　　　　8. BD　　　　9. BCD　　　10. ABCD
11. ACD　　12. AD　　　13. ACD　　　14. ABD　　　15. BD
16. ABCD　　17. AD　　　18. ABD

五、判断题

1. ×　　　　2. ×　　　　3. √　　　　4. ×　　　　5. √
6. ×　　　　7. ×　　　　8. ×　　　　9. ×　　　　10. ×
11. ×

六、计算题

该房地产开发公司应进行如下纳税处理：

（1）确认转让房地产收入为6 000万元。

（2）确定转让房地产的扣除项目金额

①取得土地使用权所支付的金额为1 000万元。
②房地产的开发成本为3 000万元。
③与转让房地产有关的费用=(1 000+3 000)×10%=400（万元）
④与转让房地产有关的税费=6 000×5%×(1+5%+3%)=324（万元）
⑤财政部规定从事房地产开发企业的加计扣除数=(1 000+3 000)×20%=800（万元）
⑥扣除项目金额=1 000+3 000+400+324+800=5 524（万元）

(3) 转让房地产的增值额=6 000－5 524=476（万元）

(4) 增值额与扣除项目金额的比率=476÷5 524×100%=8.62%

(5) 纳税人建造普通标准住宅出售，增值额未超过扣除项目金额20%的，免征土地增值税。

七、综合题

该房地产开发公司应进行如下纳税处理：

1. 普通标准住宅

纳税人建造普通标准住宅出售，普通标准住宅增值额占扣除项目金额的18%，即增值额未超过扣除项目金额20%的，免征土地增值税。

2. 综合楼

(1) 转让房地产收入=18 000万元

(2) 转让房地产的扣除项目金额

①取得土地使用权所支付的金额=2 000×(1－1/4)=1 500（万元）
②房地产开发成本=6 000万元
③房地产开发费用=(取得土地使用权所支付的金额+房地产开发成本)×10%=(1 500+6 000)×10%=750（万元）
④与转让房地产有关的税费=营业税+城市维护建设税+教育费附加=18 000×5%+18 000×5%×7%+18 000×5%×3%=990（万元）
⑤财政部规定从事房地产开发企业的加计扣除数=(取得土地使用权所支付的金额+房地产开发成本)×20%=(1 500+6 000)×20%=1 500（万元）
⑥扣除项目金额=取得土地使用权所支付的金额+房地产开发成本+房地产开发费用+与转让房地产有关的税费+财政部规定从事房地产开发企业的加计扣除数=1 500+6 000+750+990+1 500=10 740（万元）

(3) 转让房地产的增值额=转让房地产收入－扣除项目金额=18 000－10 740=7 260（万元）

(4) 增值额与扣除项目金额之比=增值额÷扣除项目金额=7 260÷10 740×100%=67.60%

(5) 应纳土地增值税税额=$\sum$（每级距的土地增值额×适用税率）=10 740×50%×30%+(7 260－10 740×50%)×40%=2 367(万元)

或者　　　　　　　　=增值额×适用税率－扣除项目金额×速算扣除系数
　　　　　　　　　　=7 260×40%－10 740×5%=2 367（万元）

第九章　城镇土地使用税法

三、单项选择题
1. D　　2. A　　3. B　　4. D　　5. B
6. C　　7. B　　8. B　　9. C　　10. C
11. D　　12. B

四、多项选择题
1. ABC　　2. ABCD　　3. AB　　4. ABD　　5. BCD
6. ABCD　　7. ACD　　8. ABC　　9. BCD　　10. AB
11. ABC　　12. AB　　13. ACD

五、判断题
1. ×　　2. ×　　3. ×　　4. ×　　5. ×
6. ×　　7. √　　8. ×　　9. ×　　10. ×

六、计算题
1. 该企业应进行如下纳税处理：

企业办的学校、医院、托儿所、幼儿园，其用地能与企业其他用地明确区分的，免征城镇土地使用税；免税单位无偿使用纳税单位的土地，免征城镇土地使用税；企业内部绿化面积不免征城镇土地使用税。

应纳城镇土地使用税税额＝（15 000－2 000－500－200）×3＝36 900（元）

2. 该企业应进行如下纳税处理：

向居民供热并向居民收取采暖费的供热企业暂免征收城镇土地使用税。

应纳城镇土地使用税税额＝（90 000－1 500－2 500）×6×（1－1 800/3 000）＝206 400（元）

第十章　房产税法

三、单项选择题
1. A　　2. D　　3. B　　4. D　　5. C
6. A　　7. B　　8. C　　9. C　　10. A
11. C　　12. B　　13. C

四、多项选择题
1. BCD　　2. AB　　3. ABC　　4. AB　　5. ACD
6. BC　　7. ACD　　8. BC　　9. AC　　10. AD
11. ABD　　12. AB　　13. ABCD　　14. AC　　15. AC

五、判断题
1. ×　　2. ×　　3. √　　4. ×　　5. ×
6. √　　7. ×　　8. ×　　9. √　　10. √

六、计算题

1. 李某应进行如下纳税处理：

个人所有的非营业用房，主要指居住用房，不分面积多少，一律免征房产税。个人按照市场价格出租，用于居住的，减按4%征收房产税。

纳税人出租、出借房产，自交付出租、出借房产之次月起，缴纳房产税。

应纳房产税税额＝2 300×7×4%＋800 000×(1－20%)×1.2%＝8 324（元）

2. 该企业应进行如下纳税处理：

纳税人因房屋大修导致连续停用半年以上的，在房屋大修期间免征房产税。

应纳房产税税额＝10×8×12%（A房产）＋2 000×(1－30%)×1.2%×4÷12（A房产）＋1 500×(1－30%)×1.2%（B房产）＝27.8（万元）

第十一章　车船税法

三、单项选择题

1. D　　　2. B　　　3. D　　　4. A　　　5. D
6. C　　　7. B　　　8. C　　　9. C　　　10. B
11. A　　12. D

四、多项选择题

1. ABCD　2. AC　　3. BC　　4. AD　　5. ABD
6. BC　　7. BD　　8. ACD

五、判断题

1. √　　　2. ×　　　3. √　　　4. √　　　5. √
6. √　　　7. ×　　　8. ×

六、计算题

该公司应进行如下纳税处理：

船舶净吨位尾数在0.5吨以下（含0.5吨）的不予计算，超过0.5吨的按照1吨计算。1吨以下的小型车船，一律按照1吨计算。非机动驳船按照机动船舶税额的50%计算。

应纳车船税税额＝2×6×3×50%＋5×5×3＝93（元）

第十二章　印花税法

三、单项选择题

1. D　　　2. A　　　3. C　　　4. A　　　5. B
6. B　　　7. C　　　8. B　　　9. B　　　10. C
11. C　　12. B　　13. B　　14. D

四、多项选择题

1. ABCD　2. AD　　3. ABCD　4. AD　　5. ABCD
6. ABCD　7. ABD　8. ABCD　9. CD　　10. AC
11. AC　　12. CD　　13. CD　　14. CD　　15. BCD

五、判断题

1. √ 2. √ 3. √ 4. √ 5. √
6. √ 7. × 8. ×

六、计算题

该公司应进行如下纳税处理：

（1）企业领受权利、许可证照应纳印花税税额＝(1＋1＋1＋1＋1)×5＝25（元）

（2）企业订立产权转移书据应纳印花税税额＝800 000×0.5‰＝400（元）

（3）企业订立购销合同应纳印花税税额＝2 000 000×0.3‰＝600（元）

（4）企业订立租赁合同应纳印花税税额＝100 000×1‰＝100（元）

（5）企业记载资金的账簿应纳印花税税额＝2 000 000×0.5‰＝1 000（元）

（6）企业其他营业账簿应纳印花税税额＝5×5＝25（元）

（7）企业记载资金的账簿因增加资本金应纳印花税税额＝(3 000 000－2 000 000)×0.5‰＝500（元）

（8）当年企业应纳印花税税额＝25＋400＋600＋100＋1 000＋25＋500＝2 650（元）

第十三章　契税法

三、单项选择题

1. B   2. A   3. B   4. C   5. C
6. B   7. B   8. C   9. A   10. B
11. C 12. D 13. D

四、多项选择题

1. ABCD 2. ACD 3. ABD 4. BC 5. ACD
6. BC   7. ACD 8. BC   9. AB 10. ABC
11. AB

五、判断题

1. × 2. × 3 × 4. × 5. √
6. × 7. × 8. × 9. √ 10. √

六、计算题

1. 该公司应进行如下纳税处理：

应纳契税税额＝1 000×4％＝40（万元）

2. 李某应进行如下纳税处理：

第一套房屋按照差价15万元纳税，第二套房屋由对方纳税。

应纳契税税额＝15×3％＝0.45（万元）

第十四章　企业所得税法

三、单项选择题

1. A   2. C   3. A   4. B   5. A

6. B 7. B 8. B 9. D 10. A
11. A 12. C 13. A 14. B 15. C
16. A 17. B 18. B 19. D 20. A
21. D 22. A 23. D 24. A 25. A
26. D 27. B 28. B 29. B 30. D
31. A

四、多项选择题
1. AB 2. ABD 3. AB 4. ABCD 5. ABD
6. ACD 7. ABC 8. BCD 9. ABD 10. AB
11. BC 12. ACD 13. CD 14. ABC 15. AD
16. BC 17. ABC 18. ABD 19. AD 20. AD
21. CD 22. BCD 23. ABC 24. ABD 25. ABD
26. AD 27. AD 28. ABC 29. CD 30. ABC
31. BC 32. ACD 33. CD 34. AC 35. ABCD
36. ABCD 37. ABD 38. AB 39. ABD

五、判断题
1. × 2. √ 3. × 4. × 5. ×
6. √ 7. √ 8. × 9. × 10. √
11. √ 12. × 13. × 14. √ 15. ×
16. √

六、计算题

该居民企业应进行如下纳税处理（直接计算法）：

(1) 营业收入＝8 100万元

债券利息收入属于投资收益。

(2) 会计利润总额＝8 100－5 300－70－1 000－1 000－200＋100－10＝620（万元）

(3) 准予扣除的销售费用＝1 000万元

广告费扣除限额＝8 100×15％＝1 215（万元），广告费没有超过限额，可全额扣除。

(4) 准予扣除的管理费用＝1 000－(30－18)＝988（万元）

业务招待费的60％＝30×60％＝18（万元），小于扣除限额＝8 100×5‰＝40.5（万元），准予按18万元扣除。

(5) 准予扣除的财务费用＝200－(80－60)＝180（万元）

向非金融机构借款利息扣除限额＝1 000×6％＝60（万元），实际发生利息费用80万元，超过标准，准予按60万元扣除。

(6) 准予扣除的公益性捐赠支出为10万元。

通过县民政局向汶川地震灾后重建的捐赠，准予全额税前扣除。

(7) 2012年应纳税所得额＝8 100－5 300－70－1 000－988－180＋(100－30)－10－40－50＝532（万元）

国债利息收入免税；经税务确认的以前年度亏损可以扣除，但是2006年度的亏损已经超过了5年补亏期，所以不予弥补。

(8) 2012年应缴纳的企业所得税＝532×25％＝133（万元）

七、综合题

该居民企业应进行如下纳税处理（间接计算法）：

(1) 会计利润总额＝9 000－5 440－200－800－1 200－200＋50－200＝1 010（万元）

(2) 所得额调整项目

①广告费和业务宣传费应调增所得额＝200－200＝0（万元）

广告费和业务宣传费扣除标准＝9 000×15％＝1 350（万元），大于实际发生的广告费200万元，准予据实扣除。

②业务招待费应调增所得额＝85－45＝40（万元）

业务招待费的60％＝85×60％＝51（万元），超过扣除限额＝9 000×5‰＝45（万元），准予按标准45万元抵扣。

③向非金融机构借款利息应调增所得额＝90－60＝30（万元）

借款费用扣除标准＝1 000×6％＝60（万元），低于实际发生的借款费用90万元，准予按标准60万元扣除。

④投资收益应调减所得额＝10＋40＝50万元

国债利息收入免税，取得直接投资其他居民企业的权益性收益免税。

⑤公益性捐赠应调增所得额＝100－100＝0（万元）

公益性捐赠扣除标准＝1 010×12％＝121.2（万元），大于实际发生的公益性捐赠100万元，准予据实扣除。

⑥"三费"应调增所得额 ＝(120－120)＋(20－20)＋(15－15)＝0（万元）

"三费"扣除标准＝1 000×14％＋1 000×2％＋1 000×2.5％＝140＋20＋25＝185（万元），大于实际发生的"三费"，准予据实155万元（120＋20＋15）税前扣除。

⑦调整所得额＝0＋40＋30－50＋0＋0＝20（万元）

(3) 应纳税所得额＝1 010＋20＝1 030（万元）

(4) 应纳所得税额＝1 030×25％＝257.5（万元）

(5) 应补缴的所得税额＝257.5－235＝22.5（万元）

综上，本公司根据企业所得税法的规定，在年度终了后5个月内进行汇算清缴，2012年应补缴的所得税额为22.5万元。

第十五章　个人所得税法

三、单项选择题

1. C	2. B	3. C	4. B	5. A
6. B	7. C	8. D	9. B	10. A
11. D	12. A	13. D	14. B	15. A
16. A	17. A	18. B	19. A	20. C
21. A	22. C	23. B	24. A	25. B
26. D	27. A	28. C	29. C	30. C
31. C	32. D	33. A	34. A	35. B

36. D

四、多项选择题

1. AD	2. BCD	3. ACD	4. AC	5. ABCD
6. ABCD	7. AD	8. ABD	9. ABC	10. ABCD
11. CD	12. ABD	13. AC	14. AB	15. ABD
16. ABCD	17. BCD	18. AC	19. BD	20. ABCD
21. ABC	22. CD	23. ABCD	24. ABD	25. CD
26. ABC	27. CD	28. BD	29. BC	30. AB
31. ABC	32. ABCD	33. AC	34. ABCD	35. ABD
36. ABC	37. AD			

五、判断题

1. ×	2. ×	3. ×	4. √	5. ×
6. √	7. ×	8. ×	9. √	10. ×
11. √	12. √	13. ×	14. ×	15. √

六、计算题

1. 中国公民张某应进行如下纳税处理：

(1) 工资、薪金所得

单位为其支付商业养老保险5 000元应并入工资、薪金所得征税。

工资、薪金所得应代扣代缴税额＝(月工资＋商业养老保险－费用减除标准)×税率－速算扣除数＝(3 000＋5 000－3 500)×10％－105＝4 500×10％－105＝345（元）

(2) 年终一次性奖金所得

年终一次性取得奖金12 000元除以12等于1 000元，则全年一次性奖金适用的个人所得税税率为3％，速算扣除数为零。

年终一次性奖金所得应代扣代缴税额＝12 000×3％－0＝360（元）

(3) 劳务报酬所得

劳务报酬所得应代扣代缴税额＝6 000×(1－20％)×20％＝960（元）

(4) 偶然所得

省政府颁发的科技奖金10 000元，免征个人所得税。

(5) 利息、股息、红利所得

股息、红利所得应代扣代缴税额＝100 000×20％＝20 000（元）

2. 中国公民孙某应进行如下纳税处理：

(1) 稿酬所得

稿酬所得，以每次出版、发表取得的收入为一次。出版和加印分别取得稿酬应合并为一次按稿酬所得计征个人所得税。

如果作者将同一作品既出书，又在报刊上连载，应将出书和连载取得的收入分为两次计税。作品在报刊上连载的，应合并连载同一作品的所有所得为一次，计征个人所得税。

出版稿酬所得应代扣代缴税额＝(稿酬所得－费用减除标准)×适用税率×(1－30％)

＝(50 000＋10 000)×(1－20％)×20％×(1－30％)＝6 720（元）

$$\text{连载稿酬所得应代扣代缴税额} = (\text{稿酬所得} - \text{费用减除标准}) \times \text{适用税率} \times (1-30\%)$$
$$= (3\,800 - 800) \times 20\% \times (1-30\%) = 420 \text{（元）}$$

（2）劳务报酬所得

$$\text{审稿所得应代扣代缴税额} = (\text{劳务报酬所得} - \text{费用减除标准}) \times \text{适用税率}$$
$$= 15\,000 \times (1-20\%) \times 20\% = 2\,400 \text{（元）}$$

$$\text{翻译所得应代扣代缴税额} = (\text{劳务报酬所得} - \text{费用减除标准}) \times \text{适用税率}$$
$$= (3\,000 - 800) \times 20\% = 440 \text{（元）}$$

（3）境外所得的补缴

孙某从国外取得的讲座收入，属于劳务报酬所得，应减除20%的费用，其余额按20%的比例税率计算应纳税额。

$$\text{劳务报酬所得的抵减限额} = (\text{劳务报酬所得} - \text{费用减除标准}) \times \text{适用税率}$$
$$= 15\,000 \times (1-20\%) \times 20\% = 2\,400 \text{（元）}$$

孙某从国外取得的讲座所得在该国实际缴纳个人所得税2 000元，低于抵减限额，可以全额抵扣，并需在中国自行申报补缴差额部分的税款400元（2 400－2000）。

七、综合题

中国公民李凡应进行如下纳税处理：

（1）工资、薪金所得

①单位为其支付的商业医疗保险费不得税前扣除，应并入工资、薪金所得计征个人所得税；年终一次取得奖金应单独计征个人所得税。

$$\text{工资、薪金所得应代扣代缴税额} = [(8\,000 + 1\,000 - 2\,640 - 960 - 3\,500) \times 10\% - 105] \times 12$$
$$= [1\,900 \times 10\% - 105] \times 12 = 85 \times 12 = 1\,020 \text{（元）}$$

②年终一次取得奖金20 000元除以12等于1 666.67元，则全年一次性奖金适用的个人所得税税率为10%，速算扣除数为105元。

年终一次性奖金所得应代扣代缴税额＝20 000×10%－105＝1 895（元）

③工资、薪金所得应代扣代缴税额＝1 020＋1 895＝2 915（元）

（2）劳务报酬所得

劳务报酬所得应代扣代缴税额＝8 000×(1－20%)×20%＝1 280（元）

（3）稿酬所得

稿酬所得，以每次出版、发表取得的收入为一次。如果作者将同一作品既出书，又在报刊上连载，应将出书和连载取得的收入分为两次计税。作品在报刊上连载的，应合并连载同一作品的所有所得为一次，计征个人所得税。

①版稿酬所得应代扣代缴税额＝15 000×(1－20%)×20%×(1－30%)＝1 680（元）

②连载稿酬所得应代扣代缴税额＝1 000×7×(1－20%)×20%×(1－30%)＝784（元）

③稿酬所得应代扣代缴税额＝1 680＋784＝2 464（元）

（4）利息、股息、红利所得

股息、红利所得应代扣代缴税额＝20 000×20％＝4 000（元）

（5）财产租赁所得

财产租赁所得，以1个月内取得的收入为一次计征个人所得税。

①7月份财产租赁所得应代扣代缴税额＝[5 000－5 000×3‰×50％－5 000×3‰×50％×(7％+3％)－5 000×4％]×(1－20％)×10％＝4 717.5×(1－20％)×10％＝377.4（元）

②8月份财产租赁所得应代扣代缴税额＝[5 000－5 000×3‰×50％－5 000×3‰×50％×(7％+3％)－5 000×4％－800－800]×10％＝3 117.5×10％＝311.75（元）

③9月份财产租赁所得应代扣代缴税额＝[5 000－5 000×3‰×50％－5 000×3‰×50％×(7％+3％)－5 000×4％－(1 500－800)]×(1－20％)×10％＝4 017.5×(1－20％)×10％＝321.4（元）

④10月份、11月份、12月份财产租赁所得应代扣代缴税额＝[5 000－5 000×3‰×50％－5 000×3‰×50％×(7％+3％)－5 000×4％]×(1－20％)×10％×3＝4 717.5×(1－20％)×10％×3＝1 132.2（元）

⑤7月份至12月份财产租赁所得应代扣代缴税额＝377.4+311.75+321.4+1 132.2＝2 142.75(元)

（6）境外所得的补缴

①A国所纳个人所得税的补缴

李凡从A国取得讲学收入，属于劳务报酬所得，应减除20％的费用，其余额按30％的税率超额累进计算应纳税额。

$$\text{劳务报酬所得的抵减限额}=(\text{劳务报酬所得}-\text{费用减除标准})\times\text{适用税率}-\text{速算扣除数}$$
$$=30\,000\times(1-20\%)\times30\%-2\,000=5\,200（元）$$

李凡从A国取得的讲学收入在A国实际缴纳个人所得税5 000元，低于抵减限额，可以全额抵扣，并需在中国自行申报补缴差额部分的税款200元（5 200－5 000）。

②B国所纳个人所得税的补缴

李凡从B国取得的书画展卖收入，属于劳务报酬所得，应减除20％的费用，其余额按40％的税率超额累进计算应纳税额。

$$\text{劳务报酬所得的抵减限额}=(\text{劳务报酬所得}-\text{费用减除标准})\times\text{适用税率}-\text{速算扣除数}$$
$$=70\,000\times(1-20\%)\times40\%-7\,000=15\,400（元）$$

李凡从B国取得的书画展卖收入在B国实际缴纳个人所得税18 000元，超出抵减限额2 600元（18 000－15 400），不能在本年度扣除，但可在以后5个纳税年度的该国减除限额的余额中补扣。

③李凡因境外所得需在中国自行申报补缴个人所得税200元。

第十六章　税收征收管理法

三、单项选择题

1. C　　　2. B　　　3. A　　　4. A　　　5. A

| 6. A | 7. B | 8. B | 9. B | 10. C |
| 11. B | 12. B | 13. B | 14. A | |

四、多项选择题

1. ABCD	2. AC	3. ABCD	4. ABCD	5. ABCD
6. ABCD	7. ABCD	8. ABCD	9. ABCD	10. ABCD
11. AC	12. ABCD	13. ABC	14. ACD	15. AC

五、判断题

| 1. √ | 2. √ | 3. × | 4. × | 5. × |
| 6. √ | 7. √ | 8. √ | 9. × | |

第十七章　税务行政法制

三、单项选择题

1. B	2. B	3. D	4. B	5. B
6. C	7. A	8. A	9. C	10. A
11. A	12. A	13. A	14. C	15. B
16. D				

四、多项选择题

1. ABD	2. AD	3. ABCD	4. AC	5. BD
6. ABD	7. ABCD	8. ABCD	9. ABCD	10. AB
11. ABCD	12. ABC	13. ABD		

五、判断题

| 1. √ | 2. √ | 3. × | 4. × | 5. × |
| 6. × | 7. × | 8. √ | | |

参考文献

[1] 全国人民代表大会和全国人民代表大会常务委员会制定的《企业所得税法》、《个人所得税法》、《税收征收管理法》，全国人大或人大常委会授权国务院制定的增值税、营业税、消费税、资源税、土地增值税等暂行条例，国务院制定的税收行政法规，国务院税务主管部门制定的税收部门规章，地方人民代表大会及其常委会制定的税收地方性法规，以及地方政府制定的税收地方规章等法律、法规及相关规范性文件。

[2] 中国注册会计师协会. 税法 [M]. 北京：经济科学出版社，2012.

[3] 全国注册税务师执业资格考试教材编写组. 税法（Ⅰ）[M]. 北京：中国税务出版社，2012.

[4] 全国注册税务师执业资格考试教材编写组. 税法（Ⅱ）[M]. 北京：中国税务出版社，2012.

[5] 财政部注册会计师考试委员会办公室. 注册会计师全国统一考试试题及答案汇编——税法 [M]. 北京：中国财政经济出版社，2012.

[6] 葛艳军，陈伟峰. 2010年注册会计师考试过关必做800题——税法 [M]. 北京：北京大学出版社，2010.

[7] 裴淑红，原晓青，李军. 税法（第二版）[M]. 北京：化学工业出版社，2011.

[8] 裴淑红，原晓青. 税法 [M]. 北京：化学工业出版社，2009.

[9] 裴淑红，李军. 纳税申报实务 [M]. 北京：化学工业出版社，2010.

[10] 裴淑红. 纳税申报实务操作 [M]. 北京：中国市场出版社，2006.

[11] 裴淑红. 新编税法教程 [M]. 北京：中国税务出版社，2003.

[12] 裴淑红，张兰. 财务会计综合实训（第二版）[M]. 北京：中国市场出版社，2013.

[13] 裴淑红. 高级财务会计（第二版）[M]. 北京：中国市场出版社，2013.